PRÉCIS D'UN COURS

SUR L'ENSEMBLE

DU DROIT PRIVÉ

DES ROMAINS

DE L'IMPRIMERIE DE CRAPELET

RUE DE VAUGIRARD, 9

PRÉCIS D'UN COURS

SUR L'ENSEMBLE

DU DROIT PRIVÉ

DES ROMAINS

PUBLIÉ EN ALLEMAND SOUS CE TITRE

Lehrbuch der Institutionen des römischen Rechtes

PAR THÉODORE MAREZOLL

PROFESSEUR A L'UNIVERSITÉ DE LEIPZIG

TRADUIT ET ANNOTÉ

PAR C.-A. PELLAT

PROFESSEUR DE PANDECTES
DOYEN DE LA FACULTÉ DE DROIT DE PARIS

SECONDE ÉDITION

REVUE ET CORRIGÉE SUR LA QUATRIÈME ÉDITION ALLEMANDE
(Leipzig, 1850)

PARIS

AUG. DURAND, LIBRAIRE

RUE DES GRÈS, 5

1852

PRÉFACE DE L'AUTEUR

POUR LA PREMIÈRE ÉDITION.

Il faut un certain degré d'abnégation personnelle pour se présenter au public avec un Cours d'Institutes d'un système si simple, d'un volume si mince, dans un temps où ces sortes d'exposés du droit civil romain ont élevé si haut leurs prétentions, tant sous le rapport de l'arrangement systématique, que sous celui de l'étendue des matières qui y sont traitées. Mais le principal but de l'auteur a été précisément de simplifier le plus possible le système, et de concentrer les riches matériaux qu'il avait à mettre en œuvre, autant que lui paraissait l'exiger la nature d'un ouvrage élémentaire destiné au premier enseignement du droit.

Le plan de ce livre ne vise point à la nouveauté et à l'originalité. C'est, pour les traits fondamentaux, le système connu depuis longtemps, qui a été suivi dans les Institutes de Justinien, à l'imitation d'ouvrages semblables plus anciens, et que pour cela nous appelons le *système romain des Institutes*. L'auteur a seulement essayé quelques modifications particulières, différentes, en partie, de celles qu'on adopte ordinairement, par lesquelles, en ménageant, autant que possible, l'ensemble du système, il a cherché à corriger certains défauts qu'on lui a justement reprochés ; mais, d'un autre côté, partout où il n'avait pas de pareils mo-

a

tifs, il s'est conformé au système romain beaucoup plus strictement qu'on ne le fait habituellement. De ce dernier point de vue, plusieurs innovations apparentes s'expliqueront tout simplement ; par là elles se placeront dans leur véritable jour et se recommanderont peut-être ainsi par leur conséquence logique. Lors même que l'auteur s'est permis des écarts, par exemple, dans la séparation du *droit des personnes* d'avec le *droit de famille*, il croit, par le soin qu'il a pris de signaler et de faire ressortir nettement la manière de voir des Romains, avoir suffisamment évité le danger d'effacer l'esprit de leur système et de rompre violemment le fil historique qui lui sert de guide.

L'auteur n'a pas voulu aller plus loin. Quelque éminent que puisse être le mérite scientifique de plusieurs essais nouvellement tentés pour soumettre le droit privé des Romains à une nouvelle classification systématique, quoiqu'ils puissent même paraître répondre à un besoin essentiel du temps, pour l'élaboration du droit romain *actuel*[1], par conséquent pour les *Cours* et *Manuels de Pandectes*, cependant l'auteur, après des tentatives et des expériences de plusieurs sortes, s'est toujours convaincu de plus en plus que là où il s'agit d'une introduction à l'étude du droit romain et d'une exposition historique de ce droit, ce qu'on appelle le système romain des Institutes présente des avantages prépondérants, précisément parce qu'il est le système romain, parce qu'il se lie de tant de manières au développement historique du droit

---

[1] Les Allemands appellent ainsi les dispositions du droit romain encore applicables chez eux.   (*Note du traducteur.*)

et met fortement en relief les vues fondamentales qui lui sont propres. D'ailleurs tous ces nouveaux essais de systématisation ne peuvent être intelligibles et profitables que pour celui qui s'est déjà rendu tout à fait familier le système romain. Ainsi, sous ce rapport encore, les Cours d'Institutes et de Pandectes se lient ensemble comme se complétant l'un l'autre.

A l'égard des matériaux à employer, l'auteur s'est proposé, non de traiter, ou du moins de toucher sommairement tout ce que, d'après la méthode régnante, on a coutume de faire entrer dans les cours d'Institutes, mais de se borner, au contraire, à ce qu'il y a de plus indispensable. En effet, il nous semble que, dans ces derniers temps, sans doute à bonne intention, et sous le prétexte très-spécieux de faire un exposé complet, on a souvent confondu les limites des cours d'Institutes et de Pandectes, sans avantage pour l'un ni pour l'autre. A la vérité, beaucoup de points de détail dépendent de la manière de voir individuelle, et ce serait perdre son temps que de discuter si, ou jusqu'à quel point, telle ou telle matière doit déjà trouver place dans le cours d'Institutes. On remarquera, d'ailleurs, que bien des choses, qui ne sont pas spécialement mentionnées dans les paragraphes, ont été cependant suffisamment indiquées dans les textes annexés, et réservées exprès pour l'explication orale.

En effet, une particularité de ce livre consiste en ce qu'au lieu de citer en note toutes les sources, à l'appui de chaque proposition contenue dans les paragraphes, on s'est contenté de placer à la suite quelques passages convenablement choisis, et d'en faire ainsi, en quelque sorte, une partie intégrante du texte même du paragraphe. On n'a pas eu et l'on ne pouvait avoir le dessein de tout justifier par des autorités, procédé que nous ne saurions approuver dans un cours d'Institutes ; car, plus on accumule de citations dans les notes, moins on atteint le but qu'on se propose, puisque le nombre des textes à consulter et la difficulté d'entendre des passages souvent longs et obscurs effrayent les commençants. Cela ne paraît nécessaire que pour les cours de Pandectes. Cependant, il est certainement fort à souhaiter que, d'aussi bonne heure que possible, dès leur introduction à l'étude du droit, les élèves aient occasion de se familiariser, jusqu'à un certain point, avec les diverses sources du droit romain, leur langue et leurs caractères particuliers. L'auteur a cru que la voie qu'il a suivie était la plus propre à conduire à ce résultat. De là la place qu'il a assignée aux fragments de nos sources juridiques, qui semblent ainsi n'être qu'une continuation en latin des paragraphes mêmes de l'ouvrage. De là cette liaison intime résultant de l'ordre dans lequel sont rangés ces fragments, qui en fait ainsi une sorte de commentaire perpétuel. De là le choix de passages dont l'intelligence peut être regardée comme étant à la portée des esprits les moins exercés : tels sont surtout les passages tirés des Institutes. De là, enfin, le soin qu'on a eu de puiser ces citations dans toutes les sources, depuis les plus anciennes jusqu'aux Novelles de Justinien, afin de faire remarquer, dès le principe, la différence des formes de langage qui y sont employées, et de l'esprit qui y règne. Par là s'explique encore très-simplement pourquoi tant de textes fort intéressants, sous d'autres rapports, pour l'interprétation du droit romain, ont dû être laissés de côté, parce qu'ils n'étaient pas appropriés au but que nous nous proposons. Il ne serait pas non plus équitable de reprocher à cet ouvrage le nombre pro= portionnellement trop petit des textes cités à l'appui de plusieurs doctrines importantes. Car, quiconque aura fait lui-même l'épreuve de rassembler, pour certaines théories, par exemple pour celle de la possession, de la *rei vindicatio*, etc., des textes qui conviennent à l'objet indiqué plus haut, et qui ne soient pas, au contraire, plus propres à embrouiller qu'à éclaircir les idées des commençants, par le mélange d'une foule de questions et de recherches spéciales, qui doivent rester en dehors du cours d'Institutes ; quiconque, dis-je, aura tenté cette épreuve, en reconnaîtra la difficulté, et regardera ce défaut de proportion comme très-excusable et même presque nécessaire. Toutefois, il n'est pas douteux que, parmi les passages transcrits, il ne s'en trouve encore plusieurs qui ont besoin d'interprétation. Mais c'est l'affaire du professeur d'interpréter ces textes, tout en se livrant à l'exposition des principes. Cela lui fournira l'occasion très-désirable d'entremêler çà et là quelques remarques exégétiques, qui peuvent être profitables aux étudiants, en vue du cours de Pandectes qu'ils auront à suivre plus tard, et les préparer utilement à l'interprétation plus élevée, à laquelle ils devront alors se livrer[1].

L'auteur a peut-être encore besoin de se justifier de n'avoir inséré quelques notices bibliographiques (*Literatur*), et encore très-succinctes, qu'à propos des

---

[1] Voyez la *préface du traducteur*.

sources du droit proprement dites, et de s'être abstenu, d'ailleurs, de toute citation d'ouvrages de jurisprudence anciens et nouveaux. Quoiqu'il soit fort éloigné de méconnaître tout ce que ces livres, et notamment ceux de ses contemporains, offrent de bon et même d'excellent, quoiqu'il soit, au contraire, très-disposé à reconnaître ouvertement qu'il y a beaucoup puisé, particulièrement pour le présent livre, il ne peut cependant se persuader qu'il appartienne à un cours d'Instituts d'offrir un tableau continu de la *littérature* ou bibliographie du droit civil des Romains. Cela rentre plutôt dans le plan d'un cours de Pandectes, qui comporte plus d'étendue et de développements. Il se présente, il est vrai, pour les cours d'Instituts, une sorte de terme moyen, qui consiste à initier en passant les élèves à la connaissance de ce que la *littérature civilistique* contient de meilleur, autant du moins que cela peut être à leur portée et répondre à leurs besoins actuels. Mais l'auteur avoue franchement qu'il ne se sent pas propre à résoudre ce problème, et qu'il regarde comme extrêmement difficile, et même, à certains égards, comme impossible d'en donner une solution satisfaisante. En effet, un livre de jurisprudence peut être excellent dans son genre, et ne pas convenir cependant aux premières études, soit à cause de son étendue, soit parce qu'il entre trop dans les spécialités et dans l'application pratique, soit parce qu'il s'adresse à des étudiants plus avancés. Cela est vrai surtout de la plupart des monographies, qui sont pourtant d'une si haute importance. D'après quels principes faudrait-il donc ici faire un choix, si l'on ne voulait pas s'exposer, soit à omettre souvent ce qu'il y a de meilleur, soit à faire beaucoup de citations qui, évidemment, suivant le plan et le but d'un semblable livre élémentaire, ne devraient pas y figurer? Ajoutez à cela la diversité des manières de voir individuelles, non-seulement sur les limites d'un pareil choix, en général, mais encore sur le mérite particulier, si difficile à apprécier relativement à notre objet, des différents ouvrages de jurisprudence tant anciens que modernes. Comme, du reste, un cours d'Institutes ne doit contenir que très-peu d'indications bibliographiques, le meilleur parti à prendre nous paraît être d'en abandonner le choix à chaque professeur, sans chercher à le lui dicter. Cependant, si le professeur croit devoir, dès ce moment, offrir à ses auditeurs une littérature très-riche, ou même complète, sur chacune des matières du droit, il y a tant de livres propres à satisfaire ce besoin, qu'il ne lui sera pas difficile, en y renvoyant, d'atteindre ce but, sans accumuler une masse de citations, qui augmentent considérablement le volume du livre, et se répètent ensuite dans le cours de Pandectes [1].

Leipzig, janvier 1839.

---

[1] Nous nous dispensons de traduire le dernier alinéa de cette préface qui serait sans intérêt pour le lecteur français; il est relatif à la correction typographique, qu'un mal d'yeux n'a pas permis à l'auteur de surveiller suffisamment. [L'auteur l'a retranché dans sa deuxième édition.] (*Note du traducteur.*)

PRÉFACE DE L'AUTEUR

POUR LA DEUXIÈME ÉDITION.

———

Quoique le système et le plan de ce livre se trouvent, dans cette seconde édition, reproduits identiquement dans leur ensemble, sauf un petit nombre d'exceptions peu importantes, il n'est cependant aucun paragraphe qui n'ait reçu, soit dans l'expression, soit au fond, quelques améliorations, ainsi qu'il sera facile de s'en convaincre par le rapprochement de la première édition. J'adresse, à ce sujet, l'expression de ma vive reconnaissance à mes amis littéraires, qui m'ont aidé dans ce travail par leurs observations et leurs indications.

Leipzig, août 1841.

PRÉFACE DE L'AUTEUR

POUR LA TROISIÈME ÉDITION.

J'annonce, sur le titre, que cette troisième édition est *complétement refondue*, et ce n'est pas sans raison, comme le prouvent, non-seulement l'étendue du volume, augmenté de plusieurs feuilles, mais surtout la comparaison attentive de son contenu avec celui des éditions précédentes. Aucun paragraphe n'est resté sans amélioration, beaucoup ont été entièrement changés, un grand nombre de nouveaux ont été intercalés. J'ai aussi introduit quelques modifications dans plusieurs parties du système; j'y ai été déterminé, soit par mes propres réflexions, soit par des observations étrangères. En général, je puis assurer que j'ai pris en consciencieuse considération les remarques qui m'ont été adressées au sujet des précédentes éditions, soit dans des critiques publiques, soit dans des communications privées. Ainsi donc je recommande aussi au public la présente édition, et je souhaite qu'elle reçoive de sa part un accueil bienveillant.

Leipzig, 4 septembre 1846.

PRÉFACE DE L'AUTEUR

POUR LA QUATRIÈME ÉDITION.

———

Cette quatrième édition a également éprouvé des améliorations importantes. La table, notamment, a été considérablement augmentée pour faciliter les recherches.

Leipzig, 1er décembre 1849.

PRÉFACE DU TRADUCTEUR

POUR LA PREMIÈRE ÉDITION.

———

Chargé de faire à la Faculté de droit de Paris un cours de Pandectes, que tous les étudiants sont tenus de suivre pendant un an, et que suivent, de fait, pendant plusieurs années, ceux qui veulent se livrer à des études plus approfondies, particulièrement ceux qui aspirent au grade de docteur, j'ai dû, en resserrant mon enseignement dans les limites d'un cours annuel, en varier le sujet, de manière à ne pas revenir trop promptement aux mêmes matières. Ainsi, tantôt j'ai exposé *dogmatiquement* des sujets très-vastes (comme l'organisation judiciaire et la procédure romaines), tantôt j'ai développé *exégétiquement* des matières moins étendues (comme la dot, la possession et la propriété, l'usufruit et les servitudes, le gage et l'hypothèque). Ayant jugé utile de consacrer mon cours de cette année à une exposition générale des principes du droit romain, dans leur progression historique et leur enchaînement naturel, j'ai cherché parmi les nombreux traités élémentaires ou manuels publiés en Allemagne, un livre qui pût me servir de cadre. Le *Lehrbuch*, que M. Marezoll vient de faire imprimer, m'a paru propre à remplir mon objet. Il est du petit nombre des ouvrages de ce genre qui peuvent, sans trop d'efforts, être entendus indépendamment de l'explication orale du professeur.

Les doctrines m'ont semblé en général exactes, bien liées, présentées avec netteté et précision, et assez exemptes d'idées métaphysiques et systématiques modernes; le plan, simple et régulier; les divisions, peu multipliées, faciles à suivre et à retenir.

On ne s'étonnera pas de me voir adopter, pour un cours de Pandectes, le manuel d'un cours d'Institutes, si l'on songe qu'en France, où le droit romain n'est plus en vigueur, ces deux cours ne diffèrent pas, comme en Allemagne, en ce que celui-ci est plus théorique, celui-là plus pratique, mais seulement en ce que l'un est plus élémentaire, l'autre plus approfondi, et que, par conséquent, le même cadre peut leur convenir à tous deux, sauf la différence des développements[1].

Pressé de mettre ce livre à la disposition de mes élèves pour la rentrée des cours, je n'ai eu que le temps de *le faire sortir de l'allemand*, et je crains bien qu'on ne trouve que je ne l'ai pas assez fait *entrer dans le français*. Ceux qui se sont occupés de travaux de ce genre, savent combien la terminologie allemande est souvent difficile à rendre dans notre langue, et quel tourment, par exemple, donne au traducteur l'innombrable famille des composés de *Recht*, *Rechtsverhältniss*, *Rechtsbefugniss*, *Rechtshandlung*, *Rechtskreis*, etc., et l'emploi continuel des adjectifs *rechtlich*, *juristisch*; les mots correspondants *juridique*, *légal*, *de droit*, quelque soin que prenne le traducteur de les supprimer toutes les fois qu'il le peut sans

---

[1] Voy. la note de la page 18.

nuire au sens ou à la clarté, reviendront toujours trop fréquemment à nos oreilles, moins tolérantes pour les répétitions que celles de nos voisins. Parmi ces termes techniques, il en est un très-utile, dont je voudrais bien que notre langue fournît l'équivalent : c'est *Rechts-geschäft*. On le traduirait mal par *contrat*, puisqu'il comprend à la fois les actes constitutifs de droits réels et les actes constitutifs de droits de créance : *negotium juris* ou simplement *negotium* le rendrait assez bien en latin ; mais, en français, *affaire* est trop vague, et *affaire de droit*, *affaire juridique*, qui est la traduction exacte, a quelque chose d'un peu étrange.

J'ai ajouté quelques notes sur les points où les idées de l'auteur me paraissent manquer d'exactitude, ou, du moins, diffèrent des miennes.

J'ai souvent divisé les paragraphes en alinéa pour rendre les diverses propositions plus distinctes.

J'ai retranché les textes latins, que M. Marczoll a transcrits à la suite de ses paragraphes, malgré l'importance qu'il paraît y attacher, comme complément exégétique d'un cours dogmatique. Puisés pour la plupart dans les Institutes de Justinien et de Gaïus, ou dans d'autres ouvrages élémentaires qui sont entre les mains de tous les étudiants, ils auraient grossi inutilement le volume. D'ailleurs, le but que notre auteur se proposait sera atteint, ce me semble, plus convenablement pour un cours de Pandectes, par quelques leçons consacrées, de temps en temps, à l'explication, non de passages simples et faciles, mais de quelques textes importants du Digeste, par exemple, des questions ou des consultations les plus intéressantes de Papinien ou de Paul. Les élèves y apprendront à combiner les prin-

cipes, à en déduire les conséquences, et à appliquer le
droit au fait. Je croirais ne remplir que la moitié de
ma tâche, si je ne joignais ainsi à une exposition historique et synthétique du droit des Pandectes, suivant la
méthode la plus accréditée en Allemagne, des exercices
analytiques, d'après la méthode de Cujas, afin d'habi-
tuer les jeunes gens à comprendre et à discuter les
textes des jurisconsultes romains. Si nous devons être
attentifs à profiter des travaux de nos voisins d'outre
Rhin qui, dans ces derniers temps, ont rendu tant de
services à la science du droit romain, il ne serait pas
permis, dans une école française, d'être infidèle au mode
d'enseignement du grand interprète dont s'honore notre
pays, et qui n'a encore été surpassé nulle part.

Paris, octobre 1839.

PRÉFACE DU TRADUCTEUR

POUR LA DEUXIÈME ÉDITION.

———

Quoique je persiste dans ce que j'ai dit à la fin de la préface précédente, sur le choix des textes à expliquer dans un cours de Pandectes, j'ai cru devoir, à la demande de plusieurs personnes, rétablir dans cette nouvelle édition les textes latins annexés à chaque paragraphe de l'ouvrage allemand, qui se trouvera ainsi complétement reproduit.

J'ai revu attentivement ma traduction pour y faire passer toutes les additions et tous les changements que l'auteur a faits à son ouvrage dans ses éditions postérieures, particulièrement dans la troisième, qui a éprouvé des améliorations très-considérables et même, en quelques parties, une refonte complète, et dans la quatrième, qui a encore été notablement perfectionnée. J'ai remarqué avec satisfaction que quelques-uns de ces changements sont conformes aux observations critiques que j'avais présentées dans les notes de la première édition de cette traduction. Comparez notamment les paragraphes suivants des deux éditions, savoir :

PRÉFACE DU TRADUCTEUR.

§ 51, 1re édition, avec § 59, 2e édition.

§ 60, — — § 70, —

§ 107, — — § 123, —

§ 144, — — § 159, —

§ 174, — — § 195, —

§ 212, — — § 236. —

Paris, septembre 1851.

———

TABLEAU

DES DIVISIONS DE L'OUVRAGE.

INTRODUCTION.

PREMIÈRE PARTIE.

HISTOIRE DES SOURCES DU DROIT ROMAIN.

PREMIÈRE PÉRIODE.

DEPUIS LES TEMPS LES PLUS ANCIENS JUSQU'A LA RÉDACTION DE LA LOI DES DOUZE TABLES.

DEUXIÈME PÉRIODE.

DEPUIS LA LOI DES DOUZE TABLES JUSQU'A L'ÉTABLISSEMENT DU GOUVERNEMENT MONARCHIQUE SOUS L'EMPEREUR AUGUSTE.

b

TROISIÈME PÉRIODE.

DEPUIS L'EMPEREUR AUGUSTE JUSQU'A L'EMPEREUR CONSTANTIN LE GRAND.

QUATRIÈME PÉRIODE.

DE CONSTANTIN A JUSTINIEN.

DESTINÉE ULTÉRIEURE DU DROIT ROMAIN AU POINT DE VUE LÉGISLATIF ET AU POINT DE VUE DE L'HISTOIRE LITTÉRAIRE.

DEUXIÈME PARTIE.

EXPOSITION SYSTÉMATIQUE DU DROIT PRIVÉ DES ROMAINS.

LIVRE PREMIER.

PRINCIPES GÉNÉRAUX SUR LES DROITS, LEURS DIVERSES ESPÈCES, LEUR
EXERCICE, LEUR POURSUITE ET LEUR GARANTIE.

LIVRE II.

LE DROIT DES PERSONNES, OU THÉORIE DES PERSONNES ET DE LEUR CAPACITÉ DE DROIT.

PREMIÈRE SECTION.

Droit des choses, ou théorie des droits réels.

CHAPITRE PREMIER.

PRINCIPES GÉNÉRAUX TOUCHANT LES CHOSES, LEURS DIVERSES ESPÈCES ET LES DROITS DONT ELLES PEUVENT ÊTRE L'OBJET.

CHAPITRE II.

THÉORIE DE LA PROPRIÉTÉ.

I.

Introduction générale.

II.

Histoire de la propriété.

III.

Du dominium *dans le nouveau droit romain.*

A. — Acquisition de ce *dominium* en général.

AA. — Des *adquisitiones rerum singularum.*

CHAPITRE III.

THÉORIE DES DROITS RÉELS SUR UNE CHOSE APPARTENANT A AUTRUI.

I.

Théorie des servitudes.

II.

De l'emphyteusis et de la superficies.

III.

Du gage, pignus.

DEUXIÈME SECTION.

Droit des obligations, ou théorie des droits de créance.

CHAPITRE PREMIER.

PRINCIPES GÉNÉRAUX DES OBLIGATIONS.

CHAPITRE II.

SOURCES ET CAUSES DES OBLIGATIONS.

TITRE I.

Des obligations qui naissent ex contractu.

I.

Exposition du système des contrats dans sa pureté originaire.

II.

Extension successive du nombre des conventions produisant action.

TITRE II.

Des obligations qui naissent quasi ex contractu.

TITRE III.

Des obligations qui naissent ex delicto *ou* ex maleficio.

TITRE IV.

CHAPITRE III.

DE L'EXTINCTION DES OBLIGATIONS.

LIVRE IV.

THÉORIE DES RAPPORTS DE FAMILLE, OU DROIT DE FAMILLE.

CHAPITRE PREMIER.

THÉORIE DU MARIAGE.

CHAPITRE II.

THÉORIE DES RAPPORTS ENTRE ASCENDANTS ET DESCENDANTS, ET DE LA PUISSANCE PATERNELLE EN PARTICULIER.

I.

Nature et effets de la puissance paternelle.

II.

Établissement de la puissance paternelle.

III.

Cessation de la puissance paternelle.

CHAPITRE III.

THÉORIE DE LA TUTELLE ET DE LA CURATELLE.

LIVRE V.

THÉORIE DE LA TRANSMISSION HÉRÉDITAIRE, OU DES SUCCESSIONS EN CAS DE MORT.

PREMIÈRE SECTION.

Théorie de la succession héréditaire proprement dite.

CHAPITRE PREMIER.

INTRODUCTION GÉNÉRALE AU DROIT DE SUCCESSION HÉRÉDITAIRE.

CHAPITRE II.

DÉLATION DE LA SUCCESSION D'APRÈS UN TESTAMENT.

CHAPITRE III.

DÉLATION DE L'HÉRÉDITÉ SANS TESTAMENT, AB INTESTAT.

CHAPITRE IV.

DÉLATION DE LA SUCCESSION CONTRE LA TENEUR D'UN TESTAMENT.

CHAPITRE V.

ACQUISITION DE L'HÉRÉDITÉ.

DEUXIÈME SECTION.

Théorie des dispositions de dernière volonté à titre singulier.

TROISIÈME SECTION.

Autres successions pour le cas de mort.

PRÉCIS D'UN COURS

SUR L'ENSEMBLE

DU DROIT PRIVÉ

DES ROMAINS.

INTRODUCTION.

§ 1.

Le droit et l'état.

Le *droit* est ce qui répond à l'idée du juste.

Cette idée du juste ou du droit se trouve dans le rapport le plus intime avec l'idée du bien moral. Car toutes les deux découlent de la même source, de la raison pratique de l'homme, et sont des déductions d'une seule et même vérité éternelle, d'après laquelle les hommes, soit individuellement, soit collectivement, sont capables d'un perfectionnement constamment progressif, et doivent s'y appliquer avec persévérance. En conséquence, le droit et le bien moral n'apparaissent pas comme opposés l'un à l'autre, mais plutôt comme des parties d'un même tout, se complétant mutuellement, et destinées à suppléer à leur insuffisance respective et à faciliter, par leur active coopération, les moyens d'atteindre les plus nobles buts de l'existence humaine. Sous ce rapport, il n'y a donc rien de contradictoire en soi dans l'habitude où étaient les Grecs de réunir la théorie du droit et la théorie de la morale, comme formant un ensemble scientifiquement déterminé et complet, sous la dénomination commune d'*éthique*. Cependant une séparation de ces deux théories est, en principe, d'après leurs limites naturelles et les rapports qu'elles ont entre elles, non-seulement possible, mais tout à fait nécessaire, tant pour la conduite de la vie que pour la science.

A la vérité, l'idée du droit, dans les divers essais qui ont été tentés pour la réaliser en pratique, pour la faire apparaître dans la vie des peuples, a revêtu des formes très-différentes. Ces différences tiennent, soit au degré plus ou moins avancé de la civilisation de chaque peuple, soit à beaucoup d'autres circonstances extérieures. Mais nous trouvons toujours cette idée en liaison intime avec l'idée de l'*état*. Aussi le droit et l'état sont deux phénomènes historiques que nous ne rencontrons jamais isolés, mais toujours unis l'un à l'autre. La raison en est que c'est seulement dans l'état, c'est-à-dire seulement dans une réunion civile, bien ordonnée, d'hommes formant des peuples, grands ou petits, sous un pouvoir commun, extérieur, généralement reconnu, que l'idée du droit peut entrer en action. En effet, il est de l'essence du droit d'être, d'une manière quelconque, généralement reconnu comme tel, par l'universalité de ceux qui composent le peuple et forment l'état, et d'être, en conséquence, surveillé et garanti par la puissance publique, organe de cette universalité.

C'est là précisément la différence caractéristique la

plus tranchée qu'offrent extérieurement le droit et la morale. Car les deux doctrines, celle du droit et celle de la morale, se rencontrent en ceci qu'elles établissent des préceptes auxquels l'homme, en qualité d'être libre et raisonnable, doit se soumettre, lui et ses actions. Mais comme les préceptes de la morale, purement subjectifs, n'émanent que de l'individu et de sa conscience, ils ne sont surveillés, dans leur accomplissement, que par la conscience de l'individu, et ne reposent ainsi que sur une contrainte intérieure. Au contraire, les préceptes du droit, émanant de l'universalité de l'association civile, par conséquent de l'état, du peuple, sont aussi, comme lois universelles, sous la surveillance de cette universalité, puisque son organe, la puissance publique, contraint, au besoin, par des moyens extérieurs, à les observer.

Cette contrainte, exercée en vertu du droit, ne porte aucune atteinte à la dignité de la liberté humaine, et n'est point en contradiction avec elle. Car les préceptes du droit émanent des hommes mêmes qui ont à leur obéir et qui contribuent à former l'universalité, et apparaissent ainsi seulement comme une restriction imposée par la raison de chacun à sa liberté, restriction qui est la condition de la liberté juridique, partie importante de la liberté humaine.

§ 2.

Droits et rapports de droit.

La réalisation de l'idée du droit exige nécessairement qu'on assigne d'une manière précise à chaque particulier, membre de la grande association juridique, de l'état, son cercle de liberté extérieure, sa sphère de droit dans les limites de laquelle il peut

et doit se mouvoir sans empêchement, en n'empié-
tant pas sur la sphère de liberté ou de droit qui appartient pareillement aux autres. Tant qu'il reste dans
le cercle qui lui est ainsi tracé, il est dans son *droit*
et l'état le protége contre tout empiétement tenté par
d'autres. Car cet empiétement constitue un *tort*, une
injustice, qui ne doit pas être soufferte.

Mais, réciproquement, chaque particulier doit
s'engager à respecter la sphère de liberté extérieure,
la sphère de droit des autres particuliers, et à s'abstenir de tout trouble, qui constituerait une injustice.

Par là se développe une chaîne continue de droits
et de devoirs ou obligations réciproques des citoyens
entre eux. Car les actions extérieures qui se renferment dans le cercle juridique assigné à un citoyen,
et auxquelles il est ainsi autorisé sous la protection
de l'état, forment ses *droits* (*jura*), qu'on nomme
aussi, dans leurs manifestations particulières, *facultés, facultés juridiques*. Les devoirs qui y corres-
pondent, qui partant sont imposés à d'autres, ne
sont qu'une conséquence naturelle et nécessaire de
ces droits. Les rapports particuliers, où se trouvent
par là placés les uns à l'égard des autres les membres de la communauté juridique, s'appellent *rapports de droit*.

Maintenant, celui qui reconnaît, comme il le doit,
tous les droits d'autrui, et qui en même temps accomplit ses propres devoirs, celui-là agit, se conduit avec
droiture, est un homme *droit*, c'est-à-dire agit selon
le *droit*, selon la justice.

Injuria ex eo dicta est, quod non jure fiat. Omne enim, quod
non jure fit, injuria fieri dicitur. Ulpianus, fr. 1, *pr.*, D., xlvii,
10, *De injur.*

Justitia est constans et perpetua voluntas, jus suum cuique
tribuendi.

Juris præcepta sunt hæc : honeste vivere, alterum non lædere, suum cuique tribuere. *Pr. et* § 1, I., 1, 1, *De justit. et jure.*

§ 3.

Droit public et privé.

Les rapports juridiques dans lesquels nous rencontrons l'homme, comme membre de l'état, sont de deux espèces.

Il se trouve d'abord, comme simple individu, vis-à-vis d'autres simples individus qui appartiennent également à l'état. Cette position donne lieu au développement d'une multitude de rapports de droit des particuliers entre eux, rapports qui ne semblent avoir d'importance prochaine et immédiate que pour ces particuliers, comme particuliers, *privi*, c'est-à-dire *singuli homines, privati*, sans concerner immédiatement les intérêts de l'état tout entier. Aussi l'état abandonne plus ou moins le règlement de ces rapports aux particuliers eux-mêmes, et se contente de poser en général certains principes fixes, d'après lesquels ces rapports juridiques des particuliers seront reconnus et jugés, en tant que compatibles avec le bien commun et le but général du droit. Ces principes forment le *droit privé, privatum jus*, appelé aussi par les Romains *jus civile*.

Mais le particulier contribue aussi à former la société civile, l'état dont il est membre, et mérite, à ce point de vue, de fixer l'attention comme partie intégrante de cette universalité. De là le développement d'une foule de rapports de droit, qui, médiatement, touchent et intéressent aussi toujours plus ou moins ce particulier, non dans ses relations comme particulier avec d'autres particuliers, mais dans ses relations avec l'ensemble de l'état. Ce sont donc des rapports juridiques de l'état lui-même, et les principes qui les régissent forment le *droit public, publicum jus.* Ce droit comprend et la constitution politique de l'état, avec l'organisation spéciale qui s'y rapporte, et la détermination des divers pouvoirs gouvernementaux, c'est-à-dire des pouvoirs qui sont accordés au chef constitutionnel de l'état, pour qu'il puisse agir, soit à l'intérieur, soit à l'extérieur, et gouverner conformément au but de l'association civile, ainsi que l'exposition des principes d'après lesquels ces pouvoirs gouvernementaux doivent être exercés.

Au reste, la ligne de séparation entre le droit public et le droit privé ne peut pas, on le conçoit facilement, être tracée si exactement, qu'il ne reste plusieurs points qui paraissent, d'un côté et sous un certain rapport, appartenir au *jus privatum*, et, d'un autre côté et sous un autre rapport, appartenir au *jus publicum.* C'est aussi un fait généralement observé que, dans les états dont le développement est encore peu avancé, beaucoup de points, qui appartiennent proprement au droit public, revêtent encore la forme du pur droit privé, et ne passent que peu à peu dans le cercle du droit public. Réciproquement, il est aussi pour un peuple certaines situations politico-religieuses, d'après lesquelles beaucoup de rapports juridiques, qui par leur nature appartiennent proprement au droit privé, prennent une forme qui rappelle plutôt le droit public. Ces deux résultats de l'expérience sont confirmés notamment par l'histoire du droit romain.

Enfin, chaque homme en particulier se présente aussi et en même temps comme membre de la communauté religieuse à laquelle il se rattache par sa croyance. Il se trouve ainsi placé dans des rapports *religieux* plus ou moins spéciaux. Ces rapports se confondent, il est vrai, parfois complétement, avec les autres rapports juridiques qui existent dans l'état; c'est ce qui arrive là où la religion est une véritable religion nationale. Il en était ainsi chez les Romains, qui, très-logiquement, rangeaient leur *jus sacrum* dans le *jus romanum publicum*. Mais là où ces conditions n'existent pas, comme dans nos états chrétiens notamment, le rapport de chaque croyant avec sa communauté, avec l'*église*, forme un droit propre, spécial, le *droit ecclésiastique*. Seulement il ne faut pas confondre avec ce droit ces maximes qui, considérées en elles-mêmes, ne contiennent que des règles de vrai droit public ou privé, mais qui sont accidentellement empruntées à des *sources* étroitement liées au droit ecclésiastique. Nous en trouvons un exemple dans une grande partie de notre droit *canonique*.

Hujus studii duæ sunt positiones, publicum et privatum. Publicum jus est, quod ad statum rei romanæ spectat. Privatum, quod ad singulorum utilitatem. § 4, I., 1, 1, *De just. et jure.*

Sunt enim quædam publice utilia; quædam privatim. Publicum jus in sacris, in sacerdotibus, in magistratibus consistit. ULPIANUS, fr. 1, § 2, D., 1, 1, *De just. et jure.*

§ 4.

Le droit positif; son établissement par des lois publiées ou par des coutumes.

L'ensemble du droit que nous rencontrons dans l'histoire comme universellement reconnu, et par conséquent en vigueur, chez tel peuple, à une certaine époque, s'appelle le droit *positif* de ce peuple, qu'il soit encore aujourd'hui en vigueur ou qu'il y ait été jadis.

Ce droit positif d'un peuple, comme état historique, ne peut naturellement résulter que de certains faits historiques, savoir de faits par lesquels la volonté juridique générale, c'est-à-dire la volonté collective du peuple réuni en société civile, formant un état, se prononce sur ce qui doit valoir comme règle de droit reconnue. Ces faits constituent alors les *sources du droit positif*.

Comme l'universalité des membres de l'association a deux manières de manifester sa volonté juridique, ces sources du droit sont aussi de deux espèces.

En effet, la volonté juridique de cette universalité peut s'exprimer d'abord en forme de *lois publiées*. C'est ce qui arrive quand le fonctionnaire ou le corps politique auquel ce pouvoir législatif a été confié par la constitution, et qui, en conséquence, se présente comme un organe juridique universellement reconnu du peuple entier, porte à la connaissance du public, dans la forme constitutionnelle, un précepte de droit, avec l'ordre exprès que tous les citoyens, ou du moins les classes de citoyens auxquelles il est directement adressé, le suivent à l'avenir comme règle, et y conforment leurs actions. Ces lois peuvent se rapporter aussi bien au droit public qu'au droit privé, puisque tous les deux se trouvent également sous la surveillance de l'autorité suprême. Ensuite l'objet et l'étendue des lois peuvent différer beaucoup à d'autres égards : de là les divisions des lois en lois générales, spéciales, permissives, impératives, prohibitives, etc.

Mais la volonté collective du peuple sur ce qui doit valoir comme droit peut aussi se manifester avec certitude et précision dans le peuple lui-même immédiatement, sans l'entremise de la puissance législative. C'est ce qui a lieu lorsque, sans loi promulguée, la conviction de l'existence d'une certaine règle de droit est si vive et si générale dans le peuple, qu'elle se produit au dehors par des actions non équivoques et par une observance volontaire. Une règle de droit ainsi établie s'appelle *coutume* ou *droit coutumier, consuetudo ;* et, en effet, la persuasion générale de la force obligatoire d'une règle de droit est particuliè-rement nourrie et fortifiée par la pratique de cette règle et par l'habitude, par les précédents. Cepen-dant il ne faut pas ici perdre de vue que la force obligatoire propre du droit coutumier n'a pas plus son fondement immédiat dans une telle habitude, que dans l'observation antérieure de la règle, long-temps, généralement, uniformément continuée, mais seulement dans la conviction vive et universelle qui règne sur ce point de droit dans le peuple entier ou dans certaines classes du peuple. L'habitude, l'exécu-tion et l'observation antécédentes de cette règle sont plutôt une suite naturelle de la conviction com-mune, et font que la règle se présente plus claire-ment à la conscience universelle. Elles ne sont donc pas par elles-mêmes une source du droit, mais la forme extérieure par laquelle le droit se manifeste, et elles servent ainsi surtout à le prouver. D'où il suit qu'on peut imaginer un droit coutumier qui aurait existé de tous temps dans le peuple, et ne se serait pas formé peu à peu par la coutume. Du reste, la question de savoir qui a donné la première impul-sion à ce qui est devenu depuis une coutume, c'est-à-dire de qui est émanée d'abord cette idée de droit, qui insensiblement s'est établie dans le peuple comme conviction juridique, cette question est indifférente pour la notion générale du droit coutumier. Toute-fois elle a son importance, en ce qu'elle sert à expli-

quer historiquement, d'une manière très-naturelle,
les formes variées que revêt ordinairement le droit
coutumier, ainsi que les tendances souvent très-par-
ticulières qu'il affecte.

D'après ce qui vient d'être dit, le droit établi par
la coutume repose, comme le droit publié par des
lois, sur la volonté générale, l'assentiment de tous,
civium voluntas, consensus utentium. Aussi il ressemble complétement au droit promulgué quant à ses
effets et à sa force obligatoire. Et même, sous le
rapport historique, il précède, pour le temps, les
lois promulguées; car c'est un phénomène aussi
connu que naturel et facile à expliquer, que la base
originaire de tout droit positif est la coutume. Moins,
en effet, dans un état, la puissance législative est
solidement établie, moins elle est convenablement
organisée, moins ses rouages sont disposés de manière à pouvoir entrer en action sans grande difficulté, plus aussi est naturellement vaste le champ
laissé au droit coutumier. Quand, plus tard, la puissance législative se développe complétement, elle
vient se placer à côté du droit coutumier, soit pour
le seconder, soit pour le régler. En effet, elle a
d'abord à lui venir en aide, quand il ne suffit plus
comme source; c'est ce qui arrive très-souvent lorsque le progrès de la civilisation a amené comme
conséquence nécessaire le développement de rapports de droit de plus en plus artificiellement compliqués et difficiles à juger. La puissance législative
a aussi à intervenir pour contenir et régler le droit
coutumier, quand il menace de prendre une direction qui ne réponde pas complétement au but de la
société civile. A la vérité, comme la conviction universelle, base du droit coutumier, est ordinairement
le résultat de sa bonté et de son utilité, éprouvées

par l'expérience, il n'arrivera pas facilement qu'une règle tout à fait inconvenante et mauvaise reçoive, par cette voie, la forme et le caractère de droit positif. Cependant cela n'est point impossible, surtout quand l'esprit général du peuple a une fois pris une mauvaise direction.

Il est hors de doute que la puissance législative, d'après le rôle qu'elle joue dans l'état, n'est pas uniquement une force productive d'un droit positif, mais qu'elle a en même temps la tâche importante de surveiller toute espèce de droit, par conséquent aussi le droit coutumier. Elle peut et doit donc nonseulement donner aux coutumes, souvent incertaines et variables, plus de fixité pour l'avenir, en les faisant rédiger et colliger, mais encore changer, dans ce droit coutumier, par des lois, ce qui doit être modifié pour répondre au véritable but de la société et aux besoins de chaque époque.

Le droit coutumier peut aussi, comme le droit promulgué législativement, être, quant à l'étendue de son empire, tantôt plus général, tantôt plus spécial, suivant la diffusion plus ou moins grande de cette conviction juridique commune dans tous les districts, ou seulement dans certains districts de l'état, parmi toutes les classes ou seulement parmi certaines classes du peuple. Enfin, en ce qui concerne leur contenu, les coutumes fournissent, dans les états où la puissance législative n'est pas encore suffisamment organisée, non-seulement l'origine positive des maximes du droit privé, mais même les fondements de tout le droit public. Au contraire, dans les états complétement civilisés, le règlement des rapports de droit public est plus exclusivement le domaine de la puissance législative, et c'est seulement pour coordonner les rapports du droit privé qu'une libre carrière est laissée au droit coutumier. La raison en est dans l'essence du droit public telle qu'elle a été exposée ci-dessus. Enfin, et c'est un phénomène historique très-facile à expliquer, quand les rapports juridiques commencent à devenir plus artificiels et plus compliqués, les coutumes, sans perdre dès lors, comme source juridique, leur force productive d'un nouveau droit, cessent de procéder immédiatement du peuple lui-même. Leur élaboration se concentre peu à peu, en partie du moins, dans l'ordre des jurisconsultes, et ceux-ci représentent alors le peuple entier, en ce sens que le peuple, devenu étranger à la connaissance du droit, s'accoutume de plus en plus à s'approprier, sans examen, les convictions juridiques exprimées par les jurisconsultes comme bonnes et justes. Le danger dont le droit est ainsi menacé de perdre à la longue ce caractère populaire qui lui est absolument nécessaire pour atteindre son but, peut être facilement prévenu par d'autres institutions politiques, surtout par une constitution qui ne laisse aucune partie du peuple sans représentation dans le sein du pouvoir législatif.

Tout droit positif repose nécessairement sur une des deux sources que nous venons d'exposer, sur les coutumes ou sur les lois promulguées. Il n'en existe pas une troisième distincte de ces deux-là. Ce qu'on présente quelquefois à ce titre, sous diverses dénominations, ce sont ou simplement des formes particulières que revêtent les lois promulguées ou les coutumes, ou des circonstances et des rapports spéciaux qui influent sur la conviction juridique du peuple et sur sa législation, et par là médiatement sur le contenu des sources du droit.

Lex est commune præceptum,... communis reipublicæ spon-
sis. Papinianus, fr. 1, D., 1, 3, *De legibus.*

Legis virtus est, imperare, vetare, permittere, punire. Modestinus, fr. 7, D., 1, 3, *De legib.*

Pleraque in jure non legibus, sed moribus constant. Quincti-
lianus, *Inst. orat.*, V, 3.

De quibus causis scriptis legibus non utimur, id custodiri
oportet, quod moribus et consuetudine introductum est. Julianus, fr. 33, *pr.*, D., 1, 3, *De legibus.*

Mores sunt tacitus consensus populi, longa consuetudine in-
veteratus. Ulpian., *Fragm.*, I, § 4.

Consuetudinis autem jus esse putatur id, quod voluntate omnium sine lege vetustas comprobavit. Cic., *De invent.*, II, c. 22.

Ex non scripto jus venit, quod usus comprobavit. Nam diu-
turni mores, consensu utentium comprobati, legem imitantur.
§ 9, I., 1, 2, *De jure nat.*

Inveterata consuetudo pro lege non immerito custoditur, et
hoc est jus, quod dicitur moribus constitutum. Nam quum ipsæ
leges nulla alia ex causa nos teneant, quam quod judicio
populi receptæ sunt, merito et ea, quæ sine ullo scripto populus
probavit, tenebunt omnes. Nam quid interest, suffragiis populus
voluntatem suam declaret, an rebus ipsis et factis? Qua re rectissime et illud receptum est, ut leges non solum suffragio legis-
latoris, sed etiam tacito consensu omnium per desuetudinem
abrogentur. Julianus, fr. 32, § 1, D., 1, 3, *De legib.*

§ 5.

Introduction d'un droit étranger ou de principes
de droit étrangers.

La bonté de beaucoup de dispositions du droit
positif ne peut être garantie et manifestée que par
l'expérience. Il paraît donc aussi naturel que raisonnable qu'un peuple, dans le perfectionnement de
son droit positif, mette à profit d'abord ses propres
expériences, ensuite les expériences étrangères.
Quelquefois cet emprunt consiste en ce qu'un peuple s'approprie, directement et avec la pleine con-

science de leur origine exotique, l'ensemble du droit positif d'un autre peuple, ou toutes les dispositions dont ses rapports civils lui font sentir le besoin ou l'utilité. Cette *introduction* (*receptio*) peut, comme tout perfectionnement du droit positif, s'opérer, soit par la loi, soit par la coutume. Son mérite et son opportunité dépendent des circonstances particuliè-res où ce peuple se trouve placé.

§ 6.

Développements graduels, et abolition des préceptes du droit positif.

Les besoins d'un peuple auxquels le droit positif doit satisfaire varient avec les époques et l'état de sa civilisation. Par là s'explique très-naturellement ce phénomène historique, que le droit positif ne reste jamais longtemps stationnaire, mais se perfectionne continuellement par de nouvelles lois ou par des coutumes, et se transforme peu à peu considérable-ment. Il ne mérite pas pour cela le reproche d'in-conséquence et d'instabilité. Au contraire, il serait impossible d'imaginer un droit positif qui convînt également pour tous les temps et toutes les circon-stances.

Lors donc que, dans ce changement perpétuel, les anciennes règles du droit se trouvent en con-tradiction avec les dispositions des nouvelles lois ou coutumes, ces dernières méritent toujours la pré-férence, sous le rapport pratique, et la nouvelle maxime de droit remplace l'ancienne. *Jus posterius derogat priori.*

Ea vero, quæ ipsa sibi quæque civitas constituit, sæpe mutari

solent, vel tacito consensu populi, vel alia postea lege lata. § 11,
I. 1, 2, *De jure nat.*

Αἱ μεταγενέστεραι διατάξεις ἰσχυρότεραι τῶν πρὸ αὐτῶν εἰσίν (i. e.
constitutiones tempore posteriores potiores sunt his, quæ ipsas
præcesserunt). MODESTINUS, fr. 4, D., 1, 4, *De constitut. princ.*

§ 7.

La science du droit et ses diverses faces.

La science du droit, la jurisprudence, *juris pru-
dentia, juris scientia,* se compose des vérités de
droit, des maximes de droit, développées d'après
leurs raisons internes et externes, et réunies en un
ensemble scientifiquement coordonné. Les Romains
la définissent : *Justi atque injusti scientia.* S'ils la désignent en outre comme *divinarum atque humanarum
rerum notitia,* cela paraît se rattacher à l'antithèse
entre le *sacrum jus* et le reste du droit, l'*humanum
jus.* Cependant, on peut admettre une explication
plus générale; car, à raison de la connexion intime
qui unit le droit aux intérêts les plus importants de
l'humanité, et attendu qu'en fait il touche à tous les
rapports de la vie et les pénètre tous, la jurisprudence peut très-bien être désignée comme la science
de tous les rapports de la vie humaine.

Assurément, le droit est, d'après son but et sa
nature, destiné à la vie réelle et à l'application pratique. Aussi doit-on, quand on le traite scientifiquement, avoir toujours devant les yeux le but
pratique. Selon le côté par lequel on considère la
jurisprudence, cette tendance à l'application immédiate peut ressortir plus ou moins nettement; mais
elle ne doit jamais être laissée tout à fait dans l'ombre et complétement négligée. Ce n'est qu'en en-

visageant à la fois le droit sous toutes ces faces, qu'on peut espérer d'en retirer sa véritable utilité, soit pour la vie réelle, soit pour la science.

Comme nous-mêmes nous vivons dans un état juridique donné, et que partout où nous portons nos regards, le droit se présente à nous comme quelque chose de positif, c'est-à-dire comme une donnée historique, le point de vue le plus naturel où nous puissions et devions nous placer, pour considérer le droit, est sans doute le point de vue *historique*.

Toutefois on peut, dans la recherche de ce point de vue historique, suivre différentes routes. Ainsi nous pouvons d'abord fixer notre attention sur le fond et la forme du droit positif en vigueur à telle époque déterminée qui nous paraît la plus importante du côté pratique. Mais, pour arriver à une connaissance *dogmatique* approfondie de ce droit, nous devons nécessairement y réunir l'*histoire du droit* proprement dite, en recherchant comment et par quels événements le droit, dans le cours des temps, sous l'influence des diverses circonstances et des divers rapports extérieurs, est arrivé, par un développement successif, à prendre cette forme à laquelle nous voulons nous attacher spécialement sous le rapport pratique. Car un résultat de l'histoire ne peut être bien connu que par la voie historique, et le présent ne peut être sainement apprécié que par un rapprochement exact avec le passé dont il est issu.

Outre le point de vue historique, il existe encore, pour la connaissance du droit, un autre point de vue tout à fait différent, le point de vue *philosophique*. Ainsi nous pouvons, sans prendre immédiatement en considération ce qui s'est produit jusqu'ici historiquement, rechercher philosophiquement, en premier lieu, si et jusqu'à quel point l'état et le droit en général nous apparaissent nécessairement comme des idées fournies par la raison ; deuxièmement, comment, d'après les exigences de notre raison, l'état et le droit doivent être organisés pour atteindre le plus haut degré de perfection humaine ; troisièmement, si et jusqu'à quel point, dans telles circonstances et tels rapports donnés, cet état idéal du droit peut se réaliser. On réunit ces recherches sous la dénomination de *philosophie du droit*, et l'on en désigne le résultat par le nom de *droit naturel*.

Indépendamment de l'intérêt général, purement humain, que nous offre la philosophie du droit, par la liaison immédiate, signalée plus haut, entre le droit et les fins les plus élevées de l'existence humaine, elle a encore un intérêt pratique important pour la vie juridique ; car elle seule peut découvrir, tracer et aplanir la voie qui conduit directement à un perfectionnement plus rapide du droit en vigueur ; seule elle peut aussi éveiller ce sens philosophique qui est absolument nécessaire pour se livrer, impartialement et sans préjugés, à l'examen du droit positif, ou pour pénétrer dans son véritable esprit.

Jurisprudentia est divinarum atque humanarum rerum notitia, justi atque injusti scientia. § 1, I., 1, 1 ; *De just. et jure.*

§ 8.

La science du droit romain. Cours d'Institutes ; cours de Pandectes.

Le droit romain est non-seulement susceptible, mais éminemment digne d'être traité scientifiquement sous toutes les faces indiquées plus haut. Il y a à cela deux raisons : l'une qui est fondée sur l'état

2

particulier du droit positif en Allemagne, puisque le droit romain y est encore en vigueur, sous certaines restrictions; l'autre qui est tirée du mérite intrinsèque et du développement logique du droit romain. Le droit romain a donc pour nous une haute importance sous un double rapport.

Aussi commence-t-on l'étude du droit précisément par le droit romain. Le cours à ce destiné, qui a pour objet d'introduire, soit à l'étude du droit en général, soit à celle du droit romain en particulier, est connu depuis longtemps sous le nom d'*Institutes du droit romain* [1].

Ce nom tient à la même circonstance accidentelle, qui a fait donner le nom de *cours de Pandectes* à un autre cours de droit romain usité aussi depuis longtemps.

Le *cours d'Institutes* se rattache, sous ce rapport, très-étroitement au *cours de Pandectes*, puisqu'il est à ce dernier ce qu'une introduction succincte et historique au droit romain est à un développement étendu et dogmatique des parties de ce même droit qui ont encore aujourd'hui en Allemagne une application pratique.

---

[1] Les dénominations de *cours d'Institutes*, *cours de Pandectes* (*Institutionenvorlesung, Pandektenvorlesung*), n'ont pas, chez nos voisins d'outre-Rhin, le même sens que chez nous. Dans les universités allemandes, le *cours d'Institutes* est une exposition historique et élémentaire du droit romain, divisée ordinairement en histoire externe et histoire interne; le *cours de Pandectes* est une exposition dogmatique et plus approfondie. Le premier est plus théorique et traite du droit romain de toutes les époques : le second est plus pratique et ne s'occupe guère que du droit de Justinien, et même seulement des parties de ce droit qui sont restées en vigueur en Allemagne. En France, où le droit romain n'a plus force de loi, dans aucune de ses parties, cette dernière différence entre ces deux cours n'existe pas : l'un ne doit pas être plus pratique et moins historique que l'autre. (*Note du traducteur.*)

La marche qu'a suivie le développement historique du droit en Allemagne entraîne, il est vrai, cette conséquence, que le *droit de Justinien*, c'est-à-dire le droit romain tel que nous le trouvons au commencement du vi^e siècle de l'ère chrétienne, dans les recueils de Justinien, a pour nous l'intérêt pratique le plus immédiat (voy. ci-après, § 39). Cette circonstance explique aussi pourquoi dans les *cours d'Instituts* l'époque de Justinien est mise en relief sous un double rapport, et comme le point de mire auquel se rattache toute l'exposition du droit des temps antérieurs, qui n'en est, en quelque sorte, que la préparation et l'introduction, et comme le terme final auquel vient aboutir et se clore pour nous la notion du droit romain proprement dit; car tout ce qui vient après a plutôt le caractère d'une histoire littéraire ou bibliographique du droit romain.

Cependant, quand même des vues scientifiques, plus élevées ne nous feraient pas considérer l'exposition historique du droit romain privé, depuis son origine, prise aussi haut qu'il sera possible, comme la partie la plus intéressante de nos études, ce même but pratique dont nous parlions exigerait nécessairement qu'on laissât prévaloir la méthode du développement purement historique, car c'est l'unique voie pour atteindre ce but. Dans un cours d'Instituts spécialement, le principe historique peut et doit prédominer, de telle sorte que le droit de Justinien, dans ses plus nouvelles manifestations, doit rester sur l'arrière-plan, tandis qu'un cours de Pandectes doit offrir le rapport inverse[1]. Par là ces deux

---

[1] Voyez, sur cette distinction, la note de la page 18.
                                        (*Note du traducteur.*)

cours se servent mutuellement de complément et d'auxiliaire.

Ce qui vient d'être dit s'applique aussi bien à l'*Histoire externe du droit*, l'histoire des sources, qu'à l'*Histoire interne*, l'histoire des principes mêmes du droit. Si l'on suit dans celle-là une autre méthode que dans celle-ci, savoir, dans la première, la méthode *synchronique*, dans la seconde la méthode *chronologique*, cette inconséquence apparente se justifie par l'objet particulier du cours d'Institutes, car cette réunion des deux méthodes offre le moyen le plus simple de remplir cet objet. En effet, c'est dans le cours d'Institutes que se font particulièrement sentir l'inconvénient du synchronisme pour l'histoire interne du droit, et ses avantages pour l'histoire externe. L'inconvénient de cette méthode pour l'histoire interne consiste dans la difficulté de renouer ensemble ce qui a été exposé dans chaque période, et d'embrasser ainsi d'un seul coup d'œil l'ensemble d'une même doctrine dans son enchaînement intime. Au contraire, ses avantages pour l'histoire externe ne sont accompagnés d'aucun inconvénient semblable. D'ailleurs le but principal de la méthode synchronique, qui est de faire ressortir plus fortement l'influence mutuelle des événements sous le point de vue juridique, et la liaison d'un phénomène historique avec la marche que suit le développement simultané des diverses théories du droit ; ce but, dis-je, peut aussi être atteint dans l'histoire interne, sans l'emploi de cette méthode, si l'on a soin de faire remarquer cette connexion des événements historiques et des progrès des institutions, toutes les fois que cela paraît nécessaire pour obtenir une vue plus exacte d'une doctrine.

§ 9.

Sources de la connaissance du droit romain en général.

Les *sources de la connaissance du droit romain*, qu'il ne faut pas confondre avec les *sources du droit romain* lui-même, sont tous les secours historiques par lesquels on peut acquérir la connaissance du droit romain,

Elles se rangent dans les deux classes suivantes :

1° Les monuments qui, de près ou de loin, se réfèrent à des rapports juridiques de l'état romain. Cela comprend les inscriptions sur pierre, métal, ou autres matières[1]; puis les titres sur parchemin ou papyrus ; enfin les monnaies et médailles [2].

2° Les écrivains proprement dits. Les plus importants sont naturellement les écrivains dits juridiques, qui traitent du droit comme de leur objet spécial. Mais l'étude des écrivains non juridiques, romains et grecs, peut aussi être fort importante, parce qu'il n'est pas rare qu'ils offrent, bien que seulement en passant, des renseignements très-intéressants sur le droit romain, souvent dans des passages où l'on ne se serait pas attendu à les rencontrer.

Peuvent être cités à cet égard, comme historiens, chez les Romains : Jules César, Cornelius Nepos,

---

[1] *Antiquitatis romanæ monumenta legalia extra libros juris romani sparsa, quæ in ære, lapide, aliave materia.... supersunt. Delectu, forma et variarum lectionum adnotatione usui expeditiori accommodavit, etc.* C. G. Haubold. *Opus ex adversariis defuncti auctoris, quantum fieri potuit, restituit* E. Spangenberg. Berlin, 1830.

[2] Elles se trouvent dans les grands ouvrages numismatiques de Spanheim et Eckhel.

Salluste, Tite Live, Tacite, Suétone, et les auteurs qu'on appelle *scriptores rei augustæ*, savoir : Ælius Spartianus, Vulcatius Gallicanus, Trebellius Pollio, Flavius Vopiscus, Ælius Lampridius, Julius Capitolinus, auxquels il faut ajouter Aurelius Victor, Eutrope, Valère Maxime et Ammien Marcellin; — chez les Grecs : Polybe, Diodore de Sicile, Denis d'Halicarnasse, Plutarque, Appien, Dion Cassius, Hérodien, Zosime, Procope, Agathias, Ménandre.

Méritent d'être mentionnés comme écrivains philosophiques et comme rhéteurs : Cicéron, Sénèque, Quintilien;

Comme grammairiens : M. Terentius Varron, S. Pompeius Festus, Aulu-Gelle, Nonius Marcellus, Isidorus Hispalensis.

Parmi les *scriptores rei rusticæ et agrariæ* : M. Porcius Caton, M. Terentius Varron, Palladius, Columelle, S. Julius Frontinus, Aggenus Urbicus, Hyginus (Hygenus);

Comme commentateurs et scholiastes : Asconius Pedianus, Boethius, Donatus, Servius, Macrobe;

Enfin, parmi les Pères de l'Église : Tertullien, Cyprien, Arnobe, Lactance, Augustin.

Une énumération spéciale et une appréciation caractéristique des écrivains romains ou grecs qui se sont occupés spécialement du droit romain ne peuvent remplir leur objet que réunies à l'histoire des sources mêmes qui y sont traitées; elles seront, par conséquent, entremêlées occasionnellement à l'histoire extérieure du droit, autant que le permettra le cadre de ce livre élémentaire.

PREMIÈRE PARTIE.

HISTOIRE DES SOURCES DU DROIT ROMAIN [1].

§ 10.

Caractère propre de ces sources en général, et leur division
en périodes.

Tout ce qui a été dit ci-dessus, dans l'*Introduction*,
sur la marche naturelle que suivent la formation
originaire et le perfectionnement graduel de tout
droit positif en général, est aussi susceptible d'une
entière application à l'histoire des sources du droit

---

[1] Parmi les histoires des sources du droit romain, les suivantes méritent d'être signalées, bien que dans des directions différentes et par des motifs divers : J. G. Heineccius, *Historia juris civilis romani*; 1re édit., Halle, 1733, in-8°.—J. A. Bach, *Historia jurisprudentiæ romanæ*; edit. nova. observat. auxit A. C. Stockmann; Leipzig, 1807. — G. Hugo, *Lehrbuch der Geschichte des römischen Rechts bis auf Justinian*; 11e édit., Berlin, 1830. — S. W. Zimmern, *Geschichte des römischen Privatrechts bis auf Justinian*, tome I; Heidelberg, 1826. — Walter, *Geschichte des römischen Rechts bis auf Justinian*, 2e édit.; Bonn, 1844. — G. F. Puchta, *Cursus der Institutionen*, tome I; Leipzig, 1845, 2e édit.

Entre les ouvrages dans lesquels plusieurs sources du droit romain ont été rassemblées ou éclaircies, nous devons mentionner ici : A. Augustinus, *De legibus et senatusconsultis liber*, adjunctis *legum antiquarum et senatusconsultorum fragmentis, cum notis* Fulvii Orsini; Rome, 1583, in-4°. — Jac. Gothofredus, *Fontes quatuor juris civilis in unum collecti*, etc.; Genève, 1653, in-4°. — Ant. Schulting, *Jurisprudentia vetus antejustinianea*; Leyde, 1717, in-4°. — *Jus civile antejustinianeum*, *codicum et optimarum editionum ope a societate jurisconsultorum curatum*, *præfatus est* G. Hugo; Berlin, 1815, 2 vol. in-8°. — Le recueil le plus riche est le *Corpus juris romani antejustinianei*, *præfatus est* Ed. Bœcking; Bonn, 1835, commencé en 1835, en plusieurs volumes in-4°, et non encore achevé.

romain ; mais il est incontestable que les sources du
droit romain, sous l'influence des circonstances du
temps, a pris, à certains égards, une direction tout
à fait spéciale. C'est précisément la nature particulière de ces sources, en rapport exact avec le caractère du peuple romain et certains traits de son
organisation politique, qui explique comment le
droit romain a pu, dans le cours des temps, parvenir
à un si haut degré d'excellence ; car ces circonstances furent très - favorables au développement
des deux qualités qui le caractérisent particulièrement, à l'époque où il a jeté le plus vif éclat, savoir l'unité et la conséquence logique dans les diverses
théories.

La division en quatre périodes, que nous allons
suivre, se justifie par des raisons qui tiennent à l'histoire même des sources, seule partie de notre exposé
à laquelle nous appliquons cette division, et ces
raisons ressortiront d'elles-mêmes des résultats de
cette histoire ; car toutes ces périodes ont pour
bases d'importants changements dans la constitution
et l'histoire politique de l'état romain, changements
qui ont produit soit des sources tout à fait nouvelles,
soit une nouvelle direction dans les sources déjà
existantes.

Par la même raison, chaque période sera précédée
de quelques observations historiques générales sur la
constitution politique en vigueur à cette époque, ce
qui sera très-utile pour faire connaître le véritable
caractère des nouvelles sources du droit qui en auront surgi. Toutefois ces observations ne peuvent et
ne doivent être que de courtes indications, de simples renvois à l'histoire générale du peuple et de
l'état romains que nous supposerons connue dans
ses traits fondamentaux.

PREMIERE PÉRIODE.

DEPUIS LES TEMPS LES PLUS ANCIENS JUSQU'A LA RÉDACTION
DE LA LOI DES DOUZE TABLES.

§ 11.

Traits fondamentaux de la constitution politique.

Sans doute les renseignements qui nous sont parvenus sur la plus ancienne constitution politique et
juridique de Rome renferment beaucoup d'incertitudes, de contes populaires; sans doute aussi c'est
un problème de critique historique des plus difficiles à résoudre que de séparer, dans cet amas con-
fus, sur chaque point particulier, ce qui est historiquement vrai de ce qui a été inventé ou défiguré [1].
Cependant les traits fondamentaux qui vont être
exposés paraissent présenter, dans leur généralité, le
caractère de la vérité.

L'état romain était monarchique, en ce sens qu'il
avait à sa tête un roi, *rex*, nommé à vie, dans les
mains duquel étaient concentrés les pouvoirs politiques les plus essentiels, tant pour la guerre que
pour la paix. Mais l'idée d'une puissance souveraine,

---

[1] Les auteurs des ouvrages suivants ont cherché à résoudre ce problème; ils ont suivi des voies très-diverses et obtenu des résultats souvent fort différents. Giamb. Vico, *Cinque libri de' principj d'una scienza
nuova d'intorno alla comune natura delle nazioni*, 1725; ouvrage re-
fondu en 1732. — B. G. Niebuhr, *Römische Geschichte*, 3 vol.; le Iᵉʳ et
le IIᵉ vol., 1ʳᵉ édit., Berlin, 1811 et 1812; 3ᵉ édit., 1828 et 1830; le
IIIᵉ vol., 1832, après la mort de l'auteur. — J. Rubino, *Untersuchun-
gen über römische Verfassung und Geschichte*, Cassel, 1839. — K. W.
Göttling, *Geschichte der römischen Staatsverfassung von Erbanung der
Stadt bis zu C. Cäsar's Tod*, Halle, 1840.

appartenant au peuple, et dont le roi n'était en quelque sorte que le représentant et le directeur, ressortait déjà de la constitution politique de ce temps-là. En effet, d'abord le roi était élu par le peuple. En second lieu, on aperçoit de bonne heure des traces sensibles d'une limitation du pouvoir royal, au moyen de deux sections du peuple, qui prenaient place à côté du roi, dans le gouvernement de l'état, non-seulement pour l'assister et le conseiller, mais encore pour gouverner réellement avec lui. Dans leurs mains résidait véritablement la suprême puissance législative, et vraisemblablement aussi la suprême puissance judiciaire. Ces deux sections étaient le *senatus* et le *populus*. Seulement, comme dans toutes les constitutions encore grossières et peu avancées, ces éléments populaires, destinés à restreindre le pouvoir royal, n'avaient pas eux-mêmes de limites nettement déterminées ; aussi la personnalité du roi avait une grande importance, quand il savait faire valoir son ascendant.

Le germe de cette lutte qui dura si longtemps entre les deux principes, aristocratique et démocratique, du gouvernement populaire, lutte qui a eu tant d'importance pour le développement du droit, était également fort ancien ; car l'opposition qui sépara plus tard, pour ainsi dire en deux castes, les patriciens et les plébéiens, les premiers formant seuls originairement le *populus* et ayant seuls part au gouvernement, paraît avoir déjà existé dans la première organisation de l'état et dans les diverses parties qui le constituaient.

Sous Servius Tullius [1] furent jetés les fondements

---

[1] E. Huschke, *Die Verfassung des Servius Tullius, als Grundlage zu einer römischen Verfassungsgeschichte entwickelt*, Heidelberg, 1839, in-8°.

d'une nouvelle constitution politique, qui n'a atteint son entier développement que peu à peu dans le cours des siècles ; sous son règne aussi la *plebs* obtint une position politique plus assurée ; mais le rapport juridique des deux ordres entre eux n'en resta pas moins, et par cela même, toujours flottant et incertain, parce que, d'un côté, les plébéiens, maintenant parvenus à une certaine indépendance et à une certaine importance politique, et pénétrés du sentiment de leur force croissante, tendaient continuellement à conquérir de nouveaux avantages ; et que, d'un autre côté, les patriciens étaient toujours portés à restreindre même les droits des plébéiens déjà constitutionnellement établis. Ajoutons que les rois, suivant que leur politique l'exigeait, tantôt soutenaient les prétentions des patriciens, tantôt aussi, et plus souvent peut-être, cherchaient à se fortifier contre l'ambition incommode des patriciens, en favorisant les plébéiens.

Quoique nous ayons, en définitive, fort peu de notions précises à cet égard, le droit positif originairement en vigueur dans la cité romaine ne semble pas avoir porté l'empreinte de ce caractère d'unité, qui apparaît plus tard comme sa qualité éminente. Car l'absence d'unité d'origine, la forme de colonie, sous laquelle l'état romain fut fondé, et la manière dont il s'agrandit par l'introduction d'étrangers et l'incorporation d'états voisins, sont des circonstances qui entraînèrent, comme une conséquence presque forcée, la juxtaposition d'une multitude d'éléments juridiques hétérogènes, sous la forme de droit particulier à telle race et à tel peuple. Ce n'est que peu à peu que nous voyons ces éléments se fondre ensemble pour former un tout homogène.

L'état romain avait subsisté ainsi sous sept rois,

pendant près de deux cent cinquante ans, lorsque, par suite d'une révolution qui est demeurée, quant à ses causes et à sa tendance, enveloppée d'une certaine obscurité, le septième roi fut banni avec sa famille, et la constitution politique qui admettait l'autorité royale abolie pour toujours.

A la place du *rex* furent établis dorénavant deux *magistratus populi*, pris dans l'ordre des patriciens, par la voie de l'élection populaire, deux *consules* qui, sauf quelques légères restrictions, réunirent en eux toute l'ancienne *regia potestas*. Seulement leurs fonctions ne duraient qu'un an, et, comme ils étaient investis tous les deux d'un pouvoir égal, l'autorité de l'un pouvait, dans un cas particulier, être paralysée par l'opposition de l'autre.

Quoique cette nouvelle constitution portât le nom de *libera respublica* et présentât l'apparence extérieure d'un gouvernement démocratique, elle n'était cependant, dans son essence, qu'une pure aristocratie, et même sous des formes très-oppressives. Son organisation était, en effet, combinée de manière que toute la puissance politique résidait exclusivement dans les mains des patriciens, qui, comme tout le démontre, en abusaient assez souvent, impitoyablement et impolitiquement, pour opprimer les plébéiens.

De là, aussitôt après la révolution, le mécontentement des plébéiens, qui n'y avaient rien gagné, mais avaient plutôt perdu, dans le roi, leur protecteur naturel contre les prétentions des patriciens. De là, en outre, dès les premières années de la constitution consulaire, le commencement d'une longue série de combats intestins entre les orgueilleux patriciens et les plébéiens, qui, dans cette lutte, apprirent à sentir de jour en jour davantage leur force, et cherchèrent à s'émanciper politiquement et civilement, et à se poser comme un ordre indépendant, vis-à-vis des patriciens. Cette lutte fut couronnée du succès. Son premier résultat fut d'arracher aux patriciens la création du tribunat, l'an 260 de la fondation de Rome. En effet, quoique déjà antérieurement les plébéiens eussent, pour diriger leur communauté, des chefs qu'ils choisissaient eux-mêmes dans leur sein, ces chefs obtinrent désormais une tout autre position, une position politique beaucoup plus libre, en qualité de *plebeii magistratus*, sous le nom de *tribuni plebis*. Dès lors seulement ils purent protéger énergiquement tant la *plebs* comme communauté que les plébéiens comme particuliers, contre les prétentions et les oppressions patriciennes. Ce furent aussi eux qui posèrent les bases d'une nouvelle et importante source du *scriptum jus*.

§ 12.

Le droit et ses sources dans cette période.

Arrivons à ce qui concerne l'état du droit à cette époque. Nous remarquons comme résultats de la constitution politique, d'une part, qu'un certain élément théocratique y prédominait, en conséquence duquel les *pontifices* étaient considérés comme les gardiens les plus éminents du droit; d'autre part, que le droit se divisait en droit patricien et droit plébéien. Autre particularité : originairement le *privatum jus* était pénétré et dominé par le *publicum jus,* en ce sens, que presque tous les rapports de droit privé étaient avec le droit public dans une connexion particulière qui s'écarte du caractère du droit privé proprement dit.

Quant à ses sources, le droit romain de cette époque reposait presque uniquement sur des coutumes, les coutumes étant, en général, le premier fondement de tout droit positif. De ces coutumes, plusieurs peuvent avoir été, dès le principe, apportées des diverses contrées et des diverses races italiennes dans l'état nouvellement formé; mais beaucoup d'autres prirent naissance dans son sein, et toute la marche que suivit le développement ultérieur du droit romain amena des résultats favorables à l'unité de jurisprudence et à la fusion successive, en un droit commun, de tous ces éléments appartenant à divers droits particuliers, simplement juxtaposés dans l'origine.

Cependant il existait, même déjà sous les rois, de vraies lois, *leges,* puisque le roi présentait au peuple des propositions, qui, lorsqu'elles avaient été adoptées par le peuple dans les comices par curies et approuvées par le sénat, obtenaient force de loi. Nous savons, au reste, fort peu de chose de ces lois, nommées *leges regiæ,* à cause de la proposition royale; car, bien qu'il ne soit pas vraisemblable qu'elles aient été formellement abrogées aussitôt après l'expulsion des rois, elles tombèrent pourtant d'autant plus naturellement en oubli, en leur qualité de *leges regiæ,* que la partie de ces lois qui convenait encore à l'époque présente fut probablement insérée dans les Douze Tables, et ne resta plus désormais en usage que sous ce titre. On ne peut non plus apercevoir clairement, au milieu des renseignements contradictoires qui nous restent, ce qu'était cette collection des *leges regiæ,* composée et publiée, dit-on, par le pontife Papirius (*jus Papirianum*). Rien de ces lois royales n'a été conservé, jusqu'à notre temps, dans sa forme originale. Ce n'est que sur des relations postérieures, pour la plupart très-peu sûres et très-confuses, que repose ce qu'on a recueilli et rapproché, de nos jours, sous le nom de *leges regiæ*[1].

Il y a eu aussi des lois portées sous la constitution consulaire, des résolutions tant du *populus* que de la *plebs,* appartenant à cette période; mais, comme leur entier développement et l'importance qu'elles acquirent se rapportent à la période suivante, c'est là seulement qu'il en sera traité, conjointement avec les sénatus-consultes.

L'acte législatif le plus important de cette époque, ce sont les *lois des Douze Tables*, monument digne d'attention à tous égards, qui marque la fin de cette période.

Leges quasdam et ipse (Romulus) curiatas ad populum tulit. Tulerunt et sequentes reges, quæ omnes conscriptæ exstant in libro Sexti Papirii, qui fuit illis temporibus, quibus Superbi Demarati Corinthii filius, ex principalibus viris. Is liber, ut diximus, appellatur jus civile Papirianum, non quia Papirius de suo quidquam ibi adjecit, sed quod leges sine ordine latas in unum composuit. Pomponius, fr. 2, § 2, D., 1, 2, *De orig. jur.* Conf. Dion. Halic., lib. III, c. 36. — Censorinus, *De die nat.*, c. 3.

Omnium tamen harum (legum) et interpretandi scientia et actiones apud collegium pontificum erant, ex quibus constituebatur, quis quoque anno præesset privatis. Pomponius, fr. 2, § 6, *D.*, *eod.*

§ 13.

Composition de la loi des Douze Tables.

Quelque obscure que soit d'ailleurs l'histoire de la composition des *leges duodecim tabularum*, il est

---

[1] H. E. Dirksen, *Versuche zur Critik und Auslegung der Quellen des römischen Rechts*, Leipzig, 1823, n. 6, où sont nommés aussi les auteurs antérieurs de recueils des *leges regiæ*.

certain, d'après les recherches les plus récentes, que la cause prochaine qui y donna lieu était toute politique, et se liait intimement à la lutte des intérêts contraires des patriciens et des plébéiens; car ce furent évidemment les plébéiens qui, par leurs tribuns, provoquèrent et obtinrent cette innovation. Ils avaient d'abord en vue une mesure qui leur avait déjà été promise plusieurs fois, la confirmation de quelques rapports de droit public, jusque-là vacillants, et qui désormais devaient être assurés, contre toute interprétation arbitraire de la part des patriciens leurs ennemis, par la rédaction claire et précise d'une législation embrassant tout, et accessible à tous. Ensuite ils espéraient, par la même occasion, obtenir la prise en considération et la garantie de plusieurs prétentions jusque-là repoussées, en un mot, l'égalité juridique entre les plébéiens et les patriciens. On ne peut point objecter contre cette vue historique, que ce dernier but ne fut pas complétement atteint; car les patriciens, ne pouvant empêcher entièrement l'entreprise, durent naturellement, dans l'exécution, chercher à défendre, autant que possible, l'intérêt particulier de leur ordre, et ils étaient encore très-puissants.

Une condescendance mutuelle pouvait seule mener à bonne fin une semblable transaction. Tel fut aussi le motif de la mesure par laquelle, afin de faire taire pour un temps toutes dissensions politiques, on suspendit provisoirement la constitution dans toutes ses dispositions. Les consuls et les tribuns furent remplacés par dix hommes, choisis, du moins la première année, uniquement parmi les patriciens, *decemviri legibus scribendis*, avec la double mission, et de gouverner la république dans l'intervalle, et d'élaborer le projet de la nouvelle loi fondamentale.

Ils publièrent, à la fin de la première année (an de Rome 303), dix tables de lois, qui furent confirmées par le peuple dans les comices, et approuvées par le sénat. L'année suivante, deux autres tables furent promulguées, comme complément. Au reste, les décemvirs, ayant voulu, après l'expiration de leur commission, se maintenir, par usurpation, en possession du gouvernement, furent violemment renversés par un mouvement populaire. L'ancienne constitution de la république fut alors remise en exercice, mais avec les changements importants consacrés par la nouvelle loi fondamentale.

Les documents qui nous sont parvenus, touchant l'histoire des Douze Tables, leur contenu, leur préparation par des personnes envoyées à cet effet dans les pays étrangers, l'influence qu'avaient exercée sur leur rédaction les législations étrangères, particulièrement la législation grecque, et l'ordre des matières qui y était observé, tous ces documents sont ou contradictoires, ou, au moins, très-peu sûrs. Nous ne connaissons pas non plus complétement les dispositions de ces lois, dans leur forme et leur langage originaires, car aucune copie du texte ne nous est parvenue. Cependant, selon toute vraisemblance, à côté de plusieurs innovations particulières, jugées nécessaires, probablement dans l'intérêt des plébéiens, elles contenaient principalement les anciennes maximes, soit de droit public, soit de droit privé, que leur antiquité, la diversité des interprétations qu'elles avaient subies, ou le sens forcé qu'on leur avait attribué à dessein, avaient souvent rendues incertaines, et qui furent ainsi fixées pour l'avenir.

Ce qu'il y a de sûr, c'est que ces *leges XII tabularum*, nommées aussi *lex XII tabularum*, ou *lex decemviralis*, que Tite Live appelle *corpus omnis ro-*

3

mani juris, fons publici privatique juris, Tacite, *finis
æqui juris,* se présentent comme un monument unique, en son genre, dans l'histoire du droit romain.
En effet, elles sont toujours restées, jusqu'à Justinien,
le seul corps de lois qui embrassât l'ensemble du droit
positif. Aussi, longtemps après que, à cause de leur
langue vieillie, elles eurent cessé d'être généralement
comprises, et que, de fait, la plus grande partie de
leurs dispositions eurent été abolies par le nouveau
droit, elles continuèrent encore d'être considérées
comme étant, nominalement et en théorie, la base
fondamentale de tout le droit postérieur; car on
avait soin d'y rattacher artificiellement, au moins
dans l'élaboration scientifique, tout ce qui s'était
introduit depuis, comme n'en étant qu'une simple
extension amenée par les besoins du temps ou une
modification sur quelque point particulier. C'est
seulement par les grands recueils de Justinien que
l'autorité pratique des lois des Douze Tables a été
formellement abolie.

Malheureusement nous n'avons qu'une connaissance très-incomplète des dispositions de ces lois.
Elle repose, d'une part, sur quelques fragments isolés, et encore fort peu sûrs, de leur texte, et, d'autre
part, sur des relations et indications très-vagues de
leur contenu. Cependant divers essais ont été tentés,
depuis le xvie siècle, pour reconstruire, par la réunion de ces débris, les *leges duodecim tabularum*
dans leur ensemble. Les principaux auteurs de
ces restitutions sont Jacques Godefroi [1] et Hau-

---

[1] *Jac. Gothofredi Fragmenta XII tabularum suis nunc primum tabulis
restituta*, Heidelberg, 1626; plus tard, avec des améliorations, dans
ses *Quatuor fontes juris civilis*, Genève, 1653.

bold [1]. Après eux, Dirksen [2] a rassemblé tous les matériaux déjà préparés, en soumettant à une critique
judicieuse les travaux antérieurs et en y ajoutant ses
propres recherches.

Placuit, publica auctoritate decem constitui viros, per quos
peterentur leges a græcis civitatibus et civitas fundaretur legibus,
quas in tabulas eboreas (roboreas?) perscriptas pro rostris com-
posuerunt, ut possent leges apertius percipi, datumque est eis
jus eo anno in civitate summum, uti leges et corrigerent, si opus
esset, et interpretarentur, neque provocatio ab eis, sicut a reliquis magistratibus, fieret. Qui ipsi animadverterunt aliquid
deesse istis primis legibus, ideoque sequenti anno alias duas ad
easdem tabulas adjecerunt. Et ita ex accidentia appellatæ sunt
leges duodecim tabularum, quarum ferendarum auctorem fuisse
decemviris Hermodorum quemdam Ephesium. POMPONIUS, fr. 2,
§ 4, D., ı, 2, *De orig. jur.* — Conf. CIC., *De rep.*, II, c. 36, 37,
57; III, c. 37; *De orat.*, I, c. 43. — LIV., III, c. 9, 10, 31,
sqq.; IV, c. 1-6. — TAC., *Annal.*, III, c. 27. — GELL., *Noct.
Att.*, XX, c. 1. — DION. HALIC., X, c. 3, sqq.

DEUXIÈME PÉRIODE.

DEPUIS LA LOI DES DOUZE TABLES JUSQU'A L'ÉTABLIS-
SEMENT DU GOUVERNEMENT MONARCHIQUE SOUS L'EM-
PEREUR AUGUSTE.

§ 14.

Changements politiques dans l'état.

La lutte entre le principe démocratique et le principe aristocratique, qui avait commencé dans la pé-

---

[1] Haubold, *Institutiones juris romani privati historico-dogmaticarum
epitome*, Leipzig, 1821, p. 129.

[2] H. E. Dirksen, *Uebersicht der bisherigen Versuche zur Kritik und
Herstellung des Textes der Zwölftafelgesetze*, Leipzig, 1824.

riode précédente, dura encore plus longtemps dans celle-ci, jusqu'à ce qu'enfin ce dernier principe succomba complétement.

Dès les premières années qui suivirent la publication de la loi des Douze Tables, les événements montrèrent combien les plébéiens étaient peu disposés à se contenter des concessions qu'ils avaient déjà arrachées aux patriciens. Au contraire, soutenus et échauffés par les propositions de leurs tribuns, ils se mirent à travailler à l'établissement d'une complète égalité politique et civile, *exæquatio juris*, entre les deux ordres, égalité vers laquelle tendait, à la vérité, la législation des Douze Tables, mais à laquelle on n'arriva pas de longtemps encore; et leurs efforts, à cet égard, furent d'autant plus constants, que les combats antérieurs leur avaient donné la conscience de leur force. D'ailleurs, malgré la vive résistance des patriciens, rien ne pouvait plus arrêter ou détourner un mouvement qui était dès lors dans l'esprit et dans la tendance de l'époque. Ainsi tombèrent l'une après l'autre les barrières qui avaient de tout temps séparé les deux ordres et maintenu une scission dans l'état. De ces luttes intestines, interrompues seulement par des guerres extérieures, heureusement conduites, à peu d'exceptions près, sortirent la plupart des changements importants qu'éprouva la constitution politique, notamment la formation de nouvelles puissances et formes législatives, ainsi que l'établissement de nouvelles magistratures, qui ont exercé l'influence la plus marquée sur le développement et la direction imprimés au droit de cette époque.

Une circonstance très-importante sous un autre rapport, à cause de ses suites, c'est que maintenant l'état romain, s'accroissant par des conquêtes qui ne s'étendaient pas seulement sur toute l'Italie, mais encore sur beaucoup de pays situés hors de l'Italie, devenait un puissant empire et commençait à jeter les fondements de cette domination universelle qu'il acquit plus tard, de ce qu'on appela l'*orbis terrarum romanus*.

Une première conséquence en découla naturellement : c'était le prix toujours croissant attaché à la qualité de citoyen romain, qualité qui, d'après la constitution de l'état en *libera respublica*, assurait à chaque *civis romanus* une part à cette domination et à l'honneur qui l'accompagnait. De là aussi de vifs efforts des peuples subjugués ou alliés pour obtenir le droit complet de cité romaine, ou du moins pour contracter avec l'état romain une alliance politique aussi favorable que possible. Des guerres furent même entreprises à cette fin.

Une seconde conséquence fut un commerce plus actif et beaucoup plus étendu entre les Romains et tout le monde alors connu. Il en résulta un progrès dans la civilisation, dont les suites naturelles, soit en bien, soit en mal, se développèrent à leur tour. En effet, l'élévation rapide à la puissance, l'acquisition d'énormes richesses par le riche butin de nombreuses guerres de conquête, produisirent le luxe et la soif du commandement, et ces défauts altérèrent graduellement et bannirent enfin complétement l'antique simplicité de mœurs qui avait fait éclore le vrai sens civique avec les vertus généreuses qui en découlent. L'état se trouvant désormais pleinement assuré contre l'extérieur, ses forces, excitées par l'orgueil et déjà atteintes de corruption, se tournèrent peu à peu vers l'intérieur, et y exercèrent une action funeste. Par là s'expliquent, surtout vers la fin de cette période, la dégénération de la constitu-

tion politique, et les guerres civiles en forme, qui
amenèrent enfin la chute de la *libera respublica*.

§ 15.

Caractère général du droit dans cette période, et origine de
l'opposition entre le *jus civile* et le *jus gentium*.

Inst., lib. I, tit. 2, De jure naturali et gentium et civili.

Ce qui caractérise surtout, et de la manière la plus
tranchée, le droit romain dans cette période, c'est,
d'abord, le caractère de plus en plus prononcé et
saillant du droit privé, qui se dégage toujours davantage des liens du *publicum jus* et qui prend même
bientôt une extension surprenante.

C'est ensuite la simplification du droit romain par
la fusion successive qui s'y opéra entre plusieurs
élements d'origine ou de nature diverse, notamment
entre le droit particulier des patriciens et celui des
plébéiens, pour former un droit général uniforme
des Romains; et, par suite, l'extension considérable
que prit ce droit quant aux objets auxquels il s'appliquait et à toute sa tendance. A ce dernier phénomène se rattache étroitement la distinction qui, dès
ce moment, s'établit peu à peu entre le *jus civile* et
le *jus gentium*, distinction que déjà Cicéron[1] attribue
aux ancêtres, *majores*.

Un *jus civile* existait, et quant à la chose, et
quant au nom, avant même que l'idée et la dénomination de *jus gentium*, qu'on lui opposa plus tard,
se fussent formées : car le *jus civile* était le droit positif propre aux Romains, par opposition aux droits

---

[1] Cic., *De officiis*, III, c. 17 ; *Orat. part.*, c. 37.

particuliers aux autres peuples. Plus le territoire de l'état romain était originairement resserré, plus il était rigoureusement circonscrit, plus aussi l'idée de ce *jus civile* devait ressortir d'une manière nette et tranchée : toute institution qui reposait sur ce droit n'était là que pour les citoyens romains, et personne autre n'y participait.

Longtemps à Rome on eut peu d'égard au droit étranger, parce qu'on le connaissait à peine. Mais à mesure que l'empire s'agrandit et que, par suite des progrès de la civilisation, le commerce avec les étrangers prit une extension considérable, les Romains apprirent aussi à connaître les législations étrangères et remarquèrent, en les comparant, que les règles qui avaient chez eux force de droit positif ne leur étaient pas toutes exclusivement propres, mais se retrouvaient, sous une forme à peu près semblable, chez d'autres peuples civilisés. En même temps les Romains sentirent que le principe rigoureux, admis par eux jusqu'alors, suivant lequel tous les *peregrini* étaient considérés comme tout à fait dénués de droits, ne pouvait plus être observé d'une manière absolue, depuis qu'ils avaient avec ces *peregrini* non plus uniquement des rapports hostiles, mais encore des relations amicales de commerce et de vie commune, et qu'ainsi le *peregrinus* ne leur apparaissait plus comme *hostis*.

Cela conduisit à l'idée et à la dénomination d'un *jus gentium*, d'un droit qui, dans ses principes généraux et fondamentaux, se rencontrait également établi chez tous les peuples, au moins d'après ce que les Romains avaient été à portée d'observer, *jus quod apud omnes gentes peræque custoditur*. Les *peregrini* étaient donc aussi réputés capables de participer à ce droit et aux rapports juridiques dont il

était le fondement; on pouvait leur accorder cette
participation sans les assimiler aux citoyens romains.
Le *jus gentium* avait même été originairement reconnu comme un droit distinct, uniquement en vue
de son application au jugement des *peregrini*, dans
leurs relations, soit entre eux, soit même avec les
citoyens romains. Aussi étaient-ce, pour la plupart,
les mêmes institutions qui se rencontraient dans le
jus civile et dans le *jus gentium*, et qui ne différaient
que dans la forme et dans les détails d'exécution.
Mais il arriva tout naturellement qu'une partie considérable de ce *jus gentium*, jusque-là complétement
étrangère au droit propre des Romains, y fut formellement introduite comme un complément nécessaire ; car le besoin s'en faisait sentir, surtout depuis
qu'en appliquant ces dispositions aux *peregrini* on
avait appris à en apprécier l'utilité. De là la notion
du *jus gentium* non plus seulement comme droit
des *peregrini*, mais aussi comme droit des Romains.
Ainsi, désormais le droit des Romains se trouva
composé techniquement de deux éléments qui se
complétaient mutuellement, le *jus civile* et le *jus
gentium*. Il est cependant certain que tout le *jus
gentium* ne fut pas dès lors introduit dans le droit
romain. Au contraire, le droit propre des *peregrini*
en resta encore longtemps rigoureusement distinct.

L'idée que les Romains se faisaient du *jus naturale*,
qu'ils nomment quelquefois à côté du *jus gentium*,
est singulièrement vague et incertaine. Tantôt, et le
plus souvent, le *jus naturale* se présente comme
synonyme du *jus gentium*, et se rapporte à la nature
raisonnable universelle de l'homme. Tantôt, au contraire, par suite d'une démonstration anthropolo-
gico-philosophique peu clairement conçue, à laquelle
du reste les Romains eux-mêmes ne paraissent pas

avoir attaché beaucoup d'importance, soit dans la pratique, soit dans la théorie, l'expression *jus naturale* désigne ces institutions juridiques qui reposent sur la nature sensuelle de l'homme, et même en quelque sorte sur un instinct commun aux hommes et aux animaux. De là le nom de *jus naturale* pris comme *jus quod natura omnia animalia docuit*, par opposition au reste du droit positif qui a pour base la raison humaine, et qui par conséquent est propre à l'homme, en qualité d'être raisonnable.

Il faut prendre garde cependant que l'expression *jus civile* n'est pas employée seulement par opposition au *jus naturale* et au *jus gentium*. En effet, quelquefois le *jus civile*, rapporté à ses sources, est l'opposé de *jus prætorium* et *jus honorarium*. Assez souvent, en outre, le *plus ancien droit romain*, celui qui a pour fondement la loi des Douze Tables, est appelé par excellence *jus civile*, par opposition aux changements que ce droit a éprouvés plus tard, par une suite nécessaire des nouveaux besoins, alors même que ces changements auraient été introduits par des sources appartenant également au droit civil. Enfin, le *jus civile* se présente quelquefois aussi comme l'opposé du *jus criminale*.

Dicendum est igitur de jure privato, quod tripartitum est. Collectum est enim ex naturalibus præceptis, aut gentium, aut civilibus. § 4, I., ɪ, 1, *De just. et jure.*

Jus naturale est, quod natura omnia animalia docuit. Nam jus istud non humani generis proprium est, sed omnium animalium, quæ in cœlo, quæ in terra, quæ in mari nascuntur. Hinc descendit maris atque fœminæ conjugatio, quam nos matrimonium appellamus, hinc liberorum procreatio et educatio. Videmus enim, cetera quoque animalia istius juris peritia censeri. Jus autem civile vel gentium ita dividitur. Omnes populi, qui legibus et moribus reguntur, partim suo proprio, partim communi omnium jure utuntur. Nam quod quisque populus ipse sibi jus constituit, id ipsius proprium civitatis est, vocaturque jus civile, quasi jus proprium ipsius civitatis. Quod vero naturalis ratio inter omnes homines constituit, id apud omnes populos peræque custoditur, vocaturque jus gentium, quasi quo jure omnes gentes utuntur. Et populus itaque romanus partim suo proprio, partim communi omnium jure utitur. Pr. et § 1, I., ı, 2, *De jure nat.*

Jus gentium est, quo gentes humanæ utuntur. Quod a naturali recedere facile intelligere licet, quia illud omnibus animalibus, hoc solis hominibus inter se commune est. ULPIANUS, fr. 1, § 4, D., ı, 1, *De just. et jure.*

Quarumdam rerum dominium nanciscimur jure naturali, quod appellatur jus gentium, quarumdam vero jure civili. § 11, I., ıı, 1, *De rer. div.*

§ 16.

Division du droit, d'après ses sources, en *jus scriptum* et *jus non scriptum*.

D'après une manière de s'exprimer que les Romains avaient, comme ils le disent eux-mêmes, empruntée des Grecs et transportée dans leur langue juridique, ils divisaient toutes les sources de leur droit positif en *jus scriptum, quod ex scripto venit,* et en *jus non scriptum, quod ex non scripto venit.* Cette division se rattache aussi à la naissance et au développement du droit par des lois promulguées et par des coutumes, mais il ne faut pourtant pas, ainsi qu'on le fait souvent aujourd'hui, la prendre comme complétement équivalente à cette autre division du droit en droit provenant des lois et droit provenant des coutumes. Le caractère propre d'une source du *jus scriptum* était plutôt d'avoir, selon la constitution juridique particulière de l'état romain, toujours eu besoin, pour produire une nouvelle règle de droit, d'une certaine rédaction écrite, dans une forme spécialement déterminée. Les sources qui n'avaient pas besoin d'une semblable rédaction écrite pour donner force de droit positif à une nouvelle maxime, se rangeaient parmi les sources du *jus non scriptum*. Toutefois, il fallait absolument, pour qu'il y eût *jus scriptum*, que cette rédaction écrite d'une règle de droit eût été prescrite par la constitution. Il ne suffisait pas pour cela que cette nouvelle règle eût été couchée par écrit en vue d'une publication formelle, ni même qu'une telle publication fût essentiellement requise. Ainsi, toutes les formes des lois promulguées, des *leges*, viennent incontestablement se ranger sous la notion du *jus scriptum ;* mais pour savoir si toute autre source du droit appartenait au *jus scriptum* ou au *jus non scriptum*, il faut consulter la constitution juridique et judiciaire de l'état, qui a pu, suivant les temps, varier à cet égard. Par là s'explique pourquoi la même source du droit, à différentes époques, a été rapportée par les jurisconsultes romains, tantôt au *jus non scriptum*, tantôt au *jus scriptum*. C'est ce qui est arrivé notamment aux *responsa prudentium*. Le droit coutumier proprement dit, reposant sur la conviction juridique universelle qui règne dans le peuple, n'a jamais besoin, pour prendre naissance et pour être positivement en vigueur, d'une rédaction écrite. Au contraire, il y avait, d'après la constitution judiciaire des Romains, certaines personnes, telles que les *magistratus* et, plus tard, les *prudentes*, qui n'avaient pas à la vérité le pouvoir de publier des *leges*, comme le *populus*, la *plebs*, le *senatus*, et plus tard les empereurs, mais qui étaient cependant autorisés, dans de certaines limites, à *jus facere*, c'est-à-dire qui pouvaient, en vertu de leur position officielle, comme organes de l'état, promulguer de nouvelles règles de droit, positivement obligatoires. Cette promulgation devait s'effectuer par écrit, dans une

forme particulière; elle pouvait être une véritable
publication, par exemple, pour les édits des magistrats, mais elle pouvait avoir parfois un autre caractère, comme pour les *responsa prudentium.*

Constat autem jus nostrum aut ex scripto, aut ex non scripto,
ut apud Græcos τῶν νόμων οἱ μὲν ἔγγραφοι, οἱ δὲ ἄγραφοι. Scriptum autem jus est lex, plebiscita, senatus consulta, principum
placita, magistratuum edicta, responsa prudentium. § 3, I., 1, 2,
De jure nat.

Ex non scripto jus venit, quod usus comprobavit. Nam diu-
turni mores, consensu utentium comprobati, legem imitantur.

Et non ineleganter in duas species jus civile distributum esse
videtur. Nam origo ejus ab institutis duarum civitatum, Athe-
narum scilicet, et Lacedæmoniorum fluxisse videtur. In his enim
civitatibus ita agi solitum erat, ut Lacedæmonii quidem magis
ea, quæ pro legibus observarent, memoriæ mandarent, Athe-
nienses vero ea, quæ in legibus scripta comprehendissent, custo-
dirent. § 10, I., *eod.*

Exceptiones autem alias in edicto prætor habet propositas,
alias causa cognita accommodatas. Quæ omnes vel ex legibus,
vel ex his, quæ legis vicem obtinent, substantiam capiunt, vel
ex jurisdictione prætoris proditæ sunt. Gai., IV, § 118, comp.
avec I, § 3-5.

§ 17.

Les lois publiées, *leges* en général.

Comme il existait dans cette période trois corps
politiques différents formellement investis de la puissance législative, les lois publiées pouvaient se présenter sous la triple forme de *leges populi*, de *plebiscita* et de *senatus consulta*. De là la distinction entre
la *lex* dans le sens strict, et telle disposition dont on
disait : *legis habet vigorem*, ou bien : *legis vicem
obtinet*. Pendant assez longtemps l'autorité dont une
loi émanait et la forme dans laquelle elle était émise,
n'étaient pas une circonstance purement accidentelle,

mais avaient leur importance au point de vue politique et souvent n'étaient pas sans influence sur le
contenu même de la loi. Enfin, les rapports réciproques de ces divers pouvoirs législatifs entre eux,
leur coordination mutuelle, n'étant pas encore, au
commencement de la *libera respublica*, assez nettement déterminés, il en résulta parfois des colli-
sions graves; mais ces différends se concilièrent assez
vite.

On s'attachait à donner à toutes ces lois une rédaction claire et exacte, propre à écarter toute possibilité d'en fausser le sens ou d'en éluder l'application. En outre, elles contenaient ordinairement à la
fin une *sanctio* spéciale qui menaçait d'une certaine
peine les infracteurs de la prescription légale. A cela
se réfère la division des lois publiées en *leges perfectæ*, *leges imperfectæ* et *leges minus quam perfectæ*.

Καὶ οὕτως lex μὲν οὐκ ἠδυνήθη κληθῆναι τὸ παρ' ἑκατέρου τεθὲν, διὰ
τὸ μὴ τὴν ἀρχὴν κατὰ συναίνεσιν τῶν δύο τίθεσθαι μερῶν. Ἐπεὶ δὲ
(καὶ τὸ νομοθετηθὲν ἐκ τοῦ ἰδιώτου δήμου πλεβίσκιτον) τὴν αὐτὴν
ἔκβασιν ἔσχε, καὶ τοῦ αὐτοῦ ἔτυχεν ἀποτελέσματος, τοῦ κρατεῖν φημὶ
κατὰ πάντων, καὶ *legis vigorem habet*, τουτέστι νόμου τάξιν ἐπέχει.
Neque sic quidem *lex* poterat appellari jus ab alterutro constitutum, quum ab initio ex consensu ambarum partium sancitum
non esset. Quoniam vero (etiam a plebe factum plebiscitum)
eumdem exitum habebat, et eumdem sortiebatur effectum, ut scilicet adversus cunctos obtineret, etiam *legis vigorem habet*. THEO-
PHILUS, ad § 5, I., 1, 2, *De jur. nat.* (ed. Reitz.)
Minus quam perfecta lex est, quæ vetat aliquid fieri, et, si factum sit, non rescindit, sed pœnam injungit ei qui contra legem
fecit. ULPIANUS, *Fragm.* 1, § 1 et 2.

§ 18.

Les lois proprement dites, émanées du peuple.

La puissance législative la plus incontestée était exercée par le *populus*, l'universalité des citoyens romains, patriciens et plébéiens, dans les *centuriata comitia*. Ce n'était point là une nouvelle institution de la *libera respublica*, mais une institution conservée du temps des rois, de Servius Tullius particulièrement, un antique élément de la libre constitution populaire. Seulement aujourd'hui c'étaient les consuls, ou certains autres *magistratus populi*, qui proposaient au peuple les nouvelles lois sur lesquelles il devait voter. Comme ces magistratures, au commencement de cette période, étaient encore toutes réservées aux patriciens; comme, en outre, toute l'organisation des centuries, fondée sur le *census*, avait pour résultat de donner presque toujours aux patriciens, quand ils s'entendaient bien entre eux, la prépondérance sur les plébéiens; comme enfin, du moins au commencement de cette période, les *leges populi*, *populi scita*, devaient, pour avoir force obligatoire, obtenir l'approbation, préalable ou consécutive, du sénat, qui était encore alors un corps purement patricien, il s'ensuivait évidemment que cette puissance législative du *populus* était subordonnée à l'influence aristocratique des patriciens.

L'insignifiance politique du rôle que jouait la *plebs* dans les comices par centuries fut précisément le motif principal qui la poussa, dès le commencement de cette période, à tâcher de conquérir par la force un pouvoir législatif propre et indépendant. En effet, les tribuns, bien que cela ne rentrât pas

dans leurs attributions originaires, commencèrent
bientôt à présenter des propositions de nouvelles
lois à la *plebs*, rassemblée, pour d'autres objets
d'intérêt commun, dans les *tributa comitia*. Si ces
propositions étaient adoptées à la majorité des voix,
elles prenaient le nom de *plebis scita*. Ces résolutions, n'ayant pas besoin de l'approbation ultérieure
du sénat, étaient donc indépendantes de toute influence directe des patriciens. Mais précisément
par cette raison ceux-ci refusèrent d'abord de reconnaître à ces plébliscites une force obligatoire
pour leur ordre, à moins que, par leur confirmation
dans le sénat ou dans les comices par centuries,
ils n'eussent revêtu le caractère de véritables *senatus
consulta* ou de véritables *leges populi*. L'application
des plébiscites aux patriciens paraît donc être restée
indécise pendant un certain temps, jusqu'à ce que,
peu à peu, par les *leges Publiliæ* de l'an 415 de la
fondation de Rome, et plus complétement encore
par la *lex* Hortensia de l'an 467, les plébéiens eussent
fait prévaloir la maxime *ut plebiscita universum populum tenerent*. La conséquence en fut une égalité
parfaite entre les *leges populi* et les *plebis scita*, puisque, dès ce moment, ces derniers obtinrent décidément au moins *legis vigorem*, et furent même souvent appelés *leges*.

L'union et l'assimilation politique des patriciens
et des plébéiens une fois définitivement établie, le
caractère originairement si tranché des plébiscites,
comme pures lois de la *plebs*, disparut à peu près
complétement vers le milieu de cette période,
attendu que maintenant les patriciens votaient aussi
dans les *tributa comitia*. D'un autre côté, par les
mêmes motifs, il ne put plus être question d'une prépondérance des patriciens, comme tels, dans les

comices par centuries. Aussi la différence entre ces
deux sortes de lois, quoiqu'elle se conservât et dans
la manière de voter et dans l'exactitude du langage
officiel, finit par n'être plus qu'une différence de
forme, sans aucune valeur politique. Du reste, si
les plébiscites forment pour le droit privé une
source plus abondante que les *leges populi*, si, en
général, la législation civile proprement dite fut
livrée presque entièrement aux comices par tribus,
tandis que l'action des comices par centuries s'appliqua particulièrement au droit public et à l'élection des magistrats, cela tint à d'autres circonstances, savoir d'une part, à la forme des plébiscites,
qui, d'après l'organisation intérieure et extérieure
des assemblées du peuple, parut la forme la plus
commode; d'autre part, à la position que les tribuns
de la plèbe prirent constitutionnellement vis-à-vis
des *magistratus juri dicundo*.

Chacune des lois du peuple était nommée et
désignée par le nom de famille (*gentilitium nomen*)
des deux consuls ou du tribun du peuple dont émanait la *rogatio legis*, par exemple, *lex Ælia Sentia*,
lex Hortensia, lex Pompeia. Quelquefois on ajoutait au nom de la loi une qualification tirée de son
objet, par exemple, *lex Cincia de donis et muneribus*, *lex Julia majestatis*.

Aux résolutions du peuple, aux *leges* proprement
dites, se réfèrent directement ces expressions techniques : *legem ferre, rogare, promulgare, suadere,
dissuadere, perferre, abrogare; legi derogare, sub-
rogare, obrogare*.

Il n'entre pas dans le plan de ce précis de faire ici
une mention spéciale des diverses lois qui, déjà dans
cette période, avaient de l'importance pour le droit
privé, et dont la plupart se rapportent aux derniers

temps de la *libera respublica*. Nous les citerons et nous en apprécierons le caractère dans l'exposition du système même du droit, à mesure que nous arriverons aux parties qu'elles ont réglées et modifiées. Plusieurs nous sont, il est vrai, parvenues, au moins par fragments, dans leur forme et leur rédaction originales, par exemple, la *lex Servilia (Glauciæ* [1] *)*; la *lex Thoria (agraria* [2] *)*; la *lex Julia municipalis (tabula Heracleensis* [3] *)*; la *lex (Rubria) de Gallia cisalpina;* la *lex Mamilia de coloniis.* Mais la plupart ne nous sont connues que par d'autres écrits, qui rapportent leur contenu tantôt d'une manière générale, tantôt d'une manière précise. On a cependant aussi essayé de les restituer artificiellement. On trouve un aperçu de ces essais dans Haubold, *Institutiones juris romani litterariæ*, Leipzig, 1809, p. 297 et suiv.

Lex est, quod populus romanus senatorio magistratu interrogante, veluti consule, constituebat, § 4, I., 2, *De jur. nat.* Conf. Gai., I, § 2.

Plebiscitum est, quod plebs jubet atque constituit. Plebs autem a populo eo distat, quod populi appellatione universi cives significantur, connumeratis etiam patriciis, plebis autem appellatione sine patriciis cæteri cives significantur. Unde olim patricii dicebant, plebiscitis se non teneri, quia sine auctoritate eorum facta essent. Sed postea lex Hortensia lata est, qua cautum est, ut plebiscita universum populum tenerent. Itaque eo modo legibus exæquata sunt. Gai., i, § 3. Conf., § 4, I., i, 2, *De jure nat.*

Ita ne leges quidem proprie, sed plebiscita appellantur, quæ tribunis plebis ferentibus accepta sunt. Quibus rogationibus antea

---

[1] Publiée par Klenze, Berlin, 1825, in-4.
[2] Publiée par Rudorff, dans la *Zeitschrift für geschichtliche Rechtswissenschaft*, t. X, n. 1.
[3] Publiée par Mazochi, Naples, 1754-55, in-folio; par Marezoll, Göttingen, 1816, in-8°, par Dirksen, Berlin, 1817.

4

patricii non tenebantur, donec Q. Hortensius dictator eam legem tulit, ut eo jure, quod plebes statuisset, omnes Quirites tenerentur. GELLIUS, *Noct. att.*, xv, 27.

Lex aut *rogatur*, id est, fertur, aut *abrogatur*, id est, prior lex tollitur, aut *derogatur*, id est, pars prioris legis tollitur, aut *subrogatur*, id est, adjicitur aliquid primæ legi, aut *obrogatur*, id est, mutatur aliquid ex prima lege. ULPIANUS, *Fragm.*, ı, § 3.

§ 19.

Les *senatus consulta*.

Le pouvoir législatif du *sénat* existait déjà en germe du temps des rois. A la vérité, les attributions du sénat étaient d'abord purement administratives et consultatives; son action législative se bornait au droit qu'il avait prétendu, dès les temps les plus reculés, d'accorder ou de refuser son approbation aux lois votées par le *populus*. Mais, de même que, d'un côté, dès les premiers temps de la *libera respublica*, les lois du peuple s'affranchirent insensiblement de cette coopération gênante du sénat, de même, d'un autre côté, et plus tôt encore, le sénat déploya une puissance législative propre et indépendante. Ses résolutions, qui quelquefois dès lors, quoique rarement, n'étaient pas sans importance pour le droit privé, s'appelaient *senatus consulta*. Elles obtenaient *legis vicem*, et leurs dispositions obligeaient, dès le principe, le *populus* entier ; car, ce qu'on nous raconte d'un refus des plébéiens de reconnaître les sénatus-consultes, ne fut certainement qu'une conséquence passagère des différends qui s'élevèrent entre les patriciens et les plébéiens sur la force obligatoire des plébiscites.

Les divers sénatus-consultes étaient désignés,

tantôt par le nom des consuls *qui senatum consu-
luerunt,* tantôt d'après leur objet ; quelquefois les
deux désignations étaient réunies : *senatus consultum Silanianum, senatus consultum Velleianum,
senatus consultum de bacchanalibus, de assignanda
libertate,* etc. Dans un cas unique très-connu, nous
trouvons un sénatus-consulte désigné par le nom de
la personne privée dont la conduite avait été la
cause occasionnelle de son émission : *Macedonianum senatus consultum.*

> Senatus consultum est, quod senatus jubet atque constituit,
> idque legis vicem obtinet, quamvis fuit quæsitum. Gai., i, § 4.
> Conf. Theophilus, ad § 5, I., i, 2, *De jure nat.*

§ 20.

Les *edicta magistratuum.*

Les magistrats supérieurs, appelés *magistratus populi romani,* prirent, d'après la constitution de la
libera respublica, une position tout à fait particulière.
En effet, autant leurs fonctions étaient limitées quant
à la durée, puisque régulièrement ils rentraient dans
la vie privée après le laps d'une année, autant,
pendant cette durée, elles étaient illimitées quant à
l'étendue des attributions. En effet, ces magistrats
se présentent, dans la sphère de leurs pouvoirs,
comme gouvernant ensemble l'état, mais parfaitement indépendants les uns des autres. Dans cette
sphère, l'action qu'ils exerçaient en vertu de leur
omnipotence personnelle était complétement illimitée. Ils pouvaient seulement être arrêtés momen-
tanément dans tel ou tel de leurs actes par l'opposition de magistrats égaux ou supérieurs, placés les
uns à côté des autres, sans rapport de subordina-

tion , *par majorve potestas*. Ce n'était qu'après leur retour à la vie privée qu'ils pouvaient être déclarés responsables : ils devaient alors rendre compte au sénat ou au peuple.

Dans ces fonctions passagères de magistrature et de gouvernement ne se trouvait point compris un pouvoir législatif spécial, indépendant, en vertu duquel ces magistrats pussent établir de nouvelles règles, tenant *legis vicem* d'une manière permanente au delà de la durée de leur charge, et liant leurs successeurs. Cependant ils avaient constitutionnellement le *jus edicendi*, qui ne leur était, à la vérité, originairement accordé par aucune loi fondamentale précise, mais qui du moins leur était assuré par un ancien usage non contesté, et même expressément reconnu par des lois plus récentes. Ils pouvaient donc (et pour certains magistrats c'était même, à ce qu'il paraît, un devoir, du moins à une époque postérieure), à leur entrée en charge, faire connaître publiquement, par des affiches, certains principes qu'ils se proposaient de suivre dans l'exercice de leurs fonctions. Cela n'excluait pourtant pas la possibilité d'émettre des dispositions spéciales pour des cas particuliers, quand les circonstances le rendaient nécessaire.

C'étaient surtout les *magistratus juri dicundo* qui avaient besoin de publier d'avance, en forme d'édit, des principes de droit pour la décision des procès soumis à leur juridiction. Cela s'appelait : *jurisdictionis perpetuæ causa edicta proponere, ut scirent cives, quod jus de quaque re quisque dicturus esset*, par opposition aux *edicta repentina, prout res incidit, facta.* Entre ces magistrats, les principaux étaient à Rome les préteurs, le *prætor urbanus* et le *prætor peregrinus*, qui avaient la juridiction géné-

rale, à l'exception de certaines affaires de police et
de commerce dont la connaissance était attribuée
aux édiles. Pour les provinces, les magistrats les
plus importants sous ce rapport étaient les *procon-
sules* et *proprætores*, qui y étaient envoyés de
Rome.

Diverses causes, souvent très-pressantes, sollici-
taient les magistrats, représentants du pouvoir judiciaire, à faire usage de leur *jus edicendi*. C'était d'a-
bord l'état du *jus civile*, qui était encore loin de son
complet développement et qui restait souvent fort
en arrière des besoins du temps, ne fût-ce qu'à raison
de la forme pesante et embarrassée dans laquelle se
mouvaient péniblement ses organes législatifs. C'é-
tait ensuite l'insuffisance, de jour en jour plus sensible, des principes du *jus gentium,* qu'il semblait
cependant de plus en plus indispensable de compléter, à cause de l'extension qu'avait prise le commerce
avec les *peregrini*, auxquels le *jus civile* n'était pas
applicable. Plus la position des *magistratus juri
dicundo* leur faisait sentir le besoin d'un perfectionnement plus rapide de la jurisprudence, pour la décision des procès apportés à leur tribunal, plus ils
semblaient appelés presque nécessairement à s'occuper de cette réforme, par la marche aujourd'hui
plus libre de la procédure civile, qui laissait aux in-
spirations personnelles des magistrats le règlement
de beaucoup de points où précédemment on se trouvait enchaîné dans des formes roides et étroites, plus
aussi le *jus edicendi* dut se présenter à ces magistrats
comme un expédient naturel et salutaire. Enfin, la
forme de publication employée pour les édits était
autant dans l'intérêt des justiciables, pour qu'ils
connussent d'avance les maximes de droit d'après
lesquelles ils seraient jugés, que dans l'intérêt du

magistrat lui-même, pour écarter de lui le soupçon de partialité auquel il etait si exposé.

Il put, sans doute, s'introduire ainsi dans l'édit quelques innovations irréfléchies, quelques principes dont l'utilité ne fut point ensuite confirmée par l'expérience. Cependant aucun inconvénient durable ne pouvait en résulter. A la vérité, d'après le caractère de cette institution, les dispositions d'un édit liaient, comme une règle légale, le magistrat qui en était l'auteur, tant qu'il était en fonctions, et une *lex Cornelia* (an de Rome 687) avait même expressément ordonné *ut prætores ex edictis perpetuis jus dicerent*. Mais précisément pour cette raison, les édits n'étaient, par leur nature, que des *annuæ leges*, et ne liaient pas le nouveau magistrat qui entrait ensuite en charge. En conséquence, une erreur du prédécesseur pouvait très-facilement être réparée par le successeur, qui écartait de l'édit qu'il avait lui-même à rédiger le principe erroné, ou ne l'y insérait qu'en le rectifiant, en lui donnant une forme plus convenable. Mais, réciproquement, il était aussi tout à fait conforme à la marche naturelle des choses que le successeur mît à profit les expériences de ses prédécesseurs, en conservant sagement les dispositions de leurs édits, qui à l'épreuve avaient été reconnues bonnes et convenables, en les insérant dans son propre édit, ou, pour mieux dire, en les y laissant.

Ainsi se forma peu à peu une masse de dispositions édictales, qui, transmises d'un magistrat à l'autre sans changement, devinrent, pour ainsi dire, permanentes, traditionnelles, et prirent de là le nom d'*edicta tralatitia*, par opposition à celles dont l'introduction était postérieure et toute récente et qu'on appelait *nova edicta*. Plus les premières subsistaient longtemps, dans la même forme et sans changement,

sous plusieurs magistrats successifs, plus elles acquéraient de poids, *auctoritas*. Elles constituèrent ainsi
une nouvelle et importante source du droit, qui,
par sa nature propre, tenait en quelque sorte le
milieu entre les lois et les coutumes. Car, bien que
le pouvoir législatif du magistrat, limité à la durée
de sa charge, le *jus edicendi*, fût le fondement de
ces nouveaux principes de droit, c'était leur maintien, leur répétition dans une longue suite d'édits,
qui leur imprimait pour l'avenir le caractère de règles fixes et permanentes. S'ils ont été rapportés au
jus scriptum, c'est à cause de la forme de publication des édits, qui supposait nécessairement une
rédaction écrite.

Dans ces circonstances, les *edicta magistratuum*,
surtout ceux des préteurs, durent exercer une influence très-heureuse, en offrant le moyen de satisfaire en temps opportun aux besoins de droit qui se
succédaient alors avec une rapidité extraordinaire,
et la possibilité d'assurer à la jurisprudence une
marche progressive, constante et uniforme. Ce qui,
d'ailleurs, distinguait particulièrement cette source
du droit et donnait un caractère propre à ses résultats, c'était la circonspection, l'attention à ménager
ce qui existait, commandée aux préteurs par leur
position. Car, pour ne pas porter la confusion dans
l'ensemble du droit positif, ils procédaient à sa refonte et à son agrandissement, en mettant en harmonie les éléments anciens et nouveaux, et en cherchant, par cette voie conciliatrice, à rattacher les
innovations exigées par l'équité, *æquitas*, et par les
besoins du temps, l'*æquum jus*, aux principes rigoureux du droit primitif, au *strictum jus*.

C'est par ces moyens que les préteurs résolurent
le difficile problème d'aider dans tous les sens le droit

civil, *adjuvare, vel supplere, vel corrigere jus civile, propter utilitatem publicam.* Par là s'explique pourquoi nous trouvons, dans nos sources, le *jus prætorium* si souvent opposé, comme un heureux complément, au reste du droit, au *jus civile.*

Ce furent surtout les préteurs qui posèrent les principaux fondements du *jus gentium,* cette branche si importante du droit : le *prætor peregrinus,* en recherchant les règles à appliquer à la décision des procès où les *peregrini* étaient parties; le *prætor urbanus,* en empruntant à ce *jus gentium,* pour les insérer dans son édit, beaucoup de règles qui lui paraissaient bonnes à être appliquées aux citoyens romains, et propres à compléter et à étendre le *jus civile* proprement dit.

Maintenant, si nous suivons les · *edicta magistratuum,* le *jus honorarium,* comme on le nomme d'après ses auteurs, dans leurs diverses formes : *edictum prætorium, urbanum, peregrinum, ædilicium, provinciale,* etc., aucune autre source ne saurait être comparée à celle-ci pour la richesse, au moins quant au droit privé proprement dit et à la procédure civile, auxquels, d'après sa nature, elle se bornait à peu près exclusivement.

Les Romains citent ordinairement les divers passages ou parties, *capita, clausulæ,* des édits, soit par leur objet spécial, soit par les premiers mots du texte; par exemple : *successorium edictum, edictum unde liberi.* Ils ne les citent que rarement par le nom du magistrat qui les a publiés; exemple : *Carbonianum edictum;* tandis que le plus souvent les actions nouvellement introduites dans l'édit par les préteurs portaient le nom de leur auteur; par exemple, *Publiciana in rem actio.*

Ce qui nous est parvenu des *edicta magistratuum*

se rattache plus convenablement à la période suivante.

> Jus autem edicendi habent magistratus populi romani. Sed amplissimum jus est in edictis duorum prætorum, urbani et peregrini, quorum in provinciis jurisdictionem præsides earum habent. Item in edictis ædilium curulium, quorum jurisdictionem in provinciis populi romani quæstores habent. Gai., i, § 6.
>
> Prætorum quoque edicta non modicam obtinent auctoritatem. Hæc etiam jus honorarium solemus appellare, quod qui honorem gerunt, id est magistratus, auctoritatem huic juri dederunt. Proponebant et ædiles curules edictum de quibusdam casibus, quod edictum juris honorarii portio est. § 7, I., 1, 2, *De jure nat.* Conf. Theophil., ad h. l.
>
> Eodem tempore et magistratus jura reddebant, et, ut scirent cives, quod jus de quaque re quisque dicturus esset, seque præmunirent, edicta proponebant. Quæ edicta prætorum jus honorarium constituerunt. Honorarium dicitur, quod ab honore prætoris venerat. Pompon., fr. 2, § 10, D., i, 2, *De orig. jur.*
>
> Aliam deinde legem Cornelius, etsi nemo repugnare ausus est, multis tamen invitis, tulit, *ut prætores ex edictis suis perpetuis jus dicerent.* Quæ res tum gratiam ambitiosis prætoribus, qui varie jus dicere solebant, sustulit. Asconius, *Ad Cicer. orat. pro Cornelio.*
>
> Quumque consules avocarentur bellis finitimis, neque esset, qui in civitate jus reddere posset, factum est, ut prætor quoque crearetur, qui urbanus appellatus est, quod in urbe jus redderet.
>
> Post aliquot deinde annos, non sufficiente eo prætore, quod multa turba etiam peregrinorum in civitatem veniret, creatus est et alius prætor, qui peregrinus appellatus est ab eo, quod plerumque inter peregrinos jus dicebat. Pompon., fr. 2, cit., § 27 et 28.
>
> Jus autem civile est, quod ex legibus, plebiscitis, senatus consultis, decretis principum, auctoritate prudentium venit.
>
> Jus prætorium est, quod prætores introduxerunt, adjuvandi, vel supplendi, vel corrigendi juris civilis gratia, propter utilitatem publicam; quod et honorarium dicitur, ad honorem prætoris sic nominatum. Papinianus, fr. 7, pr., et § 1, D., i, 1, *De just. et jure.*
>
> In ea autem (consuetudine et vetustate) jura sunt quædam ipsa jam certa propter vetustatem, quo in genere et alia sunt

multa, et eorum maxima pars, quæ prætores edicere consuerunt. CIC., *De invent.*, II, c. 22.

§ 21.

Les *responsa prudentium.*

Il n'y avait pas encore dans cette période une profession de *juristes,* formant un corps privilégié, comme nous la verrons s'établir dans la période suivante. Mais, dès à présent, il ne manquait pas d'hommes qui se consacraient, avec un zèle particulier, à l'étude du droit, et qu'on appelait, à cause de cela, *juris consulti, jure consulti, consulti, juris prudentes, prudentes.*

Pendant quelque temps, il est vrai, l'esprit de l'aristocratie prédominante se fit sentir également ici : les patriciens s'emparèrent exclusivement des matériaux du droit, et firent notamment un mystère de la connaissance exacte des formules de procédure singulièrement compliquées, qui formaient alors une partie si importante de la jurisprudence. Mais bientôt les plébéiens surent se soustraire à cette tutelle dont on avait abusé si souvent à leur préjudice, et dès lors la plupart des hommes distingués des deux ordres s'adonnèrent à l'étude du droit. Par là le développement et la culture de çette science devint de plus en plus, sous ce rapport aussi, le bien commun du peuple entier, et prit un caractère de plus en plus national.

Du reste, les travaux de ces jurisconsultes n'avaient d'abord qu'une direction purement pratique ; et c'est seulement vers la fin de cette période que se montrent les premiers essais d'une élaboration scientifique proprement dite, tendant à donner au droit romain une forme systématique. En effet, pendant longtemps, l'occupation principale de ces *prudentes* consista à donner, en qualité d'avocats, à ceux qui recouraient à eux, des consultations, des avis, des instructions pour des affaires de tout genre, particulièrement pour les guider dans la conduite de leurs propres procès, ou même dans le jugement des procès d'autrui, sur lesquels les requérants étaient chargés de prononcer comme *judices : cavere, scribere, respondere.* Cependant, les *prudentes* ne pouvaient manquer d'exercer aussi une influence considérable sur le développement proprement dit du fond du droit; car leurs occupations pratiques, telles que nous venons de les décrire, leur fournissaient nécessairement l'occasion de remarquer de nombreuses lacunes dans le droit civil. Ils cherchèrent à les remplir, autant que possible, en profitant des matériaux déjà existants, en en développant les éléments, en les combinant, en en tirant des déductions logiques conformes à l'esprit général du droit en vigueur : *interpretatio juris civilis.* Ce fut surtout depuis que les matériaux du droit romain eurent commencé à s'accroître par l'alliance du *jus gentium* avec le *jus civile*, qu'on sentit vivement le besoin d'une élaboration, d'un perfectionnement de ce droit civil par l'interprétation des *prudentes ;* car, sans cela, ce droit serait évidemment resté en arrière, comparativement au *jus gentium.*

Ainsi entrèrent en circulation et se répandirent dans le peuple plusieurs principes de droit, non encore explicitement reconnus, et nouveaux en ce sens, dont l'autorité pratique, positive, *auctoritas*, comme *receptum jus*, se fonda non-seulement sur la considération personnelle des *prudentes* dont ils émanaient, mais principalement sur ce qu'ils ne contenaient, du moins pour la plupart, rien qui fût proprement nouveau, mais seulement un développement logique du *jus civile* déjà reconnu depuis longtemps, qui venait seulement se rendre plus accessible à la conscience juridique du peuple par une forme plus explicite. De là aussi la dénomination de *jus civile*, dans le sens étroit, appliquée par excellence aux produits de ces travaux, aux *responsa prudentium;* ils furent alors pour le droit civil et son évolution progressive ce que les *edicta magistratuum* furent pour le droit des gens. La raison pour laquelle les *responsa prudentium*, considérés comme une source du droit, furent rangés, par la suite, dans le *scriptum jus*, tient à la forme particulière que prirent plus tard ces réponses, et à la rédaction écrite à laquelle elles furent alors soumises; car à l'époque actuelle elles appartenaient encore certainement au *jus non scriptum*.

Les *prudentes* dont les noms suivent méritent d'être cités, soit à cause de la considération particulière dont ils jouirent chez leurs contemporains, soit aussi comme auteurs d'ouvrages sur la jurisprudence: Appius Claudius, Cn. Flavius (*jus Flavianum*), Tiberius Coruncanius, Ælius Catus, M. Porcius Caton l'ancien ou le censeur, et M. Porcius Caton son fils, P. Mucius Scævola, M. Junius Brutus, M. Manilius Nepos, les deux Q. Mucius Scævola, l'ancien et le jeune, Hostilius, L. Crassus, Servius Sulpicius Rufus, Alfenus Varus, A. Ofilius, etc. Cependant leurs productions comme écrivains se bornèrent presque uniquement, ainsi qu'on le comprend facilement d'après l'état de la science du droit à cette époque, à rassembler, à mettre en ordre et à publier des formulaires pour toute espèce d'affaires, *actiones componere*, dans cette acception particulière du mot.

On nous dit de quelques-uns seulement, qu'ils ten-
tèrent aussi de faire du droit un ensemble systématique, une science. De ce nombre sont : Q. Mucius
Scævola, Servius Sulpicius Rufus, A. Ofilius.

Il ne nous est rien parvenu de leurs ouvrages dans
la forme originale, et nous n'avons même, sur leur
personne et sur le sujet de leurs livres, que quelques
renseignements indirects. Cela s'explique très-facilement, parce que l'autorité des jurisconsultes postérieurs, beaucoup plus grande, à tous égards, dut
effacer leur renommée.

Jus autem civile est, quod ex legibus, plebiscitis, decretis
principum, auctoritate prudentium venit. PAPINIANUS, fr. 7, pr.,
D., 1, 1, *De just. et jure.*

Ita in civitate nostra aut jure, id est lege constituitur, aut est
proprium jus civile, quod sine scripto in sola prudentium interpretatione consistit cæt. POMPONIUS, fr. 2, § 12, D., 1, 2, *De
orig. jur.* Conf. CIC., *De offic.*, III, c. 16. — FESTUS, *sub voc.
receptum.* — § 3, I., 1, 2, *De jure nat.*

His legibus (XII tab.) latis cœpit, ut naturaliter evenire solet,
ut interpretatio desideraret prudentium auctoritate necessariam
esse disputationem fori. Hæc disputatio et hoc jus, quod sine
scripto venit, compositum a prudentibus propria parte aliqua
non appellatur, ut cæteræ partes juris suis nominibus designan-
tur, datis propriis nominibus cæteris partibus, sed communi nomine appellatur jus civile. POMPONIUS, fr. 2, § 5, D. *eod.*

Omnium tamen harum (legis actionum) et interpretandi scientia, et actiones apud collegium pontificum erant, ex quibus constituebatur, quis quoquo anno præesset privatis. POMPON., fr. 2,
§ 6, D. *eod.*

Juris civilis scientiam plurimi et maximi viri professi sunt,
sed qui eorum maximæ dignitatis apud populum romanum fuerunt, eorum in præsentia mentio habenda est, ut appareat, a
quibus et qualibus hæc jura orta et tradita sint. Et quidem ex
omnibus, qui scientiam nacti sunt, ante *Tiberium Coruncanium*
publice professum neminem traditur ; cæteri autem ad hunc vel
in latenti jus civile retinere cogitabant, solumque consultatoribus
vacare potius, quam discere volentibus se præstabant. POMPON.,
eod., § 35.

Postea quum *Appius Claudius* proposuisset et ad forman rede-
gisset has actiones, *Cn. Flavius*, scriba ejus, libertini filius, sub-
reptum librum populo tradidit; et adeo gratum fuit id munus
populo, ut tribunus plebis fieret, et senator, et ædilis curulis.
Hic liber, qui actiones continet, appellatur *jus civile Flavianum*,
sicut ille *jus civile Papirianum*. Nam nec *Cn. Flavius* de suo quidquam adjecit libro. Augescente civitate, quia deerant quædam
genera agendi, non post multum temporis spatium *Sextus Ælius*
alias actiones composuit et librum populo dedit, qui appellatur
jus ælianum. Pomp., *eod.*, § 7.

Q. *Mucius, Publii* filius, pontifex maximus, jus civile primus
constituit, generatim in libros decem et octo redigendo. Pomp.,
eod., § 41.

§ 22.

Autres sortes de droit coutumier.

De ce qui vient d'être dit, il résulte que le *jus honorarium* et les *responsa prudentium*, n'étaient qu'une
forme particulière du droit coutumier : le premier
était un droit coutumier qui se formait sous la direction et la surveillance spéciale des *magistatus*, et le
second un droit coutumier qui se formait sous la
direction et la surveillance spéciale des *prudentes*.

Cependant, indépendamment de cela, il se développa encore beaucoup de nouvelles règles du droit
coutumier, soit immédiatement dans le sein du
peuple lui-même, *mos, mores majorum*, soit par les
usages et précédents judiciaires, *res judicatæ*, surtout dans les procès devant les centumvirs, *rerum
perpetuo similiter judicatarum auctoritas, disputatio
fori*. Au reste, tout ce droit coutumier, partie intégrante du droit romain, rentrait dans la notion du
jus civile proprement dit.

Nam imperator noster Severus rescripsit, in ambiguitatibus,
quæ ex lege proficiscuntur, consuetudinem, aut rerum perpetuo

similiter judicatarum auctoritatem vim legis obtinere debere.
CALLISTRATUS, fr. 38, D., 1, 3, *De legib.*

Præses provinciæ, probatis his quæ in oppido frequenter in
eodem controversiarum genere servata sunt, causa cognita sta-
tuet. Nam et consuetudo præcedens, et ratio, quæ consuetudinem
suasit, custodienda est. Imp. ALEXANDER, c. 1, C., VIII, § 3,
Quæ sit longa consuetudo.

TROISIÈME PÉRIODE.

DEPUIS L'EMPEREUR AUGUSTE JUSQU'A L'EMPEREUR CONSTANTIN LE GRAND.

§ 23.

Changements dans la constitution politique de l'état.

Des dissensions intestines et des guerres civiles
si fréquentes qui terminent la période précédente,
il était à la fin résulté un état d'anarchie véritable, du sein duquel s'élevèrent plusieurs domina-
teurs, qui, sous diverses dénominations, exercèrent
un pouvoir presque illimité, mais transitoire et de
courte durée. Parmi eux se distingue Jules César. Il
jeta les fondements de la constitution impériale qui
se développa bientôt. Après sa mort, de nouveaux
troubles civils éclatèrent. C'est pourquoi, sur la proposition d'un *interrex*, trois hommes furent élus,
sous le nom de *triumviri reipublicæ constituendæ*,
afin de rétablir la constitution ébranlée ; savoir :
Octavianus, Antonius et Lepidus. Après la mort de
Lépide, la défaite et la mort d'Antoine, Octave resta
seul du triumvirat, et sut, par son habileté, réunir
et conserver dans sa personne le pouvoir politique,
partagé auparavant entre trois. Même après avoir
achevé sa mission, la réorganisation de l'état, il sut,

avec la même sagesse politique, garder constamment
le pouvoir suprême, en se le faisant, à plusieurs re-
prises, accorder et renouveler pour un temps limité,
et il gouverna ainsi seul, comme *princeps*, jusqu'à sa
mort, qui n'arriva que fort tard. Il n'en laissa pas
moins subsister, en apparence, les anciennes formes
de la *libera respublica*, et montra, en général, une
grande modération. Une prudence semblable guida
la conduite de ses premiers successeurs, quoiqu'ils
s'imposassent déjà moins de circonspection et de
ménagements.

C'est ainsi que s'opéra, très-insensiblement, la
transition de la forme républicaine, *libera respublica*,
à la forme monarchique du gouvernement impérial.
Ce ne fut pas le résultat d'un coup d'état prompt
et hardi de la part d'Octavien Auguste ; on ne peut
pas non plus y voir l'effet d'un acte émané librement
du peuple, par lequel il aurait conféré à un seul la
souveraine puissance. Ce que nous racontent quelques documents isolés d'une *lex regia*, d'une loi par
laquelle le peuple aurait attribué formellement, d'un
seul coup, tout le pouvoir royal à Auguste, comme
premier empereur, ne prouve rien ; car il est certain
que cette attribution ne s'effectua pas en une seule
fois, mais en plusieurs fois. Nous ne rencontrons
une pareille *lex de imperio*, dans cette extension,
que sous les successeurs d'Auguste, et elle n'est
qu'une pure forme. L'hypothèse que déjà Auguste
aurait obtenu par cette voie le pouvoir royal est difficile à concilier avec ce fait historique, que cet
empereur, jusqu'à la fin, exerça son autorité, non
comme monarque, mais dans la forme et par le
moyen des magistratures les plus importantes,
empruntées à la *libera respublica*, qu'il se faisait
conférer pour un temps plus ou moins long, et

réunissait ainsi dans sa personne, savoir : la *tribunitia potestas*, le *proconsulare imperium*, la *præfectura morum*, la dignité de *pontifex maximus*, etc.

Par ce développement historique s'explique l'organisation du pouvoir législatif dans les premiers temps du gouvernement impérial. Le *populus*, la *plebs* et le *senatus* continuaient d'exercer leur puissance législative dans les formes républicaines, sans changement apparent, si ce n'est que l'empereur, comme dépositaire permanent de toutes les attributions des magistratures républicaines mentionnées ci-dessus, y avait une influence considérable. L'empereur pouvait aussi sans contredit, comme *magistratus populi romani*, proposer, immédiatement et en son propre nom, des *edicta*, qui devaient obtenir *legis vicem*, par cela même qu'ici le magistrat qui en était l'auteur restait en charge toute sa vie.

Les successeurs d'Auguste, sous le nom de *principes*, d'*imperatores*, de *cæsares*, d'*augusti*, gouvernèrent encore quelque temps l'état romain dans cette forme extérieure de la *libera respublica*. Mais ces institutions républicaines furent de plus en plus paralysées par l'ascendant du monarque, qui s'accroissait et s'affermissait de jour en jour ; elles descendirent bientôt à la condition de formes mortes, et, peu à peu, l'une après l'autre, elles finirent par disparaître entièrement. Enfin le principe rigoureusement monarchique, se produisant même assez souvent sous des formes très-despotiques, resta seul en possession du terrain.

L'empire conserva encore, pendant toute cette période, la même tendance à s'accroître à l'extérieur ; mais à l'intérieur il portait déjà en lui-même le germe de sa décadence. Les signes les plus alarmants s'en manifestaient déjà, surtout dans les agi-

tations intestines et la rapide succession des empereurs après la mort d'Alexandre Sévère. Ces temps
de troubles, qui durèrent jusqu'à Dioclétien, virent
disparaître les derniers vestiges de l'ancienne *libera
respublica,* qui s'étaient maintenus dans quelques
institutions du droit privé, et la constitution tout
entière prit enfin décidément le caractère d'un despotisme militaire.

Toutes ces circonstances influèrent aussi sur la
jurisprudence: non-seulement le droit public éprouva
une transformation complète, mais de nouvelles
sources s'ouvrirent pour le droit privé. Cependant
l'esprit dans lequel avait marché jusqu'alors le
développement du droit resta, encore au fond, le
même, longtemps après la chute de la constitution
républicaine; et le gouvernement impérial exerça,
à certains égards, une action plutôt favorable que
contraire sur la jurisprudence romaine. C'est seulement vers la fin de cette période que le principe de
l'arbitraire et du despotisme commence à faire sentir
son influence sur le développement ultérieur des institutions du droit privé.

Sed et quod principi placuit, legis habet vigorem, quum lege
regia, quæ de ejus imperio lata est, populus ei et in eum omne
imperium suum et potestatem concedat. § 6, I., 1, 2, *De jure
nat.* Conf. GAI., I., § 5. ULPIAN., fr. 1, pr., D., 1, 4, *De constit.*
Lege antiqua, quæ regia nuncupabatur, omne jus, omnisque
potestas populi romani in imperatoriam translata sunt potestatem. JUSTINIANUS, const. *Deo auctore,* § 7.

§ 24.

*Forme nouvelle des lois proprement dites; constitutions impériales
en particulier.*

Nous trouvons encore jusqu'au temps d'Adrien,
surtout dans le commencement de cette période, un

assez grand nombre de *leges populi* et de *plebiscita*.
La proposition de ces lois émanait presque toujours
immédiatement de l'empereur lui-même. Toutefois,
les difficultés contre lesquelles Auguste eut à lutter
pour faire passer dans l'assemblée du peuple plusieurs de ses *rogationes,* prouvent que la puissance
législative du *populus* n'était point réduite, dès le
commencement du régime impérial, à une pure et
vaine forme. C'est ce que montre notamment l'histoire de la loi la plus remarquable par l'étendue et
l'importance des objets qu'elle embrassait, entre
toutes celles qui furent portées sous Auguste; à savoir
la *lex Julia et Papia Poppæa* (an de Rome 762).

Le pouvoir législatif du sénat se maintint plus
longtemps encore. Tous les éléments républicains
qui subsistaient alors s'étaient réfugiés dans ce
corps, après que l'importance politique du *populus*
entier eut tout à fait disparu. Aussi, non-seulement les *senatusconsulta* se présentent en grand
nombre sous le gouvernement impérial, mais ils
acquièrent dès ce moment plus d'importance pour
le droit privé. Mais, comme l'empereur avait la présidence du sénat, comme les sénateurs étaient
nommés par lui et formaient un conseil d'état dépendant de lui à plusieurs égards, il ne pouvait
manquer d'arriver que les sénatus-consultes fussent
pour la plupart de simples ordonnances impériales
revêtues de cette forme républicaine, souvent même
provoquées par une *oratio* ou un *libellus* de l'empereur. L'action législative du sénat disparaît complétement sous Septime Sévère et Caracalla.

Enfin la puissance législative passa tout entière,
même pour le nom et la forme extérieure, entre les
mains de l'empereur. Dès lors, les *constitutiones,*
placita, decreta (dans le sens large) *principum,* qui,

toutefois, comprenaient aussi d'autres objets que
les dispositions législatives des empereurs, formèrent une source du droit d'autant plus importante,
que toute la législation vint se concentrer en elles,
et qu'ainsi presque tout le développement ultérieur
du droit dépendit exclusivement de l'empereur.

Les constitutions impériales différaient extrêmement entre elles, tant pour leur forme extérieure
que pour leur objet. C'était une conséquence naturelle de l'organisation politique et judiciaire de l'empire, qui assignait à l'empereur le rôle le plus actif,
tant sous le rapport de la législation que sous celui
de la haute direction politique, administrative et
judiciaire. Ainsi l'empereur pouvait, dans son cabinet, non-seulement statuer en dernier ressort sur
les procès déjà jugés en première instance, mais encore évoquer à volonté des procès pendants devant
une juridiction d'un degré quelconque. Il donnait
aussi, du fond de son cabinet, des solutions aux
questions qui lui étaient soumises soit par des fonctionnaires, soit par des particuliers, qui s'adressaient
directement à lui pour les affaires de leur charge ou
pour leurs affaires privées. Tout ce qui émanait ainsi
du cabinet impérial portait le nom de *constitutio
principis;* mais naturellement entre ces constitutions
impériales, le plus petit nombre offraient le caractère de vraies lois promulguées; elles présentaient
bien plus souvent, et même le plus habituellement,
la forme d'instructions, de résolutions, de décisions
de l'empereur sur les questions qui lui étaient soumises, et de jugements sur les procès qui étaient
portés devant lui. Toutes ne contenaient pas non
plus une nouvelle règle de droit; souvent elles ne
faisaient que rappeler à l'observation du droit existant,
l'appliquer ou y renvoyer. Mais, par suite de l'organi-

sation politique et juridique de cette époque, quand l'empereur, sans employer les formes d'une loi nouvelle formellement publiée, avait seulement, à l'occasion d'un fait particulier, exprimé un nouveau principe de nature à être appliqué à d'autres cas, ce principe arrivait pourtant à la connaissance du public et des tribunaux, et ne demeurait pas stérile. Le contenu de ces décisions et interprétations impériales passait très-promptement dans les écrits des jurisconsultes qui avaient assisté l'empereur de leurs conseils, et devenait ainsi accessible à tout le monde. On invoquait aussi avec succès devant la justice ces décisions impériales comme des préjugés favorables, dans d'autres cas qui se présentaient ensuite, et le nouveau principe obtenait ainsi *legis vicem*. Les *constitutiones personales* faisaient seules exception, par leur nature; car elles contenaient en elles-mêmes la défense de les appliquer et de les invoquer dans d'autres cas.

Par là, chacune des diverses espèces, des diverses formes auxquelles peuvent se ramener les constitutions impériales, reçoit sa signification particulière, son explication.

1° Lois proprement dites, destinées à une publication générale, appelées *edicta, edictales leges, generales leges, constitutiones ad omnes*, et encore, surtout dans la période suivante, *leges perpetuo valituræ* ou *perpetuæ;*

2° *Rescripta*, dans le sens étroit : ce sont simplement des réponses à des mémoires, à des consultations ; ils se subdivisent en,

a. Epistolæ ;

b. Simples *subscriptiones, subnotationes* et *adnotationes ;*

c. Sanctiones pragmaticæ ;

3° *Mandata*, instructions à des fonctionnaires impériaux ;

4° *Decreta*, sentences impériales sur des procès.

La forme dans laquelle devaient être rédigées toutes ces constitutions fut fixée de bonne heure dans la chancellerie impériale ; elle différait et selon leur objet, et selon leur destination immédiate. Indépendamment de leur teneur spéciale, elles présentaient toujours en tête une *inscriptio*, c'est-à-dire le nom de l'empereur ou des empereurs dont elles émanaient, ainsi que l'indication de la personne physique ou morale à qui elles étaient directement adressées ; à la fin une *subscriptio*, c'est-à-dire l'indication du lieu et du temps de l'émission.

Ces constitutions impériales ne sont pas seulement mentionnées dans les écrits des jurisconsultes, qui se réfèrent à leur contenu, mais il nous en est parvenu un grand nombre dans leur forme originale : elles se trouvent surtout dans les recueils de constitutions, *codices constitutionum*, dont nous parlerons dans la période suivante.

Constitutio principis est, quod imperator vel decreto, vel edicto, vel epistola constituit, nec unquam dubitatum est, quin id legis vicem obtineat, quum ipse imperator per legem imperium accipiat. Gai., I, § 5.

Quodcunque ergo imperator per epistolam constituit, vel cognoscens decrevit, vel edicto præcepit, legem esse constat. Hæ sunt, quæ constitutiones appellantur. Plane ex his quædam sunt personales, quæ nec ad exemplum trahuntur, quoniam non hoc princeps vult. Nam quod alicui ob meritum indulsit, vel si quam pœnam irrogavit, vel si cui sine exemplo subvenit; personam non transgreditur. Aliæ autem, quum generales sint, omnes procul dubio tenent. § 6, I., 1, 2, *De jur. nat.*

Leges ut generales ab omnibus æquabiliter in posterum observentur, quæ vel missæ a nobis ad venerabilem cœtum (senatum) oratione conduntur, vel inserto edicti vocabulo nuncupantur; sive eas nobis spontaneus motus ingesserit, sive precatio, sive

relatio vel lis mota legis occasionem postulaverit. Nam satis est
edicti eas nuncupatione censeri, vel per omnes populos judicum
programmatibus divulgari, vel expressius continere, quod principes censuerint, ea, quæ in certis negotiis statuta sunt, simi-
lium quoque causarum fata componere. THÉOD. et VALENT, c. 3,
Cl, I, 14, *De legib. et constit.*

§ 25.

Destinées des *edicta magistratuum*.

La nouvelle constitution politique n'apporta
d'abord aucune entrave à cette source du droit.

Les *edicta magistratuum* poursuivirent tranquille-
ment leur marche ; car non-seulement l'opposition
entre le *jus civile* et le *jus honorarium*, entre le *jus
strictum* et le *jus æquum* continua d'exister, mais
les *magistratus*, organes nécessaires pour la production de l'*honorarium jus*, conservèrent les mêmes
fonctions. Seulement cette opposition perdit de plus
en plus, à d'autres égards, le caractère tranché
qu'elle avait eu jusque-là. Car d'abord les sources
du nouveau droit civil, les constitutions impériales
particulièrement, qui inclinaient plus à l'équité,
visèrent à fondre ensemble ces deux éléments. Ensuite les jurisconsultes s'efforcèrent, dans leurs écrits,
de montrer la liaison intime du *jus civile* et du *jus
honorarium*, et l'art avec lequel ils engrenaient l'un
dans l'autre. D'un autre côté, les empereurs surent
procurer aux dispositions des édits des magistrats
une application aussi générale que possible dans
tout l'empire.

Ce dernier résultat se manifeste surtout depuis un
changement grave qui était intervenu, tant dans les
anciens rapports de la ville de Rome avec l'Italie,
que dans la publication des édits.

Jusqu'alors les édits émis par les divers magis-

trats étaient restés distincts en la forme, quoique pour le fond, d'après la tendance générale du
droit romain de cette époque, ils se rapprochassent
beaucoup les uns des autres. Mais depuis Adrien et
Marc-Aurèle cette séparation de forme disparut
aussi. Adrien partagea toute l'Italie en deux divisions : la ville de Rome avec sa banlieue, et quatre
districts. Les magistrats antérieurement établis à
Rome ne conservèrent leur action que sur la ville
de Rome même et sa banlieue, et ce fut à ce ressort
que fut bornée dorénavant la juridiction du préteur,
tandis que de nouveaux fonctionnaires, sous le nom
de *consulares*, et depuis Marc-Aurèle sous celui de
juridici, furent institués pour les autres districts [1]. A
cette nouvelle organisation se rattachait vraisemblablement une autre réforme exécutée par Adrien. Cet
empereur chargea Salvius Julianus, alors préteur
désigné, de réunir en un seul tout, en suivant un
certain ordre de matières, l'édit du *prætor peregrinus* et celui du *prætor urbanus*, après les avoir
revisés, pour éliminer beaucoup de dispositions
surannées et concilier beaucoup de dispositions contradictoires. Dans ce travail plusieurs règles utiles
furent, sans doute, empruntées à l'*edictum provinciale;* vraisemblablement aussi l'édit des édiles y fut
annexé comme appendice, après avoir subi une nouvelle révision. Cet édit ainsi complété, qu'on appela
ensuite par excellence l'*edictum perpetuum*, fut, par
les ordres d'Adrien, non-seulement exposé à Rome,
mais encore publié dans les provinces, comme une
instruction pour tous les fonctionnaires judiciaires,
au moyen d'une ordonnance directement émanée
de l'empereur, dans les provinces impériales, et au

---

[1] *Fragm. Vatic.*, § 232.

moyen d'un sénatus-consulte provoqué par lui, dans les provinces du sénat. De cette manière l'administration de la justice fut heureusement simplifiée pour tout l'empire, et le droit romain acquit plus d'unité et d'uniförmité.

A cette explication qui, dans l'état d'insuffisance de nos sources, repose, il est vrai, presque uniquement sur des conjectures, on peut objecter que des additions furent encore faites à l'édit après le travail de Julien; mais l'objection n'est pas péremptoire, car, on conçoit très-bien que, à côté de cette refonte des anciens édits, le droit de publier un nouvel édit pouvait et devait même subsister encore pour l'avenir tant à Rome que dans les provinces. Toutefois il est facile de comprendre que, dès ce moment, avec une masse si considérable et si complète de dispositions édictales, avec un si grand changement dans la position du préteur de Rome relativement à l'Italie et au reste de l'empire, et avec l'action législative, de jour en jour plus envahissante, de l'empereur lui-même, la publication de nouveaux édits devint de plus en plus rare. Cette source du droit diminua donc peu à peu et finit par tarir entièrement, sans qu'on puisse assigner à cet événement une époque précise.

Il ne nous reste des édits prétoriens et des autres édits que des fragments, qui ne nous sont même parvenus qu'indirectement dans les écrits des auteurs classiques, juridiques et non juridiques. Ils se rapportent probablement tous à la rédaction de Salvius Julien. La collection la plus complète a été donnée par Wieling[1]. Les tentatives qu'ont faites plusieurs fois les juriconsultes modernes pour la

---

[1] *Fragmenta edicti perpetui*. Franeker, 1733.

restitution littérale de l'édit prétorien n'ont donné,
vu l'insuffisance des sources, que des résultats fort
peu sûrs[1].

Et hoc non ipsi solum dicimus, verum jam pridem etiam omnium, qui inter jurisconsultos floruerunt, doctissimus Julianus
id ipsum apparet dixisse.... et insuper Hadrianus piæ memoriæ, quique prætorum annua edicta in brevem quemdam coegit
tractatum, optimum Julianum ad hoc assumens, in oratione,
quam in publico recitavit in veteri Roma, hoc ipsum asserit, ut
si quid præter id, quod constitutum est, emerserit, consentaneum est, qui in magistratu sunt, id conari dirimere et remedium
adhibere, secundum eorum, quæ jam disposita sunt, consequen-
tiam. Justinianus, const. *dedit nobis* (δέδωκεν), § 18.

Et hoc non primum a nobis dictum est, sed ab antiqua descendit prosapia; quum et ipse Julianus, legum et edicti perpetui
subtilissimus conditor in suis libris hoc retulit : ut, si quid imperfectum inveniatur, ab imperiali sanctione hoc repleatur; et
non ipse solus, sed et divus Hadrianus in compositione edicti et
senatusconsulto, quod eam consecutum est, hoc apertissime
definivit, ut si quid in edicto positum non invenitur, hoc ad
ejus regulas, ejusque conjecturas et imitationes possit nova in-
struere auctoritas. Justinianus, const. *tanta* de confirm. Digest.,
§ 18.

§ 26.

Nouveau caractère des *responsa prudentium*.

D'après tout ce qui vient d'être exposé, non-seulement le droit romain était déjà en possession
d'une masse considérable de matériaux, mais il
présentait une combinaison faite avec art de sources
anciennes et nouvelles, qui ne suivaient pas toutes
la même direction et n'émanaient pas toutes du
même esprit. Il formait ainsi un tout qu'il était difficile d'embrasser d'un coup d'œil; et sa simplifi-

---

[1] Haubold, *Instit. jur. rom. priv. hist. dogm. epitome*, Leipzig, 1821,
p. 137 et suiv. — C. de Weyhe, *Libri tres edicti*, Celles, 1821.

cation, par les travaux de la science appliqués à resserrer et à coordonner ce vaste et riche ensemble, était devenue un besoin pressant de l'époque. A l'influence de ce besoin et au concours de plusieurs autres causes naissant des circonstances du temps, fut dû le brillant développement que prit, dans la première moitié de cette période, la science du droit romain. Dans un temps comparativement très-court, elle s'éleva à un degré de supériorité, et quant au fond et quant à la forme, qui n'a été atteint jusqu'ici chez aucun autre peuple.

A cela se lie très-étroitement la position toute nouvelle que les jurisconsultes occupèrent sous le gouvernement impérial. Afin de rattacher utilement à l'intérêt de la nouvelle constitution politique et du principat, l'influence de jour en jour croissante que la science exerçait sur le perfectionnement du droit, Auguste accorda à quelques *jurisconsulti* renommés le *jus publice de jure respondendi*. Les autres jurisconsultes moins favorisés ne furent point par là privés de la faculté de répondre sur le droit ; mais, par une conséquence naturelle de cette mesure, il se forma dès lors une classe particulière, privilégiée, de jurisconsultes spécialement autorisés à répondre, *quibus permissum erat jura condere, de jure respondere*. On les appelait *juris auctores, conditores*, et on leur appliquait souvent, par excellence, la qualification de *prudentes*. Cependant les anciens jurisconsultes antérieurs à Auguste et à sa nouvelle institution conservèrent, après comme avant, la considération attachée à leur nom comme *juris auctores*, et ils furent plus tard souvent désignés par l'expression de *veteres*.

De quels priviléges particuliers jouirent dès le principe, en vertu de l'institution d'Auguste, les jurisconsultes ainsi favorisés ? C'est ce qui n'est pas très-clair. Cependant, leurs *responsa* durent certainement dès lors gagner en influence et en autorité, puisqu'ils les rendaient, en quelque sorte, au nom de l'empereur.

Mais sous Adrien, il fut établi que les avis positivement émis par ces jurisconsultes, quand ils seraient unanimes, auraient force de loi, *vicem legis obtinerent*, sous le nom de *sententiæ*, et seraient pour le juge une règle formellement et légalement obligatoire. Lorsque ces jurisconsultes étaient d'avis différents, et qu'ainsi l'*auctoritas* de l'un balançait celle de l'autre, le juge pouvait se décider d'après sa propre conviction, mais toujours en choisissant entre les divers avis exprimés, avis qui alors s'appelaient *opiniones*. Les *responsa prudentium* prirent par là un caractère tout à fait nouveau et presque législatif; et nous trouvons ici déposé un germe que nous verrons se développer largement sous Valentinien III et sous Justinien. Par une suite naturelle de cet important accroissement d'autorité, on exigea que ces *responsa* fussent émis par écrit, dans une forme rigoureusement prescrite, et revêtus du sceau des jurisconsultes. Aussi désormais cette source fut rangée par les Romains dans le *scriptum jus*.

Dès ce moment, les jurisconsultes, devenus ainsi *juris auctores*, *conditores*, qualification qui probablement leur fut d'abord appliquée sous ce rapport, prirent, par leurs *sententiæ* et *opiniones*, une part active et directe au perfectionnement du droit. Ils ne se bornèrent plus désormais à développer le *jus civile*, dont le cercle avait été à peu près fermé dès la fin de la période précédente, mais ils étendirent leurs travaux au perfectionnement du *jus gentium ;* car ils se mirent à élaborer, avec un zèle particulier, le *jus honorarium* et surtout les édits des préteurs, comme la source actuellement la plus riche.

Mais, sous un autre rapport encore, l'influence indirecte des jurisconsultes se manifesta d'une manière non moins essentielle, quoique moins apparente. Dès le temps d'Auguste, les empereurs jugèrent nécessaire de réunir autour d'eux un conseil permanent de jurisconsultes renommés, auxquels ils soumettaient les nombreuses questions de droit, souvent difficiles, dont ils étaient, par leur position, obligés de donner le solution. Ce conseil consultatif impérial, *consilium principis*, reçut vraisemblablement, sous Adrien, par l'adjonction de certains fonctionnaires, notamment des *præfecti,* un accroissement d'attributions, et des formes de procédure mieux déterminées. Il était donc difficile qu'une constitution importante fût émise par l'empereur sans l'avis de ces jurisconsultes. Par là s'explique aussi comment et pourquoi les constitutions des empereurs, tant qu'ils furent assistés de semblables conseillers, furent, en général, si justes et si judicieuses.

Cette position pratique des jurisconsultes détermina la marche qu'ils suivirent dans l'élaboration scientifique du droit.

Déjà, avant Auguste, quelques jurisconsultes avaient essayé, soit d'écrire des ouvrages techniques sur certaines matières de jurisprudence, soit de substituer, à l'instruction purement pratique donnée auparavant aux jeunes juristes, un enseignement théorique plus régulier.

Sous Auguste, deux jurisconsultes, particulièrement, attirèrent une grande foule de disciples : Labéon, élève de Trebatius, et Capiton, élève d'Ofilius. Ces deux professeurs, déjà très-opposés dans leurs vues politiques, envisagèrent, sous un aspect

différent, le champ de la jurisprudence, et suivirent,
dans leur manière d'interpréter les sources et de
traiter la science du droit, une direction à quelques
égards divergente. Capiton, par principe, s'attachait
en général davantage à la lettre des maximes positives et n'osait s'en écarter, tandis que Labéon, ar-
gumentant, avec plus de liberté et d'indépendance,
de la nature et de l'essence intime de chaque institution, portait plus loin ses déductions. Comme
leurs disciples, pleins de respect pour leur personne,
maintinrent fermement leurs doctrines et les pous-
sèrent plus loin, toujours dans le même esprit, il
se forma ainsi deux écoles de jurisconsultes. Ces
écoles prirent leurs dénominations, non de leurs
fondateurs proprement dits, Labéon et Capiton,
mais des successeurs de ces deux jurisconsultes.
Ce furent, d'un côté, les *Proculiens*, appelés aussi
Pégasiens, de Licinius Proculus et de Pegasus; de
l'autre, les *Sabiniens*, appelés aussi *Cassiens*, de
Massurius Sabinus et de Cassius Longinus[1]. Ces deux
écoles furent, pendant un certain temps, fortement
opposées l'une à l'autre, et les traces des nombreuses
controverses de leurs adhérents restèrent visibles,
tant qu'un esprit scientifique continua de vivifier les
travaux de jurisprudence. Au reste, il se rencontra
à toutes les époques des jurisconsultes plus indépendants qui se détachèrent de ces sectes et cherchèrent
à se frayer une voie qui leur fût propre. Seulement
ils ne formèrent pas, comme on l'a souvent soutenu
par un malentendu évident, une troisième école
distincte, sous le nom de *miscelliones*. Ces écoles

---

[1] Je ne sais pourquoi l'auteur a placé ici Cassius Longinus et les Cassiens avant Massurius Sabinus et les Sabiniens. J'ai rétabli l'ordre chronologique des jurisconsultes et des dénominations successives de leur
école. (*Note du traducteur.*)

n'eurent point en général l'inconvénient d'inspirer
à leurs partisans un esprit de système étroit et exclusif. Grâce à elles, au contraire, les matériaux du
droit furent élaborés, dans chaque direction, avec
une plus grande liberté de jugement, et, dans la suite
des temps, toutes ces vues diverses se réunirent peu
à peu en un tout harmonique.

Cette divergence de doctrine se fit jour non-seulement dans l'enseignement oral, mais encore dans
les nombreux écrits qui parurent alors. Ces écrits
avaient tous une direction éminemment pratique,
mais ils étaient de genres très-différents, quant à
leur tendance immédiate et à leur forme extérieure.

Tantôt c'étaient des ouvrages élémentaires très-
succincts, des introductions, des précis, sous le titre
d'*institutiones, libri institutionum*, comme les Institutes d'Ælius Marcianus, de Gaius, de Paul, ou sous
le titre d'*elementa, definitiones, libri definitionum*,
tels que ceux de Papinien par exemple, ou encore
sous le titre de *regulæ, libri regularum*, comme ceux
d'Ulpien, de Paul. Tantôt c'étaient des ouvrages plus
étendus, embrassant beaucoup de matières, et en-
trant dans les détails : *libri juris civilis, digesta.*

Quelquefois ils suivaient, surtout pour le développement des principes élémentaires, un ordre systématique purement scientifique ; d'autres fois, et
c'était, à ce qu'il paraît, le cas le plus fréquent, ils
adoptaient l'ordre des matières qui se trouvait dans
l'édit du préteur, parce qu'il devait paraître le plus
convenable pour le côté pratique du droit.

Tantôt c'étaient des commentaires sur l'ensemble
de quelque source importante du droit, par exemple
sur l'édit, comme les *libri ad edictum* [1] de Gaius,

---

[1] L'auteur cite aussi Sabinus parmi les commentateurs de l'édit ; mais

d'Ulpien, de Paul, ou sur la loi des Douze Tables, notamment les commentaires de Labéon et de Gaius; tantôt des explications semblables de quelque loi particulière, par exemple de la *lex Julia et Papia Poppæa*, par Marcellus, par Ulpien, par Paul; tantôt des commentaires ou des notes sur quelque ouvrage d'un jurisconsulte antérieur, par exemple *notæ ad Sabinum, ad Marcellum, ad Papinianum*, de Sext. Pomponius, d'Ulpien, de Paul.

Tantôt ces traités s'étendaient à tout le système du droit privé, tantôt ils se bornaient à une doctrine particulière, et formaient des monographies, par exemple, *de actionibus, de appellationibus*.

Tantôt ils contenaient une revue des questions controversées, avec leur solution; tantôt ils rassemblaient des décisions sur des cas particuliers, tantôt enfin c'étaient des ouvrages sur des sujets variés, des mélanges. A ces divers genres d'écrits, se rapportent les noms et titres suivants : *libri opinionum, variarum lectionum, responsorum, quæstionum, disputationum, enchiridia*, etc., dont plusieurs sont très-généraux, très-vagues et ne sont pas limités à un genre déterminé d'ouvrage.

Ce qui donne à tous ces écrits une si haute valeur, c'est ce tact philosophico-juridique si délicat qui s'y montre constamment. Malgré la profonde sagacité avec laquelle leurs auteurs saisissent toutes les faces d'un principe juridique, malgré la rigueur logique avec laquelle ils savent analyser les maximes générales, et déduire d'une pensée fondamentale ses conséquences rigoureuses et légitimes, leur bon sens

---

Sabinus n'est nommé en cette qualité qu'une fois dans les Pandectes (L. 18, D., *De oper. libert.*), et encore il est incertain si c'est de Massurius Sabinus ou de Cœlius Sabinus qu'il s'agit. (*Note du traducteur.*)

pratique les préserve pourtant de toutes subtilités pédantesques.

Le droit romain ne se maintint à ce haut degré d'activité et de valeur scientifiques que jusqu'au temps qui suivit immédiatement le règne d'A-lexandre Sévère, ou tout au plus, et à quelques égards, jusqu'à Dioclétien ; car, à partir de cette époque, la barbarie, qui depuis longtemps avait pénétré dans les autres sphères de la vie des Ro-mains, par suite de la décadence de leur état poli-tique, commença à envahir aussi le domaine de la jurisprudence. Dès lors, par conséquent, toute éner-gie, toute vie scientifique cessa de se manifester chez les jurisconsultes romains.

Des nombreux écrits qui furent le produit de cette période d'active culture de la jurisprudence romaine, très-peu nous sont parvenus dans leur forme origi-nale. Les plus importants sont les suivants :

Un long fragment d'Ulpien, appartenant vraisem-blablement à son *Liber singularis regularum*, portant en tête, dans le manuscrit du Vatican : *Tituli ex cor-pore Ulpiani*, et appelé ordinairement aujourd'hui *Ulpiani fragmenta*[1]. Il faut y joindre deux fragments des *Institutiones* d'Ulpien, qui ont été découverts dernièrement à Vienne [2].

Ensuite l'ouvrage de Gaius intitulé *Institutionum commentarii quatuor*, qui a été découvert dans ces derniers temps (en 1816), par Niebuhr, dans un manuscrit palimpseste, à Vérone[3]. Il ne faut pas con-

---

[1] Les meilleures éditions critiques ont été données par Hugo (la dernière à Berlin, 1834, in-8°), et par E. Bœcking (Bonn, 1836, in-12).

[2] Endlicher, *De Ulpiani Institutionum fragmento*, Vienne, 1835, in-8°.

[3] Publié d'abord par Gœschen (Berlin, 1820 et 1824) ; plus tard, conjointement avec les Institutes de Justinien, par Klenze et Bœcking (Berlin, 1829) ; puis par Heffter (Bonn, 1830) ; par Lachmann

fondre ces commentaires originaux de Gaius avec les
Institutes de Gaius qui ont été conservées, sous une
forme très-altérée, par les Visigoths, et qui forment
une partie de leur *lex romana*.

Des ouvrages de moindre importance sont : l'écrit
du jurisconsulte Volusius Mæcianus, intitulé : *Assis
distributio*, etc.; un fragment d'un auteur inconnu,
désigné sous le titre de *Fragmentum de jure fisci*,
qui a été trouvé avec Gaius (1816); et plusieurs
autres fragments de jurisconsultes pour la plupart
inconnus, qui sont rassemblés dans l'édition donnée
à Bonn du *Corpus juris romani antejustinianei*.

Les autres ouvrages de jurisprudence ne nous sont
connus que remaniés par des compilateurs, comme
les *Receptæ sententiæ* de Paul, retouchées par l'auteur visigoth du *Breviarium Alaricianum*, ou par des
extraits qui en ont été faits plus tard, et qui nous ont
été conservés surtout dans les *Pandectes* de Justinien.

Voici l'indication des recueils les plus récents où
l'on trouvera ces restes des ouvrages des jurisconsultes, réunis à d'autres sources du droit antérieur
à Justinien :

*Jurisprudentia vetus antejustinianea, ex recensione
et cum notis* Ant. Schulting, Leyde, 1717, in-4°;
Leipzig, 1737, in-4°.

*Jus civile antejustinianeum, codicum et optima-
rum editionum ope a societate jurisconsultorum curatum; præfatus est* Gust. Hugo, Berlin, 1815, 2 vol.
in-8°.

Corpus juris romani antejustinianei; præfatus est
Bœcking, Bonn, 1835 et 1837, in-4° (non encore
achevé).

(Bonn, 1841, in-8°). Lachmann a aussi revisé et dirigé la troisième
édition de la *recensio* de Gœschen (Berlin, 1842).

Responsa prudentum sunt sententiæ et opiniones eorum, quibus permissum est, jura condere. Quorum omnium si in unum
sententiæ concurrunt, id, quod ita sentiunt, legis vicem obtinet;
si vero dissentiunt, judici licet, quam velit sententiam sequi.
Idque rescripto Divi Hadriani significatur. Gai., *Comm.*, I, § 7.

Responsa prudentum sunt sententiæ et opiniones eorum, quibus permissum erat, de jure respondere. Nam antiquitus constitutum erat, ut essent, qui jura publice interpretarentur, quibus
a Cæsare jus respondendi datum est, qui jurisconsulti appellabantur. Quorum omnium sententiæ et opiniones eam auctoritatem tenebant, ut judici recedere a responsis non liceret; ut est
constitutum. § 8, I., 1, 2, *De jure nat.*

Et, ut obiter sciamus, ante tempora *Augusti* publice respondendi jus non a principibus dabatur, sed qui fiduciam studiorum
suorum habebant, consulentibus respondebant. Neque responsa
utique signata dabant, sed plerumque judicibus ipsi scribebant,
aut testabantur, qui illos consulebant. Primus divus *Augustus*,
ut major juris auctoritas haberetur, constituit, ut ex auctoritate
ejus responderent, et ex illo tempore peti hoc pro beneficio
cœpit. Et ideo optimus princeps *Hadrianus*, quum ab eo viri præ-
torii peterent, ut sibi liceret respondere, rescripsit eis, hoc non
peti, sed præstari solere, et ideo, si quis fiduciam sui haberet,
delectari se, populo ad respondendum se præpararet. Pompon.,
fr. 2, § 47, D., 1, 2, *De orig. jur.*

QUATRIÈME PÉRIODE.

DE CONSTANTIN A JUSTINIEN.

§ 27.

Changements politiques dans l'empire romain.

Le règne de Constantin fut signalé par plusieurs
événements politiques qui eurent aussi une influence
marquée sur la jurisprudence.

En effet, sous lui furent jetés les fondements de
diverses institutions nouvelles qui modifièrent profondément l'organisation de l'état romain, et dont

la plupart, inspirées sans doute par de bonnes inten-
tions, commandées même en partie par les nécessités d'un temps de décadence, furent effectivement
salutaires dans leurs effets immédiats, mais condui-
sirent plus tard, par leurs résultats ultérieurs sous
les successeurs de Constantin, à un arbitraire absolu
dans le gouvernement.

Il faut signaler d'abord la séparation de l'administration civile et de l'administration militaire, qui
jusqu'alors avaient été réunies. A cela se rattache
l'établissement d'une hiérarchie régulièrement organisée de fonctionnaires civils, militaires et pala-
tins, avec les distinctions de rangs correspondantes,
dignitates, et leur nombreux personnel d'employés,
officia.

Ensuite les fils de Constantin posèrent les bases
de la division qui ne tarda pas à s'accomplir, et par
suite de laquelle l'empire forma deux parties distinctes, l'une occidentale et l'autre orientale, avec
deux capitales, Rome et Constantinople. Ces deux
empires romains, encore unis ensemble par certaines
institutions politiques, subsistèrent quelque temps
l'un à côté de l'autre; mais, depuis Valentinien III,
les peuplades germaniques commencèrent à se jeter
sur l'empire d'Occident et à en conquérir successivement les diverses parties. Après l'avoir ballotté
longtemps entre leurs mains, ces conquérants en
finirent avec lui, l'an 476 de l'ère chrétienne, et il
cessa d'exister même nominalement. Ainsi Rome et
l'Italie, patrie originaire du droit romain, furent
séparées de l'empire romano-grec, qui continua
d'exister en Orient. Par là, le droit romain, trans-
planté dans un pays presque entièrement grec, dut,
par l'idiome même dans lequel ses textes étaient
écrits, devenir de plus en plus étranger au peuple,

et perdre ainsi, en grande partie, son caractère
propre, qui était si intimement lié à l'esprit de la
nation et à sa langue.

Ce fut aussi un événement fécond en conséquences
que la résolution prise par Constantin, d'élever la
religion chrétienne au rang de religion de l'état. Par
là fut introduit, dans la vie politique et juridique,
un nouvel élément, qui souvent n'a pas été assez
apprécié.

§ 28.

État du droit et de ses sources en général.

Le droit romain, qui, déjà, depuis la dernière
moitié de la précédente période, avait commencé à
décliner, partageait maintenant, d'une manière chaque
jour plus sensible, l'état de décadence de la civilisation générale, dû surtout au despotisme. Pour reconnaître la confusion qui en résulta dans la jurisprudence, il suffit de jeter un coup d'œil rapide sur les
sources du droit qu'on possédait alors, et sur les difficultés qu'on rencontrait quand on voulait y puiser.

Aucune des anciennes sources du droit n'était, à
la vérité, précisément hors d'usage, en ce sens que
les résultats qu'elles avaient déjà fournis conser-
vaient toujours leur valeur pratique. Mais la plupart
de ces sources, celles qui avaient été les plus abon-
dantes, avaient depuis longtemps cessé de couler
pour l'avenir.

Ainsi plus d'*edicta magistratuum*, attendu que les
magistratus juri dicundo, dont la position avait complétement changé, et qui n'étaient plus depuis longtemps des *magistratus populi romani*, mais des *fonctionnaires impériaux*, recevaient immédiatement
leurs instructions du cabinet de l'empereur. Il y a

plus : la principale tâche des préteurs, celle de fixer
les rapports du *strictum jus* avec l'*æquum jus*, avait
été expressément enlevée par Constantin aux fonctionnaires investis d'une juridiction : car cet empereur avait ordonné que, dans tous les procès où des
doutes s'élèveraient sur les limites de l'*interpretatio*
et sur la question de savoir jusqu'à quel point on
devait, par des motifs tirés de l'*æquitas*, s'écarter du
strictum jus, le juge s'abstiendrait de décider par lui-
même et en référerait à l'empereur.

Ainsi disparurent encore les *responsa prudentium;* car, bien qu'il y eût toujours des *prudentes*,
dans un certain sens, cependant leur ancienne influence avait entièrement cessé. Il ne pouvait plus,
d'après l'état actuel de la jurisprudence, être question de recherches scientifiques et indépendantes,
et de perfectionnement du droit par les écrits et la
doctrine, et cette faculté privilégiée de répondre aux
consultants, dont il a été parlé ci-dessus, était aujour-
d'hui exercée directement par l'empereur lui-même,
sous la forme de rescrits et de décrets.

La sphère d'action des constitutions impériales
s'étendit naturellement et nécessairement, puisque
tout développement ultérieur du droit par la voie
du *jus scriptum* était désormais, de fait, concentré
dans les mains de l'empereur. Seulement quelques
fonctionnaires, absolument dépendants de l'empereur, notamment les *præfecti prætorio*, avaient le
pouvoir d'émettre des ordonnances semblables à
des lois, mais sous une double restriction. D'une
part, il fallait qu'elles ne dérogeassent à aucune loi
impériale; d'autre part, les ordonnances émanées
des préfets n'étaient exécutoires que dans leur pré-
fecture, ne constituaient ainsi qu'un droit local.
Aussi, depuis Constantin, les constitutions prirent

de plus en plus fréquemment le caractère de véritables *leges edictales*, tandis qu'auparavant elles
étaient plutôt émises en forme de rescrits. Il faut
reconnaître encore que les ordonnances impériales
témoignent dès ce moment de la décadence du droit,
tant dans la forme de leur rédaction, presque toujours incorrecte, affectée et prolixe, que dans le fond
de leurs dispositions, souvent très-arbitraires.

Qu'il continuât de se former à côté d'elles un
droit coutumier proprement dit, c'est ce dont il n'est
guère permis de douter ; mais ce droit paraît avoir
surtout affecté le caractère de coutumes provinciales
ou plus locales encore, parce qu'il ne rencontrait
plus de vie propre dans le peuple, et qu'il manquait
d'un centre.

L'organisation politique de l'empire, telle qu'elle
était à cette époque, dut faire perdre peu à peu au
droit romain cette forte empreinte de nationalité qui
le distinguait jadis, et rendre de plus en plus prédominante une certaine tendance à un caractère universel, se pliant également à toutes les nationalités,
tendance qui avait commencé à apparaître depuis
l'introduction du *jus gentium* dans le droit positif.
Cette direction des sources actuelles du droit écrit
était précisément propre à faire sentir le besoin de
coutumes particulières dans certains districts ou dans
certaines provinces, où des circonstances spéciales
semblaient les rendre nécessaires. A la vérité, nous
n'avons que peu de renseignements à ce sujet, parce
que ces coutumes ne furent pas rédigées et recueil-
lies dans les codes.

Inter æquitatem jusque interpositam interpretationem nobis
solis et oportet, et licet inspicere. CONSTANTINUS, c. 1, C., I, 14,
De legib.

.... in præsenti leges condere soli imperatori concessum est,

et leges interpretari solo dignum imperio esse oportet. Justinianus, c. 12, C., eod.

§ 29.

Constitution de Valentinien III sur la citation des écrits des jurisconsultes.

Outre les constitutions impériales, source principale du nouveau droit, on considérait comme
étant encore en vigueur, au moins nominalement,
toutes les anciennes sources du droit, les *leges duodecim tabularum*, les *leges populi*, les *plebiscita*, les
senatus consulta, les divers *edicta magistratuum*, etc.;
mais on avait perdu depuis longtemps l'habitude de
puiser immédiatement à ces sources : on n'y avait
recours que médiatement dans la nouvelle forme
plus simple et plus méthodique qu'elles avaient
prise sous la main des jurisconsultes qui avaient
cultivé la science avec le plus d'éclat.

Mais, quoique ainsi élaborés, ces monuments de
l'ancien droit étaient encore au-dessus de la portée
des juges de ce temps-là, qui ne pouvait en posséder
l'ensemble, ni en comprendre l'esprit.

Les principales difficultés que rencontrait l'administration de la justice étaient, d'un côté, la masse
énorme d'ouvrages de jurisprudence que les juges
avaient à consulter et à comparer, pour démêler
laborieusement le droit en vigueur; d'un autre côté,
les nombreuses controverses et la diversité d'opinions que présentaient les écrits des anciens jurisconsultes. Les juges, suivant ce qu'avait prescrit
Adrien, devaient examiner ces diverses manières de
voir, *opiniones*, et se décider en faveur de l'une d'elles
par une conviction motivée. Mais l'effort qu'exigeait
cet examen réfléchi et indépendant excédait désor-

mais la capacité de juges en qui le vrai sens scientifique était éteint ; aussi aspiraient-ils à voir fixer un
nombre limité d'autorités qu'ils n'eussent plus qu'à
invoquer, afin d'échapper par là à la nécessité de
prendre parti par eux-mêmes.

Il paraît que déjà Constantin avait conçu le projet
de satisfaire, au moyen de quelques recueils juridiques, à ce besoin réellement très-pressant de son
siècle ; mais jusqu'à quel point et de quelle manière
entendait-il le mettre à l'exécution, c'est ce qui n'est
pas clair à cause de notre pénurie de documents à
cet égard [1].

Théodose II et Valentinien III, les premiers, firent
un pas décisif vers ce but, en publiant une constitution qu'on appelle ordinairement en Allemagne
loi de citation (*Citirgesetz*). Ce n'était qu'une extension et un complément de la mesure qu'Adrien avait
prise, pour ne pas laisser dans la pratique un champ
trop vaste aux controverses sur le droit. Tous les
écrits, *scripta universa*, de cinq jurisconsultes de la
période précédente, Papinien, Paul, Gaius, Ulpien
et Modestin, devaient avoir formellement force de
loi. Au contraire, les écrits, *tractatus et sententiæ*,
des autres jurisconsultes, n'auraient force de loi
qu'autant qu'ils seraient cités dans les ouvrages des
cinq précédents. Seulement les écrits de ces jurisconsultes, qui pouvaient avoir été altérés par le temps,
seraient soumis à une révision préalable, par la
comparaison des manuscrits, sous le rapport de
leur texte, et même de leur authenticité, suivant les
circonstances. Si ces jurisconsultes, revêtus ainsi

---

[1] Deux constitutions nouvellement découvertes, c. 1. et c. 2, *Cod.
Theod.*, **I, 4**, *De responsis prud.*, sont relatives à ce projet de Constantin ; mais elles ne laissent pas apercevoir l'ensemble de son plan.

d'une autorité législative, différaient d'opinion entre
eux, la majorité des voix déciderait ; en cas d'égalité,
l'avis de Papinien l'emporterait, et c'était seulement
quand Papinien ne s'était pas expliqué sur la question , que le juge devrait l'examiner lui-même et se
prononcer, dans sa sagesse, pour l'une des solutions
données.

Papiniani , *Pauli* , *Gaii* , *Ulpiani* atque *Modestini* scripta universa firmamus, ita ut *Gaium*, quæ *Paulum*, *Ulpianum* et cunctos
comitetur auctoritas, lectionesque ex omni ejus opere recitentur.
Eorum quoque scientiam, quorum tractatus atque sententias præ-
dicti omnes suis operibus miscuerunt , ratam esse censemus, ut
Scævolæ, *Sabini* , *Juliani* atque *Marcelli* , omniumque , quos illi
celebrarunt, si tamen eorum libri, propter antiquitatis incertum,
codicum collatione firmentur. Ubi autem diversæ sententiæ proferuntur, potior numerus vincat auctorum, vel si numerus æqua-
lis sit, ejus partis præcedat auctoritas, in qua excellentis ingenii
vir *Papinianus* emineat, qui ut singulos vincit, ita cedit duobus.
Notas etiam *Pauli* atque *Ulpiani* in *Papiniani* corpus factas (sicut
dudum statutum est) præcipimus infirmari. Ubi autem pares eorum
sententiæ recitantur, quorum par censetur auctoritas, quod sequi
debeat, eligat moderatio judicantis. *Pauli* quoque sententias semper valere præcipimus. Theodos. et Valentin., c. 3, *Cod.
Theod.*, 1, 4, *De resp. prud.*

§ 30.

Les *Codices constitutionum.*

Il était plus aisé de satisfaire à une autre exigence
du temps, amenée par la difficulté de connaître toutes
les constitutions impériales qui étaient en fort grand
nombre et éparses ; car ici se présentait naturellement l'idée de recueils, *codices constitutionum.* Au
commencement, on y pourvut par des recueils privés, entre lesquels le plus usuel, sinon peut-être
l'unique, fut celui que publia un nommé Gregorianus,
qui nous est d'ailleurs inconnu. Ce *Codex Gre-*

gorianus, dont l'époque ne saurait être exactement fixée, mais ne peut, en tout cas, remonter au delà du commencement du ivᵉ siècle, se composait principalement de *rescrits* antérieurs à Constantin. A ce recueil s'en rattache un second, dû à Hermogenianus, *Codex Hermogenianus*, qui paraît avoir été un supplément du premier [1]. L'époque où il parut est aussi difficile à préciser, mais ne doit pas être antérieure au milieu du viᵉ siècle.

Mais, plus tard, Théodose II fit dresser une nouvelle collection officielle de constitutions, qui fut publiée en l'an 438. Ce *Codex Theodosianus* était destiné à servir de complément au *Codex Gregorianus* et au *Codex Hermogenianus ;* car, d'après son plan, il ne remonte que jusqu'à Constantin, et contient en très-grande partie des *édits*.

Le Code Théodosien est divisé en seize livres, qui se subdivisent en titres. Il s'est conservé jusqu'à nous, mais non dans son intégrité [2].

Les constitutions émises après la publication du Code Théodosien et qui, par conséquent, ne purent pas y être insérées, prirent le nom de *novellæ constitutiones*, expression dont l'usage s'est répété depuis.

On n'aperçoit pas clairement à quel genre doit

---

[1] Ces deux codes se trouvent dans Schulting, *Jurisprud. vet. antej.*, p. 683-718, et dans le *Jus civile antejust.*, publié à Berlin, par Hugo, t. I, p. 265 et suiv. L'édition critique la plus récente est celle de G. Haenel, Bonn, 1837, dans le second volume du *Corpus juris civilis antejustinianei* de Bonn.

[2] Parmi ses éditions, il faut mettre en première ligne celle qui a été donnée par Jacques Godefroi, avec un excellent commentaire ; elle a été plus tard encore améliorée et augmentée par Daniel Ritter, Leipzig, 1736-1743, 6 vol. in-fol. Le Code Théodosien se trouve aussi dans le *Jus civ. antej.*, de Berlin, t. I, p. 175 et suiv. G. Haenel en a donné une nouvelle édition critique dans le *Corp. jur. civ. antejust.* de Bonn, 1842.

être rapporté le recueil qui a été récemment découvert dans un manuscrit palimpseste de la bibliothèque du Vatican, et qui est connu sous le titre de *Fragmenta Vaticana* [1]. Il date vraisemblablement de la première moitié du ve siècle. Il contient des fragments tant d'ouvrages des jurisconsultes que de constitutions impériales, et paraît ainsi conçu dans le but de combiner ensemble ces deux sources principales du droit romain de l'époque.

Ad similitudinem Gregoriani atque Hermogeniani codicis cunctas colligi constitutiones decernimus, quas Constantinus inclytus et post eum divi principes nosque tulimus, edictorum viribus aut sacra generalitate subnixas. C. 5, *Cod. Theod.*, ɪ, ɪ, *De constit. princip.*

§ 31.

Écrits juridiques d'un autre genre.

Quelques écrits de la même époque, c'est-à-dire du ve siècle ou du commencement du vi[e], méritent d'être signalés comme n'étant pas, sous un autre rapport, dépourvus d'importance pour la jurisprudence romaine de ce temps-là. Ce sont les suivants :

1° La *Notitia dignitatum utriusque imperii*, ouvrage fort utile pour faire connaître la constitution de l'empire romano-grec de cette époque. C'est un tableau du territoire que comprenait alors l'empire, et des emplois civils et militaires dont se composait son administration [2].

2° La *Consultatio de pactis veteris jurisconsulti*,

---

[1] Voy. les éditions publiées par Buchholtz, Kœnigsberg, 1828, et par Bethmann-Hollweg, Bonn, 1833, in-12.

[2] L'édition critique la plus récente est celle qu'a publiée Bœcking, Bonn, 1839.

recueil, fait par un jurisconsulte inconnu, de plusieurs consultations sur les pactes [1].

3° La *Collatio legum mosaicarum et romanorum*,
rapprochement comparatif du droit romain et du
droit mosaïque [2].

4° Enfin, un ouvrage en trois livres, par Jean
Lydus : περὶ ἀρχῶν τῆς Ῥωμαίων πολιτείας [3].

§ 32.

Règne de Justinien. Plan d'une réforme radicale de la jurisprudence.

Le droit romain resta dans cet état, durant un
certain temps, jusqu'à l'empereur Justinien, *Flavius
Justinianus*, pendant que l'empire allait toujours en
déclinant tant à l'extérieur qu'à l'intérieur.

Le règne de Justinien [4], qui s'étendit de 527 à
565, n'est pas sans importance sous d'autres rapports politiques, puisque ce prince réussit, du moins
jusqu'à un certain point, à garantir, par des mesures
vigoureuses, la sûreté extérieure de l'empire ; mais
il est surtout devenu célèbre par la grande réforme
législative qu'il opéra. Non-seulement il introduisit,
par de nombreuses constitutions, beaucoup de changements considérables dans des matières particulières, mais il réalisa le projet, déjà conçu, à ce qu'il
paraît, par Théodose II, de resserrer toute la masse
du droit en vigueur, avec les modifications conve-

---

[1] La dernière édition critique a été donnée par Puggé, Bonn, 1834.
[2] L'édition critique la plus nouvelle est celle de Blume, Bonn, 1833.
[3] Publié par Fuss, Paris, 1812, et par Becker, Bonn, 1837.
[4] Une biographie très-étendue de cet empereur a été publiée par J.
P. de Ludewig, *Vita Justiniani Magni atque Theodoræ, necnon Triboniani*, Halle, 1731, in-4°.

nables, en un petit nombre de recueils généraux et complets.

La conception intelligente du plan, sur lequel nous trouvons des renseignements précis dans les ordonnances relatives à la publication de chacun de ces recueils, et l'exécution habile de ces vastes travaux, témoignent d'une prudence peu ordinaire et d'une juste appréciation des nécessités du temps. Aussi, quoique, considérés sous un autre rapport, les recueils de Justinien méritent beaucoup de reproches, on ne peut cependant en porter un jugement impartial qu'en se plaçant au point de vue purement historique, et en tenant compte du siècle, de ses besoins et de ses forces.

Pour bien apprécier leur mérite à cet égard, il faut surtout les comparer sans prévention avec quelautres compilations de droit romain qui furent composées presque en même temps, au commencement du vi° siècle, pour les Romains soumis à la domination des conquérants germains. On appelait alors tout recueil de ce genre *lex romana*, par opposition aux rédactions du droit national des races germaniques, aux *leges barbarorum*.

Tel est d'abord, chez les Ostrogoths, sous Théodoric, le recueil appelé *Edictum Theodorici regis* (*Ostrogothorum*), en 154 chapitres, outre le prologue et l'épilogue (en 500).

Telle est ensuite, chez les Visigoths, sous Alaric II, la *lex romana Visigothorum*. Le nom de *breviarium Alaricianum* ou *Aniani*, ou de *breviarium* tout court, n'a été adopté que depuis le xvi° siècle.

Telle est enfin, chez les Bourguignons, la *lex romana Burgundionum*, composée de 47 titres (entre 517 et 534). Le nom de *Papiani responsum*, usité depuis Cujas, repose sur une erreur.

Tous ces recueils de droit romain, ces *leges ro-manæ*[1] sont, tant sous le rapport du plan que sous celui de l'exécution, fort au-dessous du mérite des collections qui furent publiées dans l'empire romano-grec.

Le plan de Justinien était de composer deux grands recueils complets, *codices*, l'un pour ce qu'il y avait d'encore applicable dans l'ancien droit, tel qu'il était exposé dans les écrits des jurisconsultes, l'autre pour le nouveau droit, tel qu'il résultait des constitutions impériales ; et d'arriver ainsi à concentrer, autant que possible, l'immense étendue des matériaux du droit existant, dont il était si difficile de posséder l'ensemble, à écarter soigneusement ce qu'il y avait de suranné, et à lever toutes les contradictions qui s'y trouvaient, afin d'en faciliter au juge l'application pratique. Pour la composition et la rédaction de ces codes il institua des commissions législatives spéciales, où il réunit très-convenablement des praticiens et des théoriciens, des avocats et des professeurs, afin que la théorie et la pratique, ainsi rapprochées, se prêtassent un mutuel appui, et il leur donna des instructions très-judicieuses. La part la plus active dans ces travaux appartient à Tribonien, homme d'affaires très-distingué pour ce temps-là et l'un des premiers fonctionnaires de l'empire ; et c'est peut-être à lui que doit être attribuée l'idée même de la réforme législative entreprise par Justinien.

Homines etenim, qui antea lites agebant, licet multæ leges

---

[1] On les trouve dans la *Jurispr. vet. antej.* de Schulting, p. 827 et suiv., et dans le *Jus civ. antej.* de Berlin, t. II, p. 1490 et suiv. Une édition particulière de l'*Edictum Theodorici* a été donnée à Halle, 1816, in-4°, par Rhon, et une édition de la *Lex romana Burgundionum*, à Greifswald, 1826, in-8°, par Barkow.

fuerant positæ, tamen ex paucis lites perferebant, vel propter inopiam librorum, quos comparare eis impossibile erat, vel propter ipsam inscitiam, et voluntate judicum magis, quam legitima auctoritate lites dirimebantur. JUSTINIANUS, c. 2, § 17, C., I, 17, *De veteri jure e nucleando.*

§ 33.

De la composition du *Codex constitutionum* en particulier.

Justinien commença sa réforme par la partie la plus facile, celle qu'avaient déjà préparée les essais semblables qui avaient précédé, les *Codices Gregorianus, Hermogenianus* et *Theodosianus;* c'est-à-dire par la composition du *Codex constitutionum*, collection complète de toutes les constitutions antérieures encore en vigueur, où, sans faire aucune différence entre les rescrits, les édits et les diverses formes de constitutions, qui toutes seraient traitées comme de véritables lois, on devait recueillir tout ce qu'on trouverait d'utile dans les codes Grégorien, Hermogénien et Théodosien, ainsi que dans les novelles. La commission nommée à cet effet, en 528, était composée de dix personnes, entre lesquelles se trouvaient indiqués d'avance Tribonien et Théophile. A la tête de la commission était Jean, *exquæstor sacri palatii.* Plein pouvoir fut accordé à cette commission : elle pouvait même faire, en cas de besoin, les changements nécessaires pour mettre tout en parfaite concordance. Dès l'année suivante (529), le travail fut terminé et le Code publié, de manière à avoir force de loi à partir du 16 avril de ladite année.

Cependant, ce *Codex constitutionum* ne resta pas longtemps en usage; car au bout de peu d'années, après la publication des autres recueils qui devaient se rattacher à celui-ci comme compléments, savoir les Pandectes et les Institutes, Justinien, en 534, nomma une nouvelle commission de quatre jurisconsultes, Dorothée, Menna, Constantin et Jean, sous la direction de Tribonien, et les chargea de reviser le Code. On devait, notamment, y insérer les nombreuses constitutions émises par l'empereur, depuis l'an 529, *novellæ constitutiones*, et mettre par là le Code en plus parfaite harmonie avec les Pandectes. Les plus importantes de ces constitutions sont celles qu'on appelle les *quinquaginta decisiones*, rendues par Justinien pour trancher une série de controverses pratiques des anciens jurisconsultes, qui étaient revenues sur le tapis, au sein de la commission occupée à rédiger le recueil de l'ancien droit, et l'avaient embarrassée. La plupart de ces décisions sont des années 529 et 530. Ce nouveau Code, nommé, à cause de cette révision, *Codex repetitæ prælectionis*, par oppositon au *vetus Codex*, fut achevé et publié dès cette même année 534. Déjà lors de la première publication du Code, il avait été sévèrement défendu de faire usage en justice des précédents recueils des constitutions, le nouveau recueil devant seul être en vigueur afin d'éviter toute confusion. Par le même motif, à la promulgation du *Codex repetitæ prælectionis,* la première édition fut complétement abrogée.

Quant à sa forme intérieure et à sa distribution, le Code se divise en douze livres, chaque livre en titres, et chaque titre se compose d'un nombre plus ou moins grand de constitutions impériales, les unes entières, les autres mutilées, rangées par ordre chronologique. Les diverses matières sont traitées séparément, et classées dans l'ordre qui devait être alors le plus familier aux praticiens, celui de l'édit du préteur, dont malheureusement nous ne sommes

7

pas toujours en état de démêler les principes diri-
geants. Chaque constitution porte en tête le nom de
l'empereur dont elle émane, ainsi que le nom de la
personne à laquelle elle était adressée comme rescrit, ou comme instruction officielle, ou comme
édit pour en faire la publication : c'est ce qu'on
appelle l'*inscriptio*. A la fin se trouve toujours l'indication du lieu et de l'année, *subscriptio*.

C'est sans doute par une simple inadvertance de rédaction, qui s'explique par la composition successive
des divers recueils de Justinien, qu'on a oublié d'insérer dans le nouveau Code quelques constitutions que
renfermait l'ancien, et auxquelles même les Institutes renvoient comme se trouvant dans le Code.

Hæc, quæ necessario corrigenda esse multis retro principibus
visa sunt, interea tamen nullus eorum ad effectum ducere ausus
est, in præsenti rebus donare communibus auxilio Dei omnipo-
tentis censuimus, et prolixitatem litium amputare; multitudine
quidem constitutionum, quæ tribus codicibus, Gregoriano, Her-
mogeniano atque Theodosiano continebantur, illarum etiam,
quæ post eosdem codices a Theodosio divinæ recordationis,
aliisque post eum retro principibus et a nostra etiam clementia
positæ sunt, resecanda, uno autem codice, sub felici nostri nu-
minis vocabulo, componendo, in quem colligi tam memorato-
rum trium codicum, quam novellas post eos positas constitutiones oportet.

Ideoque ad hoc... opus efficiendum elegimus.... Joannem,...
Leontium,... Phocam,... Basilidem,... Thomam,... Tribonia-
num,... Constantinum,... Theophilum,... Dioscorum et Præ-
sentinum.... Quibus specialiter permisimus, resecatis tam super-
vacuis, quantum ad legum soliditatem pertinet, præfationibus,
quam similibus et contrariis, præterquam si juris aliqua divisione adjuventur, illis etiam, quæ in desuetudinem abierunt,
certas et brevi sermone conscriptas, ex iisdem tribus codicibus
et novellis constitutionibus leges componere et congruis titulis
subdere, adjicientes quidem et detrahentes, immo et mutantes
verba earum, ubi hoc rei commoditas exigeret; colligentes vero
in unam sanctionem, quæ in variis constitutionibus dispersa

sunt, et sensum earum clariorem efficientes, ita tamen, ut ordo temporum earum constitutionum non solum ex adjectis diebus consulibusque, sed etiam ex ipsa compositione earum clarescat.... nullaque dubietate super generali earum robore ex hoc oriunda, sicut et illas vim generalis constitutionis obtinere palam est, quæ ad certas personas rescriptæ, vel per pragmaticam sanctionem ab initio datæ, eidem novo codici propter utilitatem sanctionis insertæ fuerunt. Justinianus, *Const.* hæc quæ necessario, *De novo codice faciendo.*

Postea vero, quum vetus jus considerandum recepimus, tam quinquaginta decisiones fecimus, quam alias ad commodum propositi operis pertinentes plurimas constitutiones promulgavimus, quibus maximus antiquarum legum articulus emendatus et coarctatus est.

Quum novellæ nostræ, tam decisiones, quam constitutiones, quæ post nostri codicis confectionem latæ sunt, extra corpus ejusdem codicis divagabantur, et nostram providentiam nostrumque consilium exigere videbantur, quippe quum earum quædam ex emersis postea factis aliquam meliorem consilio permutationem, vel emendationem desiderabant, necessarium nobis visum est,.... easdem constitutiones nostras decerpere et in singula discretas capitula, et perfectarum constitutionum soliditatem competentibus supponere titulis et prioribus constitutionibus eas aggregare. Justinianus, *Const.* Cordi, *De emendat. Codic.* § 2.

....Quum nemini venit in dubium, quod *repetita prælectio* probavit, hoc satis validum satisque esse formosum. In antiquis enim libris non solum primas editiones, sed etiam secundas, quas repetitas prælectiones veteres nominabant, subsecutas esse invenimus, quod ex libris Ulpiani, viri prudentissimi, ad Sabinum scriptis promptum erat quærentibus reperire. Justinianus, *cod.*, § 3.

§ 34.

Composition des Pandectes.

La seconde des grandes œuvres comprises dans le plan de Justinien, ce furent les Pandectes, collection destinée à servir de complément au Code, et qui devait réunir l'ancien droit, tel qu'il était contenu dans les nombreux écrits, grands ou petits, des au-

teurs des siècles où avait fleuri la jurisprudence romaine, autant que cet ancien droit était encore en
vigueur et paraîtrait conforme aux besoins de l'é-
poque.

Pour atteindre ce but, Tribonien fut chargé, en
530, de former une nouvelle commission législative,
composée de seize jurisconsultes, choisis et présidés
par lui. Les noms de ses membres sont: Constantin,
Théophile, Dorothée, Anatole, Cratinus, Stéphane,
Menna, Prosdocius, Eutolmius, Timothée, Léoni-
das, Léonce, Platon, Jacques, Constantin, Jean. Cette
commission avait une tâche bien autrement difficile que ne l'avait été celle de la commission chargée
du recueil des constitutions, par la raison surtout
que rien ici n'était préparé à l'avance, et qu'il n'y
avait aucun modèle antérieur. A la vérité, la pensée
de donner formellement force de loi aux écrits des
anciens jurisconsultes n'était pas nouvelle et avait
déjà été mise à exécution en partie dans la constitution de Valentinien III; mais le projet de Justinien
allait beaucoup plus loin; car, d'après l'instruction qu'il donna à la commission, force de loi ne
devait pas être accordée seulement aux écrits de
quelques jurisconsultes, mais à tous les ouvrages de
tous les jurisconsultes, en tant qu'ils étaient restés
en usage depuis cette constitution. Aucun jurisconsulte ne devait obtenir le préférence sur un autre,
sous le rapport de la valeur pratique de ses écrits;
enfin toutes les autres restrictions de la constitution
de Valentinien étaient supprimées. Le plan fondamental était de fondre cette masse d'écrits juridiques en un seul tout disposé avec art, sans effacer
leur caractère originaire, au moyen d'extraits soigneusement choisis et classés d'après un système déterminé, en éliminant tout ce qu'il y avait de su-

ranné, en évitant les répétitions inutiles, et en tranchant toutes les anciennes controverses.

Cette commission législative s'acquitta de sa tâche, en composant, avec les extraits d'une grande quantité d'ouvrages appartenant à trente-neuf jurisconsultes différents, un recueil systématique, basé en général sur l'ordre de l'édit prétorien, et se rattachant ainsi au système suivi dans le Code. Elle traita assez librement les ouvrages originaux qu'elle compilait. C'était la conséquence du but qui lui était proposé d'écarter tout ce qu'il y avait de suranné et de vider toutes les questions jusque-là controversées; et d'ailleurs la permission lui en avait été expressément donnée par l'instruction impériale. Aussi les extraits ne sont pas toujours fidèles : on a beaucoup retranché à dessein, beaucoup ajouté, beaucoup changé, pour mettre de l'accord dans l'ensemble. C'est ce qu'on appelle *interpolationes* ou *emblemata Triboniani*.

L'ouvrage se divise, comme Justinien l'avait prescrit d'avance, en cinquante livres. Chaque livre est généralement divisé en plusieurs titres, et chaque titre, portant un intitulé (*rubrica*) qui indique son contenu [1], comprend un plus ou moins grand nombre d'extraits d'étendue diverse. En tête de chaque fragment est le nom du jurisconsulte et l'intitulé de l'ouvrage auxquels il appartient.

Ce plan explique la forme particulière de ce code où ce n'est pas l'empereur qui parle comme législateur, mais bien les jurisconsultes auxquels ont été empruntés les extraits.

Plusieurs petites inadvertances se sont glissées

---

[1] Il n'y a d'exception que pour les livres XXX, XXXI, XXXII, qui ne se divisent pas en titres, et qui portent une rubrique qui leur est commune à tous trois : *De legatis et fideicommissis*.

dans ce travail. Ainsi quelques fragments ont été placés, non dans le titre auquel ils appartenaient proprement, d'après leur objet, mais dans un titre étranger. C'est ce qu'on appelle *leges fugitivæ* ou *erraticæ*. De même, quelques passages, non plus toujours, peut-être, par inattention, mais parfois à dessein, se présentent plusieurs fois dans différents titres. C'est ce qu'on appelle *leges geminatæ*.

Ces cinquante livres forment, comme Justinien lui-même l'avait aussi prescrit positivement, sept grandes parties, *partes* ou *tractatus*, qui répondent aux sept parties de l'édit, et ont, en outre une relation spéciale avec le plan suivi dans l'enseignement du droit.

La première partie, *pars prima* ou πρῶτα, comprenant les livres I à IV, contient une sorte d'introduction générale sur les sources du droit, sur les personnes, comme sujets des droits, sur les choses, comme objets des droits, et enfin sur les magistrats et leurs attributions.

La seconde partie, *pars secunda* ou *de judiciis*, qui s'étend du livre V au livre XI, et est ainsi nommée d'après l'intitulé du premier titre, traite du *judicium* en général, et contient, en outre, les *in rem actiones*, la *lex Aquilia* et quelques autres matières qui s'y rattachent.

La troisième partie, *pars tertia*, ou *de rebus (creditis)*, comprenant les livres XII à XIX, et ainsi désignée d'après la rubrique du premier titre, contient les condictions et les actions naissant des contrats.

La quatrième partie, *pars quarta, umbilicus Pandectarum*, qui va du livre XX au livre XXVII, présente des matières très-diverses, savoir : le droit de gage ou d'hypothèque, les intérêts et les fruits, les preuves, le mariage et la tutelle.

La *pars quinta*, qui s'étend du livre XXVIII au livre XXXVI, traite particulièrement de la succession testamentaire, ainsi que des legs et des fidéicommis, et est souvent désignée par cette appellation : *de testamentis*.

La *pars sexta*, qui va du livre XXXVII au livre XLIV, contient d'abord la théorie de la *bonorum possessio* et de la succession ab intestat, puis des matières de genres très-divers.

Enfin, la *pars septima*, qui comprend les livres XLV à L, renferme une foule de matières fort hétérogènes aussi, en apparence, au nombre desquelles figure le droit criminel.

La méthode que la commission législative a suivie, pour l'ordre et la place des fragments dans chaque titre, est assez singulière. Tous les ouvrages qui devaient être mis à contribution furent distribués en trois séries ou masses; chaque série fut donnée à extraire à l'une des trois sections dans lesquelles la commission se divisa. Chacune des sections, à ce qu'il paraît, travailla d'abord séparément, et ensuite les résultats de leur travail furent coordonnés ensemble et réunis en un seul tout, c'est-à-dire rangés sous les titres auxquels ils appartenaient. Les ouvrages dont on a tiré le plus sont ceux d'Ulpien, puis ceux de Paul et de Papinien. Les extraits des ouvrages écrits en grec sont conservés dans cette langue.

Ce recueil fut publié comme code de lois dans l'année 533, et reçut, d'après son but et son contenu, les divers noms de *Digesta*, *Pandectæ*, *Codex juris antiqui enucleati*. Il devait avoir force obligatoire à partir du 30 décembre de cette année. Pour prévenir toute confusion, Justinien, en publiant les Pandectes, défendit de se servir, dorénavant, de tous les autres ouvrages de droit qui étaient jusque-là en usage, et qui devaient être remplacés par ce nouveau recueil, tant en justice que dans l'enseignement. Il défendit aussi, pour empêcher qu'il ne s'élevât désormais de nouvelles controverses, d'écrire des commentaires étendus sur les Pandectes. Il ne permit que des traductions littérales en grec, et des *paratitla*, c'est-à-dire des renvois aux passages parallèles avec indication sommaire de leur contenu.

Hocque opere consummato (codice constitutionum) in uno volumine, nostro nomine præfulgente, coadunato, quum ex paucis ac tenuioribus relevati, ad summam et plenissimam juris emendationem pervenire properaremus, et omnem romanam sanctionem et colligere, et emendare, et tot auctorum dispersa volumina uno codice indita ostendere, quod nemo neque sperare, neque optare ausus est, res quidem nobis difficillima, immo magis impossibilis videbatur.

Jubemus igitur vobis, antiquorum prudentium, quibus auctoritatem conscribendarum interpretandarumque legum sacratissimi principes præbuerunt, libros ad jus romanum pertinentes et legere, et elimare, ut ex his omnis materia colligatur, nulla, secundum quod possibile est, neque similitudine, neque discordia derelicta, sed ex his hoc colligi, quod unum pro omnibus sufficiat.... Et in certos titulos totum digerere, tam secundum nostri constitutionem codicis quam edicti perpetui imitationem....

Sed et hoc studiosum vobis esse volumus, ut, si quid in veteribus non bene positum libris inveniatis, vel aliquod superfluum, vel minus perfectum, supervacua longitudine semota, et quod imperfectum est, repleatis, et omne opus moderatum et quam pulcherrimum ostendatis. Hoc etiam nihilominus observando, ut si aliquod in veteribus legibus vel constitutionibus, quas antiqui in suis libris imposuerunt, non recte scriptum inveniatis, et hoc reformetis, et ordini moderato tradatis, ut hoc videatur esse verum et optimum et quasi ab initio scriptum, quod a vobis electum et ibi positum fuerit, et nemo ex comparatione veteris voluminis quasi vitiosam scripturam arguere audeat.

Nostram autem consummationem, quæ a vobis Deo innuente componetur, *Digestorum*, vel *Pandectarum* nomen habere sancimus. Justinianus, *Const.* Deo auctore, *De conceptione Digestorum.*

Omnibus similiter interdicimus, ne quis audeat hominum,

qui sunt nunc aut in posterum erunt, commentarios scribere
harum legum, præterquam si velit quis in græcam linguam hæc
transferre; quem etiam volumus sola secundum pedem seu κατὰ
πόδα nuncupata uti legum interpretatione, et si quid secundum
nominatorum paratitlorum (ut conveniens est) adscribere voluerit usum. Aliud autem nihil omnino ne tantillum quidem circa
ea facere, nec rursum dare seditionis et dubitationis, aut infi-
nitæ multitudinis legibus occasionem. Justinianus, *Const.* Dedit
nobis, § 21.

§ 35.

Rédaction des *Institutes*.

Ces deux grands recueils, les Pandectes et le Code,
complétaient le plan de Justinien, en ce qui concerne
la législation proprement dite. Mais, comme il était
très-raisonnable de ne plus employer, à l'avenir,
dans l'enseignement les ouvrages dont on avait fait
usage jusqu'alors, et que cependant les deux grandes
collections paraissaient trop étendues et trop difficiles pour le début des études juridiques, l'empereur
eut l'idée de publier un troisième recueil d'une forme
et d'un genre tout à fait différents. Il fit rédiger les
Institutes, *Institutiones*, par deux professeurs de
droit, Théophile et Dorothée, sous la présidence et
la direction de Tribonien.

La commission commença son œuvre pendant
qu'on travaillait encore à la rédaction des Pandectes,
et les Institutes furent publiées, en 533, en même
temps que ce dernier ouvrage.

Les Institutes n'ont pas la forme extérieure d'un
code, c'est plutôt un livre élémentaire succinct,
facile à comprendre à cause des nombreux exemples
qu'il renferme, et par là propre à servir d'introduction méthodique à l'étude des deux grands recueils.
L'empereur y est toujours présenté comme adres-

sant la parole aux étudiants et enseignant lui-même.
Aussi les matières y sont distribuées dans un ordre
différent de celui des Pandectes et du Code ; on y
suit un système plus purement scientifique, où tout
le droit se trouve ramené à trois branches : théorie
des personnes, théorie des choses, théorie des actions ; *jus quod pertinet ad personas, ad res, ad actiones*.

On prit pour base de ces Institutes un ouvrage
semblable de Gaïus, qu'on ne fit que refondre et accommoder à l'état actuel du droit de Justinien.

Les Institutes se divisent en quatre livres, chaque
livre en titres, et chaque titre en sections plus petites,
dont la première est aujourd'hui désignée par le mot
principium[1], et les suivantes par le mot *paragraphes*.

Triboniano,... Theophilo et Dorotheo... convocatis specialiter
mandavimus, ut nostra auctoritate, nostrisque suasionibus Institutiones componerent, ut liceat vobis prima legum cunabula
non ab antiquis fabulis discere, sed ab imperiali splendore ap-
petere, et tam aures quam animæ vestræ nihil inutile nihilque
perperam positum, sed quod in ipsis rerum obtinet argumentis,
accipiant. JUSTINIANUS, cupidæ legum juventuti. *Proœm. Instit.*

§ 36.

Novelles de Justinien.

En confirmant le *Codex repetitæ prælectionis*, Justinien s'était réservé expressément de changer encore,
plus tard, par de nouvelles constitutions, la jurisprudence sur tous les points où il le jugerait nécessaire.

----

[1] Et non pas *proœmium*, comme disent quelques auteurs : ce n'est
pas une préface, un préambule, mais une proposition de la même valeur que les suivantes, qui sont numérotées et s'appellent *paragraphi*,
à cause d'un signe tracé à côté ou en marge. (*Note du traducteur.*)

En conséquence, il continua, sans interruption, en émettant beaucoup de constitutions importantes, d'opérer, à sa manière, une réforme, souvent très-profonde, dans diverses doctrines et institutions.

Ces constitutions, tantôt grecques, ce sont les plus nombreuses, tantôt latines, elles sont plus rares, tantôt rédigées dans les deux langues, reçurent le nom de *novellæ constitutiones*, νεαραὶ διατάξεις, parce qu'elles sont plus récentes que le Code, et, par conséquent, n'y sont point renfermées.

Chaque novelle présente d'abord une *inscriptio*, c'est-à-dire le nom de l'empereur et le nom de la personne à qui elle est adressée, qui est ordinairement le *præfectus prætorio*, ou bien, pour les ordonnances sur des matières ecclésiastiques, le patriarche de Constantinople.

Vient ensuite le προοίμιον, ou la *præfatio*, qui sert d'introduction aux dispositions mêmes de l'ordonnance, et à la suite de celles-ci vient, comme conclusion, un *epilogus*, dans lequel l'empereur indique aux fonctionnaires à qui la novelle est envoyée, la manière d'appliquer cette nouvelle loi.

Justinien avait, à ce qu'il paraît, le projet de réunir ces Novelles en un recueil, mais ce projet est resté sans exécution, et les Novelles sont demeurées non colligées, ou du moins n'ont point été rassemblées en un code, sous le sceau de l'autorité publique.

Si quid in posterum melius inveniatur, et ad constitutionem necessario sit redigendum, hoc a nobis et constituatur, et in aliam congregationem referatur, quæ novellarum nomine constitutionum significetur. JUSTINIANUS, *Const.* Cordi nobis, § 4, *fin.*

DESTINÉE ULTÉRIEURE DU DROIT ROMAIN AU POINT DE VUE LÉGISLATIF ET AU POINT DE VUE DE L'HISTOIRE LITTÉRAIRE.

§ 37.

Transition.

Avec Justinien et ses recueils de droit, y compris les Novelles, qui en sont les appendices, se termine l'histoire extérieure du droit romain, en ce sens que c'est le droit romain tel qu'il se trouve dans les collections de Justinien, qui a été reçu chez nous et y a obtenu force de loi.

Cependant le développement de la destinée ultérieure du droit romain-justinien présente non-seulement un intérêt historique général, mais encore un intérêt pratique immédiat; car nous pouvons, par cette voie, apprendre de quelle manière et dans quelles limites le droit romain a été mis en vigueur chez nous, et trouver d'importants secours pour l'interprétation du droit de Justinien.

§ 38.

Le droit romain sous les successeurs de Justinien jusqu'à la chute de l'empire byzantin[1].

Les recueils de Justinien restèrent, même sous ses successeurs, constamment en usage dans l'empire grec, non-seulement comme codes et recueils de jurisprudence, mais encore comme ouvrages théo-

---

[1] C. E. Zachariæ, *Historiæ juris græco-romani delineatio*, Heidelberg, 1839, in-8°.

riques pour l'étude du droit. En effet, conformément à une instruction spéciale adressée par Justinien aux *antecessores juris*, c'est-à-dire aux professeurs de droit institués dans les écoles publiques qui existaient alors, particulièrement à Constantinople et à Béryte en Syrie, c'était sur ces recueils que devait être donné l'enseignement, d'après un plan qui leur était tracé, et dans des cours dont la durée totale était fixée à cinq ans.

Cependant, de même que l'empire allait toujours s'affaiblissant, de même la jurisprudence, malgré la réforme à laquelle elle avait été soumise, déclinait toujours plus visiblement, à mesure, surtout, que la langue latine, base du droit romain proprement dit, cédait peu à peu la place à la langue grecque. A la vérité, la composition d'ouvrages de droit, malgré la défense rigoureuse de Justinien, ne cessa pas absolument ; mais naturellement ils étaient, sauf quelques exceptions insignifiantes, toujours écrits en grec. Parmi ces remaniements grecs des recueils de Justinien, qui ne laissent pas de pouvoir être utilement employés pour l'explication du droit justinien, un des plus remarquables est une paraphrase grecque des Institutes par le professeur Théophile [1], un des rédacteurs des Institutes. Très-probablement c'est un cahier de ses leçons, qui s'est conservé par hasard.

Les Pandectes furent aussi remaniées en langue grecque. Le travail de ce genre, qui paraît avoir eu le plus de succès, est une paraphrase grecque très-étendue (εἰς πλάτος), par Stéphane.

---

[1] La meilleure édition, avec une traduction latine et des notes, est celle de Reitz (la Haye, 1751, 2 vol. in-4°). Une traduction allemande, très-fidèle, avec des notes, a été donnée par C. Wüstemann (Berlin, 1823, 2 vol.).

Entre les remaniements grecs du Code, il faut mettre en première ligne celui de Thalelæus [1].

Comme les Novelles avaient été, pour la plupart publiées, dans le principe, en langue grecque, elles ne présentaient sous ce rapport aucune difficulté. Aussi on se borna à en faire des extraits. De ce genre sont les travaux d'Athanase [2] et de Théodore. On est plus surpris, à cause de la langue, de trouver un abrégé, en latin, de 125 Novelles de Justinien, composé par le professeur Julien, vraisemblablement peu avant ou peu après la mort de Justinien. Cet *epitome novellarum* [3], comme on l'appelle ordinairement, obtint, surtout en Occident, un grand succès. Il était vraisemblablement, dès le principe, destiné à l'usage de l'Italie reconquise, ce qui explique sa rédaction en latin.

Il ne faut pas confondre avec ces travaux privés les travaux législatifs proprement dits publiés sous l'autorité des empereurs. C'étaient soit des constitutions impériales isolées, des Novelles des successeurs de Justinien, notamment de Justin Tibère et de Léon le Philosophe, soit des refontes formelles des recueils de Justinien. En effet, comme les traductions grecques des recueils de Justinien, dont nous venons de parler, n'étaient pas revêtues d'un caractère public, comme elles n'étaient pas toujours d'accord avec le texte original, ou entre elles, comme enfin elles ne tenaient pas compte des constitutions impériales postérieures à Justinien, on sentit peu à peu le besoin d'un travail officiel de ce genre.

---

[1] Il ne nous en est parvenu que des extraits et des fragments insérés dans des ouvrages postérieurs, surtout dans les Basiliques.

[2] G. E. Heimbach, Ἀνεκδότα, Leipzig, 1838, in-8°.

[3] La première édition est de Boerius (Lyon, 1512). G. Haenel en prépare une nouvelle édition critique.

Tel fut d'abord, sous l'empereur Léon l'Isaurien, l'ἐκλογὴ τῶν νόμων ἐν συντόμῳ γενομένη, recueil très-resserré, en dix-huit titres, datant vraisemblablement de l'an 740.

Tel fut encore, sous l'empereur Basile le Macédonien, le πρόχειρος νόμος [1], en quarante titres, probablement de l'an 878.

Un travail législatif bien supérieur en étendue et en importance est celui qui fut conçu et commencé par l'empereur Basile le Macédonien, et terminé par son fils Léon le Philosophe (886-911). Pour faciliter l'usage des sources, en les resserrant encore davantage, et les mettre ainsi à la portée d'un siècle dont les forces s'affaiblissaient de plus en plus, on fondit les Instituts, les Pandectes, le Code et les Novelles en un seul ouvrage, écrit en grec, composé de soixante livres, divisés en titres, avec des rubriques, lesquels se divisent en chapitres, qui à leur tour se subdivisent en paragraphes. Ce nouveau recueil, qui reçut le nom de *Basiliques* [2], τὰ βασιλικὰ νόμιμα, ou ὁ βασιλικὸς (νόμος), parvint peu à peu à abolir entièrement en Orient l'usage des recueils originaux de Justinien, quoiqu'il n'eût pas, à ce qu'il paraît, directement ce but, mais fût seulement destiné à faciliter l'emploi de ces recueils. Les Basiliques nous ont été conservées, mais non dans leur entier; car nous n'en possédons que vingt-neuf livres complets;

---

[1] Publié par C. Zachariæ (Heidelberg, 1837, in-8°).

[2] Publiées avec une version latine par Charles-Annibal Fabrot (Paris, 1647, 7 vol. in-fol.). Des suppléments ont été donnés par Ruhnken et Reitz, dans le *Thesaurus* de Meermann, t. III et V; et, tout récemment, par Witte (Breslau, 1826, in-4°), et par Pardessus. Une nouvelle édition critique a été publiée par les frères G. E. et C. W. E. Heimbach, Leipzig, 1833-1850, 5 vol. in-4°.

nous avons des parties de dix autres livres et des
fragments détachés de dix-sept livres.

A la législation des Basiliques se rattachent les constitutions publiées en langue grecque par l'empereur
Léon, connues sous le nom de *Novellæ Leonis*.

Les scholies des Basiliques, qui ne sont pas sans
importance pour l'explication du droit romain-justinien, ont été pour la plupart empruntées aux écrits
des contemporains de Justinien, mentionnés plus
haut.

Au milieu du xe siècle, l'empereur Constantin
Porphyrogénète donna une nouvelle édition des
Basiliques.

Divers abrégés en furent faits plus tard, dont
plusieurs par ordre de l'autorité publique [1].

Enfin, au xiie siècle, les recueils originaux de
Justinien, supplantés par ces traductions grecques,
cessèrent complétement d'être consultés dans l'empire d'Orient.

§ 39.

Destinée du droit romain en Occident [2].

Quoique, longtemps avant Justinien, l'empire
d'Occident fût déjà tombé, et que, par suite, l'Italie
n'eût conservé aucun lien politique avec l'empire
grec, cependant sous Justinien, par les conquêtes

---

[1] De ce nombre sont :
La *Synopsis Basilicorum* (ἐκλογὴ Βασιλικῶν), publiée par J. Lenncla-
vius (Bâle, 1575, in-folio);
Le πρόχειρον τῶν νόμων de Constantin Harménopule, qui se trouve
avec les notes de G. O. Reitz, dans le volume supplémentaire du *Thesaurus* de Meerman, p. 1 et suiv.
[2] Savigny, *Geschichte des römischen Rechts im Mittelalter*, 6 vol. in-8°,
Heidelberg, 1815-1831; 2e édition, 7 vol. in-8°, 1834-1851.

de ses généraux, une grande partie de l'Italie fut de nouveau incorporée à cet empire comme province. En conséquence, les nouveaux codes de Justinien, promulgués pour tout l'empire, y parvinrent aussi. À la vérité, bientôt après la mort de Justinien, l'Italie fut de nouveau complétement séparée de Constantinople et devint la proie des peuples germaniques. Toutefois le droit romain s'y maintint constamment en usage, pendant tout le moyen âge, sous la domination successive des Lombards et des Francs, ce qui s'explique, soit par le principe du droit personnel qui régnait chez les peuples germaniques, soit par la constitution municipale romaine qui s'y était perpétuée.

Nous trouvons même quelques traces, appartenant à cette époque et à ces contrées, mais du reste assez insignifiantes, d'une certaine activité littéraire appliquée au droit romain-justinien. Tel est l'ouvrage qu'on appelle ordinairement aujourd'hui *Brachylogus juris civilis*, ou *Corpus legum per modum institutionum* [1], de la fin du onzième siècle.

Le droit romain-justinien prit une face toute nouvelle quand, dès le XIIe siècle, l'étude scientifique de ce droit se réveilla dans les universités qui venaient de naître en Italie (*studia generalia*, *universitates doctorum et scholarium*), particulièrement à Bologne. De ce centre, avec la connaissance du droit romain, l'usage pratique du même droit se répandit peu à peu dans presque toute l'Europe, aussi loin du moins que s'étendait la renommée des empereurs romains d'alors comme protecteurs de l'église chrétienne. La

---

[1] Le véritable titre paraît avoir été : *Summa novellarum constitutionum Justiniani imperatoris*. L'édition critique la plus récente est celle de Böeking, Berlin, 1829.

raison historique de ce fait est dans le concours de plusieurs circonstances accidentelles, soit politiques, soit littéraires, soit d'une autre nature.

Une circonstance notamment contribua beaucoup à la diffusion du droit romain : je veux parler des relations nombreuses qui rattachaient à ce droit le droit *canonique* ou *pontifical*. En effet, le droit canonique étant destiné à toute la chrétienté, on fut naturellement conduit à penser que le droit romain-justinien, qui en paraissait inséparable, était aussi destiné à régir toute la chrétienté.

La manière dont on enseignait et traitait scientifi-quement le droit romain, tant dans les universités de ce temps-là qu'à des époques postérieures, ayant eu beaucoup d'influence sur la destinée ultérieure de ce droit, il est nécessaire de faire ici quelques remarques littéraires à ce sujet.

§ 40.

Les glossateurs et leur influence.

La forme exégétique que les premiers professeurs de droit, et particulièrement à Bologne Guarnerius ou Irnerius (mort avant 1140) et ses successeurs, sui-virent, dans l'enseignement des recueils de Justinien retrouvés peu à peu en totalité, a donné naissance aux *gloses*. On nommait ainsi de courtes notes, for-mant un commentaire suivi, sur le texte des livres de Justinien, par lesquelles les professeurs cherchaient à expliquer, soit sous le rapport grammatical, soit principalement sous le rapport juridique, le droit romain par lui-même, au moyen, surtout, de renvois aux passages parallèles, ou de conciliation de pas-sages contraires en apparence. Ces gloses, qui ont valu à ces professeurs le nom de *glossateurs*, étaient d'abord insérées entre les lignes du texte (*glossa interlinearis*); plus tard, elles furent placées en marge (*glossa marginalis*). On réunit celles des différents professeurs, et cette masse de gloses s'étant accrue peu à peu énormément, Accurse en fit, au milieu du xiiie siècle, un choix qu'il accompagna de ses propres remarques. Ce travail d'Accurse, qu'on appelle aujourd'hui la glose, par excellence, *glossa ordinaria*, s'est conservé jusqu'à nous dans la même forme, sauf quelques additions postérieures de peu d'importance.

Les *authentiques* (*authenticæ*) du Code ne sont qu'une forme particulière de ces gloses. On adopta ce nom, du moins plus tard, pour désigner des extraits en langue latine des Novelles de Justinien, qui remontent en partie jusqu'à Irnerius lui-même, et dont le but très-raisonnable était de faire remarquer à ceux qui étudiaient le Code les changements importants que le droit impérial avait subis par les Novelles de Justinien. A quelle époque ces *authentiques* ont-elles été séparées des autres gloses dont elles faisaient originairement une partie intégrante, et ont-elles cessé de figurer comme simples notes marginales, pour être incorporées dans le texte même, à la suite des passages auxquels elles se rapportent? c'est ce qu'il n'est pas possible de déterminer. De semblables authentiques se rencontrent aussi dans des manuscrits et d'anciennes éditions des Institutes. Au reste, il ne faut pas confondre avec ces authentiques, *authenticæ Justinianeæ*, d'autres authentiques, les *authenticæ Fridericianæ*, qui se trouvent aussi aujourd'hui dans le Code. Ces dernières sont des constitutions des rois allemands et empereurs romains Frédéric Ier et Frédéric II,

qui, par ordre impérial, ont été incorporées au
Code, à cause de leur rapport médiat ou immédiat
avec le droit romain.

Un mérite particulier des glossateurs est d'avoir
formé, par la comparaison des différents manuscrits,
un texte plus complet, plus correct et plus uniforme
des recueils de Justinien. C'est ce qu'on appelle la
vulgate, *lectio vulgata*.

En même temps, les passages grecs qui se trouvent
dans ces recueils furent traduits en latin.

Quant aux Novelles, au lieu de l'abrégé latin
employé jusqu'alors exclusivement, à ce qu'il paraît,
l'Épitome de Julien (§ 38), les glossateurs rétablirent
l'usage des Novelles originales de Justinien, qu'on
retrouva successivement, et qu'on réunit sous le
titre d'*authenticum* ou *liber authenticorum*. Mais ils
se servirent pour les Novelles grecques non du texte
grec original, qui leur était peut-être encore inconnu, mais d'une traduction latine, habituellement
très-littérale, fourmillant d'hellénismes, et souvent
fautive. Elle est d'une époque incertaine, mais, dans
tous les cas, antérieure aux glossateurs. On l'appelle
la *vulgate*, *versio vulgata*, par opposition aux traductions plus correctes et plus exactes qu'on a
essayées plus tard.

D'un nombre beaucoup plus considérable de Novelles qui leur étaient déjà connues, les glossateurs
en choisirent seulement quatre-vingt-dix-sept, qu'ils
accompagnèrent d'une glose. Ils en firent neuf *col-
lationes*, qui formèrent le *liber ordinarius*, et, par
opposition, on appela les autres Novelles, *authenticæ extraordinariæ*, ou *extravagantes*. Chaque collation comprend plusieurs titres, et chaque titre se
compose d'une seule Novelle. Il y a exception pour
la huitième Novelle, qui se divise en deux titres, en

sorte que les quatre-vingt-dix-sept Novelles forment
quatre-vingt-dix-huit titres.

Plusieurs autres dispositions et divisions appliquées par les glossateurs aux recueils de Justinien,
trouveront leur place plus loin.

L'activité scientifique que les glossateurs consa-
crèrent au droit romain a été, en général, d'une
haute importance pour les temps postérieurs et pour
notre jurisprudence actuelle. Non-seulement ils ont
épuré le texte des recueils de Justinien, mais ils ont
donné, dans la glose, un commentaire perpétuel sur
toutes les parties de ce droit, commentaire qui, soit
sous le rapport scientifique, soit sous le rapport pratique, a acquis une plus grande autorité qu'aucun des
autres travaux exécutés depuis. En effet, cette glose
forme le point central de toute la littérature juridique de cet âge. Elle contient déjà, surtout quand
on y rattache beaucoup d'autres écrits des glossateurs qui s'y lient immédiatement, le germe de la
plupart de ces nombreuses controverses qui s'agitent
encore de nos jours. Ce qui assure d'ailleurs à cette
glose une valeur scientifique si considérable, c'est
non-seulement l'incontestable sagacité qui s'y montre, mais encore cette circonstance que, abordant les
premiers l'élaboration scientifique du droit romain,
les glossateurs, forcés de s'adonner entièrement à
l'étude des sources mêmes, purent les scruter avec
un esprit d'autant plus dégagé, et se les rendirent
familières à un degré extraordinaire, presque in-
croyable. D'un autre côté, il leur manque un esprit
philosophique plus libre et des études historiques
approfondies; et c'étaient là, il faut en convenir,
deux conditions indispensables pour traiter d'une
manière complétement satisfaisante le droit romain-
justinien. En effet, ce qui caractérise ce droit, c'est

précisément que, étant le résultat d'un développement logique continué à travers une longue suite de
siècles, il renferme à la fois et le résumé, la substance de toute la vie juridique de la société romaine,
depuis les temps les plus reculés jusqu'aux plus récents, par conséquent une partie importante de l'histoire du peuple romain, et un riche trésor d'expériences parfaitement avérées dans le domaine de la
philosophie du droit.

Tout cela aussi explique facilement, soit les grandes
qualités de la glose, qui souvent n'ont pas été assez
appréciées, soit ses défauts et ses imperfections, qui
parfois ont été relevés avec trop de sévérité. De la
glose nous sont venues, d'une part, beaucoup d'explications et de théories excellentes, dont, dans ces
derniers temps, malgré des attaques multipliées, la
justesse a été démontrée, après un examen long et
approfondi; mais aussi, d'autre part, beaucoup de
théories inexactes et d'erreurs, qui, grâce à la haute
considération dont les glossateurs ont longtemps
joui, ont eu une durée vraiment surprenante. Enfin
c'est aux glossateurs que sont dus une multitude de
termes techniques, les uns exacts et conformes aux
sources, les autres faux, mal choisis, dont l'emploi,
opiniâtrément conservé, a malheureusement amené,
plus tard, beaucoup d'erreurs et de confusion.

Quant à l'influence pratique des glossateurs sur
la diffusion successive du droit romain, comme droit
commun en vigueur, elle ne saurait être appréciée
trop haut. De très-bonne heure, dans leurs leçons
et leurs écrits sur le droit de Justinien, ils se placè-
rent à un point de vue, qui, en fait, a plus tard si
efficacement contribué à répandre la pratique de ce
droit. A leurs yeux, en effet, le droit romain n'avait
pas seulement un mérite archéologique ou la valeur

d'un droit particulier, mais il portait le caractère d'un droit commun, obligatoire pour toute la chrétienté. En conséquence, ils s'efforcèrent, avec un succès décidé et souvent avec un tact très-sain, de faire l'application pratique du droit romain aux rapports juridiques de leur temps. Par là ils indiquèrent, avec beaucoup de justesse, la voie suivant laquelle, malgré son origine, qui remonte à un âge oublié depuis longtemps, malgré les nombreux éléments germaniques, complétement étrangers aux mœurs romaines, introduits depuis dans la vie juridique, le droit romain s'accommode très-bien aux besoins du temps présent. C'est précisément ainsi qu'ils rendirent possible la diffusion du droit romain dans la majeure partie du monde chrétien.

Enfin, par une conséquence assez naturelle de ce qui précède, les glossateurs acquirent une telle autorité dans la pratique, que la glose devint plus tard le caractère extérieur qui servait à déterminer la limite du droit romain reçu (*receptum*) et en vigueur dans le moyen âge. *Quod glossa non agnoscit, nec forum agnoscit.*

Dans le grand nombre des glossateurs, les suivants sont dignes d'être signalés, soit à cause du mérite supérieur de leurs écrits, soit à cause de la réputation extraordinaire dont ils ont joui parmi leurs contemporains et plus encore par la suite : Irnerius (mort avant 1140), Bulgarus (mort en 1166), Martinus Gosia, Hugo de Porta Ravennate (mort en 1168), Jacobus de Porta Ravennate (mort en 1178), Placentinus (mort en 1192), Pillius, Joannes Bassianus, Albericus de Porta Ravennate, Azo (mort après 1229), Hugolinus Presbyteri, Jacobus Balduini (mort en 1235), Accursius (mort vers 1260), Odofredus (mort en 1265). Il faut remarquer que Bulgarus et

Martinus formèrent, en quelque sorte, deux écoles
différentes, d'où sont sorties beaucoup de controverses. L'ascendant de Bulgare paraît l'avoir em-
porté, et Accurse, en rassemblant les gloses, préféra
le plus ordinairement les opinions de Bulgare à celles
de Martin. Au contraire, plus tard, le droit canonique a confirmé expressément beaucoup d'opinions
de Martin, en rejetant celles de Bulgare.

§ 41.

Destinée littéraire ultérieure du droit romain, depuis les glossateurs, en dehors de l'Allemagne.

A l'époque des glossateurs se lie, comme formant
une seconde période de l'histoire littéraire du droit
civil, l'époque qui s'étend du xiiie siècle à la fin du
xve. Les écrivains juridiques qu'elle comprend sont
appelés par opposition aux glossateurs, tantôt *scri-
bentes*, ou *consiliatores*, d'après la forme et le genre
habituels de leurs écrits ; tantôt *Bartolistes*, du
nom de Bartole, considéré comme le principal représentant de cette époque. C'était le temps de la
philosophie scolastique, qui alors, dans sa domination absolue, imprimait à toutes les sciences une
forme déterminée, profondément caractérisée, les
absorbait, en quelque sorte, complétement en elle-
même. Elle a notamment exercé sur la manière de
traiter scientifiquement le droit romain une influence
marquée, mais au fond peu favorable. Car d'abord
il était impossible que, sous la forme gênante de la
méthode scolastique, il se développât soit un esprit
philosophique un peu libre, soit cet esprit historique
si nécessaire à la culture du droit romain. Un obstacle
encore plus funeste à l'étude approfondie des sources

du droit résulta de l'oubli dans lequel tomba alors
l'ancienne littérature classique, et surtout de la décadence de la langue latine.

Par là s'explique le caractère dominant que présentent généralement les nombreux écrits juridiques
de cette époque. Quoiqu'on ne puisse leur refuser
une certaine érudition, ils ne sauraient néanmoins,
quant à leur vraie valeur intrinsèque, être comparés
aux travaux des glossateurs. Car, outre que le manque
absolu de goût qui s'y fait sentir, joint à une latinité
barbare et à une fatigante prolixité, rend, sous le
rapport de la forme, l'étude de ces écrits très-rebu-
tante, il leur manque aussi, sous le rapport du fonds,
précisément ce qui distinguait si avantageusement les
travaux des glossateurs, l'étude approfondie des sources. On est frappé de ce défaut, quand on observe
qu'ils ne commentent et n'interprètent plus directement les sources mêmes du droit romain, mais s'attachent surtout à traiter, sous le titre de *repetitiones,*
consilia, commentarii, decisiones, dissertationes, quæs-
tiones, etc., les innombrables controverses soulevées
par les glossateurs; ajoutez que souvent, dans la position de l'espèce, du *casus,* ils se perdent en une
vaine casuistique et en de pures subtilités. Par suite
de cette tendance, les Bartolistes sacrifiaient le plus
ordinairement l'autorité légale des sources mêmes à
l'autorité personnelle des glossateurs. De là également, dans cette discussion de controverses où se
concentrait alors toute l'étude du droit, ces pénibles
efforts pour présenter l'opinion qu'on soutenait
comme l'opinion universellement répandue, comme
la *communis opinio,* suivant l'expression alors usitée.
Mais, ne cherchant à procurer à cette opinion qu'une
prépondérance extérieure, en accumulant les citations de noms d'auteurs, au lieu d'en prouver la vérité

intrinsèque par le contenu des sources elles-mêmes,
les écrivains juridiques de l'époque ne pouvaient
manquer d'arriver, au milieu de ces autorités souvent
contradictoires entre elles, à donner chacun de son
côté, comme la *communis opinio*, des opinions tout
à fait différentes et même diamétralement opposées.

Il faut signaler parmi les Bartolistes, les auteurs
suivants, à cause de la renommée particulière que
leurs écrits ont su conquérir. En première ligne,
Odofredus, qui forme en quelque sorte la transition
entre la période précédente et celle-ci, et qui appartient à toutes deux; ensuite Vivianus, Dinus, Mu-
gellanus, Jacobus de Arena, Petrus a bella Pertica,
Cinus, Albericus de Rosciate; puis, hors ligne, Bar-
tolus de Saxo Ferrato, et enfin Baldus de Ubaldis.

Un meilleur esprit, plus de profondeur, un goût
plus pur et en même temps une méthode mieux entendue, pénétrèrent dans la science du droit civil romain
à partir du xvie siècle, époque de la renaissance de
la littérature classique. On se convainquit que l'étude
du droit romain ne pouvait prospérer que par son
union intime avec la philosophie et l'histoire. De là
la méthode historique critique que l'on commença
alors à appliquer, non-seulement aux sources immé-
diates du droit romain de Justinien, jusque-là en
usage, mais encore à beaucoup de sources médiates
du droit romain *antéjustinien* et *postjustinien*, jusque-là entièrement négligées. Par une conséquence
naturelle, l'étude directe des sources amena de nouveau un développement plus indépendant, plus
libre, de maximes particulières et de théories entières, ce qui fut extrêmement profitable à l'histoire
et à l'exégèse du droit romain. A la vérité, ce changement de direction ne fut pas universel. La méthode
des Bartolistes conserva encore beaucoup de parti-

sans, surtout dans la classe des *praticiens*. En effet, le droit romain étant, dès cette époque, décidément reconnu comme ayant force de loi devant les tribunaux, il dut naturellement se manifester peu à peu, chez les écrivains juridiques, une double tendance, d'après le double but qu'ils se proposaient immédiatement. Pendant que les *théoriciens* avaient principalement en vue de développer la pure théorie du droit romain d'après les sources, les *praticiens* s'attachaient à exposer le droit romain dans la forme qu'il avait conservée comme droit en vigueur depuis sa réception, et à le présenter comme il était appliqué dans les cours de justice. Quelque désirable, quelque estimable que parût en soi ce double effort pour labourer à la fois dans les deux sens le champ de la jurisprudence romaine, il manqua cependant en partie le but salutaire qu'il aurait pu ainsi atteindre; car, au lieu de s'entr'aider mutuellement, ces efforts opposés amenèrent insensiblement cette scission si fâcheuse entre la théorie et la pratique, qui dure encore de nos jours.

Comme dès lors le droit romain s'était déjà répandu sur beaucoup de pays chrétiens, et y avait été l'objet d'une élaboration scientifique assez différente à quelques égards, il sera nécessaire, dans l'exposition des résultats, de séparer les diverses contrées.

Pour l'*Italie*, il faut citer en première ligne Angelus Politianus (mort en 1494), non pas spécialement comme un romaniste érudit, mais parce qu'il a puissamment contribué à unir la littérature classique à l'étude du droit. Il faut citer, en outre, comme savants civilistes, Alciatus, Æmilius Ferrettus (Ferretti), Lælius et Franciscus Taurellius (Torelli), Albericus et Scipio Gentilis, Pacius (Pacio), Ant. Merenda, Marc-Aur. Galvanus, Barth. Chesius, et, quoique appartenant plutôt à une époque plus récente, Jan. Vinc. Gravina et Jos. Averanius.

En *France*, il s'était formé une école de jurisconsultes distingués par la solidité de leur doctrine, dont les ouvrages exercèrent une influence marquée sur les vues juridiques d'autres pays, de l'Allemagne notamment. Parmi les jurisconsultes de cette époque méritent d'être signalés : Ranconetus (de Ranconet), Tilius (du Tillet), Miræus (Le Mire), Eg. Baro (Eguinard Baron), Franc. Connanus (de Connan), Franc. Duarenus (Duaren), Franc. Balduinus (Baudouin), Ant. Contius (Le Conte), Lud. Russardus (Roussard), Hotomanus (Hotman), Charondas (Le Caron), Jac. Cujacius (Cujas), mort en 1590, Hugo Donellus (Doneau), Barnab. Brissonius (Brisson), Petr. et Franc. Pithœus (Pithou), Petr. Faber (du Faur de Saint-Jory), Ant. Faber (Favre), Guil. Maranus, Dion. et Jac. Gothofredus (Godefroi), Petr. ab Area Baudoza (Baudoche), Janus a Costa (Jean de la Coste), Edm. Merillius (Mérille), Annib. Fabrotus (Fabrot), Alteserra (de Hauteserre), Aug. Menagius (Ménage), Pothier.

Nous trouvons aussi dans les *Pays-Bas*, depuis le XVIe siècle, une nombreuse école de juristes, qui se tournèrent, avec une prédilection marquée, vers le côté philologique et historique de la jurisprudence romaine. Il faut citer : Viglius ab Aytta Zuichem, Gabr. Mudæus (Mudée), Henr. Agylæus, Jac. Rævardus (Raewaerd), Joh. de Sande, Hub. Giphanius (van Giffen), Siccama, Hugo Grotius (Huig de Groot), Merenda, Sim. van Leeuwen, Arn. Vinnius (Vinnen), Ulr. Huber, Joh. Voet, Jac. Perizonius, Corn. van Eck, Gerard Noodt, Ant. Schulting. Heinr. Brencman, Georg d'Arnaud, Joh. Ortw. Westenberg, Corn. van Bynkershoek, van de Water, Balth. Branchu,

Abrah. Wieling, Jac. Voorda, Eberhard Otto, W. O. Reitz, Ger. Meermann, Herm. Cannegieter, Heinr. Trotz.

Parmi les civilistes *espagnols* et *portugais*, méritent d'être nommés : Ant. Goveanus (Gouvea), Ant. de Quintanadueñas, Jos. Altamiranus et Velazquez, Ant. Perez, Ant. Augustinus (Agustin), de Retes, Ramos del Manzano.

§ 42.

En Allemagne.

En *Allemagne* même il ne manqua pas non plus, depuis le xvi⁰ siècle, d'écrivains juridiques qui appliquèrent directement à la restitution du texte des sources et au pur droit romain des efforts qui ne furent pas sans succès. Parmi eux, sont dignes d'être mentionnés : Greg. Haloander (Hoffmann), Ulr. Zasius, J. Sichard, Joh. Fichard, J. Leunclaius ou Leunclavius (Loewenklau), Herm. Vulteius (Vulte ou Vuille), Reinh. Bachow von Echt, J. J. Wissenbach. Mais la plus grande partie des forces scientifiques de l'Allemagne s'appliquèrent au côté pratique du droit romain, et ce fait trouve son explication naturelle dans l'état juridique tout spécial de la nation. En effet, la position particulière que le droit romain occupait dans ce pays vis-à-vis des sources indigènes du droit, dut faire sentir d'une manière toute particulière le besoin d'une fusion de ces éléments juridiques si hétérogènes en un seul tout, par l'intervention d'une doctrine qui vint en aide à la pratique judiciaire. Ce besoin dut être d'autant plus vivement senti, que l'Allemagne, dans son état de fractionnement politique, manquait presque complétement d'un centre commun de culture juridique. La législation de l'empire s'occupait très-rarement d'objets de droit civil. Le pouvoir législatif, dans chaque territoire, avait, il est vrai, plus d'activité à cet égard, mais souvent, par ses résolutions très-peu concordantes entre elles, il venait jeter une confusion encore plus grande au milieu des incertitudes de la jurisprudence. La formation même d'un droit coutumier général, qui eût servi à concilier ces divergences, rencontrait en Allemagne des obstacles politiques particuliers. La mission de combiner ensemble tant d'éléments opposés du droit romain et du droit germanique fut donc laissée exclusivement à la pratique judiciaire. Mais, d'un autre côté, cette fusion ne pouvait s'accomplir qu'avec le secours et par la coopération immédiate de la doctrine. De là la tendance purement pratique qu'on voit prédominer, à cette époque, dans la plupart des écrits qui traitent du droit romain. Tantôt ils proposent des théories propres à fournir aux tribunaux le moyen d'adapter le droit romain aux rapports juridiques allemands; tantôt ils présentent des faits puisés directement dans la vie judiciaire, des espèces effectivement jugées, pour montrer comment, dans la réalité, cette application avait été faite; tantôt enfin ils réunissent ces deux procédés. Par là s'explique facilement comment beaucoup de ces écrivains pratiques purent s'élever, dans les tribunaux, à un degré d'autorité si extraordinaire, qu'on attacha plus d'importance à leurs théories qu'aux dispositions mêmes des sources. C'est ce qui arriva principalement aux écrivains que leur position particulière mit le mieux à portée de connaître l'état véritable du droit dans le plus grand nombre possible de pays allemands; car, dans une expérience aussi étendue, il leur était plus facile qu'à d'autres de découvrir les points où la pratique judiciaire était partout d'accord, et se présentait ainsi comme une *pratique allemande commune*. Dans cette position favorable se trouvaient notamment les professeurs de droit des universités allemandes, en qualité de membres des tribunaux d'échevins et des facultés de juristes, auxquelles on envoyait, des contrées les plus diverses de l'Allemagne, des procès pour les soumettre à leurs décisions. Dans cette position se trouvaient aussi, à un degré encore plus éminent peut-être, les écrivains, qui, en qualité d'assesseurs dans les tribunaux de l'empire, surtout dans la chambre impériale, avaient occasion de connaître la pratique judiciaire qui y régnait. Or, cette pratique, à raison du rang que ces tribunaux, comme cours souveraines, occupaient à l'égard des justices territoriales, avait une influence décisive.

C'était aussi, en effet, la seule voie par laquelle une certaine unité, une certaine uniformité, pouvait s'introduire peu à peu dans la pratique, d'abord si variable, des divers tribunaux de l'Allemagne. Mais, d'un autre côté, on ne saurait méconnaître que ces efforts, surtout depuis la dernière moitié du XVIIIe siècle, prirent une direction qui n'était favorable ni à la théorie ni à la pratique. Beaucoup de règles qui s'étaient ainsi établies, comme pratique commune allemande, n'étaient fondées que sur des méprises et des erreurs devenues traditionnelles, et n'avaient point, par conséquent, la nature d'un vrai droit coutumier constaté par l'usage des tribunaux. Enfin, des principes et des théories qui s'écartaient beaucoup du vrai droit romain étaient très-arbitrairement répandus comme pratique commune, quoique n'ayant nullement ce caractère, et reposant uniquement sur des usages judiciaires particuliers, en sorte que souvent des théories tout à fait contradictoires entre elles étaient ainsi données comme droit commun.

Ce fut seulement vers la fin du xviii° siècle qu'un esprit scientifique plus actif vint animer les travaux de droit romain, sous l'influence surtout des nouveaux systèmes philosophiques. L'ardeur critique que ces systèmes avaient réveillée s'était aussi dirigée vers l'élaboration du droit, au point de vue philosophique et historique. En conséquence, on arriva à se convaincre que les diverses erreurs traditionnelles qui avaient eu cours jusqu'alors, ne méritaient d'être reconnues ni comme droit romain, ni comme prétendu droit germanique. Enfin la découverte de plusieurs nouvelles sources, encore inconnues, du droit antéjustinien et postjustinien, a contribué à raviver l'étude historique du droit et amené indirectement la rectification en beaucoup de points, des connaissances qu'on possédait sur le droit de Justinien. Si, dans plusieurs pays d'Allemagne, la publication de nouveaux Codes civils a écarté peu à peu l'application directe du droit romain comme droit commun, cette circonstance n'a pas causé à l'étude de ce droit le tort qu'on avait souvent redouté et prédit. Car le droit romain ne possède pas seulement une valeur scientifique universelle, qu'il ne peut jamais perdre, mais il conserve encore indirectement une valeur pratique, en ce sens qu'il forme toujours la base des nouveaux Codes civils des divers états particuliers de l'Allemagne. La scission qui, pendant un temps, menaçait de devenir si profonde entre l'école dite historique et ses adversaires, a aussi de nos jours presque entièrement disparu, parce qu'elle reposait en partie sur un malentendu aujourd'hui reconnu; et si, dans leurs travaux sur le droit romain, les érudits suivent, avec une prédilection particulière, telle ou telle direction différente, cette diversité est aussi naturelle qu'avantageuse.

Enfin, les efforts tentés par beaucoup de nos savants juristes modernes, pour assigner au droit germanique et en particulier au droit allemand, une place digne de lui, tant au point de vue théorique qu'au point de vue pratique, méritent d'être applaudis et encouragés, comme un phénomène extrêmement heureux, même par ceux qui cultivent le droit romain. En effet, sainement appréciés, ces efforts ne font point opposition au droit romain; ils sont bien plutôt la reconnaissance de cette importante vérité : c'est seulement d'une élaboration simultanée des deux éléments dont, depuis des siècles, s'est composée notre jurisprudence, qu'on peut attendre un véritable progrès, soit pour la science, soit pour la vie pratique.

Nous donnons, en terminant, les noms des auteurs allemands les plus connus qui ont écrit sur le droit romain ; ce sont, entre ceux qui sont morts dans le xviie siècle : J. Harpprecht, Chr. Besold, J. Meier, B. Carpzov, Fr. Brummer, D. Mevius, J. Brunnemann, Wolfg. A. Lauterbach, G. Ad. Struve, Joh. Strauch.—Entre ceux qui sont morts dans le xviiie siècle : Jo. Schilter, Joh. Nic. Hert, Samuel Stryk, Bernh. Heinr. Reinold, Chr. Thomasius, W. Hier. Gundling, Joh. Heinr. von Berger, Christ. Wächtler, Christ. Gottfr. Hoffmann, Joh. Sal. Brunnquell, Joh. Gottl. Heineccius (Heinecke), Joh. Balth. von Wernher, Joh. Pet. von Ludewig, Joh. Friedr. Hombergk zu Vach, Franz Carl Conradi, Just. Henn. Böhmer, Chr. Heinr. Eckard, Chr. Gottl. Schwarz, Augustin von Leyser, Sam. von Cocceii, Joh. Aug. Bach, Gottfr. Mascov, Ge. Christ. Gebauer, Ge. Chr. Hamberger,

9

Joh. Dan. Ritter, Carl. Ferd. Hommel, Chr. Fr. Ge.
Meister, Ernst Mart. Chladenius, Joh. Aug. Hellfeld,
Joh. Ludw. Conradi, Fr. Es. von Pufendorf, Dan.
Nettelbladt, Chr. Gottl. Richter, E. Chr. Westphal,
Carl. Chr. Hofacker, Joh. Ludw. Ernst Püttmann,
Joh. Gottfr. Sammet, Ge. Ludw. Böhmer, Ludw.
Jul. Fr. Höpfner, Carl. Fr. Walch. — Entre ceux
qui sont morts au xixᵉ siècle (car ceux qui sont en-
core vivants appartiennent au présent et non à l'his-
toire littéraire), il faut mentionner les suivants :
G. Aug. Spangenberg, Ph. Fr. Weis, Joh. Christoph.
Koch, Franz Schöman, Gottl. Hufeland, Joh. Ant.
Ludw. Seidensticker, Adolph Dietr. Weber, Aug.
Corn. Stockmann, Chr. Gottl. Haubold, Carl. Fr.
Christ. Wenck, Jul. Fr. Malblanc, Alb. Schweppe,
Chr. Fr. Glück, Siegm. Wilh. Zimmern, E. Span-
genberg, Ferd. Mackeldey, Joh. Nep. von Wening-
Ingenheim, Joh. Paul A. von Feuerbach, Chr. G.
W. Cramer, Walt. Fr. Clossius, Joh. Friedr. Ludw.
Göschen, C. A. D. Unterholzner, Clem. Klenze,
Ed. Gans, Ant. Fr. Just. Thibaut, Joh. Chr. Hasse,
Hasse le jeune, Puggé, Ferdin. Kämmerer, Konopak,
G. Hugo, G. F. Puchta, W. Sell, C. F. Mühlen-
bruch.

§ 43.

Le Corpus juris civilis.

Nous terminerons cet aperçu d'histoire littéraire
par quelques indications bibliographiques très-géné-
rales sur le nom, la forme et la disposition de notre
Corpus juris civilis.

Le nom de *Corpus juris civilis*, dont on se sert
pour désigner tous les recueils de Justinien considé-

rés comme formant un ensemble, est devenu un nom technique, généralement adopté, depuis que, en 1583, Denis Godefroi l'eut placé, pour la première fois, comme titre, en tête de son édition collective. Ce nom est employé surtout par opposition au *Corpus juris canonici*. Cependant on le rencontre, avec un semblable sens, bien auparavant, et même déjà quelquefois chez les glossateurs.

Sous le rapport législatif, les trois recueils de Justinien, les Institutes, les Pandectes et le Code avec ses annexes naturelles, les Novelles, forment incontestablement un tout. Les glossateurs les considéraient déjà ainsi, et partageaient toute cette masse en cinq volumes, *volumina*, distingués par des couleurs particulières, et dont chacun avait son nom spécial.

Les *trois premiers* volumes se rapportaient aux Pandectes ou Digeste, et s'appelaient *Digestum vetus*, *Infortiatum* et *Digestum novum*.

Le *Digestum vetus* comprenait le commencement des Pandectes jusqu'au livre XXIV, titre II, inclusivement, et se terminait ainsi par le titre *De divortiis et repudiis*.

La seconde partie du Digeste, sous le nom d'*Infortiatum*, commençait par le titre III du livre XXIV (*Soluto matrimonio dos*, etc.), et allait jusqu'au livre XXXVIII inclusivement.

Enfin la dernière partie, sous le nom de *Digestum novum*, commençait avec le livre XXXIX, et s'étendait jusqu'à la fin des Pandectes.

Chacune de ces trois parties se subdivise en deux *partes*. L'*Infortiatum* a même une troisième *pars*, qui est appelée les *tres partes*, parce qu'elle commence par les mots : *tres partes ferant legatarii*, au milieu d'une phrase de la *lex* 82, *Ad. legem Faleidiam* (XXXV, 2).

On a beaucoup discuté sur la dénomination et le sens de cette division, surtout sur le nom d'*Infortiatum*, s'il est purement accidentel, ou s'il se lie à quelque circonstance particulière.

Le *quatrième* volume, désigné spécialement par le nom de *Codex repetitæ prælectionis*, contient le Code, mais seulement les neuf premiers livres, ce qui vient, soit de ce qu'on ne connaissait d'abord que ceux-ci, et qu'on ne retrouva les autres que plus tard, soit de ce qu'on considérait ces derniers comme moins importants pour le droit privé.

Le *cinquième* volume, appelé simplement *Volumen*, et aussi *Volumen parvum*, à cause de la variété de son contenu et de son peu d'étendue, embrassait tout le reste, savoir (indépendamment de quelques appendices étrangers qui seront mentionnés tout à l'heure) : les Institutes, le *liber authenticorum*, c'est-à-dire les Novelles, et les *tres libri*, c'est-à-dire les trois derniers livres du Code.

Cette division des manuscrits, en cinq *volumina*, se retrouve encore dans les anciennes impressions. Mais on adopta plus tard un autre arrangement, d'après lequel les livres de Justinien se suivent dans cet ordre : les Institutes, les Pandectes, le Code et les Novelles.

On commença de très-bonne heure à ajouter aux livres de Justinien plusieurs appendices, la plupart fort hétérogènes, qu'on retrouve dans presque toutes les éditions du *Corpus juris*. Ce sont :

Treize *édits de Justinien*, qui sont, à proprement parler, des Novelles de cet empereur, mais qui, par leur objet, offrent un intérêt plutôt particulier que général, étant bornés, pour la plupart, au ressort d'une province ou d'une ville;

Cinq constitutions de l'empereur Justin le jeune;

Plusieurs constitutions de l'empereur Tibère le jeune ;

Une série d'autres constitutions de Justinien, Justin et Tibère ;

Cent treize Novelles de l'empereur Léon ;

Une constitution de l'empereur Zénon ;

Une suite de constitutions de divers empereurs, sous le titre commun de *Imperatoriæ constitutiones;*

Les *Canones sanctorum et venerandorum apostolorum;*

Les *Libri feudorum;*

Quelques constitutions de l'empereur Frédéric II ;

Deux ordonnances de l'empereur Henri VII, appelées *extravagantes;*

Le *Liber de pace Constantiæ.*

Quelques éditions du *Corpus juris* contiennent encore d'autres appendices; par exemple, les fragments des XII tables, de l'édit prétorien, etc.

§ 44.

Éditions et traductions du *Corpus juris*.

Les nombreuses éditions du *Corpus juris civilis* se divisent en celles qui contiennent, avec le texte, les gloses, *éditions glosées,* et celles où les gloses ne sont pas reproduites, *éditions non glosées.*

I. Parmi les éditions glosées, celles qui méritent d'être signalées comme les plus importantes sont les suivantes :

1. *Lugduni apud Sennetonios fratres.* 1549 et 1550, 5 vol. in-folio.

2. *Cura Antonii Contii.* Paris, 1576, 5 vol. in-folio.

3. *Cura Pet. ab Area Baudoza Cestii.* Lyon, 1593, 4 vol. in-4°.

4. *Cura Jo. Fehii.* Lyon, 1627, 6 vol. in-folio. C'est la dernière édition qui contienne la glose.

II. Entre les éditions non glosées, il faut citer, comme les plus remarquables :

1. Celle de Paris, 1527, in-12, la plus ancienne de toutes.

2. *Cura Ludov. Russardi.* Lyon, 1561, 2 vol. in-folio; réimprimée encore à Anvers, 1567, et *ibid.*, 1570, 7 vol. in-8°.

3. *Cura Ant. Contii.* Lyon, 1571, et *ibid.*, 1581, 15 vol. in-12.

4. *Cura Lud Charondæ.* Anvers, 1575, in-folio.

5. *Cum notis Dionys. Gothofredi. Edit. princeps.* Lyon, 1583, in-4°. Entre les réimpressions nombreuses publiées par ses soins ou par ceux d'autres éditeurs, celle qui a été donnée *cura Sim. van Leeuwen, apud Elzevirios*, Amsterdam, 1663, in-folio, passe pour la meilleure.

Il existe aussi des éditions de Godefroi, sans notes, et parmi elles, on distingue, comme éditions portatives très-commodes, les elzéviriennes, surtout celle de 1663 et 1664, in-8°, qu'on désigne par l'expression *pars secundus*, à cause d'une faute typographique faite exprès. Il n'est pas vrai, comme on le dit, que ce soit la seule faute qu'on y trouve.

6. *Ex recens. Georg. Chr. Gebaueri, cura Georg. Aug. Spangenbergi.* Gœttingue, 1776-1797, 2 vol. in-4°.

7. *Ex recens. J. L. G. Beck.* Leipzig, 1825-1836, 2 vol., en 5 parties, in-8°, et 1829-1837, 2 vol. in-4°.

8. *Corpus jur. civ. recognoverunt Alb. et Maur. Kriegelii, Hermann, Osenbrüggen.* Leipzig, 1829-1843, 1 vol., en trois parties, in-8°.

9. L'édition commencée avec beaucoup de soin et de critique, et accompagnée de nombreuses notes, par Schrader, mais dont il n'a paru encore que les Institutes. Berlin, 1832, in-4°.

III. Les éditions dites *editiones reconcinnatæ* sont moins des éditions proprement dites du véritable *Corpus juris civilis*, que des systèmes artistement arrangés, au moyen d'une nouvelle disposition, d'un nouveau classement des divers fragments du *Corpus juris*.

Tel est le *Corpus jur. civ. reconcinnatum auctore Eusebio Begero, cum præfatione Senckenbergii.* Francfort et Leipzig, 1768, 3 vol, in-4°.

Telles sont encore, à quelques égards, les *Pandectæ Justinianeæ in novum ordinem digestæ auctore R. J. Pothier*. Paris, 1748-1752; réimprimées dernièrement, Paris, 1818-1820, 5 vol. in-4°, et Paris, 1818-1821, 3 vol. in-folio.

IV. Une traduction allemande du *Corpus juris* a été publiée par K. E. Otto, B. Schilling et C. F. Sintenis. Leipzig, 1830-1834, 7 vol in-8°.

§ 45.

Éditions et manuscrits des diverses parties du *Corpus juris*.

Considérons maintenant les différents livres de Justinien séparément, quant à leur destinée littéraire, en suivant l'ordre dans lequel ils sont habituellement rangés :

I. On a conservé des Institutes un nombre considérable de manuscrits. Cependant aucun de ceux qui sont complets ne paraît remonter au delà du x° siècle.

Parmi les éditions séparées des Institutes, les suivantes méritent d'être citées.

Entre les éditions glosées :

L'*editio princeps* de P. Schöffer de Gernsheim. Mayence, 1468, in-folio.

Entre les éditions non glosées :

1. *Ex rec. Greg. Haloandri.* Nuremberg, 1529, in-folio.

2. *Cura Jac. Cujacii.* Paris, 1577, in-folio, et 1585, petit in-8°.

3. *Ed. Fr. Aug. Biener*, Berlin, 1812, in-8°.

4. *Ed. C. A. C. Klenze et E. Bœcking.* Berlin, 1829, in-4° (conjointement avec les Institutes de Gaïus).

5. *Cura Ed. Schraderi.* Berlin, 1832, in-4°, et stéréotypée, Berlin, 1836, in-12.

II. Quant aux Pandectes, nous possédons, à la vérité, un grand nombre de manuscrits; mais ils ne contiennent, pour la plupart, que des parties isolées, et ne remontent pas au delà du xiiᵉ siècle. Toutefois nous avons, dans l'exemplaire de Florence, un manuscrit très-ancien et très-complet, qui, bien qu'il ne soit pas du siècle même de Justinien, comme le croyaient les glossateurs, paraît cependant pouvoir être rapporté au moins au viiᵉ siècle. Il se trouvait à Pise jusqu'à l'an 1406; il fut alors transporté de cette ville à Florence. De là le double nom de *littera pisana* et *littera florentina*. De ce manuscrit, rapproché vraisemblablement de plusieurs autres qui ont été perdus depuis, et qui paraissent, au moins quelques-uns, n'avoir pas été sans valeur, sont provenus les manuscrits qui présentent la leçon appelée *vulgate* (*lectio vulgata*), par opposition à la *florentine* (*lectio florentina*).

Parmi les éditions des Pandectes, les suivantes méritent d'être distinguées :

1. *Editio princeps* (avec la glose). *Digestum vetus.*

Perusiæ per Henr. Clayn., 1476, in-folio. — *Infortiatum. Romæ per Vitum Pücher*, 1475, in-folio. — *Digestum novum. Romæ per Vitum Pücher*, 1477, in-folio.

2. *Ex. rec. Greg. Haloandri.* Nuremberg, 1529, in-4° (sans glose).

3. *Cura Lælii et Francisci Taurelliorum.* Florence, 1553, in-folio (sans glose).

III. Relativement au Code, nous n'avons aucun manuscrit qui, pour l'antiquité et le mérite, puisse être comparé au manuscrit de Florence. Les manuscrits du Code paraissent même, pour la plupart, avoir été écrits avec beaucoup de négligence. Aussi non-seulement les *inscriptiones* et *subscriptiones* présentent souvent des différences ; mais il n'est pas rare qu'on y ait omis des constitutions entières, surtout les constitutions grecques que les copistes ne comprenaient peut-être pas. Ce n'est que par les soins des glossateurs que le texte du Code est devenu un peu plus complet, et même c'est seulement beaucoup plus tard, au xvie siècle surtout, qu'un grand nombre de constitutions ont été restituées, par Augustinus, Charondas, Cujas et Leconte, d'après les collections grecques, notamment d'après les Basiliques. Ces constitutions, qu'on appelle *leges restitutæ*, se reconnaissent, dans les éditions du *Corpus juris* où elles se trouvent, par l'absence complète ou du moins par l'état défectueux des *inscriptiones* et *subscriptiones*. Il en manque vraisemblablement encore plusieurs. La raison pour laquelle la plupart des manuscrits du Code ne contiennent que les neuf premiers livres se rattache à une observation que nous avons faite plus haut.

Entre les éditions du Code, il faut citer :

1. *Editio princeps* (glosée), pour les neuf premiers

livres, *Moguntiæ per Petr. Schoyffer de Gernsheym*, 1475, in-folio; pour les trois derniers livres, *Romæ per Vitum Pücher*, 1476, in-folio.

2. *Ex rec. Greg. Haloandri.* Nuremberg, 1530, in-folio.

IV. Quant à ce qui concerne les Novelles, l'histoire de leur rédaction et la circonstance qu'elles n'ont jamais été réunies par Justinien en un recueil officiel, expliquent d'une manière très-simple pour quoi nous manquons d'anciens manuscrits complets et pourquoi beaucoup de Novelles n'ont été retrouvées que très-tard et pièce à pièce. A ces faits historiques et à la destinée ultérieure des Novelles sous les successeurs de Justinien, se rattache encore la grande divergence qui existe entre les collections manuscrites que nous possédons, tant sous le rapport du nombre des Novelles qu'elles renferment, que sous celui de la langue dans laquelle elles sont écrites. Il existe, en effet, indépendamment de l'abrégé latin, *Epitome Novellarum* de Julien, une collection orientale de cent soixante-huit Novelles en langue grecque, et une collection occidentale de cent trente-quatre Novelles en langue latine. Les glossateurs s'en tinrent à ces dernières, comme nous l'avons vu plus haut (§ 40).

Il faut citer, entre les éditions des Novelles, celles qui suivent.

Édition glosée :

Editio princeps. Romæ per Vitum Pücher, 1476, in-folio (dans le même volume que les derniers livres du Code). Elle ne contient que le texte latin de la *versio vulgata*.

Éditions non glosées :

1. *Græce et latine cura Greg. Haloandri.* Nuremberg, 1531, in-folio.

2. *Græce cum Novellis Leonis et Justiniani Edictis XIII*, *ex rec. Henr. Scrimgeri.* Genève, 1558, in-folio.

3. *Ed. Contii.* Paris, 1559, in-folio.

4. *Novellæ constitutiones ex græco in latinum conversæ et notis illustratæ a J. F. Hombergk zu Vach.* Marbourg, 1717, in-4°.

5. *Authenticum. Novellarum constitutionum Justiniani versio vulgata, quam... prolegomenis, adnotatione critica, etc., instruxit G. E. Heimbach.* Leipzig, 1851, 2 vol. in-8°.

§ 46.

Les diverses méthodes de citation du droit romain justinien.

Dès le moment où l'étude scientifique du droit romain se réveilla au moyen âge, les livres de Justinien furent cités et désignés, non-seulement comme partie du *Corpus juris*, mais comme ouvrages indépendants. Mais, du reste, la méthode de citation a varié plusieurs fois, et, dans ces derniers temps encore, on a fait différents essais, soit pour la simplifier, soit pour y apporter d'autres perfectionnements.

I. Les glossateurs se servaient, pour désigner les Institutes, des abréviations suivantes : *inst.*, *ist.*, *instit.*, *institu.* Aujourd'hui la désignation ordinaire est *I.* ou *Inst.*

Pour indiquer les Pandectes ou le Digeste, les glossateurs et leurs successeurs employaient tantôt *P.*, ou *p.*, ou *π.*, tantôt *D.*, ou *ff.*; ce dernier signe paraît provenir d'un *D* barré ou contourné.

Pour désigner le Code, on s'est servi de tout temps des abréviations *C.*, ou *Cod.* Quand on a besoin de distinguer spécialement le Code Justinien du Code Théodosien, on cite le premier ainsi : *C. J.*; ou *Cod. Just.*, et le dernier ainsi : *C. Th.*, ou *Cod. Theod.*

Les Novelles étaient citées par les glossateurs, sous le nom d'*Authenticæ*, par l'abréviation *auth.* ou *aut.*, ou *autent.* On les cite aujourd'hui, sous le nom de *Novellæ*, par *N.* ou *Nov.* On distingue les Novelles antérieures ou postérieures à Justinien de celles de cet empereur, en ajoutant toujours à la citation de celles-là le nom de l'empereur dont elles émanent, par exemple : *Nov. Valentiniani, Nov. Leonis.*

II. Pour désigner les divers titres des Institutes [1], des Pandectes et du Code, dans lesquels se trouve le passage que l'on veut citer, on a employé long-temps, à l'exemple des glossateurs, la rubrique du titre, par exemple : *Inst. de rerum divisione.* — *D. de peculio.* Cela était d'autant plus naturel que les titres n'étaient pas alors numérotés aussi exactement qu'ils le sont aujourd'hui. Comme il existe dans les Pandectes trois titres sous la même rubrique : *De legatis et fideicommissis* (lib. XXX-XXXII), on les distingue dans les citations, en ajoutant un nombre, par exemple : *De legatis III.*

Dans ces derniers temps, beaucoup d'auteurs préfèrent citer le titre par les numéros du livre et du titre, par exemple : *Inst.* II, 1, ou *Dig.* xv, 1;

---

[1] Toutes les éditions des Institutes n'ont pas le même nombre de titres. Notamment les unes comptent dans le troisième livre, vingt-neuf titres, les autres trente. Cela vient de ce que le titre VII *De servili cognatione,* qui figure dans quelques éditions, forme seulement, dans les autres, la dernière partie du titre qui précède immédiatement, *De gradibus cognationis.* ---

tandis que les autres ont conservé la citation par la rubrique.

Chaque méthode a ses raisons

On peut dire, pour l'ancienne méthode, que souvent la simple allégation de la rubrique d'un titre suffit pour jeter de la lumière sur le passage qui en est tiré et pour en expliquer le vrai sens. De plus, on se familiarise ainsi avec l'économie des recueils de Justinien, ce qui, d'une part, n'est pas sans utilité pour faire pénétrer plus avant dans leur esprit, et, d'autre part, facilite singulièrement l'usage des citations qu'on trouve faites suivant ce mode, dans la glose et dans les anciens auteurs; tandis que le défaut d'habitude des rubriques rend la vérification de ces citations extrêmement pénible. Enfin, dans la citation par rubriques, il ne peut pas se glisser aussi facilement des erreurs que dans la citation par numéros.

On invoque, au contraire, en faveur de la nouvelle méthode, d'abord sa plus grande simplicité, ensuite la différence de rédaction que présentent parfois les rubriques dans les divers manuscrits et les diverses éditions; et enfin la difficulté considérable qu'on éprouve autrement à rechercher les passages, surtout quand on commence l'étude du droit, jusqu'à ce qu'on ait fait pleinement connaissance avec l'ordre des livres et des titres.

D'après cela, peut-être faudrait-il donner la pré-férence à une fusion des deux méthodes, qui a été déjà tentée par plusieurs auteurs, et qui consiste à citer avec la rubrique les numéros du livre et du titre; car par là, sans employer guère plus de place et de temps, on réunit les avantages des deux méthodes; par exemple : *Inst.*, II, 1, *De rerum divisione*, ou *Dig.*, xv, 1, *De peculio*.

On ne peut rien objecter contre l'habitude assez répandue de simplifier les longues rubriques par diverses abréviations, en tant qu'il n'en résulte pas de confusion avec d'autres rubriques semblables. Ces abréviations consistent à ne citer, tantôt que les premiers mots de la rubrique, par exemple : *De usuris*, au lieu de la rubrique complète : *De usuris et fructibus et causis et omnibus accessionibus et mora ;* tantôt seulement les lettres initiales de certaines rubriques, par exemple : *D.*, *De R. J.* (*De diversis regulis juris antiqui*), *De V. S.* (*De verborum significatione*).

III. On a cité pendant longtemps, à l'imitation des glossateurs, les textes particuliers qui composent les titres, par le nom de *lex*, abrégé ainsi : *l.* ou *L.* Dans ces derniers temps, beaucoup d'auteurs désignent chaque passage particulier des Pandectes par le mot *fragmentum*, abrégé ainsi : *fr.* ou *fragm.*, et chaque passage du Code, par le mot *constitutio*, abrégé ainsi : *c.* ou *const.*

Lorsque le fragment ou la constitution se divise, comme cela arrive souvent, en *principium* et paragraphes, cette subdivision doit aussi être citée.

Mais, comme du temps des glossateurs, les divisions et subdivisions des titres n'étaient pas exactement numérotées comme elles le sont aujourd'hui, on était obligé de les citer, ainsi que les paragraphes des Instituts, par les premiers mots. On citait, par exemple : *Inst.*, *de rerum divisione*, § *litteræ quoque*, ou *D.*, *de peculio*, *l. si noxali judicio*, § *quod autem*, ou *C.*, *de pactis*, *l. pacta novissima.* Quand il se trouve dans le même titre plusieurs passages commençant par les mêmes mots, on ajoutait à ces mots initiaux les nombres 1, 2, 3, etc., pour indiquer que c'était le premier, le second, le troisième de ces passages qu'on voulait alléguer. Le dernier et l'avant-dernier texte ou paragraphe étaient aussi cités par les abréviations *ult.* et *penult.* On se servait encore des signes *I.* (*infra*) et *S.* (*supra*), pour indiquer qu'on avait en vue un passage postérieur ou antérieur du même titre, ou bien un titre postérieur ou antérieur.

Évidemment cet ancien mode de citation par les premiers mots d'un texte présente de grandes difficultés, tant qu'on ne s'est pas rendu les recueils familiers par un long usage. Aussi on l'a abandonné peu à peu, et l'on cite aujourd'hui généralement les fragments et constitutions, ainsi que leurs paragraphes, par les numéros; par exemple : § 33, *I.* ii, 1, *De rer. divis.* — *Fr.* 11, § 6, *D.*, xv, 1, *De peculio.* — *C.* 3, § 1, *C.*, vi, 43, *Communia de legatis.* Si un titre des Pandectes ou du Code ne contient qu'un seul fragment ou une seule constitution, on cite ce passage sous le nom de *lex unica;* par exemple : *L. un.*, ou *c. un.*, *C.*, vi, 51, *De caducis tollendis.*

Quand on veut citer le commencement (*principium*) d'un titre des Institutes, on emploie l'abréviation *pr.* ou *princ*, par exemple : *Pr., J., De nuptiis* [1].

Aujourd'hui, généralement, on ne cite plus par les premiers mots que les authentiques du Code, par exemple : *Auth. sacramenta puberum*, *C.*, ii, 28, *Si adversus vend.*, ainsi que les constitutions de Justinien qui ont été placées en tête des Pandectes et du Code, comme acte de promulgation ou instruction

---

[1] On emploie aussi ce dernier mode pour citer le commencement d'une *lex* des Pandectes ou du Code, par exemple : *l.* 11, *pr.*, *D.*, *Pro socio;* mais on se contente habituellement d'écrire : *l.* 11, *D.*, *Pro socio*, en omettant *pr.*, qui est sous-entendu quand il n'y a pas d'indication de paragraphe. (*Note du traducteur.*)

préalable, par exemple : *Const. hæc quæ necessario;
const. cordi nobis.*

IV. Quant à ce qui regarde les Novelles en particulier, on les cite aussi aujourd'hui tout autrement
que jadis ; car les glossateurs plaçaient après le mot
authent., d'abord la rubrique du titre sous lequel la
Novelle se trouvait dans leurs collections, puis ce
que nous appelons maintenant chapitre des Novelles,
en lui appliquant la dénomination et le signe de paragraphe, et en le désignant par les premiers mots, et
enfin la collation, par exemple : *authent. de hered. ab
intestato*, § *si quis, coll. IX.* Mais actuellement, depuis que, dans les éditions ordinaires du *Corpus
juris*, les cent soixante-huit Novelles ont reçu une
série de numéros qui se continue d'une collation
à l'autre, la citation se fait plus simplement par le
numéro de la Novelle, celui du chapitre et celui du
paragraphe, par exemple : *Nov.* 22, *cap.* 15, § 2.
Le commencement et la fin dans les Novelles un peu
longues, sont indiqués par *præf. (præfatio)* et *epil.
(epilogus)*.

V. Il faut encore faire les remarques suivantes sur
le mode de citation aujourd'hui usité.

Si l'on veut citer seulement l'intitulé d'un titre,
on écrit : *Rubr. (rubrum, rubrica) tit.*, en ajoutant
la teneur même de cette rubrique ; par exemple :
*Rubr. tit., C., Si quis aliquem testari prohibuerit vel
coegerit.*

Veut-on indiquer qu'un titre tout entier renferme
plusieurs textes probants, qu'il faut considérer dans
leur ensemble, la citation se fait ordinairement par
ces mots : *totus titulus*, ou *toto titulo*, ainsi abrégés :
tot. tit., ou *t. t.*

Veut-on, au contraire, appeler l'attention sur certains mots d'un passage désigné, on ajoute à la fin

de la citation : *verb.*, ou *in verb.* (*verbis*), avec les mots mêmes qu'on veut désigner, ou du moins les premiers de ces mots. Les glossateurs employaient pour cela : *ver.* ou *vers.* (*versiculo*, *versu*).

Si la proposition à démontrer ne se trouve pas précisément dans un texte du *Corpus juris*, et qu'on veuille la prouver par analogie d'un passage qui parle d'autre chose, on cite ce passage en le faisant précéder de : *ar.* ou *arg.* (*argumento*).

10

DEUXIÈME PARTIE.

EXPOSITION SYSTÉMATIQUE DU DROIT PRIVÉ DES ROMAINS.

LIVRE PREMIER.

PRINCIPES GÉNÉRAUX SUR LES DROITS, LEURS DIVERSES ESPÈCES, LEUR EXERCICE, LEUR POURSUITE ET LEUR GARANTIE.

§ 47.

Nature et conditions essentielles de tout droit.

Un droit, *jus*, dans le sens subjectif, est la prétention, reconnue et garantie par l'état, d'une personne sur un objet déterminé, en vertu de laquelle cet objet est soumis, sous quelque rapport, à la volonté juridique de cette personne.

Trois conditions sont nécessaires pour fonder un droit :

D'abord, un sujet capable auquel le droit est attribué ;

Ensuite, un objet susceptible de ce droit, et auquel il s'attache ;

Et, enfin, un fait déterminé, auquel, d'après les principes juridiques, se lie l'acquisition du droit, soit comme nouvellement créé, soit comme dérivé d'une personne qui en était précédemment investie.

§ 48.

Différences et divisions des droits, d'après leur étendue
et leur objet.

Les divisions les plus générales et les plus tranchées des droits et des rapports juridiques où les personnes peuvent se trouver placées en conséquence de ces droits, sont celles qui ont lieu d'après leur étendue et d'après leur objet.

I. D'après leur *étendue*, lorsqu'on demande *contre qui* ils compètent. Tous les droits doivent, à la vérité, suivant leur nature essentielle, être dirigés contre quelqu'un, c'est-à-dire que quelqu'un doit être obligé par là. Mais selon que cette obligation porte sur tous les hommes avec lesquels celui à qui le droit appartient peut se trouver en contact de quelque manière, ou seulement sur une certaine personne, les droits sont ou *absolus, obligatoires généralement*, ou seulement *relatifs, personnels*, c'est-à-dire dirigés déterminément contre une personne obligée.

II. D'après leur *objet*, lorsqu'on demande *à quoi* ils tendent, *sur quoi* ils reposent. Cet objet du droit peut être ou une personne, ou une chose, ou une action.

A. Les droits qui nous compètent sur une *personne* peuvent se concevoir de deux manières.

1° Comme des droits qui nous appartiennent immédiatement sur *notre propre personne*. En effet, l'état nous reconnaît et nous garantit certaines propriétés, certaines qualités personnelles, qui sont très-importantes pour nous, parce qu'elles sont, plus ou moins, les conditions de notre capacité juridique à d'autres égards. Comme c'est précisément sur la reconnaissance générale de ces qualités qui nous sont propres que repose notre *personne*, c'est-à-dire notre *personnalité* et la capacité de droit dont elle est la base, il en résulte que notre personne forme l'objet particulier de ces droits, et en demandant qu'on reconnaisse ces droits, nous demandons qu'on reconnaisse *notre personne*. A ceci se rapportent nommément les droits à la reconnaissance de notre *status*, de notre *liberté*, de notre *cité* et de notre qualité de membres d'une *famille*, comme *agnats*. La dénomination de *jura status* est tout à fait convenable, mais elle ne se trouve pas employée dans nos sources.

2° Comme des droits qui nous appartiennent sur une *personne étrangère*, c'est-à-dire sur un autre homme qui n'est pas, ainsi que l'esclave, *servus*, considéré seulement comme une *chose* [1], mais qui est effectivement considéré comme une personne, par conséquent sur un homme libre. En effet, l'état reconnaît et garantit certains rapports de famille, en vertu desquels une personne obtient sur certaines autres personnes une puissance, une domination plus ou moins rigoureuse, de manière que ces personnes sont ainsi par le fait soumises, *dans leur propre personne*, au droit du chef de famille. Ces pouvoirs de famille ont véritablement pour objet la *personne*, et non pas seulement un certain nombre d'actions et de prestations à exécuter par la personne assujettie : la preuve en est que, là où ces pouvoirs de famille règnent dans toute leur rigueur, la *personne* et la *personnalité* de celui qui y est sou-

---

[1] Ceci n'est pas exact : l'esclave n'était pas considéré seulement comme chose, mais aussi comme une personne : il figure, et avec raison, dans toutes les divisions des personnes ; il est cité parmi les personnes *alieni juris*, dont il va être question dans cet alinéa.

(*Note du traducteur.*)

mis disparaissent, de fait, presque entièrement. C'est ce qui avait lieu dans le plus ancien droit romain; et ce qui prouve de la manière la plus précise que c'était aussi là le point de vue sous lequel les Romains considéraient ces pouvoirs de famille, c'est l'expression *personæ alieno juri subjectæ*, par laquelle on désigne les personnes qui, dans la famille, occupent une place subordonnée, ainsi que l'expression *jus ac potestas in capite libero* [1]. On peut désigner très-bien ces droits par l'expression de *jura potestatis*, quoique cette dénomination générique ne se rencontre pas dans nos sources.

. B. Nous pouvons avoir des droits non-seulement sur des *personnes* (notre personne ou une personne étrangère), mais encore sur des *objets extérieurs* qui ne sont pas des personnes, et ces objets extérieurs entrent alors dans nos *biens*, dans notre *patrimoine*. Cela peut se concevoir de deux manières.

1°. Des *choses*, dans le sens strict, *res*, peuvent former l'objet de nos droits, en ce sens que ces choses sont, directement et immédiatement, soumises, d'une manière plus ou moins complète, à notre domination et à notre volonté juridique. Les droits de cette espèce s'appellent *jura in re*, droits·sur les choses, *droits réels*.

2° Des *actions et prestations déterminées de la part d'autres personnes* peuvent aussi former l'objet de notre droit, en ce sens que notre domination et notre volonté juridique s'appliquent, non à une chose déterminée, mais seulement à des actions et prestations

---

[1] C'est mal à propos que l'auteur rapporte à des personnes *alieni juris* cette expression, que les jurisconsultes romains appliquaient au pouvoir du tuteur sur le pupille, personne *sui juris*.

(Note du traducteur.)

que nous sommes autorisés à exiger d'autres personnes à notre avantage. Les droits dont il est ici question se distinguent des droits résultant des rapports de famille ci-dessus mentionnés, en ce qu'ils ne constituent pas un pouvoir sur la *personne*, comme telle, qui fasse disparaître en partie son indépendance et sa capacité de droit. Ici, au contraire, l'obligé, sauf les actions et prestations particulières auxquelles il est tenu, demeure dans sa pleine indépendance, et peut, en exécutant l'action, la prestation due, mettre fin complétement au droit qui l'obligeait jusque-là. Ces droits sur certaines actions et prestations d'autres personnes, s'appellent *obligationes*, *créances*. On les appelle aussi *droits personnels*, parce que ce sont les seuls droits auxquels réponde toujours et essentiellement l'obligation d'une personne déterminée. Ils appartiennent au *droit qui concerne les biens, le patrimoine,* parce que ces créances ne sauraient avoir pour objet que des prestations qui ont pour le créancier un intérêt appréciable, et qui peuvent au besoin être ramenées à une estimation en argent, représentation générale des valeurs qui composent notre patrimoine.

A la vérité, ces divers droits, malgré leur différence intime, tenant à la différence de leurs objets, rentrent, à certains égards, l'un dans l'autre, et sont dans une dépendance mutuelle; par exemple, les *jura potestatis* peuvent aussi conduire indirectement à des droits sur les biens, et par conséquent être, sous certain rapport, traités comme ces derniers. Mais ce n'est point là une objection contre cette division; c'est simplement une suite naturelle de ce que le droit, en général, forme un tout organique qui ne peut se concevoir sans cet enchaînement général de toutes ses parties.

Les Romains, eux-mêmes, prennent ces divisions des droits pour point de départ; tous les genres que nous venons de mentionner se trouvent chez eux, et quant au nom et quant à la chose. C'est aussi le sens du principe que les juriconsultes romains placent en tête d'un de leurs systèmes les plus répandus, savoir que tout droit se rapporte aux *personæ*, ou aux *res*, ou aux *actiones;* d'où la conséquence que tous les rapports juridiques dont on a à traiter se ramènent à trois classes principales, au *jus quod ad personas pertinet*, au *jus quod ad res pertinet* et au *jus quod ad actiones pertinet*. Toutefois cette dénomination de *jus quod ad actiones pertinet* et sa relation avec le *jus quod ad res pertinet*, ne sont pas très-claires. D'ailleurs ce système, malgré la simplicité par laquelle il se recommande, laisse beaucoup à désirer. Aussi, dans ce cours, si nous suivons, pour quelques parties, le système romain que nous venons d'indiquer, nous nous en écarterons pour d'autres. Les motifs qui nous ont déterminé seront plus convenablement exposés au commencement de chaque partie principale.

Omne autem jus, quo utimur, vel ad personas pertinet, vel ad res, vel ad actiones. § 12, I., 1, 2, *De jur. nat.* GAI., 1, § 8.

§ 49.

Exercice et garantie des droits.

Il résulte de l'idée naturelle, essentielle d'un droit, que celui qui l'a est aussi autorisé à l'exercer, et que dans le simple exercice de ce droit, quand il ne sort pas de ses limites, il ne peut jamais y avoir un tort, une injustice. C'est aussi une conséquence de la nature d'un droit, que les personnes qu'il oblige doivent le reconnaître, c'est-à-dire ne doivent pas le troubler, le violer.

C'est pourquoi la puissance publique vient toujours, de quelque manière, au secours de celui à qui un droit appartient, quand ce droit n'est pas reconnu, et, par conséquent, est entravé.

Au contraire, il est de règle que, alors même qu'un droit nous appartient véritablement, il ne nous est pas permis de surmonter, de notre propre autorité et par voie de fait, la résistance que nous rencontrons. Au contraire, en conséquence de l'idée générale que nous nous formons de l'état, c'est seulement en invoquant le juge institué par lui à cet effet et en obtenant son intervention, que nous pouvons faire valoir notre droit méconnu et faire lever les obstacles qui en arrêtent l'exercice. Plus un état est avancé dans son développement juridique, plus les cas exceptionnels où il est légalement permis de se faire justice à soi-même sont et doivent être rares. Ce résultat de l'expérience est aussi confirmé par l'histoire du droit romain. Car plusieurs hypothèses où dans l'origine, selon le plus ancien droit romain, il était également permis, et même ordonné, de se faire justice à soi-même, se sont bientôt réduites à une simple apparence, à de pures formes judiciaires, ou ont complétement disparu. Il n'est resté qu'un certain droit de *résistance individuelle*, *de légitime défense*[1] contre des attaques dangereuses dirigées sur notre personne et nos biens, droit qui est même renfermé dans d'étroites limites. Au contraire, toute *voie de fait* par laquelle on veut *se faire justice à soi-même*[2],

---

[1] *Selbstvertheidigungsrecht*, *Nothwehr*.
[2] *Selbsthülfe*.

alors même qu'elle ne dégénère pas en une vraie violence criminelle et punissable, *vis*, *crimen vis*, est positivement défendue et frappée, dans certains cas,
par Marc-Aurèle, de pertes pécuniaires qu'encourra
l'auteur de la voie de fait. *Decretum divi Marci*.

Nullus videtur dolo facere, qui suo jure utitur.... Nemo
damnum facit, nisi qui id facit, quod facere jus non habet. GAIUS
et PAULUS, fr. 55 et 151, D., L, 17, *De reg. jur.*

Non est singulis concedendum, quod per magistratum publice
possit fieri, ne occasio sit majoris tumultus faciendi. PAULUS,
fr. 176, *pr.*, *D.*, *eod.*

Exstat enim decretum D. Marci, in hæc verba : Optimum est,
ut, si quas putas te habere petitiones, actionibus experiaris. Cum
Marcianus diceret : vim nullam feci, Cæsar dixit : tu vim putas
esse solum, si homines vulnerentur? Vis est tunc, quotiens quis
id, quod deberi sibi putat, non per judicem reposcit. Quisquis
igitur probatus mihi fuerit rem ullam debitoris, vel pecuniam
debitam, non ab ipso sibi sponte datam, sine ullo judice temere
possidere, vel accepisse, isque sibi jus in eam rem dixisse, jus
crediti non habebit. CALLISTRATUS, fr. 13, D., IV, 2, *Quod metus
causa*.

Vim vi repellere licere Cassius scribit, idque jus natura com-
paratur. ULPIANUS, fr. 1, § 27, D., XLIII, 16, *De vi*.

§ 50.

Procédure civile en général.

A quel fonctionnaire public, comme juge compétent, devons-nous demander l'appui qui nous est nécessaire pour nos droits privés, quand ils sont trou-
blés ou lésés?

Dans quelle forme devons-nous invoquer cet
appui?

Comment le juge doit-il procéder, d'une part, pour
assurer l'exercice de son droit à celui à qui il appartient véritablement; d'autre part, pour repousser la

prétention de celui qui réclame un droit qui ne lui appartient pas?

Les principes qui fournissent la solution de toutes ces questions constituent la procédure civile.

Cette procédure forme un tout complet, séparé du reste du droit privé, et n'est pas l'objet particulier de ce cours; mais la liaison naturelle qui existe entre elle et les autres branches du droit privé exige absolument que nous lui empruntions, au moins, tout ce qui est nécessaire pour l'intelligence des rapports juridiques privés et de leurs effets en tout sens; car la violation et le trouble qu'éprouve un droit, ainsi que les moyens destinés à écarter ce trouble et cette violation, produisent, sur le contenu du droit même qui a été violé et troublé, une certaine réaction naturelle, qui fait passer ce droit par une série de transformations particulières.

Au reste, il suffit, pour ce but, de donner une esquisse générale de la procédure civile romaine, en en faisant ressortir plus particulièrement quelques parties principales qui tiennent plus intimement à l'essence du droit privé.

§ 51.

Juridiction et compétence.

Il exista de tout temps dans l'état romain des fonctionnaires auxquels la *juridiction* était confiée, *magistratus juri dicundo, qui jurisdictioni præerant*, appelés aussi *magistratus* tout simplement. Ce n'étaient pas toutefois des fonctionnaires spéciaux, institués uniquement et exclusivement pour rendre la justice, mais des fonctionnaires qui, en vertu de l'*imperium* dont ils étaient revêtus, avaient, avec d'autres attributions, la charge de la juridiction. A Rome, ces *magistratus* furent dans l'origine les rois eux-mêmes, plus tard les consuls, auxquels on substitua bientôt, pour alléger leurs fonctions, les préteurs, le *prætor urbanus* et le *prætor peregrinus*, et, pour certains cas, les édiles. Sous le régime impérial vint s'y ajouter l'empereur, agissant soit par lui-même, soit par les fonctionnaires impériaux qu'il chargeait de la juridiction. Dans les villes italiennes, la juridiction était exercée par les duumvirs et les préfets, dans les provinces, par les *præsides provinciarum*. Ce ne fut qu'à une époque plus avancée du gouvernement impérial qu'on vit apparaître des fonctionnaires impériaux particuliers, à qui la juridiction était confiée comme mission unique.

De la juridiction en général se distingue la *compétence* d'un tribunal. On entend par là le droit qu'a un tribunal d'exercer dans tel cas particulier la juridiction qui lui appartient. Quand, ainsi que cela arriva depuis l'agrandissement de l'empire romain, il existe l'un à côté de l'autre plusieurs fonctionnaires pouvant connaître des mêmes affaires, la compétence est fixée par cette circonstance, que les personnes dont les différends doivent être vidés par le procès en question, sont soumises à la juridiction de tel fonctionnaire déterminé, ont leur *forum* dans son ressort. Toutefois, si les parties ont différents *fora*, c'est le *forum* du défendeur qui l'emporte.

§ 52.

L'*ordo judiciorum privatorum* et les *extraordinaria judicia*.

Le trait principal qui caractérisait l'organisation et la marche de la procédure civile des Romains,

dans les anciens temps, c'était la division habituelle
des fonctions judiciaires entre deux fonctionnaires
distincts; division qui amenait aussi le partage de la
procédure elle-même en deux périodes séparées, le
jus et le *judicium*. C'est cette double instance qui
constituait l'*ordo judiciorum privatorum*.

Le procès était ouvert et préparé par le *magistratus* dont nous venons de parler. Devant lui le procès
commençait par la présentation de la demande, et,
après avoir entendu les deux parties (le demandeur
et le défendeur), il posait le point particulier sur
lequel portait le différend. Ainsi il déclarait si, dans
l'espèce, un procès était possible, *actionem* ou *judicium dabat*, et d'après quelles règles ce procès devait
être décidé. Mais, avant que ces règles pussent être
appliquées, il fallait démêler et vérifier les circonstances de fait, telles qu'elles étaient alléguées par
les parties contendantes, et en tant qu'elles avaient
de l'importance pour le jugement de l'affaire. Le
magistratus ne se chargeait pas ordinairement de
l'examen de ce point de fait, non plus que de la décision proprement dite du litige, mais il l'abandonnait
et le déléguait au *judex*, *judicium*. Ce *judicium* était,
pour certains procès, un tribunal permanent, qui n'était
pas nommé uniquement pour cette affaire, et qui se
composait de plusieurs personnes, d'un *collegium* :
tels étaient les *judices decemviri*, *decemviri litibus
judicandis*, et surtout le *centumvirale judicium*, avec
ses diverses sections, *consilia*. Mais, habituellement
et en règle générale, le *judex* était nommé par le
magistratus pour chaque cas particulier, sur l'accord
des parties, et tiré d'une liste, officiellement dressée
d'avance, de personnes capables de remplir cette
fonction, *in album judicum relati*. Ce *judex*, appelé
aussi quelquefois *arbiter*, était donc une personne

privée qui recevait sa mission du *magistratus*. Ordinairement il était unique, *unus judex ;* cependant on
pouvait exceptionnellement nommer plusieurs *judices :* tels étaient les *recuperatores*.

La partie de la procédure qui, de cette manière,
se passait devant le magistrat lui-même, formait ce
qu'on appelait *jus*. La partie qui était dévolue au
juge formait le *judicium*.

Quand, par exception, *extra ordinem*, il n'était
pas nommé de juge, mais que le magistrat lui-même
connaissait, examinait, décidait tout, la procédure
s'appelait alors *extraordinarium judicium*, *extraordinaria cognitio*.

Dans le cours des temps, la nomination d'un
judex devint de plus en plus rare, la procédure
extra ordinem, devant le *magistratus*, de plus en
plus fréquente, jusqu'à ce qu'enfin, à une époque
qu'il n'est pas possible de bien préciser, qui arriva
probablement sous Dioclétien ou bientôt après, mais
qui, dans tous les cas, est de beaucoup antérieure à
Justinien, l'*ordo judiciorum privatorum* disparut
complétement, et tous les *judicia* devinrent ainsi
extraordinaria.

Les deux plaideurs, le demandeur et le défendeur,
avaient à exposer leurs prétentions devant le *magistratus* et le *judex*, par conséquent partie *in
jure*, partie *in judicio*, en les invoquant à l'appui
de leurs droits : *orare, perorare, postulare*. Dans
l'origine, cet exposé devait nécessairement, excepté
dans un petit nombre de cas, être fait par les parties
en personne, ce qui se rattachait à la forme particulière de la procédure la plus ancienne. Mais plus tard
on admit en justice des représentants, sous divers
noms et avec divers pouvoirs, *cognitores, defenso-
res, assertores, procuratores*.

De ordine et veteri exitu interdictorum supervacuum est hodie dicere. Nam quoties extra ordinem jus dicitur, *qualia sunt hodie omnia judicia*, non est necesse reddi interdictum. § 8, I., IV, 15, *De interdict.*

§ 53.

Ouverture et introduction du procès.

Gai., *Comm.*, lib. IV.
Inst., lib. IV, tit. 6, *De actionibus.*
Dig., lib. XLIV, tit. 7, *De obligationibus et actionibus.*
Cod., lib. IV, tit. 10, *De oblig. et act.*

Dès les temps les plus reculés, le procès s'ouvrait par la présentation de la demande.

Il fallait pour cela la présence des deux parties en personne *in jure*, devant le *magistratus*, et c'était le demandeur qui devait citer le défendeur, par l'acte juridique de l'*in jus vocatio*, à comparaître à cet effet devant la justice. Le demandeur avait à sa disposition divers moyens de contrainte pour donner à sa citation privée la force nécessaire. Cette *in jus vocatio* fut remplacée plus tard, depuis Marc-Aurèle, par la *litis denunciatio*, c'est-à-dire, par une dénonciation formelle de la demande de la part du demandeur au défendeur. Dans le droit de Justinien, c'est le juge lui-même qui, informé de la demande par le dépôt d'une requête, se charge de faire citer le défendeur par ses appariteurs et de prendre les mesures nécessaires pour le faire comparaître.

L'introduction du procès proprement dit, lors de la première comparution des parties devant le *magistratus*, se faisait originairement dans la forme des *legis actiones*, dont on nous nomme cinq espèces : le *sacramentum*, la *judicis postulatio*, la *condictio*, la *manus injectio* et la *pignoris capio*.

C'étaient des formes d'actions exactement calquées sur les termes de la loi, et consistant essentiellement dans des actes et des paroles symboliques, soit des deux parties, du demandeur et du défendeur, soit du magistrat. Leur but était de préciser l'objet du litige, et de préparer, devant le magistrat, l'acheminement du procès au *judicium* proprement dit.

Elles avaient cela de particulier que toute contravention, même la plus légère, à l'une des formes légalement prescrites, entraînait inévitablement la perte du procès.

Cette rigueur exagérée paraît avoir été la cause principale de l'abolition de ces *legis actiones*, qui, sauf quelques cas d'exception, furent supprimées par la *lex Æbutia*, et plus généralement encore par les *leges Juliæ*.

A leur place fut établie une manière plus commode, plus libre, d'introduire le procès, celle qui avait lieu *per formulam*. Dans ce nouveau mode, le demandeur et le défendeur s'expliquaient devant le magistrat sur l'objet du procès, sans être désormais astreints à employer certaines formes légales. Mais, après avoir entendu les parties, le magistrat résumait ce que l'espèce offrait d'essentiel, dans une formule, *formula*. C'était une instruction, plus ou moins précise, une direction pour le *judex*, que celui-ci ne devait pas perdre de vue dans l'examen qui allait suivre, et dont il devait appliquer le principe de droit dans la décision finale.

Quelquefois l'introduction du procès se faisait dans la forme de la *sponsio*. Le magistrat forçait le défendeur à promettre par stipulation de payer au demandeur telle somme déterminée, si l'assertion de celui-ci était vraie. Le demandeur agissait ensuite en vertu de cette *sponsio*, et naturellement gagnait son procès s'il prouvait la condition de la *sponsio*, c'est-à-dire la vérité de sa prétention.

Sous Dioclétien, et plus positivement encore sous les fils de Constantin, la procédure introductive d'instance éprouva un changement complet. La procédure *per formulam* cessa d'être en usage, en ce sens qu'on ne délivra plus une *formula* dans chaque cas particulier. Ce que contenait autrefois la formule était aujourd'hui établi comme règle générale, soit par l'édit du préteur, soit par la pratique des tribunaux.

Actiones, quas in usu veteres habebant, *legis actiones* appellabantur, vel ideo, quod legibus proditæ erant, quia tunc edicta prætoris, quibus complures actiones introductæ sunt, nondum in usu habebantur, vel ideo, quia ipsarum legum verbis accommodatæ erant, et ideo immutabiles proinde atque leges observabantur. Gai., iv, § 11.

Lege autem agebatur modis quinque : sacramento, per judicis postulationem, per condictionem, per manus injectionem, per pignoris capionem. Gai., *ibid.*, § 12.

Sed omnes legis actiones paulatim in odium venerunt. Namque ex nimia subtilitate veterum, qui tunc jura condiderunt, eo res perducta est, ut vel qui minimum errasset, litem perderet. Itaque per legem Æbutiam et duas Julias sublatæ sunt istæ legis actiones effectumque est, ut per *concepta verba*, id est, per *formulas* litigaremus.

Tantum ex duabus causis permissum est, lege agere, cæt. Gai., *ibid.*, § 30 et 31.

Partes autem formularum hæ sunt : *demonstratio, intentio, adjudicatio, condemnatio.*

Demonstratio est ea pars formulæ, quæ præcipue ideo inseritur, ut demonstretur res de qua agitur; veluti : Quod Aulus Agerius Numerio Negidio hominem vendidit; item : Quod A. A. apud N^m N^m hominem deposuit. *Intentio* est ea pars formulæ qua actor desiderium suum concludit; veluti : Si paret N^m N^m A° A° HS XM dare oportere. Item : Si paret hominem ex jure Quiritium Aⁱ Aⁱ esse. *Adjudicatio* est ea pars formulæ qua permittitur judici rem alicui ex litigatoribus adjudicare ; veluti : Quantum adjudicari oportet, judex Titio adjudicato. *Condemnatio* est ea pars formulæ qua judici condemnandi absolvendique potestas permittitur, veluti : Judex N^m N^m A° A° HS XM condemna, si non paret, absolve... Nec tamen istæ omnes partes simul inveniuntur, sed quædam inveniuntur, quædam non inveniuntur. Certe intentio aliquando sola invenitur, sicut in præjudicialibus formulis. Demonstratio autem et adjudicatio et condemnatio nunquam solæ inveniuntur, nihil enim sine intentione vel condemnatione valet demonstratio ; item condemnatio sine demonstratione, vel intentione, vel adjudicatione nullas vires habet. GAI., *ibid.*, § 39-44.

§ 54.

L'action en général.

L'action, *actio*, *judicium*, est la *voie* de droit et de procédure par laquelle l'un des plaideurs, le demandeur, *actor*, ouvre le procès, l'instance judiciaire, en invoquant le secours du juge, à cause d'un droit lésé, et pour obtenir, en règle générale, la *condamnation* [1] de son adversaire, le défendeur, *reus*. Le mot *actiones*, qui désignait originairement les *formules* de procédure et d'action, a été appliqué, plus tard, aux actions elles-mêmes, considérées comme *voies* de droit et de procédure. Toutefois, le mot *actio* désigne souvent aussi le *droit* d'action et l'exercice de ce droit. Par la désignation plus précise qui y est ajoutée, l'action se distingue des autres manières de procéder, qui sont aussi, quelquefois, dans un sens large, comprises sous le nom d'*actiones*.

Pour qu'une action soit fondée, c'est-à-dire pour qu'elle puisse être intentée avec succès dans un cas particulier, il faut non-seulement que le demandeur

---

[1] Les actions préjudicielles font exception. Voy. § 56, à la fin.

ait un droit actuellement efficace et exigible par voie d'action, mais encore que ce droit ait été violé, troublé de quelque manière, et précisément par celui contre qui l'action est dirigée.

En ce qui concerne la forme, l'action, dans le dernier état du droit romain, devait régulièrement être rédigée par écrit; et ce *libellus conventionis* était adressé par le demandeur au juge, qui en donnait, par ses sergents ou appariteurs, *executores*, communication au défendeur, et l'invitait à y répondre.

Actio... nihil aliud est, quam jus persequendi in judicio, quod sibi debetur. Pr., I., iv, 6, *De action.*

Agere etiam is videtur, qui exceptione utitur, nam reus in exceptione actor est. Ulpianus, fr. 1, D., xliv, 1, *De except.*

Actionis verbo non continetur exceptio. Paulus, fr. 8, § 1, D., l, 16, *De verb. sign.*

§ 55.

Division des actions en réelles et personnelles.

Malgré ces conditions qui leur sont communes, les actions peuvent être de genres fort différents. Des diverses divisions qui en résultent, nous ne devons signaler ici que celles qui ont un caractère général et dont l'explication ne trouverait pas plus convenablement sa place dans une autre partie du système, notamment dans celle qui est consacrée aux obligations, avec lesquelles les actions ont une intime connexité.

La division des actions la plus importante et la plus tranchée, celle par laquelle on les distingue en actions *réelles* et actions *personnelles*, coïncide avec la division que nous avons donnée ci-dessus (§ 48) des droits, d'après leur étendue.

En effet, si les droits que protége l'action sont des droits absolus, qui doivent être reconnus par tous, et auxquels, par conséquent, tous peuvent porter atteinte, l'action qui en résulte est telle qu'elle peut être intentée contre le violateur quel qu'il soit.

Elle s'appelait autrefois, tantôt *vindicatio*, tantôt *petitio,* suivant qu'elle était introduite sous telle ou telle forme; mais ces expressions sont devenues ensuite synonymes. La dénomination générale plus moderne est celle d'*actio in rem, action réelle.*

On appelle par opposition *actio in personam*, ou *personalis, action personnelle*, l'action que le créancier a en vertu de l'obligation, action qui, comme l'obligation elle-même, n'est dirigée que contre une personne déterminée, le débiteur.

Originairement ces actions portaient seules et par préférence le nom d'*actiones*, par opposition aux actions réelles, aux *petitiones;* et ces deux genres d'actions constituaient les deux formes fondamentales de l'*ordo judiciorum privatorum*, car, lorsque le magistrat connaissait d'une affaire *extra ordinem*, la poursuite ne s'appelait ni *actio*, ni *petitio*, mais *persecutio.* Mais, dans le droit romain nouveau, le nom d'*actio* a été appliqué généralement à toutes les actions.

Depuis l'abolition des *legis actiones*, on emploie aussi, dans un certain sens, comme synonyme d'*actio in personam*, le terme de *condictio;* mais ce mot avait originairement une signification beaucoup plus spéciale, et désignait seulement certaines actions personnelles, qui étaient introduites par une sommation, *denunciatio*, et constituaient une procédure particulière, la *legis actio per condictionem.*

Enfin les interdits, *interdicta*, forment encore une

espèce particulière d'actions personnelles. Dans l'origine, on appelait ainsi, non pas certaines actions elles-mêmes, mais certains ordres, impératifs ou prohibitifs, que le magistrat émettait dans une forme déterminée, *conceptiones verborum, quibus prætor aut jubebat aliquid fieri, aut fieri prohibebat*. Dans un sens encore plus spécial, le nom d'*interdicta* était borné aux défenses du magistrat, tandis que ses commandements s'appelaient *decreta*.

Le préteur rendait ces interdits, dans certaines circonstances, sur la requête de celui qui y avait intérêt, et sans nomination préalable d'un juge, surtout dans les cas où il importait de rétablir promptement le bon ordre, ou un état de fait, notamment la possession. C'était seulement quand celui à qui l'ordre ou la défense était adressé directement ne s'y conformait pas, qu'on arrivait à la nomination d'un juge et à un procès véritable, qui prenait alors une direction particulière et singulièrement rigoureuse.

Dans un sens dérivé, qui s'est introduit plus tard, et qui prévaut dans le droit romain le plus nouveau, on appelle *interdictum* la demande même que fait la partie intéressée pour obtenir du magistrat un ordre semblable, et conséquemment les interdits forment dès lors une espèce particulière d'actions.

Les interdits se divisent, d'après l'objet spécial sur lequel porte l'ordre du magistrat, en *prohibitoria, restitutoria* et *exhibitoria interdicta*.

Omnium autem actionum, quibus inter aliquos apud judices arbitrosve de quacunque re quæritur, *summa divisio* in duo genera deducitur. Aut enim *in rem* sunt, aut *in personam*. Nam agit unusquisque aut cum eo, qui ei obligatus est vel ex contractu, vel ex maleficio : quo casu proditæ sunt *actiones in personam*, per quas intendit, adversarium ei dare, aut facere oportere, et aliis quibusdam modis. Aut cum eo agit, qui nullo jure ei obligatus est, movet tamen de aliqua re controversiam : quo casu proditæ *actiones in rem* sunt. § 1, I., IV, 1, *De act.*

Appellamus autem in rem quidem actiones *vindicationes,* in personam vero actiones, quibus dare facere oportere intenditur, *condictiones. Condicere* est enim *denuntiare,* prisca lingua. Nunc vero abusive dicimus, condictionem actionem in personam esse, qua actor intendit, dari sibi oportere; nulla enim hoc tempore eo nomine denuntiatio fit. § 15, I., *ibid.* Conf. GAI., IV, § 1-5.

Actio in personam infertur, petitio in rem, persecutio in rem, vel in personam. PAPINIANUS, fr. 28, D., XLIV, 7, *De oblig. et act.*

Sequitur, ut dispiciamus de interdictis, seu actionibus, quæ pro his exercentur. Erant autem interdicta formæ atque conceptiones verborum, quibus prætor aut jubebat aliquid fieri, aut fieri prohibebat. Quod tunc maxime faciebat, quum de possessione aut quasi possessione inter aliquos contendebatur. Pr., I., IV, 15, *De interd.* Conf. GAI., IV, § 139.

Vocantur autem *decreta* quum fieri aliquid jubet (prætor), veluti quum præcipit ut aliquid exhibeatur, aut restituatur, *interdicta* vero, quum prohibet fieri.... Unde interdicta aut restitutoria, aut exhibitoria, aut prohibitoria vocantur. GAI., IV, § 139.

§ 56.

Autres divisions des actions.

1° Selon les sources du droit auxquelles les actions doivent leur naissance, elles sont ou *actiones civiles,* ou *actiones honorariæ,* et ces dernières sont ou *prætoriæ* ou *ædilitiæ.*

2° Suivant qu'elles restent conformes à leur destination originaire, ou qu'elles ont été plus tard étendues à d'autres cas, elles s'appellent *directæ actiones,* ou *utiles actiones.* Quand ces dernières reposent sur une fiction, elles s'appellent *fictitiæ,* sans que cependant la notion des *fictitiæ actiones* soit limitée aux *utiles actiones.*

3° La division des actions en *bonæ fidei judicia* et

stricta ou *stricti juris judicia* se rattachait intimement à l'antique *ordo judiciorum privatorum* et à l'introduction du procès *per formulam*. En effet, lorsque, dans la *formula*, dans l'instruction que le *magistratus* délivrait au *judex*, il se trouvait une expression qui donnait pouvoir au juge de déterminer *ex æquo et bono, quantum actori præstari debeat*, par exemple, l'expression *ex bona fide*, ou *quantum æquius melius*, l'action s'appelait *bonæ fidei judicium*. Le juge était par là autorisé à avoir égard, dans le jugement du cas qui lui était soumis, non-seulement aux circonstances nominativement et spécialement indiquées dans la formule, mais encore à d'autres circonstances ressortant de l'examen des faits et qui pouvaient donner à l'affaire une autre tournure. C'était dès lors pour lui un devoir de balancer, *ex æquo et bono*, avant de condamner le défendeur, les prétentions et contre-prétentions des parties, considérées ici comme inséparables, de les compenser les unes par les autres, de manière que l'étendue de la prestation originairement due et réclamée, en vertu de l'obligation, s'en trouvait diminuée. Cela n'avait jamais lieu dans les actions fondées sur des obligations purement unilatérales de leur nature, mais seulement dans celles qui reposaient sur des rapports obligatoires de nature à produire ordinairement des prétentions réciproques. Par opposition, on appelait *stricta* ou *stricti juris judicia* les actions qui ne présentaient pas cette particularité, où, au contraire, l'instruction donnée au juge lui prescrivait, d'une manière précise, la somme à laquelle il devait condamner le défendeur, s'il était reconnu débiteur.

4.° La division des actions en *arbitrariæ actiones* et en actions qui ne sont point *arbitrariæ* se rattache

à des considérations analogues; seulement il y a
cette différence importante que cette dernière division n'est pas bornée aux actions personnelles, mais
embrasse aussi les actions *in rem*. Quelquefois, en
effet, une rédaction particulière de la formule au-
torisait le juge à déterminer par son *arbitrium*, à
arbitrer *quemadmodum actori satisfieri oporteat*.
L'action s'appelait *arbitraria*, et le juge, au lieu
de condamner, suivant l'usage, le défendeur à une
somme déterminée, aussitôt qu'il l'avait reconnu
débiteur, pouvait, par un prononcé préalable, *arbitrium, jussus, interlocutio*, lui ouvrir une autre issue
par laquelle, en effectuant une autre espèce de
prestation avant la *sententia* proprement dite, et en
satisfaisant ainsi le demandeur, il pouvait échapper
à la condamnation formelle, condamnation qui entraînait souvent, pour le condamné, plusieurs inconvénients particuliers, par exemple, l'infamie. Mais,
si le défendeur ne se conformait pas volontairement
à cet *arbitrium*, il était inévitablement condamné
dans la *sententia*, et souvent même plus rigoureusement, par exemple, au double.

5° Une division découlant directement de la rédaction de la formule est celle qui distingue les actions en *actiones in jus conceptæ* et *actiones in factum
conceptæ*. En effet, si le demandeur fondait sa prétention, exprimée par l'*intentio*, sur le *jus civile* rigoureux, cette *intentio* s'appelait *intentio juris civilis*,
et l'action dont elle était la base, *actio in jus concepta*. Les actions nouvelles introduites par le préteur ne pouvaient avoir une semblable *formula in
jus concepta* qu'au moyen d'une fiction; mais le préteur donnait aussi quelquefois une action sans *intentio juris civilis*, au moyen d'une *formula in factum concepta*. L'action ainsi donnée s'appelait aussi

elle-même *in factum concepta actio*. Le *judex* recevait alors du préteur la mission de rechercher seulement si certains faits allégués par le demandeur étaient vrais, et, selon le résultat de cette recherche, de condamner ou d'absoudre le défenseur. La même demande pouvait revêtir soit l'une, soit l'autre de ces deux formes, et donner lieu, tantôt à une *actio in jus concepta*, tantôt à une *actio in factum concepta*.

Il ne faut point confondre avec cette notion des *actiones in factum conceptæ* la notion bien plus compréhensive des *actiones in factum*. En général, celles-ci sont l'opposé des *actiones vulgares*, ou *judicia prodita*. On entendait par ces dernières expressions des actions qui étaient insérées dans l'édit du préteur avec des formules indépendantes, déterminées et permanentes. Au contraire, les actions dites *in factum actiones* n'avaient pas de formules fixes et permanentes; mais pour chaque cas concret qui se présentait, la formule était rédigée d'après les circonstances propres de l'espèce, et par conséquent d'une manière très-variée. Par là il devenait possible au préteur de garantir, pour chaque nouveau rapport et besoin juridique qui surgirait, une action appropriée, toutes les fois qu'il le jugerait nécessaire. Les *actiones præscriptis verbis* n'étaient qu'une espèce particulière de ces *in factum actiones*.

6° Quelques actions ont cela de spécial, qu'elles n'ont pas directement pour but la condamnation du défendeur, comme c'est la règle ordinaire; elles tendent uniquement à faire décider par le juge un point douteux, qui est propre à influer, comme question préalable, sur la décision future d'un autre procès, en la préjugeant, et doit par conséquent aplanir la voie à ce procès : *quæ præjudicium faciunt aliis actionibus*. De là le nom d'*actiones præjudiciales*, ou de *præjudicia*, par opposition aux *actiones* ordinaires ou *judicia* proprement dits.

Omnes autem actiones aut civiles dicuntur, aut honorariæ. ULPIANUS, fr. 25, § 2, D., XLIV, 7, *De oblig. et act.*

Actionum autem quædam bonæ fidei sunt, quædam stricti juris. Bonæ fidei sunt hæ : cæt.

In bonæ fidei judiciis libera potestas permitti videtur judici, ex bono et æquo æstimandi, *quantum* actori restitui debeat. In quo et illud continetur, ut, si quid invicem præstare actorem oporteat, eo compensato, in reliqu.u n is, cum quo actum est, debeat condemnari. Sed et in stricti juris judiciis ex rescripto Divi Marci, opposita doli mali exceptione, compensatio inducebatur. § 28 et 30, I., IV, 6, *De act.* Conf. GAI., IV, § 61.

In his (bonæ fidei judiciis) quidem judici nullo modo est injunctum, compensationis rationem habere; neque.enim formulæ verbis præcipitur. Sed, quia id bonæ fidei judicio conveniens videtur, id officio ejus contineri creditur. GAI., IV, § 63.

Præterea quasdam actiones arbitrarias, id est ex arbitrio judicis pendentes appellamus, in quibus, nisi arbitrio judicis is, cum quo agitur, actori satisfaciat, veluti rem restituat, vel exhibeat, vel solvat, vel ex noxali causa servum dedat, condemnari debeat. . . . In his enim actionibus et cæteris similibus permittitur judici, ex bono et æquo, secundum cujusque rei, de qua actum est, naturam, æstimare, *quemadmodum* actori satisfieri oporteat. § 31, I., IV, 6, *De action.*

Nonnunquam evenit, ut, cessantibus *judiciis proditis et vulgaribus actionibus*, quum proprium nomen invenire non possumus, facile descendamus ad eas, quæ *in factum* appellantur. PAPINIANUS, fr. 1, pr., D., XIX, 5, *De præscriptis verb.*

Sed eas quidem formulas, in quibus de jure quæritur, *in jus conceptas* vocamus; quales sunt, quibus intendimus, nostrum esse aliquid ex jure Quiritium, aut nobis dari oportere, aut pro fure damnum (decidi oportere), in quibus juris civilis intentio est.

Cæteras vero *in factum conceptas* vocamus, id est, in quibus nulla talis intentionis conceptio est, sed initio formulæ, nominato eo, quod factum est, adjiciuntur ea verba, per quæ judici damnandi absolvendive potestas datur. GAI., IV, § 45 et 46.

§ 57.

La *litis contestatio*.

Cod., lib. iii, tit. 9 , *De litis contestatione.*

Le but de toute la procédure *in jure*, devant le magistrat, était de donner à ce dernier un aperçu de l'état de l'affaire et des points qui avaient de l'importance pour la décision, afin qu'il pût régler, en conséquence, la procédure introductive. Les deux parties, le demandeur et le défendeur, devaient donc comparaître devant le magistrat, pour s'expliquer sur leurs prétentions et contre-prétentions, en tant que relatives au procès actuel. Ces explications données, et le.point litigieux ainsi fixé, le magistrat délivrait la formule, instruction adressée au juge. Par là s'opérait le passage du *jus* au *judicium*, et l'on disait alors : *lis ordinata est, judicium ordinatum est.* L'acte final du *jus* était la *litis contestatio*, qui était précisément destinée à marquer d'une manière tranchée et solennelle ce passage du *jus* au *judicium*. Elle consistait originairement en ce que les deux parties appelaient solennellement des témoins pour les actes qui viennent d'être décrits : de là cette dénomination.

Même après que l'*ordo judiciorum privatorum* eut cessé, la *litis contestatio* subsista néanmoins comme une phase importante dans la procédure civile. C'est le moment où le défendeur, répondant, devant le juge, au nouvel exposé que le demandeur lui fait oralement de sa prétention, allègue les moyens qu'il croit devoir lui opposer. Cet instant de la *litis contestatio* mérite de fixer l'attention, comme étant, à proprement parler, le commencement du procès, *lis inchoata,* par lequel *res* ou *lis in judicium dedu-cebatur.* Il s'y rattachait divers effets particuliers et de rigoureuses obligations pour les parties, qui par là se soumettaient au procès, *judicium accipiebant.* Ainsi la litiscontestation entraînait pour le deman-deur extinction de son droit d'agir, *consumptio ac-tionis;* car il ne pouvait plus désormais intenter la même action, attendu qu'il l'avait définitivement fait dépendre de l'issue du procès actuel. Elle en-traînait pour le défendeur l'obligation de se sou-mettre absolument à l'événement du procès, dût-il se terminer par la condamnation.

Contestari est, quum uterque reus dicit : *testes estote. Contestari litem* dicuntur duo aut plures adversarii, quod, *ordinato judicio,* utraque pars dicere solet : *testes estote.* FESTUS, v. *Contestari.*

Res in judicium deducta non videtur, si tantum postulatio simplex celebrata sit, vel actionis species ante judicium reo co-gnita. Inter litem enim contestatam et editam actionem multum interest.

Lis enim tum contestata videtur, quum judex per narrationem negotii causam audire cœperit. SEVER. et ANTONIN., c. un., C., III, 9, *De litis cont.*

Qua de re semel actum erat, de ea postea ipso jure agi non po-terat. GAI., IV, § 108.

§ 58.

La preuve.

Dig., lib. XXII, tit. 3, *De probationibus et præsumptionibus.*
Cod., lib. IV, tit. 19, *De probationibus.*

La principale tâche du juge, dans cette partie de la procédure qui forme le *judicium,* consiste, d'après ce qui vient d'être dit, à se livrer, en vue de la *sen-tentia,* qu'il doit rendre, à l'examen du point de fait que présente le procès, et à se laisser juridiquement convaincre de la vérité des circonstances exposées par les parties, en tant qu'elles ont quelque importance pour la décision à intervenir. C'est l'affaire des parties de procurer au juge cette conviction, de prouver, *probare*. Cette preuve se fait par la production d'*instrumenta* ou *documenta*, ce qui comprend particulièrement les titres écrits, les témoins et le serment. Le fait qui ne peut pas être prouvé n'est point pris en considération lors du jugement du procès; il est juridiquement, pour le juge, comme s'il n'existait pas.

C'est un principe général qu'une partie qui allègue un fait déterminé, pour en déduire des droits ou d'autres résultats favorables à sa cause, doit prouver ce fait.

Cependant une semblable *probatio* n'est nécessaire que si le fait en question n'a pas été avoué en justice, *in jure*, par l'adversaire lui-même (*confessio in jure*), ou n'est point de telle nature, qu'il n'ait pas besoin de preuve spéciale.

Ce dernier cas se présente notamment pour certains faits qui sont *présumés* en vertu de quelque disposition générale de la loi, de telle sorte qu'ils sont réputés vrais et prouvés en faveur de celui qui les invoque, jusqu'à ce que l'adversaire démontre qu'ils ne sont pas vrais dans le cas présent (*in concreto*): c'est ce qu'on appelle *présomptions légales* (*præsumptiones juris*). Quelquefois, mais pas toujours, la faculté de prouver le contraire est légalement interdite d'avance.

Au reste, il ne faut pas confondre, avec ces *præsumptiones juris*, les *fictiones juris* proprement dites, qui reposent non sur une vérité présumée, mais sur une supposition arbitraire de la loi, souvent directement contraire à la vérité.

Instrumentorum nomine ea omnia accipienda sunt, quibus causa instrui potest, et ideo tam testimonia, quam personæ, instrumentorum loco habentur. PAULUS, fr. 1, D., XXII, 4, *De fide instrumentorum*.

§ 59.

Les exceptions; l'*exceptio* ou *præscriptio temporis* en particulier.

GAI., *Comm.*, lib. IV, § 115-126.
Inst., lib. IV, tit. 13, *De exceptionibus*.
Dig., lib. XLIV, tit. 1, *De exceptionibus, præscriptionibus et præjudiciis.*
Cod., lib. VIII, tit. 36, *De exceptionibus seu præscriptionibus.*
Inst., lib. IV, tit. 12, *De perpetuis et temporalibus actionibus.*
Cod., lib. VII, tit. 39, *De præscriptione XXX vel XL annorum.*

La manière dont le défendeur s'explique et répond à la demande formée contre lui détermine, en grande partie, la marche ultérieure de la procédure.

Car, s'il contredit les faits sur lesquels la demande est fondée, le demandeur doit, conformément au principe ci-dessus posé, entreprendre la preuve du fondement de sa demande, s'il ne veut pas en être débouté.

Si le défendeur avoue devant le magistrat, *in jure*, les faits qui sont la base de la demande, sans rien alléguer d'ailleurs pour sa défense, non-seulement il est regardé comme acquiesçant à la demande, mais même il est tenu comme condamné dès ce moment : *confessus in jure habetur pro judicato*.

Enfin, si le défendeur convient, en général, du fondement de la demande, mais en invoquant certaines circonstances, certains faits, qui, s'ils sont vrais, paralysent en tout ou en partie, par des motifs d'équité, la demande fondée d'ailleurs en droit rigoureûx, et protégent ainsi le défendeur contre la condamnation qui le menace, il y a lieu alors à ce qu'on appelle *exception, præscriptio, exceptio*, dans le sens strict du mot. Dans le dernier état du droit romain, l'expression *præscriptio* a tout à fait la même signification, quoique originairement elle désignât une modification particulière de l'*exceptio*.

Ces *exceptiones* ne furent, du reste, introduites qu'avec le *litigare per formulam*. Il n'était permis au *judex* d'avoir égard à un pareil moyen, dans l'examen et la décision de l'affaire, que lorsque le magistrat lui avait enjoint expressément, dans la formule, de le prendre en considération, comme un cas exceptionnel où il ne devait pas condamner le défendeur. Cependant cela souffrait une modification très-générale à l'égard de tous les *bonæ fidei judicia;* car il résultait de leur nature et de l'*intentio* même de la formule, que le juge devait, *ex æquo et bono*, avoir égard à toutes les exceptions, qui, d'après leur teneur, revenaient à dire que le demandeur avait agi ou agissait aujourd'hui *contra bonam fidem*, qu'il devait y avoir égard, dis-je, quand même elles n'avaient pas été insérées expressément dans la formule : *bonæ fidei judiciis exceptiones insunt.*

Après l'abolition de la procédure formulaire, il ne pouvait plus être question d'insérer l'exception dans la formule; cependant il fallait, en règle générale, que le défendeur l'opposât au moment où il répondait à la demande, à moins que cette exception ne se sous-entendît d'elle-même.

On peut imaginer autant d'exceptions qu'il y a, en général, de faits propres à établir que le défendeur, bien que la demande intentée contre lui soit rigoureusement fondée en droit, ne peut pas être condamné sans injustice. Ces faits peuvent être tels qu'ils rendent pour toujours impossible la condamnation du défendeur, et anéantissent ainsi entièrement le droit d'agir, *exceptiones perpetuæ*, ou *peremptoriæ;* ou seulement tels qu'ils rendent la condamnation impossible pour un temps;, et, par conséquent, ne font que suspendre, dans son exercice, le droit d'agir[1], à le différer jusqu'à la cessation d'un obstacle temporaire, *exceptiones temporales*, ou *dilatoriæ*. Mais le défendeur a toujours à prouver la vérité du fait sur lequel l'exception est fondée.

Une exception très-générale par sa nature est celle qui est tirée du laps d'un certain temps, *exceptio* ou *præscriptio temporis*. Autrefois, régulièrement, sauf certains cas déterminés, les actions avaient une durée indéfinie, *perpetuo competebant.* Mais les empereurs Honorius et Théodose ordonnèrent que toutes les actions qui n'avaient pas été jusque-là limitées à un délai plus court ne dureraient que trente ans, et conserveraient le nom d'*actiones perpetuæ* dans ce nouveau sens. Celui qui intente l'action après l'expiration de ce délai s'expose à ce que le défendeur invoque l'*exceptio* ou *præscriptio triginta annorum,* ce que nous appelons la *prescription*, et se fasse ainsi renvoyer de la demande.

Actore enim non probante, qui convenitur, etsi nihil ipse præstat, obtinebit. Antonin., c. 4, C., ii, 1, *De edendo.*

Confessus pro judicato est, qui quodammodo sua sententia damnatur. Paul., fr. 1, D., xlii, 2, *De confessis.*

Comparatæ sunt exceptiones defendendorum eorum gratia, cum quibus agitur. Sæpe enim accidit, ut, licet ipsa persecutio,

---

[1] Observez cependant que, si le demandeur à qui cette exception est opposée, ne s'arrête pas et laisse juger l'affaire, l'absolution qui aura lieu mettra obstacle au renouvellement de l'action, soit *ipso jure,* soit *per exceptionem rei judicatæ.*   (*Note du traducteur.*)

qua actor experitur, justa sit, tamen iniqua sit adversus eum,
cum quo agitur.

Verbi gratia, si metu coactus, aut dolo inductus, aut errore
lapsus stipulanti Titio promisisti, quod non debueras, palam est,
jure civili te obligatum esse, et actio, qua intenditur, dare te
oportere, efficax est. Sed iniquum est, te condemnari, ideoque
datur tibi exceptio, metus causa, aut doli mali, aut in factum
composita, ad impugnandam actionem. *Pr.* et § 1, I., ıv, 13,
De except.

Appellantur autem exceptiones aliæ perpetuæ et peremtoriæ,
aliæ temporales et dilatoriæ. Perpetuæ et peremtoriæ sunt, quæ
semper agentibus obstant, et semper rem, de qua agitur, *peri-*
munt; qualis est exceptio doli mali, et quod metus causa factum
est, et pacti conventi, cum ita convenerit, ne omnino pecunia
peteretur. Temporales atque dilatoriæ sunt, quæ ad tempus no-
cent et temporis *dilationem* tribuunt; qualis est pacti conventi,
cum convenerit, ne intra certum tempus ageretur, veluti intra
quinquennium. § 9 et 10, I., *eod.*

Hoc loco admonendi sumus, eas quidem actiones, quæ ex lege,
senatusve consulto, sive ex sacris constitutionibus proficiscuntur,
perpetuo solere antiquitus competere, donec sacræ constitutiones
tam in rem, quam in personam actionibus certos fines dederunt,
eas vero, quæ ex propria prætoris jurisdictione pendent, plerumque intra annum vivere; nam et ipsius prætoris intra annum
erat imperium. *Pr.*, I., ıv, 12, *De perpet. et temp. act.*

Hæ autem actiones annis triginta continuis extinguuntur, quæ
perpetuæ videbantur, non illæ, quæ antiquis temporibus limita-
bantur. HONOR. et THEODOS., c. 3, C., VII, 39, *De præscr. X X X*
vel XL ann.

§ 60.

Répliques et dupliques.

GAI., *Comm.*, lib. ıv, § 126, *seq.*
Inst., lib. ıv, tit. 14, *De replicationibus.*

De même que le défendeur oppose à l'*actio* une
exceptio, de même le demandeur peut, de son côté,
opposer à l'*exceptio* une *replicatio*, et le défendeur,
à son tour, opposer à celle-ci une *duplicatio ;* cela

peut même être poussé plus loin, quand les faits du procès le comportent. Le même rapport existe de la *replicatio* à l'*exceptio*, et de la *duplicatio* à la *replicatio*, que de l'*exceptio* à l'*actio*.

Interdum evenit, ut exceptio, quæ prima facie justa videatur, inique noceat. Quod quum accidit, alia allegatione opus est, adjuvandi actoris gratia, quæ replicatio vocatur, quia per eam replicatur atque resolvitur vis exceptionis.

Rursus interdum evenit, ut replicatio, quæ prima facie justa sit, inique noceat. Quod quum accidit, alia allegatione opus est, adjuvandi rei gratia, quæ duplicatio vocatur. Et, si rursus ea prima facie justa videatur, sed propter aliquam causam inique actori noceat, rursus allegatione alia opus est, qua actor adjuvetur, quæ dicitur triplicatio. Quarum omnium *exceptionum* usum interdum ulterius, quam diximus, varietas negotiorum introducit. *Pr.*, § 3, I., IV, 14, *De replicat.*

Replicationes nihil aliud sunt, quam exceptiones et a parte actoris veniunt; quæ quidem ideo necessariæ sunt, ut exceptiones excludant. ULPIANUS, fr. 2, § 1, D., XLIV, 1, *De except.*

§ 61.

Terminaison du procès par la *sententia*, et *res judicata*.

Dig., lib. XLII, tit. 1, *De re judicata et de effectu sententiarum.*

La terminaison de l'instance judiciaire, du *judicium*, est le jugement, la *sententia*. Par cette sentence le *judex* (sauf dans le cas des actions préjudicielles mentionnées ci-dessus, § 56) doit, suivant les circonstances, ou condamner, *condemnare*, le défendeur s'il trouve qu'il a tort, ou, si les conditions de la condamnation manquent, l'absoudre, *absolvere*, en déboutant le demandeur de sa demande. Le juge, en rendant son jugement, était toujours lié par la formule que lui avait délivrée le magistrat; mais ici se montrait une différence dans ses pou-

12

voirs, selon que la formule était conçue d'une manière plus ou moins étroite et rigoureuse.

Anciennement[1] toute condamnation avait nécessairement pour objet le payement d'une somme d'argent, et c'est seulement dans le dernier état du droit romain, qu'il a été permis de condamner à une autre prestation.

Dans l'origine, il résultait de toute *sententia*, aussitôt qu'elle était publiquement prononcée, une chose jugée, *res judicata*, c'est-à-dire que la chose était jugée pour toujours, et que la teneur de la sentence valait dorénavant comme une vérité immuable, mais seulement entre les personnes qui avaient été parties au procès. On ne pouvait empêcher l'effet de la sentence que d'une manière indirecte, en engageant un tribun, *tribunus plebis*, ou quelque haut magistrat, *magistratus populi romani*, à s'y opposer à temps par son *veto*. C'était là *appellare (magistratum)*, dans le sens primitif. Mais, sous le régime impérial, il s'établit, à côté de cette *appellatio*, une nouvelle institution, la *provocatio*, formant un second degré d'instance régulière, et consistant en ce qu'une partie qui se croyait injustement lésée par une *sententia* pouvait invoquer le secours d'un juge supérieur, qui devait alors examiner de nouveau le premier jugement, et, selon les circonstances, soit le maintenir, le confirmer, soit le changer, le réformer. Quand l'*appellatio* originaire disparut entièrement, on appliqua à cette *provocatio* le nom d'*appellatio*. En conséquence, dans le nouveau droit romain, une *sententia* ne vaut comme *res judicata*, comme juge-

---

[1] Cela n'est pas tout à fait exact : Gaius, IV, 48, parle d'une époque plus ancienne, où le juge condamnait à la chose même, et non à l'estimation pécuniaire de la chose.　　　　(*Note du traducteur.*)

ment irréfragable, que quand, dans les circonstances actuelles, un appel n'est plus admissible, pour quelque cause que ce soit.

Une sentence de condamnation ayant force de chose jugée, oblige le défendeur condamné à *judicatum facere*, et le demandeur obtient par là contre lui un nouveau droit d'obligation qui découle immédiatement de la *res judicata*. Le demandeur a, pour l'accomplissement de cette obligation, l'*actio judicati;* et il peut, à cet effet, exiger la *mise à exécution* de la sentence. Toutefois, il doit s'adresser pour cela au *magistratus* lui-même, et non au *judex*. Dans l'origine, les moyens d'exécution ne consistaient tous qu'en une contrainte indirecte contre le condamné et n'étaient dirigés que sur la personne ; car toute voie d'exécution qui aurait porté directement sur les biens des parties, qui leur en aurait enlevé de force la possession, était contraire, d'après le point de vue des Romains, à l'essence de la procédure purement civile. Les moyens d'exécution dirigés sur la personne étaient très-rigoureux et pouvaient aller jusqu'à réduire le condamné en esclavage. C'est seulement dans le dernier état du droit romain qu'on s'écarte de ce principe et qu'on accorde, soit des moyens d'exécution portant sur les biens, soit une contrainte directe pour l'exécution du *judicatum*. Les moyens d'exécution étaient la *manus injectio*, la *pignoris capio*, plus tard la *missio in possessionem*. (Voy. ci-après, § 64).

Res judicata dicitur, quæ finem controversiarum pronunciatione judicis accepit; quod vel condemnatione , vel absolutione contingit. MODESTINUS, fr. 1, D., XLII, 1, *De re jud.*

Tollitur adhuc obligatio litis contestatione, si modo legitimo judicio fuerit actum. Nam tunc obligatio quidem principalis dissolvitur, incipit autem teneri reus litis contestatione; sed si

condemnatus sit, sublata litis contestatione, incipit ex causa judicati teneri. GAI., IV, § 180.

Res judicata pro veritate accipitur. ULPIAN., fr. 207, D., L,
17, *De reg. jur.*

Sæpe constitutum est, res inter alios judicatas aliis non præ-
judicare. MACER., fr. 63, D., XLII, 1, *De re jud.*

§ 62.

Terminaison du procès sans *sententia*.

En général le procès ne se terminait régulièrement que par la *sententia* et la *res judicata*. Cependant il avait quelquefois, et dès les temps les plus
reculés, une autre issue.

En effet, si le défendeur avait tout simplement
avoué *in jure* le fondement de la demande, il n'était
plus besoin d'une sentence de condamnation pour
tont ce qui était compris dans cette *confessio in jure*.
Le défendeur était dès lors considéré comme valablement et irrévocablement condamné, *pro condem-
nato*, et était traité en conséquence.

En outre, d'après l'ancien droit romain, le procès
une fois intenté s'éteignait entièrement de lui-même
par un laps de temps déterminé. Cette péremption
de la procédure ne doit point être confondue avec
la prescription extinctive de l'action, qui a été mentionnée ci-dessus. Sous le rapport qui nous occupe,
tous les procès se divisaient en *legitima judicia, quæ
legitimo jure consistunt*, et en *judicia quæ imperio
continentur*. Les premiers, c'est-à-dire ceux qui
étaient engagés à Rome même, ou *intra primum
milliarium*, entre citoyens romains, devant un seul
judex, ne devaient jamais, d'après la *lex Julia judiciaria*, durer plus d'un an et six mois. En conséquence, ils s'éteignaient d'eux-mêmes quand ils n'é-

taient pas jugés dans ce délai. On disait de tous les autres procès que *imperio continentur*, et ils s'éteignaient dès que le *magistratus* qui avait donné le *judex*, perdait l'*imperium* avant que la sentence eût été rendue par le juge. Cette péremption d'instance a complétement disparu dans le nouveau droit romain.

§ 63.

Les cautions.

GAI., IV, § 88-102.
Inst., lib. IV, tit. 11, *De satisdationibus*.
Dig., lib. II, tit. 8, *Qui satisdare cogantur, etc.*
Cod., lib. II, tit. 57, *De satisdando*.

Parmi les divers moyens offerts par le droit romain pour assurer les droits, moyens qui se lient intimement à la procédure, il faut mentionner spécialement ici les *cautiones*, la *missio in possessionem* et la *restitutio*.

Nous pouvons, en effet, suivant les circonstances, exiger de celui contre qui nous avons déjà un droit ou l'attente fondée d'un droit, qu'il nous constitue d'avance une sûreté pour l'accomplissement futur de l'obligation qui correspond à notre droit. Cette sûreté, appelée *cautio*, est toujours donnée par contrat, mais de diverses manières, tantôt par une simple promesse d'exécution future, quelquefois accompagnée de serment, promesse qui nous procure une action là où nous n'en avions auparavant aucune, ou une action plus avantageuse, quand nous en avions déjà une, ou qui, à cause du serment, nous permet de compter plus sûrement sur le payement, tantôt, et c'est le mode le plus efficace, par la dation de répondants qui nous garantissent l'exécution, *satis-*

datio, tantôt enfin par la constitution de gages, que nous pouvons au besoin convertir en argent pour nous payer. Si, quand et comment une prestation de caution peut être exigée dans tel cas particulier, c'est ce qui dépend naturellement des circonstances. Quelques-uns des principaux cas où cette caution est exigée se rattachent à la procédure civile. En effet, par suite du rapport particulier qui existe entre les deux plaideurs, le demandeur peut exiger du défendeur une sûreté, par exemple, caution qu'il payera, en cas de condamnation, le *judicatum*, c'est-à-dire ce à quoi il aura été condamné : *cautio, satisdatio judicatum solvi*. Réciproquement, le défendeur peut aussi quelquefois exiger caution du demandeur.

§ 64.

La *missio in possessionem*.

La *missio in possessionem* servait souvent, comme la prestation d'une caution, à assurer un droit qui ne doit se réaliser que dans l'avenir, *rei servandæ causa*. Mais fréquemment aussi elle était un moyen de contrainte pour briser la résistance opposée aux ordonnances du juge, *contumaciæ coercendæ causa*, et, sous ce rapport, elle a été mentionnée plus haut, § 61, comme moyen d'exécution contre un défendeur condamné. Dans tous les cas, elle présupposait un décret rendu par le magistrat, *cognita causa*, sur la demande particulière de l'intéressé, et autorisant celui dont le droit devait être ainsi garanti à se mettre en possession soit de tous les biens, *missio in bona*, soit, au moins, de certains biens de son adversaire, *missio in rem singularem*. Quoique par là l'envoyé en possession, le *missus*, n'acquît immédiatement, sur les biens compris dans l'envoi, en en prenant réellement possession, qu'un droit de détention et de surveillance, la *missio* atteignait cependant médiatement son but au moyen de quelques autres effets qui y étaient attachés. Au nombre de ces effets, il faut particulièrement compter le gage prétorien que le créancier envoyé en possession obtenait sur les biens de son débiteur, et qui le mettait en position de réaliser ensuite, au besoin, par la vente des objets affectés de ce gage, les droits pour lesquels la *missio in possessionem* avait eu lieu.

§ 65.

La restitution en entier, *in integrum restitutio.*

Dig., lib. IV, tit. 1. *De in integrum restitutionibus.*

Dans certaines circonstances, la restitution en entier, *in integrum restitutio,* offre une voie extraordinaire de droit, une dernière ressource. Elle repose, comme tant d'autres institutions du droit **romain,** sur le contraste du *strictum jus* et de l'*æquitas.*

Il peut, en effet, arriver que, par l'application d'un principe de droit très-juste en général, une personne, dans certaines circonstances particulières, soit lésée d'une manière fort inique, et se trouve dans une position très-fâcheuse. Elle ne peut pas se plaindre de souffrir un tort, une injustice, à proprement parler, car dans le fait on lui a rendu rigoureusement justice. Mais pourtant, dans des cas semblables, il paraît souvent très-désirable qu'il existe un secours juridique pour lever cette contradiction, parfois criante, du *strictum jus* avec l'*æquitas.* A cet effet, le préteur, comme organe de l'*æquitas,* promettait, dans son édit, de venir au secours de celui qui se trouverait ainsi dans l'embarras, en le rétablissant, sur sa demande, dans la position où il était avant l'événement qui a causé la lésion : *prætor in integrum restituit*. Il rescindait les rapports de droit fondés sur le *strictum jus*, en sorte qu'ils étaient considérés comme non avenus.

Mais naturellement le préteur ne promet ce secours extraordinaire, complétement en dehors des voies de droit accoutumées, qu'avec la plus grande circonspection et sous certaines conditions déterminées. Il faut d'abord que la personne qui demande à être restituée ait souffert un véritable préjudice, une *læsio*, par l'événement dont elle désire être relevée. Il faut ensuite qu'elle n'ait pas, sauf quelques exceptions, éprouvé ce dommage par sa propre faute. En outre, il faut qu'il existe, pour chaque cas particulier, un juste motif d'équité en faveur de cette mesure extraordinaire, *justa causa restitutionis*. Enfin, la situation des choses doit être telle que le lésé ne puisse pas recourir à quelque autre voie moins radicale,

Utilitas hujus tituli (de in integrum restitutionibus) non eget commendatione; ipsa enim se ostendit. Nam sub hoc titulo plurifariam prætor hominibus, vel lapsis, vel circumscriptis subvenit, sive metu, sive calliditate, sive ætate, sive absentia inciderunt in captionem, sive per status mutationem, aut justum errorem. ULPIANUS et PAULUS, fr. 1 et 2, D., IV, 1, *De in intreg. restit.*

LIVRE II.

LE DROIT DES PERSONNES, OU THÉORIE DES PERSONNES ET DE LEUR CAPACITÉ DE DROIT.

§ 66.

Notion du droit des personnes, *jus personarum.*

Les droits existent à cause des *personnes*, et ce n'est que là où il y a des *personnes*, dans le sens juridique du mot, qu'il peut être question de droits. L'ordre naturel des idées suffit donc pour amener à placer la théorie des *personnes*, c'est-à-dire des sujets des droits, des porteurs de droits, avant le développement spécial des divers droits qui peuvent appartenir aux personnes. Le nom de *droit des personnes*, appliqué à cette partie du système, se rencontre déjà chez les Romains; du moins on y trouve un *jus quod ad personas pertinet.* Ils entendent par là la théorie de la distinction des hommes d'après leurs différentes positions dans l'état et de la différente capacité de droit qui en résulte.

Omne autem jus, quo utimur, vel ad personas pertinet, vel ad res, vel ad actiones. Ac prius de personis videamus. *Nam parum est, jus nosse, si personæ, quarum causa statutum est, ignorentur.* § 12, I., 1, 2, *De jure nat.*

CHAPITRE PREMIER.

PRINCIPES GÉNÉRAUX SUR LES PERSONNES.

§ 67.

Persona et *status.*

Inst., lib. 1, tit. 16, *De capitis diminutione.*
Dig., lib. IV, tit. 5, *De capite minutis.*

Persona, dans le sens technique de ce mot en jurisprudence, désigne un être qui peut devenir sujet de droits, c'est-à-dire qui est reconnu capable d'avoir des droits, par opposition à *res*, qui désigne un être qui n'est pas capable d'avoir des droits, mais qui est seulement susceptible de devenir l'objet des droits.

Ce n'est pas tout homme, comme tel, qui est, au point de vue romain, capable de droit, *persona*, mais seulement l'homme qui a un état, *status*, c'est-à-dire les qualités particulières qui sont la condition fondamentale, *caput*, de la capacité de droit.

Mais, comme la capacité de droit peut être conçue à un degré supérieur et inférieur, plus parfait ou plus imparfait, on peut aussi imaginer plusieurs états, *status*. Les Romains admettaient trois états, qui sont l'un avec l'autre dans un rapport tel, que l'état d'un degré supérieur suppose essentiellement l'existence de celui qui est au-dessous, tandis que celui-ci peut être conçu sans l'autre.

Si un *status* existant vient à être perdu, la personne frappée de cette perte souffre par là une *capitis deminutio* ou *minutio*, qui anéantit complètement, ou au moins amoindrit sa capacité juridique antérieure. Il y a donc autant de *capitis deminutiones* qu'il y a de *status*.

Le *status libertatis*, dont la perte constitue la *capitis deminutio maxima*, consistait en ce qu'on était *liber homo* et non *servus*. Quiconque n'avait pas même ce *status* n'était pas *persona*[1], mais seulement *res*, et n'était capable d'aucun droit.

---

[1] Ceci ne me semble pas exact : un esclave était sans doute, sous un rapport, considéré comme une chose, puisqu'il comptait dans les biens de son maître, et qu'il pouvait être aliéné ainsi qu'un cheval, un bœuf; mais il était, sous un autre rapport, regardé comme une personne, car

Le *status civitatis*, dont la perte, *salva libertate*, constitue la *capitis deminutio media*, consistait en ce qu'un homme libre était en même temps *civis romanus*. De cette qualité dépendait, non pas absolument toute capacité de droit, puisque le *peregrinus* était certainement une *persona*, et était capable, au moins, du *jus gentium*, mais la capacité de participer au *jus civile*.

Enfin le *status familiæ* consistait en ce que le citoyen appartenait aussi à une *familia* particulière, et était ainsi capable de certains droits auxquels les membres de cette famille, en leur qualité d'*agnati*, pouvaient seuls prendre part. Celui qui perdait ce *status familiæ*, en cessant d'appartenir à sa famille, subissait une *capitis deminutio*, qui était dite *minima*. Par là il perdait toujours certains droits qu'il avait eus jusqu'alors, en ce sens, qu'il sortait des liens d'agnation de la famille à laquelle il cessait d'appartenir. Mais la *minima capitis deminutio* ne contient une vraie diminution de la capacité juridique que dans le cas, assez fréquent, du reste, où celui qui a été jusque-là un *homo sui juris* est converti en un *homo alieni juris* [1].

---

il pouvait jouer un rôle juridique, être valablement partie dans un *negotium juris*, contracter, être nommé légataire, héritier : quoique le profit fût pour son maître, c'était bien l'esclave qui était la personne contractante, légataire, etc.   (*Note du traducteur.*)

[1] Je ne pense pas que l'idée d'une *diminution de la capacité juridique* entrât dans la notion de la *capitis diminutio*, pas plus dans les deux grandes que dans la petite. Je crois que les Romains n'y attachaient que l'idée d'une *perte de droits*. Ils parlent toujours des droits qu'avait le *capite minutus*, et qu'il a perdus, et non de son changement de capacité; aussi ne mettent-ils pas de différence entre la *mimima capitis diminutio*, résultant de l'adrogation, qui fait qu'un *paterfamilias* devient *filiusfamilias*, et celle qui résulte de l'émancipation, qui fait qu'un *filiusfamilias* devient *paterfamilias*.   (*Note du traducteur.*)

Des effets importants se rattachent à l'existence du *status;* par conséquent, la recherche judiciaire tendante à reconnaître si l'on a réellement le *status* qu'on prétend avoir est elle-même d'une grande importance. Une semblable *status quæstio* pouvait quelquefois, à cause des droits publics qui en dépendaient, être soulevée dans l'intérêt de l'état lui-même; mais elle pouvait aussi être introduite dans la forme d'un procès civil, lorsque quelqu'un, pour obtenir certains avantages de droit privé, fondés sur un certain *status*, soutenait qu'il avait ce *status* qui lui était contesté par un autre. Or, comme la prétention à un *status* est au nombre de ces droits qu'on peut, d'après leur nature, faire valoir contre tout le monde, les Romains accordaient ici des *in rem actiones*, ayant pour but la reconnaissance du *status*. A raison de la nature préjudicielle du *status*, dont l'existence est la condition qui rend possibles tant d'autres droits, ces actions constituent des *præjudiciales actiones*.

Capitis deminutionis tria genera sunt, maxima, media, minima. Tria enim sunt, quæ habemus, *libertatem*, *civitatem*, *familiam*. Igitur, quum *omnia hæc* amittimus, hoc est, libertatem, civitatem, familiam, *maximam* esse capitis deminutionem; quum vero amittimus *civitatem*, libertatem retinemus, *mediam* esse capitis deminutionem; quum et libertas et civitas retinetur, *familia* tantum mutatur, *minimam* esse capitis deminutionem, constat. PAUL., fr. 11, D., iv, 5, *De capite min.*

Servus manumissus capite non minuitur, quia *nullum caput habuit.* § 4, I., 1, 16, *De cap. dem.*

Præjudiciales actiones in rem esse videntur, quales sunt, per quas quæritur, an aliquis liber, vel libertus sit, vel de partu agnoscendo. § 13, I., iv, 6, *De action.*

§ 68.

Les hommes considérés simplement comme tels.

Dig., lib. ɪ, tit. 5, *De statu hominum.*

Au point de vue du droit romain, la qualité d'*homme* (*homo*) n'attribue pas par elle-même nécessairement le caractère de la personnalité et de la capacité de droit; il faut qu'il s'y ajoute le *status libertatis*. Cependant cette qualité est d'une haute importance, même sous le rapport juridique et pour la capacité de droit. Car les hommes seuls, et seulement pendant qu'ils existent, peuvent avoir et conserver un état, *status*.

Est considéré comme *homme* tout individu né d'un être humain, avec un développement suffisant. et en vie, si toutefois il n'est par un monstre, *monstrum*. Mais, même dans ces conditions, la qualité d'homme, avec la plénitude de ses effets juridiques, ne commence qu'au moment de la naissance accomplie, de la séparation de l'enfant d'avec sa mère. Car le *partus editus* a seul, par lui-même, une existence organique indépendante, tandis que l'embryon, le fœtus dans le sein de sa mère, l'enfant à naître, *nasciturus*, *venter*, *qui in utero est*, n'est point encore juridiquement considéré comme un homme en soi, *homo*, mais seulement comme une partie de la mère, *pars viscerum matris*. Cependant on prend provisoirement en considération son existence future probable, et l'on pourvoit d'avance à ses intérêts, au moyen, notamment, de la maxime : *nasciturus habetur pro jam nato, quotiens de commodis ipsius quæritur*. Du moment de la mort, moment auquel s'éteignent les fonctions organiques de l'individu, l'homme cesse d'exister comme tel.

Les hommes peuvent, indépendamment de leur états, *status*, différer beaucoup entre eux par leurs qualités naturelles ou sociales (ce qu'on appelle *status naturales*), c'est-à-dire, par leur âge, leur sexe, leur santé, leur considération ou honneur civil, etc. Mais il paraît plus convenable au but de ce cours de ne noter ces différences qu'à l'occasion des rapports de droit sur lesquels elles influent ou dont elles dérivent.

Qui mortui nascuntur, neque nati, neque procreati videntur, quia nunquam liberi appellari potuerunt. PAULUS, fr. 129, D., L, 16, *De verb. sign.*

Non sunt *liberi*, qui contra formam humani generis converso more procreantur; veluti si mulier *monstrosum* aliquid, aut *prodigiosum* enixa sit. Partus autem, qui membrorum humanorum officia ampliavit, aliquatenus videtur effectus, et ideo inter liberos connumerabitur. PAULUS, fr. 14, D., I, 5, *De statu hom.*

Qui in utero est, perinde, ac si in rebus humanis esset, custoditur, *quotiens de commodis ipsius partus quæritur;* quamquam alii, antequam nascatur, nequaquam prosit. PAULUS, fr. 7, D., *cod.*

Qui in utero sunt, in toto pæne jure civili intelliguntur in rerum natura esse. JULIAN., fr. 26, D., *cod.*

§ 69.

Personnes juridiques.

L'idée d'une *personne*, *persona*, se présente de la manière la plus simple dans l'unité naturelle d'un simple individu humain capable de droit. Une telle personne, la seule dont il ait été question jusqu'ici, est nommée ordinairement *personne physique* ou *naturelle.*

Mais on arrive facilement de là à l'idée de ce

qu'on appelle une *personne juridique, morale*, ou
civile, qui ne consiste pas en un seul individu humain, mais en plusieurs hommes unis par un lien
juridique, de manière à former une unité revêtue
du caractère de la capacité de droit et de la personnalité. Cette idée de personne juridique s'offre déjà
à nous dans l'idée générale que nous nous faisons
naturellement de l'état; car l'état, comme réunion de tous les citoyens, a déjà par lui-même une
personnalité juridique, soit vis-à-vis des autres états,
soit vis-à-vis des citoyens qui le composent. Mais,
dans le sein de l'état et par son intervention, cette
notion de personne juridique peut encore se retrouver dans beaucoup de rapports moins étendus, moins élevés, tant de droit public que de
droit privé, et y prendre, en quelque sorte, un
corps. Il y a ceci de commun entre ces diverses personnes juridiques : 1° qu'un certain nombre d'hommes existant les uns avec les autres en même temps,
ou les uns après les autres en différents temps, sont
conçus comme formant une unité, une personne ;
2° qu'ils sont ainsi conçus en vue d'un but juridique,
de droit public, religieux ou privé; 3° que l'état,
comme la grande unité collective, la grande universalité, veut que les universalités subordonnées soient
reconnues avec le caractère de la personnalité. Nous
trouvons des exemples de ces personnes juridiques
dans les nombreuses corporations, communautés,
publiques, religieuses et privées, *universitates, corpora.* Au point de vue du droit privé qui nous intéresse spécialement ici, les personnes juridiques
méritent attention, comme susceptibles des rapports
qui concernent les biens.

C'est par suite d'une simple habitude de langage,
qui, du reste, n'est pas dénuée de justesse, que,

dans nos textes, quelquefois on désigne comme la
personne investie du droit, une certaine *chose*, un
certain *bien*, par exemple un *immeuble* dans l'expression *servitus quæ prædio debetur*, ou même tout
un ensemble de biens, par exemple, l'*ærarium* ou le
fiscus exprimant l'ensemble des biens de l'état. Ces
choses ou cet ensemble de biens ne sont désignés
comme des personnes que par ce motif et en ce sens
qu'ils représentent une personne physique ou juridique existante en dehors. Si la *chose* est ici nommée
directement comme le sujet du droit, cela tient soit
à un simple usage de langage juridique, soit à ce
que certains droits sont très-étroitement limités à
certaine chose déterminée, quant à leur acquisition,
à leur existence, à leur durée, à leur exercice. Mais ce
qui démontre que, dans tous les cas, ce n'est pas aux
choses, mais aux personnes qu'elles représentent,
par conséquent à des hommes, que le droit appartient, c'est que ce droit, malgré l'existence de ces
choses, ne pourrait pas se concevoir, ou subsister
véritablement, efficacement, sans des hommes à
l'avantage desquels il est en définitive destiné. D'ailleurs la manière de voir opposée, si elle était poussée
dans toutes ses conséquences, conduirait à des résultats qui seraient en contradiction manifeste avec
l'esprit de tout droit, et du droit romain en particulier.

CHAPITRE II.

DU *STATUS LIBERTATIS* EN PARTICULIER.

§ 70.

Notion de l'esclavage.

GAI., *Comm.*, lib. 1, § 52-54.
Inst., lib. 1, tit. 3, *De jure personarum;* — tit. 8, *De his qui sui vel alieni juris sunt.*

L'idée d'un *status libertatis* n'est bien fixée que par son opposé, l'esclavage. Cette institution de l'esclavage, de la servitude, *servitus*, que les Romains voyaient de leur temps établie partout, et déclaraient, à cause de cela, institution du droit des gens, *juris gentium*, n'a plus pour nous qu'une valeur historique. Mais elle ne laisse pas d'offrir, même sous ce rapport, un puissant intérêt. En effet, elle a pénétré si profondément dans toute la vie publique et privée des Romains; on l'a eue si constamment en vue dans le développement de tous les autres rapports de droit, notamment de ceux de droit privé, ce qui leur a même imprimé un caractère tout particulier, qu'il est presque impossible de bien saisir ces autres rapports juridiques sans une intelligence exacte de la théorie de l'esclavage.

L'esclavage présente deux faces à considérer.

Sous le point de vue qui nous occupe en ce moment, la capacité juridique de l'individu, la *servitus* est un état de privation absolue de droit. De là l'assimilation que le droit privé des Romains établit, avec une rigueur de conséquence qui ne trouve pas d'exemple ailleurs et qui nous révolte souvent, entre l'esclave et les *choses*, par opposition aux *personnes*, notamment entre l'esclave et les animaux.

13

Sous le point de vue des rapports entre l'esclave et le maître, l'esclavage apparaît comme un état de soumission entière et absolue à une volonté étrangère. De là l'application complète aux esclaves de la notion du droit de propriété.

La circonstance que l'esclave est un *homme* et un *être raisonnable*, que les Romains ne méconnaissent pas d'ailleurs, ne lui donnait qu'indirectement un avantage sur les bêtes, en ce qu'il avait ainsi la possibilité de sortir un jour de l'état de servitude et de devenir une *personne* en acquérant le *status libertatis*.

Cette circonstance modifiait aussi d'une manière particulière l'utilité que le propriétaire retirait de l'esclave ; car l'esclave pouvait augmenter les biens de son maître non-seulement par son corps et ses services physiques, comme fait un animal, mais encore par ses services intellectuels, et pouvait même le représenter dans les affaires de droit qu'il entreprenait pour lui [1]. A ceci se rattache cette observation que, indépendamment du *dominium* sur l'esclave, on attribue en même temps au maître une *potestas* sur cet es-

---

[1] Voilà précisément ce qui explique, selon moi, pourquoi l'esclave qui, dans ses rapports avec son maître, est considéré comme une *chose*, est aussi considéré comme une *personne* dans ses rapports avec les autres membres de la société, puisqu'il figure comme partie dans un contrat, dans un acte d'acquisition, et joue ainsi un *rôle* (*persona*) dans le *drame du droit*, pour parler le langage à la mode.
(*Note du traducteur, pour la 1re édition.*)

L'auteur a fait droit à cette observation du traducteur, en ajoutant, dans sa troisième et sa quatrième édition, la phrase qui suit dans le texte. Ainsi, retenons bien que l'esclave est, à l'égard de son maître, tout à la fois une *chose* et une *personne*. Le maître a en même temps le droit de propriété, *dominium*, qui s'adresse à la chose, et le droit de puissance, *potestas*, qui s'adresse à la personne.
(*Note additionnelle du traducteur, pour la 2e édition.*)

clave, c'est-à-dire une puissance, une domination, pareille à celle qui est admise sur des hommes libres, sur des personnes (voy. ci-après, § 73).

Le caractère essentiel de l'esclavage, qui vient d'être exposé, n'a pas existé seulement dans l'ancien droit romain, mais s'est conservé sans changement considérable, malgré l'établissement du christianisme, jusqu'au temps de Justinien. L'état ne se mêlait pas des relations du maître avec son esclave; il les regardait comme étant purement de droit privé. Des constitutions particulières rendues en faveur des esclaves, par Auguste, Claude, Adrien, Antonin le Pieux, pour les protéger contre le meurtre arbitraire et contre d'autres traitements trop inhumains infligés par leurs maîtres, n'introduisirent même aucun changement essentiel dans ces relations; car ces constitutions n'ont évidemment que le caractère de lois de police, restreignant l'usage abusif du droit de propriété, telles qu'il peut en être rendu touchant les choses, les animaux entre autres, pour régler la manière de les traiter ou d'en user.

De ce qui précède, il résulte naturellement que, quelque différente que pût être, *en fait*, la position des esclaves, selon le caractère individuel de leurs maîtres, il n'y avait cependant, *en droit*, aucune différence entre eux, aucune gradation proprement dite. Même l'institution du *colonat*, qui ne s'est établie qu'à une époque très-avancée du droit romain, et surtout depuis Constantin, doit être jugée d'un autre point de vue. En effet, il se présente plutôt comme un nouvel élément, distinct de la servitude romaine, transporté de la vie des Germains dans la vie des Romains, analogue à la servitude de la glèbe, telle qu'elle s'est développée plus tard. Les *coloni* étaient inséparablement attachés à un bien immeuble, à la culture duquel ils étaient destinés. Ils tiraient leur nom de *coloni* de leur emploi aux travaux agricole, le nom d'*adscriptitii* du lien indissoluble qui les unissait au fonds, enfin le nom de *censiti*, *tributarii*, de ce que leur maître avait à payer pour eux à l'état certaines redevances, et recouvrait à son tour sur eux ce *census*, ce *tributum*. Ils étaient en général capables de droit et, à cet égard, ils étaient des personnes; mais ils étaient considérés, en quelque sorte, comme *esclaves de la terre* (serfs de la glèbe).

Summa divisio in jure personarum hæc est, quod omnes homines aut liberi sunt, aut servi. Pr., I., I, 3, *De jure pers.*

In servorum conditione nulla est differentia. In liberis autem multæ differentiæ sunt. § 4, I., *eod.*

In potestate igitur sunt servi dominorum, quæ quidem potestas juris gentium est. Nam apud omnes peræque gentes animadvertere possumus, dominis in servos vitæ necisque potesta em esse, et quodcunque per servum adquiritur, id domino adquiritur. Gai., I, § 52.

Sed hoc tempore nullis hominibus, qui sub imperio romano sunt, licet, supra modum et sine causa legibus cognita, in servos suos sævire. Nam ex constitutione Divi *Antonini*, qui sine causa servum suum occiderit, non minus puniri jubetur, quam qui alienum servum occiderit. Sed et major asperitas dominorum ejusdem principis constitutione coercetur. Gai., fr. 1, § 2, D., I, 6, *De his, qui sui.*

Post legem Petroniam et senatusconsulta ad eam legem pertinentia dominis potestas ablata est, ad bestias depugnandas suo arbitrio servos tradere; oblato tamen judici servo, si justa sit domini querela, sic pœnæ tradetur. Modestinus, fr. 11, § 2, D., xlviii, 8, *Ad leg. Corn. de sicariis.*

Coloni, licet conditione videantur ingenui, servi tamen terræ ipsius, cui nati sunt, existimantur. Theodos. et Valentinianus, c. un., C., ix, 51, *De colon. thrac.*

§ 71.

Des manières dont commence et finit l'esclavage.

Inst., lib. ɪ, tit. 3, *De jure personarum ;* — tit. 5, *De libertinis ;* — tit. 6, *Quibus ex causis manumittere non licet ;* — tit. 7, *De lege Fusia Caninia tollenda.*

Dig., lib. xʟ, tit. 8, *Qui sine manumissione ad libertatem perveniunt ;* — tit. 2, *De manumissis vindicta ;* — tit. 5, *De fideicommissariis libertatibus.*

Cod., lib. vɪɪ, tit. 1, *De vindicta et apud consilium manumissione ;* — tit. 2, *De testamentaria manumissione ;* — tit. 4, *De fideicommissariis libertatibus.*

Beaucoup d'hommes naissaient esclaves ; car tous les enfants d'une esclave, *ancilla*, sans égard à l'état personnel du père, tombaient toujours indistinctement, comme esclaves, dans le domaine du maître de la mère, par application des principes sur la propriété des animaux : *partus sequitur ventrem*.

Mais des hommes libres jusque-là pouvaient aussi, par divers événements, perdre leur *status libertatis*, et devenir esclaves. Ils subissaient alors la *maxima capitis deminutio*. A la vérité, un homme libre ne pouvait pas se vendre lui-même comme esclave, mais il pouvait, du moins d'après l'ancien droit romain, devenir *servus* par son insolvabilité, et à toutes les époques, par la captivité chez l'ennemi, et en punition de certains crimes.

La fin de l'esclavage arrive, en règle générale, par la mort de l'esclave. Mais il peut survenir auparavant quelque événement qui le rende libre. Les événements de ce genre sont, d'abord, le retour de la captivité, car, *jure postliminii*, le prisonnier de guerre revenu chez les siens rentrait dans tous ses rapports juridiques antérieurs ; puis quelques cas où la liberté est accordée à l'esclave, pour le récompenser d'une bonne action, ou pour punir son maître; enfin et surtout l'affranchissement, *manumissio*, de l'esclave par le maître.

Cette faculté d'affranchir, fondée sur le droit de propriété du maître, était dans l'origine tout à fait illimitée; elle fut plus tard, à cause des abus qu'elle entraînait, restreinte de plusieurs manières, par les lois *Ælia Sentia* et *Furia Caninia*, indirectement aussi par la loi *Junia Norbana* [1]; mais sous Justinien elle fut de nouveau débarrassée de la plupart de ces entraves.

Seulement, de tout temps, l'affranchissement, pour produire tous ses effets, dut être fait avec certaines formes extérieures. Ces formes étaient, dans les anciens temps, les *manumissiones vindicta, censu, testamento*. Plus tard, sous Constantin, puis sous Justinien, vinrent s'y ajouter les *manumissiones in ecclesiis, inter amicos, per epistolam, per convivium.* S'il manquait quelque chose aux formes prescrites, mais que le maître voulût positivement donner la liberté à son esclave, on disait de celui-ci non pas qu'il était *liber homo*, mais qu'il était *in libertate*, c'est-à-dire qu'il vivait de fait comme un homme libre.

Enfin, lorsqu'un esclave n'était pas encore formellement affranchi, mais que son maître, dans son testament, lui avait accordé la liberté sous une condition, ou après l'expiration d'un certain temps, il restait encore *servus* en attendant; mais, ainsi désigné comme futur homme libre, on l'appelait dès à présent *statu liber*, et, après l'arrivée de la condition ou du terme fixé, il devenait libre sans autre forma-

---

[1] Je crois, contre l'opinion commune, la loi *Junia Norbana* antérieure à la loi *Ælia Sentia* : les Instituts de Gaius me paraissent mettre ce point historique hors de doute. (*Note du traducteur.*)

lité, quand même il avait passé à un autre maître dans l'intervalle. En sens contraire, une manumission formellement accomplie pouvait par la suite être révoquée par le manumisseur à cause d'un fait grave d'ingratitude de la part de l'affranchi.

Servi aut *nascuntur*, aut *fiunt*. Nascuntur ex ancillis nostris; fiunt aut jure gentium, id est ex captivitate, aut jure civili, quum homo major viginti annis ad pretium participandum sese venum-dari passus est. § 3, I., 1, 3, *De jur. pers.*

Manumissio autem est datio libertatis. Nam quamdiu quis in servitute est, manui et potestati suppositus est et manumissus liberatur potestate. Quæ res a jure gentium originem sumpsit....

Multis autem modis manumissio procedit : aut enim ex sacris constitutionibus in sacrosanctis ecclesiis, aut vindicta, aut inter amicos, aut per epistolam, aut per testamentum, aut aliam quam-libet ultimam voluntatem. Sed et aliis multis modis libertas servo competere potest, qui tam ex veteribus, quam nostris constitu-tionibus introducti sunt. § 2, I., 1, 5, *De libertin.*

Vindicta manumittuntur apud magistratum, velut prætorem, consulem, proconsulem. *Censu* manumittebantur olim, qui lus-trali censu Romæ jussu dominorum inter cives romanos censum profitebantur. Ut *testamento* manumissi ipso jure liberi sint, lex duodecim tabularum facit, quæ confirmat, cæt. — ULPIAN., *Fragm.*, I, § 7-9.

Qui sub conditione testamento liber esse jussus est, statu liber appellatur. Statu liber, quamdiu pendet conditio, servus here-dis est. Statu liber, sive alienetur ab herede, sive usucapiatur ab aliquo, libertatis conditionem secum trahit. ULPIAN., *Fragm.*, II, § 1-3.

§ 72.

Ingenui et *libertini*.

GAI., *Comm.*, lib. I, § 10-18.
Inst., lib. I, tit. 4, *De ingenuis ;* — tit. 5, *De libertinis.*

Sous les conditions qui viennent d'être exposées, l'esclave affranchi devenait toujours un homme li-bre, *liber homo*. Mais devenait-il citoyen romain, *civis romanus*, ou seulement *latinus Junianus*, ou même seulement *dedititius?* Cela dépendait, dans l'ancien droit, soit de la circonstance que le manumisseur avait sur l'esclave la propriété quiritaire ou la propriété simplement bonitaire, soit du mode d'affranchissement, soit de plusieurs autres circonstances. Dans le dernier état du droit romain, il devient toujours *civis*.

Dans tous les cas, la manumission ne supprimait pas pour l'affranchi toutes les conséquences de l'esclavage et tout souvenir de son état antérieur. Ces conséquences se faisaient sentir sous un double rapport, au point de vue du droit public et au point de vue du droit privé.

Au point de vue du droit public, l'affranchi différait de l'homme libre de naissance, *ingenuus*, présément en ceci qu'il avait été jusque-là, et par sa naissance, un esclave. Sous ce rapport, et quant à son état, à sa *conditio*, il s'appelait *libertinus*, et était placé, à beaucoup d'égards, même quand il obtenait le droit de cité, dans une position civile inférieure. Dans le nouveau droit romain cette différence disparaît presque entièrement; et même auparavant un affranchi pouvait, par une faveur individuelle, obtenir l'ingénuité en vertu d'une constitution impériale: *jus aureorum annulorum, restitutio natalium*. Un homme libre de naissance, qui devenait esclave et redevenait ensuite libre, ne perdait point par là son ingénuité native.

Non moins importante, bien que seulement au point de vue du droit privé, est la relation que la manumission établissait entre l'affranchi, *libertus*, et celui qui l'a affranchi, *patronus*, et ses descendants, relation qui imitait un lien de famille. En effet, le lien si étroit qui unissait l'esclave au maître

n'était pas entièrement rompu par la manumission, mais il subsistait encore dans l'intérêt de
tous les deux, sous une forme plus douce, qui n'é-
tait point incompatible avec la liberté. L'ensemble
des droits, en partie honorifiques, en partie pécuniaires, que le patron acquérait par là, à l'égard de
son affranchi, s'appelait droit de patronage ou patronat, *jus patronatus*. Il reposait, quant à sa nature
et à son étendue, tant sur une disposition générale
de la loi, qui était la règle, que sur les conditions
individuelles sous lesquelles, dans tel cas particulier,
l'affranchissement avait eu lieu. Au patronat se rattachaient, pour les patrons, non-seulement des droits,
mais encore certains devoirs, notamment des devoirs
de protection envers l'affranchi. Le rapport de patronage ne s'étendait pas aux descendants ou aux héritiers de l'affranchi, non plus qu'aux héritiers du
patron, comme tels; mais il s'étendait aux enfants
de ce dernier, fils ou filles, en cette qualité.

Le droit de patronage a continué de subsister dans
le dernier état de la législation romaine, même depuis que le *libertinus* a été assimilé à l'*ingenuus* quant
à sa *conditio*.

De tout temps, au reste, un esclave a pu devenir
libertinus sans avoir un *patronus;* c'est ce qui arrive
quand il est directement déclaré libre dans le testament de son maître, sous la forme du legs *per damnationem*. Il est appelé alors *libertus orcinus*. (Voy.
ci-après, § 223.)

In liberis multæ differentiæ sunt ; aut enim ingenui sunt, aut
libertini. § 5, I., 1, 3, *De jur. pers.*

Ingenuus est, qui statim, ut natus est, liber est.... Quum autem
ingenuus aliquis natus sit, non officit illi, in servitute fuisse.
Sæpissime enim constitutum est, natalibus non officere manu-
missionem. Pr. et § 1, I., 1, 4, *De ingen.*

Libertini sunt, qui ex justa servitute manumissi sunt. Pr., I., 1, 5, *De libertin.*

§ 73.

Homines sui vel alieni juris.

Tous les hommes sont soumis à la *puissance publique de l'état*, même les hommes libres et les citoyens. Tous les hommes sont donc égaux entre eux sous ce rapport. Mais, à côté de cette puissance de droit public, le droit romain reconnaissait encore certaines puissances, certaines dominations d'une nature fort différente, et *de pur droit privé*, qui appartiennent à un homme sur d'autres hommes libres ou non libres, et portent le caractère d'un simple rapport de famille.

La dénomination commune de ces *puissances privées* était *jus*, dans une acception étroite de ce mot, ou *potestas*, dans le sens large de cette expression.

Celui qui n'était assujetti à aucune puissance semblable, qui était ainsi complétement indépendant sous le rapport du droit privé, ne se trouvant soumis qu'à la puissance publique de l'état, s'appelait *homo sui juris, suæ potestatis.*

Celui-là, au contraire, qui était sous une de ces puissances privées, était appelé *homo alieni juris, alieno juri subjectus.*

L'expression *paterfamilias, materfamilias*, désigne aussi un *homo sui juris*, comme l'expression *filiusfamilias, filiafamilias*, désigne un *homo alieni juris*. Toutefois, ces expressions ont ordinairement une signification plus étroite : elles se restreignent au rapport de la *patria potestas* et de la *manus*, selon qu'on y est soumis ou qu'on en est exempt.

Le droit, *jus*, sur des hommes non libres, n'était que d'une seule espèce : c'était la *dominica potestas*, dont il a été traité plus haut, et à laquelle était soumis le *servus* proprement dit. Elle s'appliquait et aux hommes et aux femmes, et enlevait à l'*homo alieni juris* absolument toute capacité de droit.

Au contraire, les *jura* sur des hommes libres étaient de trois espèces :

La première était la *patria potestas*, cette sévère domination de famille, appartenant à un ascendant paternel mâle sur ses enfants, petits-enfants, arrière-petits-enfants, etc., issus d'un mariage, sans distinction de sexe.

La seconde était la *manus*, ce rigoureux pouvoir de famille, qui compétait au mari sur sa femme, lorsque celle-ci *in manum mariti convenerat*, au moyen de certaines formalités particulières. Cette *manus* reçut plus tard une extension assez singulière à des cas autres que celui du mariage, en sorte qu'on pouvait avoir une femme *in manu*, même sans être son mari, partant autrement que *matrimonii causa ;* mais on ne peut jamais avoir *in manu* qu'une femme.

La troisième était le *mancipium*, qui se liait étroitement aux deux autres : car la *patria potestas*, comme la *manus*, donnait à celui qui en était revêtu le droit de faire passer, par la mancipation, les personnes soumises à sa puissance, dans un état tout particulier d'asservissement à autrui. Si le chef de famille usait de ce droit, le pouvoir que le tiers acquérait sur les personnes de l'un ou l'autre sexe qui lui étaient mancipées, s'appelait *mancipium*.

Comme ces trois *jura* seront plus amplement développés à l'occasion des rapports de famille auxquels ils se lient directement, c'est-à-dire quand nous exposerons les relations entre ascendants et descendants et le mariage, nous nous contenterons de placer ici quelques remarques comparatives.

Tous ces pouvoirs sur des personnes libres remontaient à des temps très-reculés; c'étaient des émanations et des vestiges de l'ancienne constitution patriarcale; ils étaient fondés sur le strict *jus civile*, tandis que la *dominica potestas* était déclarée par les Romains être du *jus gentium*.

Ces trois pouvoirs étaient très-rigoureux dans leur forme originaire; les Romains eux-mêmes les comparaient et les assimilaient souvent à la *dominica potestas*. Ils se rapprochaient effectivement, sur plusieurs points importants et d'une manière très-frappante, de la puissance du maître sur l'esclave; car les personnes qui y étaient assujetties étaient aussi incapables que les esclaves d'avoir des biens propres; comme les esclaves, tout ce qu'elles acquéraient elles l'acquéraient pour celui à qui elles étaient soumises, et elles étaient, par conséquent, privées de toute indépendance sous le rapport des biens. Cependant ces pouvoirs se distinguaient essentiellement de la *dominica potestas*, en ce qu'ils n'enlevaient jamais la liberté et l'ingénuité, qu'ils étaient même compatibles avec le droit de cité, et laissaient, en général, subsister la capacité d'avoir un état et une famille, *jura status et familiæ*. Cela était vrai même du *mancipium*, quoique celui-ci fût le plus dur de ces trois droits quant à ses conséquences pour la personne qui y était soumise, et plaçât cette personne dans une condition bien rapprochée de la *servilis conditio*. Elle était *servi loco, tanquam servus*, mais elle restait pourtant encore *liberum caput*, et était protégée contre tout traitement injurieux qu'on aurait voulu lui infliger à la manière d'un esclave.

Terminons par cette observation historique, que

tous les pouvoirs de famille sur des personnes libres perdirent peu à peu de leur sévérité, surtout depuis le régime impérial, et que même quelques-uns finirent par disparaître complétement. Cela est vrai absolument de la *manus mariti*, et au moins jusqu'à un certain point du *mancipium*, puisqu'il n'est resté de ce dernier que quelques faibles traces.

Sequitur de jure personarum alia divisio. Nam quædam personæ sui juris sunt, quædam alieno juri subjectæ. Sed rursus earum personarum, quæ alieno juri subjectæ sunt, aliæ in potestate, aliæ in manu, aliæ in mancipio sunt. GAI., I, § 48 et 49.

Sui juris sunt familiarum suarum principes, id est, paterfamilias, itemque materfamilias. ULPIAN., *Fragm.*, IV, § 1.

Nam civium romanorum quidam sunt patresfamiliarum, alii filiifamiliarum, quædam matresfamiliarum, quædam filiæfamiliarum. Patresfamiliarum sunt, qui sunt suæ potestatis, sive puberes, sive impuberes ; simili modo matresfamiliarum. Filiifamiliarum et filiæ, quæ sunt in aliena potestate. ULPIAN., fr. 4, D., I, 6, *De his, qui sui vel al.*

CHAPITRE III.

DU *STATUS CIVITATIS* EN PARTICULIER.

§ 74.

Notion du droit de cité ; manière de l'acquérir et de le perdre.

Il est dans la nature des choses que plus un état est puissant et jaloux de sa grandeur et de son indépendance, plus d'ailleurs la constitution politique accorde à chaque citoyen une part directe au gouvernement, plus aussi s'élève la valeur, l'importance du droit de cité. De là le prix qu'on attachait dans l'origine au second *status*, le *status civitatis*, dont la perte constituait la *media capitis deminutio*. Celui qui ne l'avait pas s'appelait *peregrinus*, et même anciennement *hostis*, et il était, dans le fait, primitivement assimilé à un ennemi, c'est-à-dire privé de tout droit. Plus tard, on lui reconnaissait pourtant la jouissance du *jus gentium*, et l'on ne lui refusait que la participation au *jus civile* proprement dit, comme *proprium jus civium romanorum*.

Les droits particuliers compris dans la *civitas romana* étaient les uns d'une nature politique, puisque la participation au gouvernement de l'état en dépendait, tels étaient le *jus suffragii* et le *jus honorum*; les autres plutôt d'une nature privée, notamment le *jus commercii* et le *jus connubii*. Cependant ces derniers avaient aussi, surtout dans les premiers temps, un côté politique important.

Le droit de cité romaine était acquis :

1° Par la naissance; quand les parents, ou au moins celui dont l'enfant suit la condition, étaient citoyens romains;

2° Par l'affranchissement sous certaines conditions ;

3° Par une concession spéciale, accordée originairement par le peuple et le sénat, plus tard par l'empereur, tantôt en faveur de populations ou de villes entières, tantôt en faveur de particuliers.

Le droit de cité se perdait, pour des populations entières, par le retrait prononcé comme punition, pour les particuliers, soit par la perte de la liberté, base du droit de cité, soit, sans *maxima capitis deminutio*, par la renonciation volontaire, ce qui comprend aussi l'acceptation du droit de cité dans un état étranger, puisque celui-ci était incompatible avec la conservation du droit de cité romaine ; soit enfin par suite de quelques peines, de l'*aquæ et ignis interdictio* dans les anciens temps, de la déportation sous les empereurs.

. Hostis apud majores nostros is dicebatur, quem nunc peregrinum dicimus. Indicant XII tabulæ, ut : *status dies cum hoste ;*
itemque : *adversus hostem æterna auctoritas.* Cic., *De offic.*, I,
cap. 12.

§ 75.

Degrés intermédiaires entre *cives romani* et *peregrini*.

Dans l'origine, il n'y avait, à proprement parler,
aucun degré intermédiaire entre les *cives romani* et
ceux qui n'avaient pas le droit de cité, les *peregrini*.
Cette distinction de castes si tranchée entre les patriciens et les plébéiens, ne pouvait même, tant
qu'elle exista, être considérée comme offrant l'exemple d'un degré intermédiaire. Car les plébéiens, bien
qu'occupant vis-à-vis des patriciens une position
politique subordonnée à beaucoup d'égards, avaient
cependant, au moins depuis le changement fondamental apporté par le roi Servius Tullius à la constitution, un vrai droit de cité, puisqu'ils faisaient partie du *populus* proprement dit.

Mais cela dut changer, depuis que la république,
par les conquêtes, les traités et les affranchissements,
comme aussi par l'extension du commerce, eut acquis peu à peu une foule de nouveaux sujets et
d'alliés, qui tous aspiraient à participer à la cité romaine. Alors, en effet, on se trouva placé dans l'al-
ternative, ou de leur accorder à tous le droit de cité
tout entier, ou d'établir des gradations, des transi-
tions à la cité. Comme la politique et l'orgueil romains répugnaient à la première mesure, on choisit
ce dernier expédient. Il se forma ainsi certains degrés entre les *peregrini* : on distingua de ceux qui ne
participaient point au droit de citoyen et au *jus civile*
qui en dépendait, mais seulement au *jus gentium*,

d'autres auxquels on concédait une participation limitée, plus ou moins grande, au *jus civile*, surtout aux avantages privés qu'il conférait. Tels étaient d'abord les *Latini*, c'est-à-dire ces affranchis auxquels, en l'absence d'une manumission exactement conforme au droit civil, on n'accordait pas la plénitude du droit de cité, mais bien, aux termes de la *lex Junia Norbana*, le droit des *Latini coloniarii*, à savoir le *commercium*, et non le *connubium*; de là le nom de *Latini Juniani* qu'ils portaient. Tels étaient ensuite les *socii*, qui, par un traité conclu avec la république romaine, avaient acquis certaines prérogatives et se trouvaient ainsi placés, vis-à-vis de l'état romain, dans une position plus favorable que les *dedititii*, c'est-à-dire que les peuples qui avaient été soumis par la force des armes à la domination romaine.

Au reste, par un résultat naturel de la marche que suivit plus tard l'état romain, le prix éminent attaché primitivement au droit de cité romaine, dut aller s'abaissant tous les jours davantage. A mesure que l'empire s'agrandit, que, par le passage de la *libera respublica* à la monarchie pure, le droit de cité perdit de son importance politique pour les particuliers, et que le *jus civile* et le *jus gentium* se rapprochèrent et se fondirent presque l'un dans l'autre, on accorda de plus en plus libéralement le droit de cité romaine, jusqu'à ce que, sous Caracalla, et plus généralement encore sous Justinien, tous les sujets libres de l'empire romain obtinrent la plénitude de ce droit.

§ 76.

L'existimatio, sa *consumptio* et sa *minutio.*

Dig., lib. III, tit. 2, *De his qui notantur infamia.*
Cod., lib. II, tit. 12, *Ex quibus causis infamia irrogatur.*

Le droit de cité romaine environnait celui qui y participait d'une certaine dignité extérieure, *dignitas,* qui avait son origine et son point d'appui dans l'assurance d'une jouissance complète des avantages politiques et privés, légalement attachés à ce droit de cité.

Cette considération personnelle, cet honneur civil, *existimatio, fama,* constituait, pour le citoyen, un droit, une sorte d'état, qu'il conservait dans son intégrité, *illæsa existimatio* ou *fama,* tant qu'il restait, à tous égards, civilement irréprochable. Mais cette *existimatio* était susceptible, soit d'une perte totale, soit d'une altération partielle.

Elle ne pouvait être perdue complétement qu'avec le droit de cité qui lui servait de base. C'est ce qu'on appelait *consumptio existimationis.*

Au contraire, sans perdre entièrement la *civitas* et l'*existimatio* qui s'y liait, un citoyen romain pouvait, dans beaucoup de cas, à raison d'une conduite répréhensible sous quelque rapport, être déclaré indigne d'une partie des prérogatives comprises dans le droit de cité : *minuebatur existimatio.*

Ces *minutiones existimationis* se présentaient à des degrés différents et avec des effets divers.

La plus ancienne repose sur une disposition légale qu'on fait remonter jusqu'à la loi des Douze Tables, d'après laquelle certaines personnes, pour certains méfaits, étaient regardées comme *improbi* et *intes-*

14

tabiles. A cela se rattachent les blâmes infligés par le censeur, *notæ censoriæ*, avec leurs divers degrés, dépendant de l'*arbitrium* de ce magistrat.

Mais une autre espèce de *minutio famæ*, qui prit plus d'extension et se présentait bien plus fréquemment, c'est l'*infamia*, qui devait vraisemblablement à l'édit du préteur son origine, ou du moins son développement. Elle enlevait à l'*infamis* une série de prérogatives civiles exactement définie, et était attachée, suivant le texte de l'édit, comme conséquence, soit immédiate, soit médiate, à certains actes déterminés : immédiate, quand il suffisait que l'acte fût prouvé (*si quis fecerit infamis esto*) ; médiate, quand il fallait que cet acte eût entraîné une condamnation formelle (*si quis condemnatus fuerit, infamis esto*).

Au reste, le citoyen qui, par une conduite notoirement honteuse, s'était attiré la juste réprobation des honnêtes gens, alors même qu'il ne devenait pas précisément *infamis*, était cependant frappé, comme *turpis persona*, d'une certaine dégradation civile qui avait quelque ressemblance avec l'*infamia*.

Existimatio est dignitatis illæsæ status, legibus ac moribus comprobatus, qui ex delicto auctoritate legum aut minuitur, aut consumitur.

Minuitur existimatio, quotiens, manente libertate, circa statum dignitatis pœna plectimur, sicuti quum relegatur quis, vel quum ordine movetur, vel quum prohibetur honoribus publicis fungi, vel quum plebeius fustibus cæditur, vel in opus publicum datur, vel quum in eam causam quis incidit, quæ edicto perpetuo, infamiæ causa, enumeratur.

Consumitur vero, quotiens magna capitis deminutio intervenit, id est, quum libertas adimitur. CALLISTRATUS, fr. 5, § 1-3, D., L, 13, *De extraord. cogn.*

Quum lege quis intestabilis esse jubetur, eo pertinet, ne ejus testamentum recipiatur, et eo amplius, ut quidam putant, neve ipsi dicatur testimonium. GAI., fr. 26, D., xxviii, 1, *Qui testamenta facere possunt.*

§ 77.

Influence de la religion sur la capacité juridique.

Depuis que la religion chrétienne, sous Constantin, eut été élevée au rang de religion de l'état, il fallut pour jouir pleinement des droits civils, non-seulement être chrétien, c'est-à-dire n'être ni païen, ni juif, mais encore faire partie de l'église chrétienne orthodoxe, c'est-à-dire approuvée par l'empereur et son clergé.

L'orthodoxie, selon le droit de Justinien, consistait à reconnaître les décisions des quatre synodes œcuméniques de Nicée, de Constantinople, d'Éphèse et de Chalcédoine. Celui qui était chrétien, mais qui n'admettait pas ces articles de foi, était dit hérétique, *hæreticus*, et considéré comme déchu à peu près de tout droit. Il en était de même de celui qui avait renoncé à la croyance chrétienne, de l'*apostata*. Les juifs et les païens n'étaient pas, à beaucoup près, traités avec la même rigueur.

CHAPITRE IV.

DU *STATUS FAMILIÆ* EN PARTICULIER.

§ 78.

Notion de la *familia.*

Les différentes significations juridiques du mot *familia* peuvent toutes se ramener à ceci : l'ensemble de ce qui est soumis au pouvoir et à la domination

privée d'une seule et même personne, en considérant cet ensemble comme un seul tout, comme une
universalité.

Ainsi on entend quelquefois par *familia* l'ensemble
des biens, surtout quand on considère le propriétaire de ces biens comme déjà décédé : on y ajoute
souvent alors le mot *pecunia* : *familia pecuniaque.*

D'autres fois on entend par *familia* la généralité
des hommes qui sont soumis au pouvoir, *potestas,*
manus, mancipium, du même chef de famille. Alors
ce mot *familia* est pris, tantôt dans un sens large,
qui les comprend tous, esclaves ou libres ; tantôt
dans un sens étroit, d'après lequel tous les *esclaves*
du même maître composent sa *familia*, et forment
ainsi une partie spéciale et importante du patrimoine
proprement dit ; tantôt enfin dans un autre sens
étroit, qui nous intéresse davantage ici, et qui n'embrasse que les personnes *libres* qui se trouvent sous
la puissance du même chef de famille [1].

Dans cette dernière acception, *familia* désigne
l'universalité des *agnats*, c'est-à-dire des personnes
qui sont unies entre elles par le lien commun d'une
même *patria potestas*, ou *manus*, y compris celui
qui exerce cette puissance.

En effet, au point de vue du droit civil des Romains, ce n'était pas le rapport de *parenté naturelle*
ou de *cognation* qui formait le cercle étroitement
fermé de la famille proprement dite, mais un autre

---

[1] Remarquez ici l'origine de l'expression *liberi* dans le sens d'enfants.
Le *paterfamilias*, pour désigner les hommes libres et esclaves qui étaient
soumis à sa *potestas*, disait collectivement : *mei homines*, et, quand il
voulait distinguer : *mei liberi* (*homines*), *mei servi.*

(*Note du traducteur.*)

rapport, purement *juridique*, qui ordinairement, il est vrai, coïncidait avec le rapport naturel, mais qui ne reposait pas nécessairement sur la cognation. Ce lien juridique de famille dépendait plutôt de la rigoureuse domination du chef de famille, du caractère particulier de la *patria potestas*, ainsi que nous allons l'expliquer.

Un citoyen romain avait, comme on le verra plus en détail quand il sera traité des droits de famille, la puissance paternelle non-seulement sur ses fils et filles nés du mariage, mais encore sur ses petits-fils et petites-filles nés du mariage de ses fils, et sur les arrière-petits-fils et arrière-petites-filles nés du mariage des fils de ses fils, et ainsi de suite. Il pouvait, en outre, acquérir, par l'adoption, la puissance paternelle sur d'autres personnes qui n'étaient pas ses descendants naturels. De cette manière il était possible qu'il se formât une famille très-étendue, composée uniquement de personnes qui étaient toutes unies ensemble par le même lien de puissance paternelle, soit comme exerçant cette *potestas*, soit comme y étant soumises. Toutes ces personnes se nommaient, les unes par rapport aux autres, *agnati*, et leur cercle, rigoureusement déterminé, formait la *familia*.

Ce rapport d'agnation une fois établi durait sans interruption, quoique par la suite le lien commun de la puissance paternelle vînt à se rompre d'une manière naturelle, par la mort du chef commun de la famille, et que par là une partie de ceux qui étaient soumis à cette puissance devinssent eux-mêmes chefs indépendants de leurs propres familles. Alors la grande famille originaire se brisait pour former plusieurs familles plus petites, qui existaient indépendantes, à certains égards, l'une à côté de l'autre,

mais avaient pourtant toujours entre elles un lien
commun d'agnation et de famille.

Ce n'était que quand un membre de la famille
perdait la liberté ou la cité, ou sortait de la puissance paternelle par émancipation [1], partant d'une
manière violente ou au moins artificielle, ce n'était
qu'alors que le rapport d'agnation qui le liait aux
autres membres de la famille se rompait, mais seulement pour lui.

La femme qui se trouvait non sous la *patria potestas*, mais sous la *manus* d'un chef de famille,
appartenait, quant à sa personne, à la réunion des
agnats.

Il résulte de là que les femmes pouvaient très-
bien, en leur qualité de *filiæfamiliarum*, être elles-
mêmes agnates, membres d'une famille, mais ne
pouvaient jamais être la souche par laquelle la famille se perpétuait. Car l'*agnation* ne se fonde que
sur la parenté par *mâles*, tandis que le sexe de la
personne intermédiaire n'a aucune influence sur la
cognation. De là il suit qu'on peut fort bien être cognat
d'une personne sans être son agnat. Réciproquement, on peut par le résultat d'une adoption, être
agnat d'une personne sans être réellement son cognat.
Cependant, tant qu'on reste agnat, on est juridiquement traité aussi comme cognat.

*Familiæ appellatio refertur et ad corporis cujusdam significa-
tionem, quod aut jure proprio ipsorum, aut communi universæ
cognationis continetur. Jure proprio familiam dicimus plures
personas, quæ sunt sub unius potestate, aut natura, aut jure subjectæ; ut puta patremfamilias, matremfamilias, filiumfamilias,*

---

[1] Ajoutez : ou était donné en adoption, ou se donnait en adrogation.   (*Note du traducteur.*)

filiamfamilias, quique deinceps vicem eorum sequuntur, utpote nepotes et neptes et deinceps. — *Communi jure* familiam dicimus omnium agnatorum : nam, etsi, patrefamilias mortuo, singuli singulas familias habent, tamen omnes, qui sub unius potestate fuerunt, recte ejusdem familiæ appellabuntur, qui ex eadem domo et gente proditi sunt. ULPIANUS, fr. 195, § 2, D., L, 16, *De verb. signif.*

Sunt autem *agnati* per virilis sexus personas cognatione conjuncti, quasi a patre cognati, veluti frater eodem patre natus, fratris filius neposve ex eo, item patruus et patrui filius, neposve ex eo. At, qui per femini sexus personas cognatione junguntur, non sunt agnati, sed alias naturali jure cognati. § 1, I., I, 15, *De legitima agnatorum tutela.*

§ 79.

Notion du *status familiæ.*

De même que le *status civitatis* a pour base la place qu'un homme libre occupe dans l'état et vis-à-vis de l'état, de même le *status familiæ* a pour fondement la place que le citoyen romain occupe dans une réunion déterminée d'agnats et vis-à-vis d'elle. Tout citoyen romain a, sous un certain rapport, le *status familiæ*, en tant que, en vertu du droit de cité, il est capable d'appartenir à une famille romaine telle qu'elle vient d'être décrite, à une réunion d'agnats. Mais ordinairement on rapporte l'idée du *status familiæ* à une famille romaine déterminée; et alors celui-là a le *status familiæ* qui est membre de cette famille. Celui qui perd le *status familiæ* seulement sous ce dernier rapport, c'est-à-dire qui reste citoyen romain, mais sort d'un certain cercle d'agnats, souffre, il est vrai, une *minima capitis deminutio*, puisqu'il cesse d'appartenir à la famille dont il faisait partie et perd le droit d'agnation qu'il y avait; mais il ne fait, en quelque sorte, que changer de *familia*; car, dès qu'il sort d'une *familia*, ou il entre dans une autre *familia* déjà existante, ou il devient du moins le fondateur d'une nouvelle *familia* qui lui est propre.

La place qu'occupait dans la famille chacun de ceux qui la composent, suivant qu'il était chef de la famille, *paterfamilias*, ou membre subordonné de la famille, *filiusfamilias*, faisait naturellement une grande différence pour la position des individus. C'est ce qui déterminait si tel membre de la famille était *sui* ou *alieni juris* (voy. ci-dessus, § 73). Mais ici, sans avoir égard à la place particulière qu'on occupe dans la famille, nous ne parlons que de la qualité générale de membre de la famille et de ses conséquences. Ces conséquences étaient fort importantes dans l'ancien droit. Car originairement, toutes les fois qu'il était question d'avantages juridiques particuliers naissant d'un lien de famille, par exemple, de la dévolution de l'hérédité, on ne considérait que l'*agnation*; aussi cette agnation était-elle strictement *juris civilis*. La *cognation*, au contraire, était *juris gentium*, et n'avait que peu d'importance juridique. Le *status familiæ* devait donc avoir une haute valeur et influer profondément sur beaucoup de rapports de droit privé. Dans le cours des temps, le penchant du droit romain à se rapprocher du *jus gentium* se montra également ici : le droit prétorien seul d'abord, bientôt aussi le nouveau droit civil, eurent plus d'égard à la cognation comme telle, et l'assimilèrent même presque en tout à l'agnation. Cependant, même dans le dernier état du droit romain, le *status familiæ* n'a pas perdu toute son importance.

Les effets juridiques de la parenté, tant de l'agnation que de la cognation, se déterminent exactement, tantôt d'après l'*ordre* [1], tantôt d'après le *degré* [2] de la parenté [3].

---

[1] D'après *l'ordre* de parenté, les parents sont ou descendants, ou ascendants, ou collatéraux.

1° On appelle *descendants* ceux qui tirent leur origine en droite ligne, *linea recta* (*linea inferior*), d'un autre, en les considérant dans leur rapport avec cet autre; savoir : enfants, *filius et filia*; petits-enfants, *nepos et neptis*; arrière-petits-enfants, *pronepos et proneptis*; et ainsi de suite, *abnepos et abneptis, adnepos et adneptis, trinepos et trineptis*. Les descendants encore plus éloignés sont compris sous la désignation générale de *posteriores*.

2° On appelle *ascendants* ceux desquels un autre est issu en droite ligne (*linea superior*), en les considérant dans leur rapport avec cet autre; savoir : père et mère, *pater et mater*; aïeuls, *avus et avia*; bisaïeuls, *proavus et proavia*; trisaïeuls, *abavus et abavis*; et au-dessus : *atavus et atavia, tritavus et tritavia*. Les ascendants encore plus éloignés sont compris dans l'appellation générale de *majores*.

3° On nomme *collatéraux, a latere*, ou *ex transverso*, ou *ex transversa linea conjuncti, venientes*, les parents qui ne sont pas issus l'un de l'autre, mais qui sont issus d'un tiers, auteur commun. Les plus rapprochés sont les frères et sœurs, *frater et soror*. On les distingue en frères et sœurs *complets*, ceux qui sont nés du même père et de la même mère, *fratres et sorores ex utroque parente*, ou *per utrumque parentem conjuncti*, appelés aujourd'hui *germani*, et en *demi-frères et demi-sœurs*, ceux qui n'ont de commun qu'un de leurs parents, soit le père, *ex eodem patre tantum conjuncti*, appelés aujourd'hui *consanguinei*, soit la mère, *per matrem tantum conjuncti*, aujourd'hui *uterini*. Parmi les collatéraux, autres que les frères et sœurs, il faut remarquer : l'oncle et la tante du côté paternel, c'est-à-dire les frère et sœur du père, *patruus et amita*; l'oncle et la tante du côté maternel, c'est-à-dire les frère et sœur de la mère, *avunculus et matertera*, par rapport à leurs neveux et nièces, *fratris et sororis filii, filiæ*; ensuite le grand-oncle et la grand'tante, *patruus magnus et amita magna* (frère et sœur du grand-père); *avunculus magnus et matertera magna* (frère et sœur de la grand'mère), par rapport à leurs petit-neveu et petite-nièce, etc.

[2] On entend par *degré* de parenté la distance plus ou moins grande qui sépare plusieurs parents. Ce sont en quelque sorte les *degrés* ou échelons, *gradus*, qu'on a à monter ou à descendre, et pour les parents collatéraux, qu'on a à monter d'un des parents vers l'auteur commun, la souche commune (*stipes communis*), et à descendre de l'auteur commun vers l'autre parent, pour parcourir la distance entre ces deux parents. Chaque génération forme un degré; et autant il faut de générations pour constituer la parenté entre deux personnes, autant on compte entre elles de degrés. *Tot sunt gradus, quot generationes.*

[3] On se sert dans les tableaux généalogiques, pour rendre sensibles

Quum et libertas et civitas retinetur, *familia tantum mutatur*, minimam esse capitis deminutionem constat. PAULUS, fr. 11, D., IV, 5, *De capite minutis*.

§ 80.

Du rapport *de gentilitas*.

C'est sur une extension en quelque sorte artificielle de l'idée juridique de la *familia* au delà de se; limites propres qu'étaient fondées les unions de *gentiles*. Nous ne savons presque rien de certain sur leur nature propre : il paraît seulement que, dans leur essence originaire, elles avaient un but à la fois politique et religieux, car elles se liaient, d'une part, à l'antique constitution de l'état, notamment à la division du *populus* en curies, et d'autre part, aux *sacra privata*. Les *gentes* étaient donc des associations volontaires de plusieurs familles patriciennes, qui ne comptaient que des ingénus parmi leurs ancêtres les plus reculés, et qui ne descendaient pas nécessairement d'un auteur commun, mais qui portaient toutes le même nom patro-

---

aux yeux la série des parents et leurs rapports entre eux, de certains signes ou figures. Chaque individu est désigné par un cercle **O** ; la personne sur laquelle on veut particulièrement appeler l'attention, par deux cercles concentriques **◎**. Quand il faut distinguer les hommes des femmes, on désigne les femmes par un carré **□**, ou par un triangle **▲**. Le lien du mariage entre deux personnes est indiqué par un arc de cercle réunissant les signes des deux personnes **O‿▲**. La descendance, par une ligne droite tirée de haut en bas entre l'ascendant et le descendant ⚇. Le signe affecté à une personne qu'on veut désigner comme décédée, est barré **⊘**, ou croisé **⊕**.

nymique ou de race, *nomen (gentis)*. Celui qui appartenait à une semblable confédération s'appelait *gentilis*, et pouvait, indépendamment des droits ou devoirs purement politiques, prétendre, dans le sein de sa confédération, *gens*, à divers droits de famille qui n'étaient pas sans importance.

Ainsi la *gentilitas* était doublement intéressante, et comme corporation politique, et comme extension de la famille au point de vue du droit privé. La liaison de la *gentilitas* avec l'antique constitution politique et religieuse explique facilement pourquoi ces unions de *gentiles* durent disparaître de très-bonne heure sous le régime impérial.

Gentiles sunt, qui inter se eodem nomine sunt. Non est satis. Qui ab ingenuis oriundi sunt. Ne id quidem satis est. Quorum majorum nemo servitutem servivit. Abest etiam nunc. Qui capite non sunt deminuti. Hoc fortasse satis est. Cicer., *Topic.*, c. 6.

§ 81.

Liaison de l'ensemble du droit de famille, dans le système romain, avec le *status familiæ*.

Les Romains, dans leur système de droit, n'assignent pas aux relations de famille, c'est-à-dire au mariage, aux rapports des parents avec leurs enfants, une place particulière et indépendante ; ils n'en traitent qu'en passant, dans le *jus quod ad personas pertinet*. Ils posent, dans ce droit des personnes, plusieurs divisions principales des hommes, auxquelles ils rattachent l'exposition des trois *status*.

Ils commencent par la division des hommes en libres et non libres, qui répond très-naturellement au *status libertatis*.

A cette division, ils adaptent immédiatement la

subdivision des hommes libres en ingénus et affranchis. Cela leur donne occasion de traiter en même
temps de la distinction des hommes d'après leur
cité, ce qui répond au *status civitatis*.

Ils terminent le droit des personnes par une
troisième division des hommes en *homines sui juris
vel alieni juris*. Parmi les hommes *alieni juris*, ils signalent particulièrement les *filiifamilias*, et ils arrivent ainsi à la théorie du *status familiæ*. Ce *status*,
d'après ce qui a été dit plus haut, repose sur l'agnation, et celle-ci sur la puissance paternelle.

A ce rapport de famille, d'une si haute importance
à leurs yeux, la *patria potestas*, ils rattachent en passant la théorie du mariage, parce que c'est de la
procréation des enfants dans le mariage que la puissance paternelle résulte le plus naturellement et le
plus habituellement.

Enfin la tutelle et la curatelle [1] sont pour les Romains une institution destinée à prendre soin de
ceux qui ne sont pas sous la puissance paternelle et
qui cependant ne sont pas en état de pourvoir par
eux-mêmes à leurs propres intérêts. De cette manière, la tutelle et la curatelle formaient un appendice de la théorie de la puissance paternelle [2].

Quoiqu'il paraisse bien nécessaire, pour l'intelligence des sources du droit romain de connaître tout
cet enchaînement de leur système juridique, cependant il est peut-être à la fois plus naturel et plus

---

[1] Nous n'avons pas de mot qui, comme le mot allemand *Vormundschaft*, comprenne à la fois la tutelle et la curatelle.

(*Note du traducteur.*)

[2] GAIUS, I, § 9-12, 48, 56, 142. — *Pr.*, *Inst.*, 1, 3, *De jure pers.*
— *Pr.* I., 1, 8, *De his qui sui.* — *Pr. et* § 3, I., 1, 9, *D., De patr. pot.*
— *Inst.* lib. 1, tit. 10, *De nuptiis.* — *Pr.* I., 1, 13, *De tutelis.*

conforme au but d'un cours élémentaire de fixer la place des rapports de famille d'après d'autres vues. En conséquence, nous bornons le *droit des personnes* à la simple théorie du *status;* et nous assignons une place particulière dans le système, sous le nom de *droit de famille*, aux rapports de famille proprement dits, comprenant la théorie du mariage, celle des relations d'ascendants à descendants et de la puissance paternelle en particulier, et enfin celle de la tutelle et de la curatelle.

Ainsi ces rapports de famille, au lieu d'être rejetés sur l'arrière-plan, par une distribution contraire à nos idées modernes, et même à l'esprit du droit romain, surtout dans son dernier état, sont mis, au contraire, dans tout leur jour.

Mais pourquoi faisons-nous précéder le *droit de famille* du *droit relatif aux biens?* La raison en est très-simple : c'est que les rapports de famille ont beaucoup d'influence, en plus d'un point, sur le droit qui concerne les biens, et que, pour comprendre cette influence, il faut préalablement avoir une connaissance générale de ce dernier droit. On a bien essayé de séparer la partie qui traite de cette influence des autres parties du droit de famille, pour en faire un appendice du droit concernant les biens; mais cette séparation conduit aisément, et presque nécessairement, à des répétitions superflues; c'est d'ailleurs un dérangement dans l'harmonie du système, qui rompt l'enchaînement des idées d'une manière très-fâcheuse pour ceux qui commencent l'étude du droit.

LIVRE III.

THÉORIE DU DROIT CONCERNANT LES BIENS.

§ 82.

Aperçu général.

D'après la classification générale des droits selon leur objet, exposée plus haut, § 48, il existe certains droits portant sur des *objets extérieurs qui sont dans nos biens, dans notre patrimoine, bona nostra, res nostræ.* Les principes qui les concernent, forment par leur ensemble, le *droit concernant les biens*[1]. Mais, comme ces objets sont ou des *choses déterminées*, ou des *actions* et *prestations déterminées*, le *droit concernant les biens* se divise naturellement en deux parties principales, le *droit des choses* et le *droit des obligations*.

---

[1] Les Allemands ont pour désigner les biens, la fortune, le patrimoine, un mot très-expressif : *Vermögen*, dont le sens primitif est puissance, force. Les Romains disaient aussi *facultates*, nous disons *moyens ;* mais le mot allemand, par sa composition, est beaucoup plus énergique.　　　　　　　　　　　(*Note du traducteur.*)

PREMIÈRE SECTION.

Droit des choses, ou théorie des droits réels.

CHAPITRE PREMIER.

PRINCIPES GÉNÉRAUX TOUCHANT LES CHOSES, LEURS DIVERSES ESPÈCES
ET LES DROITS DONT ELLES PEUVENT ÊTRE L'OBJET.

§ 83.

Notion des choses et leur division en corporelles
et incorporelles.

Inst., lib. II. tit. 1, *De rerum divisione et adquirendo earum dominio;*
— tit. 2, *De rebus corporalibus et incorporalibus.*

Chose, *res*, dans le sens que ce mot a ici [1], désigne tout ce qui existe corporellement dans l'espace,
sans être une *personne*, partant toutes les parties
limitées du monde extérieur non libre.

Il s'ensuit naturellement qu'il n'y a que les *choses
corporelles*, *res corporales*, *quæ tangi possunt*, qui
soient de vraies *choses*. Telle est aussi, sûrement, la
signification originaire du mot *res*. Cependant les
Romains, soit par des abstractions philosophiques,
soit par suite d'un besoin réel de la jurisprudence,
ont introduit dans leur système juridique l'idée de
choses incorporelles, *res incorporales*, *quæ tangi non
possunt, sed in jure tantum consistunt*. Ils entendent
par choses *incorporelles* tout ce qui n'existe que dans
l'entendement, en idée, notamment, au point de vue

---

[1] Le mot *res* a encore plusieurs autres significations, les unes plus
larges, les autres plus étroites.

juridique, tous les droits, notions de droit et rapports de droit. Ils comparent ces choses incorporelles aux choses proprement dites, parce que celles-là, comme celles-ci, ont une certaine existence à laquelle sont attachées de nombreuses conséquences juridiques. D'un autre côté, ils les distinguent soigneusement des vraies choses, parce que ces rapports de droit, même quand ils ont pour objet des choses corporelles, reposent toujours sur une abstraction juridique, quant à leur existence, à leur essence, à leur étendue et à leur portée. Ils exceptent seulement le droit de propriété ou domaine (*dominium*); car ils considèrent la propriété comme étant elle-même quelque chose de corporel, et en conséquence, au lieu de nommer le droit, ils nomment simplement l'objet du droit, la chose corporelle elle-même[1]. Cela est d'ailleurs très-naturel, puisque le droit de propriété ne s'établit que sur des choses corporelles, et se confond réellement au fond avec son objet, la chose corporelle, qui est entièrement et à tous égards soumise à la domination du propriétaire.

Rerum definitionum autem duo sunt genera. Unum earum rerum, quæ sunt, alterum carum rerum, quæ intelliguntur. Esse ea dico, quæ cerni tangive possunt, ut fundum, ædes... Non esse rursus ea dico, quæ tangi demonstrarive non possunt, cerni tamen animo atque intelligi possunt, ut si usucapionem, si tutelam, si gentem, si agnationem definias, quarum rerum nullum subest quasi corpus, est tamen quædam conformatio insignita et impressa intelligentiæ, quam notionem voco. Cic., *Top.*, c. 5.

Non solum *res* in stipulatum deduci possunt, sed etiam *facta*, ut si stipulemur, aliquid fieri, vel non fieri. § 7, I., III, 15, *De verborum obligat.*

---

[1] Voy. mon *Exposé des principes généraux du droit romain sur la propriété*, etc., 2ᵉ édition, nᵒ 6, p. 5-7.

Quædam præterea res corporales sunt, quædam incorporales. Corporales hæ sunt, quæ tangi possunt, veluti fundus, homo, vestis, aurum, argentum, et denique aliæ res innumerabiles. Incorporales sunt, quæ tangi non possunt, qualia sunt ea, quæ in jure consistunt, sicut hereditas, ususfructus, obligationes quoquo modo contractæ. Nec ad rem pertinet, quod in hereditate res corporales continentur; nam et fructus, qui ex fundo percipiuntur, corporales sunt, et id, quod ex aliqua obligatione nobis debetur, plerumque corporale est, veluti fundus, homo, pecunia; nam ipsum jus successionis et ipsum jus utendi fruendi, et ipsum jus obligationis incorporale est. GAI., fr. 1, § 1, D., 1, 8, *De divis. rer. et qual.*

§ 84.

Division des choses suivant qu'elles sont dans le commerce ou hors du commerce.

GAI., *Comm.*, liv. II, § 2, seq.
Inst., lib. II, tit. 1, *De rerum divisione.*
Dig., lib. I, tit. 8, *De divisione rerum et qualitate.*

Ce qui rend les choses proprement dites si importantes pour le droit privé, c'est la propriété qu'elles ont de pouvoir être soumises à la domination légale exclusive, au domaine des hommes, notamment des hommes privés, des particuliers, de faire partie de leurs biens. Il ne faut pas confondre avec cette aptitude des choses, la circonstance purement accidentelle et de fait, qu'une chose a actuellement un maître, ou qu'elle n'en a pas et se trouve en ce moment *res nullius*.

Toutefois cette propriété n'appartient pas absolument à toutes les choses, elle ne leur appartient pas surtout dans la même mesure. Il y a à cela diverses raisons. C'est en s'en rendant compte qu'on reconnaîtra si ces choses ne peuvent pas absolument appartenir à des hommes, sont *res nullius* dans ce sens;

15

ou bien si seulement elles ne peuvent pas appartenir à un particulier, être *res singulorum ;* ensuite si c'est absolument et pour toujours, ou bien seulement dans les circonstances présentes.

D'abord il y a des choses qui, d'après leur condition physique même, et par conséquent *jure gentium,* ne peuvent appartenir exclusivement à un homme, parce qu'elles sont soustraites par la nature au pouvoir des hommes, ou que, du moins, elles sont destinées à l'usage commun de tous les hommes. Ces choses sont dites, par cette raison, *res communes omnium hominum.*

Parmi les autres choses, il y en a quelques-unes, nommées pour cela *res divini juris,* qui, par leur destination religieuse, sont telles, que personne, ni l'état, ni les particuliers, ne peut en acquérir la propriété, tant que cet obstacle religieux n'est pas levé. Ce sont, suivant les règles du culte païen des Romains, les *res sacræ, sanctæ et religiosæ.*

Les choses qui n'ont pas ce caractère religieux, et qui s'appellent, par conséquent, *res humani juris,* peuvent toujours sans difficulté appartenir aux hommes, mais ne peuvent pas toujours appartenir à des particuliers, être *res singulorum.* En effet, souvent elles ont reçu une destination publique, et, tant que dure cette destination, elles appartiennent à la généralité du peuple, à l'état, et sont dites *res publicæ.* Il faut donc qu'elles perdent cette affectation publique pour redevenir susceptibles de passer dans le domaine des particuliers. Il faut en dire autant des *res universitatis,* qui n'appartiennent pas à l'état tout entier, mais à une corporation ou communauté, *universitas,* reconnue par l'état, et qui sont souvent comptées par les Romains au nombre des *res publicæ.*

Du reste, quoique les particuliers puissent et doivent faire plus ou moins usage de toutes ces choses qu'on déclare ne pouvoir être *res singulorum*, cela n'altère pas ce caractère juridique.

Ce qui précède explique pourquoi les Romains disent que les choses sont ou *res quæ in nostro patrimonio sunt*, ou *res quæ extra nostrum patrimonium habentur*. Cette division est un peu équivoque ; car elle peut se référer soit à la qualité permanente et de droit de ne pouvoir être dans le domaine d'un particulier, soit à la circonstance accidentelle et de fait de n'être actuellement dans le domaine d'aucun particulier : il ne faut donc pas la confondre avec une autre division, qui s'y lie intimement, mais qui n'est pas identique, suivant laquelle les choses sont ou *in commercio*, ou *extra commercium*.

Les choses qui sont dans le commerce, *res in commercio*, peuvent, d'après leur nature, non-seulement appartenir à des particuliers, mais encore, conformément aux règles du libre commerce, être efficacement transférées par le propriétaire actuel à un autre. Cependant cette dernière aptitude ne se rencontre pas dans toutes ces choses au même degré, de manière que la translation à d'autres puisse toujours s'opérer avec la même facilité. La faculté de transport, pour les *mancipi res*, dépend de plus de conditions que pour les *nec mancipi res*. L'importance pratique de cette distinction se montrera plus loin dans la théorie de l'acquisition de la propriété.

On nous signale comme *mancipi res* : les immeubles situés *in italico solo*, certains droits attachés à ces fonds italiques, savoir les *servitutes prædiorum rusticorum*, les esclaves et toutes les bêtes de trait et de somme employées en Italie. Toutes les autres choses, considérées individuellement, étaient *nec mancipi res*. Au contraire, l'ensemble des biens d'une personne pris en masse, formant une *universitas*, était traité comme une *mancipi res*, parce que ordinairement cet ensemble complexe de choses comprenait entre autres beaucoup de *mancipi res*. C'est ce qui se remarque dans la manière dont on disposait par testament de l'universalité de sa succession.

On n'est point d'accord sur le motif et le caractère de cette distinction des *mancipi* et *nec mancipi res*.

Modo videamus de rebus, quæ vel in nostro patrimonio sunt, vel extra nostrum patrimonium habentur. Quædam enim naturali jure communia sunt omnium, quædam publica, quædam universitatis, quædam nullius, pleraque singulorum, quæ variis ex causis cuique adquiruntur, sicut ex subjectis apparebit.

Et quidem naturali jure communia sunt omnium hæc : aer, aqua profluens, et mare et per hoc littus maris.... Flumina autem omnia et portus publica sunt.... Universitatis sunt, non singulorum, veluti quæ in civitatibus sunt, ut theatra, stadia, et similia, et si qua alia sunt communia civitatum.

Nullius autem sunt res sacræ, et religiosæ, et sanctæ. Quod enim divini juris est, id nullius in bonis est.

Sacra sunt, quæ rite et per pontifices Deo consecrata sunt, veluti ædes sacræ, et dona, quæ rite ad ministerium Dei dedicata sunt.

Religiosum locum unusquisque sua voluntate facit, dum mortuum infert in locum suum.

Sanctæ quoque res, veluti muri et portæ, quodam modo divini juris sunt, et ideo nullius in bonis sunt. Ideo autem muros sanctos dicimus, quia poena capitis constituta est in eos, qui aliquid in muros deliquerint. Ideo et legum eas partes, quibus poenas constituimus adversus eos, qui contra leges fecerint, sanctiones vocamus. § 7-10, I., ii, 1, *De rer. divis.*

Quod autem divini juris est, id nullius in bonis est ; id vero, quod humani juris est, plerumque alicujus in bonis est ; potest autem et nullius in bonis esse. GAI., ii, § 9.

Omnes res aut mancipi sunt, aut nec mancipi. Mancipi res

sunt prædia in italico solo, tam rustica, qualis est fundus, quam urbana, qualis domus. Item jura prædiorum rusticorum, veluti via, iter, actus et aquæductus. Item servi et quadrupedes quæ dorso collove domantur, veluti boves, muli, equi, asini. Cæteræ res nec mancipi sunt. Elephanti et cameli, quamvis collo dorsove domentur, nec mancipi sunt, quoniam bestiarum numero sunt. ULPIAN., *Fragm.*, IX, § 1.

§ 85.

Autres divisions des choses d'après leurs qualités physiques ou juridiques.

Les choses (corporelles) sont, d'après leur manière d'être naturelle, ou immobilières, immeubles, *immobiles res, solum et res soli*, ou mobilières, meubles, *mobiles res*. On distinguait parmi les premières l'*italicum solum*, dont l'opposé était les *prædia provincialia*, c'est-à-dire tous les immeubles situés hors de l'Italie, sauf ceux qui étaient dans le territoire d'une cité gratifiée du *jus italicum*. Les fonds provinciaux n'étaient pas susceptibles du droit de propriété rigoureuse, quiritaire.

C'est aussi, du moins en partie, sur une qualité naturelle des choses que repose la division, si importante pour le droit d'obligation, en *res quæ pondere, numero, vel mensura consistunt*, et en *res quæ non pondere, numero, vel mensura consistunt*.

Dans les choses de la première espèce se range l'argent monnayé, *pecunia*, dans le sens étroit du mot, c'est-à-dire les pièces de métal frappées en monnaie, moyen universel de commerce et d'échange, auquel se ramène et d'après lequel se calcule la valeur de toutes les autres choses.

Il ne faut pas confondre avec cette division-ci

une autre division qui accidentellement coïncide souvent avec elle, mais qui repose sur une base toute différente, savoir, la division des choses en *res quæ usu non consumuntur vel minuuntur*, et *res quæ usu consumuntur, quæ in abusu consistunt.*

Mutui datio consistit in his rebus, quæ pondere, numero, mensura consistunt, quoniam earum datione possumus in creditum ire, quia in genere suo functionem recipiunt, per solutionem, quam specie. PAULUS, fr. 2, § 1, D., XII, 1, *De reb. credit.*

Mutui autem datio in iis rebus consistit, quæ pondere, numero, mensura constant, veluti vino, oleo, frumento, pecunia numerata, ære, argento, auro, quas res aut numerando, aut metiendo, aut adpendendo in hoc damus, ut accipientium fiant. Et quoniam nobis non eædem res, sed aliæ ejusdem naturæ et qualitatis redduntur, inde etiam mutuum appellatum est, cæt. Pr., I, III, 14, *Quib. mod. re contrah. oblig.*

§ 86.

Définition des *jura in re*, droits réels; leurs diverses espèces.

Les droits qui, quant à leur objet, portent immédiatement sur des choses déterminées, se nomment, d'après ce qui a été dit ci-dessus (§ 48), *jura in re, droits réels*. De leur définition même il résulte que, en vertu de ces droits, une chose déterminée, qui en est l'objet propre, est toujours, sous certains rapports, plus ou moins assujettie à la domination et à la volonté d'une personne.

Sur le plus ou moins d'étendue de cette domination repose la distinction entre le *jus in re propria*, le droit réel qu'on a sur sa propre chose, *droit de propriété*, et les *jura in re aliena*, les droits réels sur la chose d'autrui, souvent nommés, tout simplement et par excellence, *jura in re.*

Par le premier de ces droits, qui forme l'espèce

primitive, la plus simple et la plus naturelle de droit réel, une chose nous est soumise absolument et à tous égards, et par cette raison on dit que c'est notre *propre* chose.

Par les autres droits, qui ne sont en quelque sorte que des émanations, des démembrements, des parties détachées du droit de propriété, une chose qui nous est *étrangère* quant à la propriété est soumise aussi à notre domination, mais seulement d'une manière partielle, sous un rapport limité, et à certains égards, précisément par la raison que le droit de propriété d'une autre personne doit continuer de subsister à côté de notre droit. Comme une chose peut être soumise à notre pouvoir juridique pour diverses fins et dans des limites diverses, on peut concevoir diverses espèces de *jura in re aliena*.

Pour donner à ceux à qui compètent des *jura in re* une complète sécurité, il faut que ces droits soient d'une nature absolue et généralement obligatoire; aussi nous trouvons que ces droits, au moins dans leur état de parfait développement, sont tous protégés par des revendications, des actions réelles. Mais cela n'est point nécessairement de leur essence; l'histoire de l'ancien droit romain nous fournit des exemples du contraire.

CHAPITRE II.

I.

Introduction générale.

§ 87.

Ce que c'est que la propriété ; ce qu'elle comprend naturellement
et régulièrement.

La *propriété* est le droit réel qu'a sur la chose
corporelle qui lui est *propre*, un homme qui prend
de là le nom de *propriétaire*. Ce droit soumet cette
chose à sa domination si complétement que, en règle
générale et dans le doute, elle dépend entièrement
de la volonté du propriétaire ; partant celui-ci est autorisé exclusivement à en disposer de toute manière.

En conséquence, la propriété est aussi désignée
par excellence, comme le droit de *domination* sur
une chose, le *dominium*, et le propriétaire comme
le *dominus*, le *maître* de la chose.

Cette définition n'est point en contradiction avec
les restrictions que la propriété peut souffrir, à
plusieurs égards, par suite de rapports particuliers
et pour divers motifs, lorsqu'un ou plusieurs droits
sur la chose sont enlevés au propriétaire, détachés
de la propriété et souvent même transportés à d'autres ; car cet état incomplet de la propriété, par
l'absence de quelques-uns des droits élémentaires
qui la constituent, se présente toujours comme exception à la règle. Il peut sans doute exister ; mais,
parce qu'il n'est qu'un écart de la règle, la présomption est contre lui ; tandis que, au contraire,

l'état illimité de la propriété, étant la règle, a pour lui la présomption. C'est un principe dont les conséquences importantes se montreront plus loin.

La cause de ces limitations apportées à la propriété peut varier beaucoup. Elle peut se rencontrer dans des dispositions générales de la loi, qui, une fois pour toutes, par de hautes considérations, mettent des bornes à certains modes d'exercice de la propriété, de la propriété immobilière surtout, afin de maintenir les bons rapports de voisinage, ou de favoriser l'agriculture, ou par des raisons tirées de la police des bâtiments. Mais ces limitations sont bien plus souvent fondées sur des rapports particuliers et individuels; car le propriétaire, en vertu de son droit de disposer de la chose, est libre de détacher certaines parties intégrantes de sa propriété pour les transporter à d'autres.

D'après l'idée naturelle de la propriété, telle que nous l'avons exposée, une énumération plus spéciale des divers droits réels qui y sont renfermés ne semble pas nécessaire; en effet, tant qu'une exception particulière ne peut être prouvée, la propriété comprend toutes les manières possibles d'agir sur la chose, *tous les droits possibles*, et cela avec un caractère *exclusif*. Néanmoins, soit pour faciliter l'analyse de la matière, soit par d'autres motifs, on cherche ordinairement à ramener tous les droits élémentaires qui constituent la propriété à trois classes principales, qui, il est vrai, rentrent, à plusieurs égards, les unes dans les autres.

1° Le *droit de jouissance*, c'est à-dire de faire servir la chose à tous les usages possibles, d'en recueillir tous les fruits ou produits, *jus utendi et fruendi*.

2° Le *droit de libre disposition*, ce que les modernes appellent *jus disponendi*[1], c'est-à-dire le droit qu'a le propriétaire non-seulement d'agir *physiquement* sur la chose à sa volonté, d'en changer la forme extérieure, mais encore d'en disposer *juridiquement*, en changeant le rapport de droit qui la concerne, notamment en renonçant, en tout ou en partie, à sa propriété sur cette chose, en l'*aliénant*[2].

3° Le *droit à la possession*, c'est-à-dire à la détention corporelle paisible de la chose, comme moyen physique nécessaire pour pouvoir exercer complétement la propriété.

§ 88.

La possession en particulier.

Dig., lib. XLI, tit. 2, *De adquirenda vel amittenda possessione.*
Cod., lib. VII, tit. 32, *De adquirenda et retinenda possessione.*

Posséder une chose, *possidere*, *tenere*, c'est, en général, tenir sous notre puissance une chose corporelle, de manière qu'elle soit entièrement soumise à notre domination physique.

On comprend que cet état de détention corporelle, de possession naturelle ne peut commencer que par un fait extérieur, propre à fonder d'une manière durable cette possibilité d'agir physiquement et exclusivement sur la chose, à sa volonté. *Possessio corpore sive facto adquiritur.* Par la même raison, cet état

---

[1] Les Romains disaient *jus abutendi*, droit de faire un usage définitif, qui n'est pas, comme l'usage et la jouissance qu'expriment les mots *uti* et *frui*, susceptible de se renouveler, de se répéter.
(*Note du traducteur.*)

[2] Le propriétaire peut aussi abdiquer sa propriété simplement, sans se donner un successeur, sans *aliéner*. (*Note du traducteur.*)

de possession ne dure qu'aussi longtemps que quelque changement de fait ne vient point mettre le possesseur dans une position où il lui devient physiquement impossible d'agir désormais exclusivement sur la chose, à son gré, par lui-même ou par d'autres. *Possessio corpore sive facto contrario, in contrarium acto amittitur.*

Comme la possession est un moyen extérieur nécessaire à l'exercice de la propriété, elle tombe dans la sphère du droit et a un sens juridique, quoiqu'en elle-même, et d'après son essence originaire, elle soit un simple fait. C'est aussi une conséquence de l'idée de la propriété exposée plus haut, que le propriétaire, comme tel, en règle générale, tant que, par exception, quelques motifs particuliers ne s'y opposent point, peut exiger la possession paisible de la chose, et la défendre par les voies de droit contre tout trouble. Sous ce rapport, la *possession* est à la *propriété*, comme l'élément matériel est à l'élément légal, comme l'exercice du droit et la possibilité physique de cet exercice sont au droit lui-même [1].

Maintenant, de même que le propriétaire ne possède pas nécessairement toujours sa chose, et même n'a pas toujours le droit d'en exiger la possession, de même, réciproquement, on peut posséder une chose sans en être propriétaire, on peut posséder la chose d'autrui.

Cela peut arriver tantôt avec droit, tantôt sans droit, et le but du possesseur peut varier beaucoup.

---

[1] On peut dire que c'est le *fait* dans lequel le *droit* vient se réaliser. Voy. mon *Exposé des principes généraux du droit romain sur la propriété*, etc., 2ᵉ édit., n° 7, p. 8-10.   (*Note du traducteur.*)

Ainsi le possesseur réunit souvent à la détention naturelle de la chose l'intention de s'en attribuer en même temps la propriété, il veut exercer formellement le droit de propriété sur cette chose. Alors sa possession prend, par cette intention, un certain caractère juridique tout particulier; car le droit romain rattache à un semblable exercice de fait de la propriété, abstraction faite de la question de savoir si le droit de propriété appartient véritablement ou non à celui qui l'exerce, certaines conséquences de droit, certains effets favorables au possesseur. C'est pourquoi on nomme une pareille possession, *possession juridique*, par opposition à la *possession non juridique*, c'est-à-dire aux cas où l'on a une chose corporellement en son pouvoir, mais sans l'intention de s'attribuer le droit de propriété.

Les Romains nomment, dans un sens large, toute possession *possessio*; mais, dans un sens étroit, rigoureux, technique, ils désignent, par l'expression *possessio* et *possidere*, seulement cette espèce de possession que nous appelons *juridique*: ils désignent la possession non juridique par les expressions *habere, tenere rem*, ou *naturaliter possidere, naturalis possessio*.

D'après l'explication qui précède, ce qui convertit la possession de fait en une possession de droit, en une possession proprement dite, c'est une certaine *intention*, savoir l'intention de s'attribuer le droit de propriété sur la chose, l'*animus (sibi) possidendi*, appelé aussi simplement *animus*. Cela explique pourquoi l'on dit en droit romain : *possessio corpore (facto) et animo adquiritur*. Et comme cette intention, qui a existé jusqu'à cet instant, peut ensuite cesser d'exister, à cette maxime se rattache immédiatement cette autre maxime : *pos-*

sessio corpore et animo contrario (in contrarium acto) amittitur.

Ce qui caractérise la possession *juridique*, ce sont certains effets de droit qui s'y rattachent, en faveur du possesseur, les *jura possessionis*. Ainsi celui qui possède une chose *comme propriétaire*, soit qu'il en ait véritablement la propriété, ou qu'il ne l'ait pas, soit que, dans ce dernier cas, il croie être propriétaire, ou que sciemment il s'attribue à tort cette propriété, peut cependant provisoirement prétendre à la garantie de droit contre tout fait qui trouble arbitrairement sa possession. Cette garantie consiste dans les *interdits possessoires*, c'est-à-dire dans certaines actions personnelles, par lesquelles le possesseur, en suivant la forme propre à la procédure des interdits, peut écarter tout trouble apporté à sa possession. Ainsi, quand le possesseur, par suite de cette voie de fait, a déjà perdu la possession physique, il peut, au moyen des *recuperandæ possessionis interdicta*, exiger la restitution immédiate de sa possession. Au contraire, si les voies de fait qui ont été exercées ne l'ont point encore dépouillé de sa possession, il peut, en intentant les *retinendæ possessionis interdicta*, faire maintenir et respecter sa possession actuelle. (Voy. ci-dessus, § 55).

Toute possession juridique donne donc droit à être protégé par les interdits possessoires, et cette protection forme le caractère *général* de la possession juridique, qu'aussi les modernes nomment ordinairement *possession relative aux interdits, possessio ad interdicta*. Mais la possession peut encore, avec l'adjonction de certaines circonstances, avoir un autre effet, une autre conséquence juridique plus importante.

En effet, celui qui a acquis, d'une certaine manière, la possession juridique d'une chose, sans en être devenu propriétaire, peut convertir sa possession en propriété par cela même qu'il continue de posséder, pendant un certain temps, paisiblement et sans interruption. Il acquiert alors, par l'usage, *usus*, la propriété de la chose, *rem usu capit*, *usucapio*. Cela suppose, comme condition préalable, qu'il a acquis la possession de la chose d'une manière juste, *justo titulo*, et dans la croyance loyale qu'il peut s'en attribuer la propriété, *bona fide*. Une semblable possession juridique qui peut ainsi conduire à l'usucapion est appelée par excellence, dans les sources, *civilis possessio*, à cause de cet effet de droit civil rigoureux.

Tout cela n'est littéralement vrai que des choses *corporelles;* car une chose incorporelle ne peut, d'après sa nature, être corporellement en notre pouvoir, être possédée. Cependant le besoin pratique a suggéré aux Romains l'idée d'appliquer, par analogie, les effets de la possession juridique à certains *droits*, notamment aux *servitudes*. Alors l'*exercice du droit* prend la place de la détention corporelle, *corpus*, *factum*, et l'intention de s'attribuer le droit qu'on exerce sur la chose d'autrui, prend la place de l'*animus sibi possidendi*. C'est ce qu'on appelle *quasi possessio*, ou *juris possessio*, par opposition à la *vera possessio*, ou *corporis possessio*.

Possideri autem possunt, quæ sunt corporalia. Et adipiscimur possessionem corpore et animo, neque per se animo, aut per se corpore. PAULUS, fr. 3, pr. et § 1, D., XLI, 2, *De adquirenda vel amittenda possessione.*

Quemadmodum nulla possessio adquiri, nisi animo et corpore, potest, ita nulla amittitur, nisi in qua utrumque in contrarium actum est. PAULUS, fr. 8, D., *cod.*

Sequens divisio interdictorum hæc est, quod quædam adipiscendæ possessionis causa comparata sunt, quædam retinendæ, quædam recuperandæ....

Retinendæ possessionis causa comparata sunt interdicta *uti possidetis* et *utrubi*, quum ab utraque parte de proprietate alicujus rei controversia fit, et ante quæritur, uter ex litigatoribus possidere, uter petere debeat.... Sed interdicto quidem *uti possidetis* de fundi vel ædium possessione contenditur, *utrubi* vero interdicto de rerum mobilium possessione....

Recuperandæ possessionis causa solet interdici, si quis ex possessione fundi, vel ædium vi dejectus fuerit. Nam ei proponitur interdictum *unde vi*, per quod is, qui dejecit, cogitur ei restituere possessionem, cæt. § 2, 4 et 6, I., IV, 15, *De interdictis*.

Usucapio est adjectio dominii per continuationem possessionis temporis lege definiti. Modestinus, fr. 3, D., XLI, 3, *De usurp. et usuc.*

Fieri potest, ut alter possessor sit, dominus non sit, alter dominus quidem sit, possessor non sit; fieri potest, est et possessor idem et dominus sit. Ulpianus, fr. 1, § 2, D., XLIII, 17, *Uti possidetis*.

II.

Histoire de la propriété.

§ 89.

Ancien droit romain.

L'idée de propriété (*alicujus, meum, nostrum esse*) est si naturelle qu'on peut admettre qu'elle est aussi ancienne que le droit romain lui-même.

Il n'y avait originairement qu'une seule espèce de propriété, qu'on exprimait par la formule : *meum est ex jure Quiritium*.

Ce n'est que plus tard qu'on employa pour la désigner le mot *dominium;* et, après qu'à côté d'elle il se fut formé une autre espèce de propriété, on y ajouta, pour ne pas la confondre avec celle-ci, l'épithète de *justum, legitimum dominium, dominium ex jure Quiritium*.

Elle avait sous tous les rapports une nature très-rigoureuse. Sous le rapport du sujet, il n'y avait que les *cives romani* et ceux qui avaient le *commercium* qui en fussent capables. D'un autre côté, elle n'existait originairement, comme vraie propriété privée, pour les particuliers, *privati*, *privi*, que sur les choses mobilières ; car les immeubles, l'*ager publicus*, étaient exclusivement la propriété de l'état, et les simples citoyens pouvaient seulement, par une concession, obtenir la *possessio*, c'est-à-dire la possession temporaire avec la jouissance. Cette limitation de la propriété aux choses mobilières disparut bientôt. Elle fut remplacée par une autre limitation, d'après laquelle la propriété quiritaire n'était possible que sur les fonds situés *in italico solo*, et non sur les fonds provinciaux.

Cette propriété n'était acquise que par des *acquisitiones civiles*, c'est-à-dire par des formes et des événements que le *jus civile* avait créés spécialement pour ce but, ou que, malgré leur origine tirée du *jus gentium*, il avait adoptés et confirmés.

Enfin le caractère strictement civil de cette propriété se manifestait encore et dans le pouvoir absolu à tous égards du *dominus* sur sa chose, et dans l'action rigoureuse que le droit civil donnait pour la garantir, la *rei vindicatio*. Par cette action le propriétaire pouvait, quand il avait perdu la possession de la chose, en exiger la restitution gratuite de tout détenteur indistinctement, chez qui il la trouvait, et la lui enlever. Ce procès en revendication pouvait, d'après l'ancien droit romain, être introduit et poursuivi sous deux formes : au moyen de la *formula petitoria*, avec cette *intentio : rem actoris esse ex jure Quiritium ;* au moyen de la procédure *per sponsionem.* (Voy. ci-dessus, § 53.)

Les *adquisitiones civiles* susmentionnées étaient, ou *rerum singularum adquisitiones*, ou *per universitatem adquisitiones*.

Ces dernières trouveront plus convenablement leur place dans une autre partie de ce cours.

Parmi les *singularum rerum adquisitiones* il faut remarquer comme les plus importantes :

1. L'*addictio*, dans le sens large du mot. Elle reposait sur une formalité judiciaire, sur une déclaration attributive de la propriété, prononcée par le magistrat, organe de l'état, au nom du peuple. Ici viennent se ranger comme espèces :

a. L'*emptio sub corona*, en vertu d'une adjudication prononcée par le *magistratus* fonctionnant comme chef militaire, ou par le *quæstor*, dans la vente aux enchères publiques du butin fait à la guerre.

b. La *sectio bonorum*, en vertu d'une adjudication prononcée par le magistrat, soit aussi dans l'encan du butin, soit dans certaines enchères judiciaires d'un autre genre. La pique, *hasta*, plantée en terre devant le magistrat, était le signe indicatif du butin pris sur l'ennemi, et ce signe fut plus tard transporté à toutes les ventes aux enchères faites au nom de l'état : *subhastatio*.

c. L'*in jure cessio*, la forme la plus générale de translation de la propriété, applicable à toute espèce de choses. Elle consiste en un procès imaginaire de revendication. Celui qui voulait acquérir réclamait la chose comme sa propriété par la *rei vindicatio*, devant le *magistratus juri dicundo* : *rem vindicabat*. Le propriétaire qui voulait aliéner lui abandonnait la chose volontairement, sans faire de contre-revendication, comme défendeur : *rem in jure cedebat*. Le *magistratus* déclarait alors que la chose appartenait au revendiquant : *rem addicebat*.

16

Au reste, nous trouvons, au moins plus tard, l'*in jure cessio* appliquée non-seulement à la translation des choses corporelles, mais encore au transport de droits de toute espèce.

2. La *mancipatio*, appelée aussi *venditio solemnis per æs libram*, ou *imaginaria venditio*.

C'était un mode de translation de la propriété, qui avait pour forme extérieure celle du *nexum*, et, sans doute, pour but une certaine publicité extra-judiciaire.

Par là s'expliquent très-simplement toutes les conditions essentielles de la mancipation, notamment celle qui exige, outre la présence des parties, l'assistance de cinq citoyens romains convoqués dans l'origine comme représentants du peuple entier et de ses cinq classes. Devant ces témoins et le *libripens* s'opérait la vente simulée, avec le symbole de la pesée du morceau de cuivre, *æs*.

Les conditions particulières de la translation de propriété étaient réglées par la convention verbale qui l'accompagnait, *lex mancipii* [1], ou *fiducia*, qui était d'une nature strictement obligatoire.

Il n'était pas nécessaire que la mancipation des immeubles se fît sur les lieux ; mais, pour les meubles, la règle était si rigoureuse, qu'il n'en devait pas être vendu à la fois plus qu'on n'en pouvait tenir à la main.

Du reste, on pouvait revêtir des formes de la mancipation, non-seulement la translation de la propriété, quelle que fût la cause de cette transla-

---

[1] Probablement aussi *nuncupatio* : « Quum mancipium nexumve facit, uti lingua nuncupassit, ita jus esto, » dit la loi des Douze Tables.
(*Note du traducteur.*)

tion, une vente véritable, une donation, etc., mais encore beaucoup d'autres affaires civiles; et c'est là précisément ce qui donnait à la mancipation une si haute importance dans le droit romain, comme moyen universel de *commercium*.

3. La *traditio*. Il paraît que, de très-bonne heure, la simple translation de la possession, sans aucune forme, faite par le propriétaire à un autre, quand elle avait lieu réellement dans le but de transférer la propriété et était par conséquent fondée sur une *justa causa*, produisait, pour les *res nec mancipi*, le même effet que la solennité de la mancipation pour les *res mancipi*.

4. L'*adjudicatio*. Nous en parlerons plus en détail ci-après, § 95.

5. L'*usucapio*. Elle reposait sur le principe général que quiconque a acquis d'une juste manière la possession d'une chose, la *possessio civilis*, sans en acquérir la propriété quiritaire, peut convertir ultérieurement sa possession en propriété, en continuant de posséder la chose pendant un certain temps légalement déterminé, sans interruption et sans trouble. (Voy. ci-après, § 98).

6. La *lex*. Ce qui comprend certains cas [1] dans lesquels l'acquisition immédiate de la propriété est attachée par une loi, ancienne ou nouvelle, à un événement déterminé. On nous cite, comme exemples, le *caducum*, l'*ereptitium*, le *per vindicationem*

---

[1] Notre auteur dit : *certains autres cas*, ce qui semblerait indiquer une ressemblance entre ce mode d'acquisition et les précédents. Si telle était sa pensée, elle manquerait d'exactitude. L'acquisition *lege* diffère essentiellement des autres, en ce que la propriété y est transférée par la seule force de la loi, sans aucun fait actuel de l'homme.

(*Note du traducteur.*)

legatum; ces cas trouveront leur développement dans une autre partie du système.

Singularum rerum dominium nobis adquiritur mancipatione, traditione, usucapione, in jure cessione, adjudicatione, lege. ULPIAN., *Fragm.*, XIX, 2.

In emtionibus dominum legitimum sex fere res perficiunt : s hereditatem justam adiit, si, ut debuit, mancipio ab eo accepit, a quo jure civili potuit, aut si in jure cessit, qui potuit, et id ubi oportuit, aut si usu cepit, aut si e præda sub corona emit, tumve, quum in bonis sectioneve cujus publice venit. VARRO, *De re rustic*, lib. II, c. 10, § 4.

Est.... mancipatio.... imaginaria quædam venditio, quod et ipsum jus proprium civium romanorum est. Eaque res ita agitur, adhibitis non minus quam quinque testibus, civibus romanis puberibus, et præterea alio ejusdem conditionis, qui libram æneam teneat, qui appellatur libripens. Is, qui mancipio accipit, rem tenens ita dicit : *hunc ego hominem ex jure Quiritium meum esse aio, isque mihi emtus est hoc ære æneaque libra.* Deinde ære percutit libram idque æs dat ei, a quo mancipio accipit, quasi pretii loco. GAI., I., § 119.

Res mobiles non nisi præsentes mancipari possunt, et non plures, quam quæ manu capi possunt; immobiles autem etiam plures simul, et quæ diversis locis sunt, mancipari possunt. ULPIAN., *Fragm.*, XIX, § 6.

Nexum est, ut ait Gallus Ælius, quodcunque per æs et libram geritur, idque necti dicitur. Quo in genere sunt hæc : testamenti factio, nexi datio, nexi liberatio. FESTUS, v. *Nexum.*

Traditio propria est alienatio rerum nec mancipi. Harum rerum dominia ipsa traditione adprehendimus, scilicet si ex justa causa traditæ sunt nobis. ULPIAN. *Fragm.*, XIX, § 7.

In jure cessio hoc modo fit. Apud magistratum populi romani, veluti apud prætorem, vel apud præsidem provinciæ is, cui res in jure ceditur, rem tenens ita dicit : *hunc ego hominem ex jure Quiritium meum esse aio.* Deinde, postquam hic vindicaverit, prætor interrogat eum, qui cedit, an contra vindicet. Quo negante aut tacente tunc ei, qui vindicaverat, eam rem addicit. GAI., II, § 24.

In jure cedi res etiam incorporales possunt, velut ususfructus, et hereditas, et tutela legitima, et libertas. ULPIAN., *Fragm.*, XIX, § 11.

Lege nobis adquiritur velut caducum, vel ereptitium ex lege

Papia Poppæa. Item legatum ex lege Duodecim Tabularum, sive mancipi res sint, sive nec mancipi. ULPIAN., *eod.*, § 17.

§ 90.

Droit romain intermédiaire.

Par l'entremise du droit prétorien, il se forma, peu à peu, une sorte de degré intermédiaire entre ces deux positions, être propriétaire ou ne l'être pas. Au-dessous du *dominium*, ce droit en vertu duquel on dit : *res est alicujus ex jure Quiritium*, il s'établit un nouveau rapport juridique d'une personne à une chose incorporelle, qui peut être considéré comme une propriété imitée du *dominium*. Cette propriété reposait sur le *jus gentium;* cependant elle n'était pas principalement ou exclusivement destinée aux *peregrini*, mais elle avait été instituée surtout pour les citoyens romains.

L'idée fondamentale dont le préteur était parti est celle-ci. Celui qui était entré d'une manière légale, *justo titulo* et *bona fide*, dans la possession juridique d'une chose, qui en avait ainsi la *civilis possessio*, sans en avoir acquis le *dominium ex jure Quiritium*, pouvait au moins, par l'usucapion, convertir sa possession civile en *dominium*. Mais il se trouvait sans protection légale quand il perdait la possession de la chose avant que le temps requis pour l'usucapion fût écoulé, puisqu'il n'avait pas encore la *rei vindicatio*, pour la recouvrer contre le possesseur. Le préteur vint à son secours au moyen d'une fiction par laquelle l'usucapion commencée était considérée comme déjà accomplie, et le droit de propriété comme ainsi établi. Il accordait, en conséquence, au ci-devant possesseur en voie d'arriver à l'usucapion, une action réelle, à l'imitation de la *rei vindicatio*, contre le tiers possesseur de la chose, pour en obtenir la restitution, action qui, du moins plus tard, reçut le nom de *Publiciana in rem actio*.

Mais, maintenant, comment pouvait-il se faire qu'on acquît justement la possession d'une chose, et que pourtant on eût encore besoin de l'usucapion? Cela pouvait arriver dans les deux cas suivants :

1° Lorsque quelqu'un avait acquis une chose très-régulièrement, non pas cependant par une *civilis adquisitio*, mais seulement par une *naturalis adquisitio*, c'est-à-dire seulement par un mode du *jus gentium*, qui n'avait pas été expressément confirmé, à cet égard, par le *jus civile*. Alors, non-seulement il était admis à l'usucapion, mais il était déjà traité au fond absolument comme si la chose lui appartenait en propre. Seulement elle ne lui était pas propre *ex jure Quiritium*, mais *ex jure gentium*, et l'on exprimait ainsi ce rapport de propriété : *res in bonis ejus est*, ou : *rem in bonis habet*. De plus, elle ne lui appartenait pas toujours exclusivement à lui seul. Effectivement, s'il avait acquis la chose par une *naturalis adquisitio* dérivée, par exemple, s'il avait acquis une *mancipi res* par simple tradition du *dominus ex jure Quiritium*, il résultait de là un étrange partage de la propriété [1]; car celui qui transférait la chose retenait, au moins nomina-

---

[1] Je pense que celui qui acquérait une chose même *mancipi* par un mode originaire, par occupation, par exemple, n'avait pas seulement la chose *in bonis*, mais avait immédiatement le *dominium ex jure Quiritium* sans partage, car avec qui aurait-il partagé? qui aurait pu retenir le *nudum jus Quiritium*?... Voy. mon *Exposé des principes généraux du droit romain sur la propriété*, 2e édition, n° 24, p. 24-26.

(*Note du traducteur.*)

lement, certains éléments, certaines parties de sa propriété quiritaire, qu'il n'avait point transportées avec le reste; il les retenait, disons-nous, jusqu'à ce que l'acquéreur, par l'accomplissement de l'usucapion, eût ajouté à sa propriété naturelle, dite bonitaire, l'entière propriété quiritaire. Ce qui, jusqu'à ce moment, manquait à l'acquéreur et restait à l'aliénateur, est ordinairement désigné par les mots *nudum jus Quiritium*. L'acquéreur pouvait néanmoins, avant l'usucapion achevée, faire valoir, avec pleine efficacité, au moyen de la *Publiciana in rem actio* que lui accordait le préteur, sa propriété naturelle contre tout tiers qui retenait la possession de la chose, et même contre le propriétaire quiritaire nominal, à la prétention duquel il pouvait opposer l'*exceptio*, ou la *replicatio rei venditæ et traditæ*.

2° Si l'absence d'une *civilis acquisitio* était un obstacle de forme qui s'opposait à l'acquisition immédiate de la propriété quiritaire, un défaut tenant au fond pouvait, indépendamment de la forme, entraîner une conséquence toute pareille. C'est ce qui arrivait notamment quand, dans un mode d'acquisition dérivé, celui de qui la propriété devait passer à l'acquéreur n'était pas lui-même propriétaire et n'était point, par conséquent, capable de transférer la propriété à d'autres. Alors, si, d'ailleurs, l'acquéreur était *in bona fide*, en ce sens qu'il ignorait cet obstacle, il pouvait, sans difficulté, en prolongeant sa possession, convertir cette *civilis possessio*, ou *bonæ fidei possessio*, en *dominium ex jure Quiritium*, et user, en attendant, de la *Publiciana in rem actio*.

Cependant, avant l'accomplissement de l'usucapion, cette relation du *bonæ fidei possessor* à la chose n'était pas considérée, même *jure naturali et gentium*, comme une propriété véritable, *ejus esse*, mais comme une simple *possession juridiquement protégée*. Par là s'explique aussi pourquoi l'action publicienne, bien qu'elle eût toujours le même fondement, la fiction de l'usucapion accomplie, avait dans ce cas un effet bien moins étendu que dans le cas de la propriété bonitaire. (Voy. ci-après, § 103).

Sequitur, ut admoneamus, apud peregrinos quidem unum esse dominium, ita ut dominus quisque sit, aut dominus non intelligatur. Quo jure etiam populus romanus olim utebatur. Aut enim ex jure Quiritium unusquisque dominus erat, aut non intelligebatur dominus. Sed postea divisionem accepit dominium, ut alius possit esse ex jure Quiritium dominus, alius in bonis habere.

Nam si tibi rem mancipi neque mancipavero, neque in jure cessero, sed tantum tradidero, in bonis quidem tuis ea res efficietur, ex jure Quiritium autem mea permanebit, donec tu eam possidendo usucapias. Semel enim impleta usucapione, proinde pleno jure incipit, et in bonis, et ex jure Quiritium tua esse, ac si ea tibi mancipata, vel in jure cessa esset.

Cæterum etiam earum rerum usucapio nobis competit, quæ non a domino nobis traditæ fuerint, sive mancipi sint eæ res, sive nec mancipi, si modo eas bona fide acceperimus, quum crederemus, eum, qui traderet, dominum esse. GAI., II, § 40, 41, 43.

Datur autem hæc actio (Publiciana) ei, qui ex justa causa traditam sibi rem nondum usucepit, eamque, amissa possessione, petit. Nam, quia non potest eam ex jure Quiritium suam esse intendere, fingitur rem usucepisse, cæt. GAI., IV, § 36.

Ἔστιν ... φυσικὴ δεσποτεία, καὶ ἔννομος δεσποτεία. Καὶ ἡ μὲν φυσικὴ λέγεται *in bonis*, καὶ ὁ δεσπότης βονιτάριος, ἡ δὲ ἔννομος λέγεται *ex jure Quiritium*, τοῦτ'ἔστιν ἐκ τοῦ δικαίου τῶν Κουϊριτῶν· Κουϊρῖται γὰρ οἱ Ῥωμαῖοι ἀπὸ Ῥωμύλου, ἐξ οὗ τὴν ἀρχαιογονίαν ἐσχήκασιν· ὁ δὲ δεσπότης *jure quiritario*. Εἰ δὲ τις τὰς ἀμφοτέρας ἔσχε δεσποτείας, ἐλέγετο *pleno jure dominus*, τοῦτ' ἔστι τελείῳ δικαίῳ δεσπότης, ὡς ἔχων ἀμφοτέρας, τὴν ἔννομον, καὶ τὴν φυσικήν. THEO-PHILUS, ad § 4, I., I, 5, *De libertinis*.

Est igitur... legitimum dominium et naturale dominium. Ac naturale dicitur *in bonis* et dominus *bonitarius ;* legitimum vero dicitur *ex jure Quiritium,* id est Romanorum : Quirites enim dicuntür Romani à Romulo, ex quo originem habuerunt ; et dominus *jure quiritario.* Sed si quis utrumque habebat dominium, dicebatur *pleno jure* dominus, utpote ambo habens, legitimum et naturale. (Trad. Reitz.)

§ 91.

Nouveau droit romain.

Cod., lib. vii, tit. 25, *De nudo jure Quiritium tollendo.*

Déjà, avant Justinien, par suite de divers changements successifs, les idées de *civiles* et *naturales adquisitiones* s'étaient embrouillées et avaient perdu leur importance pratique primitive. En conséquence, Justinien prit une fort bonne mesure en supprimant jusqu'au nom de ces distinctions, qui n'étaient plus que des formes mortes. Ainsi il assimila complétement les acquisitions naturelles et civiles. Non-seulement la distinction entre les *mancipi* et *nec mancipi res* disparut, mais encore les deux formes de propriétés, la propriété bonitaire et la propriété quiritaire, avec toutes les conséquences qui s'y rattachaient, furent réunies, par une fusion très-naturelle de leurs éléments, en un droit de propriété unique ; c'est le *dominium* du nouveau droit romain, sans épithète, et c'est à lui que s'applique maintenant la *rei vindicatio.*

Partant, il ne reste aujourd'hui, pour l'application de la *Publiciana in rem actio,* que le cas de la possession légale, la *bonæ fidei possessio,* dans le sens expliqué plus haut.

De cette manière la propriété romaine, dans le cours de son développement historique, fut enfin ramenée à l'état d'unité d'où elle était originairement partie. Il y a seulement cette différence que, dans cette nouvelle propriété unique, vint se réunir tout ce qui autrefois avait donné lieu d'admettre une double propriété.

Antiquæ subtilitatis ludibrium per hanc decisionem expellentes, nullam differentiam patimur inter dominos, apud quos vel *nudum ex jure Quiritium nomen*, vel tantum *in bonis* reperitur : quia nec hujusmodi volumus esse distinctionem, et nec *ex jure Quiritium* nomen, quod nihil ab ænigmate discrepat, nec unquam videtur, nec in rebus apparet, sed vacuum est et superfluum nomen, per quod animi juvenum, qui ad primam legum veniunt audientiam, perterriti, ex primis eorum cunabilis inutiles legis antiquæ dispositiones accipiunt : sed sit plenissimus et legitimus quilibet dominus sive servi, sive aliarum rerum ad se pertinentium. JUSTINIANUS, *const. un.*, C., VII, 25, *De nudo jure Quirit. tollendo.*

III.

Du dominium *dans le nouveau droit romain.*

A. — Acquisition de ce *dominium* en général.

§ 92.

Observations préliminaires.

Inst., lib. II, tit. 1, *De rerum divisione et adquirendo ipsarum dominio.*
Dig., lib. XLI, tit. 1, *De adquirendo rerum dominio.*

L'acquisition de la propriété est ou *dérivée* ou *originaire.*

L'acquisition dérivée produit cet effet, qu'une personne entre immédiatement dans le droit de propriété préexistant d'une autre, lui succède, dérive sa propriété directement de cette personne.

On ne peut donc acquérir directement de cette manière que les choses qui étaient immédiatement auparavant dans la propriété de quelqu'un, de celui de qui on acquiert. Il y a toujours ici, en même temps, une perte de propriété, à savoir pour celui qui était jusqu'alors propriétaire et auquel on succède.

Au contraire, une acquisition originaire se conçoit même pour des choses qui n'ont jamais été dans la propriété de quelqu'un, ou qui, du moins, n'y étaient pas immédiatement avant l'acquisition.

La distinction des *civiles* et *naturales adquisitiones*, si importante avant Justinien, a perdu pour le nouveau droit romain tout intérêt pratique.

Mais la distinction entre les *adquisitiones rerum singularum* et les *adquisitiones per universitatem*, a conservé son importance.

AA. — Des *adquisitiones rerum singularum*.

§ 93.

Mode d'acquisition dit *occupatio*.

C'est le mode d'acquisition qui est au plus haut degré originaire et naturel. Il consiste en ce que celui qui prend possession d'une chose actuellement sans maître, avec l'intention de s'en attribuer la propriété, devient aussitôt effectivement propriétaire par cet acte unilatéral d'appropriation. Il y a diverses espèces d'occupation d'après les diverses genres de choses sans maître. Ce sont :

1. L'occupation à la chasse, par laquelle celui qui prend vivant ou tue pour se l'approprier, n'importe en quel lieu, un animal sauvage par sa nature, et qui se trouve dans sa liberté naturelle, en acquiert sur-le-champ la propriété.

2. L'invention et l'appropriation de choses mobilières inanimées qui n'appartiennent à personne.

Un des principaux cas de ce genre d'acquisition est la découverte d'un trésor, *thesaurus*, c'est-à-dire de choses précieuses enfouies depuis longtemps, dont on ne peut plus aujourd'hui reconnaître le propriétaire, et qui, en conséquence, peuvent être réputées sans maître. Cependant la doctrine des trésors a varié plusieurs fois dans le droit romain, suivant que les empereurs faisaient prévaloir les intérêts du fisc, ou ceux de l'inventeur et du propriétaire du fond. D'un autre côté, les principes de l'occupation des choses sans maître n'ont jamais été appliqués ici complétement, car le trésor n'est pas considéré uniquement comme une chose sans maître, mais en même temps comme étant une accession du fonds.

3. La conquête et le butin fait à la guerre, selon le principe que l'ennemi n'a aucun droit. Le pays conquis devenait toujours le partage de l'état, tandis que les choses mobilières restaient ordinairement au particulier qui avait fait le butin. Quoique les Romains reconnaissent ce principe et en souffrent l'application contre eux-mêmes, ils l'adoucissent cependant, en faveur des citoyens romains, par le *postliminium* qu'ils ont admis à l'égard de certaines choses.

4. Si quelqu'un, en travaillant une matière appartenant à autrui, a fabriqué pour lui-même une nouvelle espèce, *species*, en lui donnant une forme qu'elle n'avait pas, la matière élaborée cesse d'exister comme telle, et la nouvelle *species* n'a point encore de propriétaire, elle est *res nullius*. Elle échoit donc par occupation à celui qui, au moyen de cette transformation, l'a créée pour lui-même : seu-

lement il faut supposer que la nouvelle espèce ne peut pas être ramenée à sa forme primitive.

Nec tamen ea tantum, quæ traditione nostra fiunt, naturali nobis ratione adquiruntur, sed etiam quæ occupando ideo nacti fuerimus, quia antea nullius essent. Gai., II, § 66.

Feræ igitur bestiæ, et volucres, et pisces, id est omnia animalia, quæ in terra, mari, cœlo nascuntur, simul atque ab aliquo capta fuerint, jure gentium statim illius esse incipiunt. Quod enim ante nullius est, id naturali ratione occupanti conceditur. Nec interest, feras bestias et volucres utrum in suo fundo quisque capiat, an in alieno.

Item lapilli et gemmæ et cetera, quæ in littore inveniuntur, jure naturali statim inventoris fiunt. § 12 et 18, I., 1, 2, *De rer. divis.*

Thesauros, quos quis in suo loco invenerit, divus Hadrianus, naturalem æquitatem secutus, ei concessit, qui invenerit. Idemque statuit, si quis in sacro, aut in religioso loco fortuito casu invenerit. At, si quis in alieno loco, non data ad hoc opera, sed fortuitu invenerit, dimidium domino soli concessit. § 39, I., 1, 2, *De rer. div.*

Thesaurus est vetus quædam depositio pecuniæ, cujus non exstat memoria, ut jam dominum non habeat. Sic enim fit ejus, qui invenerit, quod non alterius sit. Paulus, fr. 31, § 1, D., xli, 1, *De adq. rer. dom.*

Item ea, quæ ex hostibus capimus, jure gentium statim nostra fiunt; adeo quidem, ut et liberi homines in servitutem nostram deducantur, qui tamen, si evaserint nostram potestatem, et ad suos reversi fuerint, pristinum statum recipiunt. § 17, I., 1, 2, *De rer. divis.*

Postliminium est jus amissæ rei recipiendæ ab extraneo et in statum pristinum restituendæ, inter nos ac liberos populos regesque moribus, legibus constitutum. Nam quod bello amisimus, aut etiam citra bellum, hoc si rursus recipiamus, dicimur postliminio recipere. Paulus, fr. 19, pr., D., xlix, 15, *De captivis et postliminio.*

Quum quis ex aliena materia speciem aliquam suo nomine fecerit, Nerva et Proculus putant, hunc dominum esse, qui fecerit, *quia, quod factum est, antea nullius fuerat.* Gai., fr. 7, § 7, D., xli, 1, *De adq. rer. dom.*

Quum ex aliena materia species aliqua facta sit ab aliquo, quæri solet, quis eorum ex naturali ratione dominus sit, utrum is, qui fecerit, an potius ille, qui materiæ dominus fuerit. Ut ecce, si quis ex alienis uvis, aut olivis, aut spicis vinum, aut oleum, aut frumentum fecerit.... Et post multam Sabinianorum et Proculianorum ambiguitatem placuit media sententia existimantium, si ea species ad priorem et rudem materiam reduci possit, eum videri dominum esse, qui materiæ dominus fuerit; si non possit reduci, eum potius intelligi dominum, qui fecerit. Ut ecce, vas conflatum potest ad rudem materiam æris, vel argenti, vel auri reduci, vinum autem, vel oleum, aut frumentum ad uvas, vel olivas, vel spicas reverti non potest. Quod si partim ex sua materia, partim ex aliena speciem aliquam fecerit quis, veluti ex suo vino et alieno melle mulsum miscuerit, aut ex suis et alienis medicamentis emplastrum aut collyrium, aut ex sua lana et aliena vestimentum fecerit, dubitandum non est, hoc casu eum esse dominum, qui fecerit, quum non solum operam suam dederit, sed et partem materiæ præstiterit. § 25, I., II, 1, *De rerum divisione.*

§ 94.

Tradition.

La tradition est le plus important des modes dérivés d'acquisition de la propriété ; elle forme la base de tout le commerce. Il est, en effet, de l'essence de la propriété que le propriétaire d'une chose ait le droit de renoncer à sa propriété, et de la transférer à un autre, en lui abandonnant la possession de cette chose.

Pour que ce but soit atteint, il faut, avant tout, que celui qui livre, l'*auctor*, soit propriétaire, et propriétaire capable de disposer de la chose, ou du moins, ait, à quelque autre titre, le pouvoir de l'aliéner.

Il faut ensuite qu'il ait l'intention de transférer sa propriété à l'autre, et que, de son côté, celui à qui la chose est livrée ait l'intention d'acquérir la propriété. A cela se lie ce principe du droit romain, que la tradition doit être fondée sur une *justa causa*.

Cela veut dire qu'il doit exister une circonstance extérieure, qui dénote et motive suffisamment, en droit, cette intention des deux parties.

Enfin il faut que, conformément à cette *justa causa*, qui, par ce motif, doit précéder la tradition, et est dite aussi *causa præcedens*, la possession de la chose soit transférée à l'acquéreur, ou bien, s'il l'avait déjà auparavant, lui soit laissée en vue de le rendre propriétaire.

Au reste, aucune formalité particulière n'est maintenant exigée en aucun cas, dans le transport de la possession de la chose, depuis l'assimilation des *civiles* et *naturales acquisitiones*, ainsi que des *mancipi* et *nec mancipi res*.

Per traditionem quoque, jure naturali, res nobis adquiruntur. Nihil enim tam conveniens est naturali æquitati, quam voluntatem domini, volentis rem suam in alium transferre, ratam haberi. Et ideo, cujuscunque generis sit corporalis res, tradi potest, et a domino tradita alienatur. § 40, I., ii, *De rer. div.*

Nihil autem interest, utrum ipse dominus tradat alicui rem, an, voluntate ejus, alius. § 42, I., *eod.*

Accidit aliquando, ut qui dominus non sit, alienare non possit, et contra, qui dominus non sit, alienandæ rei potestatem habeat. Nam dotale prædium maritus, invita muliere, per legem Juliam prohibetur alienare, quamvis ipsius sit, dotis causa ei datum.... Contra autem creditor pignus ex pactione, quamvis ejus ea res non sit, alienare potest. Pr. et § 1, I., ii, 8, *Quib. alienare licet.*

Traditio nihil amplius transferre debet vel potest ad eum, qui accipit, quam est apud eum, qui tradit. Si igitur quis dominium in fundo habuit, id tradendo transfert, si non habuit, ad eum, qui accipit, nihil transfert. ULPIAN., fr. 20, pr., D., xli, 2, *De adq. rer. dom.*

Numquam nuda traditio transfert dominium, sed ita, si venditio, aut aliqua justa causa præcesserit, propter quam traditio sequeretur. PAULUS, fr. 31, pr., D., *eod.*

Traditionibus et usucapionibus dominia rerum, non nudis pactis transferuntur. DIOCLETIANUS, c. 20, C., ii, 3. *De pactis.*

§ 95.

Adjudication.

Il arrive souvent que, dans un procès sur la propriété, le juge, en rendant sa sentence, prononce que quelqu'un a la propriété en vertu de quelque cause légale. Mais ce prononcé du juge ne fonde pas une nouvelle propriété indépendante. Car, bien que le contenu d'un jugement ayant force de chose jugée soit réputé la vérité, cet effet est restreint aux personnes qui étaient parties dans le procès. Par cette raison même un jugement peut donner naissance à de nouvelles obligations entre les parties, parce que ces obligations ne doivent produire leurs effets qu'entre les deux personnes intéressées, le créancier et le débiteur; mais il ne peut donner naissance à un nouveau droit de propriété, ni à d'autres droits généralement obligatoires, parce que celui à qui ils seraient attribués par le juge, ne pourrait invoquer efficacement cette sentence contre un tiers, par qui il voudrait faire reconnaître son droit. Toutefois, dès qu'une *res judicata* a fondé une obligation tendante à obtenir une chose, cette obligation peut être la base d'une *justa causa* pour la tradition, et alors la propriété peut prendre naissance, selon les principes de la tradition.

Néanmoins, dans un cas, le prononcé même du juge remplace la tradition et fonde par lui seul une nouvelle propriété. Lorsque, par suite d'un procès en partage, d'un *judicium divisorium*, sur la demande de copropriétaires, il est procédé en justice à la division d'une chose qui est reconnue leur appartenir en commun, et que, pour faire cesser cette indivision, la sentence judiciaire adjuge en totalité à l'un des copartageants la chose jusque-là commune, il naît, à proprement parler, de cette *res judicata* une *obligatio*, pour l'autre copartageant, de faire au premier la tradition de sa part de la chose. Cependant cette tradition est ici superflue ; l'effet qu'elle produirait résulte de la *res judicata* elle-même, puisque la copropriété antérieure est changée immédiatement en propriété exclusive. A cet égard, l'*adjudicatio* se rattache très-naturellement à la tradition, et a, comme elle, la nature d'un mode d'acquisition dérivé.

Quod autem istis judiciis (divisoriis) alicui adjudicatum sit, id statim ejus fit, cui adjudicatum est. § 7, J., iv, 17, *De officio jud.*

§ 96.

Acquisition des accessoires, *accessiones.*

Il résulte déjà de la seule notion générale de la propriété que tout ce qui est produit immédiatement par les forces organiques de notre chose tombe de soi-même, dès sa naissance, dans notre propriété en l'augmentant, comme une *accessio*, un accroissement.

Mais le droit romain a donné, par des règles positives, une extension considérable à ce principe. Car certaines choses qui n'ont pas été produites par les forces organiques de notre chose, mais qui y ont été unies d'une manière permanente, accidentellement ou exprès, par un événement naturel ou par l'action de l'homme, sont aussi considérées comme de simples accroissements, *accessiones*, de notre chose, qui, par un motif quelconque, se trouve jouer le rôle principal et former la chose principale ; et en cette qualité elles nous sont attribuées dès l'instant de

17

leur union. A cette dernière espèce d'accession appartiennent nommément les cas suivants.

1. L'augmentation, l'agrandissement de notre fonds par *alluvio*, par *vis fluminis*, par *insula in flumine publico nata*, et enfin par ce qu'on appelle *alveus derelictus*. Toutes ces accessions dues à l'eau présupposent que notre fonds, comme *ager arcifinius*, a, du côté d'un *flumen publicum*, ses limites naturelles au fleuve même, sans que l'état lui ait assigné d'autres limites artificiellement fixées par un arpentage.

2. Tout ce qui par construction, ensemencement et plantation, est uni à notre sol d'une manière permanente, augmente, comme accession, notre propriété foncière.

3. Il est des cas où la chose mobilière de l'un est unie à celle de l'autre en telle sorte que, par l'effet de cette union, les deux choses, devenues parties intégrantes d'un même tout, au sein duquel l'une des choses a disparu complétement, forment maintenant un seul corps. Alors celui dans la chose duquel vient se perdre ainsi la chose d'un autre, parce que la première figure, sous un certain rapport, comme la partie principale du nouveau tout, celui-là, dis-je, acquiert, en sus de la propriété de sa chose primitive, la propriété de la chose d'autrui qui s'y est jointe. Cela peut arriver pour des matières ou sèches, ou liquides, et la question de savoir quelle est celle des deux choses unies qui doit être ensuite considérée comme la chose principale, quelle est, au contraire, celle qui doit être considérée comme une simple *accessio*, et qui, par conséquent, est absorbée dans l'autre, se décide soit par la destination naturelle des choses, soit par des règles positives. Les jurisconsultes romains eux-mêmes avaient par-

fois des manières de voir divergentes sur des cas
particuliers d'acquisition de ce genre.

Item ea, quæ ex animalibus dominio tuo subjectis nata sunt,
eodem jure tibi adquiruntur.

Præterea quod per alluvionem agro tuo flumen adjecit, jure
gentium tibi adquiritur. Est autem alluvio incrementum latens.
Per alluvionem autem id videtur adjici, quod ita paulatim adjicitur, ut intelligere non possis, quantum quoquo momento temporis adjiciatur. Quodsi vis fluminis partem aliquam ex tuo
prædio detraxerit, et vicini prædio appulerit, palam est, eam
tuam permanere. Plane si longiore tempore fundo vicini hæserit,
arboresque, quas secum traxerit, in eum fundum radices ege-
rint, ex eo tempore videntur vicini fundo adquisitæ esse.

Insula, quæ in mari nata est, quod raro accidit, occupantis fit;
nullius enim esse creditur. At in flumine nata, quod frequenter
accidit, siquidem mediam partem fluminis teneat, communis est
eorum, qui ab utraque parte fluminis prope ripam prædia possident, pro modo latitudinis cujusque fundi, quæ latitudo prope
ripam sit. Quod si alteri parti proximior sit, eorum est tantum,
qui ab ea parte prope ripam prædia possident.

Quodsi, naturali alveo in universum derelicto, alia parte
fluere cœperit, prior quidem alveus eorum est, qui prope ripam
ejus prædia possident, pro modo scilicet latitudinis cujusque
agri, quæ latitudo prope ripam sit. § 18-24, I., 1, 2, *De rer. divis.*

In agris limitatis jus alluvionis locum non habere constat.
FLORENTINUS, fr. 16, D., XLI, 1, *De adq. rer. dom.*

Quum in suo solo aliquis ex aliena materia ædificaverit, ipse
dominus esse intelligitur ædificii, quia omne, quod inædificatur,
solo cedit.

Si Titius alienam plantam in suo solo posuerit, ipsius erit; et
ex diverso, si Titius suam plantam in Mævii solo posuerit, Mævii
planta erit, si modo utroque casu radices egerit.

Litteræ quoque, licet aureæ sint, perinde chartis, membra-
nisque cedunt, ac solo cedere solent ea, quæ inædificantur, aut
inseruntur.

Si quis in aliena tabula pinxerit, quidam putant, tabulam picturæ cedere, aliis videtur pictura, qualiscunque sit, tabulæ cedere. Sed nobis videtur, melius esse, tabulam picturæ cedere.
Ridiculum est enim, picturam Apellis vel Parrhasii in acces-
sionem vilissimæ tabulæ cedere. § 29, 31, 33 et 34, I., 1, 2,
De rer. divis.

§ 97.

Acquisition des fruits d'une chose appartenant à autrui.

En règle générale et par la nature même de son droit, le propriétaire de la chose a seul le droit de s'en approprier les fruits. Il les acquiert, en vertu de son droit de propriété, par leur production même et dès le moment qu'ils sont produits (voy. le paragraphe précédent).

Cependant il peut exceptionnellement arriver que, par des raisons particulières, on soit autorisé à s'approprier les fruits de la chose d'autrui.

Le plus simple des cas de ce genre est celui où l'on perçoit les fruits avec le consentement du propriétaire de la chose. Tel est le cas de l'usufruitier, du fermier, de l'emphytéote.

On acquiert alors dans le fait, la propriété entière et illimitée des fruits, non pas par leur production, mais seulement par leur *séparation*, c'est-à-dire du moment où ils sont détachés physiquement de la chose principale, et deviennent ainsi des choses indépendantes. Car la chose frugifère reste toujours chose d'autrui à l'égard de celui qui acquiert les fruits.

Souvent même il faut encore pour cela, la *perception*, c'est-à-dire l'appréhension que celui qui a droit de jouir fait de la possession juridique des fruits détachés.

La simple *séparation* suffit lorsque celui-ci, d'après l'espèce de droit qui lui appartient, est traité comme possesseur juridique de la chose frugifère, et a ainsi, même avant leur séparation, la possession juridique des fruits, en même temps que de

la chose principale. Mais, quand le droit romain ne
lui attribue qu'une simple possession naturelle sur
la chose principale, il doit alors manifester sa volonté de s'approprier les fruits, par un acte particulier de prise de possession, par la *perception*. Car ce
n'est que par là qu'il obtient la possession juridique
des fruits séparés, nécessaire pour l'acquisition de
la propriété de ces fruits.

Celui qui, sans le consentement du propriétaire,
et comme *malæ fidei possessor*, recueille les fruits
de la chose d'autrui, n'acquiert naturellement ainsi
aucun droit à ces fruits. Il doit absolument les restituer au propriétaire de la chose sur sa demande,
ou, s'il les a déjà consommés, payer leur valeur. Au
contraire, celui qui les a recueillis comme *bonæ fidei
possessor*, les acquiert, au moins en ce sens qu'il est
pleinement autorisé à les *consommer* et n'est plus
par conséquent responsable des fruits consommés
de bonne foi, envers le propriétaire qui revendique
la chose principale [1].

·Naturellement il peut aussi, quand il ne con-
somme pas ces fruits, en acquérir, par l'usucapion[2],
une propriété complète et irrévocable.

Si quis a non domino, quem dominum esse crediderit, bona

---

[1] Je suis convaincu, contre l'opinion commune, que, du temps des
jurisconsultes classiques, le possesseur de bonne foi n'était pas tenu de
restituer les fruits non consommés, et que par la perception il faisait ces
fruits siens irrévocablement.
Voy. mon *Commentaire du livre VI des Pandectes* (à la suite de l'*Exposé des principes sur la propriété*, cité plus haut), sur la L. 48, D., *De
rei vindicatione*, p. 305-312.   (*Note du traducteur.*)

[2] L'usucapion, dans mon opinion, est ici tout à fait superflue : les
fruits ont appartenu complétement au possesseur dès le moment de la
perception faite de bonne foi. *Lana... quoniam in fructu est, nec usucapi debet, sed statim (bonæ fidei) emptoris fit*, dit Paul, L. 4, § 19,
D., xli, 3, *De usurp. et usucap.*   (*Note du traducteur.*)

fide fundum emerit, vel ex donatione aliave qualibet justa causa
æque bona fide acceperit, naturali ratione placuit fructus, quos
percepit, ejus esse pro cultura et cura ; et ideo si postea dominus
supervenerit, et fundum vindicet, de fructibus ab eo consumtis
agere non potest. Ei vero, qui alienum fundum sciens possederit, non idem concessum est ; itaque cum fundo etiam fructus,
licet consumti sint, cogitur restituere.

Is vero, ad quem ususfructus fundi pertinet, non aliter fruc-
tuum dominus efficitur, quam si ipse eos perceperit... Eadem
fere et de colono dicuntur. § 35, 36, I., II, 1, *De rer. divis.*

§ 98.

Prescription [1].

Gai., *Comm.*, lib. II, § 42, *seq.*

Inst., lib. II, tit. 6, *De usucapionibus et longi temporis præscriptionibus.*

Dig., lib. XLI, tit. 3, *De usurpationibus et usucapionibus.*

Cod., lib. VII, tit. 33, *De præscriptione longi temporis, decem vel viginti
annorum.*

Il est facile de concevoir qu'on obtienne très-léga-
lement la possession juridique d'une chose, sans
acquérir par là la propriété de cette chose. Cela
devait arriver fort souvent pour la propriété quiritaire, dont l'acquisition était liée à diverses formalités de droit civil très-rigoureuses. On sentit
donc le besoin pressant d'un moyen qui, au moins
après un laps de temps déterminé, suffisant pour
que celui qui prétendrait avoir un meilleur droit
pût le faire valoir contre le possesseur, convertît
la possession légalement acquise, longtemps con-

---

[1] Le mot allemand *Ersitzung*, qui s'applique à toute acquisition par
possession prolongée, à l'*usucapio* comme à la *præscriptio longi temporis*,
est difficile à rendre en français ; car le mot *prescription*, ayant à la fois
un sens général et un sens spécial, est obscur quand on l'emploie en
droit romain.   (*Note du traducteur.*)

tinuée sans interruption et sans trouble, en une propriété ferme et solide, et mît ainsi fin à cet état d'incertitude.

Cette aquisition de la propriété par la possession prolongée se rencontre dès l'époque la plus ancienne du droit romain, sous le nom d'*usus*, *usus auctoritas, usucapio*. En effet, celui qui avait possédé paisiblement et sans interruption, pendant deux ans, un fonds italique, dont il avait obtenu la possession légale sous certaines conditions, ou pendant un an, un meuble, sous des conditions pareilles, devenait, par l'effet de cette possession prolongée, propriétaire de cette chose *ex jure Quiritium,* quand même un obstacle se serait opposé jusque-là à ce qu'il acquît la propriété. A la vérité, cette acquisition par *usus* était soumise à plusieurs restrictions : ces restrictions consistaient d'abord en ce que l'usucapion, à cause de sa nature strictement civile, était impossible pour les *peregrini,* d'après la maxime *adversus hostem æterna auctoritas;* ensuite en ce que certaines choses étaient entièrement soustraites à l'usucapion. Cela s'appliquait notamment aux fonds provinciaux, parce qu'ils n'étaient pas susceptibles de la propriété quiritaire. D'un autre côté, les effets de l'*usus* reçurent une extension extraordinaire, en ce sens que de bonne heure on l'appliqua à l'acquisition de droits autres que la propriété.

Ces limitations de l'*usucapio* et particulièrement, à ce qu'il paraît, le besoin d'assurer la possession régulière des fonds provinciaux, donnèrent lieu peu à peu à une nouvelle institution fondée sur le droit prétorien, qui fut nommée *longi temporis possessio* ou *præscriptio.* Celui qui, ayant acquis la possession d'immeubles de ce genre, *bona fide* et *justo titulo,* les possédait sans interruption pendant un long temps, *per longum tempus* (temps qui fut fixé plus tard avec précision à dix ans *inter præsentes,* et à vingt ans *inter absentes*), fut d'abord protégé par une exception, *longi temporis exceptio* ou *præscriptio,* au moyen de laquelle il repoussait efficacement toute prétention élevée contre lui touchant cette chose. Plus tard, on lui accorda même une *in rem actio.* Cette prescription reçut aussi de l'extension sous plusieurs rapports.

Après la fusion de la propriété dite quiritaire avec la propriété dite bonitaire, il eût été peu raisonnable de laisser subsister encore la distinction entre les immeubles provinciaux et les immeubles situés *in italico solo.* Ces raisons, jointes à d'autres tirées des circonstances du temps, amenèrent tout naturellement Justinien à fondre l'antique institution du droit civil, l'*usucapio,* et la nouvelle institution du droit prétorien, la *longi temporis præscriptio,* en une seule institution formée des deux autres, mais avec plusieurs nouvelles règles qui lui sont propres, notamment avec des délais en partie différents.

Ainsi fut établie cette prescription acquisitive de la propriété, qui figure, dans les recueils de Justinien, tantôt sous le nom d'*usucapio,* tantôt et plus souvent sous le nom de *longi temporis præscriptio.* Elle suppose comme objet une chose corporelle qui non-seulement soit *in commercio,* mais encore ne soit pas, pour d'autres motifs, soustraite à cette prescription, par des dispositions spéciales de la loi : telles sont, par exemple, les *res furtivæ,* dont l'usucapion est impossible d'après la loi des XII tables et la *lex Atinia.*

Celui qui veut prescrire doit avoir obtenu la *civilis possessio* de la chose. Il faut, pour cela, qu'il l'ait acquise *bona fide*, c'est-à-dire non-seulement dans l'intention de s'en attribuer la propriété, mais encore dans la croyance sincère qu'il peut s'attribuer cette propriété, parce que personne n'y a un droit meilleur que lui [1].

Il faut encore qu'il ait acquis la chose *justo titulo*, c'est-à-dire qu'il doit fonder sa *bona fides* sur l'existence réelle d'un événement qui, par lui-même, est, en général, propre à conférer le *dominium*, et qui seulement, dans le cas actuel, n'a pu transférer la propriété à cause de quelque obstacle ignoré en fait de l'acquéreur au moment où il a commencé à posséder. Car le but particulier de l'usucapion n'est pas de procurer à celui pour qui elle s'accomplit un profit inique, aux dépens du légitime propriétaire, mais seulement de compléter l'acquisition régulière qu'il a faite de la chose. Cependant cela souffrait autrefois exception dans certains cas, où l'usucapion n'exigeait ni *titulus*, ni *bona fides*, et était signalée comme *improba* ou *lucrativa usucapio*. (Voy. ci-après, § 213.)

Enfin il est nécessaire que la possession ainsi commencée ait été continuée sans interruption, *usurpatio*, ou sans autre trouble, soit par l'acquéreur lui-même, soit par son successeur de droit, pendant le temps légalement fixé; savoir : pour les choses mobilières, pendant trois ans; pour les immeubles, en quelque lieu qu'ils soient situés, pendant dix ans *inter præsentes*, et vingt ans *inter absentes*.

---

[1] Ceci n'est pas parfaitement exact, à mon avis. La bonne foi en cette matière ne consiste pas à croire qu'on devient soi-même propriétaire, mais à croire que celui de qui on tient la chose était propriétaire ou avait pouvoir de l'aliéner.   (*Note du traducteur.*)

Au reste, comme il peut arriver facilement que, bien qu'ayant obtenu *bona fide* la juste possession d'une chose, on ne soit cependant pas en position d'en acquérir la propriété par la *longi temporis præscriptio*, parce qu'il manque quelqu'une des conditions requises pour cela, Justinien jugea convenable d'introduire encore, pour les cas extra-ordinaires, une nouvelle prescription, qui s'appelle *longissimi temporis præscriptio*. Cette prescription extraordinaire est fondée sur ce principe connu, que l'action du propriétaire se prescrit régulièrement par trente ans, exceptionnellement par quarante ans. Celui qui conserve, sans interruption, pendant tout cet espace de trente ou de quarante ans (*longissi- mum tempus*), la possession juridique de la chose qu'il a acquise *bona fide*, non-seulement obtient par là une exception contre toute action ultérieure du précédent propriétaire, mais encore devient lui-même propriétaire de la chose. Cette prescription est destinée à servir de complément à la précédente, toutes les fois que le *justus titulus* ne peut pas être prouvé, ou que la chose, sans être soustraite à toute prescription, n'est point, par des motifs particuliers, susceptible de la prescription ordinaire et régulière.

Usucapio est adjectio dominii per continuationem possessio-nis temporis lege definiti. Modestinus, fr. 3, D., xli, 3, *De usurp. et usucap.*

Bono publico usucapio introducta est, ne scilicet quarumdam rerum diu et fere semper incerta dominia essent : quum sufficeret dominis, ad inquirendas res suas, statuti temporis spatium. Gai., fr. 1, D., *eod.*

Jure civili constitutum fuerat, ut, qui bona fide ab eo, qui dominus non erat, quum crediderit, eum dominum esse, vel ex donatione, aliave qua justa causa acceperit, is eam rem, si mo-bilis erat, anno ubique, si immobilis biennio, tantum in italico solo, usucapiat, ne rerum dominia in incerto essent. Et quum hoc

placitum erat, putantibus antiquioribus, dominis sufficere ad inquirendas res suas præfata tempora, nobis melior sententia resedit, ne domini maturius suis rebus defraudentur, neque certo
loco beneficium hoc concludatur. Et ideo constitutionem super
hoc promulgavimus, qua cautum est, ut res quidem mobiles per
triennium usucapiantur, immobiles vero per longi temporis possessionem (id est inter præsentes decennio, inter absentes viginti annis) usucapiantur et his modis non solum in Italia, sed
in omni terra, quæ nostro imperio gubernatur, dominia rerum,
justa causa possessionis præcedente, adquirantur.

Sed aliquando, etiamsi maxime quis bona fide rem possederit, non tamen illi usucapio ullo tempore procedit, veluti, si
quis liberum hominem, vel rem sacram, vel religiosam, vel servum fugitivum possideat.

Furtivæ quoque res, et quæ vi possessæ sunt, nec si prædicto
longo tempore bona fide possessæ fuerint, usucapi possunt. Nam
furtivarum rerum lex Duodecim tabularum et lex Atinia inhi-
bet usucapionem, vi possessarum lex Julia et Plautia. Pr., § 1
et 2, I., II, 6, *De usuc.*

Usucapio non præcedente vero titulo procedere non potest,
nec prodesse neque tenenti, neque heredi ejus potest. DIOCLE-
TIANUS, c. 4, C., VII, 29, *De usucap. pro herede.*

Bonæ fidei emptor esse videtur, qui ignoravit, eam rem alienam esse, aut putavit, eum, qui vendidit, jus vendendi habere,
procuratorem, aut tutorem esse. MODESTINUS, fr. 109, D., L, 16,
De verb. sign.

Usurpatio est usucapionis interruptio. PAULUS, fr. 3, D., XLI,
3, *De usurp. et usucap.*

Naturaliter interrumpitur possessio, quum quis de possessione
vi dejicitur, vel alicui res eripitur, quo casu non adversus eum
tantum, qui eripit, interrumpitur possessio, sed adversus omnes.
GAI., fr. 5, D., *eod.*

Quod si quis eam rem desierit possidere, cujus dominus, vel
is, qui suppositam eam habebat, exceptione triginta vel quadra-
ginta annorum expulsus est, prædictum auxilium (actionem ad
vindicandam rem) non indiscrete, sed cum moderata divisione
ei præstari censemus : ut, siquidem bona fide ab initio eam rem
tenuerit, simili possit uti præsidio ; sin vero mala fide eam adep-
tus est, indignus eo videatur. JUSTINIANUS, c. 8, C., VII, 39, *De
præscript. triginta vel quadrag. ann.*

§ 99.

Autres modes d'acquisition.

Outre les modes déjà énoncés, il existait encore plusieurs autres manières d'acquérir la propriété de choses particulières, par exemple l'acquisition par legs, l'acquisition par suite d'une disposition légale expresse, etc. Mais elles trouveront plus convenablement leur place dans d'autres parties du système auxquelles elles se rattachent directement.

§ 100.

Per universitatem adquisitiones.

Jusqu'ici il n'a été question que de l'acquisition de la propriété sur des choses corporelles isolées, individuelles, *singularum rerum adquisitio*. Un ensemble de biens, un patrimoine entier, une *universitas*, peut former aussi l'objet direct de l'acquisition. (Voy. le § 92.)

Ce qui caractérise une semblable *per universitatem adquisitio*, c'est qu'on acquiert non-seulement le droit de propriété qu'avait le précédent possesseur sur les choses corporelles qui font individuellement partie de ce patrimoine, de cette *universitas*, mais encore tous les autres rapports pécuniaires, en tant qu'ils ne font point exception par leur nature.

Mais alors, avec tous les droits et notamment avec les créances, l'acquéreur voit passer en même temps sur sa tête toutes les dettes, toutes les obligations qui pesaient sur le patrimoine; car elles appartiennent, dans le sens juridique, aux biens, *bona*, qui composent l'*universitas*, et dont elles diminuent la valeur.

Du reste toute acquisition universelle présuppose deux conditions.

D'abord il faut qu'une personne qui a eu jusqu'alors à elle des biens propres, *bona*, soit devenue, par quelque ·événement, *juridiquement* incapable de conserver elle-même plus longtemps ces biens, qu'elle en soit ainsi dessaisie.

En second lieu il faut un événement par suite duquel, en vertu d'une disposition générale de la loi, un autre est appelé à venir, comme représentant juridique de celui qui est dessaisi, comme son successeur universel, *successor per universitatem*, entrer dans cette place laissée vacante, recueillir cet ensemble de biens aujourd'hui sans maître.

Voici les principaux cas de ce genre d'acquisition :

1° Lorsque quelqu'un subissait la *maxima capitis deminutio*, et devenait par là, en qualité de *servus*, incapable de tous droits, ses biens passaient à celui qui acquérait sur lui la *dominica potestas*. Si la *maxima capitis deminutio* était la suite d'une peine capitale à laquelle on avait été condamné pour un crime, les biens étaient, par la confiscation, dévolus à l'état, et celui-ci les vendait en masse par la *sectio*, au moins dans les anciens temps. (Voyez ci-dessus, § 89.)

2° La *media capitis deminutio* n'entraînait pas absolument la conséquence de faire tomber celui qui l'éprouvait dans l'incapacité juridique de conserver ses biens; car il n'y avait que les droits qui n'étaient pas fondés sur le *jus gentium*, mais sur le *jus civile*, qui fussent perdus pour lui. Cependant cela souffrait exception quand la *media capitis deminutio* était la suite d'une condamnation à une peine capitale ; elle faisait alors encourir la confiscation des biens, avec l'effet indiqué plus haut.

3° Comme, d'après la rigueur des anciens principes, tout citoyen romain qui se trouvait soumis au droit d'autrui, *potestas* ou *manus,* était, malgré son *status libertatis et civitatis,* absolument incapable d'avoir des biens qui lui fussent propres, la *minima capitis deminutio* pouvait ainsi donner lieu à une *per universitatem adquisitio.* En effet, lorsque quelqu'un qui avait été jusque-là *sui juris,* et par conséquent capable d'avoir des biens, devenait *alieni juris,* tous ses biens passaient *per universitatem* à la personne qui acquérait sur lui le *jus.* On verra, dans la théorie du mariage et de la puissance paternelle, comment, dans la suite des temps, ce principe s'adoucit et cessa même en partie d'être appliqué.

4° Il faut encore mentionner ici la *bonorum venditio* faite par le *magister bonorum,* par suite du concours des créanciers, dont il sera traité plus en détail dans la partie consacrée aux obligations.

5° Enfin l'événement qui, le plus souvent et le plus naturellement, fait perdre sa capacité de droit à une personne jusqu'alors capable, et amène la possibilité et même la nécessité d'une *per universitatem adquisitio,* c'est la mort. Elle donne lieu à toute une série d'*adquisitiones,* les unes *per universitatem,* les autres *singularum rerum,* qui, dans une bonne méthode de classification, doivent, sous un point de vue plus général et sous la dénomination commune de droit de *succession héréditaire,* être placées à la fin du système.

Hactenus tantisper admonuisse sufficit, quemadmodum singulæ res adquirantur.... Videamus itaque nunc, quibus modis per universitatem res vobis adquiruntur. § 6, I., 11, 9, *Per quas pers. nobis adquir.*

B. — Perte et fin de la propriété.

§ 101.

La propriété peut s'éteindre de diverses manières.

Elle s'éteint d'abord par des événements qui attaquent directement son *objet*, la chose, soit en la faisant périr physiquement, soit en lui faisant perdre juridiquement la qualité d'être susceptible de propriété, en la mettant *extra commercium*.

Elle s'éteint aussi par des événements qui frappent directement son *sujet*, la personne, en lui faisant perdre la capacité d'être propriétaire. Cette perte coïncide ordinairement avec une *adquisitio per universitatem*.

Enfin, la propriété s'éteint par des événements qui portent directement sur le *droit lui-même*. Au nombre de ces derniers événements, il faut compter le cas où le propriétaire abandonne sa chose et la rend ainsi *res nullius*, et le cas où un autre, avec ou sans la volonté du précédent maître, acquiert le domaine d'après les principes généraux du droit; car toute nouvelle acquisition de la propriété d'une chose déjà appropriée entraîne aussi en même temps une perte de la propriété pour le propriétaire antérieur. La raison en est qu'une chose peut, il est vrai, appartenir successivement à plusieurs personnes, ou simultanément à plusieurs, chacune pour sa part, mais jamais en même temps à plusieurs personnes, chacune pour le tout.

C. — Garantie de la propriété par des actions.

§ 102.

La *rei vindicatio* et la *negatoria actio.*

Dig., lib. vi, tit. 1. *De rei vindicatione.*
Cod., lib. iii, tit. 32, *De rei vindicatione.*
Dig., lib. viii, tit. 5, *Si servitus vindicetur, vel ad alium pertinere negetur.*
Dig., lib. xxi, tit. 3, *De exceptione rei venditæ et traditæ.*

Le *dominium* peut être troublé par des tiers de deux manières différentes, et il y a, en conséquence, deux actions réelles distinctes pour le protéger.

De la *rei vindicatio* en particulier.

On peut imaginer d'abord une espèce de trouble, qui rende l'exercice ultérieur du *dominium* complétement impossible en fait pour le propriétaire, savoir celle qui consiste dans la rétention injuste de la possession de la chose.

Pour faire cesser ce trouble, le propriétaire a la *rei vindicatio*, et cela contre tout auteur du trouble, c'est-à-dire contre tout tiers possesseur de la chose, qu'il soit ou non possesseur juridique, qu'il soit *bonæ* ou *malæ fidei possessor ;* seulement il est naturel que le *malæ fidei possessor* soit ici traité, à plusieurs égards, avec plus de sévérité que le *bonæ fidei possessor.*

D'après son but principal, la *rei vindicatio* tend à la reconnaissance du droit de propriété, et, en conséquence, à la remise gratuite de la possession, à la restitution de la chose retenue, en tant qu'elle appartient au demandeur. Le demandeur exige en même temps la réparation de tout le dommage que le défendeur lui a déjà causé en lui enlevant injustement la possession de la chose : *omnis causa.*

Le demandeur en revendication qui veut gagner son procès doit prouver ce qui est nécessaire pour fonder et justifier sa demande : savoir, d'une part, que le droit de propriété lui appartient effectivement; d'autre part, que la possession est retenue par le défendeur. S'il prouve ces deux points, le juge doit, en règle générale, ordonner [1] au défendeur de restituer la chose de la manière indiquée plus haut, et même l'y contraindre, et, à défaut de restitution volontaire ou forcée, le condamner à l'estimation.

Cependant, quelquefois, le défendeur peut échapper à la restitution et à la condamnation, en invoquant, sous la forme d'une *exceptio*, certaines circonstances particulières qui l'autorisent à retenir définitivement, ou au moins provisoirement, la chose réclamée par le propriétaire. Telle est, par exemple, l'*exceptio rei venditæ et traditæ.*

De la *negatoria actio* en particulier.

Même sans retenir la possession, vous pouvez violer, troubler la propriété d'autrui, au moins partiellement, quand vous méconnaissez sa liberté naturelle et son caractère exclusif, en apportant des obstacles à son exercice sans raisons particulières qui vous y autorisent.

Le propriétaire a, pour se préserver de ces sortes de troubles, la *negatoria* ou *negativa actio*, contre

---

[1] L'auteur dit, sans doute par distraction, que le défendeur doit être *condamné à la restitution de la chose* (*zur Restitution der Sache verurtheilt werden*) : cela n'est pas exact; j'ai dû modifier sa phrase.

(*Note du traducteur.*)

18

tout tiers qui élève ainsi injustement des prétentions restrictives de la propriété.

C'est une *vindicatio libertatis*, qui tend à faire reconnaître que la propriété est libre de la restriction, de la charge, que le demandeur conteste et *nie*.

Elle a donc pour but principal de faire cesser tout trouble ultérieur, pour but accessoire de faire réparer le dommage que le demandeur a déjà éprouvé par les usurpations antérieures du défendeur.

Quoique l'action tende directement à faire reconnaître la liberté de la propriété, cependant le demandeur n'a, en général, à prouver que l'existence de la propriété; car la liberté, étant l'état naturel et régulier de la propriété, est légalement présumée jusqu'à ce que le contraire soit prouvé.

Ces deux actions, la *rei vindicatio*, comme la *negatoria actio*, quoiqu'elles ne compètent *directo* qu'au véritable propriétaire, *dominus*, peuvent cependant être intentées *utiliter* par plusieurs autres personnes, à qui elles ont été accordées par extension, par exemple par l'*emphyteuta*.

In rem actio competit ei, qui aut jure gentium, aut jure civili, dominium adquisivit. Paul., fr. 23, pr., D., vi, 1, *De rei vindic.*

Officium autem judicis in hac actione (rei vindicatione) in hoc erit, ut judex inspiciat, an reus possideat. Ubi enim probavi, rem meam esse, necesse habebit possessor restituere, qui non objecit aliquam exceptionem. Ulpian., fr. 9, D., *eod.*

Si a Titio fundum emeris, qui Sempronii erat, isque tibi traditus fuerit pretio soluto, deinde Titius Sempronio heres exstiterit, et eundem fundum Mevio vendiderit et tradiderit, Julianus ait, æquius esse, prætorem te tueri, quia et si ipse Titius fundum a te peteret, exceptione in factum comparata, vel doli mali summoveretur. Ulpian., fr. 4, § 32, D., xliv, 4, *De doli except.*

§ 103.

De la *Publiciana in rem actio.*

Dig., lib. vi, tit. 2, *De Publiciana in rem actione.*

La *rei vindicatio*, comme la *negatoria actio*, suppose le *dominium* déjà acquis de la part du demandeur. Conséquemment, celui qui est seulement sur la voie d'acquérir le *dominium* est encore en dehors de la protection de ces actions. Cela est vrai même de celui qui a acquis, *bona fide* et *justo titulo*, la possession juridique d'une chose susceptible d'usucapion ; car, bien qu'il puisse devenir propriétaire par cette voie, il reste cependant, jusqu'à l'usucapion accomplie, simple *civilis possessor*, ou *bonæ fidei possessor*. Toutefois le préteur vient à son secours et le traite par anticipation, au moyen d'une fiction, comme si l'usucapion était achevée et la possession civile convertie en propriété, en lui accordant une *in rem actio.* Cette action est la *Publiciana in rem actio*, mentionnée ci-dessus dans l'histoire de la propriété ; et le cas que nous venons d'indiquer est à peu près le seul cas pour lequel elle soit restée en usage dans le droit de Justinien. (Voy. plus haut, § 90 et 91).

Elle est évidemment formée, à plusieurs égards, sur le modèle de la *rei vindicatio*. Elle suppose, comme celle-ci, que le demandeur a perdu la possession de la chose, et que cette chose est retenue par un tiers possesseur. Elle poursuit aussi le même but que la *rei vindicatio*, c'est-à-dire la restitution de la chose, *cum omni causa.* Seulement elle se distingue essentiellement de la *rei vindicatio*, en ce qu'on ne peut pas la faire valoir aussi efficacement que celle-ci, contre tout tiers possesseur sans distinction; car elle ne saurait, dans aucun cas, être intentée avec succès contre le *dominus*, parce que le *dominus* a un droit plus fort [1] que le *bonæ fidei possessor*, et qu'il a, en réalité, ce que ce dernier est réputé avoir au moyen d'une fiction. Elle ne peut non plus être intentée avec succès contre un tiers possesseur qui possède également *civiliter*, et qui est aussi protégé par la même fiction de propriété que le précédent possesseur [2]; car ce dernier, à égalité de droit, a pour lui la possession actuelle; or, *in pari causa melior est conditio possidentis*. Au contraire, celui qui ne possède pas *civiliter*, qui a ainsi évidemment un droit plus faible, doit restituer la chose au demandeur et le reconnaître comme un *dominus* sous ce rapport.

Naturellement le demandeur doit toujours prouver, comme fondement de son action, la circonstance sur laquelle repose la fiction de l'action publicienne, savoir qu'avant qu'il eût perdu la chose il la possédait *civiliter*.

Namque si cui ex justa causa res aliqua tradita fuerit, veluti ex causa emtionis, aut donationis, aut dotis, aut legatorum, necdum ejus rei dominus effectus est, si ejus rei possessionem casu amiserit, nullam habet directam in rem actionem ad eam persequendam, quippe ita proditæ sunt jure civili actiones, ut quis dominium suum vindicet. Sed, quia sane durum erat, eo casu deficere actionem, inventa est a prætore actio, in qua dicit is, qui possessionem amisit, eam rem se usucepisse, et ita vindicat

---

[1] Il ne peut toutefois faire valoir ce droit qu'au moyen de l'*exceptio justi dominii*.   (*Note du traducteur.*)

[2] Cela n'est vrai, et encore seulement suivant quelques jurisconsultes, qu'autant que les deux plaideurs ont reçu la chose de deux personnes différentes : s'ils la tiennent de la même personne, la préférence appartient à celui qui a été mis en possession le premier ; décision que quelques jurisconsultes appliquent même au premier cas.

(*Note du traducteur.*)

suam esse. Quæ actio Publiciana appellatur, quoniam primum a Publicio prætore in edicto proposita est. § 4, I., IV, 6, *De action.*

Publiciana actio non ideo comparata est, ut res domino auferatur (ejusque rei argumentum est primo æquitas, deinde exceptio, *si ea res possessoris non sit*), sed ut is, qui bona fide emit, possessionemque ex ea causa nactus est, potius rem habeat. NERATIUS, fr. 17, D., VI, 2, *De Publiciana in rem actione.*

CHAPITRE III.

THÉORIE DES DROITS RÉELS SUR UNE CHOSE APPARTENANT A AUTRUI.

§ 104.

Notion générale des *jura in re aliena.*

La propriété, quoique naturellement sans limites, ce qui forme précisément son caractère ordinaire, est, par exception, susceptible de restrictions très-importantes. Ainsi il n'est point contraire à l'essence de la propriété que, de la somme de tous les droits exclusifs possibles, qui régulièrement appartiennent au propriétaire sur sa chose, quelques-uns, en nombre plus ou moins grand et même quelquefois très-considérable, puissent être détachés et transférés à un autre.

Cependant, si cette translation à un autre n'a lieu que par l'établissement d'un rapport d'obligation entre le propriétaire et ce dernier, il n'y a alors qu'en apparence, et non en réalité, séparation de ces droits d'avec la propriété; car celui à qui ils sont conférés, par exemple le locataire de la chose d'autrui, n'exerce les droits partiels de propriété qui lui sont concédés qu'au nom du propriétaire, auquel ils continuent, au fond, d'appartenir.

Il en est autrement lorsque les droits élémentaires

de la propriété en sont réellement détachés pour un temps, de telle manière qu'ils n'en fassent véritablement plus partie jusqu'à ce qu'ils y soient réunis de nouveau : celui qui en est investi exerce alors sur la chose d'autrui un droit aussi indépendant que le propriétaire sur sa propre chose; il se trouve réellement placé, à l'égard de la chose d'autrui, dans un rapport juridique immédiat, en vertu duquel il a sur cette chose exactement le même pouvoir, quoique seulement d'une manière partielle, que le propriétaire a sur sa propre chose.

Par là s'explique la dénomination de *jura in re aliena*, *droits réels sur la chose d'autrui*, appliquée à cette sorte de droits. Car, si, d'un côté, leur objet immédiat, la chose, et leur caractère réel les assimilent à la propriété, d'un autre côté, celui qui en est investi devant toujours reconnaître la propriété d'un autre sur cette chose, devant toujours ainsi reconnaître celle-ci comme *chose d'autrui*, cette circonstance suffit pour distinguer les *jura in re aliena* de la propriété.

Le droit romain, dans son dernier état de développement, admet quatre espèces de ces *jura in re aliena*. Ce sont : *servitus*, *emphyteusis*, *superficies* et *pignus*.

Parmi ces droits, le droit d'emphytéose, *emphyteusis*, et le droit de superficie, *superficies*, ont, par leur objet et leur étendue, le plus de rapport avec la propriété. Cependant ce sont les servitudes qui, par leur développement historique, se rattachent de plus près à la propriété; car elles forment le plus ancien *jus in re aliena*, et vraisemblablement elles sont aussi anciennes que la propriété elle-même. Par là se justifie l'ordre que nous allons suivre en traitant des divers *jura in re aliena*.

I.

Théorie des servitudes.

§ 105.

Caractère général des servitudes.

Les servitudes ont cela de commun avec les autres *jure in re aliena*, qu'elles restreignent la propriété, qui régulièrement est libre, illimitée.

Cette restriction qu'elles apportent à la liberté naturelle, *libertas*, de la chose, pour l'avantage du sujet auquel elles compètent, ne peut jamais consister en une obligation de faire, *facere*; elle consiste toujours en une obligation de ne pas faire ou de souffrir, *non facere vel pati*. Mais ce ne peut être encore là un caractère spécial des servitudes; car, quelque vrai que soit le principe : *servitus in faciendo consistere non potest*, quelque intimement qu'il se lie à l'essence de la servitude, il repose cependant moins sur la nature propre de la *servitus* que sur celle du *jus in re aliena* en général. Ce n'est qu'accidentellement qu'il se trouve plus en évidence à l'occasion des servitudes, et si les jurisconsultes romains l'ont exprimé ici plus explicitement, l'ont mis ici plus en relief qu'ils ne l'ont fait à l'occasion des autres droits semblables, c'est que les servitudes étaient originairement et pendant longtemps le seul *jus in re aliena*. Mais ce qui montre que ce principe est bien plus général, c'est que tout *jus in re aliena*, par son essence, assujettit nécessairement et toujours la *chose d'autrui elle-même*, en partie, au pouvoir de celui à qui ce droit compète, mais n'y assujettit pas la personne du propriétaire de cette chose. Or, si ce dernier était obligé de faire quelque acte positif pour l'avantage de celui qui est investi de ce droit réel, cette obligation affecterait directement la personne du propriétaire et non pas seulement sa chose. Aussi peut-elle se concevoir comme droit de créance, *obligatio*, mais elle est tout à fait contraire à la nature d'un droit réel, *jus in re*.

Enfin, quoiqu'il soit très-vrai que la servitude a toujours pour but un certain usage de la chose d'autrui, elle partage encore cette qualité, non pas avec tous, mais avec quelques autres droits réels sur la chose d'autrui, qui ne sont pas des servitudes.

Il existe, au contraire, deux caractères qui, dans le fait, distinguent spécialement les servitudes.

L'un est historique et consiste en ce que la servitude était le plus ancien, et même, originairement, l'unique *jus in re aliena*, et avait son fondement dans l'antique droit civil, tandis que les autres droits réels sur la chose d'autrui devaient leur naissance au droit civil plus récent ou au droit prétorien. C'est pourquoi la servitude s'appelle aussi, par excellence, *jus in re*.

L'autre caractère, encore plus spécifique et très-intéressant par ses conséquences pratiques, c'est que la servitude est si étroitement liée à son *sujet*, qu'elle ne peut en être séparée sans s'anéantir: propriété que ne partage aucun des autres *jura in re aliena*.

C'est précisément là ce qui fait l'importance de la division générale des servitudes, d'après le sujet auquel elles compètent, en *servitutes prædiorum* ou *rerum*, *servitudes réelles*, qui sont établies pour un fonds et à son avantage, et *servitutes personarum*, *servitudes personnelles*, qui sont accordées à une personne humaine déterminée et à son profit.

Relativement à leur *objet*, les servitudes, comme

limitations de la propriété d'autrui, ne sont naturellement possibles que sur les choses qui sont susceptibles de propriété et qui sont effectivement dans la propriété actuelle d'un autre. C'est pour cela que les *servitutes prædiorum* étaient, dans l'origine, bornées aux fonds italiques; restriction qui a disparu dans le nouveau droit romain.

Les servitudes sont l'unique droit auquel, comme chose incorporelle, les Romains appliquèrent, par analogie, les règles de la propriété, jusqu'au point d'y transporter l'idée de *possessio*, sous le nom de *quasi possessio*, avec les conséquences juridiques de la possession, les interdits et l'usucapion. Cela s'explique, du reste, facilement, si l'on observe que les Romains, considéraient, en général, les servitudes, surtout l'espèce la plus ancienne, les servitudes réelles, comme une partie détachée de la propriété elle-même, ayant une existence distincte, comme une extension artificielle de cette propriété, commandée par les besoins de l'agriculture, et partant, comme l'analogue d'une chose corporelle.

Servitutum non ea natura est, ut aliquid faciat quis, veluti viridia tollat, aut amœniorem prospectum præstet, aut in hoc, ut in suo pingat, sed ut aliquid patiatur, aut non faciat. Papin., fr. 15, § 1, D., viii, 1, *De servitutibus*.

Servitutes aut personarum sunt, ut usus et ususfructus, aut rerum, ut servitutes rusticorum prædiorum et urbanorum. Marcianus, fr. 1, D., *eod*.

§ 106.

Servitudes réelles, *servitutes rerum sive prædiorum*.

Inst., lib. ii, tit. 3, *De servitutibus prædiorum*.
Dig., lib. viii, tit. 1, *De servitutibus*; — tit. 2, *De servitutibus prædiorum urbanorum*; — tit. 3, *De servitutibus prædiorum rusticorum*.
Cod., lib. iii, tit. 34, *De servitutibus et aqua*.

Ces servitudes sont les plus anciennes; aussi, dans

nos textes, elles s'appellent souvent *servitutes* par excellence, sans autre qualification.

Le principe général sur lequel les jurisconsultes romains ont construit, avec beaucoup de conséquence logique, toute la théorie des servitudes réelles, est que la servitude, comme droit, appartient toujours immédiatement à un fonds, *prædium cui debetur servitus*, sur un autre fonds, *prædium quod servitutem debet*.

Du principe énoncé se déduisent effectivement, d'une manière très-simple, la plupart des propriétés des servitudes réelles.

Ainsi elles doivent être telles qu'il en résulte, pour le fonds dominant lui-même, et non pas seulement pour la personne du possesseur actuel de ce fonds, une certaine utilité provenant immédiatement du fonds servant lui-même, *ex perpetua causa*.

Ainsi elles doivent être exercées, il est vrai, par le possesseur actuel, comme représentant le fonds, mais toujours pour l'avantage du fonds dominant, et seulement jusqu'à concurrence de l'étendue des besoins de ce fonds.

Ainsi les deux immeubles doivent se trouver entre eux à un degré de proximité (*prædia vicina*) qui réponde au but de la servitude.

Ainsi, enfin, la servitude réelle est, quant à sa naissance et à sa durée, étroitement et inséparablement liée au fonds dominant, considéré comme sujet du droit, et elle périt avec lui.

Le principe que les servitudes réelles sont juridiquement indivisibles, repose moins sur la notion générale de servitude que sur un principe positif particulier au droit romain, qui avait voulu peut-être prévenir un trop grand morcellement, préjudiciable à l'agriculture.

Les servitudes réelles ne sont pas limitées quant à leur nombre; il y en a autant qu'on peut imaginer d'espèces d'utilité qu'un fonds puisse retirer d'un autre fonds, et auxquelles puissent s'adapter les conditions exposées ci-dessus. A cet égard, l'antique classification en *servitutes prædiorum rusticorum*, appelées aussi *rusticæ servitutes*, et *servitutes prædiorum urbanorum*, appelées aussi *urbanæ servitutes*, n'est pas sans importance pratique. Elle tient, non à la situation, mais à la destination du fonds dominant; et elle a de l'intérêt en ce que ce sont surtout les besoins de ce fonds dominant qui déterminent l'objet et l'étendue de la servitude réelle. Comme exemples de *servitutes prædiorum rusticorum*, les servitudes *itineris, actus, viæ* et *aquæductus*, méritent d'être citées, parce que, étant les plus intéressantes pour un peuple adonné à l'agriculture, elles étaient aussi les plus anciennes, et se trouvaient déjà mentionnées, du moins en partie, dans les Douze Tables. A cela se rattache cette observation que, entre toutes les servitudes, les *servitutes rusticæ* seules étaient considérées comme *res mancipi*. De leur côté, les *servitutes prædiorum urbanorum* se distinguent par plusieurs particularités dans la manière dont elles s'acquièrent et se perdent. Nous trouvons des exemples de ces *servitutes* dans les *servitutes oneris ferendi, altius tollendi vel non tollendi, stillicidii*, etc.

Ideo autem hæ servitutes prædiorum appellantur, quoniam sine prædiis constitui non possunt. Nemo enim potest servitutem adquirere urbani vel rustici prædii, nisi qui habet prædium. § 3; I., II, 3, *De servitutibus prædiorum.*

Rusticorum prædiorum jura sunt bæc : iter, actus, via, aquæductus. Iter est jus eundi ambulandi hominis, non etiam jumentum agendi vel vehiculum. Actus est jus agendi jumentum, vel vehiculum. Ita; qui iter habet, actum non habet; qui actum habet et iter habet, eoque uti potest, et sine jumento. Via est jus eundi et agendi et ambulandi; nam et iter et actum via in se continet. Aquæductus est jus aquæ ducendæ per fundum alienum.

Prædiorum urbanorum servitutes sunt hæ, quæ ædificiis inhærent, ideo urbanorum prædiorum dictæ, quoniam ædificia omnia urbana prædia appellamus, etsi in villa ædificata sint. Item prædiorum urbanorum servitutes sunt hæ : ut vicinus onera vicini sustineat; ut in parietem ejus liceat vicino tignum immittere; ut stillicidium vel flumen recipiat quis in ædes suas, vel in aream, vel in cloacam; ne altius tollat quis ædes suas, ne luminibus vicini officiat. Pr. et § 1, I., *eod.*

Omnes autem servitutes prædiorum perpetuas causas habere debent. Paul., fr. 28, D., viii, 2, *De serv. præd. urb.*

Neratius libris ex Plautio ait, nec haustum pecoris, nec appulsum, nec cretæ eximendæ, calcisque coquendæ jus posse in alieno esse, nisi fundum vicinum habeat; et hoc Proculum et Atilicinum existimasse ait. Sed ipse dicit, ut maxime calcis coquendæ et cretæ eximendæ, servitus constitui possit, non ultra posse, quam quatenus ad eum ipsum fundum opus sit. Ulpianus, fr. 5, § 1, D., viii, 3, *De servitut. præd. rusticor.*

§ 107.

Servitudes personnelles, *servitutes personarum.*

Inst., lib. ii, tit. 4, *De usufructu;* — tit. 5, *De usu et habitatione.*
Dig., lib. vii, tit. 1, *De usufructu;* — tit. 7, *De operis servorum;* — tit. 8, *De usu et habitatione.*
Cod., lib. iii, tit. 33, *De usufructu et habitatione et ministerio servorum.*

Les Romains ne désignent habituellement sous des noms particuliers que quatre servitudes personnelles : l'*usufructus*, l'*usus*, l'*habitatio* et les *operæ servorum vel animalium;* mais cela veut dire seulement que ces servitudes, partout où elles se rencontrent, doivent toujours être conçues comme *servitutes personarum*, jamais comme *servitutes prædiorum*, tandis que les servitudes qui sont ordinairement citées comme servitudes réelles peuvent être aussi conçues et constituées comme servitudes personnelles. La raison en est, sans doute, que, si ces quatre servitudes, très-compréhensives dans leur étendue et leur objet, s'attachaient, pour leur durée, à l'existence d'un immeuble, elles réduiraient à peu près à rien, en résultat, le droit de propriété qu'un autre doit conserver sur ce même immeuble.

Ces quatre servitudes se distinguent encore en ce qu'elles sont les seules où la personne à qui elles sont conférées soit tenue, par une disposition générale de la loi, à donner, dès le principe, caution par fidéjusseurs, *cautio usufructuaria*, au maître de la chose assujettie, au nu-propriétaire. Cette caution comprend deux points : d'abord de ne point mésuser de la chose, ensuite de la rendre au propriétaire aussitôt après l'extinction du droit. On s'explique facilement pourquoi cette caution est exigée ici et seulement ici. En effet, il est de l'essence de ces quatre servitudes personnelles que la chose elle-même sorte entièrement, pour longtemps, des mains et de la surveillance du propriétaire, et passe dans les mains de celui qui exerce la servitude. Cela n'a jamais lieu dans les servitudes réelles ; d'ailleurs une prestation de caution de la part du sujet auquel une telle servitude compète, c'est-à-dire de la part du fonds dominant, ne se concevrait pas.

Les servitudes d'*ususfructus* et d'*usus* sont les formes régulières des servitudes personnelles ; elles se distinguent l'une de l'autre, surtout par l'étendue du droit de jouissance qu'elles comprennent, car l'*ususfructus* renferme toujours quelque chose de plus que le simple *usus*.

En effet, l'usufruitier, *usufructuarius*, qu'on appelle aussi *fructuarius*, est autorisé, comme le mot

même l'indique, non seulement à *uti*, mais encore
à *frui*, c'est-à-dire à toute la jouissance possible de
la chose d'autrui, et cela d'une manière exclusive,
que cette jouissance consiste dans la perception des
fruits ou dans tout autre usage. En outre, l'usufruitier
peut jouir, soit pour sa propre personne, soit même
au delà de ses besoins personnels et domestiques, en
abandonnant à d'autres, pour de l'argent, ou gratuitement, l'utilité et les produits qu'il ne peut ou
ne veut pas consommer lui-même.

Au contraire, la *servitus usus* ne comprend immédiatement que le droit d'*uti*, à l'exclusion du droit
de *frui*. Cela veut dire que l'usager, *usuarius*, peut,
à la vérité, se servir de la chose d'autrui, mais seulement avec une certaine limitation qui, dans le
langage juridique des Romains, parfois différent
du langage ordinaire, constitue l'essence du simple
usus. Car, en tant que la chose est utile, indépendamment de la perception des fruits, l'usager
peut en user exclusivement, mais sans s'approprier les fruits; en tant, au contraire, que la chose
ne peut être d'aucune utilité si l'on ne touche aux
fruits, l'usager peut aussi percevoir des fruits, mais
seulement pour ses besoins personnels et domestiques, et sans pouvoir abandonner à un autre
l'exercice de son droit.

Le droit romain ne connaît pas de *servitus fructus*
distincte de la *servitus ususfructus*, mais il regarde
ces deux expressions (ainsi que celles d'*usufructuarius* et de *fructuarius*) comme synonymes, et, dans
le fait, la perception des fruits comprend toujours
un certain usage de la chose.

L'*ususfructus* et l'*usus* se rencontrent en ceci que
l'usage et la jouissance de la chose d'autrui doivent
avoir lieu *salva ejus substantia*. C'est précisément

pour cela que l'usufruit n'est possible que sur les choses *quæ usu non consumuntur*. Cependant un sénatus-consulte, sous Tibère, décida qu'un rapport semblable à l'usufruit pouvait être établi quant aux choses *quæ usu consumuntur*. Ce droit, appelé *quasi ususfructus*, n'est pas un véritable *jus in re aliena*, mais seulement un droit de créance, garanti par une caution analogue à la *cautio usufructuaria*, et imitant, d'ailleurs, autant que possible, l'*ususfructus*.

L'*ususfructus* et l'*usus* constituent les deux formes régulières de servitudes personnelles. Mais les Romains admirent, en outre, qu'on pouvait, par des dispositions spéciales, établir des servitudes personnelles, particulièrement modifiées, plus restreintes dans leur objet. Deux de ces modifications reçurent plus tard un nom technique et des règles propres : ce sont l'*habitatio* et les *operæ servorum* (*vel animalium*).

Ususfructus est jus alienis rebus utendi fruendi, salva rerum substantia.

Constituitur autem ususfructus non tantum in fundo et ædibus, verum etiam in servis et jumentis et ceteris rebus, exceptis iis, quæ ipso usu consumuntur. Nam hæ res neque naturali ratione, neque civili recipiunt usumfructum. Quo in numero sunt vinum, oleum, frumentum, vestimenta, quibus proxima est pecunia numerata ; namque ipso usu, assidua permutatione quodammodo extinguitur. Sed utilitatis causa senatus censuit, posse etiam earum rerum usumfructum constitui : ut tamen eo nomine heredi utiliter caveatur. Itaque si pecuniæ ususfructus legatus sit, ita datur legatario, ut ejus fiat, et legatarius satisdet heredi, de tanta pecunia restituenda, si morietur, aut capite minuetur.... Ergo senatus non fecit quidem earum rerum usumfructum (nec enim poterat), sed per cautionem quasi usumfructum constituit. Pr. et § 2, I., II, 4, *De usufructu*.

Minus autem juris est in usu, quam in usufructu. Nam is, qui fundi nudum habet usum, nihil ulterius habere intelligitur, quam ut oleribus, pomis, floribus, fœno, stramentis, et lignis ad usum

quotidianum utatur ; in eoque fundo hactenus ei morari licet, ut
neque domino fundi molestus sit, neque iis, per quos opera rustica fiunt, impedimento ; nec ulli alii, quod habet, aut locare,
aut vendere, aut gratis concedere potest, quum is, qui usumfructum habet, possit hæc omnia facere. § 1, I., ii, 5, *De usu et
habitatione*.

Sed si cui habitatio legata, sive aliquo modo constituta sit,
neque usus videtur, neque ususfructus, sed quasi proprium aliquod jus; quamquam habitationem habentibus, propter rerum
utilitatem, secundum Marcelli sententiam, nostra decisione promulgata permisimus, non solum in ea degere, sed etiam aliis
locare. § 5, I., *eod*.

Si cujus rei ususfructus legatus sit, æquissimum prætori visum
est, de utroque legatarium cavere : *et usurum se boni viri arbi-
tratu, et, quum ususfructus ad eum pertinere desinet, restituturum,
quod inde exstabit*. ULPIAN., fr. 1, pr., D., vii, 9, *Usufructuarius
quemadmodum caveat*.

§ 108.

Établissement et extinction des servitudes.

Dig., lib. vii, tit. 4, *Quibus modis ususfructus vel usus amittitur*.
Dig., lib. viii, tit. 6, *Quemadmodum servitutes amittuntur*.

I. Par une conséquence évidente de la nature
propre des servitudes, qui une fois établies sont inséparablement liées au sujet auquel elles appartiennent, leur acquisition est toujours originaire et ne
peut jamais être dérivée.

Le mode d'établissement le plus naturel et le plus
fréquent consiste en un acte de la volonté du propriétaire, qui détache certaines parties intégrantes de sa
propriété, pour les transporter à d'autres, et qui aliène
ainsi partiellement sa chose. Dans l'ancien droit romain, cela s'opérait par l'*in jure cessio*, et aussi, pour
les *servitutes prædiorum rusticorum*, par la *mancipatio*. Dans le nouveau droit, depuis la disparition
de l'*in jure cessio* et de la *mancipatio*, faut-il, outre

la convention, quelque chose de plus, une sorte de tradition? et en quoi consiste-t-elle ? C'est une question très-controversée[1].

Les servitudes peuvent être établies aussi par des dispositions testamentaires ; ce qui arrive surtout fréquemment pour les servitudes personnelles.

Une servitude peut encore être établie par prescription. Il ne faut pas confondre avec ce cas celui où quelqu'un acquiert par usucapion la propriété d'un immeuble ; car, bien qu'alors il acquière par cela même les servitudes qui appartiennent déjà au fonds, ce n'est point là une prescription de la *servitude*, comme telle, mais seulement du fonds, et les servitudes qui compètent à ce fonds partagent seulement, comme *accessiones*, la destinée juridique du fonds prescrit. Mais une servitude peut aussi être prescrite par elle-même, comme un droit indépendant. Pendant quelque temps, on paraît avoir appliqué aux servitudes, du moins à certaines espèces de servitudes, les principes de l'*usucapio* ordinaire, tels qu'ils étaient établis dès l'origine pour la propriété. Mais une *lex Scribonia*, d'une époque inconnue, le défendit. En remplacement, il se forma peu à peu, sous le nom de *longa quasi possessio* ou *diuturnus usus*, une nouvelle sorte de prescription applicable à toutes les servitudes et qui leur est propre. Elle repose sur ce principe, que celui qui exerce sans interruption, *per longum tempus, nec vi, nec clam, nec precario*, comme son droit, une servitude qui ne lui appartient pas, se place par là dans la même position que s'il eût acquis le droit même de servitude.

---

[1] Voy. mon *Exposé des principes généraux du droit romain sur la propriété et ses principaux démembrements*, 2ᵉ édition, n. 75-85 et 109, p. 62-75 et 94.　　　　　(*Note du traducteur.*)

Enfin une servitude, au moins l'usufruit, peut quelquefois être acquise *ipso jure*, d'elle-même, en vertu d'une disposition de la loi : nous en rencontrerons des exemples plus loin, à l'occasion d'autres théories auxquelles ils se rattachent.

II. Les servitudes s'éteignent nécessairement, comme tous les *jura in re*, par l'anéantissement de leur *objet*, la chose assujettie, mais encore, comme tous les *jura in re aliena*, par *confusio*, lorsque la chose asservie cesse d'être *res aliena* relativement à celui à qui compétait la servitude. Elles s'éteignent en outre par certains modes qui leur sont tout à fait propres. C'est ce qui arrive quand le sujet (personne ou chose), auquel appartient la servitude, vient à périr, parce que la servitude lui est inséparablement attachée pour sa durée. Enfin elles s'éteignent par le *non usus*, c'est-à-dire parce qu'elles n'ont pas été exercées une seule fois pendant un certain temps, *per longum tempus*[1]. Cependant, à ce non-usage doit se réunir, pour les *servitutes prædiorum urbanorum*, une certaine *usu-capio libertatis*.

Jura prædiorum urbanorum in jure tantum cedi possunt ; rusticorum vero etiam mancipari possunt.

Ususfructus in jure cessionem tantum recipit....

Sed hæc scilicet in italicis prædiis ita sunt, quia et ipsa prædia mancipationem et in jure cessionem recipiunt. Alioqui in provincialibus prædiis, sive quis usumfructum, sive jus eundi, agendi, aquamve ducendi, vel altius tollendi ædes, aut non tollendi, ne luminibus vicini officiatur, cæteraque similia jura constituere velit, pactionibus et stipulationibus id efficere potest ; quia ne ipsa quidem prædia mancipationem aut in jure cessionem recipiunt. GAI., II, § 29-31.

Sine testamento vero, si quis velit usumfructum constituere,

---

[1] Dans l'ancien droit, ce n'était pas *per longum tempus*, mais *per biennium* pour les immeubles, et *per annum* pour les meubles.

(*Note du traducteur.*)

pactionibus et stipulationibus id efficere debet. § 1, I., 1, 4, *De usufructu.*

Hoc jure utimur, ut servitutes per se nusquam longo tempore capi possint, cum ædificiis possint. Ulpian., fr. 10, § 1, D., xli, 3, *De usurpationibus et usucap.*

Si quis diuturno usu et longa quasi possessione jus aquæ ducendæ nactus sit, non est ei necesse, docere de jure, quo aqua constituta est, veluti ex legato, vel alio modo, sed utilem habet actionem, ut ostendat, per annos forte tot usum se, non vi, non clam, non precario possedisse. Ulpian., fr. 10, pr., D., viii, 5, *Si servit. vindicetur.*

Finitur autem ususfructus morte fructuarii et duabus capitis deminutionibus, maxima et media, et non utendo per modum et tempus. § 3, I., ii, 4, *De usufr.*

Hæc autem jura (prædiorum urbanorum) similiter, ut rusticorum quoque prædiorum, certo tempore, non utendo pereunt; nisi quod hæc dissimilitudo est, quod non omnino pereunt non utendo, sed ita, si vicinus simul libertatem usucapiat. Veluti si ædes tuæ ædibus meis serviant, ne altius tollantur, ne luminibus mearum ædium officiatur, et ego per statutum tempus fenestras meas perfixas habuero, vel obstruxero, ita demum jus meum amitto, si tu per hoc tempus ædes tuas altius sublatas habueris; alioqui, si nihil novi feceris, retineo servitutem. Item, si tigni immissi ædes tuæ servitutem debent, et ego exemero tignum, ita demum amitto jus meum, si tu foramen, unde exemtum est tignum, obturaveris et per constitutum tempus ita habueris. Alioqui, si nihil novi feceris, integrum jus meum permanet. Gai., fr. 6, D., viii, 2, *De servitutibus præd. urban.*

§ 109.

Actions pour protéger les servitudes, ou pour protéger la liberté contre des servitudes prétendues.

Dig., lib. vii, tit. 6, *Si ususfructus petatur, vel ad alium pertinere negetur.*

Dig., lib. viii, tit. 5, *Si servitus vindicetur, vel ad alium pertinere negetur.*

Comme il y a pour le *dominium* une *rei vindicatio*, de même il y a pour la *servitus*, afin de protéger le droit réel qui en résulte, une action réelle, une *petitio, vindicatio servitutis*, appelée surtout *confessoria actio* par opposition à l'action négatoire.

Elle compète à celui à qui appartient la servitude contre quiconque, soit le propriétaire de la chose assujettie, soit un tiers, trouble injustement la servitude, soit en la niant entièrement ou partiellement, soit seulement en apportant à son exercice un empêchement par voie de fait.

Son but est de faire reconnaître la servitude, d'obtenir que l'adversaire s'abstienne à l'avenir de tout trouble et répare le dommage causé par le trouble antérieur.

Au reste, le demandeur doit, d'après la nature de la servitude, considérée comme une restriction à la liberté ordinaire de la propriété, fournir, au besoin, du moins vis-à-vis du propriétaire de la chose assujettie, la preuve de la servitude qui compète à sa personne ou à son fonds.

Réciproquement, le propriétaire a, pour protéger la liberté de sa propriété contre les servitudes injustement prétendues par d'autres, la *negatoria actio*, tendante à faire reconnaître que sa propriété est libre.

Cette *negatoria actio*, quoique, pour des raisons faciles à comprendre, elle soit traitée, dans les textes du droit romain, conjointement avec la *confessoria actio*, n'est pas au fond une *action touchant les servitudes*, mais une pure *action touchant la propriété*. C'est à ce point de vue qu'elle a été exposée ci-dessus (§ 102).

De servitutibus in rem actiones competunt nobis (ad exemplum earum, quæ ad usumfructum pertinent), tam confessoria, quam negatoria : confessoria ei, qui servitutes sibi competere, contendit ; negatoria domino, qui negat.

Hæc autem in rem actio confessoria nulli alii , quam domino fundi competit; servitutem enim nemo vindicare potest, quam is, qui dominium in fundo vicino habet, cui servitutem dicit deberi. ULPIANUS, fr. 2, pr., et § 1, D., VIII, 5, *Si servitus vindicetur.*

Agi autem hac actione poterit non tantum cum eo, in cujus agro aqua oritur, vel per cujus fundum ducitur, verum etiam cum omnibus agi poterit, quicunque aquam ducere impediunt, exemplo cæterarum servitutum. Et generaliter quicunque aquam ducere impediat, hac actione cum eo experiri potero. ULPIANUS, fr. 10, § 1, D., *eod.*

Æque si agat quis, jus sibi esse, fundo forte, vel ædibus utendi fruendi , vel per fundum vicini eundi , agendi , vel ex fundo vicini aquam ducendi, in rem actio est. Ejusdem generis est actio de jure prædiorum urbanorum ; veluti si quis agat, jus sibi esse, altius ædes suas tollendi, prospiciendive, vel projiciendi aliquid, vel immittendi tignum in vicini ædes. Contra quoque de usufructu et de servitutibus prædiorum rusticorum , item prædiorum urbanorum, invicem quoque proditæ sunt actiones ; ut , si quis intendat, jus non esse adversario utendi fruendi, eundi, agendi, aquamve ducendi, item altius tollendi, prospiciendive , vel projiciendi, immittendive : istæ quoque actiones in rem sunt, sed negativæ. Quod genus actionum in controversiis rerum corporalium proditum non est. Nam in his agit , qui non possidet ; ei vero, qui possidet, non est actio prodita, per quam neget, rem actoris esse. § 2, I., IV, 6, *De action.*

II.

*De l'*emphyteusis *et de la* superficies.

§ 110.

Transition.

Dig., lib. VI, tit. 3, *Si ager vectigalis, id est, emphyteuticarius petatur.*
Dig., lib. XLIII, tit. 8, *De superficiebus.*
Cod., lib. IV, tit. 66 , *De jure emphyteutico.*

Nous trouvons dans le nouveau droit romain, sous le nom d'*emphyteusis* et de *superficies*, deux *jura in*

294 DEUXIÈME PARTIE. EXPOSIT. SYSTÉM. § 110.

re aliena, qui ont beaucoup de ressemblance entre eux, notamment en ce que tous deux sont issus de rapports obligatoires semblables, mais qui cependant diffèrent l'un de l'autre, tant sous le rapport historique que sous d'autres rapports, et par conséquent doivent être traités séparément.

§ 111.

L'*emphyteusis* en particulier.

L'emphythéose, *emphyteusis*, tire son origine du droit civil; elle provient d'une fusion opérée, par des constitutions impériales, entre deux institutions plus anciennes jusque-là séparées, savoir, le *jus in agro vectigali*, fondé sur une concession d'immeubles à bail héréditaire consentie par des municipes ou par certaines corporations religieuses ou colléges, et le *jus in agro patrimoniali sive emphyteuticario*, fondé sur une concession impériale toute semblable d'immeubles appartenant au fisc ou à l'empereur. La différence originaire entre ces deux institutions, différence qui résultait de la diversité des auteurs de qui émanait la concession et en partie aussi de la diversité des conditions auxquelles elle était faite, disparut peu à peu, et à la fin ce ne furent plus seulement l'empereur, les villes et certaines corporations, mais même les simples particuliers, qui purent donner ainsi des terres à bail héréditaire, ou, comme on le dit désormais généralement, à *jus emphyteuticum*, à *emphyteusis*.

La base de ce droit emphytéotique ainsi développé est le contrat de concession, dont les clauses règlent, pour chaque cas particulier, la portée de ce droit. L'emphytéose s'établit, en effet, par le transport que le propriétaire fait à une autre personne, appelée l'emphytéote, *emphyteuta*, d'un immeuble destiné à produire des fruits, en lui conférant, par contrat, un droit réel très-étendu, sans abandonner la propriété. Ce contrat de concession se rapproche beaucoup, sous certains rapports, du contrat de vente, sous d'autres, du contrat de louage; mais il ne se confond complétement ni avec l'un ni avec l'autre, et forme, au moins depuis l'empereur Zénon, un contrat particulier qui a pris le nom spécial de *contractus emphyteuticarius*.

C'est précisément par cette double nature du contrat emphytéotique, participant à la fois de la vente et du louage, que s'explique l'essence propre de l'emphytéose, à laquelle il donne naissance. De là ce caractère d'un droit réel, pouvant même être concédé *in perpetuum*, inconciliable avec la nature d'un simple contrat de louage. De là les divers droits qui compètent à l'emphytéote, comme aussi les diverses restrictions auxquelles ce concessionnaire reste soumis à l'égard du concédant, du *dominus emphyteuseos*, restrictions qui ne conviennent absolument ni à un contrat de vente, ni à un contrat de louage, mais indiquent un mélange particulier des principes des deux contrats.

En effet, l'emphytéote obtient non-seulement le droit à la détention et à la jouissance complète et exclusive de l'immeuble d'autrui, qui lui est concédé à emphytéose, mais encore la possession juridique de cet immeuble. De plus son droit est un droit réel, puisqu'on lui accorde pour le protéger des *in rem actiones*, savoir la *rei vindicatio* et toutes les autres actions du propriétaire, qui lui sont données *utiliter* à lui emphytéote. Enfin il transmet son droit par succession héréditaire et peut aussi l'aliéner à volonté

et le transporter à un autre, sans porter préjudice
toutefois aux droits du *dominus emphyteuseos*. Réciproquement, il s'impose par le contrat certaines obligations relativement au fonds. Parmi ces obligations
deux surtout sont caractéristiques : d'abord l'obligation de payer au *dominus emphyteuseos* une redevance
annuelle fixe, *canon*, *vectigal ;* et ensuite l'obligation
de ne pas laisser détériorer et dépérir l'immeuble.
La négligence à remplir ces deux devoirs principaux
donne même au maître le droit de retirer la concession et de chasser, *expellere*, du fonds l'emphytéote,
et cela de telle manière que le ci-devant emphytéote
n'a pas même le droit d'exiger une indemnité pour
les améliorations qu'il a opérées dans le fonds, *em-
ponemata*.

Agri civitatum alii vectigales vocantur, alii non. Vectigales
vocantur, qui in perpetuum locantur, id est hac lege, ut tamdiu
pro illis vectigal pendatur, quamdiu neque ipsis, qui conduxe-
rint, neque his, qui in locum eorum successerunt, auferri eos liceat. Non vectigales sunt, qui ita colendi dantur, ut privatim
agros nostros colendos dare solemus.

Qui in perpetuum fundum fruendum conduxerunt a munici-
pibus, quamvis non efficiantur domini, tamen placuit competere
eis in rem actionem adversus quemvis possessorem, sed et adversus ipsos municipes. Ita tamen, si vectigal solvant.

Idem est, si ad tempus habuerint conductum, nec tempus conductionis finitum sit. Paul., fr. 1-3, D., vi, 3, *Si ager vectigal.*

Adeo autem aliquam familiaritatem inter se videntur habere
emtio et venditio, item locatio et conductio, ut in quibusdam
causis quæri soleat, utrum emtio et venditio contrahatur, an locatio et conductio : ut ecce de prædiis, quæ perpetuo quibusdam fruenda traduntur ; id est, ut quamdiu pensio sive reditus
pro his domino præstetur, neque ipsi conductori, neque heredi
ejus, cuive conductor heresve ejus id prædium vendiderit, aut
donaverit, aut dotis nomine dederit, aliove quocunque modo
alienaverit, auferre liceat. Sed talis contractus, quia inter veteres dubitabatur, et a quibusdam locatio, a quibusdam venditio
existimabatur, lex Zenoniana lata est, quæ *emphyteuseos contrac-*

tus propriam statuit naturam, neque ad locationem, neque ad venditionem inclinantem, sed suis pactionibus fulciendam. § 3, I., III, 25, *De locat. et conductione.*

§ 112.

La *superficies* en particulier.

La *superficies* se distingue déjà de l'*emphyteusis* en ce qu'elle tire son origine du droit honoraire[1] et est, en conséquence, protégée par une *in rem actio* prétorienne. Elle s'établit en vertu d'un contrat par lequel le propriétaire foncier abandonne à un autre un emplacement, *area*, afin qu'il y construise un bâtiment. La propriété de cet édifice, qui, comme l'emplacement lui-même[2], s'appelle *superficies*, reste, il est vrai, au maître du fonds, conformément aux principes généraux sur l'acquisition de la propriété, mais le *superficiarius* acquiert cependant un droit réel à la jouissance complète du bâtiment, droit constitué pour un long temps, souvent même *in perpetuum*, et transmissible, soit par succession, soit entre vifs. Ce droit s'appelle aussi *superficies*.

Le droit du *superficiarius* sur l'édifice et l'empla-

---

[1] Cette distinction n'est pas exacte, au moins dans le droit classique, avant la réforme de Zénon : la concession de la *superficies*, comme la concession de l'*ager vectigalis*, s'opérait par un contrat de vente ou de louage, par conséquent en vertu du droit civil ; dans l'un comme dans l'autre cas, le droit prétorien avait ensuite accordé une action réelle *utile* au concessionnaire, qui, d'après le droit civil, n'avait qu'une action personnelle contre l'autre contractant. Voy. mon *Exposé des principes généraux du droit romain sur la propriété et ses principaux démembrements*, 2ᵉ édit., n. 117-124, p. 97-104.   (*Note du traducteur.*)

[2] Je ne pense pas que le mot *superficies* puisse s'appliquer à l'emplacement : les Romains distinguaient toujours l'emplacement, *area*, *solum*, du bâtiment, *superficies*, ce qui est *super faciem soli*.

(*Note du traducteur.*)

cement, vis-à-vis du propriétaire, ainsi que la détermination des obligations que s'est imposées ce *superficiarius*, reposent, il est vrai, comme pour l'*emphyteuta*, sur un contrat. Mais ce contrat n'a ni un nom particulier, ni une nature indépendante, comme le *contractus emphyteuticarius*. Il peut au contraire être d'espèce très-diverse, tantôt un achat, tantôt un louage, tantôt une donation. Par là s'expliquent aussi les différentes modifications sous lesquelles la *superficies* peut se présenter; car le *superficiarius* a à payer, pour le droit à lui concédé, tantôt une redevance annuelle, *solarium* ou *pensio*, tantôt un prix d'achat payable en une seule fois, lors de l'acquisition, tantôt rien du tout.

Superficiarias ædes appellamus, quæ in conducto solo positæ sunt; quarum proprietas et civili et naturali ratione ejus est, cujus et solum. Gai., fr. 2, D., xliii, 18, *De superfic.*

Quod ait prætor : *si actio de superficie postulabitur, causa cognita, dabo,* sic intelligendum est, ut, si ad tempus quis superficiem conduxerit, negetur ei in rem actio. Et sane, causa cognita, ei, qui non ad modicum tempus conduxit superficiem, in rem actio competet. Ulpian., fr. 1, § 3 et 4, D., *ibid.*

III.

Du gage, pignus.

§ 113.

Introduction historique.

Le droit de gage est un droit réel, qui est accordé sur la chose d'autrui à un créancier pour la sûreté de sa créance, et qui consiste essentiellement en ce que celui à qui il compète, le créancier gagiste, a le pouvoir de vendre la chose et de se payer sur le prix. Le gage apparaît ainsi comme offrant à celui qui cherche du crédit pour lui-même ou pour un autre, la voie la plus simple et la mieux appropriée pour se procurer ce crédit au moyen d'une chose qui lui appartient ou qui, du moins, est à sa libre disposition, sans être forcé d'en abandonner dès à présent la propriété. En effet l'engagement d'une chose s'opère par la simple tradition ou même par la simple assignation de la chose au créancier, en vue de lui assurer son payement futur.

De semblables moyens de sécurité étaient, d'après le droit romain primitif, d'autant plus désirables et même nécessaires pour le créancier, que, suivant l'ancienne procédure d'exécution, il ne pouvait pas, en règle générale, s'en prendre aux biens de son débiteur, mais seulement à sa personne, laquelle lui était soumise avec une extrême rigueur; et cette exécution rigoureuse devait souvent être fort désagréable pour le créancier lui-même, en faveur duquel elle était établie. Cependant un droit de gage véritable et complet ne s'est formé qu'assez tard chez les Romains.

Primitivement, celui qui cherchait à obtenir du crédit était obligé de recourir à divers expédients, à divers détours, pour fournir au créancier une sûreté réelle. Ainsi il transportait au créancier une chose en pleine propriété, en la lui mancipant ou en la lui cédant *in jure, sub lege remancipationis*, ou *sub fiducia*, c'est-à-dire en convenant avec le créancier qu'il remanciperait ou rétrocéderait la chose au débiteur, aussitôt que celui-ci aurait payé sa dette. Ce procédé, indépendamment de son incommodité, avait cet inconvénient grave, que le débiteur n'était pas suffisamment assuré contre une perte injuste de la chose ainsi aliénée. A cette *fiducia* se rattachait l'*usureceptio*, espèce particulière d'usucapion, dont le débiteur avait quelquefois besoin pour recouvrer la propriété de sa chose.

On arriva ensuite d'assez bonne heure à l'idée du gage proprement dit (*pignus*), du nantissement par la tradition d'une chose au créancier, avec la simple permission de posséder la chose jusqu'à ce qu'il soit satisfait, et de la vendre, au besoin, pour se procurer le montant de l'*obligatio*.

A cet effet, on imagina d'abord de procéder, sous la forme de la *pignoris capio*, à une saisie contre le débiteur, comme moyen de contrainte et d'exécution. De là on passa facilement à l'idée de faire naître un tel *pignus* d'une remise conventionnelle que le débiteur ferait de la chose au créancier. Mais, comme ce droit de possession, que le créancier obtenait ainsi sur la chose donnée en nantissement, n'était point garanti contre les tiers par une *in rem actio*, le créancier n'y trouvait pas une sûreté durable et entière.

Le préteur fit le premier pas vers l'établissement d'un droit réel de gage, en accordant au créancier, dans un cas spécial, sous le nom de *Serviana actio*, une action réelle contre tout possesseur de la chose engagée, pour en obtenir la restitution, à l'effet d'exercer le droit de gage. Cette action fut ensuite étendue, sous la dénomination de *quasi Serviana actio*, ce qui imprima au gage en général le caractère d'un droit réel. Par là aussi fut introduite la possibilité d'une *hypotheca*, c'est-à-dire d'un droit de gage efficace, par la simple affectation de la chose, sans mettre le créancier en posssession de la chose engagée.

Qui rem alicui fiduciæ causa mancipio dederit, vel in jure cesserit, si eamdem ipse possederit, potest usucapere anno completo, etsi soli sit. Quæ species usucapionis dicitur usureceptio, quia id, quod aliquando habuimus, recipimus per usucapionem,

Sed quum fiducia contrahitur, aut cum creditore pignoris jure, aut cum amico, quo tutius nostræ res apud cum essent, siquidem cum amico contracta est fiducia, sane omnimodo competit usureceptio; si vero cum creditore, soluta quidem pecunia omnimodo competit, nondum vero soluta, ita demum competit, si neque conduxerit eam rem a creditore debitor, neque precario rogaverit, ut eam rem possidere liceret; quo casu lucrativa usucapio competit. GAIUS, *Comm.*, II., §. 59-61.

Item inter pignus et fiduciam et hypothecam hoc interest. *Pignus* est enim, quod propter rem creditam obligatur, cujusque rei possessionem solam ad tempus consequitur creditor. *Fiducia* est, quum res aliqua, sumendæ mutuæ pecuniæ gratia, vel mancipatur, vel in jure ceditur. *Hypotheca* est, quum res aliqua commodatur sine depositione pignoris, pacto vel cautione sola interveniente. ISIDORUS, *Origin.*, Lib. V, cap. 25.

Item serviana et quasi serviana (quæ etiam hypothecaria vocatur) ex ipsius prætoris jurisdictione substantiam capiunt. *Serviana* autem experitur quis de rebus coloni, quæ pignoris jure pro mercedibus fundi ei tenentur. *Quasi serviana* autem est, qua creditores pignora hypothecasve persequuntur. § 7, I., IV, 6, *De action.*

§ 114.

Conditions générales de tout droit de gage.

Dig., lib. xx, tit. 1, *De pignoribus et hypothecis;* — tit. 2, *In quibus causis pignus vel hypotheca tacite contrahitur;* — tit. 3, *Quæ res pignori vel hypothecæ datæ obligari non possunt.*

Cod., lib. viii, tit. 14, *De pignoribus et hypothecis;* — tit. 15, *In quibus causis pignus vel hypotheca tacite contrahitur;* — tit. 17, *Quæ res pignori obligari possunt, vel non, et qualiter pignus contrahatur;* — tit. 22, *De prætorio pignore;* — tit. 23, *Si in causa judicati pignus captum sit.*

Depuis son complet développement, le droit de gage peut se présenter sous trois formes différentes, celle de *pignus*, celle de *pignus prætorium* et celle d'*hypotheca*. Elles diffèrent essentiellement, soit quant au rapport de possession qui s'établit entre le créan-

cier et la chose engagée, soit quant à plusieurs circonstances relatives à leur naissance et à leur extinction; mais elles se rapprochent et s'accordent dans
certaines conditions et certains effets qui leur sont
communs.

Tout droit de gage présuppose, comme *base essentielle*, l'existence d'une *créance valable, obligatio*,
qui doit compéter à celui à qui le gage est constitué,
appelé pour cela *créancier gagiste*, soit contre celui
qui constitue le gage, soit contre une autre personne.
Le droit de gage a précisément pour but d'assurer
cette *créance*.

Le droit de gage suppose ensuite comme *objet* une
chose à laquelle il doit s'attacher. Dans le dernier
état du droit, surtout depuis le développement de
l'*hypotheca*, le gage peut avoir pour objet non-seulement une chose corporelle, mais encore une chose
incorporelle; et le but du droit de gage exige que
ce soit une chose qui n'appartienne pas au créancier, et qui puisse être aliénée, vendue. Sous
ces conditions, on peut soumettre au droit de gage
soit des choses isolées, soit des patrimoines entiers,
en tant qu'ils se composent de choses ayant ces qualités. Toutefois ce droit de gage général ne peut se
concevoir que sous la forme du *pignus prætorium* ou
de l'*hypotheca*, et non sous la forme du *pignus* dans
le sens étroit.

Tout droit de gage suppose encore une *cause légitime* qui lui donne naissance. Cette cause consiste le
plus souvent dans une constitution conventionnelle
du droit de gage, tantôt du *pignus* proprement dit,
par le *contractus pignoris*, tantôt de l'*hypotheca*, par
le *pactum hypothecæ*. De ce *droit de gage conventionnel* se rapproche le droit de gage constitué par
testament. Une décision judiciaire peut aussi fonder

un droit de gage. C'est ainsi, et seulement ainsi, que se constitue le *pignus prætorium ;* il est établi quand le magistrat, au moyen d'une *missio in possessionem,* envoie le créancier en possession de tous les biens ou de certains biens du débiteur, et que le créancier, conformément au décret du magistrat, se met réellement en possession. C'est également ainsi que se constitue le *pignus ex causa judicati captum,* qui dérive, avec un changement de forme, de l'antique *pignoris capio,* et consiste dans une saisie judiciaire pratiquée contre le débiteur, comme moyen d'exécution.

Enfin, surtout dans le dernier état de la jurisprudence romaine, le droit de gage naît souvent *ipso jure,* de lui-même, c'est-à-dire, comme conséquence tacite de certains rapports qui s'établissent, de certaines circonstances qui surviennent. Ces droits de gage légaux et tacites ne sont jamais que des *hypothecæ.*

Inter pignus autem et hypothecam, quantum ad actionem hypothecariam attinet, nihil interest. Nam de qua re inter creditorem et debitorem convenerit, ut sit pro debito obligata, utraque hac appellatione continetur. Sed in aliis differentia est. Nam pignoris appellatione eam proprie rem contineri dicimus, quæ simul etiam traditur creditori, maxime si mobilis sit; at eam, quæ sine traditione nuda conventione tenetur, proprie hypothecæ appellatione contineri dicimus. § 7, I., iv, 6, *De action*.

Pignus appellatum *a pugno,* quia res, quæ pignori dantur, manu traduntur; unde etiam videri potest, verum esse, quod quidam putant, pignus proprie rei mobilis constitui. GAI., fr. 238, § 2, D., L, 16, *De verb. sign.*

Res hypothecæ dari posse sciendum est pro quacunque obligatione, sive mutua pecunia datur, sive dos, sive emtio vel venditio contrahatur, vel etiam locatio et conductio, vel mandatum, et sive pura est obligatio vel in diem, vel sub conditione, et sive in præsenti contractu, sive etiam præcedat; sed et futuræ obligationis nomine dari possunt, sed et non solvendæ omnis pecuniæ causa, verum etiam de parte ejus, et vel pro civili obligatione, vel honoraria, vel tantum naturali. Marcianus, fr. 5, pr., D., xx, 1, *De pignor. et hypothec.*

Dare autem quis hypothecam potest, sive pro sua obligatione, sive pro aliena. Idem, fr. 5, § 2, D., *cod.*

Quod emtionem venditionemque recipit, etiam pignorationem recipere potest. Gaius, fr. 9, § 1, D., *cod.*

Contrahitur hypotheca per pactum conventum, quum quis paciscatur, ut res ejus propter aliquam obligationem sint hypothecæ nomine obligatæ. Gaius, fr. 4, D., *cod,*

Pignus contrahitur non solum traditione, sed etiam nuda conventione, etsi non traditum est. Ulpian, fr. 1, pr., D., xiii, 7, *De pign. act.*

Non est mirum, si ex quacunque causa magistratus in possessionem aliquem miserit, pignus constitui, quum testamento quoque pignus constitui posse, Imperator noster, cum patre sæpissime rescripsit. Sciendum tamen, ubi jussu magistratus pignus constituitur, non alias constitui, nisi ventum fuerit in possessionem. Ulpian., fr. 26, pr. et § 1. D., xiii, 7, *De pigneratitia actione.*

In prædiis rusticis fructus, qui ibi nascuntur, tacite intelliguntur pignori esse domino fundi locati, etiam si nominatim id non convenerit. Pompon., fr. 7, pr., D., xx, 2, *In quibus causis pignus vel hypotheca tacite contrahitur.*

Et ut plenius dotibus subveniatur, quemadmodum in administratione pupillarium rerum et in aliis multis juris articulis tacitas hypothecas inesse accipimus, ita et in hujus modi actione damus ex utroque latere hypothecam, sive ex parte mariti, pro restitutione dotis, sive ex parte mulieris, pro ipsa dote præstanda, vel rebus dotalibus evictis. *Justinianus*, c. un., § 1, C., v, 13, *De rei uxoriæ actione.*

§ 115.

Droits du créancier gagiste.

Dig., lib. xx, tit. 5, *De distractione pignorum et hypothecarum.*
Cod., lib. viii, tit. 28, *De distractione pignorum;* — tit. 34, *De jure dominii impetrando;* — tit. 35, *De pactis pignorum et de lege commissoria in pignoribus rescindenda.*

Alors même que le créancier gagiste peut, d'après

l'espèce de droit de gage qui lui compète, exiger la possession paisible de la chose pendant toute la durée de son droit, ce qui arrive soit dans le *pignus* proprement dit, soit dans le *pignus prætorium*, il ne peut cependant pas prétendre à l'usage et aux fruits de la chose engagée. Toutefois on peut, par une convention particulière, établir, pour tenir lieu des intérêts du capital dû, une contre-jouissance, une *antichresis*.

Par une conséquence même de la nature générale du droit de gage, tout créancier gagiste a, pour faire valoir son droit, une *in rem actio*, la *quasi Serviana* ou *hypothecaria actio*, contre tout tiers possesseur de la chose engagée, à l'effet d'en obtenir la restitution, afin de pouvoir y exercer complétement le droit de gage (voy. § 113.)

Tout créancier gagiste a le droit de vendre, en cas de besoin, la chose engagée, et de se payer de sa créance sur le prix. A la vérité, il paraît qu'originairement un tel *jus vendendi* ou *distrahendi* n'appartenait au créancier gagiste que quand il en était expressément convenu; mais, depuis le complet développement de cette institution, cette faculté de vendre semble, au point de vue romain, tenir si profondément à l'essence même du droit de gage, qu'elle ne pourrait en être séparée sans détruire l'idée qu'on s'en forme.

Le créancier ne peut vendre le gage que pour l'acquittement de la créance à laquelle il est affecté, et non pour d'autres créances qu'il aurait contre le même débiteur : il ne peut, pour ces dernières, exercer tout au plus que le *droit de rétention*, tout à fait différent du droit de gage.

Mais, quant à la créance même pour laquelle la convention de gage a été faite, la chose est affectée, non-seulement à la totalité de cette créance, mais à

20

chacune de ses parties, suivant le principe : *pigno-ris causa est individua*.

Dans aucun cas, le créancier gagiste ne peut pro-céder à la vente de la chose engagée, avant qu'une partie, au moins, de la dette soit échue. Mais peut-il alors faire la vente sur-le-champ? de quelle ma-nière et dans quelle forme doit-il la faire? Cela dé-pend des conventions particulières intervenues à cet égard. A défaut de toute convention sur ce point, les lois prescrivent exactement la procédure à suivre à ce sujet, et le créancier, en aliénant la chose, se présente, en quelque sorte, comme procureur du dé-biteur. Ce n'est qu'exceptionnellement qu'on observe quelquefois la forme d'enchères judiciaires. Si, le créancier satisfait, il reste quelque chose de libre sur le prix, ce *superfluum*, cette *hyperocha* doit être res-tituée au débiteur.

Dans les premiers temps, la *lex commissoria*, c'est-à-dire la clause ajoutée à la convention de gage, portant que, si la dette n'était pas payée à l'époque fixée, la chose engagée serait, sans autre formalité, immédiatement dévolue en toute propriété au créan-cier, était non-seulement permise, mais même très-ordinaire et presque de règle; mais à cause des abus qu'elle entraînait, l'empereur Constantin la prohiba absolument. Il faut aujourd'hui procéder toujours formellement à la vente.

Si pignore creditor utatur, furti tenetur. GAI., fr. 54, pr., D., xLvII, 2, *De furtis*.

Si ἀντίχρησις, id est, mutuus pignoris usus pro credito, facta sit, et in fundum aut in ædes aliquis inducatur, eousque retinet possessionem pignoris loco, donec illi pecunia solvatur, quum in usuras fructus percipiat, aut locando, aut ipse perci-piendo habitandoque. MARCIANUS, fr. 11, § 1, D., xx, 1, *De pignor.*

Contra autem creditor pignus ex pactione, quamvis ejus ea

res non sit, alienare potest. Sed hoc forsitan ideo videtur fieri, quod voluntate debitoris intelligitur pignus alienari, quia ab initio contractus pactus est, ut liceret creditori, pignus vendere, si pecunia non solvatur. Sed, ne creditores jus suum persequi impedirentur, neque debitores temere suarum rerum dominium amittere viderentur, nostra constitutione consultum est, et certus modus impositus, per quem pignoris distractio possit procedere, cujus tenore utrique parti, creditorum et debitorum, satis abundeque provisum est. § 1, I., II, 8, *Quibus alienare licet, vel non.*

Si convenit de distrahendo pignore, sive ab initio, sive postea, non tantum venditio valet, verum incipit emtor dominium rei habere. Sed, etsi non convenerit de distrahendo pignore, hoc tamen jure utimur, ut liceat distrahere, si modo non convenit, ne liceat. Ubi vero convenit, ne distraheretur, creditor, si distraxerit, furti obligatur, nisi ei ter fuerit denuntiatum, ut solvat, et cessaverit. ULPIANUS, fr. 4, D., XIII, 7, *De pignor. actione.*

Creditor judicio, quod de pignore dato proponitur, ut superfluum pretii cum usuris restituat, jure cogitur. PAPINIAN, fr. 42, D., *eod.*

Quoniam inter alias captiones præcipue commissoriæ pignorum legis crescit asperitas, placet, infirmari eam et in posterum omnem ejus memoriam aboleri. CONSTANTINUS, c. 3, C., VIII, 35, *De pactis pignorum et de lege commissoria, cæt.*

§ 116.

Rapports de droit des créanciers gagistes ou hypothécaires entre eux.

Dig., lib. xx, tit. 1, *Qui potiores in pignore vel hypotheca habeantur.*
Cod., lib. VIII, tit. 18, *Qui potiores in pignore habeantur;* — tit. 19, *De his qui in priorum locum succedunt;* — tit. 20, *Si antiquior creditor pignus vendiderit.*

La même chose peut être engagée ou hypothéquée, en même temps, à plusieurs créanciers pour diverses créances. Cela n'a rien de contradictoire en soi;

c'est là plutôt un grand avantage de cette institution, puisque le propriétaire a ainsi la faculté de faire l'usage le plus complet du crédit que la valeur de la chose lui procure. Mais d'un autre côté, cette possibilité d'accumuler plusieurs droits de gage sur la même chose peut aussi nuire au crédit du propriétaire; car celui qui est disposé à lui prêter sur sa chose, peut craindre, le cas échéant, une collision préjudiciable à ses intérêts avec d'autres créanciers hypothécaires. Cette collision s'élève, quand ces créanciers veulent faire valoir leur droit concurremment, et que la chose engagée n'a pas assez de valeur pour que tous les créanciers soient entièrement satisfaits sur le prix. Le danger de ce conflit est d'autant plus grand, qu'aucun signe extérieur ne peut faire connaître si une chose est déjà hypothéquée et pour combien elle l'est, et qu'il n'est pas facile de s'en assurer prudemment d'avance, à cause de l'absence de toute formalité dans la convention d'hypothèque et à raison du grand nombre d'hypothèques légales tacites.

Quand ce conflit s'élève, on le règle en assignant, d'après certains principes généraux, à chaque créancier hypothécaire sa place déterminée dans un rang antérieur, égal ou postérieur à celui des autres, et en ne l'admettant que dans cet ordre à l'exercice plein et efficace de son droit.

Ce droit de priorité, en général, par la nature même du droit de gage, simple démembrement successif de la propriété, repose sur ce fondement très-simple que le droit hypothécaire le plus ancien, eu égard au temps où il a pris naissance, est, précisément à cause de cette antériorité de son existence, préférable à tous les droits hypothécaires qui ont frappé plus tard la même chose : *prior tempore, potior jure.*

Cependant cette règle fondamentale souffre une double exception.

Il y a d'abord certains droits hypothécaires qui, sans aucun égard au temps où ils ont pris naissance, ssent avant tous les autres, même plus anciens, r un privilége qu'ils tiennent d'une disposition expressse de la loi.

Parmi ces hypothèques *privilégiées*, quelques-unes sont encore privilégiées d'une manière toute particulière, en sorte qu'en cas de concurrence avec d'autres hypothèques aussi privilégiées, une préférence incontestable leur est accordée. Elles ont toutes pour but de favoriser certaines personnes et certaines créances, et leur nombre a été augmenté jusqu'à l'excès, surtout dans la dernière période du droit romain, à tel point que, grâce à ces hypothèques privilégiées, jointes aux nombreuses hypothèques légales tacites, le système hypothécaire des Romains, n'atteint de fait que très-imparfaitement son but, la sécurité du créancier, et présente un tableau affligeant.

L'hypothèque dite *publique* forme la seconde exception, suivant une ordonnance de l'empereur Léon. Ainsi un droit d'hypothèque dont la constitution ou l'existence, en général, peut être prouvée par un acte public, *instrumentum publice confectum*, ou par un acte privé souscrit par trois hommes d'une réputation irréprochable, *instrumentum quasi publice confectum*, doit avoir la préférence, sans égard à sa date, sur toutes les autres hypothèques dont la constitution ou l'existence ne peut pas être prouvée par des actes de ce genre, mais seulement de quelque autre manière. Cette disposition légale a été dictée par la crainte d'une antidate frauduleuse, dont le danger est moindre dans le premier cas que dans le dernier.

Quand plusieurs créanciers hypothécaires se trouvent en concurrence dans un cas particulier, le droit d'aliéner la chose hypothéquée n'est accordé qu'à celui qui a le droit d'hypothèque le plus fort, et qui prime tous les autres par quelqu'une des raisons ci-dessus indiquées, comme *creditor potior*, *prior*, *antiquior*, *anterior*.

Quand il a vendu et s'est payé sur le prix, sans l'épuiser entièrement, celui qui le suit et qui se trouve actuellement en première ligne peut réclamer l'excédant, *superfluum*, et se payer à son tour là-dessus. Vient maintenant le créancier le plus proche, et ainsi de suite, jusqu'à l'épuisement du prix, et alors l'hypothèque des créanciers suivants leur devient inutile.

Au reste, si l'un des créanciers d'un rang inférieur, *creditores posteriores*, désire avoir le droit d'aliéner lui-même la chose hypothéquée, il peut l'obtenir en payant au créancier qui occupe le premier rang la totalité de sa créance hypothécaire, et en achetant ainsi son droit d'hypothèque : par là il prend *ipso jure* la place du créancier qu'il a désintéressé, même contre la volonté de celui-ci. Ce droit, qu'on appelle *jus offerendi et succedendi*, peut lui procurer plusieurs sortes d'avantages.

Nam quum de pignore utraque pars contendit, prævalet jure, qui prævenit tempore. ANTONINUS, c. 2, C., VIII, 18, *Qui potiores in pignore habeantur.*

Interdum posterior potior est priori : utputa, si in rem istam conservandam impensum est, quod sequens credidit, veluti si navis fuit obligata et ad armandam eam rem, vel reficiendam ego credidero. ULPIANUS, fr. 5, D., xx, 4, *Qui potiores in pignore.*

Scripturas, quæ sæpe assolent a quibusdam secrete fieri...., si personalis actio exerceatur, suum robur habere decernimus. Sin autem jus pignoris vel hypothecæ ex hujus modi instrumentis vindicare quis sibi contenderit, eum, qui instrumentis publice confectis nititur, præponi decernimus, etiamsi posterior is contineatur; nisi forte probatæ atque integræ opinionis trium, vel amplius virorum subscriptiones eidem idiochiris contineantur; tunc enim quasi publice confecta accipiuntur. LEO, c. 11, C., VIII, 18, *Qui potiores in pignore habeantur.*

Qui pignus secundo loco acceperit, ita jus suum confirmare potest, si priori creditori debitam pecuniam solverit, aut quum obtulisset, isque accipere noluisset, eam obsignavit et deposuit, nec in usus suos convertit. SEVERUS et ANTONINUS, c. 1, C., *eod.*

§ 117.

Extinction du droit hypothécaire.

Dig., lib. xx, tit. 6, *Quibus modis pignus vel hypotheca solvitur.*
Cod., lib. VIII, tit. 26, *De remissione pignoris;* — tit. 31, *De tuitione pignoris.*

Le droit d'hypothèque s'éteint,

En sa qualité de *jus in re*, par la perte totale de son objet, la chose hypothéquée;

En sa qualité de *jus in re aliena*, dès que la chose cesse d'être, par rapport au créancier, chose d'autrui;

En sa qualité de droit *accessoire*, dès que la créance garantie par l'hypothèque est éteinte de quelque manière que ce soit, et entièrement.

De plus, il résulte de la nature même du droit hypothécaire, qu'il finit aussitôt qu'il a atteint son but, c'est-à-dire aussitôt que la chose hypothéquée a été régulièrement vendue pour satisfaire le créancier premier en ordre; car, par là, le droit d'hypothèque de tous les créanciers postérieurs se trouve en même temps anéanti.

Une particularité du droit de gage prétorien, résultant d'un décret d'envoi en possession, c'est qu'il s'éteint par la révocation de ce décret.

Il est de droit positif que quiconque prescrit la propriété d'une chose *longo tempore* prescrit aussi, en même temps que la chose elle-même, la liberté de cette chose, son affranchissement des droits de gage ou d'hypothèque dont elle était grevée, ou du moins acquiert une exception à y opposer.

Sicut re corporali extincta, ita et usufrutu extincto, pignus hypothecave perit. MARCIANUS, fr. 8, pr., D., xx, 6, *Quibus modis pignus solvitur.*

In proposita autem quæstione me illud movet, numquid pignoris jus extinctum sit, dominio adquisito : neque enim potest pignus perseverare, domino constituto creditore. PAULUS, fr. 30, § 1, D., XLIV, 2, *De exceptione rei judicatæ.*

Novatione legitime facta liberantur hypothecæ et pignus, et usuræ non currunt. IDEM, fr. 18, D., xlvi, *De novationibus et delegationibus.*

Item, si ita stipulatio facta sit : si fundus Titianus datus non erit, centum dari? nisi totus detur, pœna committitur centum ; nec prodest, partes fundi tradere, cessante una ; *quemadmodum non prodest ad pignus liberandum, partem creditori solvere.* IDEM, fr. 85, § 6, D., xlv, 1, *De verborum obligationibus.*

Si vendidisset, qui ante pignus accepit, persecutio tibi hypothecaria superesse non posset. ALEXANDER, c. 1, C., viii, 20, *Si antiquior creditor pignus vendiderit.*

DEUXIÈME SECTION.

Droit des obligations ou théorie des droits de créance.

CHAPITRE PREMIER.

PRINCIPES GÉNÉRAUX DES OBLIGATIONS.

§ 118.

Notion de l'obligation.

Inst., lib. III, tit. 14, *De obligationibus.*
Dig., lib. XLIV, tit. 7, *De obligationibus et actionibus.*
Cod, lib. IV, tit. 10, *De oblig. et act.*

A la propriété, comme droit compris dans les biens, se rattache très-naturellement le rapport de droit que les Romains appelaient *obligatio*, et que nous appelons aujourd'hui *droit de créance*. Il s'établit entre deux personnes dont l'une, sous le nom de *creditor*, *créancier*, a la faculté d'exiger de l'autre, qui s'appelle *debitor*, *débiteur*, une certaine *prestation*.

Les obligations se lient très-intimement, sous plusieurs points de vue, à la propriété et au droit concernant les biens. Car, d'abord, la prestation que le créancier a le droit d'exiger du débiteur, a pour but et pour résultat d'augmenter les biens du premier. Elle semble ainsi une extension artificielle de la propriété, et a même souvent pour fin de conduire à une véritable propriété. Ensuite, la possibilité légale de faire naître ces rapports d'obligation, de *contracter*, est un moyen simple de faciliter l'échange de la propriété et des biens, dont le commerce ne saurait guère se passer. Aussi l'expérience et l'histoire nous montrent-elles le droit d'obligation se développant presque en même temps que la notion de la propriété, aussitôt du moins que cette notion a atteint un certain degré de perfectionnement.

Le mot *obligatio* paraît avoir désigné, dans le principe, l'acte, l'événement qui introduit un semblable rapport de droit ; mais sa signification s'étendit peu à peu, et ce mot exprima plus tard, tantôt l'ensemble de ce rapport juridique entre le créancier et le débiteur, tantôt le droit qui en résulte pour le créancier d'exiger une prestation du débiteur, c'est-à-dire la *créance, creditoris obligatio ;* tantôt l'engagement qui en résulte de la part du débiteur de faire cette prestation au créancier, c'est-à-dire l'*obligation, debitoris obligatio.*

C'est à cette position d'une personne *qui oblige* une autre, et d'une personne *qui est obligée* envers une autre, position qui constitue l'essence du rapport d'obligation, que se rapportent les diverses expressions figurées employées à ce sujet dans les sources, surtout dans celles de l'ancien droit romain : *nexum, nectere, obligatio, obligare, contractus, contrahere.*

§ 119.

De l'objet et du contenu de l'obligation en général.

L'objet direct de l'obligation n'est jamais une chose déterminée, mais seulement une *action* de la personne, une *prestation* que le créancier peut exiger de son débiteur.

Cette prestation doit toujours être possible physiquement et légalement.

Elle doit toujours être appréciable en argent : elle tend, en effet, soit au payement d'une somme d'argent, soit à la dation d'autres choses utiles, soit enfin à des actes, qui, bien que ne consistant pas à donner des choses, sont cependant propres à procurer un avantage pécuniaire à celui qui a le droit de les exiger comme créancier.

Ajoutons que la prestation doit toujours être telle que le créancier ait véritablement un intérêt juridique à l'exiger.

Enfin elle ne doit être entièrement laissée à la pure volonté du débiteur, ni quant à son espèce, ni quant à son étendue ; comme aussi elle doit, en général, avoir une étendue exactement déterminée, parce qu'il est de l'essence de l'obligation que, par son exécution complète, tout le rapport juridique existant entre le créancier et le débiteur se dissolve de lui même.

Au reste, l'objet de l'obligation peut être d'espèce très-diverse ; il peut être tantôt *certum*, tantôt *incertum*, et les Romains cherchent à résumer les divers cas, en disant que toutes les obligations tendent à *dare*, ou à *facere*, ou à *præstare*.

C'est précisément sur la différence des prestations que sont fondés, en grande partie, les caractères propres des différentes obligations que distingue le droit romain ; aussi nous ne parlerons de cette différence qu'en traitant spécialement de chacune de ces obligations. Cependant nous pouvons, nous devons même nous occuper ici de deux sortes de prestations, qui sont d'une nature plus générale, et dont il est question dans un grand nombre d'obligations : ce sont les dommages-intérêts et les intérêts.

Obligationum substantia non in eo consistit, ut aliquod corpus nostrum, aut servitutem nostram faciat , sed ut alium nobis adstringat, ad *dandum* aliquid, vel *faciendum*, vel *præstandum*. PAULUS, fr. 5, pr., D., XLIV, 7, *De obligationibus et actionibus*.

In personam actio est, quotiens cum aliquo agimus, qui nobis ex contractu, vel ex delicto obligatus est, id est, quum intendimus : *dare, facere, præstare* oportere. GAI., *Comm.* IV, § 2.

Ea enim in obligatione consistere, quæ pecunia lui, præstarique possunt. ULPIAN., fr. 9, § 2, D., XL, 7, *De statu liber.*

Alteri stipulari nemo potest. Inventæ sunt enim hujus modi obligationes ad hoc, ut unusquisque sibi adquirat, quod *sua interest;* cæterum, si alii detur, nihil interest stipulatoris. § 19, I., III, 19, *De inutilibus stipulationibus.*

§ 120.

De l'obligation de réparer le dommage, ou de fournir des dommages-intéréts.

Dig., lib. XXII, tit. 1, *De usuris et fructibus et causis et omnibus accessionibus et mora.*
Dig., lib. XII, tit. 3, *De in litem jurando.*
Cod., lib. V, tit. 53, *De in litem jurando.*
Cod., lib. VII, tit. 47, *De sententiis quæ pro eo quod interest proferuntur.*

Il n'est pas rare que quelqu'un soit tenu de réparer le dommage pécuniaire qu'un autre a éprouvé, *damnum præstare*, soit principalement, en vertu d'une obligation spéciale et indépendante, soit accessoirement, à l'occasion d'une autre obligation. Cela suppose toujours une cause particulière qui ait fait naître de sa part cette obligation.

Cette cause peut d'abord consister en ce que, soit d'avance, soit après coup, il s'est volontairement chargé de la garantie du dommage éprouvé par autrui.

Elle peut aussi résider dans les dispositions générales de la loi.

Sous ce dernier rapport, la règle est que, si le dommage éprouvé est purement accidentel, survenu par cas fortuit, *casu*, il doit être supporté par celui dans la personne ou la chose duquel il est arrivé.

Pareillement, chacun doit supporter le dommage qu'il a éprouvé par sa propre faute.

Mais celui qui a souffert le dommage peut s'en prendre à un autre, pour s'en faire indemniser, quand celui-ci a occasionné le dommage, directement ou indirectement, par un fait contraire au droit, à lui imputable.

En général, on appelle *faute, culpa*, tout fait contraire au droit et imputable, qu'il consiste dans une action positive ou dans la simple inaction, en tant qu'il soumet à une responsabilité juridique celui qui l'a commis, responsabilité qui, sous le rapport des dommages-intérêts, n'a lieu que si cet acte a eu effectivement pour d'autres personnes un résultat mauvais et préjudiciable.

Cette *culpa*, dans l'acception large du mot, se divise, relativement à l'espèce et au degré de culpabilité, en *dolus* et en *culpa* strictement dite.

Le droit romain entend par *dolus*, sous ce rapport, non pas la simple ruse, mais toute injustice commise exprès et sciemment, en tant qu'elle provient en même temps d'un motif moralement répréhensible. Toute action qui ne rentre pas dans cette notion du *dolus*, parce qu'il y manque une ou plusieurs de ces conditions, mais qui porte néanmoins en elle le caractère de l'injustice, s'appelle *culpa*. Comme, du reste, certaines formes de la faute sont, non sous le rapport de la criminalité et du droit pénal, mais sous le rapport de la responsabilité privée qu'elles entraînent, traitées exactement comme le dol, et lui sont ainsi assimilées à cet égard, on s'explique facilement l'expression que les textes emploient à ce sujet : *culpa dolo proxima, culpa quæ dolo æquiparatur.* Cette espèce de *culpa* est même positivement appelée *dolus* dans une acception large du mot.

Le dol et la faute supposent tous deux, de la part de celui à qui on les reproche, non-seulement l'*imputabilité* juridique de l'action, en général, mais encore, pour qu'il y ait *injustice*, l'*obligation* juridique de tenir une conduite opposée. Sous ce dernier rapport, il y a une grande différence entre les *actions dommageables positives*, et les simples *omissions* dans des circonstances où, en agissant, on aurait pu prévenir le dommage.

En effet, partout et dans toutes les occasions on est responsable de ses actions nuisibles positives, soit qu'elles proviennent d'un dol ou d'une simple faute, soit que, dans ce dernier cas, la faute reprochée à l'auteur de l'action ait plus ou moins de gravité, pourvu, cependant, qu'il y ait faute. La raison en est que tout préjudice causé par une action positive, *facere*, est en contradiction directe avec le principe général du droit : *neminem læde.* Là-dessus se fondent les dispositions de la *lex Aquilia* et le délit qu'elle réprime, le *damnum injuria datum*, dont il sera parlé plus bas, § 148.

Il en est autrement de la simple inaction, de l'omission. Personne n'est obligé, par un principe général du droit, envers tous ses concitoyens, à une activité positive, à des soins attentifs pour détourner le dommage dont ils peuvent être menacés, en un mot, à une *diligentia*. C'est seulement par exception, dans les cas où, pour quelques causes particulières, certaines personnes ont acquis le droit spécial d'exiger une telle *diligentia*, c'est seulement alors que l'*omissio diligentiæ*, appelée aussi *negligentia* (*nec diligen-*

tia), constituant une faute, *culpa*, rend responsable celui à qui elle est reprochée.

Régulièrement, un semblable droit d'exiger la *diligentia* ne s'établit que par des rapports obligatoires spéciaux entre des personnes déterminées, et c'est le genre de ces rapports obligatoires qui détermine jusqu'où s'étend l'obligation à la *diligentia*, et par conséquent quel degré d'activité et d'attention l'une peut justement attendre de l'autre.

D'abord, on est toujours responsable d'un dol véritable, même dans le cas d'omission : *dolus semper præstatur*.

Mais quand il s'agit de la faute d'omission, au contraire, sur la question de savoir jusqu'à quel point on en est tenu, jusqu'à quel point il faut *præstare culpam*, le droit romain distingue deux degrés de faute, la *lata* et la *levis culpa*.

On est tenu de la première toujours et en vertu de toute sorte d'obligations ; on n'est tenu de la dernière que quelquefois et en vertu de certaines obligations, surtout, mais non exclusivement, en vertu de toutes celles dont on attend soi-même un avantage.

On comprend sous le nom de *lata culpa*, soit le tort causé sciemment et exprès, en tant qu'il ne rentre pas dans l'idée du dol proprement dit, soit le tort causé par une simple imprudence, par une simple inattention, quand elle est grossière.

Celui qui doit *præstare levem* ou *omnem culpam* est responsable des moindres méprises, des moindres inadvertances, et conséquemment n'est exempt de toute responsabilité que quand, pour l'affaire en question, il s'est comporté absolument comme un *bonus paterfamilias*, c'est-à-dire comme un homme consciencieux, soigneux et attentif a coutume de se conduire en pareil cas. On n'exige jamais davantage de quelqu'un, et un dommage qui arrive malgré cela, alors même qu'il aurait pu être prévenu par certains efforts, par certaines précautions tout à fait extraordinaires, est considéré comme purement accidentel et non imputable.

Au reste, quelquefois, dans l'appréciation de la responsabilité et de la faute d'une personne déterminée, on a égard moins à ce type général d'un *bonus paterfamilias*, qu'aux habitudes individuelles de la personne, à la manière dont elle se conduit ordinairement pour ses propres affaires. On ne lui impute, comme injuste, sa conduite à l'égard des autres dans le cas particulier, qu'autant qu'elle a été plus négligente pour les affaires d'autrui qu'elle n'a coutume de l'être pour les siennes propres. On attend et l'on exige alors d'elle, non pas absolument le plus haut degré de soin et d'attention, mais seulement *talem diligentiam, qualem in suis rebus adhibere solet.*

Il ne faut voir qu'une forme particulière de la *culpa*, dans la demeure, *mora*, c'est-à-dire, dans le retard injuste et imputable apporté à l'exécution d'une obligation, qu'il consiste en ce que, comme débiteur, on ne satisfait pas à son engagement en temps opportun, *mora debitoris, mora solvendi,* ou en ce que, comme créancier, on refuse injustement de recevoir la prestation dûment offerte, *mora creditoris, mora accipiendi.*

Par là s'explique pourquoi celui qui se trouve *in mora* doit supporter et réparer toutes les suites de cette demeure, quand elle cause un dommage à l'adversaire, et pourquoi il encourt, d'un autre côté, divers autres inconvénients, aux termes des lois.

Quand on a éprouvé un dommage dont on peut

exiger d'un autre la réparation, son évaluation, *æstimatio*, l'appréciation des dommages-intérêts, *id quod interest*, se fait différemment suivant les circonstances, tantôt, et c'est la règle ordinaire, au moyen d'une liquidation et taxation judiciaire; tantôt, exceptionnellement dans certains cas, au moyen de l'affirmation assermentée de la personne qui demande l'indemnité, *jusjurandum* ou *juramentum in litem*. Ce dernier mode d'évaluation suppose toujours un *dolus* ou une *lata culpa* de la part de celui qui est obligé à réparation, et en outre certaines particularités dans l'acte obligatoire.

Quod quis ex sua culpa damnum sentit, non intelligitur damnum sentire. Pompon., fr. 203, D., l, 17, *De reg. jur.*

Nemo damnum facit, nisi qui id fecit, quod facere jus non habet. Paul., fr. 151, D., *eod.*

Quæ fortuitis casibus accidunt, quum prævideri non potuerint (in quibus etiam aggressura latronum est), nullo bonæ fidei judicio præstantur. Alexander, c. 6, C., iv, 24, *De pigneratitia act.*

Si quis autem eam, quam sine dote uxorem acceperat, a conjugio suo repellere voluerit, non aliter ei hoc facere liceat, nisi talis culpa intercesserit, quæ nostris legibus condemnatur. Justinianus, c. 11, § 1, C., v, 17, *De repudiis.*

Lata culpa est nimia negligentia, id est, non intelligere, quod omnes intelligunt. Ulpianus, fr. 213, § 2, D., l, 16, *De verb. sign.*

Quod Nerva diceret, latiorem culpam dolum esse, Proculo displicebat, mihi verissimum videtur. Nam et si quis non ad eum modum, quem hominum natura desiderat, diligens est, nisi tamen ad suum modum curam in deposito præstat, fraude non caret. Nec enim salva fide minorem iis, quam suis rebus, diligentiam præstabit. Celsus, fr. 32, D., xvi, 3, *Depositi.*

Hæc actio dolum malum duntaxat exigit; ..... lata culpa plane dolo comparabitur. Ulpianus, fr. 1, § 1, D., xi, 6, *Si mensor.*

In lege Aquilia et levissima culpa venit. Idem, fr. 44, pr., D., ix, 2, *Ad legem Aquiliam.*

In rebus commodatis talis diligentia præstanda est, qualem quisque diligentissimus paterfamilias suis rebus adhibet. Ita, ut tantum eos casus non præstet, quibus resisti non possit. Gai., fr. 18, pr., D., xiii, 6, *Commodati vel contra.*

Contractus quidam dolum malum dumtaxat recipiunt, quidam et dolum et culpam....; sed hæc ita, nisi si quid nominatim convenit, vel plus, vel minus, in singulis contractibus; nam hoc servabitur, quod initio convenit; legem enim contractus dedit; excepto eo, quod Celsus putat, non valere, si convenerit, ne dolus præstetur; hoc enim bonæ fidei judicio contrarium est; et ita utimur. Ulpianus, fr. 23, D., l, 17, *De reg. jur.*

Culpa autem abest, si omnia facta sunt, quæ diligentissimus quisque observaturus fuisset. Gai., fr. 25, § 7, D., xix, 2, *Locati.*

Socius socio etiam culpæ nomine tenetur, id est, desidiæ atque negligentiæ. Culpa autem non ad exactissimam diligentiam dirigenda est; sufficit etenim, talem diligentiam communibus rebus adhibere, qualem suis rebus adhibere solet. Idem, fr. 72, D., xvii, 2, *Pro socio.*

In actionibus in rem et in ad exhibendum et in bonæ fidei judiciis in litem juratur..... Sed in his omnibus ob dolum solum in litem juratur, non etiam ob culpam; hæc enim judex æstimat. Marcianus, fr. 5, D., xii, 3, *De in litem jurando.*

§ 121.

De l'obligation de payer des intérêts.

Dig., lib. xxii, tit. 1, *De usuris et fructibus et causis et omnibus accessionibus et mora.*
Cod., lib. iv, tit. 32, *De usuris.*

Il ne peut être question d'une véritable obligation de payer des intérêts que pour les dettes d'un capital, c'est-à-dire quand on doit une certaine quantité de *res quæ numero, pondere, vel mensura consistunt.* Car c'est de ce capital, *sors, caput,* que le débiteur doit payer les intérêts, *usuræ, fœnus,* comme une sorte de loyer pour l'usage, *usus,* du capital, qu'il a

eu, ou dont, au moins, il a privé le créancier, pendant
un certain temps. Ces intérêts consistent en choses
de la même espèce que celles qui composent le capital, et ils sont calculés d'après des fractions exactement déterminées de ce capital, en prenant pour mesure et le montant de ce capital, et la durée du temps
pendant lequel le créancier a été privé de son usage.
Les Romains posaient ici comme base de leur calcul,
pour le montant du capital, la somme de 100, et
pour le temps, la durée d'un mois. C'est à cette
base que se rapportent toute la terminologie que présentent, à cet égard, les sources, et la dénomination
de chaque taux d'intérêts. Ainsi l'on dit : *centesimæ
usuræ*, 12 pour 100 ; *tertia pars centesimæ*, ou *trien-
tes usuræ*, 4 pour 100 ; *dimidia pars centesimæ*, ou
semisses usuræ, 6 pour 100 ; *bes centesimæ* ou *besses
usuræ*, 8 pour 100, par an.

Quoique le droit romain ait connu et admis de très-
bonne heure les intérêts, tout créancier d'un capital
ne peut cependant pas, en cette seule qualité, exiger
des intérêts de son débiteur, mais il faut toujours
pour cela une cause particulière qui oblige le débiteur à payer des intérêts. Cette cause particulière
consiste soit dans la volonté propre du débiteur,
quand il s'engage valablement à payer des intérêts,
intérêts conventionnels, *fœnus*, dans le sens propre ;
soit dans une clause testamentaire qui lui impose
cette obligation ; soit dans une dispositiou générale
de la loi suivant laquelle tout débiteur d'un capital
doive, dans telles circonstances, être tenu de payer
des intérêts. Ainsi notamment la demeure, *mora*,
doit obliger le débiteur d'un capital à payer des intérêts moratoires, *usuras moræ*, mais seulement dans
les *bonæ fidei negotia*. On dit de ces intérêts légaux :
officio judicis præstantur.

Dès les premiers temps, le penchant des Romains à l'avarice fit que les riches créanciers, quelquefois même dans des vues politiques, abusèrent de l'intérêt pour accabler de pauvres débiteurs, et cela provoqua diverses dispositions législatives qui restreignirent l'intérêt, et menacèrent de peines particulières ceux qui violeraient ou éluderaient la défense et se rendraient ainsi coupables d'*usure, usuraria pravitas*. La prohibition absolue de l'intérêt, mentionnée par les historiens, ne porta que sur certaines espèces de contrats usuraires, ou ne fut que transitoire. Voici les règles qu'on établit :

1° Le créancier ne doit pas excéder un certain taux d'intérêt fixé par la loi comme *maximum*. Ce taux légal, qui se rapporte surtout aux intérêts conventionnels, varia plusieurs fois dans le cours des siècles. La loi des XII tables avait, dit-on, fixé le *fœnus unciarium*, comme le taux d'intérêt le plus élevé, et des lois postérieures l'avaient même réduit à la moitié, au *fœnus semunciarium*. Mais nous ne savons pas ce qu'il faut entendre par là. Après plusieurs dispositions successivement rendues dans le temps intermédiaire, Justinien établit enfin un nouveau *maximum* pour les intérêts conventionnels, en ayant égard tant au genre de capital qu'à la condition de la personne du prêteur.

2° Il est défendu de recevoir l'intérêt de l'intérêt, ce qu'on appelle *anatocismus*.

3° Enfin le montant des intérêts actuellement dus ne peut jamais dépasser le capital, *alterum tantum*, et ce qui excède est imputé sur le capital.

Fœnus... a fœtu... quod crediti nummi alios pariant, ut apud Græcos eadem res τόκος dicitur. Festus, *v. fœnus.*
Usura est incrementum fœnoris, ab usu æris crediti nuncupata. Isidor., *Orig.*, V, 25.

Oleo quidem vel quibuscunque fructibus mutuo datis, incerti pretii ratio additamenta usurarum ejusdem materiæ suasit admitti. Philippus, c. 23, C., iv, 32, *De usuris.*

Sane vetus urbi fœnebre malum et seditionum discordiarumque creberrima causa, eoque cohibebatur, antiquis quoque et minus corruptis moribus. Nam primo XII tabulis sanctum, ne quis unciario fœnore amplius exerceret, quum antea ex libidine locupletium agitaretur. Dein rogatione tribunicia ad semuncias redacta, postremo vetita versura, multisque plebiscitis obviam itum fraudibus, quæ toties repressæ miras per artes oriebantur. Tacit., *Annal.,* lib. vi, cap. 16.

In bonæ fidei contractibus ex mora usuræ debentur. Marcianus, fr, 32, § 2, D., xxii, 1, *De usuris.*

Super usurarum vero quantitate etiam generalem sanctionem facere, necessarium esse duximus, veterem duram et gravissimam earum molem ad mediocritatem deducentes. Ideoque jubemus, illustribus quidem personis sive eas præcedentibus minime licere, ultra tertiam partem centesimæ, usurarum nomine, in quocumque contractu vili vel maximo stipulari. Illos vero, qui ergasteriis præsunt, vel aliquam licitam negotiationem gerunt, usque ad bessem centesimæ usurarum, usurarum nomine, in quocumque contractu suam stipulationem moderari. In trajectitiis autem contractibus, vel specierum fœnori dationibus, usque ad centesimam tantummodo licere stipulari, nec eam excedere, licet veteribus legibus hoc erat concessum. Cæteros autem omnes homines dimidiam tantummodo centesimæ, usurarum nomine, posse stipulari; et eam quantitatem usurarum etiam in aliis omnibus casibus nullo modo ampliari, in quibus citra stipulationem exigi usuræ solent. Justinianus, c. 26, § 1, C., iv, 32, *De usuris.*

Supra duplum autem usuræ et usurarum usuræ nec in stipulatum deduci, nec exigi possunt, et solutæ repetuntur. Ulpianus, fr. 26, § 1, D., xii, 6, *De condictione indebiti.*

Cursum insuper usurarum ultra duplum minime procedere concedimus. Justinianus, c. 27, § 1, C., iv, 32, *De usuris.*

§ 122.

Effets des obligations.

L'*obligatio* ne procure jamais au créancier qu'un droit purement *personnel* contre un débiteur déterminé. Mais toutes les obligations ne sont pas également efficaces quant aux voies de droit qu'elles peuvent procurer au créancier contre le débiteur. A ceci se rapporte la division des obligations en *civiles* et *naturellles*.

Il était tout à fait conforme à l'esprit et à la marche historique du droit romain qu'il n'y eût, dans l'origine, qu'un petit nombre d'obligations juridiquement reconnues, savoir celles-là seulement que le strict *jus civile* avait fondées ou confirmées. Ces obligations produisirent toujours un effet très-rigoureux, particulièrement une action du créancier contre le débiteur pour obtenir la prestation due, une *actio* dans le sens étroit du mot. De là l'habitude d'employer les expressions *obligatio* et *actio* comme équivalentes, parce que toute *actio* supposait une *obligatio*, et que réciproquement toute *obligatio* fondait une *actio*.

Mais dans la suite des temps on commença à reconnaître une certaine efficacité en droit, mais plus restreinte, aux obligations reposant sur le *jus naturale et gentium*. Ces dernières furent aussi appelées dès lors *obligationes*, mais seulement *naturales obligationes*, par opposition aux *civiles obligationes*.

La différence qui les séparait des obligations civiles se manifestait, soit dans la cause qui leur donnait naissance, soit surtout en ce qu'elles ne procuraient au créancier aucune *actio* contre le débiteur. C'étaient d'ailleurs des obligations parfaitement valables, et pour tous les autres effets, elles étaient semblables aux obligations civiles.

Ainsi elles autorisaient le créancier, précisément parce qu'il était un véritable créancier, à retenir, comme lui étant *dú*, ce qu'il avait reçu pour leur acquittement; tandis qu'une chose *non due, quod ne natura quidem debetur*, payée par erreur, pouvait être répétée, au moyen de la condiction, par celui qui l'avait payée.

En outre, on pouvait les faire valoir par tout autre moyen que par celui d'une action proprement dite, particulièrement par des exceptions de toute espèce.

Enfin elles pouvaient, aussi bien qu'une obligation civile, servir de base à tous les contrats qui supposent essentiellement l'existence d'une *obligatio* valable, comme une constitution de gage, un cautionnement, une novation, etc.

Peu à peu le cercle originairement si étroit des obligations appuyées d'une action fut étendu : plusieurs obligations, qui jusque-là n'avaient été que des obligations naturelles, reçurent une action soit du nouveau droit civil, soit du droit prétorien. C'est à cela que se rapporte la division en *civiles* et *honorariæ obligationes*.

Mais, d'un autre côté, l'efficacité de plusieurs anciennes obligations civiles fut peu à peu considérablement restreinte; par la possibilité où se trouva le débiteur d'obtenir une *exceptio* péremptoire par des motifs tirés de l'*æquitas*. Ces obligations étaient, il est vrai, complétement valables en ce sens qu'on pouvait intenter une action pour demander qu'elles fussent accomplies. Mais le débiteur pouvait, en opposant cette *exceptio* à l'*actio* intentée contre lui, enlever tout effet à l'obligation, la paralyser entièrement, ou, du moins, la réduire à l'état d'une *naturalis obligatio*.

Il ne faut pas confondre avec cette propriété de l'*obligatio*, de produire ou de ne pas produire une *actio*, une autre circonstance toute différente, savoir la rigueur plus ou moins grande de la procédure d'exécution contre le débiteur qui avait avoué ou avait été condamné, *confessus vel judicatus*. Cette rigueur n'était pas la même dans toute espèce de dette. Une procédure qui se signalait par une sévérité toute spéciale, c'était celle qui avait lieu contre les débiteurs d'argent prêté, *pecunia credita*. Il en était de même de toutes les dettes provenant du *nexum*, parce qu'elles étaient comparées et complétement assimilées aux dettes de *pecunia credita*. Dans le nouveau droit romain, cette différence a entièrement disparu, avec cette rigoureuse exécution contre la personne.

Obligatio est juris vinculum, quo necessitate adstringimur alicujus solvendæ rei, secundum nostræ civitatis jura.

Omnium autem obligationum summa divisio in duo genera deducitur; namque aut civiles sunt, aut prætoriæ. Civiles sunt, quæ aut legibus constitutæ, aut certe jure civili comprobatæ sunt. Prætoriæ sunt, quas prætor ex sua jurisdictione constituit, quæ etiam honorariæ vocantur. Pr. et § 1, I., III, 14, *De obligationibus*.

Is *natura* debet, quem jure gentium dare oportet, cujus fidem secuti sumus. PAULUS, fr. 84, § 1, D., L, 17, *De reg. jur.*

Naturales obligationes non eo solo æstimantur, si actio aliqua earum nomine competit, verum etiam eo, si soluta pecunia repeti non possit. IDEM, fr. 10, D., XLIV, 7, *De obligationibus et actionibus.*

Nuda pactio obligationem non parit, sed parit exceptionem. ULPIAN., fr. 7, § 4, D., II, 14, *De pactis.*

§ 123.

Limitation des effets de l'obligation à la personne du créancier
et à celle du débiteur originaires.

Inst., lib. III, tit. 28, *Per quas personas nobis obligatio adquiritur.*
Inst., lib. IV, tit. 7, *Quod cum eo qui in aliena potestate est, negotium
gestum esse dicitur.*
Dig., lib. XV, tit. 4, *Quod jussu.*
Dig., lib. XV, tit. 1, *De peculio.*
Dig., lib. XV, tit. 3, *De in rem verso.*
Dig., lib. XIV, tit. 1, *De exercitoria actione.*
Dig., lib. XIV, tit. 3, *De institoria actione.*
Dig., lib. XVIII, tit. 4, *De hereditate vel actione vendita.*
Cod., lib. IV, tit. 39, *De hereditate vel actione vendita.*

L'obligation est, quant à son sujet, un rapport de
droit strictement circonscrit, à tous égards, entre le
créancier et le débiteur déterminés : c'est un principe que les Romains observent et dont ils déduisent
les conséquences avec une grande rigueur logique.

Il en résulte, *premièrement*, que le droit naissant
de *l'obligatio* est acquis au créancier déterminé lui
seul et à nulle autre personne tierce.

A la vérité, on peut acquérir un droit de créance
par les actes obligatoires d'une personne qu'on a sous
sa *potestas,* par exemple par son esclave ou par son
fils de famille, même quand on n'a pas donné à ces
individus d'ordre exprès à cet effet. Mais c'est là une
conséquence naturelle, tant du principe que ces individus ne sont pas capables d'acquérir des biens pour
eux-mêmes, que du rapport particulier qui résulte
de cette puissance.

On peut, au contraire, considérer comme un
adoucissement apporté peu à peu à ce principe rigoureux, la faculté introduite par le nouveau droit romain, en vertu de laquelle nous pouvons, *per liberas*

personas, c'est-à-dire par des personnes que nous n'avons pas sous notre puissance, mais à qui nous avons donné mandat à cet effet, acquérir, au moins indirectement, des droits de créance. Nous pouvons exiger de nos procureurs la cession des obligations qu'ils ont acquises pour nous ; et même, dans certains cas, une cession formelle n'est pas nécessaire.

Du principe ci-dessus il résulte, *deuxièmement*, qu'en vertu de l'*obligatio* le débiteur déterminé lui seul est obligé, et nul autre que lui.

Cependant le besoin de faciliter le commerce a amené peu à peu plusieurs modifications, qui tiennent, les unes à la *dominica* et à la *patria potestas*, les autres à une procuration donnée à des personnes indépendantes.

Ainsi il peut arriver que quelqu'un soit engagé par des obligations qui ont été contractées, non par lui-même, mais par un autre, et qu'il soit passible de l'action qui en résulte. Ici se rapportent l'*actio quod jussu*, l'*actio de peculio*, l'*actio de in rem verso*, ainsi que l'*actio exercitoria*, et l'*actio institoria*, qui, dans l'extension qu'elle a ultérieurement reçue, s'appelle *quasi institoria*. Toutes ces actions indiquent assez, par l'épithète qui les désigne, le rapport juridique particulier, en vertu duquel on se trouve ici engagé par les actes obligatoires d'autrui, contre la règle générale ; et c'est ce que les modernes veulent exprimer par la dénomination d'*actiones adjectitiæ qualitatis*.

Enfin une *troisième* conséquence de cette notion de l'*obligatio*, c'est que, ni le droit de créance du créancier originaire, ni la dette du débiteur originaire ne peuvent être transportés sur une autre personne, sur un tiers, *durante eadem obligatione*, c'est-à-dire sans que la première obligation soit entièrement éteinte, et une nouvelle obligation constituée.

A la vérité, le droit, comme l'engagement, résultant de l'*obligatio*, passe ordinairement aux héritiers du créancier et du débiteur; mais ce n'est pas là une exception, ce n'est qu'une suite naturelle de la représentation juridique du défunt par son héritier, en vertu de laquelle celui-ci continue la personne de celui-là.

Il n'y a pas non plus une exception véritable dans la faculté qu'a le créancier de céder sa créance à un autre; car, même après la cession, le cédant reste le créancier proprement dit, et le cessionnaire obtient seulement, en réalité, le droit d'exiger le montant de la créance, comme procureur du créancier, au nom et en la place de celui-ci, et de garder pour lui-même ce qu'il recevra. Aussi les Romains expriment la cession de créance par ces mots, *actionem mandare*, et appellent le cessionnaire *procurator* (*in rem suam*).

Adquiritur nobis non solum per nosmetipsos, sed etiam per eos, quos in potestate habemus, item per homines liberos et servos alienos, quos bona fide possidemus. Pr., I., ii, 9, *Per quas personas cuique adquiritur.*

Sunt præterea quædam actiones, quibus non semper solidum, quod nobis debetur, persequimur, sed modo solidum persequimur, modo minus : ut ecce, si in peculium filii servive agamus. Nam, si non minus in peculio sit, quam persequimur, in solidum dominus paterve condemnatur : si vero minus inveniatur, eatenus condemnat judex, quatenus in peculio sit. § 36, I., iv, 6, *De actionibus.*

Quia tamen superius mentionem habuimus de actione, qua in peculium filiorumfamilias servorumve agitur, opus est, ut de hac actione et de cæteris, quæ eorumdem nomine in parentes dominosve dari solent, diligentius admoneamus. Et quia, sive cum servis negotium gestum sit, sive cum his, qui in potestate parentum sunt, eadem fere jura servantur, ne verbosa fiat disputatio, dirigamus sermonem in personam servi dominique, idem intellecturi de liberis quoque et parentibus, quorum in potestate sunt. Nam, si quid in his proprie servetur, separatim ostende-mus.

Si igitur jussu domini cum servo negotium gestum erit, in solidum prætor adversus dominum actionem pollicetur, scilicet, quia is, qui ita contrahit, fidem domini sequi videtur. Eadem ratione prætor duas alias in solidum actiones pollicetur, quarum altera exercitoria, altera institoria appellatur. *Exercitoria* tunc locum habet, quum quis servum suum magistrum navi præposuerit, et quid cum eo, ejus rei gratia, cui præpositus erit, con-tractum fuerit. Ideo autem *exercitoria* vocatur, quia *exercitor* appellatur is, ad quem quotidianus navis quæstus pertinet. *Insti-toria* tunc locum habet, quum quis tabernæ forte, aut cuilibet negotiationi servum præposuerit, et quid cum eo, ejus rei causa, cui præpositus erit, contractum fuerit. Ideo autem *institoria* ap-pellatur, quia, qui negotiationibus præponuntur, *institores* vo-cantur. Istas tamen duas actiones prætor reddit, etsi liberum quis hominem, aut alienum servum navi, aut tabernæ, aut cui-libet negotiationi præposuerit, scilicet quia eadem æquitatis ratio etiam eo casu interveniebat. Pr., § 1 et 2, I., iv, 7, *Quod cum eo, qui in aliena potestate est, negotium gestum esse di-cetur.*

Præterea introducta est actio de peculio deque eo, quod in rem domini versum erit, ut, quamvis sine voluntate domini ne-gotium gestum erit, tamen, si quid in rem ejus versum fuerit, id totum præstare debeat, sive quid non sit in rem ejus versum, id eatenus præstare debeat, quatenus peculium patitur. In rem autem domini versum intelligitur, quidquid necessario in rem ejus impenderit servus, veluti si mutuatus pecuniam creditori-bus ejus eam solverit, aut ædificia ruentia fulserit, aut familiæ frumentum emerit, vel etiam fundum aut quamlibet aliam rem necessariam mercatus fuerit. § 4, I., *eod.*

Quæcunque gerimus, quum ex nostro contractu originem tra-hunt, nisi ex nostra persona obligationis initium sumant, ina-nem actum nostrum efficiunt; et ideo neque stipulari, neque emere, vendere, contrahere, ut alter suo nomine recte agat, possumus. PAULUS, fr. 11, D., xliv, 7, *De oblig. et act.*

Quod mihi ab aliquo debetur, id si velim tibi deberi, nullo eorum modo, quibus res corporales ad alium transferuntur, id efficere possum, sed opus est, ut, jubente me, tu ab eo stipule-ris; quæ res efficit, ut a me liberetur, et incipiat tibi teneri; quæ dicitur novatio obligationis.

Sine hac vero novatione non poteris tuo nomine agere, sed debes ex persona mea, quasi cognitor aut procurator meus, experiri. GAI., *Comm.*, II, § 38 et 39.

§ 124.

Pluralité de créanciers et de débiteurs dans la même obligation.

Inst., lib. III, tit. 16, *De duobus reis stipulandi et promittendi.*
Dig., lib. XLV, tit. 2 , *De duobus reis constituendis.*
Cod., lib. VIII, tit. 40, *De duobus reis stipulandi et promittendi.*

Deux sujets, deux personnes intéressées, un *creditor* et un *debitor*, sont de l'essence de toute *obligatio*. Car on ne peut pas se devoir quelque chose à soi-même, et l'on ne peut pas avoir quelque chose à exiger de soi-même.

D'un autre côté, il est difficile qu'il figure, dans une seule et même obligation, plus d'un créancier et d'un débiteur.

Cette dernière règle semble souffrir une exception, mais qui n'est qu'apparente, dans l'obligation dite *obligatio plurium pro rata*. On appelle ainsi l'hypothèse dans laquelle il y a, il est vrai, plusieurs créanciers ou plusieurs débiteurs nommés pour la même prestation, mais de telle manière que, entre plusieurs créanciers, chacun ne peut exiger qu'une quote part de l'objet dû, ou bien que, entre plusieurs débiteurs, chacun ne doit payer qu'une semblable quote part. Une pareille division de l'objet de la prestation totale produit, même au cas où l'*obligatio* pourrait, comme obligation unique, porter sur le tout, cet effet qu'en réalité ce rapport apparent d'obligation unique se résout en autant d'obligations distinctes qu'il y a de parties dans la prestation totale, autant, par conséquent, qu'il y est nommé de créanciers et de débiteurs. C'est une circonstance purement arbitraire et sans autres conséquences juridiques, que cette habitude où l'on est d'additionner en un montant unique et de désigner comme une seule prestation les montants séparés de ces diverses obligations, à cause du lien accidentel qui les unit.

Une exception plus réelle se présente à nous dans les obligations dites *solidaires*, c'est-à-dire dans l'hypothèse où chacun d'entre plusieurs créanciers peut effectivement exiger la totalité, *solidum*, ou bien chacun d'entre plusieurs débiteurs doit payer la totalité, *solidum*.

Cependant, si, ce qui arrive quelquefois, chacun de ces créanciers ou de ces débiteurs a à exiger ou à fournir le tout, sans considérer si déjà l'un d'eux n'a pas obtenu ou n'a pas payé ce même tout, ce rapport obligatoire se résout encore en autant d'obligations qu'on y compte de créanciers ou de débiteurs. C'est seulement à raison de l'origine commune de ces obligations multiples naissant simultanément d'un même fait, qu'on a coutume de les réunir comme formant ensemble une obligation unique.

Mais il existe aussi des cas d'obligations solidaires dans lesquels chacun des cocréanciers peut exiger ou chacun des codébiteurs doit fournir la totalité de la chose due, de manière que cette totalité ne soit payée qu'une seule fois. Une conséquence qui en résulte, c'est que, quand un créancier a reçu le tout, la créance des autres s'éteint aussi *eo ipso ;* et pareillement que, quand un débiteur a payé le tout, les autres débiteurs sont aussi *eo ipso* libérés de leur obligation : *uno solvente, reliqui liberantur.* Toutefois, ici encore, quant au résultat pratique, à l'*exactio*, il n'existe véritablement qu'un créancier et un débiteur, puisque ce n'est pas l'un *et* l'autre, mais l'un *ou* l'autre qui peut demander ou qui doit payer le tout.

On nomme souvent les obligations de ce genre, d'une manière générale, *obligations corréales*, les co-créanciers *correi* ou *plures rei stipulandi (credendi)*, les codébiteurs *correi* ou *plures rei promittendi (debendi)*.

Mais nos sources emploient encore cette expression dans un sens plus étroit, pour désigner certains cas particuliers de ce genre, qui ont un caractère tout spécial, attendu que, dans ces cas, malgré la pluralité des créanciers ou des débiteurs, on reconnaît positivement qu'il n'existe véritablement au fond, sous un certain rapport, qu'une obligation unique.

La rigueur des obligations corréales a été considérablement adoucie, pour les débiteurs, par l'*auxilium* ou *beneficium divisionis*, qui a été introduit par Adrien et a reçu peu à peu une assez grande extension.

In hujus modi obligationibus, et stipulantibus solidum singulis debetur, et promittentes singuli in solidum tenentur. In utraque tamen obligatione una res vertitur, et vel alter debitum accipiendo, vel alter solvendo, omnium perimit obligationem et omnes liberat. Ex duobus reis promittendi alius pure, alius in diem, vel sub conditione obligari potest; nec impedimento erit dies aut conditio, quo minus ab eo, qui pure obligatus est, petatur. § 1 et 2, I., III, 17, *De duobus reis stipulandi et promittendi.*

Si plures sint fidejussores, quoquot erunt numero, singuli in solidum tenentur. Itaque liberum est creditori, a quo velit, solidum petere. Sed ex epistola Divi Hadriani compellitur creditor, a singulis, qui modo solvendo sunt litis contestatæ tempore, partes petere. Ideoque, si quis ex fidejussoribus eo tempore solvendo non sit, hoc cæteros onerat. Sed si ab uno fidejussore creditor totum consecutus fuerit, hujus solius detrimentum erit, si is, pro quo fidejussit, solvendo non sit, et sibi imputare debet, quum potuerit juvari ex epistola D. Hadriani et desiderare, ut pro parte in se detur actio. § 4, I., III, 21, *De fidejussoribus.*

Ubi duo rei facti sunt, potest vel ab uno eorum solidum peti ; hoc est enim duorum reorum, ut unusquisque eorum in solidum sit obligatus, possitque ab alterutro peti ; et partes autem a singulis peti posse, nequaquam dubium est ; quemadmodum et a reo et fidejussore petere possumus. Utique enim, quum una sit obligatio, una et summa est ; ut, sive unus solvat, omnes liberentur, sive solvatur ab altero, liberatio contingat. ULPIANUS, fr. 3, § 1, D., XLV, 2, *De duobus reis constituendis.*

Refert autem hæc ad speciem, in qua vult ostendere, non esse novum, ut *duæ obligationes* in unius persona concurrant. Est autem species talis : si reus promittendi reo promittendi heres exstiterit, *duas obligationes* sustinet. Item, si reus stipulandi exstiterit heres rei stipulandi, *duas species* obligationis sustinebit. Plane, si ex altera *earum* egerit, utramque consumet ; videlicet, quia natura *obligationum duarum*, quas haberet, ea esset, ut quum altera earum in judicium deduceretur, altera consumeretur. ULPIANUS, fr. 5, D., XLVI, *De fidejussoribus et mandatoribus.*

CHAPITRE II.

SOURCES ET CAUSES DES OBLIGATIONS.

§ 125.

Observations préliminaires.

La notion même de la propriété et des biens qui appartiennent aux particuliers nous fait apercevoir deux causes distinctes d'obligations. Une de ces causes consiste dans la volonté propre de celui sur qui va peser l'obligation, lorsqu'il promet à un autre une prestation et que celui-ci, en acceptant cette promesse, la fait entrer dans ses biens. L'autre cause, tout à fait étrangère à la volonté du débiteur, consiste dans un acte injuste par lequel une personne prive une autre personne de quelque partie de ses biens et se trouve ainsi tenue de réparer ce tort.

Ces deux causes productives d'obligations sont susceptibles de se modifier très-diversement dans le droit positif des différents peuples, et l'on y rencontre certaines causes tenant le milieu entre ces deux-là.

Les Romains, dans le complet développement de leur théorie des obligations, cherchent à ramener les diverses espèces d'obligations qu'ils reconnaissent, celles du moins qui donnent lieu à une action, à quelques sources et rubriques principales, selon la cause qui y donne naissance. Ainsi ils dérivent toutes les obligations soit *ex contractu*, soit *ex delicto* ou *maleficio*, soit *ex variis causarum figuris*. La rubrique très-générale des *variæ causarum figuræ* se subdivise ensuite, pour se rapprocher davantage des deux premières sources, en deux autres rubriques, d'après lesquelles les obligations naissent *quasi ex contractu* ou *quasi ex delicto*. Suivant que nous nous en tenons à la rubrique principale des *variæ causarum figuræ*, ou que nous nous attachons aux deux rubriques secondaires, nous avons ainsi trois sources ou quatre sources des obligations.

Au reste, il ne faut pas se dissimuler que toute cette classification, qui ne comprend guère que les obligations donnant lieu à une action, les *obligationes* dans le sens étroit, est fondée moins sur des raisons tirées du sein de la matière que sur des raisons extérieures, historiques, accidentelles, et qu'on aurait de la peine à y ranger commodément toutes les obligations possibles. Aussi cette classification n'est-elle réellement pas suffisante pour servir de base à un système approfondi, philosophique, sur l'essence et le caractère propre du droit de créance. Mais elle paraît s'accommoder très-bien à une exposition succincte, purement historique du droit d'obligation chez les Romains.

22

Obligationes aut ex contractu nascuntur, aut ex maleficiò, aut proprio quodam jure, ex variis causarum figuris. GAI., fr. 1, pr. D., XLIV, 7, *De obligat. et act.*

Sèquens divisio in quatuor species deducitur. Aut enim ex contractu sunt, aut quasi ex contractu, aut ex maleficio, aut quasi ex maleficio. § 3, J., III, 14, *De obligationibus*

TITRE 1.

Des obligations qui naissent ex contractu.

§ 126.

Conventions en général.

Inst., lib. III, tit. 16, *De verborum obligationibus;* — tit. 20, *De inutilibus stipulationibus.*
Dig., lib. II, tit. 14, *De pactis.*
Dig., lib. XLV, tit. 1, *De verborum obligationibus.*
Cod., lib. II, tit. 3, *De pactis.*

On entend par *convention* tout accord entre plusieurs personnes, par lequel elles s'entende, *conviennent*, sur quelque point qui les intéresse. Les conventions peuvent porter sur des objets qui n'ont rien de juridique, et alors elles sont tout à fait en dehors de notre sujet. Mais elles peuvent aussi se présenter à l'occasion de rapports juridiques très-divers, tant de droit public, que de droit privé. Ces dernières conventions ont toutes un caractère juridique qui leur est commun, savoir que l'accord des volontés est la base et la condition nécessaire de l'acte. Toutefois quand les conventions sont citées comme *sources d'obligations*, elles ont un caractère beaucoup plus restreint : on entend alors par là ces accords de plusieurs personnes par lesquels l'une promet à l'autre une prestation et celle-ci accepte cette promesse. Ces conventions forment la source la plus naturelle, la plus ancienne et la plus fréquente des obligations; elles sont le fondement de tout le commerce. Le nom le plus généralement employé pour les désigner, dans la langue juridique des Romains, est *conventiones, pactiones, pacta conventa*. Les contrats, *contractus*, n'en sont qu'une espèce, d'une importance toute particulière.

Le principe obligatoire des conventions réside uniquement dans le consentement, dans le *mutuus consensus*, c'est-à-dire dans la concordance des déclarations réciproques de volonté, de la promesse, d'une part, et de l'acceptation de cette promesse, d'autre part. Ce n'est donc que par exception que, dans certains cas, la promesse purement unilatérale d'une prestation, sans avoir été suivie d'une acceptation, par conséquent sans s'être convertie en un vrai contrat, oblige légalement le promettant : tels sont le *votum* et la *pollicitatio*.

De l'idée que nous venons de donner de la convention, il résulte naturellement que les personnes qui ne sont pas juridiquement capables d'une volonté ne peuvent faire aucune convention, et que les personnes qui n'ont qu'une volonté incomplète, qui doit recevoir son complément par l'assistance d'une autre, ont souvent besoin de cette assistance étrangère pour pouvoir conclure efficacement une convention.

Il en résulte encore que le consentement, *consensus*, de deux personnes doit être manifesté, déclaré d'une manière qui puisse être reconnue extérieurement; mais peu importe la forme dans laquelle a lieu cette déclaration de volonté toutes les fois qu'une forme spéciale n'est pas particulèrement prescrite.

Enfin, pour que le consentement des parties soit

parfait et irréprochable sous tous les rapports, il faut non-seulement qu'il ait été manifesté extérieurement, mais encore qu'il soit sans vice intrinsèque ; savoir, qu'il soit sérieux, et qu'il n'ait été déterminé ni par une violence illégale, *vis* ou *metus*, ni par une tromperie, *dolus*, ni par une erreur, *error* ou *ignorantia*. Autrement, suivant les circonstances, ou la convention fondée sur ce consentement vicieux est nulle par elle-même, ou du moins la personne qui a été violentée, qui a été trompée, ou qui s'est trompée elle-même, a plusieurs moyens de droit pour se préserver, après coup, des conséquences préjudiciables d'une pareille convention.

Les conventions peuvent avoir pour objet toute espèce de prestations, sauf les restrictions spéciales que des lois prohibitives y peuvent apporter dans certains cas. Elles peuvent être faites soit simplement, *pure*, soit avec l'addition de certaines modifications, de certaines clauses, notamment de *conditions, conditiones*, ou de *termes* qui en marquent le commencement ou la fin, *dies ex quo* ou *ad quem*.

Et est *pactio* duorum pluriumve in idem placitum consensus.

Conventionis verbum generale est, ad omnia pertinens, de quibus negotii contrahendi transigendique causa consentiunt, qui inter se agunt. Nam, sicuti convenire dicuntur, qui ex diversis locis in unum locum colliguntur, et veniunt, ita et qui ex diversis animi motibus in unum consentiunt, id est, in unam sententiam decurrunt. Adeo autem conventionis nomen generale est, ut eleganter dicat Pedius, nullum esse contractum, nullam obligationem, quæ non habeat in se conventionem, sive re, sive verbis fiat. Ulpian., fr. 1, § 2 et 3, D., ii, 14, *De pactis*.

Pactum est duorum consensus atque conventio, *pollicitatio* vero offerentis solius promissum ; et ideo illud est constitutum, ut, si ob honorem pollicitatio fuerit facta, quasi debitum exigatur. Sed et cœptum opus, licet non ob honorem promissum, perficere promissor eo cogetur. Idem, fr. 3, pr., D., l, 12, *De policitationibus*.

Si quis rem aliquam voverit. voto obligatur. Idem, fr. 2, pr., D., *eod.*

Ait Prætor : *Pacta conventa, quæ neque dolo malo, neque adversus leges, plebiscita, senatusconsulta, edicta principum, neque quo fraus cui eorum fiat, facta erunt, servabo.* Idem, fr. 7, § 7, D., *eod.*

Hujus edicti æquitas naturalis est. Quid enim tam congruum fidei humanæ, quam ea, quæ inter eos placuerunt, servare? Idem, fr. 1, pr., D., *eod.*

Furiosum, sive stipuletur, sive promittat, nihil agere, natura manifestum est.... Huic proximus est, qui ejus ætatis est, ut non intelligat, quid agatur. Sed quod ad hunc, benignius acceptum est; nam qui loqui potest, creditur et stipulari et promittere recte posse. Gai., fr. 1, § 12 et 13, D., xliv, 7, *De oblig. et actionibus.*

In negotiis contrahendis alia causa habita est furiosorum, alia eorum, qui fari possunt, quamvis actum rei non intelligerent. Nam furiosus nullum negotium contrahere potest, pupillus omnia tutore auctore agere potest. Paul., fr. 5, D., l, 17, *De reg. juris.*

Nihil consensui tam contrarium est, qui ac bonæ fidei judicia sustinet, quam vis atque metus, quem comprobare, contra bonos mores est.

Non videntur, qui errant, consentire. Ulpian., fr. 116, pr. et § 2, D., l, 17, *De reg. jur.*

Labeo ait, convenire posse vel re, vel per epistolam, vel per nuntium; inter absentes quoque posse; sed etiam tacite consensu convenire intelligitur. Paul., fr. 2, D., ii, 14, *De pactis.*

Omnis stipulatio aut pure, aut in diem, aut sub conditione fit. *Pure,* veluti : quinque aureos dare spondes? idque confestim peti potest. *In diem,* quum, adjecto die, quo pecunia solvatur, stipulatio fit, veluti : decem aureos primis calendis Martiis dare spondes? Id autem, quod in diem stipulamur, statim quidem debetur, sed peti prius, quam dies veniat, non potest... *Sub conditione* stipulatio fit, quum in aliquem casum differtur obligatio, ut si aliquid factum fuerit, aut non fuerit, stipulatio committatur, veluti : si Titius consul factus fuerit, quinque aureos dare spondes?... Ex conditionali stipulatione tantum spes est, debitum iri, eamque ipsam spem transmittimus, si, priusquam conditio existat, mors nobis contigerit. § 2-4, I., iii, 15, *De verborum obligatione.*

Si impossibilis conditio obligationibus adjiciatur, nihil valet stipulatio. § 11, I., III, 19, *De inutilibus stipulationibus.*

§ 127.

Les *contractus* par opposition aux simples *pacta*.

Les conventions, malgré les caractères généraux qui leur sont communs, peuvent être de genres très-différents quant à leur forme, leur objet, leur efficacité et leur développement historique. Sous plusieurs de ces rapports, la distinction entre les *contractus* et les simples *pacta* a beaucoup d'importance.

Il était tout à fait dans l'esprit du droit d'obligation des Romains, tel qu'il a été indiqué plus haut, que le droit civil ne reconnût originairement les conventions comme complétement efficaces et pourvues d'une action, que sous de grandes restrictions.

Les affaires juridiques qui donnaient déjà lieu à une action dans l'ancien droit civil, qu'elles fussent en même temps fondées sur le *jus gentium*, ou qu'elles appartinssent uniquement au *jus civile,* s'appelaient, dans le système des obligations des Romains, par excellence et exclusivement, *contrats, contractus.*

L'idée de contrat est, d'un côté, plus large que celle de convention; car elle embrassait aussi certaines affaires juridiques, qui n'étaient pas de véritables conventions, mais qui avaient une nature analogue. Mais, d'un autre côté, cette idée de contrat est plus étroite que celle de convention; car toutes les conventions valables en droit n'y étaient pas comprises. En effet, lorsque par la suite le droit romain eut égard à d'autres conventions, en ce sens du moins qu'il les reconnut comme produisant une *exceptio* et une *naturalis obligatio* en général, on appliqua à ces conventions dépourvues d'action, par opposition aux contrats qui en étaient pourvus, la dénomination de simples *pactes, pacta*. La notion et le nom de *contractus* ne s'étendit même pas à toutes les conventions produisant action. Car le signe caractéristique de ces *contractus* proprement dits n'était pas uniquement, ni même principalement l'action attachée à l'obligation qui en résultait, mais plutôt la circonstance historique que cette action était fondée sur *le plus ancien droit civil*. Ainsi, quand, plus tard, soit le *nouveau droit civil*, soit le *droit prétorien*, eut attaché une action à plusieurs de ces pactes, les Romains purent sans inconséquence ne point faire entrer ces pactes dans le cercle, rigoureusement fermé depuis longtemps, des *contractus*, et continuer toujours, malgré l'action qui en découlait, de les appeler *pacta* : c'étaient des *pactes produisant une action*. On ne trouve d'exception, au moins apparente, que dans le *contractus emphyteuticarius;* car, bien que ce fût une constitution de l'empereur Zénon, et par conséquent une disposition du nouveau droit civil, qui lui eût donné sa forme, sa dénomination et son action actuelles, et en eût fait une convention propre, *sui generis*, il était cependant très-naturel qu'il conservât le nom de *contractus*, parce qu'il avait été jusqu'alors considéré comme contrat, et qu'en tout cas il avait été formé par la réunion, par la fusion de deux contrats reconnus, l'*emptio venditio* et la *locatio conductio*. (Voyez ci-dessus, § 111.)

L'ancien droit civil attachait la vertu de produire action, pour les contrats qu'il reconnaissait, à certaines circonstances qui accompagnaient leur formation. Ces circonstances, dont les unes tiennent à l'essence de tout contrat, et dont les autres viennent s'y ajouter spécialement, sont appelées aujourd'hui *causæ civiles*, terminologie qui n'est pas absolument conforme aux habitudes de langage des Romains.

L'espèce la plus ancienne était sans doute le *nexum*, l'*obligatio per æs te libram ;* elle avait lieu lorsqu'en contractant on observait la forme de la mancipation. La pensée fondamentale était qu'une convention n'a d'efficacité en droit civil, que quand elle est revêtue d'une forme extérieure exactement déterminée, ou que l'intention même des contractants a été exprimée dans une forme solennelle. Le *nexum* offrait une forme extérieure de ce genre, applicable sinon à tous, au moins à presque tous les rapports obligatoires alors usités. Les parties y manifestaient leur intention de former tel contrat déterminé, l'une en achetant, par la dation immédiate de l'*æs*, représentant le prix d'achat, par conséquent par une *res*, le droit d'exiger en retour une certaine prestation déterminée, l'autre en vendant, par la réception de l'*æs* qui lui était offert, le droit d'exiger cette contre-prestation. L'objet spécial de la prestation promise en retour de l'*æs* était exprimé par certaines paroles solennelles, *nuncupatio, verba.* Il résultait de ce *nexum* une obligation si rigoureuse, que la dénégation qu'en aurait faite le débiteur l'aurait soumis à payer le double.

Plus tard, par une simplification toute naturelle, on sépara les deux causes d'obligation, toujours réunies dans l'origine, la *res* et les *verba*, pour en faire deux *causæ civiles* distinctes, en sorte que l'une des deux suffisait pleinement pour fonder un contrat. Ainsi, par la simple réception de la prestation offerte, *res*, on s'oblige (d'une obligation produisant action) à la contre-prestation déterminée : *re contrahitur obligatio.* Pareillement on peut s'obliger avec la même

efficacité, en prononçant seulement des paroles solennelles : *verbis contrahitur obligatio.*

Déjà peut-être auparavant, certainement du moins
de très-bonne heure, s'était établi le principe que,
sans *nexum*, sans *res*, sans *verba*, par l'existence
seule d'un écrit, *litteræ*, on pouvait aussi fonder
une obligation pourvue d'action : *litteris contrahitur
obligatio.*

Enfin, à une époque moins reculée, apparut un
nouveau principe, emprunté purement au *jus gentium*, et introduit par le besoin de faciliter le commerce journalier, savoir que certaines conventions,
par le simple accord des parties intéressées, sans
l'intervention d'aucune des *causæ civiles* susmentionnées, donnaient lieu à une action : *consensu
contrahitur obligatio.*

Nexum est, ut ait Gallus Ælius, quodcunque per æs et libram
geritur, idque necti dicitur : quo in genere sunt hæc : testamenti factio, nexi datio, nexi liberatio. FESTUS, voc. *Nexum.*

Nexum Mucius Scævola scribit, quæ per æs et libram fiant, ut
obligentur, præterquam quæ mancipio dentur. VARRO, *De lingua
latina*, lib. VI, § 5.

*Quum nexum faciet mancipiumque, uti lingua nuncupassit,
ita jus esto.* (Tels sont probablement les termes de la loi des
Douze-Tables.)

Nam, quum ex XII tabulis satis esset, ea præstare, quæ essent
lingua nuncupata, quæ qui inficiatus esset, dupli pœnam subiret,
cæt. CIC., *De offic.*, III, c. 16.

Veluti, si quid eo nomine debeatur, quod per æs et libram
gestum est. GAI., *Comm.*, III, § 173.

§ 128.

Des actions naissant des contrats.

Tout contrat, comme tel, engendre une obligation pourvue d'action, mais non pas avec la même étendue et de la même manière.

En effet, certains contrats, d'après leur nature propre, obligent essentiellement et nécessairement les deux contractants, fondent une *obligatio ultro citroque*; tandis que certains autres contrats n'obligent immédiatement qu'un seul des contractants.

Dans le premier cas, le contrat, qui porte alors assez souvent chez les jurisconsultes romains, le nom de *contractus* par excellence, ou la dénomination grecque de *synallagma*, produit une action pour chacun des contractants, tantôt la même pour tous les deux, tantôt différente pour chacun, selon que les obligations réciproques sont identiques ou diverses.

Dans le dernier cas, le contrat ne produit immédiatement une action que pour l'un des contractants. Cependant, quelquefois, exceptionnellement, l'autre contractant obtient aussi une action par la survenance de certaine circonstance accidentelle, par exemple à cause de dépenses qu'il a faites et qui doivent lui être remboursées, ou à cause d'une faute qui a été commise à son égard, et dont il doit être indemnisé; et par là le contrat prend pour cette fois un certain caractère de bilatéralité. Cette action porte le même nom que l'action originaire et ordinaire, mais on y ajoute l'épithète de *contraria*, par opposition à la *directa actio*, pour indiquer qu'elle ne résulte pas nécessairement de l'essence même du contrat, mais plutôt de circonstances accidentelles. Au reste, ce *contrarium judicium* ne peut avoir lieu que dans les contrats unilatéraux qui sont *bonæ fidei*, et jamais dans ceux qui sont essentiellement *stricti juris*

Labeo.... definit.... *contractum* (esse) ultro citroque obliga-

tionem, quod græci συνάλλαγμα vocant, veluti emptionem venditionem, locationem conductionem, societatem. ULPIANUS, fr.
19, D., I, 16, *De verb. signif.*

Possunt justæ causæ intervenire, ex quibus cum eo, qui com-
modasset (contrario judicio) agi deberet veluti de impensis in
valetudinem servi factis, quæve post fugam, requirendi redu-
cendique ejus causa, factæ essent. GAI., fr. 18, § 2, D., XIII, 6,
Commodati.

I. — Exposition du système des contrats dans sa pureté originaire.

§ 129.

Obligations qui sont contractées *re.*

GAI., *Comm.*, lib. III, § 89, *seq.*
Inst., lib. III, tit. 14, *Quibus modis re contrahitur obligatio.*
Dig., lib. XII, tit. 1, *De rebus creditis.*
Dig., lib. XIV, tit. 6, *De senatusconsulto Macedoniano.*
Cod., lib. IV, tit. 1, *De rebus creditis.*
Dig., lib. XIII, tit. 6, *Commodati vel contra.*
Cod., lib. IV, tit. 24, *De commodato.*
Dig., lib. XVI, tit. 3, *Depositi vel contra.*
Cod., lib. IV, tit. 34, *Depositi vel contra.*
Dig., lib. XIII, tit. 7, *De pigneratitia actione vel contra.*
Cod., lib. IV, tit. 4, *De pign. act.*

Les Romains signalent quatre contrats spéciaux
comme ayant cela de commun, qu'une personne,
en recevant une chose qui lui est donnée dans ce
but, s'oblige (d'une obligation produisant une
action), envers la personne qui la lui a donnée, à
lui rendre la même chose. Ces contrats s'appellent
mutuum, commodatum, depositum, et *pignus.* De
chacun naît, pour celui qui a donné contre celui
qui a reçu, une action pourvue d'un nom spécial,
tendant à la restitution de la chose livrée. Outre cette
directa actio, une *contraria actio,* tendant à une
indemnité pour quelque circonstance accidentelle est
accordée aussi quelquefois à celui qui a reçu contre

celui qui a donné; elle n'a jamais lieu dans le *mutuum*, parce qu'il est *stricti juris*.

I. Le *mutuum, res creditæ, prêt de consommation*, consiste en ce que l'un des contractants, *mutuo accipiens*, ou simplement *debitor*, par la réception d'une certaine quantité de *res quæ numero, pondere vel mensura consistunt*, qui lui est livrée par l'autre contractant, *mutuo dans*, ou *creditor*, et dont la propriété lui est transférée, s'oblige à rendre à celui-ci, après un certain temps, une quantité exactement pareille.

L'action qui appartient au prêteur s'appelle *actio mutui* [1], ou *condictio certi ex mutuo;* elle est *stricti juris*, et tend uniquement au remboursement du *creditum*, de la somme précise qui a été prêtée; elle ne peut comprendre rien de plus. Le créancier ne peut donc pas réclamer, par cette action, des intérêts du capital prêté : ni des intérêts moratoires, parce qu'ils répugnent à l'essence du *mutuum*, contrat *stricti juris*, ni des intérêts conventionnels. Ces derniers peuvent intervenir en vertu d'un contrat particulier dont ils seraient l'objet, mais ils ne seront pas demandés par l'action du prêt, mais par l'action résultant du contrat spécial sur les intérêts, l'action résultant de la stipulation.

Remarquons, comme une particularité d'une singulière importance pour l'ancien droit romain, que, dans le cas d'argent prêté, *pecunia credita*, il existait une procédure extraordinairement rigoureuse contre la personne du débiteur. (Voy. ci-dessus, § 122.) Elle a disparu dans le nouveau droit. Remarquons,

---

[1] *Actio mutui* se rencontre très-rarement et ne paraît pas avoir été employée par les Romains comme dénomination technique.

(*Note du traducteur.*)

d'un autre côté, une restriction spéciale à l'efficacité du *mutuum*, relativement au *filiusfamilias*, en vertu du *senatusconsultum Macedonianum*.

II. Le *commodatum*, *prêt à usage*, consiste en ce que l'un des contractants, le *commodatarius*, reçoit de l'autre contractant, le *commodans*, une *res quæ non numero*, *pondere vel mensura consistit*, qui lui est remise pour qu'il en use gratuitement, de la manière et pendant le temps déterminés.

L'action qui en résulte en faveur du commodant contre le commodataire, pour la restitution de la chose, après l'usage fini, s'appelle *commodati actio directa*, et est *bonæ fidei*. Elle est aussi dans quelques circonstances, accordée, comme *contraria actio*, au commodataire contre le commodant. Le commodataire est tenu de toute faute, même de la plus légère, tandis que le commodant ne répond que du dol et de la *lata culpa*.

III. Le *depositum*, *dépôt*, consiste en ce que l'un des contractants, le *depositarius*, reçoit une chose mobilière qui lui est confiée par l'autre contractant, le *deponens*, en promettant de la garder gratuitement pour ce dernier, pendant un certain temps, et de la lui restituer aussitôt qu'il l'exigera.

L'action que le déposant a contre le dépositaire, pour la restitution de la chose qu'il lui a confiée, s'appelle *actio depositi directa*; elle est *bonæ fidei*, et le dépositaire qui se laisse condamner encourt l'infamie, comme un homme sans foi. Une *contraria actio* est aussi accordée, suivant les circonstances, au dépositaire contre le déposant. Le déposant est tenu de toute espèce de faute, le dépositaire seulement du dol et de la *lata culpa*.

IV. Le *pignus*, ou *contractus pigneratitius*, contrat de *gage*, est un contrat par lequel le créancier reçoit une chose, qui lui est livrée en nantissement, *pignus*, pour sûreté de sa créance, soit par son débiteur, soit par une autre personne.

L'action qui compète à celui qui a donné le gage, pour obtenir la restitution de la chose, après que le droit de gage s'est éteint autrement que par l'aliénation de la chose qui en est l'objet, se nomme *pigneratitia actio directa;* elle est *bonæ fidei*, et est donnée aussi en qualité de *contraria..* Les deux contractants sont réciproquement tenus de toute espèce de faute.

Re contrahitur obligatio, veluti mutui datione. Mutui autem datio in iis rebus consistit, quæ pondere, numero mensurave constant, veluti vino, oleo, frumento, pecunia numerata, ære, argento, auro; quas res aut numerando, aut metiendo, aut ad-pendendo in hoc damus, ut accipientium fiant. Et quandoque nobis non eædem res, sed aliæ ejusdem naturæ et qualitatis redduntur; unde etiam mutuum appellatum sit, quia ita a me tibi datur, ut ex meo tuum fiat. Et ex eo contractu nascitur actio, quæ vocatur condictio. Pr., I., III, 14, *Quibus modis re contrahitur obligatio.*

Mutuum damus recepturi non eamdem speciem, quam dedimus (alioquin commodatum erit, aut depositum), sed idem genus. Nam, si aliud genus, veluti, ut pro tritico vinum recipiamus, non erit mutuum. PAULUS, fr. 2, pr., D., XII, 1, *De rebus creditis.*

Verba senatusconsulti Macedoniani hæc sunt: *Quum inter cæteras sceleris causas Macedo, quas illi natura administrabat, etiam æs alienum adhibuisset et sæpe materiam peccandi malis moribus præstaret, qui pecuniam, ne quid amplius diceretur, incertis nominibus crederet, placere, ne cui, qui filiofamilias mutuam pecuniam dedisset, etiam post mortem parentis ejus, cujus in potestate fuisset, actio petitioque daretur : ut scirent, qui pessimo exemplo fœnerarent, nullius posse filiifamilias bonum nomen exspectata patris morte fieri.* ULPIAN., fr. 1, pr., D., XIV, 6, *De senatusconsulto Macedoniano.*

Is autem solus senatusconsultum offendit, qui mutuam pecuniam filiofamilias dedit, non qui alias contraxit, puta vendidit locavit, vel alio modo contraxit. Nam pecuniæ datio perniciosa parentibus eorum visa est.... Quod ita demum erit dicendum, si non fraus senatusconsulto sit cogitata, ut, qui credere non potuit, magis ei venderet, ut ille rei pretium haberet in mutui vicem. IDEM, fr. 3, § 3, D., *eod.*

Item is, cui res aliqua utenda datur, id est, commodatur, re obligatur et tenetur commodati actione. Sed is ab eo, qui mutuum accepit, longe distat. Namque non ita res datur, ut ejus fiat; et ob id de re ipsa restituenda tenetur. Et is quidem, qui mutuum accepit, si quolibet fortuito casu amiserit, quod accepit, veluti incendio, ruina, naufragio, aut latronum, hostiumve incursu, nihilo minus obligatus permanet. At is, qui utendum accepit, sane quidem exactam diligentiam custodiendæ rei præstare jubetur, nec sufficit ei, tantam diligentiam adhibuisse, quantam in suis rebus adhibere solitus est, si modo alius diligentior potuerit eam rem custodire. Sed propter majorem vim, majoresve casus non tenetur, si modo non hujus ipsius culpa is casus intervenerit.... Commodata autem res tunc proprie intelligitur, si, nulla mercede accepta vel constituta, res tibi utenda data est. Alioqui, mercede interveniente, locatus tibi usus rei videtur. Gratuitum enim debet esse commodatum. § 2, I., III, 14, *Quibus. mod. re contrah. obl.*

Præterea et is, apud quem res aliqua deponitur, re obligatur et actione depositi; quia et ipse de ea re, quam accepit, restituenda tenetur. Sed is ex eo solo tenetur, si quid dolo commiserit; culpæ autem nomine, id est, desidiæ ac negligentiæ non tenetur. Itaque securus est, qui parum diligenter custoditam rem furto amiserit; quia qui negligenti amico rem custodiendam tradidit, suæ facilitati id imputare debet. § 3, I., *eod.*

Creditor quoque, qui pignus accepit, re obligatur, quia et ipse de ea re, quam accepit, restituenda tenetur actione pigneratitia. Sed, quia pignus utriusque gratia datur, et debitoris, quo magis pecunia ei crederetur, et creditoris, quo magis ei in tuto sit creditum, placuit, sufficere, quod ad eam rem custodiendam exactam diligentiam adhiberet; quam si præstiterit, et aliquo fortuito casu eam rem amiserit, securum esse, nec impediri creditum petere. § 4, I., *eod.*

§ 130.

Extension successive du principe des contrats dits réels.

Dig., lib. xix, tit. 5, *De præscriptis verbis et in factum actionibus.*
Cod., lib. iv, tit. 64, *De rerum permutatione et præscriptis verbis.*
Dig., lib. xii, tit. 2, *De condictione causa data, causa non secuta.*
Cod., lib. iv, tit. 6, *De condictione ob causam datorum.*

Le principe que des obligations donnant naissance à une action peuvent se former *re* était originairement limité aux quatre cas traités ci-dessus (§ 129), dans lesquels celui qui reçoit une chose s'oblige, par sa réception, à rendre cette même chose; mais bientôt on étendit considérablement ce principe des contrats réels.

On peut imaginer une multitude de conventions ayant pour objet des prestations réciproques des parties entre elles, et qui, sans être absolument identiques à aucun des contrats déjà reconnus, ont pourtant une certaine ressemblance avec un contrat de ce genre, ou même tout à la fois avec plusieurs contrats de ce genre; tel est, par exemple, l'échange qui ressemble à la vente. On accordait alors à celui des deux contractants qui, de son côté, avait le premier exécuté la convention et effectué la prestation promise, une action contre l'autre contractant pour le forcer à exécuter pareillement l'obligation qu'il s'était imposée. On voyait dans cette ressemblance à un autre contrat, jointe à une prestation réelle, *res*, accomplie d'une part, une *causa* suffisante pour faire naître une obligation pourvue d'action. Mais, à raison de la vaste portée de ce principe et de la grande variété dont étaient susceptibles de semblables conventions, il ne parut ni convenable, ni même possible de donner un *proprium nomen* à chacune de ces conventions et à chacune des actions qui en provenaient. On se contenta d'une dénomination très-générale, *civilis actio in factum* ou *actio præscriptis verbis*, qui pouvait s'adapter à tous les cas. De là l'expression dont on se sert aujourd'hui pour désigner ces conventions : *contrats réels innommés.* Les Romains eux-mêmes les classaient d'une manière très-générale d'après leur objet, suivant que les prestations convenues consistent de part et d'autre à *dare*, ou de part et d'autre à *facere*, ou bien d'un côté à *dare*, de l'autre à *facere*.

La propriété d'engendrer une action n'a été évidemment accordée à ces conventions que dans le but de favoriser la partie qui la première, spontanément et sans qu'elle pût y être contrainte par une action, a exécuté la convention. Par là s'explique jusqu'à un certain point une particularité qui se présente ici, le *jus pœnitendi.* Elle consiste en ce que celui qui a pris l'initiative en donnant une chose a le droit ou d'exiger la prestation qui lui a été promise par l'autre partie, au moyen de cette *actio in factum*, ou *præscriptis verbis*, ou, s'il le préfère, de renoncer à la convention, de la résilier par sa seule volonté, *pœnitere.* S'il prend ce dernier parti, il peut redemander, par une *condictio ob causam datorum*, ou *condictio ob rem dati, re non secuta*, la chose qu'il a lui-même donnée. Car ce n'est que dans la juste attente que la prestation à faire par l'autre partie suivrait immédiatement, qu'il s'est décidé, de son côté, à donner.

Quæ (juris gentium conventiones) pariunt actiones, in suo nomine non stant, sed transeunt in proprium nomen contractus; ut emtio venditio, locatio conductio, societas, commodatum, et cæteri similes contractus. Sed, et si in alium contractum res non transeat, *subsit tamen causa*, eleganter Aristo Celso respondit, esse obligationem; ut puta, dedi tibi rem, ut mihi aliam dares, dedi, ut aliquid facias; hoc συνάλλαγμα, id est, contractum esse et hinc nasci civilem obligationem.... Sed, quum nulla subsit causa, propter conventionem hic constat non posse constitui obligationem. ULPIAN., fr. 7, § 1, 2 et 4, D., II, 14, *De pactis*.

Naturalis meus filius servit tibi et tuus filius mihi. Convenit inter nos, ut et tu meum manumitteres, et ego tuum. Ego manumisi, tu non manumisisti; qua actione mihi tenearis, quæsitum est. In hac quæstione totius ob rem dati tractatus inspici potest, qui in his competit speciebus : aut enim *do tibi, ut des*; aut *do, ut facias*; aut *facio, ut des*; aut *facio, ut facias*. In quibus quæritur, quæ obligatio nascatur.

Et siquidem pecuniam dem, ut rem accipiam, emtio et venditio est; sin autem rem do, ut rem accipiam, quia non placet, permutationem rerum emtionem esse, dubium non est, nasci civilem obligationem, in qua actione id venit, ut non reddas, quod acceperis, sed ut damneris mihi, quanti interest mea, illud, de quo convenit, accipere, *vel, si meum recipere velim, repetatur, quod datum est, quasi ob rem datum, re non secuta*. PAULUS, fr. 5, § 1 et 2, D., XIX, 5, *De præscriptis verbis*.

§ 131.

Obligations qui sont contractées *verbis*, et *stipulatio* en particulier.

GAI., *Comm.*, lib. III, § 92, seq.
Inst., lib. III, tit. 15, *De verborum obligatione;* — tit. 18, *De divisione stipulationum;* — tit. 19, *De inutilibus stipulationibus*.
Dig., lib. XLV, tit. 1, *De verborum obligationibus*.
Cod., lib. VIII, tit. 38, *De contrahenda et committenda stipulatione;* — tit. 39, *De inutilibus stipulationibus*.

Les Romains, dans leur système des contrats, mentionnent, parmi les obligations *quæ verbis contrahuntur*, deux obligations exigibles par une action, qui naissent, non pas précisément d'une convention, mais plutôt d'une promesse verbale unilatérale, faite sous une forme déterminée, dans des cas déterminés et se rapportant à un objet spécialement déterminé. Ce sont celles qui résultent :

1° De la *dotis dictio*, qui ne pouvait émaner valablement que de certaines personnes et qui n'a laissé d'autre trace dans le nouveau droit que ce principe, que la simple *pollicitatio* d'une dot oblige le promettant et le soumet à une action.

2° De la forme d'engagement qu'on appelle *jurata promissio operarum liberti,* sur laquelle nous n'avons pareillement que peu de notions certaines. Elle se rattachait au rapport particulier qui existe entre le maître et son esclave soit avant, soit après l'affranchissement, et consistait en une promesse orale de l'affranchi, qui, appuyée d'un serment, assurait au patron le droit d'exiger en justice les *operæ* extraordinaires ainsi promises par l'affranchi.

Mais une troisième espèce de *verborum obligatio*, la *stipulatio*, est bien autrement importante que les deux précédentes : aussi, c'est cette dernière seule qu'on désigne ordinairement par l'expression *verborum obligatio* dans le sens strict.

La stipulation se rencontre, avec son caractère fondamental, dans le plus ancien droit romain. Elle paraît être sortie, peu à peu, du *nexum* dont elle avait été une simplification; car le *lingua nuncupare*, qui s'y trouvait à côté de la *res*, a bien pu, appliqué dans une certaine forme, être considéré comme propre à produire l'effet rigoureux d'un contrat, même indépendamment de la *res*. (Voy. ci-dessus § 127.) En tout cas, ce n'est que peu à peu, dans la suite des temps, qu'elle a pris la forme plus libre sous laquelle elle apparaît plus tard. Les Romains voyaient en elle la base de tout leur système contractuel; et de fait, ce système ne

se montre dans son vrai jour que quand on conçoit
bien la théorie de la stipulation.

Le caractère essentiel de la stipulation consistait
dans une question et une réponse verbales, se rattachant et s'adaptant immédiatement l'une à l'autre.
Il fallait d'abord une interrogation orale de la part
de celui qui voulait se faire promettre quelque
chose, et qui demandait à l'autre s'il s'engageait à
une certaine prestation d'un objet suffisamment
déterminé. Lorsqu'à cette interrogation orale, qui
est la *stipulatio* proprement dite, la personne inter-
rogée répondait aussitôt oralement qu'elle ferait la
prestation indiquée, ce qui s'appelait *promissio* dans
l'acception stricte du mot, il en résultait une obligation rigoureusement exigible par une action.

Il résulte de là que, outre les conditions généralement requises pour toute convention, la stipulation exigeait d'abord pour sa validité, à raison de
sa forme particulière, la faculté de parler et d'entendre chez les deux contractants, et leur présence
personnelle. Il fallait en outre, du moins pour certaines formules de stipulations, savoir pour les *sponsiones* proprement dites, que les contractants fussent
tous deux citoyens romains. Enfin la stipulation ne
pouvait, dans l'origine, se faire qu'en langue latine
et en employant certaines formules solennelles,
spécialement déterminées, comme *spondes? promittis? fidepromittis? dabis?* De la différence des
formules employées dépendait en partie la différence
des effets de la stipulation.

Un acte écrit, *cautio*, constatant le fait et la teneur
de la stipulation, n'a, dans aucun temps, été légalement exigé; mais il était très-usité, et les Romains
avaient l'habitude, avant de conclure certaines affaires
par stipulation, de coucher exactement par écrit les

termes à employer et de les lire ensuite tout haut. Enfin cette rédaction écrite de la stipulation parait avoir pris, en dernier lieu, presque entièrement la place de la solennité orale.

La preuve même de la présence personnelle des contractants fut beaucoup facilitée par Justinien, dans le cas où il existait un acte écrit. Car, si, dans cet acte, les contractants sont expressément mentionnés comme présents, leur présence effective sera tenue pour vraie jusqu'à ce que la partie qui la conteste ait prouvé, de la manière la plus précise, un alibi se rapportant au jour marqué dans l'acte comme celui où s'est passée la stipulation.

Dans le nouveau droit romain, plus de liberté s'introduisit dons la forme de la stipulation : elle put être faite dans une langue quelconque et en des termes quelconques, pourvu, d'ailleurs, qu'ils exprimassent convenablement la pensée des contractants.

Sous les conditions que nous venons de décrire, la stipulation était donc une forme très-générale, susceptible d'être appliquée non-seulement à revêtir et à élever ainsi au rang de contrats, des obligations qui, par elles-mêmes, ne donnaient pas lieu à une action, mais encore à transformer après coup, pour quelque but spécial, des obligations qui produisaient déjà une action. Certaines obligations avaient même cela de particulier qu'elles ne pouvaient être contractées que dans la forme de la stipulation.

Quant à son contenu, la stipulation ne pouvait originairement avoir pour objet qu'un *certum ;* cependant, par la suite et d'assez bonne heure, on admit aussi un *incertum.*

Une autre restriction originaire, portant sur le contenu de la stipulation, ne permettait pas qu'elle se référât à la mort, soit du stipulant, soit du promettant. Elle n'a été supprimée que par Justinien ; auparavant on l'éludait par des détours et des expédients artificiels, notamment par l'adjonction d'un *adstipulator*.

A la différence du contenu se réfère encore la division des *stipulationes* en *conventionales*, *prætoriæ*, *judiciales* et *communes*.

Enfin, quant à ce qui concerne son effet, la stipulation ne fondait, dans tous les cas, qu'un contrat unilatéral, qui n'obligeait qu'un contractant, le promettant, et jamais un contrat synallagmatique, *ultro citroque obligatio*. Aussi le stipulant seul, naturellement, avait une action pour obtenir l'exécution, action appelée *condictio certi ex stipulatu*, ou, quand l'objet était un *incertum*, *actio ex stipulatu*. Elle était *stricti juris* à cause de ce caractère de stricte unilatéralité. Cependant il arriva peu à peu que, par le moyen de diverses expressions, de diverses clauses employées par les contractants, la stipulation se rapprocha, pour certains effets, d'un *bonæ fidei contractus*.

Sunt et aliæ obligationes, quæ nulla præcedente interrogatione contrahi possunt, id est, ut si mulier, sive sponso uxor futura, sive jam marito dotem dicat. Quod tam de mobilibus rebus, quam de fundis fieri potest. Et non solum in hac obligatione ipsa mulier obligabitur, sed et pater ejus, et debitor mulieris, si pecuniam, quam ille debebat, sponso creditricis ipse debitor in dotem dixerit. Hæ tantum tres personæ, nulla interrogatione præcedente, possunt dictione dotis legitime obligari. Aliæ vero personæ, si pro muliere dotem marito promiserint, communi jure obligari debent, id est, ut et interrogatæ respondeant, et stipulatæ (?) promittant.

Item et alio casu, uno loquente, et sine interrogatione alio promittente, contrahitur obligatio, id est, si libertus patrono aut donum, aut munus, aut operas se daturum esse juraverit.... In qua re supra dicti liberti non tam verborum solennitate, quam jurisjurandi religione tenentur. Sed nulla altera persona hoc ordine obligari potest. GAIUS, *Epit. Inst.*, lib. II, tit. 9, § 3 et 4.

Dotem dicere potest mulier, quæ nuptura est, et debitor mulieris, si jussu ejus dicat, institus, parens mulieris, virilis sexus, per virilem sexum cognatione junctus, velut pater aut avus paternus. ULPIANUS, *Fragm.*, tit. VI, § 2.

Dicta stipulatio a stipula. Veteres enim, quando sibi aliquid promittebant, stipulam tenentes frangebant, quam iterum jungentes, sponsiones suas agnoscebant. ISIDOR., *Origin.*, lib. IV, cap. 24.

Stipem esse nummum signatum, testimonio est et id, quod datur stipendium militi, et quum spondetur pecunia, quod stipulari dicitur. FESTUS, voc. *stipem*.

Verbis obligatio contrahitur, ex interrogatione et responsione, quum quid dari fierive stipulamur. Ex qua duæ proficiscuntur actiones, tam condictio, si certa sit stipulatio, quam ex stipulatu, si incerta. Quæ hoc nomine inde utitur, quia stipulum apud veteres firmum appellabatur, forte a stipite descendens.

In hac re olim talia verba tradita fuerunt : *Spondes? Spondeo. — Promittis? Promitto. — Fidepromittis? Fidepromitto. — Fidejubes? Fidejubeo. — Dabis? Dabo. — Facies? Faciam.* Utrum autem latina, an græca, vel qua alia lingua stipulatio concipiatur, nihil interest, scilicet si uterque stipulantium intellectum hujus linguæ habeat; nec necesse est, eadem lingua utrumque uti, sed sufficit, congruenter ad interrogatum respondere; quin etiam duo Græci latina lingua obligationem contrahere possunt. Sed hæc solemnia verba olim quidem in usu fuerunt; postea autem Leonina constitutio lata est, quæ, solemnitate verborum sublata, sensum et consonantem intellectum ab utraque parte solum desiderat, licet quibuscunque verbis expressus sit. Pr. et § 1, I., III, 15, *De verborum obligatione.*

Item verborum obligatio inter *absentes* concepta inutilis est. Sed quum hoc materiam litis contentiosis hominibus præstabat, forte post tempus tales allegationes opponentibus et non præsentes esse vel se, vel adversarios suos contendentibus : ideo nostra constitutio propter celeritatem dirimendarum litium introducta est, quam ad Cæsarienses advocatos scripsimus, per quam disposuimus, tales scripturas, quæ præsto esse partes indicant, omnimodo esse credendas, nisi ipse, qui talibus utitur improbis allegationibus, manifestissimis probationibus, vel per scripturam, vel per testes idoneos approbaverit, in ipso toto die, quo conficiebatur instrumentum, sese vel adversarium suum in aliis locis fuisse.

Post mortem suam dari sibi nemo stipulari poterat, non magis, quam post mortem ejus, a quo stipulabatur.... Sed, quum (ut jam dictum est), ex consensu contrahentium stipulationes valent, placuit nobis, etiam in hunc juris articulum necessariam inducere emendationem, ut, sive post mortem, sive pridie, quam morietur stipulator, sive promissor, stipulatio concepta est, valeat stipulatio. § 12 et 13, I., III, 19, *De inutilibus stipulationibus.*

Possumus tamen ad id, quod stipulamur, alium adhibere, qui idem stipuletur, quem vulgo *adstipulatorem* vocamus.... Adstipulatorem vero tunc adhibemus, quum ita stipulamur, ut aliquid post mortem nostram detur; quod stipulando nihil agimus. Adhibetur autem adstipulator, ut is post mortem nostram agat; qui, si quid fuerit consecutus, de restituendo eo mandati judicio heredi tenetur. GAI., *Comm.*, III., § 10 et 17.

Stipulationum aliæ judiciales sunt, aliæ prætoriæ, aliæ conventionales, aliæ communes, tam prætoriæ, quam judiciales. *Judiciales* sunt, quæ a mero judicis officio proficiscuntur, veluti de dolo cautio, vel de persequendo servo, qui in fuga est, restituendove pretio. *Prætoriæ*, quæ a mero prætoris officio proficiscuntur, veluti damni infecti, vel legatorum. *Conventionales* sunt, quæ ex conventione utriusque partis concipiuntur, hoc est, neque jussu judicis, neque jussu prætoris, sed ex conventione contrahentium; quarum totidem genera sunt, quot, pæne dixerim, rerum contrahendarum. *Communes* sunt stipulationes veluti, rem salvam fore pupillo; nam et prætor jubet, rem salvam fore pupillo caveri, et interdum judex, si aliter expediri hæc res non potest, vel de rato stipulatio. Pr., § 1-4, I., III, 18, *De divisione stipulationum.*

§ 132.

Cautionnement et *intercessiones* en général.

GAI., *Comm.*, lib. III, § 115, seq.
Inst., lib. III, tit. 20, *De fidejussoribus.*
Dig., lib. XLVI, tit. 1, *De fidejussoribus et mandatoribus.*
Cod., lib. VIII, tit. 41, *De fidejussoribus et mandatoribus.*
Dig., lib. XVI, tit. 1, *Ad senatusconsultum Velleianum.*
Cod., lib. IV, tit. 29, *Ad SC. Vellei.*

Parmi les conventions qui, pour produire une

action, doivent nécessairement être revêtues de la forme de la stipulation, quelques-unes des plus importantes se présenteront plus tard, dans la doctrine de l'extinction des obligations, notamment la *novatio* et l'*acceptilatio* [1]. Au contraire, la *fidejussio*, *cautionnement*, mérite d'être traitée ici spécialement.

L'*intercessio* en général, dont la *fidejussio* n'est qu'une espèce particulière, est la convention par laquelle on se charge volontairement de l'obligation d'autrui, soit *civilis*, soit *naturalis obligatio*. Elle peut, suivant son but, avoir lieu de deux manières : tantôt le précédent débiteur, au moyen d'une novation, se libère entièrement de son obligation, et celui qui *intercedit* devient ainsi le seul obligé (*expromissio*), tantôt le précédent débiteur reste obligé en même temps que l'*intercedens*.

Une espèce importante de ce dernier genre d'intercession s'offre à nous dans la *fidejussio*, par laquelle une personne, pour la plus grande sûreté du créancier, s'oblige, dans la forme de la stipulation, à répondre pour le débiteur en qualité de caution.

Cette *fidejussio* est restée, dans le dernier état du droit romain, l'unique manière de donner caution par stipulation, tandis qu'auparavant il y avait pour cela trois formes, la *sponsio*, la *fidepromissio* et la *fidejussio*.

Dans la rigueur originaire, l'engagement de la caution était de la même étendue que celui du débiteur principal ; mais, d'après les adoucissements apportés par le nouveau droit, la caution n'est tenue que sub-

---

[1] Ceci manque d'exactitude. L'*acceptilatio*, qui se fait, il est vrai, dans la forme de la stipulation, n'a pas pour effet de produire, mais de détruire une obligation et une action·   (*Note du traducteur.*)

sidiairement après le débiteur principal, c'est-à-dire
après que le créancier a essayé en vain de se faire
payer, par la discussion, *excussio*, de celui-ci. C'est
ce qu'on appelle aujourd'hui *beneficium excussionis*.

Au reste, comme des personnes d'un caractère lé-
ger ou ignorant le droit ne savent pas apprécier convenablement le danger auquel elles s'exposent par
l'*intercessio*, parce que ce danger n'existe souvent
que dans un avenir éloigné, on a jugé à propos de
n'admettre certaines personnes à s'obliger ainsi que
sous de grandes restrictions.

Cela s'applique surtout aux femmes.

Il leur fut d'abord absolument défendu, sous Auguste, d'*intercedere* pour leurs maris. Elles pouvaient
le faire pour d'autres; mais ensuite le *senatusconsultum Velleianum* vint leur donner, sauf quelques cas
d'exception, un moyen efficace pour échapper à la
responsabilité de l'*intercessio* intervenue de leur part
pour une personne quelconque : il leur suffisait
d'opposer à l'action du créancier l'exception résultant de ce sénatusconsulte.

A toutes ces restrictions, Justinien en ajouta une
nouvelle, en décidant que toutes les *intercessiones*
des femmes seraient absolument nulles *ipso jure* et
comme non avenues, si elles n'étaient faites par un
acte public, signé de trois témoins, indépendamment
de l'observation des formes ordinaires.

Pro eo, qui promittit, solent alii obligari, qui fidejussores appellantur, quos homines accipere solent, dum curant, ut diligentius sibi cautum sit. In omnibus autem obligationibus assumi
possunt, id est, sive re, sive verbis, sive litteris, sive consensu
contractæ fuerint. At ne illud quidem interest, utrum civilis, an
naturalis sit obligatio, cui adjiciatur fidejussor. Pr. et § 1, I.,
III, 20, *De fidejussoribus*.

Jure nostro est potestates creditori, relicto reo, eligendi fidejussores; nisi inter contrahentes aliud placitum doceatur. An-

TONINUS, c. 5, C., VIII, 41, *De fidejussoribus et mandato-ribus.*

Si quis igitur crediderit, et fidejussorem aut mandatorem, aut sponsorem acceperit, is non primum adversus mandatorem, aut fidejussorem, aut sponsorem accedat, neque negligens debitoris intercessoribus molestus sit, sed veniat primum ad eum, qui aurum accepit debitumque contraxit. Et siquidem inde recepe-rit, ab aliis abstineat; quid enim ei in extraneis erit, a debitore completo. Si vero non valuerit a debitore recipere aut in partem, aut in totum : secundum quod ab eo non potuerit recipere, se-cundum hoc ad fidejussorem, aut sponsorem, aut mandatorem veniat, et ab illo, quod reliquum est, sumat. JUSTINIANUS, No-vella 4, cap. 1.

Et primo quidem, temporibus *Divi Augusti,* mox deinde *Claudii,* edictis eorum erat interdictum, ne fœminæ pro viris suis intercederent. Postea factum est senatusconsultum, quo plenissime fœminis omnibus subventum est. ULPIANUS, fr. 2, pr. et § 1, D., XVI, 1, *Ad senatusconsultum Velleianum.*

Sed ita demum iis subvenit, si non callide sint versatæ.... In-firmitas enim fœminarum, non calliditas auxilium demit (deme-ruit?). IDEM, fr. 2, § 3, D., *eod.*

Si, quum ipse mutuam pecuniam acciperes, mater tua, contra amplissimi ordinis consultum, fidem suam interposuit, excep-tione se tueri potest. ANTONINUS, c. 3, C., IV, 29, *Ad senat. Vellei.*

Ne autem mulieres perperam sese pro aliis intercedant, san-cimus, non aliter eas in tali contractu posse pro aliis sese obli-gare, nisi instrumento publice confecto et a tribus testibus sub-signato, accipiant homines a muliere pro aliis confessionem. Tunc enim tantummodo eas obligari et sic omnia tractari, quæ de intercessionibus fœminarum, vel veteribus legibus cauta, vel ab imperiali auctoritate introducta sunt. Sin autem extra eam-dem observationem mulieres acceperint intercedentes, pro ni-hilo habeatur hujusmodi scriptura, vel sine scriptis obligatio, tam-quam nec confecta, nec penitus scripta, ut nec senatus consulti auxilium imploretur, sed erit libera et absoluta, quasi penitus nullo in eadem causa subsecuto. JUSTINIANUS, c. 23, § 2, C., *eod.*

Et illud vero prævidimus, pro subjectorum utilitate corrigere, ut, si qua mulier crediti instrumento consentiat proprio viro, aut scribat, et propriam substantiam, aut se ipsam obligatam fa-ciat, jubemus, nullatenus hujusmodi valere aut tenere, sive semel, sive multoties hujusmodi aliquid pro eadem re fiat. JUS-TINIANUS, Nov. 134, c. 8.

§ 133.

Obligations qui se contractent *litteris*.

Gai., *Comm.*, lib. iii, § 128, *seq.*
Inst., lib. iii, tit. 21 , *De litterarum obligatione.*
Cod., lib. iv, tit. 30, *De non numerata pecunia.*

L'ancien droit romain connaissait une véritable *litterarum obligatio*, c'était le *contractus nominum*.

Son origine se perdait dans la nuit des temps. Il se rattachait à l'habitude qu'avaient les citoyens romains de tenir exactement des livres de raison, *codices accepti et expensi*, et consistait dans l'insertion formelle d'une dette ou créance dans ce registre domestique. Aussi presque toute espèce d'obligation pouvait être revêtue de la forme de cette *litterarum obligatio* et élevée ainsi au rang d'obligation contractuelle. Au reste, nous ne connaissons pas exactement la manière dont étaient disposés ces livres de raison, pas plus que le mode et la forme d'insertion de chaque dette active ou passive.

Peu à peu le *contractus nominum* primitif disparut avec la coutume de tenir régulièrement des *codices accepti et expensi*. Ce ne sont plus que des vestiges de cette institution que nous retrouvons plus tard dans les *transcriptitia nomina*.

Il faut encore moins considérer comme de véritables *litterarum obligationes*, quoiqu'on les compare à celles-ci, les *arcaria nomina*, les *chirographa* et les *syngraphæ ;* car ce n'étaient pas des sources propres d'obligations contractuelles, *quæ obligationem faciunt*, mais seulement des moyens particuliers de prouver une obligation contractée autrement, *obligationis factæ testimonia* [1].

Dans le nouveau droit romain, il ne reste plus aucune trace des *transcriptitia nomina*. Les *arcaria nomina*, les *chirographa*, les *syngraphæ* ne se rencontrent plus également dans leur forme originaire; mais ils ont donné lieu, à ce qu'il paraît, particulièrement les *arcaria nomina*, au développement de la théorie de l'*exceptio non numeratæ pecuniæ*, théorie qui, dans les Institutes de Justinien, a été, en l'honneur de l'ancien système des contrats, intercalée, d'une manière singulière et un peu forcée, sous la rubrique, devenue depuis longtemps sans objet, des *litterarum obligationes*. Ainsi, celui qui, dans un billet, *cautio*, *chirographum*, reconnait avoir reçu une somme en prêt, sans que cette somme lui ait été véritablement comptée, est protégé d'une manière particulière contre les suites de son imprudence. Pendant deux ans (même pendant cinq ans avant Justinien), s'il est, en vertu de ce billet, actionné en payement du montant du prêt, il peut enlever au *chirographum* toute force probante, en opposant l'*exceptio non numeratæ pecuniæ*. Avant l'expiration de ce délai, il peut aussi agir lui-même contre le porteur du *chirographum* et redemander ce billet, ce qui lui procure sa sécurité pour l'avenir. Mais s'il a laissé le billet pendant deux ans entre les mains de son adversaire, sans élever aucune réclamation, l'écrit prouve désormais d'une manière absolue et irréfragable contre lui, et il est aujourd'hui

---

[1] Cette observation n'est vraie que pour les *arcaria nomina*; elle ne l'est pas pour les *chirographa* et les *syngraphæ*, que Gaius nous représente comme de véritables obligations littérales à l'usage des *peregrini*.
(*Note du traducteur.*)

tenu de payer la somme indiquée comme prêtée,
par cela seul qu'il a souscrit le billet.

Olim scriptura fiebat obligatio , quæ nominibus fieri dicebatur, quæ nomina hodie non sunt in usu. Princ., I., III, 21 , *De
litterarum obligationibus.*

Moris autem fuit, unumquemque domesticam rationem sibi
totius vitæ suæ per dies singulos scribere, ex qua appareret,
quid quisque de reditibus suis, quid de arte, fœnore, lucrove
seposuisset quoque die et quid idem sumtus damnive fecisset.
Sed postquam , obsignandis litteris reorum , ex suis quisque tabulis damnari cœpit, ad nostram memoriam tota hæc vetus consuetudo cessavit. ASCONIUS, *in Cicer. Orat. in Verr., act.* II, lib. 1,
cap. 23.

Litteris obligatio fit, veluti in nominibus transscriptitiis. Fit
autem nomen transscriptitium duplici modo : vel a re in personam, vel a persona in personam. A re in personam transscriptio
fit, veluti si id, quod ex emtionis causa, aut conductionis, aut
societatis mihi debeas, id expensum tibi tulero. A persona in
personam transscriptio fit, veluti si id, quod mihi Titius debet,
tibi id expensum tulero, id est, si Titius te delegaverit mihi.

Alia causa est eorum nominum, quæ arcaria vocantur; in his
enim rerum, non litterarum obligatio consistit; quippe non aliter valent, quam si numerata sit pecunia; numeratio autem pecuniæ jure naturali facit obligationem. Qua de causa recte dice-
mus, arcaria nomina nullam facere obligationem, sed obligationis
factæ testimonium præbere.

Præterea litterarum obligatio fieri videtur chirographis et syn-
graphis, id est, si quis debere se, aut daturum se scribat; ita
scilicet, si eo nomine stipulatio non fiat; quod genus obligationum proprium peregrinorum est. GAI., *Comm.*, III, § 128-134.

Plane, si quis debere se scripserit, quod ei numeratum non
est, de pecunia minime numerata post multum temporis exceptionem opponere non potest; hoc enim sæpissime constitutum
est. Sic fit, ut et hodie, dum queri non potest, scriptura oblige-
tur; et ex ea nascitur condictio, cessante scilicet verborum obligatione. Multum autem tempus in hac exceptione antea quidem
ex principalibus constitutionibus usque ad quinquennium procedebat; sed, ne creditores diutius possint suis pecuniis forsitan
defraudari, per constitutionem nostram tempus coarctatum est;
ut ultra biennii metas hujus modi exceptio minime extendatur.
Tit. Inst., *De litterarum obligatione.*

§ 134.

Contrats qui se forment par le seul consentement.

Gai., *Comm.*, lib. iii, § 135, *seq.*
Inst., lib. iii, tit. 22, *De obligatione consensu.*

Cette rubrique comprend quatre conventions, qui, déjà d'après l'ancien droit civil, avaientla propriété de produire action *solo consensu.* Cependant les parties peuvent convenir expressément que la perfection d'un pareil contrat dépendra, en outre, de l'observation d'une forme particulière, nommément de la rédaction d'un acte écrit. Les contrats consensuels ont encore cela de commun qu'ils sont tous essentiellement *bonæ fidei.*

Consensu fiunt obligationes in emtionibus venditionibus, locationibus conductionibus, societatibus, mandatis. Ideo autem istis modis consensu dicitur obligatio contrahi, quia neque scriptura, neque præsentia omnimodo opus est, at nec dari quidquam necesse est, ut substantiam capiat obligatio, sed sufficit, eos, qui negotia gerunt, consentire. Unde inter absentes quoque talia negotia contrahuntur, veluti per epistolam, vel per nuntium. Item in his contractibus alter alteri obligatur in id, quod alterum alteri ex bono et æquo præstare oportet, quum alioquin in verborum obligationibus alius stipuletur, alius promittat. Pr. — § 3, I., iii, 22, *De oblig. ex consensu.*

Sed hæc quidem de emtionibus et venditionibus, quæ sine scriptura consistunt, obtinere oportet. Nam nihil a nobis in hujus modi venditionibus innovatum est. In iis autem, quæ scriptura conficiuntur, non aliter perfectam esse venditionem et emtionem constituimus, nisi et instrumenta emtionis fuerint conscripta, vel manu propria contrahentium, vel ab alio quidem scripta, a contrahentibus autem subscripta et, si per tabellionem fiunt, nisi et completiones acceperint, et fuerint a partibus absoluta. Donec enim aliquid deest ex his, et pœnitentiæ locus est, et potest emtor vel venditor sine pœna recedere ab emtione. Pr., I., iii, 23, *De emtione et venditione.*

§ 135.

Contrat de vente, *emptio venditio*.

GAI., *Comm.*, lib. III, § 139, *seq.*
Inst. , lib. III , tit. 23, *De emptione et venditione.*
Dig., lib. XVIII, tit. 1 , *De contrahenda emptione, etc.*
Dig., lib. XIX, tit. 1, *De actionibus empti et venditi.*
Cod., lib. IV, tit. 38, *De contrahenda emptione et venditione;* — tit. 49,
   De actione empti et venditi.
Dig., lib. XXI, tit. 2, *De evictionibus et duplæ stipulatione;* — tit. 1 ,
   De ædilitio edicto et redhibitoria et quanti minoris.
Cod., lib. VIII, tit. 45, *De evictionibus.*
Cod. lib. IV, tit. 58, *De ædilitiis actionibus.*

Le contrat de vente, *emptio et venditio,* ou *emptio
venditio,* consiste en ce que l'un des contractants, le
vendeur, *venditor,* promet à l'autre, l'acheteur,
emptor, de lui livrer une chose, une marchandise,
res, merx, pour une somme d'argent déterminée
qu'on appelle le prix, *pretium.*

De ce contrat naissent, comme l'indique son nom,
composé de deux noms réunis, des obligations réciproques des deux contractants, *ultro citroque obligationes,* mais différentes pour chacun d'eux, dont
l'accomplissement peut être poursuivi par des *bonæ
fidei actiones,* de la part du vendeur par l'*actio venditi,* de la part de l'acheteur par l'*actio empti.*

L'acheteur est tenu *ex emptione, ex empto,* et doit
compter le prix convenu. Il n'est point libéré de
cette obligation par la circonstance que la chose qui
lui a été vendue aurait péri par accident avant la tradition. Car aussitôt que le contrat est conclu , les
risques, *periculum,* de la chose achetée passent à
l'acheteur.

Le vendeur, de son côté, est tenu *ex venditione, ex
vendito ;* il faut qu'il livre à l'acheteur la chose ven-

due, *cum omni causa*, et qu'il la lui garantisse sous un double rapport. Il doit, effectivement, garantir d'abord *ut rem habere liceat emptori*, en d'autres termes, il doit *evictionem præstare*. Il doit ensuite garantir que la chose vendue n'a pas de défaut physique extraordinaire et caché, et qu'elle possède les bonnes qualités qu'il a déclarées. Cette double obligation de garantie n'était pas originairement imposée au vendeur de plein droit dans toute cette rigueur, mais seulement quand il s'en était spécialement chargé. Mais, par la suite, surtout en vertu de l'édit du préteur et de celui des édiles, elle fut considérée comme s'entendant d'elle-même et comme renfermée dans l'essence même du contrat de vente, d'abord quant à certaines marchandises, aux esclaves et aux bêtes de somme, plus tard généralement pour toute espèce de marchandises. Les actions qui compètent, à cet égard, à l'acheteur contre le vendeur sont, d'une part, l'*actio empti*, d'autre part, suivant les circonstances, tantôt l'*actio redhibitoria*, tantôt l'*actio quanti minoris*, tantôt enfin l'*actio ex stipulatu*. Cette dernière action a lieu quand l'acheteur s'est assuré expressément tout ce qu'il a droit d'exiger en se le faisant promettre par le vendeur, au moyen d'une stipulation.

Les deux contractants sont tenus de toute espèce de faute.

Emtio et venditio contrahitur, simul atque de pretio convenerit, quamvis nondum pretium numeratum sit, ac ne arrha quidem data fuerit. Nam quod arrhæ nomine datur, argumentum est emtionis et venditionis contractæ.

Pretium autem constitui oportet, nam nulla emtio sine pretio esse potest; sed et certum pretium esse debet.

Item pretium in numerata pecunia consistere debet. Nam in ceteris rebus, an pretium esse possit, veluti an homo, an fundus, aut toga alterius rei pretium esse possit, valde quærebatur....

Sed Proculi sententia dicentis, permutationem propriam esse speciem contractus, a venditione separatam, merito prævaluit.

Quum autem emtio et venditio contracta sit, quod effici diximus, simul atque de pretio convenerit, quum sine scriptura res agitur, periculum rei venditæ statim ad emtorem pertinet, tametsi ea res emtori tradita non sit. Itaque si homo mortuus sit, vel aliqua corporis parte læsus fuerit, aut ædes totæ, vel aliqua ex parte incendio consumtæ fuerint, aut fundus vi fluminis totus, vel aliqua ex parte ablatus sit, sive etiam inundatione aquæ, aut arboribus turbine dejectis longe minor, aut deterior esse cœperit, emtoris damnum est, cui necesse est, licet rem non fuerit nactus, pretium solvere. Quidquid enim sine dolo et culpa venditoris accidit, in eo venditor securus est. Sed et si post emtionem fundo aliquid per alluvionem accessit, ad emtoris commodum pertinet. Nam et commodum ejus esse debet, cujus periculum est. Pr.; § 1, 2 et 3, I., III, 23, *De emtione et venditione.*

Sive tota res evincatur, sive pars, habet regressum emtor in venditorem. Ulpianus, fr. 1, D., xxi, 2, *De evictionibus et duplæ stipulatione.*

Aiunt ædiles : *Qui mancipia vendunt, certiores faciant emtores, quid morbi vitiique cuique sit, quis fugitivus errove sit, noxave solutus non sit, eademque omnia, quum ea mancipia venibunt, palam recte pronuncianto. Quod si mancipium adversus ea venisset, sive adversus quod dictum promissumve fuerit, quum veniret, fuisset, quod ejus præstari oportere dicetur, emtori omnibusque, ad quos ea res pertinet, judicium dabimus, ut id mancipium redhibeatur.*

Causa hujus edicti proponendi est, ut occurratur fallaciis vendentium et emtoribus succurratur, quicunque decepti a venditoribus fuerint; dummodo sciamus, venditorem, etiamsi ignoravit ea, quæ ædiles præstare jubent, tamen teneri debere. Ulpianus, fr. 1, § 1 et 2, D., xxi, 1, *De ædilitio edicto.*

Est in potestate emtoris, intra sex menses redhibitoria agere malit, an ea, quæ datur quanti minoris homo, quum veniret, fuerit. Julianus, fr. 25, § 1, D., xliv, 2, *De exceptione rei jud.*

§ 136.

Contrat de louage, *locatio conductio.*

GAI., *Comm.*, lib. III, § 142, *seq.*
Inst., lib. III, tit. 24, *De locatione conductione.*
Dig., lib. XIX, tit. 2, *Locati conducti.*
Cod., lib. IV, tit. 65, *De locato et conducto.*

Le contrat de louage, *locatio et conductio,* ou *locatio conductio,* consiste en ce que l'un des contractants, le locateur ou bailleur, *locator,* promet à l'autre, au locataire, preneur ou fermier, *conductor, colonus,* pour une somme d'argent déterminée, loyer, fermage ou salaire, *merces,* de lui laisser l'usage temporaire d'une chose, *res quæ usu non consumitur,* ou de lui rendre certains services, d'exécuter pour lui certains travaux.

Ce contrat lie aussi les deux contractants par des *ultro citroque obligationes,* ayant chacune pour objet, comme dans la vente, une prestation particulière et différente. C'est ce qu'indique déjà son nom composé de deux mots *locatio* et *conductio.* Aussi chacun des contractants a contre l'autre une action, mais une action différente, le locateur l'*actio locati,* le locataire l'*actio conducti.*

Le locateur est obligé, dans la *locatio conductio rerum,* à fournir la chose louée dans un état propre à l'usage convenu, dans la *locatio conductio operarum,* à rendre les services, *operæ illiberales,* promis, enfin dans la *locatio conductio operis,* à exécuter, suivant le devis convenu, et à livrer l'ouvrage entrepris à forfait [1].

---

[1] Il y a ici une inexactitude : dans la *locatio conductio operis,* l'en-

L'obligation du preneur a pour objet le payement du loyer, et, en outre, dans la *locatio conductio rerum*, la restitution de la chose louée, après l'expiration du bail. Si la chose, à cause de ses défauts ou par suite de quelque accident qui vient la frapper, n'est pas en état de servir à l'usage pour lequel elle a été louée, le locataire ou fermier peut exiger une remise ou diminution proportionnelle, *remissio*, du loyer ou fermage.

Une obligation commune aux deux contractants, c'est qu'ils répondent de toute espèce de faute.

Locatio et conductio proxima est emtioni et venditioni iisdemque juris regulis consistit. Nam, ut emtio et venditio ita contrahitur, si de pretio convenerit, sic et locatio et conductio ita contrahi intelligitur, si merces constituta sit; et competit locatori quidem locati actio, conductori vero conducti.

Conductor omnia secundum legem conductionis facere debet, et, si quid in lege prætermissum fuerit, id ex bono et æquo debet præstare. Qui pro usu aut vestimentorum, aut argenti, aut jumenti mercedem aut dedit, aut promisit, ab eo custodia talis desideratur, qualem diligentissimus paterfamilias suis rebus adhibet. Quam si præstiterit, et aliquo casu rem amiserit, de restituenda ea non tenebitur. Pr. et § 5, I., III, 24, *De loc. et cond.*

Emtorem quidem fundi necesse non est, stare colono, cui prior dominus locavit, nisi ea lege emit. ALEXAND., c. 9, C., IV, 65, *De locato.*

Qui fundum fruendum, vel habitationem alicui locavit, si aliqua ex causa fundum, vel ædes vendat, curare debet, ut apud emtorem quoque eadem pactione et colono frui, et inquilino habitare liceat; alioquin prohibitus is aget cum eo ex conducto. GAI., fr. 25, § 1, D., XIX, 2, *Locati cond.*

Papinianus libro IV responsorum ait, si uno anno remissionem quis colono dederit ob sterilitatem, deinde sequentibus annis contigit ubertas, nihil obesse domino remissionem, sed

---

trepreneur n'est pas appelé *locator*, mais *conductor*; c'est celui qui a donné, baillé l'ouvrage à faire, qui est le *locator operis faciendi*.

(*Note du traducteur.*)

integram pensionem etiam ejus anni, quo remisit, exigendam. ULPIANUS, fr. 15, § 4, D., *eod.*

§ 137.

Contrat de société, *societas*.

GAI., *Comm.*, lib. III, § 148, *seq.*
Inst., lib. III, tit. 25, *De societate.*
Dig., lib. XVII, tit. 2, *Pro socio.*
Cod., lib. IV, tit. 37, *Pro socio.*

Il y a contrat de société, *societas*, lorsque des contractants, qui s'appellent tous les deux *socii*, associés, conviennent d'une certaine communauté de biens entre eux, en vue d'un but déterminé et licite.

Par cette société, qui peut varier beaucoup quant à son objet et à son étendue, les deux contractants sont essentiellement obligés l'un envers l'autre, *ultro citroque*, et obligés aux mêmes prestations réciproques. Ils ont, en effet, à fournir l'apport convenu, et à se rendre compte mutuellement ; et, à cet égard, chacun doit *præstare talem diligentiam, qualem in suis rebus adhibere solet.* En conséquence, chaque associé a contre l'autre la même *actio pro socio*, qui, des deux parts, est *directa.* Si un associé laisse la poursuite arriver jusqu'à la condamnation, il est noté d'infamie.

La dissolution de la société s'opère très-facilement, afin de prévenir les différends qu'engendre si souvent la communauté dès que les intéressés ne se conviennent plus.

Societatem coire solemus aut totorum bonorum, quam Græci specialiter κοινοπραξίαν appellant, aut unius alicujus negotiationis, veluti mancipiorum emendorum vendendorumque, aut olei, vini, frumenti emendi vendendique.

Et quidem, si nihil de partibus lucri et damni nominatim convenerit, æquales scilicet partes et in lucro et in damno spectantur. Quod si expressæ fuerint partes, hæ servari debent.

Socius socio utrum eo nomine tantum teneatur pro socio actione, si quid dolo commiserit, sicut is, qui deponi apud se passus est, an etiam culpæ, id est, desidiæ atque negligentiæ nomine, quæsitum est. Prævaluit tamen, etiam culpæ nomine teneri eum. Culpa autem non ad exactissimam diligentiam dirigenda est. Sufficit enim, talem diligentiam in communibus rebus adhibere socium, qualem suis rebus adhibere solet. Nam, qui parum diligentem socium sibi adsumit, de se queri, id est, sibi imputare debet. Pr., § 1 et 9, I., III, 25, *De societate*.

Nec prætermittendum esse, Pomponius ait, ita demum hoc esse verum, si honestæ, licitæ rei societas coita sit. Cæterum, si maleficii societas coita sit, constat, nullam esse societatem. Generaliter enim traditur, rerum inhonestarum nullam esse societatem. ULPIANUS, fr. 57, D., XVII, 2, *Pro socio*.

§ 138.

Contrat de mandat, *mandatum*.

GAI., *Comm.*, lib. III, § 155, *seq.*
Inst., lib. III, tit. 26, *De mandato*.
Dig., lib. XVII, tit. 1, *Mandati vel contra*.
Cod., lib. IV. tit. 35, *Mandati vel contra*.

Le contrat de mandat, *mandatum*, a lieu quand l'un des contractants, le mandataire ou procureur, *mandatarius, procurator*, promet à l'autre, le mandant, *mandans*, de faire gratuitement pour lui certains actes licites.

Il résulte de cette notion même du mandat, qu'un seul des contractants, le mandataire, est directement obligé, savoir, à gérer gratuitement et avec soin les affaires dont il s'est chargé. Aussi le mandant seul obtient immédiatement une action, la *mandati actio (directa)*. Elle a cela de particulier qu'elle fait encourir l'infamie au mandataire infidèle qui se laisse condamner. Cependant quand les circonstances l'exigent, une action est aussi accordée au mandataire contre le mandant, sous le nom de *mandati actio contraria*.

Les deux contractants sont tenus mutuellement de toute espèce de faute.

Mandatum contrahitur quinque modis : sive sua tantum gratia aliquis tibi mandet, sive sua et tua, sive aliena tantum, sive sua et aliena, sive tua et aliena. At, si tua tantum gratia mandatum sit, supervacuum est, et ob id nulla obligatio, nec mandati inter vos actio nascitur.

Tua gratia intervenit mandatum, veluti si tibi mandet, ut pecunias tuas in emtiones potius prædiorum colloces, quam fœneres, vel ex diverso, ut fœneres potius, quam in emtiones prædiorum colloces. Cujus generis mandatum magis consilium, quam mandatum est, et ob id non est obligatorium; quia nemo ex consilio obligatur, etiamsi non expediat ei, cui dabitur; quum liberum cuique sit, apud se explorare, an expediat consilium.

Illud quoque mandatum non est obligatorium, quod contra bonos mores est, veluti si Titius de furto, aut de damno faciendo, aut de injuria facienda tibi mandet. Licet enim pœnam istius facti nomine præstiteris, non tamen ullam habes adversus Titium actionem. . . .In summa sciendum est, mandatum, nisi gratuitum sit, in aliam formam negotii cadere. Nam, mercede constituta, incipit locatio et conductio esse. Pr., § 6, 7, 13, I., III, 26, *De mandato*.

A procuratore dolum et omnem culpam, non etiam improvisum casum præstandum esse, juris auctoritate manifeste declaratur. Dioclet. et Maxim., c. 13, C., IV, 35, *Mand.*

Contrario judicio experiuntur, qui mandatum susceperunt, ut puta, qui rerum, vel rei unius procurationem susceperunt. Ulpianus, fr. 12, § 7, D., XVII, 1, *Mandati vel contra.*

II. — Extension successive du nombre des conventions
produisant action.

§ 139.

Observation préliminaire.

A mesure que le commerce prit de l'accroissement, ce qu'il y avait de gênant dans le système si étroit des contrats se fit sentir de plus en plus, malgré la faculté qu'on avait toujours de recourir à la forme de la stipulation. Cela conduisit peu à peu à étendre les limites de ce système par une série d'innovations.

De cette manière, beaucoup de conventions qui, originairement, ne donnaient pas naissance à une action devinrent propres à en produire une.

Quand ce changement fut dû à l'ancien droit civil lui-même, au moyen d'une véritable *extension du système des contrats*, ces conventions, désormais pourvues d'une action, se rangèrent sous la notion et le nom de *contractus*. Tels sont les contrats réels innommés que nous avons placés plus haut, § 130, parmi les *obligationes quæ re contrahuntur*, comme extension des obligations originaires de ce genre. Telles sont encore les conventions dites *pacta adjecta*.

Mais quand l'innovation ne survint que plus tard, ou ne s'opéra pas par le droit civil, comme un simple agrandissement du cercle des contrats, alors les conventions qui venaient d'acquérir la vertu de produire une action conservèrent le nom de *pacta*. Tels sont les pactes dits *pacta prætoria* et *pacta legitima*.

§ 140.

Extension opérée au moyen des pactes dits *pacta adjecta*.

Certaines conventions accessoires, qui ne servaient qu'à modifier, à préciser une autre convention constituant par elle-même un véritable contrat, purent naturellement être considérées comme parties intégrantes du contrat principal, et l'on y étendit, en conséquence, l'action résultant de celui-ci.

Ces clauses sont appelées par les interprètes *pacta adjecta;* elles s'incorporent, se confondent avec le contrat auquel elles sont jointes.

Seulement il fallait que le contrat principal lui-même et son action fussent, d'après leur nature, juridiquement susceptibles de recevoir une semblable extension; or cela n'appartenait qu'aux contrats qui donnaient naissance à une *bonæ fidei actio.*

Il fallait, en outre, que la convention accessoire ne fût pas, par son objet, en contradiction avec l'essence du contrat principal.

Enfin il fallait qu'elle fût ajoutée à ce contrat immédiatement au moment même de sa formation, pour qu'elle se confondît ainsi avec lui dès le principe.

In bonæ fidei contractibus ita demum ex pacto actio competit, si in continenti fiat. Nam quod postea placuit, id non petitionem, sed exceptionem parit. Maxim., c. 13, C., ii, 3, *De pactis.*

Nuda pactio obligationem non parit, sed parit exceptionem. Quinimo interdum format ipsam actionem, ut in bonæ fidei judiciis. Solemus enim dicere, pacta conventa inesse bonæ fidei judiciis. Sed hoc sic accipiendum est, ut, siquidem ex continenti pacta subsecuta sunt, etiam ex parte actoris insint. Ex intervallo non inerunt, nec valebunt, si agat; ne ex pacto actio nascatur. Ulpian. fr. 7, § 5, D., ii, 14, *De pactis.*

§ 141.

Extension au moyen des pactes dits *prætoria pacta.*

Dig., lib. xiii, tit 5, *De pecunia constituta.*
Cod., lib. iv, tit. 18, *De constituta pecunia.*

Il était tout à fait dans l'esprit du droit prétorien d'adoucir la rigueur du système des actions et des contrats fondés par le droit civil, et de promettre dans l'édit, quand les besoins de la vie et l'équité paraissaient l'exiger, une *actio* en vertu de certaines conventions, quoiqu'elles ne fussent que de simples pactes.

Le plus grand pas que fit le préteur dans cette voie, ce fut d'attacher une action au *constitutum*, en établissant le principe général que toute convention par laquelle on promettrait d'exécuter une obligation déjà existante, propre ou étrangère au promettant, civile ou naturelle, produirait action, même sans qu'on eût employé la forme de la stipulation, par conséquent en qualité de simple *pactum*. L'action prétorienne qui en résulte s'appelle *actio de constituta pecunia*.

Cependant le constitut ne pouvait avoir pour objet que *res quæ numero, pondere vel mensura consistunt;* cette restriction n'a été supprimée que par Justinien.

In personam quoque actiones ex sua jurisdictione propositas habet prætor, veluti de pecunia constituta.

De constituta autem pecunia cum omnibus agitur, quicunque pro se, vel pro alio soluturos se constituerint, nulla scilicet stipulatione interposita; nam alioqui, si stipulanti promiserint, jure civili tenentur. § 8 et 9, I, IV, 6, *De actionibus*.

§ 142.

Extension au moyen des pactes dits *pacta legitima*. De la donation en particulier.

Inst., lib. II, tit. 7, *De donationibus*.
Dig., lib. XXXIX, tit. 5, *De donationibus*.
Cod., lib. VIII, tit. 54, *De donationibus;* — tit. 56, *De revocandis donationibus*.

Par cette expression de *pacta legitima*, qui n'est pas une expression technique des Romains, on entend aujourd'hui les pactes auxquels une action a été attachée par le droit civil lui-même, mais seulement par le nouveau droit civil.

Nous en rencontrons un exemple important dans la donation, *donatio*, convention par laquelle une personne promet, gratuitement et sans y être d'ailleurs aucunement obligée, de donner une chose à une autre.

La donation qui, en général, était peu dans le caractère des Romains, se trouvait originairement soumise à plusieurs restrictions, dont elle se débarrassa peu à peu, jusqu'à un certain point.

Ainsi, jusqu'à Justinien, on ne pouvait agir en vertu d'une convention de donation, comme telle, c'est-à-dire, si elle n'était pas revêtue de la forme de la stipulation.

Le donataire n'avait un droit que sur le don déjà effectué, sur la chose déjà livrée, *animo donandi*, et dont la propriété lui était ainsi transférée.

Cependant, depuis Antonin le Pieux, on s'écartait de cette rigueur quand une donation avait lieu entre ascendants et descendants; car alors toute déclaration manifeste de la part du donateur suffisait pour donner effet à l'*animus donandi*.

Justinien alla plus loin : il accorda à tout donataire, en vertu de la simple convention de donation, quand même on n'aurait point observé la forme de la stipulation, une action pour en obtenir l'accomplissement, c'est-à-dire pour obtenir la tradition de la chose donnée.

Une autre restriction concernait, soit le *quantum*, soit la forme de la donation. En effet, la *lex Cincia de donis et muneribus* (an 550) défendit toutes donations excédant un certain taux déterminé, à nous inconnu, *legitimus modus*. La même loi prescrivit pour les donations une forme déterminée, la mancipation et la tradition, en sorte que la forme de la stipulation ne suffisait plus. Si l'on avait contrevenu au prescrit de la loi, la donation pouvait être révoquée pour ce motif par le donateur. Ces deux dispositions de la loi ne souffraient exception que quand la donation était faite à certaines personnes étroitement liées au donateur et partant privilégiées, *exceptæ personæ*. Au reste, toutes ces limitations apportées à la liberté de donner par la loi *Cincia*, ont disparu plus tard.

D'un autre côté, des constitutions impériales, depuis Constantin surtout, avaient établi le principe que toute donation d'une valeur supérieure à 200 *solidi* devait, en règle générale, pour être valable, avoir été insinuée, c'est-à-dire déclarée en justice et consignée dans un procès-verbal, dans un protocole judiciaire. Justinien confirma cette nécessité d'une insinuation, mais seulement pour les donations excédant la somme de 300 *solidi*, et, d'après une ordonnance postérieure, la somme de 500 *solidi*. Cette règle souffre plusieurs exceptions assez importantes.

Une autre restriction consiste en ce qu'une donation pleinement valable, et même exécutée, peut être ensuite révoquée à cause de l'ingratitude du donataire.

Enfin, comment et jusqu'à quel point les donations entre époux, étaient, dès une époque assez reculée, absolument interdites, c'est ce dont il sera traité dans la partie consacrée au droit du mariage.

Il existe une espèce particulière de donation, appelée *mortis causa donatio* par opposition à l'*inter vivos donatio* dont il a été exclusivement question jusqu'ici. Cette donation à cause de mort a été de tout temps plus favorisée et partant soumise à moins de restrictions légales que la donation entre-vifs. Comme, du reste, elle porte, dans le nouveau droit romain, plutôt le caractère d'un legs que celui d'une

convention, il en sera plus convenablement traité
dans la théorie de la succession héréditaire, à la section des legs.

Eam, quæ bona sua filiis per epistolam citra stipulationem
donavit, si neque possessionem rerum singularum tradidit, neque
per mancipationem prædiorum dominium transtulit, nec inter-
positis delegationibus, aut inchoatis litibus actiones novavit, nihil
egisse placuit. *Fragmenta Vaticana*, § 263.

Perficitur donatio in exceptis personis sola mancipatione, vel
promissione, quoniam neque Cinciæ legis exceptio obstat, neque
in factum, si non donationis causa mancipavi, vel promisi, me
daturum; idque Divus Pius rescripsit. Sed in persona non excepta sola mancipatio, vel promissio non perficit donationem.
Fragm. Vatic., § 310 et 311.

Donationum autem duo genera sunt, mortis causa et non mortis causa.

Mortis causa donatio est, quæ propter mortis fit suspicionem,
quum quis ita donat, ut, si quid humanitus ei contigisset, haberet
is, qui accepit; sin autem supervixisset, qui donavit, reciperet,
vel si eum donationis pœnituisset, aut prior decesserit is, cui donatum sit. Hæ mortis causa donationes ad exemplum legatorum
redactæ sunt per omnia.

Aliæ autem donationes sunt, quæ sine ulla mortis cogitatione
fiunt, quas inter vivos appellamus : quæ non omnino compa-
rantur legatis. Quæ si fuerint perfectæ, temere revocari non possunt. Perficiuntur autem quum donator suam voluntatem scriptis,
aut sine scriptis manifestaverit. Sed ad exemplum venditionis
nostra constitutio (c. 35, C., viii, 54, *De donat.*) eas etiam in se
habere necessitatem traditionis voluit, ut, etiamsi non traduntur,
habeant plenissimum et perfectum robur, et traditionis necessitas
incumbat donatori. Et, quum retro principum dispositiones insi-
nuari eas actibus intervenientibus volebant, si majores fuerant
ducentorum solidorum, constitutio nostra eam quantitatem usque
ad quingentos solidos ampliavit, quam stare etiam sine insinua-
tione statuit. Sed et quasdam donationes invenit, quæ penitus in-
sinuationem fieri minime desiderant, sed in se plenissimam habent firmitatem.... Sciendum est tamen, quod etsi plenissimæ
sint donationes, si tamen ingrati existant homines, in quos beneficium collatum est, donatoribus per nostram constitutionem licentiam præstavimus, certis ex causis eas revocare; ne, qui suas
res in alios contulerunt, ab his quamdam patiantur injuriam,

vel jacturam, secundum enumeratos in constitutione nostra modos. § 1 et 2, I., II, 7, *De donationibus.*

TITRE II.

Des obligations qui naissent quasi ex contractu.

§ 143.

Notion générale de ces sortes d'obligations.

Aux obligations naissant *ex contractu* les Romains rattachent certaines obligations, dont il est dit seulement d'une manière générale qu'elles naissent *quasi ex contractu*, et cela parce que, dans tous les cas, elles se rapprochent plus des contrats que des délits. Il y a, en effet, de simples actes licites en eux-mêmes, qui, sans être des contrats, produisent en droit un résultat semblable, et fondent, à la manière des contrats, une obligation appuyée d'une action. Pour être rigoureusement conséquents, les Romains auraient dû ranger aussi sous cette rubrique les pactes produisant action; mais il ne paraît pas qu'ils y aient songé; on n'en trouve, du moins, aucune trace dans les sources, et l'on n'y rencontre comme exemples que des actes licites, unilatéraux, d'où naissent des obligations semblables aux obligations conventionnelles. Ordinairement, mais pas toujours, on peut les comparer à un contrat déterminé; et même les jurisconsultes romains s'appliquaient à rattacher par un rapprochement ingénieux, souvent un peu forcé, chaque cas de quasi-contrat au système des contrats.

Post genera contractuum enumerata dispiciamus etiam de iis obligationibus, quæ non proprie quidem ex contractu nasci intelliguntur, sed tamen, quia non ex maleficio substantiam capiunt, quasi ex contractu nasci videntur. *Pr.* I, III, 27, *De oblig. quasi ex contractu.*

§ 144.

Cas particuliers cités comme exemples.

Inst., lib. III, tit. 27, *De obligationibus quasi ex contractu.*
Dig., lib. III, tit. 5, *De negotiis gestis.*
Cod., lib. II, tit. 19, *De negotiis gestis.*
Dig., lib. x, tit. 1, *Finium regundorum ;* — tit. 2, *Familiæ erciscundæ ;* — tit. 3, *Communi dividundo.*
Cod., lib. III, tit. 36, *Famil. ercisc. ;* — tit. 37, *Comm. div. ;* — tit. 38, *Communia utriusque judicii ;* — tit. 39, *Fin. reg.*
Dig., lib. XII, tit. 6, *De condictione indebiti.*
Cod., lib. IV, tit. 5, *De cond. ind.*

Il faut réunir ici, en prenant pour guide les Instituts de Justinien, les exemples suivants, sans que cette énumération cependant puisse et doive être considérée comme complète.

1° Le cas de la *negotiorum gestio*, de l'administration des affaires d'autrui, entreprise spontanément, sans mandat, mais dans l'intention d'obliger un autre. Ce cas se rapproche beaucoup du contrat de mandat, et produit, comme celui-ci, une obligation réciproque, *ultro citroque obligatio*, avec des actions de part et d'autre, *actio negotiorum gestorum directa et contraria*.

2° Les cas de l'acceptation d'une tutelle, par laquelle le tuteur s'oblige tacitement envers le pupille à administrer convenablement ses biens. Ce rapport entre le tuteur et le pupille se rattache aussi très-naturellement au mandat, comme une sorte de procuration légale, et donne lieu à une *ultro citroque obligatio*, avec actions de part et d'autre, et ces actions, *actio tutelæ directa et contraria*, sont évidemment calquées sur les actions du mandat.

3° Le cas d'une communauté, *communio*, établie
non par un accord conventionnel, mais par des événements purement accidentels, cas qui se rattache
très-naturellement et peut se comparer au contrat
de société. Il donne naissance, comme celui-ci, à
des obligations identiques de part et d'autre, qui
peuvent être poursuivies par la même action directe
des deux côtés, savoir, par une action en partage,
divisorium judicium, formée à l'imitation de l'*actio
pro socio*. Cette action divisoire reçoit, suivant les
circonstances et suivant l'objet de la communauté,
tantôt le nom générique de *communi dividundo judicium*, tantôt le nom plus spécial de *familiæ erciscundæ judicium*, ou de *finium regundorum judicium*[1].

4° Le cas de l'*indebiti solutio*, dans lequel celui
qui a reçu une chose indûment est tenu de la rendre
et passible, à cet effet, de la *condictio indebiti*. A
cause de l'obligation purement unilatérale qui était
établie ici par la réception de la chose, *re*, et de la
condictio qui en naissait, les Romains croyaient pouvoir comparer ce rapport juridique avec le *mutuum*.

5° Le cas où l'héritier institué fait adition d'hérédité, car par là il s'oblige tacitement à payer les
legs qui lui ont été imposés par le testateur. Ce cas
ne peut être comparé à aucun contrat déterminé.

Igitur, quum quis absentis negotia gesserit, ultro citroque inter
eos nascuntur actiones, quæ appellantur negotiorum gestorum ;
sed domino quidem rei gestæ adversus eum, qui gessit, directa
competit actio, negotiorum autem gestori contraria. Quas ex nullo
contractu proprie nasci, manifestum est ; quippe ita nascuntur
istæ actiones, si sine mandato quisque alienis negotiis gerendis

---

[1] Cette distinction me paraît subtile : je ne crois pas que ces trois actions divisoires aient rien de plus général ou de plus spécial l'une que
l'autre.   (*Note du traducteur.*)

se obtulerit, ex qua causa hi, quorum negotia gesta fuerint, etiam ignorantes obligantur. Idque utilitatis causa receptum est, ne absentium, qui subita festinatione coacti, nulli demandata negotiorum suorum administratione peregre profecti essent, desererentur negotia, quæ sane nemo curaturus esset, si de eo, quod quis impendisset, nullam habiturus esset actionem. Sicut autem is, qui utiliter gesserit negotia, habet obligatum dominum negotiorum, ita et contra iste tenetur, ut administrationis rationem reddat; quo casu ad exactissimam quisque diligentiam compellitur reddere rationem, nec sufficit, talem diligentiam adhibuisse, qualem suis rebus adhibere solet, si modo alius diligentior commodius administraturus esset negotia.

Tutores quoque, qui tutelæ judicio tenentur, non proprie ex contractu obligati intelliguntur; (nullum enim negotium inter tutorem et pupillum contrahitur); sed, quia sane non ex maleficio tenentur, quasi ex contractu teneri videntur. Et hoc autem casu mutuæ sunt actiones. Non tantum enim pupillus cum tutore habet tutelæ actionem, sed, et ex contrario tutor cum pupillo habet contrariam tutelæ, si vel impenderit aliquid in rem pupilli, vel pro eo fuerit obligatus, aut rem suam ejus creditori obligaverit.

Item si inter aliquos communis sit res sine societate, veluti quod pariter eis legata donatave esset, et alter eorum alteri ideo teneatur communi dividundo judicio, quod solus fructus ex ea re perceperit, aut quod socius ejus in eam rem necessarias impensas fecerit, non intelligitur proprie ex contractu obligatus esse, quippe nihil inter se contraxerunt; sed, quia ex maleficio non tenetur, quasi ex contractu teneri videtur. Idem juris est de eo, qui coheredi suo familiæ erciscundæ judicio ex his causis obligatus est.

Heres quoque legatorum nomine non proprie ex contractu obligatus intelligitur. Neque enim cum herede, neque cum defuncto ullum negotium legatarius gessisse proprie dici potest. Et tamen, quia ex maleficio non est obligatus heres, quasi ex contractu debere intelligitur.

Item is, cui quis per errorem non debitum solvit, quasi ex contractu debere videtur. Adeo enim non intelligitur proprie ex contractu obligatus, ut, si certiorem rationem sequamur, magis (ut supra diximus) ex distractu, quam ex contractu possit dici obligatus esse. Nam qui solvendi animo pecuniam dat, in hoc dare videtur, ut distrahat potius negotium, quam contrahat. Sed tamen perinde is, qui accepit, obligatur, ac si mutuum illi daretur, et ideo condictione tenetur. § 1—6, I., III, 27, *De obligat.* *quasi ex contractu.*

TITRE III.

Des obligations qui naissent ex delicto *ou* ex maleficio.

§ 145.

Obligations et actions *ex delicto* en général.

GAI., *Comm.*, lib. III, § 182.
Inst., lib. IV, tit. 1, *De obligationibus quæ ex delicto nascuntur.*

Quoique, dans son sens général et étymologique, le mot *delictum* ou *maleficium* désigne tout acte injuste, cependant il a, dans le système des obligations des Romains, deux acceptions plus restreintes. En effet, d'abord il signifie le simple *privatum delictum*, par opposition aux *publica delicta*, aux *crimina* proprement dits. Ensuite, dans un sens purement historique, les Romains restreignent l'idée de *delictum* ou *maleficium* à certains délits privés bien déterminés, dont il résultait, dès l'époque la plus reculée du droit civil, des obligations appuyées d'actions, comme nous avons vu plus haut l'expression *contractus* ne désigner que certaines conventions déterminées qui produisaient déjà une action d'après l'ancien droit civil.

Il n'y avait originairement que deux espèces de ces *delicta* ainsi nommés par excellence, savoir : l'*injuria*, atteinte portée directement à la personne d'autrui, et le *furtum*, atteinte portée directement à la propriété d'autrui. Dans la suite des temps, par un développement dû en partie au droit civil, en partie au droit prétorien, on reconnut quatre délits,

qui différaient tant par le nom que par le genre de
méfait : la *furtum*, la *rapina*, le *damnum injuria datum* et les *injuriæ*.

Les actions auxquelles donnent lieu les obligations
qui en résultent ont pour but soit simplement une
indemnité, *rei persequendæ causa comparatæ*, ou
rei persecutoriæ actiones, soit simplement une peine,
pœna (privata), *pœnæ persequendæ causa comparatæ*, ou *pœnæ persecutoriæ actiones*, soit enfin toutes
les deux à la fois et cumulativement, *actiones tam
pœnæ quam rei persequendæ causa comparatæ*,
mixtæ actiones, ou *rei et pœnæ persecutoriæ*. A la
vérité, les actions des deux dernières classes constituent seules les actions naissant, à proprement parler,
des délits, tandis que les premières sont des actions
naissant d'obligations d'un autre genre, seulement à
l'occasion d'un délit. Cette observation n'est pas sans
importance pratique.

Quum expositum sit superiori libro de obligationibus ex contractu et quasi ex contractu, sequitur, ut de obligationibus ex
maleficio dispiciamus. Sed illæ quidem, ut suo loco tradidimus,
in quatuor genera dividuntur ; hæ vero unius generis sunt, nam
omnes ex re nascuntur, id est, ex maleficio, veluti ex furto,
aut rapina, aut damno, aut injuria. *Pr.*, I., iv, 1, *De obligat.
quæ ex delicto nascuntur.*

Sequens autem illa divisio est, quod quædam actiones rei persequendæ gratia comparatæ sunt, quædam pœnæ persequendæ,
quædam mixtæ sunt. Rei persequendæ causa comparatæ sunt
omnes in rem actiones. Earum vero actionum, quæ in personam
sunt, eæ quidem, quæ ex contractu nascuntur, fere omnes rei
persequendæ causa comparatæ videntur. ... Ex maleficiis vero
proditæ actiones aliæ tantum pœnæ persequendæ causa comparatæ sunt, aliæ tam pœnæ, quam rei persequendæ, et ob id
mixtæ sunt. § 16, 17 et 18, I., iv, 6, *De action.*

In heredem non solent actiones transire, quæ pœnales sunt ex
maleficio, veluti furti, damni injuriæ, vi bonorum raptorum,
injuriarum. GAI., fr. 111, § 1, D, l, 17, *De reg. jur.*

§ 146.

Du *furtum* en particulier.

Gai., *Comm.*, lib. iii, § 183, *seq.*
Inst., lib. iv, tit. 1, *De obligationibus quæ ex delicto nascuntur.*

Le nouveau droit romain entend par *furtum* tout déplacement, tout maniement (*contrectatio*) frauduleux et clandestin d'une chose mobilière, en vue d'en retirer injustement un profit pécuniaire.

Ainsi ce doit toujours être quelque avantage *appartenant à autrui*, et non à lui, que le voleur, *fur*, veut s'attribuer injustement sur la chose qu'il a soustraite, *res contrectata*. Originairement il n'était question que du cas où l'on voulait s'attribuer la substance même de la chose, *furtum rei ipsius;* un *furtum* ne pouvait se commettre que sur la *chose d'autrui, res aliena*, proprement dite. Mais, par un développement ultérieur, on admit le *furtum usus*, qui a lieu quand le voleur, en soustrayant la chose, veut s'arroger seulement un droit d'usage qu'un autre a sur cette chose, et le *furtum possessionis*, qui a lieu lorsque le voleur détenait déjà la chose, mais pour un autre, et qu'il veut maintenant, par une *contrectatio* déloyale, convertir la possession naturelle qu'il avait, comme dépositaire, par exemple, en possession à titre de propriétaire, en *possessio* proprement dite. Depuis lors on a même admis qu'il est possible de commettre un *furtum* sur sa propre chose, quand un autre a le droit de la posséder ou d'en user.

Il faut, du reste, que la *contrectatio* ait été, dans l'intention du voleur, tentée clandestinement, quand même elle n'aurait pas été achevée clandestinement. A ceci se rattache la distinction du *manifestum furtum* et *nec manifestum furtum*.

Du *furtum* résultent deux actions.

Il existe d'abord une action tendant simplement à une indemnité pour le dommage pécuniaire que renferme nécessairement le vol, action qui, par conséquent, ne compète qu'au propriétaire qui a souffert du vol, contre le voleur lui-même et ses héritiers : c'est la *condictio furtiva*, qui a pour but la restitution de la chose volée, ou de sa valeur.

Il existe, en outre, à raison de l'acte même de voler, l'*actio furti*. Cette dernière, qui est l'action propre du délit, et qui est, par conséquent, d'une nature infamante, appartient à toute personne ayant un intérêt honnête à ce que la chose ne fût pas volée, contre le voleur et tous ses complices. Comme action purement pénale, elle tend au payement d'une peine privée, du *quadruplum* ou du *duplum*, suivant que le vol était un *manifestum* ou *nec manifestum furtum*. D'après le plus ancien droit romain, le *manifestum furtum* était même puni d'une peine capitale, car le voleur, après avoir été battu de verges, était assigné, *addictus*, à la personne lésée. Le droit prétorien a substitué à cette peine celle du quadruple.

Les autres distinctions du *furtum* en *conceptum*, *oblatum*, *prohibitum* et *non exhibitum*, suivant lesquelles l'*actio furti* était diversement modifiée quant à la personne du défendeur et à la peine encourue, ont disparu dans le nouveau droit.

Furtum est contrectatio fraudulosa, lucri faciendi gratia, vel ipsius rei, vel etiam usus ejus possessionisve, quod lege naturali prohibitum est admittere, § 1, I., IV, 1, *De obligationibus, quæ ex delicto nascuntur.*

Abolita est quorumdam veterum sententia existimantium, etiam fundi locive furtum fieri. § 7, I., II, 6, *De usucapione.*

Furtorum autem duo sunt genera, manifestum et nec manifestum. Nam conceptum et oblatum species potius actionis sunt furto cohærentes, quam genera furtorum, sicut inferius apparebit.

Manifestus fur est, quem Græci ἐπ᾽ αὐτοφώρῳ appellant, nec solum is, qui in ipso furto deprehenditur, sed etiam is, qui in eo loco deprehenditur, quo furtum fit. Immo ulterius furtum manifestum est extendendum, quamdiu eam rem fur tenens visus vel deprehensus fuerit, sive in publico, sive in privato, vel a domino, vel ab alio, antequam eo pervenit, quo deferre, vel deponere destinasset. Sed si pertulit, quo destinavit, tametsi deprehendatur cum re furtiva, non est manifestus fur. Nec manifestum furtum quid sit, ex iis, quæ diximus, intelligitur. Nam quod manifestum non est, id scilicet nec manifestum est.

Conceptum furtum dicitur, quum apud aliquem testibus præsentibus furtiva res quæsita et inventa sit; nam in eum propria actio constituta est, quamvis fur non sit, quæ appellatur concepti. Oblatum furtum dicitur, quum res furtiva ab aliquo tibi oblata sit, eaque apud te concepta sit, utique si ea mente tibi data fuerit, ut apud te potius, quam apud eum, qui dederit, conciperetur. Nam tibi, apud quem concepta sit, propria adversus eum, qui obtulit, quamvis fur non sit, constituta est actio, quæ appellatur oblati. Est etiam prohibiti furti actio adversus eum, qui furtum quærere testibus præsentibus volentem prohibuerit. Præterea pœna constituitur edicto prætoris per actionem furti non exhibiti adversus eum, qui furtivam rem apud se quæsitam et inventam non exhibuit. Sed hæ actiones, id est, concepti, et oblati, et furti prohibiti, nec non furti non exhibiti, in desuetudinem abierunt. Quum enim requisitio rei furtivæ hodie secundum veterem observationem non fit, merito ex consequentia etiam præfatæ actiones ab usu communi recesserunt, quum manifestissimum est, quod omnes, qui scientes rem furtivam susceperint et celaverint, furti nec manifesti obnoxii sunt.

Pœna manifesti furti quadrupli est, tam ex servi persona, quam ex liberi, nec manifesti dupli. § 3-5, I., IV, 1, *De oblig. quæ ex delicto nascuntur.*

Furti actio, sive dupli, sive quadrupli, tantum ad pœnæ persecutionem pertinet. Nam ipsius rei persecutionem extrinsecus habet dominus, quam aut vindicando, aut condicendo potest auferre. Sed rei vindicatio quidem adversus possessorem est, sive fur ipse possidet, sive alius quilibet; condictio autem adversus furem ipsum heredemve ejus, licet non possideat, competit. § 19, 1, *eod.*

Furti autem actio ei competit, cujus interest, rem salvam esse, licet dominus non sit; itaque nec domino aliter competit, quam si ejus intersit, rem non perire. § 13, I., *eod.*

§ 147.

De la *rapina* en particulier.

Gai., *Comm.*, lib. iii, § 209.
Inst., lib. iv, tit. 2, *De vi bonorum raptorum.*

Originairement et d'après l'ancien droit civil, celui qui s'emparait frauduleusement d'une chose mobilière appartenant à autrui, en employant la violence contre le possesseur, était traité comme *fur*, et *fur improbus*, selon les principes du *furtum* (*manifestum*). Mais le préteur fit de ce cas un délit particulier, sous le nom de *rapina*. En même temps il lui assimila complétement le cas où une chose mobilière, appartenant à autrui, avait été endommagée ou détruite frauduleusement, au moyen d'un rassemblement, *coactis hominibus*, en accordant également dans les deux cas l'*actio vi bonorum raptorum*. Cette action tend au *quadruplum*, comme l'*actio furti manifesti*, et elle a été modelée en somme sur celle-ci. Mais elle s'en distingue essentiellement en ce qu'elle est à la fois *rei et pœnæ persequendæ causa comparata*, et par conséquent n'admet pas à côté d'elle une autre action en indemnité, car ce *quadruplum* comprend toute la satisfaction qu'on peut obtenir. Elle est, en qualité d'action prétorienne, limitée au délai d'un an, en ce sens qu'après l'expiration d'une année, elle n'est plus donnée que *in simplum*, c'est-à-dire pour l'indemnité seulement.

Prætor ait : *Si cui dolo malo, hominibus coactis, damni quid factum esse dicetur, sive cujus bona rapta esse dicentur, in eum, qui id fecisse dicetur, judicium dabo.* Ulpian., fr. 2, pr., D., xlvii, 8, *De vi bonor. rapt.*

Qui res alienas rapit, tenetur quidem etiam furti. Quis enim magis alienam rem invito domino contrectat, quam qui vi rapit? Ideoque recte dictum est, eum improbum furem esse. Sed tamen propriam actionem ejus delicti nomine prætor introduxit, quæ appellatur vi bonorum raptorum, et est intra annum quadrupli, post annum simpli...... Quadruplum autem non totum pœna est, et extra pœnam rei persecutio, sicut in actione furti manifesti diximus, sed in quadruplo inest et rei persecutio, ut pœna tripli sit; sive comprehendatur raptor in ipso delicto, sive non. .... Et generaliter dicendum est, ex quibus causis furti actio competit in re clam facta, ex eisdem causis omnes habere hanc actionem. Pr., § 1 et 2, I., IV, 2, *De vi bonorum raptorum.*

§ 148.

Du *damnum injuria datum* en particulier.

GAI., *Comm.*, lib. III, § 210, *seq.*
Inst., lib. IV, tit. 3, *De lege Aquilia.*
Dig., lib. IX, tit. 2, *Ad legem Aquiliam.*

Déjà la loi des XII Tables et d'autres lois anciennes contenaient des dispositions sur le *damnum injuria datum*. Mais elles furent toutes abrogées par un plébiscite, la *lex Aquilia*, qui seule détermine et réprime ce délit, dans le nouveau droit romain.

Ainsi, celui qui, au moyen d'actes positifs, injustement, *injuria*, par son dol ou par sa faute, même par la faute la plus légère, cause à autrui un dommage dans ses biens, commet le délit appelé *damnum injuria datum*.

La *lex Aquilia* était, dans sa teneur littérale, d'une application très-restreinte, puisque l'*actio legis Aquiliæ* ne compétait qu'au propriétaire, et seulement pour un *damnum corpore corpori datum*.

Mais cette action fut, sous la forme d'*actio in factum* ou *utilis*, donnée à d'autres personnes ayant souffert ce genre de dommage, et même étendue à d'autres genres de *damnum*.

Quoiqu'elle n'ait directement pour but que la réparation du dommage causé, elle est cependant considérée comme une *actio rei et pœnæ persecutoria.*
Cela tient au mode particulier de calcul prescrit, pour
l'évaluation du dommage, par la loi *Aquilia* dans sa
première et sa troisième disposition, mode évidemment combiné de façon à procurer un bénéfice à la
personne lésée. Elle n'est pas de nature infamante,
mais elle a cela de particulier que le délinquant est
considéré comme condamné, *damnatus,* même avant
son jugement, et partant encourt la *pœna dupli* en
niant de mauvaise foi le fait.

Lex Aquilia omnibus legibus, quæ ante se de damno injuriæ
locutæ sunt, derogavit, sive XII Tabulis, sive alia quæ fuit;
quas leges nunc referre non est necesse. Quæ lex Aquilia plebiscitum est, quum eam Aquilius tribunus plebis a plebe rogaverit. ULPIANUS, fr. 1, pr. et § 1, D., IX, 2, *Ad legem Aquiliam.*
  Damni injuriæ actio constituitur per legem Aquiliam. Cujus
primo capite cautum est, ut, si quis hominem alienum, alie-
namve quadrupedem, quæ pecudum numero sit, injuria occiderit, quanti ea res in eo anno plurimi fuerit, tantum domino
dare damnetur.
  Injuria autem occidere intelligitur, qui nullo jure occidit. Itaque latronem qui occidit, non tenetur, utique si aliter periculum
effugere non potest. Ac ne is quidem hac lege tenetur, qui casu
occidit, si modo culpa ejus nulla inveniatur. Nam alioqui non
minus ex dolo, quam ex culpa quisque hac lege tenetur.
  Caput secundum legis Aquiliæ in usu non est. Capite tertio de
omni cetero damno cavetur.... Hoc tamen capite non quanti in
eo anno, sed quanti in diebus triginta proximis res fuerit, obligatur is, qui damnum dederit.
  Cæterum placuit, ita demum ex hac lege actionem esse, si quis
præcipue corpore suo damnum dederit. Ideoque in eum, qui
alio modo damnum dederit, utiles actiones dari solent.... Sed si
non corpore damnum fuerit datum, neque corpus læsum fuerit,
sed alio modo damnum alicui contigerit, quum non sufficiat neque directa, neque utilis Aquilia, placuit eum, qui obnoxius fuerit, in factum actione teneri; veluti si quis, misericordia ductus.

alienum servum compeditum solverit, ut fugeret. Pr., § 2, 3, 12, 13, 16, I., IV, 3, *De lege Aquilia.*

Hæc actio (legis Aquiliæ) adversus confitentem competit in simplum, adversus negantem in duplum. ULPIANUS, fr. 23, § 10, D., IX, 2, *Ad legem Aquiliam.*

§ 149.

Des *injuriæ* en particulier.

GAI., *Comm.*, lib. III, § 220, *seq.*
Inst., lib. IV, tit. 4, *De injuriis.*
Dig., lib. XLVII, tit. 10, *De injuriis et famosis libellis.*

Les trois délits dont nous avons traité jusqu'ici ont immédiatement pour objet les choses ou les autres biens de celui qui en souffre ; ils consistent par conséquent dans une *atteinte* portée *aux biens.* Mais on peut concevoir une manière d'agir très-injuste aussi, par laquelle, sans léser les biens d'un autre, il est porté directement *atteinte à sa personne*, soit extérieurement, en le maltraitant corporellement, soit intérieurement, en méconnaissant sa dignité personnelle et ses droits. De bonne heure, le législateur romain jugea nécessaire de traiter ces atteintes portées à la personne comme un délit, sous le nom d'*injuria* ou d'*injuriæ*, mais seulement dans l'hypothèse où elles auraient été commises malicieusement, dans l'intention de blesser la personnalité d'autrui, ou du moins avec la conscience qu'on la blessait, *animo injuriandi.*

Les dispositions de l'ancien droit romain sur les injures, les actions qu'il avait créées pour leur répression, étaient en partie insuffisantes, en partie mal appropriées. Aussi elles ont été plus tard remplacées par le système plus compréhensif du droit prétorien sur ce sujet. D'après ce système, l'injurié a

contre l'injuriant l'*injuriarum actio æstimatoria*,
tendant à une peine pécuniaire proportionnée à la
grandeur de l'offense personnelle, *contumelia*, dans
chaque cas particulier d'injure, peine dont l'estimation
doit être faite équitablement par l'injurié lui-même.
Cette action rend infâme celui qui est condamné.

Ainsi se trouve en quelque sorte complété, par
cette théorie de l'injure, le système romain des délits.

Generaliter injuria dicitur omne, quod non jure fit, specialiter alias contumelia, quæ a contemnendo dicta est, quam Græci
ὕβριν appellant, alias culpa, quam Græci ἀδίκημα dicunt, sicut
in lege Aquilia damnum injuria datum accipitur, alias iniquitas
et injustitia, quam Græci ἀδικίαν vocant. Quum enim prætor, vel
judex non jure contra quem pronuntiat, injuriam accepisse dicitur.

Injuria autem committitur non solum, quum quis pugno pul-
satus, aut fustibus cæsus, vel etiam verberatus erit, sed etiam,
si cui convicium factum fuerit, sive cujus bona, quasi debitoris,
possessa fuerint ab eo, qui intelligebat, nihil eum sibi debere,
vel si quis ad infamiam alicujus libellum, aut carmen scripserit,
composuerit, ediderit, dolove malo fecerit, quo quid eorum fieret, sive quis matremfamilias, aut prætextatum, prætextatamve
assectatus fuerit, sive cujus pudicitia attentata esse dicetur; et
denique aliis pluribus modis admitti injuriam, manifestum est.

Pœna autem injuriarum ex lege XII Tabularum, propter
membrum quidem ruptum, talio erat, propter ossum vero frac-
tum nummariæ pœnæ erant constitutæ, quasi in magna veterum
paupertate. Sed postea prætores permittebant ipsis, qui injuriam
passi sunt, eam æstimare, ut judex tanti condemnet, quanti injuriam passus æstimaverit, vel minoris, prout ei visum est. Sed
pœna quidem injuriæ, quæ ex lege XII Tabularum introducta
est, in desuetudinem abiit; quam autem prætores introduxe-
runt, quæ etiam honoraria appellatur, in judiciis frequentatur.
Nam secundum gradum dignitatis vitæque honestatem crescit,
aut minuitur æstimatio injuriæ. Pr., § 1, 2 et 7, I., iv, 4, *De
injuriis.*

TITRE IV.

Des obligations qui naissent quasi ex delicto *ou* maleficio.

§ 150.

Inst., lib. IV, tit. 5, *De obligationibus quæ quasi ex delicto nascuntur;*
— tit. 8, *De noxalibus actionibus;* — tit. 8, *Si quadrupes pauperiem fecisse dicetur.*
Dig., lib. L, tit. 13, *De extraordinariis cognitionibus et si judex litem suam fecisse diceretur.*
Dig., lib. IX, tit 3, *De his qui effuderint vel dejecerint.*
Dig., lib. XLVII, tit. 5, *Furti adversus nautas, caupones et stabularios.*
Dig., lib. II, tit. 9, *Si ex noxali causa agatur.*
Dig., lib. IX, tit. 1, *Si quadrupes pauperiem fecisse dicatur.*

On range sous cette rubrique, d'abord des actes qui lèsent réellement le droit d'autrui, par dol ou par faute, ou qui, du moins, menacent de le léser, actes qui engendrent pour celui qui les a commis une obligation de réparer le dommage ou de payer une peine privée, mais qui ne rentrent pas dans la notion des *delicta* proprement dits, uniquement parce que cette notion est historiquement limitée aux quatre infractions déterminées, dont nous avons traité ci-dessus. Il faut ranger en outre sous cette rubrique les cas où, d'après des dispositions légales, un individu est personnellement responsable pour certains actes nuisibles d'un autre homme et même d'un animal. On suppose en effet toujours, dans ces derniers cas, le concours d'une sorte de culpabilité de la part de celui qu'on présente ici comme obligé, et c'est ce qui justifie l'admission d'une *obligatio quasi ex delicto*.

Les exemples qu'offrent les Instituts de Justinien sont les suivants :

1° L'action du plaideur lésé contre le *judex qui litem suam fecit*, c'est-à-dire qui lui a fait tort, par son dol ou sa faute, dans le jugement du procès. Originairement, d'après l'ancienne procédure, cette action ne compétait jamais contre le *magistratus juri dicundo*, mais seulement contre le *judex* par lui donné (voy. ci-dessus § 52). Mais, après l'abolition de l'*ordo judiciorum privatorum*, elle était accordée contre le fonctionnaire qui était à la fois magistrat et juge. Elle tendait à obtenir une indemnité et une peine privée.

2° L'action contre celui de l'appartement duquel quelque chose a été jeté ou répandu dans une rue ou autre passage public, quand il en est résulté un dommage. Cette action tend à obtenir tantôt un dédommagement, tantôt une peine privée, et dans le dernier cas elle est souvent une action populaire, accordée *cuilibet e populo*, par exemple pour obtenir une peine de cinquante *aurei*, quand un homme libre a été tué.

3° L'action populaire pour demander une peine privée contre celui qui a posé ou suspendu une chose sur un lieu de passage, *ubi vulgo iter fit*, de manière à compromettre la sûreté des passants. Elle tend à l'enlèvement de l'objet dangereux et à une peine de dix *aurei*.

4° L'action pour obtenir une indemnité et une peine pécuniaire contre le *nauta*, le *caupo* ou le *stabularius*, quand ses préposés ont occasionné, par *furtum* ou par quelque autre *dolus*, un dommage aux effets des passagers ou voyageurs.

5° Les *noxales actiones*, par lesquelles le maître peut être poursuivi comme responsable du dommage causé par son esclave, sans son ordre, et tenu de le réparer.

Une responsabilité pareille pesait autrefois sur celui qui était investi de la puissance paternelle, à raison des actes nuisibles de la personne qui lui était soumise, tant que le *filiusfamilias* ne fut pas capable d'avoir des biens à lui.

Enfin le propriétaire d'un animal est aussi responsable, si cet animal a causé à une autre personne un dommage *contra naturam sui generis, si pauperiem fecit.*

Le maître ou propriétaire est obligé ici, parce qu'il a en son pouvoir l'homme ou l'animal qui a commis la nuisance, *caput noxium*, et qu'en le retenant ainsi, il partage en quelque sorte sa culpabilité. Mais par cette raison aussi, il est libre, dans ce cas, s'il n'a véritablement commis aucune faute qui lui soit directement imputable, fût-ce en niant de mauvaise foi le fait, de se soustraire à la responsabilité en abandonnant complétement à la personne lésée l'esclave, le fils de famille ou l'animal avec la culpabilité qui s'attache à lui et le suit : c'est ce qu'on appelle *noxæ dare.* Quoique ces actions noxales ne soient pas, dans les Institutes de Justinien, rangées sous la rubrique des *obligationes quasi ex delicto*, mais sous une autre rubrique spéciale, cependant elles s'y rattachent évidemment par leur principe.

Si judex litem suam fecerit, non proprie ex maleficio obligatus videtur. Sed quia neque ex contractu obligatus est, et utique peccasse aliquid intelligitur, licet per imprudentiam, ideo videtur quasi ex maleficio teneri, et in quantum de ea re æquum religioni judicantis videbitur, pœnam substinebit.

Item is, ex cujus cœnaculo, vel proprio ipsius, vel conducto, vel in quo gratis habitabat, debitum effusumque aliquid est, ita, ut alicui noceretur, quasi ex maleficio obligatus intelligitur. Ideo autem non proprie ex maleficio obligatus intelligitur, quia plerumque ob alterius culpam tenetur, aut servi, aut liberi. Cui similis est is, qui ea parte, qua vulgo iter fieri solet, id positum aut suspensum habet, quod potest, si ceciderit, alicui nocere, quo casu pœna decem aureorum constituta est. De eo vero, quod dejectum effusumve est dupli, quanti damnum datum sit, constituta est actio.

Item exercitor navis, aut cauponæ, aut stabuli, de dolo aut furto, quod in nave, aut in caupona, aut in stabulo factum erit, quasi ex maleficio teneri videtur, si modo ipsius nullum est maleficium, sed alicujus eorum, quorum opera navem, aut cauponam, aut stabulum exerceret. Quum enim neque ex contractu sit adversus eum constituta hæc actio, et aliquatenus culpæ reus est, quod opera malorum hominum uteretur, ideo quasi ex maleficio teneri videtur. In his autem casibus in factum actio competit, quæ heredi quidem datur, adversus heredem autem non competit. *Pr.* — § 3,.I., iv, 5, *De obligat. quæ quasi ex delicto nasc.*

Ex maleficiis servorum, veluti si furtum fecerint, aut bona rapuerint, aut damnum dederint, aut injuriam commiserint, noxales actiones proditæ sunt, quibus domino damnato permittitur, aut litis æstimationem sufferre, aut hominem noxæ dedere. Noxa autem est corpus, quod nocuit, id est servus; noxia ipsum maleficium, veluti furtum, damnum, rapina, injuria....

Sed veteres quidem hæc et in filiisfamilias masculis et feminis admiserunt. Nova autem hominum conversatio hujus modi asperitatem recte respuendam esse existimavit et ab usu communi hæc penitus recessit. Quis enim patiatur, filium suum, et maxime filiam in noxam alii dare, ut pæne per corpus pater magis, quam filius periclitetur, quum in filiabus etiam pudicitiæ favor hoc bene excludat? Et ideo placuit, in servo tantummodo noxales actiones esse proponendas, quum apud veteres legum commentatores invenerimus sæpius dictum, ipsos filiosfamilias pro suis delictis posse conveniri. *Pr.*, § 1 et 7, I., iv, 8, *De noxalibus actionibus.*

Animalium nomine, quæ ratione carent, si quidem lascivia, aut fervore, aut feritate pauperiem fecerint, noxalis actio lege XII Tabularum prodita est; quæ animalia, si noxæ dedantur, proficiunt reo ad liberationem, quia ita lex XII Tabularum scripta est; puta, si equus calcitrosus calce percusserit, aut bos cornu petere solitus petierit. Hæc autem actio in his, quæ contra naturam moventur, locum habet. Cæterum, si genitalis sit feritas, cessat actio. *Pr.*, I., iv, 9, *Si quadrupes pauperiem fecisse dicetur.*

CHAPITRE III.

DE L'EXTINCTION DES OBLIGATIONS.

§ 151.

Observations générales.

Inst., lib. III, tit. 29, *Quibus modis tollitur obligatio.*

Les Romains cherchent à ramener l'extinction des obligations à certaines causes répondant symétriquement aux causes connues, *causæ*, qui donnent naissance aux obligations contractuelles. Ainsi, par exemple, ils rattachaient autrefois la *nexi liberatio* à la *nexi obligatio*. Ainsi, plus tard, ils rattachent les modes les plus importants d'extinction aux quatre *causæ* de formation : *res*, *verba*, *litteræ*, *consensus*. A ce rapprochement se lient même quelques conséquences pratiques qui ne sont pas sans importance. Mais, ainsi généralisé, ce point de vue ne repose guère que sur une assimilation tout artificielle, sur un pur jeu d'esprit, que l'on ne suit même pas logiquement jusqu'au bout.

Au contraire, la différence établie entre les diverses causes d'extinction d'une obligation, selon qu'elle cesse d'exister *ipso jure*, ou seulement *per exceptionem*, *ope exceptionis*, est d'une grande portée, et offre, dans la pratique, beaucoup d'intérêt, soit pour la procédure, soit même pour tout l'ensemble du droit des obligations. Cette division embrasse toutes les causes d'extinction, dont nous allons traiter en suivant un ordre plus naturel.

Prout quidque contractum est, ita et solvi debet. Ut, quum

re contraxerimus, *re* solvi debet, veluti quum mutuum dedimus,
ut retro pecuniæ tandumdem solvi debeat. Et quum *verbis* aliquid
contraximus, vel *re* vel *verbis* obligatio solvi debeat; *verbis*,
veluti quum acceptum promissori fit; *re*, veluti quum solvit quod
promisit. Æque quum emptio vel venditio, vel locatio contracta
est, quoniam *consensu nudo* contrahi potest, etiam *dissensu contrario* dissolvi potest [1]. » Pomponius, *fr.* 80, D., xlvi, 3, *De
solutionibus et liberationibus.*

Nihil interest, ipso jure quis actionem non habeat, an per exceptionem infirmetur. Paulus, fr. 112, D. l, 17, *De reg. jur.*

§ 152.

Le payement, *solutio*, en particulier.

Dig., lib. xlvi, tit. 3, *De solutionibus et liberationibus.*
Cod., lib. viii, tit. 43, *De solut. et liberat.*

Des diverses manières dont une obligation peut
s'éteindre *ipso jure*, la plus importante, la plus fréquente et la plus naturelle de beaucoup, est celle qui
est indiquée par l'essence et l'objet même de l'obligation, savoir : le payement, *solutio*, la prestation
réelle de ce que devait le débiteur. Il y a plus :
les autres modes d'extinction *ipso jure* peuvent se
ramener au payement, puisque ou ils contiennent
un payement véritable, seulement un peu modifié,
ou ils sont du moins assez convenablement comparés
au payement, ou ils lui sont assimilés quant à leurs
effets.

La personne par qui est effectué le payement est,
en général, assez indifférente; peu importe que ce
soit le débiteur lui-même, en lui supposant la faculté

---

[1] Il n'est pas question ici des *litteræ*; sans doute parce que, sous Justinien, le cas qui y est relatif était depuis longtemps une pure antiquité.
Gai., *Comm.*, iv, § 64.

26

d'aliéner, ou un autre en sa place, en tant que,
d'après la nature de la prestation due, cela est possible, c'est-à-dire juridiquement égal pour le créancier.

Au contraire, le payement ne peut être fait avec
efficacité qu'au créancier lui-même, et non à un
autre, excepté à son procureur dûment constitué, ou
à son tuteur, ou à l'*adjectus solutionis causa*, qui,
dans le nouveau droit, a pris jusqu'à un certain
point la place de l'ancien *adstipulator*, ou à celui
à qui quelque disposition légale accorde une *actio
utilis* en vertu de la créance d'autrui, ou enfin quelquefois à la justice. En effet, si le créancier refuse
injustement de recevoir le payement qui lui est dûment offert, ou que, pour quelque motif particulier,
on ne puisse pas payer avec pleine sécurité à lui ou à
son représentant, le débiteur doit, quand cela est
possible en fait, déposer cacheté, au lieu indiqué
par le juge, l'objet dû, somme d'argent ou autre
chose. Cela équivaut pour lui au payement. Réciproquement, quelquefois le payement ne peut pas être
fait efficacement au véritable créancier; c'est ce qui
arrive, soit dans le cas où le créancier n'a pas la capacité d'aliéner, soit dans les cas où l'action naissant
de l'obligation lui est légalement refusée.

Quant à ce qui concerne l'objet du payement, on
doit, en règle générale, fournir précisément ce qui
forme l'objet primitif de l'obligation. Cependant cela
éprouve une modification, soit en vertu d'une convention intervenue entre le créancier et le débiteur,
soit même sans convention, par suite de la *datio in
solutum*, quand elle est spécialement permise par les
lois au débiteur, ou bien par suite de certaines circonstances accidentelles. Au nombre de ces circonstances
est le cas où, par la faute du débiteur, la prestation

de l'objet originairement dû est devenue impossible ; car alors le débiteur doit donner au créancier la valeur ou les dommages-intérêts. Mais si la prestation est devenue impossible sans aucune faute du débiteur, il ne doit plus rien et l'obligation est entièrement éteinte.

Relativement au *quantum*, en règle générale, il faut que le montant de l'obligation soit payé en totalité, sans égard aux moyens et à la position du débiteur. Cependant cela souffre exception dans les cas où le débiteur est légalement autorisé à obtenir quelques ménagements, et par conséquent à demander de n'être condamné que jusqu'à concurrence de ses facultés, *in id quod facere potest, ne ipse egeat*[1].

Enfin, pour que le payement soit complet sous tous les rapports, il faut qu'il soit fait en temps opportun et en lieu convenable.

Quand il réunit toutes ces conditions, il anéantit complétement et *ipso jure* l'obligation, et en même temps tous ses accessoires, *accessiones*. A la vérité, l'ancien droit exigeait, pour l'entière extinction des dettes qui avaient été contractées *per æs et libram*, par le *nexum*, qu'il intervînt, outre le payement effectif, une attestation solennelle, revêtue de cette même forme du *nexum*, constatant que ce payement

---

[1] Parmi ceux qui ne devaient être condamnés que *quatenus facere possunt*, le donateur seul pouvait déduire ce qu'il lui fallait pour payer ses dettes, et quelque chose en sus pour subsister, *ne egeat* ; tous les autres, ne pouvant pas retenir de quoi satisfaire leurs créanciers, ne retenaient pas non plus de quoi subsister, puisque les autres créanciers, vis-à-vis desquels ils ne jouissaient pas de ce bénéfice, le leur auraient enlevé. Justinien a généralisé la faculté de retenir ce qu'il leur fallait pour subsister, sans songer qu'elle était inutile à ceux qui ne pouvaient retenir ce qu'il fallait pour payer leurs dettes. Voy. mes *Textes sur la dot, traduits et expliqués*, p. 145-148.   (*Note du traducteur.*)

avait eu lieu. Mais cette *solutio per æs et libram* a disparu, dans le nouveau droit, avec cette forme surannée d'obligation, et le payement réel suffit toujours.

Solutionis verbo satisfactionem quoque omnem accipiendam, placet. *Solvere* dicimus eum, qui fecit, quod facere promisit. ULPIAN., fr. 176, D., L, 16, *De verb. sign.*

Tollitur autem omnis obligatio solutione ejus, quod debetur, vel si quis, consentiente creditore, aliud pro alio solverit. Nec interest, quis solvat, utrum ipse, qui debet, an alius pro eo. Liberatur enim et alio solvente, sive sciente, sive ignorante debitore, vel invito eo solutio fiat. Item si reus solverit, etiam ii, qui pro eo intervenerunt, liberantur. Idem ex contrario contingit, si fidejussor solverit. Non enim ipse solus liberatur, sed etiam reus. *Pr.*, I., III, 29, *Quibus modis tollitur oblig.*

Pupillo solvi sine tutoris auctoritate non potest. PAULUS, fr. 15, D., XLVI, 3, *De solut.*

Vero procuratori recte solvitur. Verum autem accipere debemus eum, cui mandatum est vel specialiter, vel cui omnium negotiorum administratio mandata est. ULPIAN., fr. 12, *pr.*, D, XLVI, 3, *De solut.*

Si ita stipulatus sim : mihi, aut Titio dare spondes ? et debitor constituerit, se mihi soluturum, quamvis mihi competat de constituta actio, potest adhuc adjecto solvere. PAULUS, fr. 59, D., *eod.*

Sunt præterea quædam actiones, quibus non semper solidum, quod nobis debetur, persequimur, sed modo solidum, modo minus.... Item, si de dote judicio mulier agat, placet, eatenus maritum condemnari debere, quatenus facere possit, id est, quatenus facultates ejus patiuntur. § 36 et 37, I., IV, 6, *De act.*

Item, miles qui sub armata militia stipendia meruit, condemnatus eatenus, quatenus facere potest, cogitur solvere. ULPIAN., fr. 6, *pr.*, D., XLII, 1, *De re judicata.*

Obsignatione totius debitæ pecuniæ solenniter facta, liberationem contingere, manifestum est. Sed ita demum oblatio debiti liberationem parit, si eo loco, quo debetur, solutio fuerit celebrata. DIOCLETIANUS et MAXIM., c. 9, C., VIII, 48, *De solut.*

§ 153.

Insolvabilité du débiteur.

Il peut arriver que quelqu'un soit hors d'état de payer ses dettes, parce que ses biens ne sont pas suffisants. L'ancien droit romain offrait alors une voie d'exécution très-rigoureuse contre la personne du débiteur insolvable, qui finissait par être adjugé formellement au créancier, *addictus*, *adjudicatus*. Quand il y avait concours de plusieurs créanciers, ils avaient même le droit de se partager le débiteur, *in partes secare*. Mais peu à peu, surtout après la *lex Pœtelia Papiria*, cette excessive rigueur contre la personne cessa d'être en usage, et le débiteur ne put désormais, au plus, qu'être détenu dans une prison publique, à la requête du créancier.

D'un autre côté, il s'était établi, dans le cours des temps, et même d'abord concurremment avec l'exécution contre la personne, une voie d'exécution contre les biens du débiteur, au moyen d'une *missio in possessionem* que les créanciers obtenaient du préteur. Cet envoi en possession, dans le principe, amenait, après des annonces publiques préalables, la vente en masse des biens du débiteur, *proscriptio et venditio bonorum*, qui opérait une *per universitatem successio* prétorienne, au profit de celui qui offrait, pour prix, de payer aux créanciers le plus fort dividende de leurs créances. Mais plus tard on y substitua une vente des biens en détail, à laquelle procédaient les créanciers, ou le *curator bonorum* constitué par eux. Tous les créanciers qui se sont présentés en temps utile pour la *missio in possessionem* peuvent demander d'être payés sur le produit de la vente,

406 DEUXIÈME PARTIE. EXPOSIT. SYSTÉM. § 153.

proportionnellement, *pro rata*, en vertu du droit de gage prétorien que leur confère à tous également l'envoi en possession. Cependant cela souffre exception : en vertu d'un principe qui s'est établi peu à peu, certains créanciers peuvent faire valoir pour leurs créances un *privilegium exigendi*, appelé aussi *privilegium* tout court, et prétendre, en conséquence, à être satisfaits complétement avant tous les autres créanciers non également privilégiés.

Les créanciers hypothécaires proprement dits, c'est-à-dire ceux qui avaient déjà un droit de gage avant l'ouverture du concours et qui croient être par là suffisamment couverts, ne sont point, en cette qualité, astreints à subir la contribution ; car ils s'en tiennent uniquement à leur gage et se payent, au moyen de la vente de ce gage, exactement comme s'il ne s'était point ouvert de concours.

Au reste, un débiteur insolvable peut éviter l'ouverture formelle d'un concours, qui, dans le nouveau comme dans l'ancien droit, le menace toujours d'infamie, et même d'arrestation personnelle si les créanciers le requièrent : une loi *Julia*, qui est peut-être la *lex Julia judiciaria*, portée sous Auguste, lui donne le moyen de le prévenir en faisant préalablement une cession volontaire de ses biens, *bonorum cessio*, par une déclaration solennelle ; seulement, il faut que, par sa conduite antérieure, il ne se soit pas rendu indigne de ce bénéfice.

Nam si plures forent, quibus reus esset judicatus, secare si vellent atque partiri corpus addicti sibi hominis permiserunt ; et quidem verba ipsa legis dicam, ne existimes me invidiam istam forte formidare. *Tertiis*, inquit, *nundinis partes secanto ; si plus minusve secuerint, se fraude esto.* GELL., *Noct. att*, xx, 1.

Erant ante prædictam successionem olim et aliæ per universitatem successiones. Qualis fuerat bonorum emtio, quæ de bonis debitoris vendendis per multas ambages fuerat introducta et tunc locum habebat, quando judicia ordinaria in usu fuerunt. Sed, quum extraordinariis judiciis posteritas usa est, ideo cum ipsis ordinariis etiam bonorum venditiones exspiraverunt, et tantummodo creditoribus datur, officio judicis, bona possidere, et prout eis utile visum fuerit, ea disponere. *Pr.*, I., III, 12, *De successionibus sublatis, quæ fiebant per bonorum vend.*

Debitores, qui bonis cesserint, licet ex ea causa bona eorum venierint, infames non fiunt. ALEXANDER, c. 11, C., II, 12, *Ex quibus causis infames non fiunt.*

Qui bonis cesserint, nisi solidum creditor receperit, non sunt liberati. In eo enim tantummodo hoc beneficium eis prodest, ne judicati detrahantur in carcerem. ALEXANDER, c. I, C., VII, 71, *Qui bonis cedere possunt.*

§ 154.

La compensation.

Dig., lib. XVI, tit. 2, *De compensationibus.*
Cod., lib. IV, tit. 31, *De compens.*

Le débiteur poursuivi peut, au lieu de payer, déclarer qu'il veut compenser, *compensare*, en tout ou en partie, la dette réclamée contre lui, avec une créance qu'il a de son côté contre son créancier.

Il paye réellement son créancier au moyen de cette contre-créance, puisqu'il ne fait ainsi que couper court à deux numérations qui se seraient succédé en sens inverse sans nécessité. Par ce motif, on ne s'inquiète pas du consentement du créancier; peu importe qu'il agrée ou non la compensation. Par la même raison, la compensation, quand elle intervient, produit le même effet que le payement et éteint l'*obligatio ipso jure*. Mais aussi il est évident que la créance qu'on oppose doit, pour être compensable, avoir pour objet la même prestation. Car, le débiteur, comme il a été dit plus haut, ne peut pas forcer son créancier à recevoir en payement autre chose que l'objet de l'obligation.

Cette compensation repose sur une abstraction juridique, sur une manière plus libre de considérer et de traiter les obligations; aussi n'avait-elle pas lieu dans l'origine, et ensuite, pendant longtemps elle n'était admise que dans d'étroites limites, savoir quand les deux créances réciproques provenaient *ex eadem causa*, du même contrat ou du même acte obligatoire, et seulement, en général, dans les obligations naissant *ex bonæ fidei negotiis*. D'après le nouveau droit romain, le débiteur peut l'invoquer aussi dans les *stricti juris judicia*, et même quand les deux créances sont provenues *ex dispari causa*, de différents actes obligatoires ou de différentes causes. Seulement il faut, dans tous les cas, que la créance opposée en compensation soit une obligation valable, ne fût-elle qu'une *naturalis obligatio*, contre le même créancier et pour le même objet, du moins partiellement; il faut aussi que la compensation projetée ne rencontre aucun obstacle légal particulier, par exemple, dans la nature spéciale de l'action, qui n'admettrait pas l'exception tirée de la compensation.

Compensatio est debiti et crediti inter se contributio. Modes-tinus, fr. 1, D., xvi, 2, *De compensat.*

In bonæ fidei judiciis libera potestas permitti videtur judici, ex bono et æquo æstimandi, quantum actori restitui debeat. In quo et illud continetur, ut, si quid invicem præstare actorem oporteat, eo compensato, in reliquum is, cum quo actum est, debeat condemnari. Sed et in stricti juris judiciis, ex rescripto Divi Marci, opposita doli mali exceptione, compensatio induce-batur. Sed nostra constitutio easdem compensationes, quæ jure aperto nituntur, latius introduxit, ut actiones ipso jure minuant, sive in rem, sive in personam, sive alias quascunque; excepta sola depositi actione, cui aliquid compensationis nomine opponi, iniquum esse credidimus, ne, sub prætextu compensationis, depositarum rerum quis exactione defraudetur. § 30, I., IV, 6, *De act.*

Etiam quod natura debetur, venit in compensationem. ULPIANUS, fr. 6, D., XVI, 2, *De compens.*

§ 155.

La novation.

Dig., lib. XLVI, tit. 2, *De novationibus et delegationibus.*
Cod., lib. VIII, tit. 42, *De nov. et deleg.*

Un débiteur peut encore payer le créancier au moyen d'une autre créance qu'il lui confère à la place de la créance primitive. Comme on donne ainsi au créancier, pour lui tenir lieu de payement, quelque autre chose que l'objet originaire de l'obligation, cela ne peut se faire que du consentement du créancier, et, d'après le système romain, seulement dans la forme de la stipulation. Ce contrat ainsi formé par stipulation s'appelle *novatio*, parce que l'*obligatio* à éteindre est transformée en une *obligatio* toute nouvelle, destinée à prendre la place de l'obligation première. Comme le créancier accepte cette nouvelle obligation en guise de payement, la novation produit un effet pareil à celui de la *solutio* et éteint *ipso jure* l'*obligatio*.

Au reste, cette novation peut être employée à diverses fins.

Premièrement on peut l'employer pour convertir artificiellement en stipulation toute *obligatio*, soit *civilis*, soit *naturalis*, notamment afin de pouvoir y appliquer ensuite l'acceptation. (Voy. le paragraphe suivant).

Ensuite elle peut avoir pour but de changer quelque chose dans l'objet de l'obligation actuelle.

Enfin elle peut être destinée à opérer un changement dans la personne du débiteur. Cette destination est d'autant plus importante, que c'est le seul moyen dont on puisse user en droit romain, pour faire prendre à un autre, comme débiteur, la place du précédent débiteur; car, tant que la même obligation subsiste, un changement de débiteur est impossible (voy. ci-dessus, § 124). Une semblable novation, par laquelle le débiteur primitif sort entièrement de *l'obligatio* et un autre y entre pour lui, s'appelle particulièrement *expromissio*, et forme une espèce importante d'*intercessio*. (Voy. ci-dessus, § 132).

Dans tous les cas, la novation suppose essentiellement un *animus novandi*, positif et prouvé, de la part des contractants.

Præterea novatione tollitur obligatio. Veluti, si id, quod tu Seio debeas, a Titio dari stipulatus sit. Nam interventu novæ personæ nova nascitur obligatio, et prima tollitur translata in posteriorem, adeo, ut interdum, licet posterior obligatio inutilis sit, tamen prima novationis jure tollatur.

Sed, quum hoc quidem inter veteres constabat, tunc fieri novationem, quum novandi animo in secundam obligationem itum fuerat, per hoc autem dubium erat, quando novandi animo videretur hoc fieri et quasdam de hoc præsumtiones alii in aliis casibus introducebant, ideo nostra processit constitutio, quæ apertissime definivit, tunc solum fieri novationem, quotiens hoc ipsum inter contrahentes expressum fuerit, quod propter novationem prioris obligationis convenerunt; alioquin manere et pristinam obligationem, et secundam ei accedere, ut maneat ex utraque causa obligatio, secundum nostræ constitutionis definitiones. § 3, I., III, 29, *Quib. mod. toll. oblig.*

Novatio est prioris debiti in aliam obligationem, vel civilem, vel naturalem transfusio atque translatio, quum ex præcedenti causa ita nova constituitur, ut prior perimatur. Novatio enim a novo nomen accepit et a nova obligatione.

Omnes res transire in novationem possunt. Quodcunque enim sive verbis contractum est, sive non verbis, novari potest et transire in verborum obligationem ex quacunque obligatione, dummodo sciamus, novationem ita demum fieri, si hoc agatur, ut novetur obligatio. Cæterum, si hoc non agatur, duæ erunt obligationes. ULPIANUS, fr. 1, pr. et fr. 2, D., XLVI, 2, *De novat. et delegat.*

§ 156.

Conventions de remise.[1]

Dig., lib. XLVI, tit. 4, *De acceptilatione.*
Dig., lib. II, tit. 14, *De pactis.*
Cod., lib. VIII, tit. 44, *De acceptil.*

Le droit romain reconnaît diverses espèces, diverses formes de conventions par lesquelles le créancier peut libérer son débiteur des suites juridiques de son obligation. Le but de ces conventions libératoires est également divers. Car elles ont lieu, tantôt dans l'intention de tirer le débiteur du lien de l'obligation, sans qu'il existe, d'ailleurs, aucune cause antérieure d'extinction; tantôt en vue de donner une forme, une base plus solennelle et plus sûre à une cause d'extinction déjà existante.

Ici se rapportait autrefois la *nexi liberatio per æs et libram*, qui, correspondant à la *nexi obligatio*, consistait dans un payement imaginaire, et par cette raison supprimait *ipso jure* l'obligation.

Il en était encore autrefois de même de la libération revêtue de la forme des *litteræ*. Une obligation fondée sur une écriture passée dans un livre de raison pouvait, en effet, être supprimée par une écriture passée en sens contraire[1]. Ce mode de libéra-

---

[1] En d'autres termes, une obligation fondée sur un article porté au débit d'un compte pouvait être détruite par un article semblable porté au crédit. *(Note du traducteur.)*

412 DEUXIÈME PARTIE. EXPOSIT. SYSTÉM. § 156.

tion, comme le précédent, a cessé d'être usité dans le nouveau droit romain.

Mais le nouveau droit romain reconnaît encore deux formes de remise conventionnelle : l'*acceptilatio* et le *pactum de non petendo*.

On entend par *acceptilatio*, une déclaration, revêtue de la forme de la stipulation, faite de vive voix par le créancier, sur la question que le débiteur lui adresse à ce sujet, qu'il se tient pour payé. Précisément par cette raison que le créancier déclare ici positivement qu'il se considère comme payé, l'acceptilation produit l'effet d'éteindre l'obligation *ipso jure*. Cette acceptilation était renfermée dans certaines limites, car elle ne s'appliquait qu'aux obligations formées par stipulation. Mais on avait le moyen d'en étendre l'application, en convertissant par novation une obligation contractée autrement en obligation *ex stipulatu*, et en en faisant ensuite acceptilation (voy. § 155). A cela se réfère l'*Aquiliana stipulatio*, formulaire imaginé pour conduire à une acceptilation générale.

Le *pactum de non petendo* a une efficacité plus étendue que l'*acceptilatio*, en ce sens qu'il s'applique à toutes les obligations. Mais, d'un autre côté, il ne produit pas l'effet d'éteindre l'obligation *ipso jure*, mais seulement *ope exceptionis*. Car le créancier ne déclare pas ici qu'il se tient pour payé, mais il promet seulement, et cela sans employer la forme de la stipulation, de ne pas exiger la dette.

Terminons en observant qu'on peut considérer comme une remise conventionnelle réciproque la convention qu'on désigne par l'expression de *contrarius consensus*, ou de *mutuus dissensus*. De même que certains contrats se forment *solo consensu*, de même les obligations qui en résultent pour les con-

tractants peuvent être supprimées par un accord en
sens inverse, tendant à la dissolution du contrat; mais
cela suppose que tout repose encore sur le simple *consensus*, que rien n'est venu s'y ajouter, et que l'exécution n'a point déjà commencé de part ou d'autre,
autrement le rapport obligatoire ne pourrait plus,
solo consensu, se dissoudre complétement et à tous
égards.

Item per acceptilationem tollitur obligatio. Est autem acceptilatio imaginaria solutio. Quod enim ex verborum obligatione Titio
debetur, id si velit Titius remittere, poterit sic fieri, ut patiatur
hæc verba debitorem dicere : *Quod ego tibi promisi, habesne
acceptum?* Et Titius respondeat : *Habeo.* Sed et græce potest acceptum fieri, dummodo sic fiat, ut latinis verbis solet : ἔχεις
λαβὼν δηνάρια τόσα; ἔχω λαβών. Quo genere, ut diximus, tantum hæ obligationes solvuntur, quæ ex verbis consistunt, non
etiam cæteræ. Consentaneum enim visum est, verbis factam obligationem posse aliis verbis dissolvi. Sed id, quod ex aliis causis
debetur, potest in stipulationem deduci et per acceptilationem
dissolvi. § 1, I., III, 29, *Quibus modis obligatio tollitur.*

Est prodita stipulatio, quæ vulgo Aquiliana appellatur, per
quam stipulationem contingit, ut omnium rerum obligatio in stipulatum deducatur, et ea per acceptilationem tollatur. Stipulatio
enim Aquiliana novat omnes obligationes, et a Gallo Aquilio ita
composita est : *Quidquid te mihi ex quacunque causa dare facere
oportet, oportebit, præsens in diemve, quarumque rerum mihi
tecum actio, quæque abs te petitio, vel adversus te persecutio est
eritve, quodve tu meum habes, tenes, possidesve, dolove malo
fecisti, quo minus possideas, quanti quæque earum rerum res erit,
tantum pecuniam dari stipulatus est Aulus Agerius, spopondit
Numerius Negidius.* Item ex diverso Numerius Negidius interro-
gavit Aulum Agerium : *Quidquid tibi hodierno die per Aquilia-
nam stipulationem spopondi, id omne habesne acceptum?* Respondit Aulus Agerius : *Habeo, acceptumque tuli.* § 2, I., eod.

Præterea debitor, si pactus fuerit cum creditore, ne a se peteretur, nihilominus obligatus manet, quia pacto convento obligationes
non omnimodo dissolvuntur. Qua de causa efficax est adversus
eum actio, qua actor intendit : *Si paret, eum dare oportere.* Sed,
quia iniquum est, contra pactionem eum damnari, defenditur per
exceptionem pacti conventi. § 3, I., IV, 13, *De exceptionibus.*

Hoc amplius hæ obligationes, quæ consensu contrahuntur, contraria voluntate dissolvuntur. Nam, si Titius et Seius inter se consenserint, ut fundum Tusculanum emtum Sejus haberet centum aureorum, deinde, re nondum secuta, id est, neque pretio soluto, neque fundo tradito, placuerit inter eos, ut discederetur ab ea emtione et venditione, invicem liberantur. Idem est in conductione et locatione et in omnibus contractibus, qui ex consensu descendunt, sicut jam dictum est. § 4, I., III, 29, *Quib. mod. toll. obl.*

§ 157.

Autres modes d'extinction.

Une obligation peut encore s'éteindre par d'autres causes, tantôt *ipso jure*, tantôt *per exceptionem*.

Tel est le cas où les deux sujets nécessaires pour l'existence de l'obligation, le créancier et le débiteur, n'existent plus comme tels, soit que, par *confusio*, ils se soient réunis en une seule personne, soit que l'un des deux soit entièrement sorti, par sa mort, du rapport obligatoire. Régulièrement la mort du créancier ou du débiteur ne produit pas cet effet, puisque la créance, ainsi que la dette, passe à leurs héritiers, mais cela arrive exceptionnellement dans certaines obligations.

Tel est encore le cas où l'intérêt qu'avait originairement le créancier, disparaît complétement, et celui où l'objet de l'obligation cesse entièrement d'exister, etc.

LIVRE IV.

THÉORIE DES RAPPORTS DE FAMILLE, OU DROIT DE FAMILLE.

§ 158.

Aperçu général.

D'après les développements préliminaires que contient le § 81 ci-dessus, trois rapports juridiques composent ce qu'on appelle aujourd'hui le *droit de famille*, savoir le mariage, les relations entre les parents et les enfants, comprenant surtout la puissance paternelle, et enfin la tutelle et la curatelle. C'est dans cet ordre naturel qu'il en va être traité ici.

CHAPITRE PREMIER.

THÉORIE DU MARIAGE.

§ 159.

Notion du mariage.

Gai., *Comm.*, lib. i, § 108, *seq.*

Les Romains partent de ce point de vue que le germe brut du mariage, en tant qu'union des sexes, réside dans la nature animale de l'homme, dans ce *quod natura omnia animalia docuit*. Cependant ils ne méconnaissent point l'élément plus élevé, purement humain, qui sert de base au mariage ; ils le signalent au contraire très-nettement dans cette communauté de toute la vie qu'il a pour but d'établir entre un homme et une femme, et déclarent qu'il appartient à l'essence du mariage, même selon le *jus gentium*. Là se trouve le caractère universel de mariage, tel qu'il se rencontre partout. Mais son caractère distinctif, comme institution de droit dans les différentes législations positives, consiste souvent, soit dans certaines conditions, certains signes extérieurs, particulièrement déterminés, auxquels l'existence du mariage est juridiquement liée, soit dans certains effets propres qu'il produit.

Le droit romain ne reconnaissait, dans l'origine qu'une espèce de mariage de droit civil, désignée par les expressions synonymes de *nuptiæ, justæ nuptiæ, justum matrimonium*. Mais, en ayant égard à certains effets extérieurs, selon qu'ils étaient accidentellement joints au mariage, ou qu'ils ne l'étaient pas, on distinguait entre le mariage *cum conventione uxoris in manum mariti* et le mariage sans cette *conventio*. Faire de cela deux *espèces de mariage* entièrement distinctes est contraire à l'esprit du droit romain et conduit facilement à d'étranges méprises[1].

---

[1] L'auteur s'exprimait ainsi dans sa première édition : « Le droit romain connaissait, dès l'origine, ou au moins de très-bonne heure, deux espèces de mariage, toutes les deux appelées *justæ nuptiæ, justum matrimonium*, toutes les deux *juris civilis*, mais d'ailleurs essentiellement distinctes l'une de l'autre. C'étaient le mariage *cum conventione uxoris in manum mariti* et le mariage sans cette *conventio*. »

Sur quoi j'avais fait, dans une note de ma traduction, l'observation suivante : « Cette manière de voir, et l'expression de mariage rigoureux et mariage non rigoureux (*strenge und nicht strenge Ehe*) qui en découle, ne me semblent pas tout à fait exactes. Il n'y avait qu'une espèce de *justæ nuptiæ* pour les citoyens romains. La *conventio in manum* pouvait s'y joindre, soit au moment où le mariage était contracté, soit avant, soit après, ou ne pas s'y joindre du tout ; mais, que la femme fût *in manu* ou non, le mariage était toujours la même institution ; la femme pouvait même être *in manu* d'un autre que de son mari, quoique avec des conséquences moins étendues. »

M. Marezoll, qui, dans sa deuxième et sa troisième édition, avait

Il y avait dans tous deux même nature d'institution civile, et même base, le. mariage, partant mêmes conditions essentielles, l'existence du *connubium* ainsi que de l'*affectio maritalis*, du *consensus nuptialis*, et enfin deux effets principaux identiques, savoir, que la femme prend part au rang et à l'état de son mari, et que les enfants tombent sous la puissance paternelle de leur père ou de leurs ascendants paternels.

Ce qui les distinguait l'un de l'autre, c'était, indépendamment de quelques formes extérieures accidentelles, qu'on observait en les contractant, l'influence plus ou moins rigoureuse qu'ils exerçaient sur l'indépendance de la femme dans ses rapports avec le mari; car l'*uxor quæ in manum mariti convenit* devient soumise à la *manus mariti*, se trouve par là, vis-à-vis de son mari dans la position d'une *filiafamilias*, et sort ainsi de sa famille originaire pour entrer dans celle de son mari. Au contraire, dans le mariage sans *conventio*, la femme conserve complétement ses rapports de famille antérieurs.

Le choix entre le mariage rigoureux et le mariage non rigoureux dépendait principalement de la volonté des époux, ou bien, s'ils étaient *alieni juris*, de la volonté de la personne qui avait le mari sous sa puissance; mais cette volonté devait se manifester dans une certaine forme solennelle au moment où le mariage se contractait : cette forme était ou celle de la *coemptio*, ou celle de la *confarreatio*. Toute-

---

maintenu sa première rédaction, l'a modifiée dans la quatrième, comme on le voit ci-dessus. Je me félicite de voir que son opinion ainsi rectifiée ou expliquée est parfaitement d'accord avec la mienne. Malheureusement il n'a pas eu soin, dans le passage qui suit, de modifier ses expressions, de manière à les faire bien concorder avec cette explication.

(*Note du traducteur.*)

27

fois, un mariage originairement contracté sans *conventio*, ou contracté irrégulièrement à cet égard, pouvait ensuite, par la volonté des conjoints, et même par cela seul qu'ils n'y mettaient pas obstacle à dessein, se convertir, par *usus*, en mariage rigoureux. Preuve que les Romains considéraient alors la *conventio in manum mariti*, quoiqu'elle ne fût pas de l'essence du mariage, comme le rapport qui convenait le mieux, et que recommandait l'intérêt commun bien entendu des époux eux-mêmes. En effet, puisque au point de vue juridique de ce temps-là, toute femme, à raison de son sexe, devait être placée sous la protection d'un homme, la *manus mariti* paraissait être le mode de protection qui répondait le plus naturellement au but moral du mariage.

Dans le cours des temps, le mariage avec *conventio in manum mariti* devint de plus en plus rare ; il disparut enfin complétement sous le gouvernement impérial, sans qu'on puisse assigner plus exactement l'époque de cette disparition. Elle fut le résultat du concours de diverses circonstances historiques, et particulièrement de la décadence où tombèrent, on ne saurait le méconnaître, la pureté des mœurs et la vie de famille.

De ces deux formes du mariage, qui étaient strictement de droit civil, se distinguait essentiellement le mariage selon le *jus gentium*, dont les *peregrini* étaient également capables, mais qui ne produisait que les effets admis par le *jus gentium*.

Jus naturale est, quod natura omnia animalia docuit.... Hinc descendit maris atque fœminæ cunjunctio, quam nos matrimonium appellamus. Pr., I., 1, 2, *De jure naturali, gent. et civ.*

Nuptiæ autem sive matrimonium est viri et mulieris conjunctio, individuam vitæ consuetudinem continens. § 1, I., 1, 9, *De patria potest.*

Nuptiæ sunt conjunctio maris et fœminæ et consortium omnis vitæ, divini et humani juris communicatio. Modestin., fr. 1, D., xxiii, 2, *De ritu nuptiarum.*

Genus enim est *uxor*, ejus duæ formæ, una matrumfamilias, earum, quæ in manum convenerant, altera earum, quæ tantummodo uxores habentur. Cic., *Top.*, cap. 3.

Olim tribus modis in manum conveniebant : *usu, farreo, coemptione.*

Usu in manum conveniebat, quæ anno continuo nupta perseverabat. Nam velut annua possessione usucapiebatur, in familiam viri transibat, filiæque locum obtinebat. Itaque lege XII Tabularum cautum erat, si qua nollet eo modo in manum mariti convenire, ut quotannis trinoctio abesset atque ita usum cujusque anni interrumperet. Sed hoc totum jus partim legibus sublatum est, partim ipsa desuetudine obliteratum est.

Farreo in manum conveniunt per genus quoddam sacrificii... in quo farreus panis adhibetur; unde etiam confarreatio dicitur. Sed complura præterea, hujus juris ordinandi gratia, cum certis et solennibus verbis, præsentibus decem testibus, aguntur et fiunt. Quod jus etiam nostris temporibus in usu est.

Coemptione in manum conveniunt per mancipationem, id est per quamdam imaginariam venditionem, adhibitis non minus quam quinque testibus, civibus romanis, puberibus, item libripende, præter mulierem eumque cujus in manum convenit. Gai., *Comm.*, I, § 110-113.

§ 160.

Du *concubinatus.*

Dig., lib xxv, tit. 7, *De concubinis.*
Cod., lib. v, tit. 26, *De concubinis.*

Il peut arriver qu'un homme vive habituellement avec une femme sans qu'il y ait et même sans qu'il puisse légalement y avoir mariage.

Cette union sexuelle est souvent en elle-même illicite, même criminelle, à cause du *stuprum* ou *adulterium*, ou de l'*incestus* qu'elle renferme, et qui sont punis par la *lex Julia de adulteriis coercendis.*

Il n'y avait même, d'après l'ancien droit romain, aucun rapport sexuel, autre que le mariage, qui fût légalement reconnu comme licite. C'est seulement plus tard, sous l'empereur Auguste, qu'une relation de ce genre, le *concubinatus*, fut admise.

Ce *concubinatus* était une union sexuelle, permanente, non accompagnée de l'*affectio matrimonialis*, entre un homme non marié et une femme non mariée, union légalement permise, et entraînant certaines conséquences juridiques. Le concubinat reçut une détermination précise et un caractère juridique proprement dit, par la *lex Julia et Papia Poppæa*, dont les dispositions sur ce sujet se liaient étroitement à plusieurs autres buts politiques qu'Auguste cherchait à atteindre par cette loi *Julia*. Il visait particulièrement à combattre, d'une manière indirecte, la corruption des mœurs de cette époque.

Le *concubinatus* n'était pas, à la vérité, un mariage; il ne donnait à la concubine, qui n'était point regardée comme épouse, *uxor*, aucune participation à l'état et au rang de l'homme qui vivait avec elle, et ne plaçait pas les enfants, les *liberi naturales*, sous la puissance paternelle de celui qui les avait engendrés; mais il avait d'ailleurs diverses conséquences juridiques, tant pour les deux personnes vivant en concubinat que pour les enfants qui en étaient nés.

Sous les empereurs chrétiens, le *concubinatus* paraît moins favorisé; cependant on le retrouve encore sous Justinien, comme un rapport légalement autorisé.

Il ne faut pas confondre, avec les relations mentionnées jusqu'ici, le *contubernium*, l'union sexuelle d'une personne libre avec un esclave, ou de deux esclaves entre eux. En effet, quoique cette union, surtout quand elle avait lieu du consentement des deux maîtres, pût revêtir extérieurement la forme d'un mariage ou d'un *concubinatus*, elle n'avait pas pour les esclaves mêmes la nature d'un véritable rapport de droit.

Stuprum committit, qui liberam mulierem, consuetudinis causa, non matrimonii, continet, excepta videlicet concubina. Modestin., fr. 34, §1, D., xlviii, 3, *Ad leg. Juliam de adulteriis.*

Parvi autem refert, uxori an concubinæ quis leget, quæ ejus causa emta parata sunt; sane enim, nisi dignitate, nihil interest. Ulpianus, fr. 49, § 4, D., xxxii, *De legat.*

Eo tempore, quo quis uxorem habet, concubinam habere non potest. Concubina igitur ab uxore solo dilectu separatur. Paul., *Sent. recept.*, lib. ii, tit. 20.

Inter servos et liberos matrimonium contrahi non potest, contubernium potest. Paul., *Sent. rec.*, lib. ii, tit. 19, § 6.

§ 161.

Possibilité légale du mariage, ou *connubium*.

Inst., lib. i, tit. 10, *De nuptiis.*
Dig., lib. xxiii, tit. 2, *De ritu nuptiarum.*
Cod., lib. v, tit. 4, *De nuptiis.*

Il ne peut être question d'un mariage de droit civil que là où existe le *connubium*.

Or, ce *connubium* manque d'une manière absolue non-seulement à tous les esclaves, mais encore, à cause du caractère civil du mariage, à tous les hommes libres qui ne sont pas citoyens romains, à moins que le *connubium* ne leur ait été accordé comme une faveur particulière : *connubium concessum*. Il est aussi refusé, par des raisons tirées du but naturel du mariage, aux impubères et aux castrats.

Le *connubium* manque souvent, d'une manière relative, en ce sens que certaines personnes, quoique capables, chacune en particulier, de se marier, ne peuvent cependant, par certains motifs, se marier ensemble. Ces motifs sont, tantôt des motifs de pudeur, de décence, consacrés par la coutume ou par la loi, qui s'opposent au mariage entre proches parents ou alliés; tantôt divers autres motifs plus purement politiques.

Au nombre de ces derniers, il faut compter, dès les temps les plus reculés, certaine inégalité dans l'état des personnes. A la vérité, le *connubium*, qui n'existait pas d'abord entre les patriciens et les plébéiens, fut introduit par la *lex Canuleia* (an de Rome 311). Mais, sous Auguste, la *lex Julia et Papia Poppæa* apporta un nouvel empêchement au mariage, fondé sur certaines autres inégalités de condition, empêchement qui cependant ne mettait pas obstacle au *concubinatus*, et qui ne fut complétement supprimé que par Justinien.

La permission de contracter mariage, malgré l'absence du *connubium*, pouvait, même anciennement, être accordée à des particuliers, par voie de grâce ou de dispense; mais elle ne paraît pas, en somme, l'avoir été fréquemment. Elle ne le fut que très-rarement et très-tard, dans les cas où le mariage était défendu à raison d'un degré trop proche de parenté ou d'alliance.

Justum matrimonium est, si inter eos, qui nuptias contrahunt, connubium sit.... Connubium est uxoris jure ducendæ facultas. Connubium habent cives romani cum civibus romanis, cum latinis autem et peregrinis ita, si concessum sit. Cum servis nullum est connubium. ULPIAN., *Fragm.*, tit. V, § 4 et 5.

Justas autem nuptias inter se cives romani contrahunt, qui secundum præcepta legum coeunt, masculi quidem puberes, fœminæ autem viri potentes, sive patresfamilias sint, sive filiifamilias.

Ergo non omnes nobis uxores ducere licet. Nam quarumdam nuptiis abstinendum est. Inter eas enim personas, quæ parentum

liberorumve locum inter se obtinent, nuptiæ contrahi non possunt, veluti inter patrem et filiam, vel avum et neptem, vel matrem et filium, vel aviam et nepotem et usque ad infinitum. Et si
tales personæ inter se coierint, nefarias atque incestas nuptias
contraxisse dicuntur. Et hæc adeo ita sunt, ut quamvis per adoptionem parentum liberorumve loco sibi esse cœperint, non possint inter se matrimonio jungi, in tantum, ut etiam dissoluta
adoptione idem juris maneat. Itaque eam, quæ tibi per adoptionem filia, aut neptis esse cœperit, non poteris uxorem ducere,
quamvis eam emancipaveris.

Inter eas quoque personas, quæ ex transverso gradu cognationis junguntur, est quædam similis observatio, sed non tanta.
Sane enim inter fratrem et sororem nuptiæ prohibitæ sunt,
sive ab eodem patre eademque matre nati fuerint, sive ex alterutro eorum. Sed, si qua per adoptionem soror tibi esse cœperit,
quamdiu quidem constat adoptio, sane inter te eam nuptiæ consistere non possunt. Quum vero per emancipationem adoptio dissoluta sit, poteris eam uxorem ducere. Sed et si tu emancipatus
fueris, nihil est impedimento nuptiis... . Fratris vero, vel sororis
filiam uxorem ducere non licet. Sed nec neptem fratris, vel sororis ducere quis potest, quamvis quarto gradu sint; cujus enim
filiam uxorem ducere non licet, ejus neque neptem permittitur....
Item amitam, licet adoptivam, uxorem ducere non licet, item
materteram, quia parentum loco habentur. Qua ratione verum
est, magnam quoque amitam et materteram magnam prohiberi
uxorem ducere.

Adfinitatis quoque veneratione quarumdam nuptiis abstinere
necesse est. Ut ecce privignam aut nurum uxorem ducere non
licet, quia utræque filiæ loco sunt. Pr., § 1-6, I., 1, 10, *De
nuptiis*.

Lege Julia ita cavetur : *Qui senator est, quive filius, neposve ex
filio, proneposve ex filio nato cujus eorum est, erit, ne quis eorum
sponsam uxoremve sciens dolo malo habeto libertinam, aut eam,
quæ ipsa, cujusve pater materve artem ludicram facit, fecerit;
neque senatoris filia, neptisve ex filio, proneptisve ex nepote, filio
nato, nata, libertino, sive qui ipse cujusve pater materve artem ludicram facit, fecerit, sponsa nuptave sciens dolo malo esto, neve
quis eorum dolo malo sciens sponsam uxoremve eam habeto.* PAUL.,
fr. 44, pr., D., XXIII, 2, *De ritu nuptiar*.

§ 162.

Comment le mariage se contracte.

L'existence du *connubium* ne fait que rendre le mariage légalement possible entre certaines personnes. Le mariage existe réellement et actuellement, quand, sous la condition du *connubium*, il a été conclu, contracté.

Cette conclusion du mariage reposait, en général, sur la seule existence de l'*affectio maritalis,* d'après le principe *consensus facit nuptias.* Une formalité particulière n'était jamais requise pour la validité du mariage comme tel, mais seulement pour y introduire et y ajouter l'effet particulier de la *conventio in manum mariti* (voy. ci-dessus § 159).

Même dans le dernier état du droit romain, le mariage se contracte par le simple consentement; ce n'est qu'exceptionnellement que la rédaction par écrit de conventions matrimoniales, d'un acte dotal, *instrumenta*, *pacta dotalia,* est exigée pour la célébration de certains mariages, ou pour y attacher certains effets.

C'était, au contraire, une règle rigoureusement établie, dès les premiers temps, qu'un *filius* ou une *filiafamilias,* sauf un petit nombre de cas d'exception, ou plutôt d'adoucissements, déjà compris en partie dans la *lex Julia et Papia Poppæa,* ne pouvait pas contracter un mariage valable sans le consentement du père de famille. Il y a plus : d'après la rigueur originaire de la puissance paternelle, l'ascendant qui l'exerçait pouvait marier ses fils et filles de famille à son gré, sans les consulter.

Nuptiæ consistere non possunt, nisi consentiant omnes, id
est, qui coeunt, quorumque in potestate sunt.

Nuptias non concubitus, sed consensus facit. ULPIAN., fr. 30,
D., L, 17, *De reg. jur.*

Dum tamen filiifamilias et consensum habeant parentum,
quorum in potestate sunt. Nam hoc fieri debere, et civilis et naturalis ratio suadet in tantum, ut jussum parentis præcedere debeat. Unde quæsitum est, an furiosi filia nubere, aut furiosi
filius uxorem ducere possit? quumque super filio variabatur, nostra processit decisio, qua permissum est, ad exemplum filiæ furiosi, filium quoque posse, et sine patris interventu, matrimonium sibi copulare, secundum datum ex constitutione modum.
Pr., I., I, 10, *De nupt.*

§ 163.

Fiançailles, *sponsalia.*

Dig., lib. XXIII, tit. 1, *De sponsalibus.*
Cod., lib. V, tit. 1, *De sponsalibus et arrhis sponsalitiis et proxeneticis.*

Des fiançailles, *sponsalia*, servent ordinairement
de préparation, d'introduction au mariage; mais
elles ne sont point essentielles pour sa validité. Elles
ne constituent point une obligation juridique de contracter le mariage ainsi convenu, en ce sens qu'un
fiancé puisse contraindre l'autre à l'épouser. Chacun
des fiancés, au contraire, reste libre de dissoudre, à
son gré, les fiançailles, ce qui n'est qu'une conséquence logique du principe qu'un mariage même
déjà contracté peut cesser à volonté, par la renonciation d'un seul époux. Toutefois, celui qui conclut
de nouvelles fiançailles avant que les premières aient
été dissoutes encourt l'*infamia*, d'après l'édit du préteur. En outre, quand les fiancés se sont fait des présents en cette qualité, *arrha sponsalitia*, *ante nuptias donatio*, celui qui, sans motifs suffisants, donne
lieu à la dissolution des fiançailles est légalement

frappé de certaines pertes pécuniaires, consistant en
ce qu'il ne peut répéter ce qu'il a donné, tandis qu'il
est tenu de restituer le double de ce qu'il a reçu.

Sponsalia sunt mentio et repromissio nuptiarum futurarum.
FLORENTINUS, fr. 1, D., xxiii, 1, *De sponsalibus.*
Alii desponsatæ renuntiare conditioni et nubere alii non prohibentur. DIOCLET. et MAXIM., c. 1, C., v, 1, *De sponsal.*
Infamia notatur.... qui bina sponsalia in eodem tempore constituta habuerit. JULIAN., fr. 1, D., iii, 2, *De his qui notantur
infamia.*
Jubemus ut, vel.... in potestate patris degentes, vel ullo
modo proprii juris constituti tanquam futuri causa matrimonii
aliquid sibi ipsi, vel consensu parentum mutuo largiantur, si
quidem sponsus, vel parentes ejus sortiri filium noluerint uxorem, id, quod ab eo donatum fuerit, nec repetatur traditum,
et si quid apud donatorem resedit, ad sponsam et heredes ejus
summotis ambagibus transferatur. Quod si sponsa, vel is, in
cujus agit potestate, causam non contrahendi matrimonii præ-
buerit, tunc sponso ejusque heredibus, sine aliqua diminutione,
per condictionem, aut per utilem actionem in rem, redhibean-
tur. Quæ similiter observari oportet, et si ex parte sponsæ in
sponsum donatio facta sit. CONSTANTIN., c. 15, C., v, 3, *De
donat. ante nuptias.*

§ 164.

Effets du mariage en général.

Dig., lib. xxiv, tit. 1, *De donationibus inter virum et uxorem.*
Cod., lib. v, tit. 16, *De donationibus inter virum et uxorem et a paren-
tibus in liberos factis, et de ratihabitione.*
Dig., lib xxv, tit. 2, *Rerum amotarum.*
Cod., lib. v, tit. 21, *Rerum amotarum.*

Le *consortium totius vitæ*, qui, suivant le point de
vue des Romains, doit résulter de tout mariage, désigne une certaine association, une certaine unité
purement morale des personnes, et n'a trait immédiatement qu'à l'étroite communauté de vie des

époux entre eux, et à la participation de la femme
à l'état et au domicile du mari. L'idée d'une communauté de biens entre les conjoints est complétement étrangère à l'ancien comme au nouveau droit
romain. Cependant du but même du mariage, notamment de la réalisation de ce *vitæ consortium*, on
est inévitablement amené à conclure que le mariage
doit exercer, au moins indirectement, une influence
considérable, à plusieurs égards, sur les rapports
pécuniaires des époux.

La nature particulière de ces rapports entre les
époux dépendait principalement, dans les anciens
temps, de la question de savoir si la femme avait passé
ou non *in manum mariti*. Dans le premier cas, elle
était *filiæfamilias loco*, comme nous l'avons remarqué ci-dessus, § 159. En conséquence, elle était,
personnellement, dans une rigoureuse dépendance
vis-à-vis de son mari, et soumise à sa justice domestique. Toutefois le mari devait, à ce qu'il paraît,
dans les cas graves, convoquer une sorte de conseil
de famille, un *judicium propinquorum*. En outre,
la femme, devenait, comme *filiafamilias*, incapable d'avoir des biens à elle; car non-seulement
tous les biens qu'elle avait avant la *conventio* étaient
dévolus au mari, au moyen d'une *per universitatem
successio*, mais encore tous ceux qu'elle acquérait
depuis étaient acquis au mari.

Si, au contraire, le mariage avait eu lieu sans
conventio in manum, la femme restait dans ses relations de famille antérieures, conservait par conséquent, à l'égard de son mari, son indépendance personnelle, et ne se trouvait placée vis-à-vis de lui que
dans cet état de subordination que le *jus gentium* lui-
même prescrit, comme répondant au but moral du
mariage. Cette subordination avait lieu alors même

que la femme était, comme *filiafamilias,* sous la *patria potestas* de son père ou de son aïeul. Car, bien que cette puissance ne fût pas supprimée par le mariage de la femme, cependant ses effets rigoureux cessaient dès qu'ils entraient en collision avec les droits du mari comme tel. C'est ce qu'atteste le pouvoir qu'a le mari d'exercer l'*actio* (*interdictum*) *de uxore exhibenda et ducenda* même contre le *parens.* Si la femme était *sui juris* et partant capable d'avoir une fortune à elle, elle conservait pour elle ses biens propres, séparés de ceux de son mari. Cependant le mariage établissait certains rapports pécuniaires particuliers entre les époux, les uns toujours et nécessairement, les autres souvent et par suite de conventions spéciales.

En effet, 1° le mari doit nourrir et entretenir sa femme.

2° Nous rencontrons de très-bonne heure la prohibition rigoureuse et absolue des *donationes inter virum et uxorem.* Le besoin de cette prohibition ne se serait pas fait sentir dans le mariage avec *conventio in manum,* parce que la relation qui s'établissait alors rendait de telles donations juridiquement impossibles. Mais elle était, au contraire, fort importante dans les relations d'époux mariés sans *conventio in manum ;* elle était dictée par une très-judicieuse tendance du législateur à combattre dans son germe tout ce qui pouvait exercer une influence fâcheuse sur le caractère moral du mariage et favoriser un grossier égoïsme entre les époux. Plus tard cette prohibition fut adoucie et modifiée à plusieurs égards, surtout par un sénatus-consulte rendu sous Caracalla. Cependant elle s'est au fond maintenue en vigueur jusqu'au dernier état du droit sous Justinien.

3° C'est également à raison des égards mutuels,

de la tendresse, de l'indulgence que la nature morale du mariage prescrit aux époux, qu'on déclarait inadmissibles les actions du vol, *furtum*, proprement dît, dans le cas d'une soustraction commise par un époux envers l'autre. Toutefois on trouvait dans d'autres actions, moins compromettantes pour la réputation de l'époux coupable, le moyen d'empêcher qu'il ne conservât la chose dérobée. On avait même introduit pour le cas d'une soustraction faite en vue d'un divorce prochain une action particulière, *rerum amotarum actio*, produisant des effets particuliers contre l'époux divorcé auquel cette soustraction était imputée.

4° Le mariage fondait, dans quelques circonstances, des droits de succession réciproque entre les époux, comme nous le verrons en traitant du *droit de succession*.

5° Enfin, en vertu de conventions et de dispositions spéciales, certains biens peuvent prendre un caractère propre, former une sorte de patrimoine particulier en rapport immédiat avec le mariage. Ce résultat n'est pas la conséquence nécessaire du mariage, mais il n'est possible que par et dans le mariage. Nous voulons parler de la *dos* et de la *propter nuptias donatio*.

Si quam in manum ut uxorem receperimus, ejus res ad nos transeunt. GAI., *Comm.*, II, § 98.

Mulieres honore maritorum erigimus et genere nobilitamus, et forum ex eorum persona statuimus, et domicilia mutamus. Sin autem minoris ordinis virum postea sortitæ fuerint, priore dignitate privatæ, posterioris mariti sequentur conditionem. VALENT., THEODOS. et ARCAD., c. 13, C., XII, 1, *De dignitatibus*.

Immo magis de uxore exhibenda et ducenda pater etiam, qui filiam in potestate habet, a marito recte convenitur. HERMAGENIANUS, fr. 2, D., XLIII, 30, *De liberis exhibendis*.

Moribus apud nos receptum est, ne inter virum et uxorem

donationes valerent. Hoc autem receptum est, ne mutuato amore invicem spoliarentur, donationibus non temperantes, sed profusa erga se facilitate. ULPIAN., fr. 1, D., XXIV, 1, *De donat. inter vir. et uxorem.*

Hæc ratio ex Oratione imperatoris nostri Antonini electa est. Nam ita ait : Majores nostri inter virum et uxorem donationes prohibuerunt, amorem honestum solis animis æstimantes, famæ etiam conjunctorum consulentes, ne concordia pretio conciliari videretur, neve melior in paupertatem incideret, deterior ditior fieret. IDEM., fr. 3, pr., D., *eod.*

Inter virum et uxorem mortis causa donationes exceptæ sunt, quia in hoc tempus excurrit donationis eventus, quo vir et uxor esse desinunt. IDEM, fr. 9, § 2, et GAIUS, fr. 10, D., *eod.*

Ait Oratio (Antonini) : fas esse, eum quidem, qui donavit, pœnitere, heredem vero eripere, forsitan adversus voluntatem supremam ejus, qui donaverit, durum et avarum esse. ULPIAN., fr. 32, § 2, D., *eod.*

Rerum amotarum judicium singulare introductum est, adversus eam, quæ uxor fuit, quia non placuit, cum ea furti agere posse, quibusdam existimantibus, ne quidem furtum eam facere, ut Nerva, Cassio, quia societas vitæ quodammodo dominam eam faceret, aliis, ut Sabino et Proculo, furtum quidem eam facere, sicut filia patri faciat, sed furti non esse actionem constituto jure; in qua sententia et Julianus rectissime est. PAUL., fr. 1, D., XXIV, 2, *De actione rerum amotarum.*

§ 165.

La dot, *dos,* en particulier.

Dig., lib. XXIII, tit. 3, *De jure dotium; —* tit. 5, *De fundo dotali.*
Dig., lib. XXIV, tit. 3, *Soluto matrimonio dos quemadmodum petatur.*
Cod., lib. V, tit. 12, *De jure dotium; —* tit. 13, *De rei uxoriæ actione in ex stipulatu actionem transfusa, et de natura dotibus præstita; —* tit. 18, *Soluto matrimonio dos quemadmodum petatur; —* tit. 23, *De fundo dotali.*

La dot, *dos, res uxoria,* est le bien qui est donné ou assuré au mari par la femme, ou du moins pour la femme, en vue du mariage, *ad matrimonii onera ferenda.*

Elle suppose toujours un mariage valable, et, comme elle en seconde utilement le but essentiel, elle jouit de diverses faveurs légales.

Toutefois la constitution d'une dot n'est pas une condition absolue de la validité du mariage; elle tient plutôt à des conventions spéciales et à d'autres circonstances accidentelles.

Il y a cependant certaines personnes qui sont légalement tenues de constituer une dot convenable. Ce sont nommément, en vertu de la *lex Papia Poppæa*, ou plus généralement encore en vertu de quelques constitutions impériales, le père ou le grand-père légitime de la femme qui se marie. C'est une conséquence naturelle de ce fait que l'ascendant, *parens*, en mariant sa fille ou petite-fille, transporte au mari l'obligation de la nourrir qui pesait sur lui. La mère, en règle générale, n'est pas tenue de constituer une dot; cependant elle y est astreinte, dans quelques cas exceptionnels assez rares, depuis Dioclétien et Maximien, si ce n'est plus tôt.

La différence des personnes de qui provient la dot amène une division, qui n'est pas sans intérêt, en *profectitia* et *adventitia dos;* la *receptitia dos* n'est qu'une subdivision de cette dernière.

Il est indifférent, pour la notion générale de la dot, qu'elle soit constituée au moment où se contracte le mariage, ou avant, ou après, qu'elle le soit *inter vivos*, par la *datio*, la *promissio*, ou la *dictio* (remplacée plus tard par la *pollicitatio*), ou *mortis causa*, par une disposition testamentaire; enfin qu'elle soit plus ou moins considérable, et composée de tels ou tels biens. Seulement toutes ces circonstances peuvent, à d'autres égards, devenir importantes pour l'appréciation plus spéciale du rapport de droit ainsi établi.

Il est de l'essence de la dot, au point de vue romain, qu'elle passe dans la propriété, ou au moins dans les biens du mari, pour toute la durée du mariage, quoiqu'elle provienne directement ou indirectement de la femme, et que, par sa destination, elle intéresse également la femme. En conséquence, le mari exerce, sur les biens dotaux, tous les droits d'un propriétaire, et cela sans le concours de la femme.

Celle-ci ne peut pas, même quand la dot est venue directement d'elle, en exiger, avant la dissolution du mariage, la restitution, ni même simplement l'administration, excepté quand le mari tombe en déconfiture.

Il y a plus : le mari ne peut pas, sauf certains cas d'exception, rendre spontanément la dot à sa femme avant cette époque : cela semblerait une donation défendue entre époux.

D'un autre côté, le droit qui appartient au mari comme propriétaire et comme administrateur est considérablement limité, soit médiatement par la destination de la dot, soit immédiatement par la défense, introduite d'abord par la *lex Julia de adulteriis* et étendue plus tard, sous plusieurs rapports, par Justinien, d'aliéner ou d'hypothéquer le *fundus dotalis*, défense qui n'est même pas levée par le consentement que la femme accorderait spécialement[1].

Si la dot, durant le mariage, fait toujours partie des biens du mari, il résulte de sa définition même et de son but que les droits du mari sur cette dot finissent régulièrement avec le mariage lui-même. A

---

[1] C'est le dernier état du droit, sous Justinien. Avant lui le consentement de la femme validait l'aliénation, mais non la constitution d'hypothèque. (*Note du traducteur.*)

la vérité, la dot ne revient pas d'elle-même, à l'instant même de la dissolution du mariage dans la propriété de la femme ou de celui qui l'a constituée, mais le mari ou ses héritiers sont obligés à restituer cette dot, qui a désormais rempli sa destination.

Cette restitution, dans le dernier état du droit romain, est faite régulièrement à la femme ou à ses héritiers, et exceptionnellement au père de la femme (*profectitia dos*), ou au tiers qui, lors de la constitution de la dot, s'en est expressément réservé le retour, *receptio* (*receptitia dos*).

Du reste, la question de savoir si le mari doit rendre les choses mêmes qu'il a reçues en dot, ou leur estimation, dépend en partie de la nature de ces choses, en partie des conventions antérieurement intervenues à ce sujet.

Pour assurer à la femme son droit à la restitution future de la dot, non-seulement tous les biens de son mari, y compris les choses dotales elles-mêmes, lui sont hypothéqués tacitement, même pendant le mariage, mais cette hypothèque légale est, en outre, particulièrement privilégiée.

L'action par laquelle la dot est redemandée *soluto matrimonio* était, avant Justinien, en règle générale, la *rei uxoriæ actio*, et par exception l'*ex stipulatu actio*, lorsque la restitution avait été promise par stipulation; la première était *bonæ fidei*, la seconde *stricti juris*, et elles différaient encore entre elles à d'autres égards.

Mais Justinien a fondu ensemble les deux actions, au moins en faveur de la femme et de son père, de telle manière que l'*actio ex stipulatu* doit toujours avoir lieu même quand il n'est intervenu aucune stipulation. En outre, cette *actio ex stipulatu* de nouvelle création doit être pourvue de tous les avantages de l'*actio rei uxoriæ* et être en conséquence *bonæ fidei*, contrairement à la nature ordinaire de la stipulation [1].

Dotis appellatio non refertur ad ea matrimonia, quæ consistere non possunt. Neque enim dos sine matrimonio esse potest. Ubicunque igitur matrimonii nomen non est, nec dos est. ULPIAN., fr. 3, D., XXIII, 3, *De jure dot.*

Ibi dos esse debet, ubi onera matrimonii sunt. PAUL., fr. 56, § 1, D., *eod.*

Reipublicæ interest, mulieres dotes salvas habere, propter quas nubere possunt. PAUL., fr. 2, D., *eod.*

Dos aut datur, aut dicitur, aut promittitur. Dotem dicere potest mulier, quæ nuptura est, et debitor mulieris, si jussu ejus dicat institutus, parens mulieris virilis sexus per virilem sexum cognatione junctus, velut pater, avus paternus. Dare, promittere dotem omnes possunt.

Dos aut profectitia dicitur, id est, quam pater mulieris dedit, aut adventitia, id est, ea, quæ a quovis alio data est. ULPIAN., *Fragm.*, tit. VI, § 1-3.

Si pater pro filia emancipata dotem dederit, profectitiam nihilominus dotem esse, nemini dubium est, quia non jus potestatis, sed parentis nomen dotem profectitiam facit; sed ita demum, si ut parens dederit. Cæterum si, quum deberet filiæ, voluntate ejus dedit, adventitia est. ULPIAN., fr. 5, § 11, D., XXIII, 3, *De jure dot.*

Neque enim leges incognitæ sunt, quibus cautum est, omnino paternum esse officium, dotem, vel ante nuptias donationem pro sua dare progenie. JUSTINIANUS, c. 7, C., V, 11, *De dot. promiss.*

Neque mater pro filia dotem dare cogitur, nisi ex magna et probabili causa, vel lege specialiter expressa neque pater de bonis uxoris suæ invitæ ullam dandi habet facultatem. DIOCLET. et MAXIM., c. 14, C., V, 12, *De jure dot.*

---

[1] Ajoutez que Justinien, regardant la femme comme ayant conservé la propriété *naturelle* des choses dotales, quoique la propriété *civile* ait été transférée au mari, lui accorde une action réelle utile. Elle peut donc agir ou comme créancière hypothécaire privilégiée, ou comme propriétaire.   (*Note du traducteur.*)

Si res in dotem dentur, puto, in bonis mariti fieri. Paul., fr. 7, § 3, D., xxiii, 3, *De jure dote.*

Accidit aliquando, ut, qui dominus sit, alienare non possit, et contra, qui dominus non sit, alienandæ rei potestatem habeat. Nam dotale prædium maritus invita muliere per legem Juliam prohibetur alienare, quamvis ipsius sit, dotis causa ei datum. Quod nos, legem Juliam corrigentes, in meliorem statum deduximus. Quum enim lex in solis tantummodo rebus locum habebat, quæ italicæ fuerant, et alienationes inhibebat, quæ invita muliere fiebant, hypothecas autem earum rerum, etiam volente ea, utrique remedium imposuimus, ut etiam in eas res, quæ in provinciali solo positæ sunt, interdicta sit alienatio vel obligatio, et neutrum eorum neque consentientibus mulieribus procedat, ne sexus muliebris fragilitas in perniciem substantiæ earum convertatur. Pr., I., ii, 8, *Quibus alienare licet, vel non.*

Soluto matrimonio solvi mulieri dos debet. Ulpian., fr. 2, D., xxiv, 3, *Soluto matrim.*

Jure succursum est patri, ut, filia amissa, solatii loco cederet, si redderetur ei dos ab ipso profecta, ne et filiæ amissæ, et pecuniæ damnum sentiret. Alexand., c. 4, C., v, 18, *Soluto matrim.*

Quoties res æstimatæ in dotem dantur, maritus dominium consecutus summæ velut pretii debitor efficietur. Si itaque non convenit, ut soluto matrimonio restituerentur, et jure æstimatæ sunt, retinebit eas, si pecuniam tibi offerat. Idem, c. 5, C., v, 12, *De jure dot.*

Res in dotem datæ, quæ pondere, numero, mensura constant, mariti periculo sunt, quia in hoc dantur, ut eas maritus ad arbitrium suum distrahat et quandoque, soluto matrimonio, ejusdem generis et qualitatis alias restituat, vel ipse, vel heres ejus. Gai., fr. 42, D., xxiii, 3, *De jure dot.*

In rebus dotalibus virum præstare oportet tam dolum, quam culpam, quia causa sua dotem accipit; sed etiam diligentiam præstabit, quam in suis rebus exhibet. Paul., fr. 17, pr., D., *eod.*

Fuerat ante et rei uxoriæ actio una ex bonæ fidei judiciis. Sed, quum pleniorem ex stipulatu actionem invenientes, omne jus, quod res uxoria ante habebat, cum multis divisionibus, in ex stipulatu actionem, quæ de dotibus exigendis proponitur, transtulimus, merito, rei uxoriæ actione sublata, ex stipulatu, quæ pro ea introducta est, naturam bonæ fidei judicii tantum in exactione dotis meruit, ut bonæ fidei sit. Sed et tacitam ei dedimus hypothecam; præferri autem aliis creditoribus in hypothecis tunc censuimus, quum ipsa mulier de dote sua experiatur, cujus solius providentia hoc induximus. § 29, I., IV, 6, *De action.*

§ 166.

La *donatio propter nuptias.*

Cod., lib. V, tit. 3, *De donatione ante nuptias vel propter nuptias.*

Non-seulement le fiancé pouvait donner quelque chose à sa fiancée avant le mariage, attendu qu'elle n'était pas encore sa femme, mais ces dons étaient même d'usage lors de la conclusion des fiançailles : cela s'appelait *arrha sponsalitia, donatio ante nuptias.* Si le mariage convenu était ensuite réellement contracté, la femme conservait dans ses biens la chose qui lui avait été ainsi donnée avant le mariage.

A cette institution de l'*ante nuptias donatio* qu'ils avaient trouvée établie, Justin et plus complétement encore Justinien rattachèrent, d'une manière un peu étrange, une institution toute différente, entièrement de leur création. D'après eux, le mari, ou celui sous la puissance duquel il est placé, peut, et même doit, quand il y a eu constitution d'une dot, constituer à la femme, comme contre-partie ou pendant de la dot, comme contre-dot, *antipherna,* une certaine quantité de biens, et même une quantité égale à la dot. Ces biens, qui ont une destination semblable à celle de la dot, savoir de préserver du besoin la femme et les enfants, si le mari tombe en déconfiture, sont administrés par le mari, mais forment, durant le mariage, un patrimoine séparé appartenant à la femme, et doivent lui être délivrés par le mari, dans certains cas, particulièrement quand il

s'ouvre un concours entre les créanciers du mari.
Du reste, cette contre-dot, *antipherna*, pouvant et
devant être constituée, comme la dot elle-même, non-
seulement avant, mais encore lors du mariage et
même après, Justinien déclara qu'elle ne s'appellerait plus *ante nuptias donatio*, mais *propter nuptias donatio*.

Si a sponso rebus sponsæ donatis, interveniente osculo, ante
nuptias hunc vel illam mori contigerit, dimidiam partem rerum
donatarum ad superstitem pertinere præcipimus, dimidiam ad
defuncti, vel defunctæ heredes, cujuslibet gradus sint et quocunque jure successerint, ut donatio stare pro parte dimidia, et
resolvi pro parte dimidia videatur. Osculo vero non interveniente, sive sponsus, sive sponsa obierit, totam infirmari donationem et donatori sponso, vel heredibus ejus restitui. Quod si
sponsa interveniente osculo, donationis titulo, quod raro accidit,
fuerit aliquid sponso largita, et ante nuptias hunc vel illam mori
contigerit, omni donatione infirmata, ad donatricem sponsam,
sive ejus successores donatarum rerum dominium transferatur.
Constantin., c. 16, C., v, 3, *De donationibus ante nuptias*.

Est et aliud genus inter vivos donationum, quod veteribus
quidem prudentibus penitus erat incognitum, postea autem a
junioribus divis principibus introductum est, quod ante nuptias
vocabatur et tacitam in se conditionem habebat, ut tunc ratum
esset, quum matrimonium fuerit insecutum; ideoque ante nuptias
appellabatur, quod ante matrimonium efficiebatur et nusquam
post nuptias celebratas talis donatio procedebat. Sed primus quidem divus Justinus, pater noster, quum augeri dotes et post nuptias fuerat permissum, si quid tale evenerit, etiam ante nuptias
donationes augeri et constante matrimonio sua constitutione per-
misit. Sed tamen nomen inconveniens remanebat, quum ante
nuptias quidem vocabatur, post nuptias autem tale accipiebat
incrementum. Sed nos plenissimo fini tradere sanctiones cupientes, et consequentia nomina rebus esse studentes, constituimus,
ut tales donationes non augeantur tantum, sed et constante matrimonio initium accipiant, et non ante nuptias, sed propter
nuptias vocentur, et dotibus in hoc exæquentur, ut, quemadmodum dotes et constante matrimonio non solum augentur, sed
etiam fiunt, ita et istæ donationes, quæ propter nuptias introductæ sunt, non solum antecedant matrimonium, sed etiam eo

oontracto et augeantur et constituantur. § 3, I., II, 7, *De dona-tionibus*.

§ 167.

Conventions matrimoniales.

Dig., lib. XXIII, tit. 4, *De pactis dotalibus*.
Cod., lib. V, tit. 14, *De pactis conventis tam super dote quam super do-natione ante nuptias et paraphernis.*

Il est libre aux époux de faire, avant, pendant ou après la conclusion du mariage, des conventions spéciales sur leurs rapports matrimoniaux futurs, particulièrement sur leurs rapports pécuniaires, pour fixer les règles qui les régiront durant le mariage ou lors de sa dissolution. Ce sont les *pacta nuptialia*, souvent aussi appelés *pacta dotalia*, parce que d'ordinaire ces conventions concernent principalement la dot et la donation *propter nuptias* faite à la femme à cause de la dot; cependant elles contiennent sonvent aussi des dispositions touchant les biens paraphernaux, *bona paraphernalia*, ou *receptitia*, de la femme. Ces biens ne passent pas de droit au mari, et n'ont pas de trait direct au mariage; mais l'administration peut néanmoins en être confiée par la volonté de la femme au mari à divers titres. Les pactes nuptiaux ne doivent rien contenir de contraire aux bonnes mœurs et au but essentiel du mariage.

Hac ege decernimus, ut vir in his rebus, quas extra dotem mulier habet, quas Græci *parapherna* dicunt, nullam uxore prohibente habeat communionem, ne aliquam ei necessitatem imponat. Quamvis enim bonum erat, mulierem, quæ se ipsam marito committit, res etiam ejusdem pati arbitrio gubernari; attamen, quoniam conditores legum æquitatis convenit esse fautores, nullo modo, ut dictum est, muliere prohibente, virum

in paraphernis se volumus immiscere. THEODOS. et VALENTIN.,
c. 8, C., v, 14, *De pactis conventis tam super dote, cæt.*

Illud convenire non potest, ne de moribus agatur, vel plus,
vel minus exigatur, ne publica coercitio privata pactione tollatur.
Ac ne illa quidem pacta servanda sunt, ne ob res donatas, vel
amotas ageretur, quia altero pacto ad furandum mulieres invi-
tantur, altero jus civile impugnatur. PAUL., fr. 5, D., xxiii, 4,
De pactis dotalibus.

§ 168.

Dissolution du mariage en général; divorce en particulier.

Dig., lib. xxiv, tit. 2, *De divortiis et repudiis.*
Cod., lib. v, tit. 17, *De repudiis et judicio de moribus sublato.*

La dissolution d'un mariage arrive souvent *ipso
jure*, d'elle-même, savoir, par la mort de l'un des
deux époux, ou par la cessation du *connubium* qui
existait dans le principe.

Mais, même du vivant des deux époux et malgré
la persistance du *connubium*, le mariage peut être
dissous par le divorce, *divortium*, c'est-à-dire par la
renonciation mutuelle, ou même unilatérale, des
époux eux-mêmes.

De tout temps le divorce fut permis chez les Romains, tant dans le mariage avec *conventio in manum* que dans le mariage sans *conventio*.

Cependant il est possible que dans le premier les
droits du mari, à cet égard, aient été originairement beaucoup plus forts; mais plus tard, à ce qu'il
paraît, la femme put aussi exiger le divorce.

Quant au mariage sans *conventio*, qui est seul
resté en usage dans le nouveau droit, sa formation
dépendant uniquement de l'existence de la *conju-
galis affectio*, sa durée dépendait également de la
persévérance de cette *affectio*.

En conséquence, la déclaration de divorce, la répudiation, était également permise aux deux époux, et
primitivement la liberté de divorcer n'était restreinte que par les sentiments de moralité personnels aux époux, sans aucune intervention directe de
l'autorité publique, sans aucun empêchement légal.
Ce qu'on dit d'une loi de Romulus qui aurait menacé
d'une peine le divorce injuste est au moins très-
hasardé. Seulement, de tout temps les *filiifamilias*
eurent besoin, pour divorcer, du consentement de
leur ascendant.

Néanmoins, pendant longtemps on n'abusa point
du divorce. Ce fut seulement lorsque, à la fin de la
république et au commencement de l'empire, la corruption des mœurs fut devenue générale dans Rome,
ce fut seulement alors que se fit sentir le besoin de
rendre, au moins indirectement, le divorce plus
difficile. De là les dispositions légales qui infligent
des peines pécuniaires à celui qui y aura donné lieu
par sa mauvaise conduite. Telles sont certaines
prescriptions de la *lex Papia Poppæa*, les *retentiones
ex dote*, le *judicium morum*, etc.

Mais, comme ces mesures furent reconnues, par
l'expérience, insuffisantes pour obvier au mal, les
empereurs postérieurs, nommément Justinien, les
abolirent et y substituèrent de nouvelles peines, dont
quelques-unes étaient beaucoup plus sévères. Elles
sont applicables non-seulement à l'époux qui, par
sa mauvaise conduite, fournit une juste occasion de
divorce, ou qui signifie la répudiation spontanément, sans juste cause, mais encore aux deux époux,
quand, sans motifs légitimes suffisants, ils se séparent d'un commun accord, *bona gratia*.

Ces peines, consistaient en des pertes pécuniaires,
différentes suivant les circonstances, mais tou-

jours considérables. La femme coupable perdait sa dot, le mari coupable perdait la *propter nuptias donatio*, au profit du conjoint innocent ou des enfants du mariage; tous les deux perdaient le quart de tous leurs biens, s'il n'y avait pas eu de constitution de dot ou de *propter nuptias donatio*. Souvent le coupable était aussi frappé de peines criminelles très-sévères.

Mais, dans tous les cas, malgré ces punitions, le divorce resta toujours entièrement abandonné à la libre volonté des époux. Seulement, pour en assurer la preuve, dès une époque assez ancienne, peut-être par la *lex Julia de adulteriis*, il avait été ordonné que la renonciation au mariage se ferait dans une forme épistolaire, exactement déterminée; mais ce n'était toujours qu'une forme purement privée. La répudiation était notifiée à l'autre époux par un affranchi de l'époux répudiant, en présence de sept témoins, citoyens romains, mâles, pubères. Le but de cette notification était de bien constater le fait du divorce, à cause des nombreuses conséquences juridiques qui s'y rattachaient.

Retentiones ex dote fiunt, aut propter liberos, aut propter mores..... Propter liberos retentio fit, si culpa mulieris, aut patris, cujus in potestate est, divortium factum sit. Tunc enim singulorum liberorum nomine sextæ retinentur ex dote, non plures tamen, quam tres sextæ in retentione sunt, non in petitione. Morum nomine, graviorum quidem sexta retinetur, leviorum autem octava. Graviores mores sunt adulteria tantum, leviores omnes reliqui. Mariti mores puniuntur in ea quidem dote, quæ annua, bima, trima die reddi debet, ita : propter majores mores præsentem dotem reddit, propter minores senum mensum die. In ea autem, quæ præsens reddi solet, tantum ex fructibus jubetur reddere, quantum in illa dote, quæ triennio redditur, repræsentatio facit. ULPIANUS, *Fragm.*, tit. VI, § 9, 10, 12 et 13.

Nullum divortium ratum est, nisi septem civibus romanis pu-

beribus adhibitis, præter libertum ejus, qui divortium faciet.
Paul., fr. 9, D., xxiv, 2, *De divortiis.*

In repudiis autem, id est renuntiatione, comprobata sunt hæc
verba : *tuas res tibi habeto;* item hæc : *tuas res tibi agito.* Gai.,
fr. 2, § 1, D., *eod.*

§ 169.

Seconds et subséquents mariages.

Cod., lib. v, tit. 9, *De secundis nuptiis;* — tit. 10, *Si secundo nupserit
mulier.*

Le droit romain permit de tout temps, malgré la
nature strictement monogamique du mariage, de
contracter un second ou subséquent mariage après
la dissolution du précédent. Cependant on regardait
toujours comme plus convenable, du moins pour la
femme, de ne pas se remarier [1]. Dans tous les cas,
la femme devait, avant la dissolution du mariage,
attendre un an, ce qu'on appelle l'année de deuil,
avant de procéder à un second mariage, afin d'éviter
la *turbatio sanguinis,* qui compromet si gravement
la sûreté des rapports de famille; autrement elle
s'exposait à l'infamie et à des pertes pécuniaires considérables. Enfin, quand il existait des enfants du
premier mariage, par égard pour ceux-ci, le second
mariage, même celui du père, n'était pas, en général,
favorisé.

Par là s'explique l'introduction successive des
pœnæ secundarum nuptiarum. On appelle ainsi aujourd'hui les peines pécuniaires infligées par les lois,

---

[1] Il paraît pourtant qu'à l'époque de la loi Julia les précautions prises
pour assurer la conservation et la restitution de la dot avaient surtout
pour but de faciliter à la femme un nouveau mariage.

(Note du traducteur.)

le plus souvent au profit des enfants du premier
lit, à l'époux qui convole en secondes noces, tantôt
au mari comme à la femme, tantôt seulement à la
femme.

Etsi talis sit maritus, quem more majorum lugeri non oportet, non posse eam nuptum intra legitimum tempus collocari.
Prætor enim ad id tempus se retulit, quo vir elugeretur, qui
solet elugeri, propter turbationem sanguinis. Pomponius eam,
quæ intra legitimum tempus partum ediderit, putat, statim posse
se nuptiis collocare; quod verum puto. ULPIAN., fr. 11, § 1 et
2, D., III, 2, *De his qui notantur infamia.*

Uxores viri lugere non compellentur. PAUL., fr. 9, D., *eod.*

Si qua mulier nequaquam luctus religionem priori viro nuptiarum festinatione præstiterit, ex jure quidem novissimo sit infamis; præterea secundo viro ultra tertiam partem bonorum in
dotem non det, neque ei ex testamento plus, quam tertiam partem relinquat. Omnium præterea hereditatum, legatorum, fideicommissorum, suprema voluntate relictorum, mortis causa donationum sit expers.

Eamdem quoque mulierem, infamem redditam, hereditates ab
intestato, vel legitimas, vel honorarias non ultra tertium gradum
sinimus vindicare. GRAT., VAL. et THEODOS., c. 1, C., V, 9, *De
secundis nuptiis.*

§ 170.

Célibat.

Le célibat, quand l'âge permet déjà ou permet
encore décemment le mariage, n'a jamais passé pour
convenable et digne; il attirait même assez souvent, lorsqu'on paraissait y persister par de mauvais motifs, une réprimande des censeurs. Mais ce
ne fut que par la *lex Julia et Papia Poppæa,* sous
Auguste, que furent portées, contre les *cælibes,* des
peines particulières, consistant en des pertes d'a-
vantages pécuniaires. Toutefois, Constantin abolit
ces peines du *cælibatus.* (Voy. ci-après, dans le *Droit
de succession,* la *théorie de la caducité.*)

CHAPITRE II.

THÉORIE DES RAPPORTS ENTRE ASCENDANTS ET DESCENDANTS, ET DE LA PUISSANCE PATERNELLE EN PARTICULIER.

§ 171.

Rapports généraux entre les parents et les enfants.

Dig., lib. xxv, tit. 3, *De agnoscendis et alendis liberis, vel parentibus, vel patronis, vel libertis.*
Dig., lib. xxv, tit. 4, *De inspiciendo ventre custodiendoque partu.*
Dig., lib. xxxvii, tit. 15, *De obsequiis parentibus et patronis præstandis.*

Ce rapport juridique naturel, fondé sur le *jus gentium* lui-même, entre les parents et les enfants, rapport en harmonie avec les besoins de l'éducation et avec d'autres buts, la plupart moraux, de la vie de famille, est aussi reconnu par les Romains.

Seulement, pour qu'il produise ses effets, il faut que la filiation soit *certaine*.

La mère d'un enfant est la femme qui l'a mis au monde, et ce fait n'est juridiquement susceptible d'aucun doute : *mater semper certa est*. En conséquence, non-seulement les enfants nés dans le mariage, *legitimi*, mais encore les enfants nés hors mariage, *illegitimi*, ont juridiquement une mère et des parents maternels, et le rapport est ici au fond le même dans les deux cas.

Au contraire, par une conséquence strictement logique du point de vue des Romains, une pareille certitude juridique de la génération et de la qualité d'ascendant n'existe, relativement au père, que quand, au moment de la conception de ces enfants, il vivait en état de mariage régulier avec leur mère, et que les enfants se rattachent ainsi à lui, comme issus de son mariage : *pater est, quem nuptiæ demonstrant.* La présomption légale rigoureuse de paternité établie sur cette base est, du reste, dans le droit romain, très-judicieusement appuyée et favorisée par quelques autres présomptions qui s'y lient étroitement. Ces présomptions portent sur le point, souvent douteux en fait, de savoir si, au temps de la conception de l'enfant, la mère était déjà ou était encore en état de légitime mariage. Les enfants conçus hors mariage n'ont juridiquement ni père, ni parents paternels. Les discussions sur ces sortes de rapports de famille doivent souvent être préalablement décidées au moyen d'un *præjudicium.* Les enfants ont, à cet effet, contre leurs ascendants, pour obtenir d'être juridiquement reconnus, une *actio de liberis agnoscendis et alendis,* et en particulier contre leur père, l'*actio de partu agnoscendo.*

D'un autre côté, le *senatusconsultum Plancianum* et l'édit du préteur ont prescrit diverses mesures pour prévenir, soit la supposition, soit la suppression de part.

Ce rapport de droit entre les parents et les enfants une fois juridiquement reconnu n'entraîne pas seulement le droit et le devoir d'élever et de nourrir les enfants, mais encore d'autres effets qui durent au delà du premier âge. Tels sont notamment l'*obsequium* et la *reverentia,* que les enfants doivent pendant toute leur vie à leurs parents. Ces effets, aux yeux des Romains, se rattachaient comme une conséquence nécessaire, non-seulement au but moral de la vie de famille, mais encore à la nature juridique des relations entre ascendants et descendants.

Semper certa est (mater), etiamsi vulgo conceperit. Pater vero is est, quem nuptiæ demonstrant. PAUL., fr. 5, D., ii, 4, *De in jus vocando.*

Filium enim definimus, qui ex viro et uxore ejus nascitur. Sed, si fingamus, abfuisse maritum, verbi gratia, per decennium, reversum anniculum invenisse in domo sua, placet nobis Juliani sententia, hunc non esse mariti filium. Non tamen ferendum, Julianus ait, eum, qui cum uxore sua assidue moratus nolit filium agnoscere, quasi non suum. Sed mihi videtur, quod et Scævola probat, si constet, maritum aliquandiu cum uxore non concubuisse, infirmitate interveniente, vel alia causa, vel si ea valetudine paterfamilias fuit, ut generare non possit, hunc, qui in domo natus est, licet vicinis scientibus, filium non esse. ULPIANUS, fr. 6, D., 1, *De his, qui sui vel alieni juris sunt.*

Septimo mense nasci perfectum partum, jam receptum est propter auctoritatem doctissimi viri Hippocratis. Et ideo credendum est, eum, qui ex justis nuptiis septimo mense natus est, justum filium esse. PAUL., fr. 12, D., i, 5, *De statu hominum.*

Post decem menses mortis natus non admittetur ad legitimam hereditatem. ULPIAN., fr. 3, § 11, D., xxxviii, 16, *De suis et legitim. hered.*

Ii, qui ex eo (illicito) coitu nascuntur, in potestate patris non sunt, sed tales sunt, quantum ad patriam potestatem pertinet, quales sunt ii, quos mater vulgo concepit. Nam nec hi patrem habere intelliguntur, quum et his pater incertus sit. Unde solent spurii appellari, παρὰ τὴν σπορὰν, id est, a satione, et ἀπάτορες, quasi sine patre filii. § 12, I., i, 10, *De nuptiis.*

Si vel parens neget filium, idcircoque alere se non debere contendat, vel filius neget parentem, summatim judices oportet de ea re cognoscere. Si constiterit, filium vel parentem esse, tunc ali jubebunt; cæterum si non constiterit, nec decernent alimenta. ULPIAN., fr. 5, § 8, D., xxv, 3, *De agnoscend. et alendis liberis.*

Pietatem liberi parentibus.... debent. TRYPHONIUS, fr. 10, D., xxxvii, 15, *De obsequiis parentibus et patr. præst.*

Sed nec famosæ actiones adversus eos dantur, nec hæ quidem, quæ doli, vel fraudis habent mentionem. ULPIAN., fr. 5, § 1, D., *eod.*

§ 172.

Privation d'enfants, *orbitas.*

De tout temps, chez les Romains, on regarda, comme honorable dans la vie civile, d'avoir des enfants issus d'un mariage. Bien plus, depuis la *lex Julia et Papia Poppæa,* à l'éducation ou à la naissance d'un certain nombre, fixé selon le rang et le lieu de la résidence, d'enfants issus du mariage, étaient attachés comme récompenses certains avantages, *jura liberorum.* Réciproquement cette même loi *Julia* avait infligé à ceux qui n'avaient pas d'enfants, *orbi,* certaines pertes pécuniaires considérables, peines que supprimèrent, Constantin d'abord, et plus complétement encore Justinien.

§ 173.

La puissance paternelle.

Inst., lib. i, tit. 9, *De patria potestate.*
Dig., lib. i, tit. 6, *De his qui sui vel alieni juris sunt.*
Cod., lib. viii, tit. 47, *De patria potestate.*

A côté de ce rapport établi par le *jus gentium* entre les parents et les enfants, les Romains connaissaient encore la *patria potestas* qui remontait au plus ancien droit civil. Cette puissance paternelle était un tout autre rapport, différant complétement du premier quant à sa formation, à son but et à sa durée, un rapport beaucoup plus rigoureux, un droit de domination, *jus,* de l'ascendant paternel mâle, sur ses descendants immédiats ou médiats, proches ou éloignés, les *filiifamilias,* ou *filiæfamilias,* droit de domination qui coïncidait ordinairement, mais non toujours et nécessairement, avec le lien naturel d'ascendant; puisque ce dernier pouvait exister sans le premier, comme aussi le premier pouvait se rencontrer, au moyen d'une fiction, sans avoir pour base la relation naturelle de paternité.

Ce qui donne un si grand intérêt à cette institution de la puissance paternelle, c'est qu'elle était la base sur laquelle reposait originairement tout l'ensemble de la vie de famille des Romains, l'agnation avec les nombreux et intéressants rapports juridiques dont elle était le fondement, la tutelle et la curatelle, l'hérédité, etc. C'est pourquoi les Romains eux-mêmes y attachent une haute importance, soit en général, soit dans leur système de droit privé en particulier. (Voy. ci-dessus, § 78 et 81.)

Jus autem potestatis, quod in liberos habemus, proprium est civium romanorum. Nulli enim alii sunt homines, qui talem in liberos habeant potestatem, qualem nos habemus. § 2, I., 1, 9, *De patria potestate.*

Fœminæ quoque adoptare non possunt, quia nec naturales liberos in sua potestate habent. § 10, I., 1, 11, *De adoptionibus.*

I.

Nature et effets de la puissance paternelle.

§ 174.

Généralités.

La puissance paternelle n'eut jamais la nature d'un véritable droit de propriété sur le fils de famille, et elle ne pouvait pas l'avoir, parce que le fils de famille ne fut jamais considéré comme une chose, *res.* Toute-

fois, la *patria potestas* était, dans l'origine, extrêmement rigoureuse et très-analogue, dans ses effets, à la *dominica potestas*. Car, bien qu'elle ne
portât pas atteinte aux *jura status et familiæ* du
fils de famille, qu'elle formât, au contraire, la base
du *status familiæ*, bien qu'en outre elle se renfer-
mât dans les limites d'un cercle d'action de pur
droit privé, assez étendu, il est vrai, elle enlevait
cependant au fils de famille, dans ces limites, toute
indépendance personnelle.

De là, en vertu d'un pouvoir de justice domestique, le droit de vie et de mort de l'ascendant sur le
fils de famille, *jus vitæ et necis*. Le père était-il
obligé de convoquer à cet effet un conseil de famille,
ou était-il libre de décider à son gré ? C'est un point
historique qui n'est pas entièrement éclairci.

De là le droit du père de vendre son enfant et de
le faire ainsi passer dans l'état de *mancipium*, soit
d'une manière sérieuse et permanente, afin d'en tirer
profit, ou afin de le punir d'un délit, soit seulement
pour la forme et comme moyen de dissoudre pour
l'avenir le lien qui l'attachait à la famille. Quand
ce descendant était un *fils*, il n'était entièrement
affranchi de la puissance paternelle qu'après trois
ventes.

De là, par une conséquence naturelle, le *jus noxæ
dandi*, tant qu'il fut de principe que le père répondait indistinctement de tous les délits et actes nuisibles de son fils de famille, attendu que celui-ci
n'avait aucuns biens. (Voy. ci-dessus, § 150.)

De là enfin, le droit qu'exerçait le père, arbitrairement et à sa volonté, de marier son fils de famille,
de le faire divorcer, de le donner en adoption et de
l'émanciper.

Cependant, conformément à l'esprit et à la marche

29

progressive du nouveau droit romain, la *patria potestas*, comme tous les *jura* et toutes les dominations de famille, fut peu à peu considérablement restreinte dans ses effets rigoureux.

Plusieurs des droits qui y étaient originairement compris, comme le *jus vitæ et necis*, le *jus vendendi*, le *jus noxæ dandi*, furent entièrement abolis; ce qui pourrait sembler en être un reste ne saurait guère leur être comparé.

D'autres droits du père ont été conservés, à la vérité, mais dans une forme très-adoucie, et ont pris un tout autre caractère.

Ces attributs spéciaux de la puissance paternelle, ainsi que quelques autres que nous n'avons pas mentionnés encore, par exemple, le droit de substitution pupillaire, de nomination d'un tuteur, etc., seront plus convenablement traités à l'occasion des théories particulières où ils jouent un rôle.

L'ascendant, *parens*, a contre tout tiers qui retient son fils de famille, et qui l'entrave ainsi lui-même dans le plein exercice de la puissance paternelle, une *in rem actio*, qui était une *vindicatio*, non pas une *rei vindicatio*, mais une *filii vindicatio* [1]. Il pouvait aussi faire valoir son droit sur son fils par une action préjudicielle et par les interdits *de liberis exhibendis* et *de liberis ducendis*.

Id enim lex duodecim tabularum jubet his verbis : *si pater filium ter venumduit, filius a patre liber esto.* ULPIANUS, *Fragm.*, tit. x, § 1.

Filiusfamilias in publicis causis loco patrisfamilias habetur, veluti si magistratum gerat, vel tutor detur. POMPON., fr. 9, D., 1, 6, *De his, qui sui, vel alieni juris sunt.*

---

[1] Voy. mon *Commentaire du titre De rei vindicatione*, sur la L 1, § 2.
(*Note du traducteur.*)

Si filiusfamilias in potestate tua est, res adquisitas tibi alienare non potuit. Quem, si pietatem patri debitam non agnoscit, castigare jure patriæ potestatis non prohiberis., acriore remedio usurus, si in pari contumacia perseveraverit, eumque præsidi provinciæ oblaturus, dicturo sententiam, quam tu quoque dici volueris. ALEXAND., c. 3, C., VIII, 47, *De patria potestate.*

Liberos a parentibus neque venditionis, neque donationis titulo, neque pignoris jure, aut alio quolibet modo, nec sub prætextu ignorantiæ accipientis, in alium transferri posse, manifestissimi juris est. DIOCLETIAN. et MAXIM., c. 1, C., IV, 43, *De patribus qui filios suos distraxerunt.*

'Si quis, propter nimiam paupertatem egestatemque, victus causa, filium filiamve sanguinolentos vendiderit, venditione in hoc tantummodo casu valente, emtor obtinendi ejus servitii habeat facultatem. Liceat autem ipsi, qui vendidit, vel qui alienatus est, aut cuilibet alii, ad ingenuitatem eum propriam repetere ; modo si aut pretium offerat, quod potest valere, aut mancipium pro ejusmodi præstet. CONSTANTIN., c. 2, C., *eod.*

Per hanc autem (specialem in rem) actionem liberæ personæ quæ sunt juris nostri, utputa liberi qui sunt in potestate, non petuntur. Petuntur igitur aut præjudiciis, aut interdictis, aut cognitione prætoria ; et ita Pomponius libro XXXVII ; nisi forte, inquit, adjecta causa quis vindicet. Si quis ita petit filium suum vel in potestate ex jure Romano, videtur mihi et Pomponius consentire recte eum egisse ; ait enim adjecta causa ex lege 'Quiritium vindicare posse. ULPIAN., fr. 1, § 2, D., VI, 1, *De rei vindicatione.*

§ 175.

Droit qu'a le père d'acquérir par ses fils de famille.

Inst., lib. II, tit. 9, *Per quas personas cuique adquiritur.*

De même que l'esclave était incapable d'avoir rien qui lui fût propre, et en conséquence acquérait tout pour son maître, de même le fils de famille, dans la rigueur de l'ancien droit, était incapable d'avoir des biens qui lui appartinssent et, partant, tout ce qu'il acquérait, il l'acquérait aussi directement à son ascendant.

Cependant cette acquisition se distinguait essentiellement, sous un autre rapport, de celle qui se faisait par l'esclave ; car elle était indirectement avantageuse au fils de famille lui-même, puisque, ne pouvant pas avoir actuellement lui-même des droits, il les acquérait immédiatement pour son ascendant, mais éventuellement aussi pour son propre compte, d'après l'ordre probable des successions. En effet, à la mort du père, si celui-ci n'en avait pas expressément disposé d'une autre manière, les biens acquis par le fils passaient *ipso jure*, avec le reste de la fortune du père, au ci-devant *filiusfamilias*, en sa qualité de *suus heres* du père, et lui revenaient ainsi en quelque sorte.

De là aussi cette maxime, qui n'est pas une simple et vaine manière de parler des jurisconsultes romains, que le fils de famille est réputé, du vivant même de son père, copropriétaire, à certains égards, des biens de celui-ci. (Voy. le *Droit de succession.*)

Pour expliquer ce rapport juridique et se rendre compte de plusieurs dispositions, particulières au droit romain, qui en découlent, de celle-ci, par exemple, que le père ne peut faire avec son fils de famille certain genre d'opérations juridiques, on a dit qu'il y avait unité de personne entre le père et le fils de famille. Mais cette fiction, qui, du reste, ne trouve pas un appui suffisant dans les sources, n'est nullement nécessaire, puisque toutes les règles qu'on déduit de cette prétendue unité de personne s'expliquent d'ailleurs tout simplement par l'incapacité où est le *filiusfamilias* d'avoir des biens.

Inter patrem et filium contrahi emtio non potest ; sed de rebus castrensibus potest. ULPIAN., fr. 2, pr. D., xviii, 1, *De contrah. emt.*

Adquiritur nobis etiam per eas personas, quas in potestate....

habemus. Itaque si quid mancipio puta acceperint, aut traditum eis sit, vel stipulati fuerint, ad nos pertinet. ULPIAN., *Fragm.*, tit. IX, § 18.

Sed sui quidem heredes ideo appellantur, quia domestici heredes sunt et, vivo quoque parente, quodammodo domini existimantur. GAI., *Comm.*, II, § 157.

§ 176.

Formation des pécules.

Dig., lib. xv, tit. 1. *De peculio.*
Dig., lib. XLIX, tit. 17, *De castrensi peculio.*
Cod., lib. I. tit. 3, *De episcopis et clericis, etc., et castrensi peculio.*
Cod., libr. VI, tit. 60, *De bonis maternis et materni generis;* — tit. 61, *De bonis quæ liberis in potestate patris constitutis ex matrimonio vel alias adquiruntur.*
Cod., lib. XII, tit. 31, *De castrensi omnium palatinorum peculio;* — tit. 37, *De castrensi peculio militum et præfectianorum.*

Le principe rigoureux de l'ancien droit, que le fils de famille ne pouvait acquérir et posséder aucun bien qui lui fût propre, fut peu à peu adouci, et même enfin presque complétement aboli, par le développement successif de la théorie des diverses espèces de *pécules*.

Le pécule qui est le plus ancien, et qu'aussi on appelle souvent par excellence *peculium*, est celui qu'aujourd'hui on désigne ordinairement par la dénomination peu romaine de *profectitium peculium*. Toutefois, il ne faut pas comprendre sous cette dénomination, comme on le fait d'ordinaire, tous les biens que le père remet au *filiusfamilias* pour les administrer ou à d'autres fins, mais seulement ceux que le père destine spécialement au fils de famille, c'est-à-dire qu'il a séparés réellement du reste de sa fortune, à cette fin que le fils de famille les garde pour lui-même, en son propre nom et pour ses pro-

pres besoins, comme un *quasi patrimonium*. Alors
ces biens forment, de fait, une fortune particulière,
destinée au *filiusfamilias*, en ce sens qu'il reçoit
ainsi pouvoir du père de la grever de dettes pour
lui-même et pour son propre compte, et que le père
doit ensuite reconnaître ces dettes et est tenu *peculio
tenus* envers les créanciers de son fils. Le père peut
accorder au fils une administration plus ou moins libre de ce pécule et lui permettre même d'en disposer
absolument à son gré. Mais néanmoins ce *peculium*,
comme tout ce qu'il sert à acquérir, est toujours
composé de biens qui continuent d'appartenir au père,
et il ne devient pas une fortune réellement propre au
fils, un *verum patrimonium* de ce fils. En effet, le
maître pouvait accorder à son esclave un *peculium*
exactement semblable. Aussi le père restait-il toujours
libre de retirer à sa volonté, en tout temps, le *peculium*
qu'il avait accordé au fils de famille. Cela démontre
que dans la concession d'un semblable *peculium* de
la part du père, il n'y a pas une véritable dérogation
à la rigueur de l'ancienne maxime romaine, d'après
laquelle le *filiusfamilias* est incapable d'avoir un patrimoine propre et indépendant. A la vérité, les biens
qui avaient formé originairement un pécule de ce genre
pouvaient par la suite passer réellement dans le patrimoine du fils de famille, quand le père les lui laissait
lors de l'émancipation. Mais alors évidemment ces
biens perdaient aussitôt la nature d'un *peculium*.

Au contraire, l'établissement des autres pécules
apporta une véritable exception, et très-importante,
à la règle rigoureuse qui déclare l'enfant en puissance juridiquement incapable d'avoir des biens
propres. Aussi ne rencontre-t-on ces nouveaux pécules que pour les fils de famille : les esclaves ne
sont pas capables d'en avoir.

Tel est d'abord le *castrense peculium*, établi vraisemblablement sous Auguste. En effet, un fils de famille a, pendant toute sa vie, sur tout ce qu'il acquiert comme *miles*, *in castris*, par le service militaire ou à son occasion, la faculté d'en disposer de toute manière, même par testament, aussi librement et d'une manière aussi illimitée que s'il n'était pas fils de famille, mais père de famille. Cependant, le principe de la puissance paternelle se montrait encore ici en un point, savoir en ce que les biens castrenses, si le fils était mort sans en avoir disposé par testament, revenaient au père en cette seule qualité, *jure peculii*, c'est-à-dire en vertu de la *patria potestas*. Justinien a supprimé ce dernier droit du père, et attribué par là au fils de famille, sous tous les rapports, la propriété pleine et entière des biens castrenses.

Sous le règne de l'empereur Constantin, les emplois proprement civils ayant été pour la première fois nettement séparés des emplois purement militaires, on vit en conséquence s'établir un *quasi castrense peculium*, qui, formé d'après l'analogie du *castrense*, était régi par les mêmes principes. Originairement il était borné aux biens qu'un fils de famille acquérait par un emploi public de l'ordre civil, ou par la profession d'avocat. Mais dans le cours des temps, il s'est fort étendu quant aux biens dont il se compose.

Enfin ce fut aussi sous Constantin que parurent d'abord les premiers rudiments de ce que nous appelons aujourd'hui *adventitium peculium*, dénomination qui n'est pas tout à fait romaine. Justinien, à qui ce pécule doit son plein développement, le désigne par l'expression de *bona quæ patri non adquiruntur*. Ce sont des biens que le fils de famille acquiert, pour ainsi dire, en commun avec son père, puisque la propriété n'en appartient pas au père, mais au fils de famille lui-même, et que le père en a l'usufruit et par conséquent aussi l'administration. Originairement ce pécule ne comprenait, d'après l'ordonnance de Constantin, que les *materna bona;* d'autres empereurs l'étendirent aux *bona materni generis;* et enfin, sous Justinien, il reçut une nouvelle extension. Ainsi, dans le dèrnier état du droit, toute acquisition du fils de famille, qui ne provient pas des biens du père, et qui ne rentre pas dans la définition des pécules castrense et quasi-castrense, appartient au pécule adventice. Celui-ci forme donc aujourd'hui, en quelque sorte, la règle. **Dans certaines circonstances, le père n'en a pas même l'usufruit;** mais encore alors le fils n'est réputé que *filiusfamilias* quant à ce pécule, et non *paterfamilias* comme pour les pécules castrense et quasi-castrense.

Peculium dictum est, quasi pusilla pecunia, sive patrimonium pusillum. ULPIAN., fr. 5, § 3, xv, 1, *De peculio.*

Peculii est non id, cujus servus seorsum a domino rationem habuerit, sed quod dominus ipse separaverit, summa servi rationem discernens[1]. Nam, quum servi peculium totum adimere, vel augere, vel minuere dominus possit, animadvertendum est, non quid servus, sed quid dominus, constituendi servilis peculii gratia, fecerit. POMPON., fr. 4, pr., D., *eod.*

Castrense peculium est, quod a parentibus, vel cognatis in militia agenti donatum est, vel quod ipse filiusfamilias in militia adquisivit, quod nisi militaret, adquisiturus non fuisset. Nam quod erat et sine militia adquisiturus, id peculium ejus castrense non est. MACER, fr. 11, D., xlix, 17, *De castrensi peculio.*

Filiusfamilias testamentum facere non potest, quoniam nihil suum habet, ut testari de eo possit. Sed Divus Marcus constituit, ut filiusfamilias miles de eo peculio, quod in castris adqui-

---

[1] Il faut lire probablement : *suam a servi ratione discernens.*

(*Note du traducteur.*)

sivit, testamentum fecere possit. Ulpian., *Fragm.*, tit. x , § 10.

Quum filiifamilias in castrensi peculio vice patrum familiarum fungantur. Idem., fr. 2, D., xiv, 6, *Ad senatuscons. Macedonianum.*

Ex hoc intelligere possumus, quod in castris adquisierit miles, qui in potestate patris est, neque ipsum patrem adimere posse, neque patris creditores id vendere, vel aliter inquietare, neque, patre mortuo, cum fratribus commune esse, sed scilicet proprium ejus esse, qui id in castris adquisierit. Quamquam jure civili omnium, qui in potestate parentum sunt, peculia perinde in bonis dominorum computentur, ac servorum peculia in bonis dominorum numerantur; exceptis videlicet iis, quæ ex sacris constitutionibus, et præcipue nostris, propter diversas causas non adquiruntur. Pr., I., ii, 12, *Quibus non est permissum, facere testamentum.*

Omnes palatinos, quos edicti nostri jamdudum certa privilegia superfundunt, rem si quam, dum in palatio nostro morantur, vel parsimonia propria quæsierint, vel donis nostris fuerint consecuti, *ut castrense peculium habere* præcipimus. Quid enim tam ex castris est, quam quod nobis consciis, ac prope sub conspectibus nostris adquiritur? Sed nec alieni sunt a pulvere et labore castrorum, qui signa nostra comitantur, qui præsto sunt semper actibus, quos intentos et eruditos studiis itinerum prolixitas et expeditionum difficultas exercet. Constantin., c. unica, C., xii, 31, *De castrensi omnium palatinorum peculio.*

Igitur liberi vestri utriusque sexus, quos in potestate habetis, olim quidem quidquid ad eos pervenerat, exceptis videlicet castrensibus peculiis, hoc parentibus suis adquirebant sine ulla distinctione. Et hoc ita parentum fiebat, ut etiam esset eis licentia, quod per unum vel unam eorum adquisitum esset, alii filio, vel extraneo donare, vel vendere, vel quocunque modo voluerant, applicare. Quod nobis inhumanum visum est, et, generali constitutione emissa, et liberis pepercimus, et patribus honorem debitum reservavimus. Sancitum etenim a nobis est, ut, si quid ex re patris ei obveniat, hoc secundum antiquam observationem, totum parenti adquiratur. Quæ enim invidia est, quod patris occasione profectum est, hoc ad eum reverti? *Quod autem ex alia causa sibi filiusfamilias adquisivit, hujus usum fructum quidem patri adquirat, dominium autem apud eum remaneat; ne, quod ei suis laboribus, vel prospera fortuna accesserit, hoc, in alium perveniens, luctuosum ei procedat.* § 1, I., ii, 9, *Per quas personas cuique adquiritur.*

II.

Établissement de la puissance paternelle.

§ 177.

Acquisition de la puissance paternelle sur les enfants nés du
mariage.

GAI., *Comm.*, lib. I, § 56, *seq.*
Inst., lib. I, tit. 9, *De patria potestate.*
Dig., lib. I, tit. 6, *De his qui sui vel alieni juris sunt.*
Cod., lib. VIII, tit. 47, *De patria potestate.*

Les citoyens romains acquéraient la puissance
paternelle sur les enfants qu'ils avaient d'un mariage
contracté suivant le droit civil, dès le moment de
leur naissance. Mais comme la puissance paternelle,
à cause de ses conséquences, est considérée comme
un droit relatif aux biens, et que, par cette raison,
le fils de famille, comme tel, n'est pas capable de
l'avoir pour lui-même, il l'acquiert, comme tout le
reste, pour son père, qui ainsi, en qualité de grand-
père, reçoit sous sa puissance, par le moyen de son
fils légitime, ses petits-fils légitimes, et ainsi de suite.
Seulement à la mort de l'ascendant, le fils de famille
devenant *sui juris*, cette puissance paternelle, qu'il
avait acquise depuis longtemps sur ses enfants légitimes et sur les petits-enfants nés de ses fils, mais
que jusque-là il ne pouvait pas exercer lui-même,
entre aussitôt pour lui en pleine activité, même quant
à l'exercice.

Un citoyen romain pouvait, malgré le défaut de
connubium, contracter avec une femme qui n'était
pas citoyenne romaine un mariage valable selon le
jus gentium, et les enfants issus de cette union étaient

ainsi des enfants nés en mariage. Mais naturellement le père n'acquérait pas la puissance paternelle sur ces enfants, puisqu'ils n'étaient pas citoyens romains; et il en était ainsi alors même que par erreur il avait regardé sa femme comme citoyenne romaine. Cependant il pouvait, en prouvant ensuite en justice une *causa erroris*, acquérir, au moyen de cette *causæ probatio*, la puissance paternelle sur ces enfants antérieurement issus du mariage.

On peut rapporter ici la disposition légale qui veut qu'un enfant qui, après avoir été émancipé, se rend coupable d'ingratitude envers son père, retombe sous sa puissance paternelle, par analogie de l'esclave affranchi.

La puissance paternelle se trouve aussi, sinon nouvellement fondée, du moins renouvelée d'elle-même, quand l'enfant mancipé est affranchi du *mancipium*. Il revient alors sous la *patria potestas*, et cela se répète de la même manière après la seconde vente.

In potestate nostra sunt liberi nostri, quos ex justis nuptiis procreavimus. Pr., I., 9, *De patria potestate.*

Qui ex me et uxore mea nascitur, in mea potestate est; item qui ex filio meo et uxore ejus nascitur, id est, nepos meus et neptis, æque in mea sunt potestate, et pronepos, et proneptis, et deinceps cæteri. Ulpian., fr. 4, D., 1, 6, *Qui sui, vel alieni juris sunt.*

Item si civis romanus latinam, aut peregrinam uxorem duxerit per ignorantiam, quum eam civem romanam esse crederet, et filium procreavit, hic non est in potestate, qui nequidem civis romanus est, sed aut latinus, aut peregrinus, id est ejus conditionis, cujus et mater fuerit, quia non aliter quisquam ad patris conditionem accedit, quam si inter patrem et matrem connubium sit. Sed ex senatusconsulto permittitur, causam erroris probare, et ita uxor quoque et filius ad civitatem romanam perveniunt, et ex eo tempore incipit filius in potestate patris esse. Idem juris est, si eam per ignorantiam uxorem duxerit, quæ in dediticiorum numero est, nisi quod uxor non fit civis romana. Gai., *Comm.,* 1, § 67.

Nepotes ex filio, mortuo avo, recidere solent in filii potestatem, hoc est, patris sui. Simili modo et pronepotes et deinceps
vel in filii potestatem, si vivit et in familia mansit, vel in ejus
parentis, qui ante eos in potestate est. IDEM., fr. 5, D., *eod.*

Filios et filias cæterosque liberos contumaces, qui paréntes
vel acerbitate convicii vel cujuscumque atrocis injuriæ dolore
pulsassent, leges, emancipatione rescissa, damno libertatis imme-
ritæ mulctari voluerunt. VALENTINIAN., VALENS et GRATIAN., c. 1,
C., VIII, 50, *De ingratis liberis.* —On ignore ce que c'est que ces
leges.

§ 178.

Acquisition de la puissance paternelle par la légitimation.

Cod., lib. v, tit. 27, *De naturalibus liberis, et matribus eorum, et ex
quibus causis justi efficiantur.*

Les enfants nés hors mariage ne tombent pas sous
la puissance paternelle de celui qui les a engendrés,
parce que juridiquement ils n'ont pas de père. Cela
s'applique même aux enfants issus du concubinat,
parce qu'ils ne sont pas non plus des enfants conçus
dans le mariage. Cependant, dès les premiers temps
du régime impérial, il arrivait, à ce qu'il paraît, que,
dans certains cas, les empereurs, pour des motifs
particuliers, assimilaient, par un rescrit gracieux, un
enfant né hors du mariage à un enfant légitime, et
le plaçaient ainsi sous la puissance paternelle de celui
qui lui avait donné le jour.

C'était là déjà au fond une vraie *légitimation;* seulement on ne l'appelait pas ainsi, et elle ne reposait
encore sur aucun principe général et fixe.

Ce fut seulement sous Constantin que les principes
sur cette matière commencèrent à se former, en rapport direct avec le concubinat, à l'histoire duquel
ils se lient d'ailleurs étroitement. Le père pouvait, en
effet, dès le temps de Constantin, légitimer *per sub-*

sequens matrimonium les enfants qu'il avait eus d'une concubine.

A ce mode se joignit, sous Théodose II, la légitimation *per oblationem curiæ.*

Enfin Justinien ajouta à ces deux espèces de légitimation, pour leur servir de complément, une troisième légitimation *per rescriptum principale,* qui cependant n'est admise que sous de grandes restrictions.

La légitimation suppose toujours, avec la volonté du père, le consentement du fils qui doit être légitimé. Son effet consiste en ce que l'enfant légitimé entre, *jure civili,* dans les rapports naturels de cognation déjà existant ici *naturali jure,* et en outre dans la *patria potestas* et la *familia,* et partant aussi dans l'*agnatio* de son père, comme un enfant du mariage. Il conserve, comme celui-ci, ces rapports de cognation nouvellement acquis, quand même plus tard le rapport d'agnation viendrait à se dissoudre pour lui.

Aliquando autem evenit, ut liberi, qui statim, ut nati sunt, in potestate parentum non fiant, postea autem redigantur in potestatem. Qualis est is, qui dum naturalis fuerat, postea curiæ datus, potestati patris subjicitur; nec non is, qui a muliere libera procreatus, cujus matrimonium minime legibus interdictum fuerat, sed ad quam pater consuetudinem habuerat, postea ex nostra constitutione, dotalibus instrumentis compositis, in potestate patris efficitur; quod et aliis liberis, qui ex eodem matrimonio fuerint procreati, similiter nostra constitutio præbuit. § 13, I., 1, 10, *De nuptiis.*

Dum et filii hoc ratum habuerint. Nam, sive solvere jus patriæ potestatis invitis filiis non permissum est patribus, multo magis sub potestatem redigere invitum filium et nolentem, sive per oblationem curiæ, sive per instrumentorum celebrationem, sive per aliam quamlibet machinationem tamquam sortem metuentem paternam, justum non est. JUSTINIAN., Nov., 89, c. 11, pr.

§ 179.

Acquisition de la puissance paternelle par l'adoption.

Gaɪ., *Comm.*, lib. ɪ, § 97.
Ins , lib. ɪ, tit. 11, *De adoptionibus.*
Dig., lib. ɪ, tit. 7, *De adoptionibus, et emancipationibus, et aliis modis
    quibus potestas solvitur.*
Cod., lib. vɪɪɪ, tit. 48, *De adoptionibus.*

Même alors qu'il n'existe aucun lien naturel d'ascendant et de descendant, cette puissance peut être
introduite artificiellement, par l'*adoption*, c'est-
à-dire par l'admission solennelle d'une personne
dans la place de descendant, fils ou petit-fils. Il est
difficile de croire que ce fut là une institution primitive du plus ancien droit romain. Cependant
nous la trouvons établie d'assez bonne heure de deux
manières et sous deux formes.

1° Un homme actuellement indépendant de toute
sujétion de famille, un *homo sui juris*, peut se mettre volontairement sous la *patria potestas* et dans la
familia d'un autre. Cela s'appelle *adrogatio*.

A raison de l'intérêt public qui s'y mêlait sous plusieurs rapports, cette adrogation ne fut jamais aban-
donnée simplement à l'accord des parties intéressées,
du *pater adrogator* et de la personne à adroger, mais
il fallait aussi le consentement du souverain : savoir,
du temps de la république, le consentement des pon-
tifes et du peuple entier, *populi rogatio*, d'où la dénomination d'*adoptio per populum ;* sous le régime
impérial, une *causæ cognitio* préalable devant le magistrat, et l'approbation de l'empereur.

Les impubères ne pouvaient, dans l'origine, être
adrogés. Depuis Antonin cela fut permis, mais avec

le consentement de tous les tuteurs de l'impubère,
et, en outre, avec l'observation de formes et de précautions toutes particulières qui ont pour but de
garantir les intérêts de l'impubère, et de le préserver
des dangers qui peuvent le menacer.

2° Un fils de famille peut sortir de la *patria potestas* et de la *familia* de son père, et passer sous la
puissance paternelle et dans la famille d'un autre,
parce que son père le donne en adoption à celui-ci.
Cela s'appelle *adoptio* dans le sens étroit.

Comme il ne s'agissait là que de l'exercice d'un
droit renfermé dans la puissance paternelle, il n'y
avait pas besoin d'une permission spéciale de la part
de l'autorité publique. Il n'y avait pas même besoin,
dans la rigueur de l'ancien droit, du consentement
du fils de famille lui-même, puisque l'acte de donner
en adoption ne semblait qu'une forme adoucie du
droit qu'avait le père de vendre son fils. Il en est
autrement dans la nouvelle législation, où le fils a,
au moins, le droit de s'y opposer.

La forme dans laquelle s'opérait l'adoption était
originairement très-compliquée. Il fallait, de la part
de l'ascendant qui l'avait sous sa puissance, une
mancipation de l'enfant, et même, quand c'était un
fils, une triple mancipation, afin de rompre les
liens de famille existants, et de rendre l'enfant susceptible de passer dans une nouvelle famille. Ensuite,
au moyen d'une *in jure cessio*, cet enfant était abandonné par son ascendant au père adoptif.

Mais, dans le nouveau droit, l'acte de donner et
de recevoir en adoption s'effectue par une simple
déclaration devant le magistrat compétent, de laquelle il est dressé un protocole. Cependant, comme
l'*in jure cessio*, qui y intervenait autrefois, était une
legis actio, il en est resté cette règle que tous les in-

téressés doivent être présents et consentants en personne, et qu'on ne peut y insérer ni condition ni terme, ce qui d'ailleurs ne conviendrait pas dans l'établissement d'un rapport de famille aussi sérieux.

Deux points sont également requis pour les deux sortes d'adoption, savoir que l'adoptant soit à l'adopté dans un rapport d'âge naturellement approprié au but de l'adoption, et que l'adoption ne lui soit point interdite pour quelque motif particulier, soit absolument, soit relativement. Ces restrictions furent inspirées aux Romains par un juste sentiment du danger qu'ils auraient couru, sans cela, de voir les adoptions donner lieu à des abus graves qui eussent blessé les droits des enfants existants et troublé la pureté de la vie de famille.

Les deux espèces d'adoption, tant l'adrogation que l'adoption proprement dite, font subir à l'enfant adoptif la *minima capitis deminutio ;* car celui qui se laisse adroger, renonce à son indépendance et à ses liens d'agnation, et celui qui est donné en adoption par son ascendant, cesse d'appartenir à la *familia* de celui-ci : ce résultat tient à la nature même du rapport qui s'établit ici. C'est donc une disposition tout à fait exorbitante que celle par laquelle Justinien a décidé que, dans certains cas, l'adoption d'un fils de famille ne produirait pas cette *capitis deminutio*, ne changerait pas les rapports actuels de puissance et d'agnation de l'enfant adoptif, mais lui procurerait seulement un droit éventuel à la succession ab intestat du père adoptif. Le motif qui porta cet empereur à introduire cette espèce d'adoption, qu'on appelle aujourd'hui *minus plena adoptio* , fut uniquement le désir de ménager les droits de succession de l'enfant adoptif, qui sans cela pouvait facilement être compromis d'une manière inique.

Les femmes ne peuvent jamais acquérir la *patria potestas* par l'adoption. Toutefois on appelle aussi improprement adoption la faculté que, d'après un rescrit de Dioclétien et Maximien, elles peuvent obtenir, par une faveur spéciale de l'empereur, de s'attacher un enfant qui leur était étranger. L'effet de cette sorte d'adoption est de placer cet enfant dans le même rapport avec sa mère adoptive qu'un enfant qu'elle aurait eu naturellement.

Non solum autem naturales liberi, secundum ea, quæ diximus, in potestate nostra sunt, verum etiam ii, quos adoptamus. Adoptio autem duobus modis fit, aut principali rescripto, aut imperio magistratus. Imperatoris auctoritate adoptare quis potest eos easve, qui quæve sui juris sunt. Quæ species adoptionis dicitur arrogatio. Imperio magistratus adoptare licet eos easve, qui quæve in potestate parentum sunt, sive primum gradum liberorum obtineant, qualis est filius, filia, sive inferiorem, qualis est nepos, neptis, pronepos, proneptis. Pr. et § 1, I., 1, 11, *De adoptionibus.*

Licet autem et in locum nepotis, vel pronepotis, vel in locum neptis, vel proneptis, vel deinceps adoptare, quamvis filium quis non habeat. § 5, I., *eod.*

Debet is, qui sibi per arrogationem, vel adoptionem filium facit, plena pubertate, id est, decem et octo annis præcedere. § 4, I., *eod.*

Sed et illud utriusque adoptionis commune est, quod et hi, qui generare non possunt, quales sunt spadones, adoptare possunt, castrati autem non possunt. § 9, I., *eod.*

Adrogationes non temere, nec inexplorate committuntur. Nam comitia arbitrio pontificibus præbentur, quæ curiata appellantur, ætasque ejus, qui adrogare vult, an liberis potius giguendis idonea sit, bonaque ejus, qui adrogatur, ne insidiose appetita sint, consideratur. Gellius, *Noct. att.,* v, 10.

In adoptionibus eorum, qui suæ potestatis sunt, ipsorum duntaxat voluntas exploratur. Sin autem a patre dantur in adoptionem, in his utriusque arbitrium spectandum est, vel consentiendo, vel non contradicendo. Celsus, fr. 5, D., 1, 7, *De adoptionibus.*

Sed hodie, ex nostra constitutione, quum filiusfamilias a patre

30

naturali extraneæ personæ in adoptionem datur, jura potestatis naturalis patris minime dissolvuntur, nec quidquam ad patrem adoptivum transit, nec in potestate ejus est, licet ab intestato jura successionis ei a nobis tributa sunt. Si vero pater naturalis non extraneo, sed avo filii sui materno, vel si ipse pater naturalis fuerit emancipatus, etiam avo paterno, vel proavo simili modo paterno, vel materno, filium suum dederit in adoptionem, in hoc casu, quia in unam personam concurrunt et naturalia et adoptionis jura, manet stabile jus patris adoptivi, et naturali vinculo copulatum, et legitimo adoptionis modo constrictum, ut et in familia et potestate hujusmodi patris adoptivi sit.

Quum autem impubes per principale rescriptum arrogatur, causa cognita arrogatio permittitur et exquiritur causa arrogationis, an honesta sit expediatque pupillo, et cum quibusdam conditionibus arrogatio fit.

Fœminæ quoque adoptare non possunt, quia nec naturales liberos in potestate sua habent. Se ex indulgentia principis ad solatium liberorum amissorum adoptare possunt. § 2, 3 et 10, I., 1, 11, *De adoptionibus.*

III.

Cessation de la puissance paternelle.

§ 180.

Généralités.

GAI., *Comm.*, lib. I, § 125, *seq.*
Inst., lib. I, tit. 12, *Quibus modis jus patriæ potestatis solvitur.*

La puissance paternelle est un droit appartenant au père, et à lui seul, pendant toute sa vie, sur ses fils de famille.

Mais cela suppose qu'il n'est rien survenu avant la mort du père qui ait rendu celui-ci incapable de conserver ce droit, ou le fils incapable de rester sous la puissance paternelle, et, de plus, que le père ne s'est pas lui-même volontairement démis de sa puissance.

Parmi les événements qui font cesser la puissance paternelle avant la mort de l'ascendant, il faut ranger, naturellement, la mort de l'enfant ; il faut aussi, par des motifs liés au caractère strictement civil de la *potestas*, y ranger toute *maxima*, et même toute *media capitis deminutio* du père ou du fils de famille. Seulement, quand la *capitis deminutio* est le résultat de la captivité chez l'ennemi, à cause de la possibilité du *postliminium*, l'état de droit reste, en attendant, indéterminé et en suspens.

La *minima capitis deminutio* du père vient aussi se placer ici. Car si un père se laisse adroger, il passe lui-même immédiatement sous la puissance de l'adrogateur en qualité de fils de famille, et ses propres fils de famille se trouvent soumis immédiatement à la même puissance, en qualité de petits-fils.

La *minima capitis deminutio* de l'enfant se rattache à l'abdication volontaire de la puissance paternelle, dont nous parlerons tout à l'heure.

Enfin, il faut encore mentionner, dans l'ancien droit, le cas où l'enfant devenait *flamen dialis* ou *virgo vestalis*, et, dans le nouveau droit, celui où il obtient certaines hautes dignités séculières ou ecclésiastiques qui sont réputées incompatibles avec la soumission à la *patria potestas*.

Mais la puissance paternelle peut aussi cesser par une abdication spontanée de la part de l'ascendant : telle était jadis la vente du fils de famille pour le faire passer *in mancipio*, avec les distinctions indiquées plus haut, ainsi que l'abandon noxal ; telles sont, même dans le nouveau droit romain, la dation du fils en adoption, et son émancipation.

Dans tous ces cas, la puissance paternelle actuellement existante s'éteint toujours. Mais quant à la question de savoir si, et jusqu'à quel point, le fils de famille devient par là *sui juris*, ou passe seulement sous une autre puissance, et si, dans ce dernier cas, ses droits d'agnation subsistent encore, ou sont perdus par l'effet d'une *minima capitis deminutio*, sa solution dépend du mode particulier d'extinction qui a eu lieu.

Hi, qui in potestate parentis sunt, mortuo eo sui juris fiunt. Sed hoc distinctionem recipit. Nam mortuo patre sane omnimodo filii filiæve sui juris efficiuntur. Mortuo vero avo non omnimodo nepotes neptesque sui juris fiunt, sed ita, si post mortem avi in potestatem patris sui recasuri non sunt. Itaque, si moriente avo pater eorum et vivit, et in potestate patris sui est, tunc post obitum avi in potestate patris sui fiunt. Si vero is, quo tempore avus moritur, aut jam mortuus est, aut exiit de potestate patris, tunc hi, quia in potestatem ejus cadere non possunt sui juris fiunt.

Quum autem is, qui ob aliquod maleficium in insulam deportatur, civitatem amittit, sequitur, ut qui eo modo ex numero civium romanorum tollitur, perinde ac si mortuo, desinant liberi in potestate ejus esse. Pari ratione et si is, qui in potestate parentis sit, in insulam deportatus fuerit, desinit in potestate parentis esse..... Si ab hostibus captus fuerit parens, quamvis servus hostium fiat, tamen pendet jus liberorum, propter jus postliminii, quia hi, qui ab hostibus capti sunt, si reversi fuerint, ~~omnia~~ pristina jura recipiunt..... Ipse quoque filius, si ab hostibus captus fuerit, similiter dicimus propter jus postliminii jus quoque potestatis parentis in suspenso esse. Pr., § 1 et 5, I, I, 12, *Quibus modis jus potestatis solvitur*.

Præterea exeunt liberi virilis sexus de patris potestate, si flamines Diales inaugurentur, et fœminini sexus, si virgines Vestales capiantur. GAI., *Comm.*, I., § 130.

Filiusfamilias si militaverit, vel si senator, vel consul factus fuerit, remanet in potestate patris. Militia enim, vel consularis dignitas de patris potestate filium non liberat. Sed ex constitutione nostra summa patriciatus dignitas illico, imperialibus codicillis præstitis, filium a patris potestate liberat. § 4, I, I, 12, *Quib. mod. jus potest. solvit*.

§ 181.

L'émancipation en particulier.

Dig., lib. ɪ, tit., **7**, *De adoptionibus et emancipationibus.*
Cod., lib. vɪɪɪ, tit. 49, *De emancipatione liberorum.*

Le droit de faire sortir ses enfants de sa puissance
appartint de tout temps à l'ascendant d'une manière
absolue, et sans qu'il eût besoin du consentement des
enfants. Cependant il paraît que primitivement l'émancipation, regardée alors comme contraire à l'esprit de
la vie de famille, n'avait lieu que rarement, et seulement, peut-être, pour punir le *filiusfamilias*, et qu'elle
était employée comme une forme plus douce pour le
faire sortir de la *potestas*, tandis que la vente qui le
faisait passer dans le *mancipium* était une forme plus
dure. En effet, quoique l'émancipé devînt *sui juris*,
l'émancipation entraînait nécessairement pour lui un
inconvénient grave, la rupture violente de tous les
liens préexistants d'agnation et de famille qui l'unissaient à son ascendant, ainsi qu'à tous les agnats
de cet ascendant. Cet effet rigoureux de l'émancipation s'explique très-simplement par la forme originairement employée. Car, pour être émancipé, il
fallait que l'enfant en puissance passât par le *mancipium;* il était à cet effet vendu par son ascendant,
et même, si c'était un *fils*, il était vendu trois fois.
Le contrat de *fiducia* fournissait au père le moyen
tout à la fois de pourvoir à ce que l'enfant ne restât
pas dans le *mancipium* de l'acheteur, mais fût affranchi par lui sur-le-champ, et de se réserver les droits
de patronage sur cet enfant, en se le faisant reman-
ciper et en l'affranchissant lui-même.

Dans le nouveau droit, l'émancipation a pris un caractère assez différent.

D'abord les changements considérables qu'avaient éprouvés les rapports de la vie faisaient souvent regarder l'émancipation du fils de famille comme commandée par l'intérêt véritable, tant de l'enfant que du père, en sorte qu'elle perdait tout à fait le caractère d'une peine.

Ensuite la forme primitive de l'émancipation était négligée, et déjà l'empereur Anastase avait introduit une forme nouvelle qui consistait dans une approbation accordée par rescrit impérial, et qui avait complétement écarté, de fait, l'ancienne, bien que celle-ci ait subsisté nominalement jusqu'à Justinien.

Pour la remplacer, Justinien établit une troisième forme fondée sur le simple concours du magistrat, et destinée à valoir à côté de la forme anastasienne, en sorte que l'ascendant avait désormais le choix entre les deux. Le nouveau mode, l'*emancipatio* dite *justinianea*, paraît sous un certain rapport beaucoup plus facile et plus simple; mais, sous d'autres, il suppose un plus grand nombre de conditions que la forme anastasienne, notamment la présence du fils de famille. Par cette raison, et aussi parce que la forme anastasienne peut procurer à l'émancipé, par la faveur impériale, plusieurs avantages extraordinaires, cette dernière forme n'a pas été entièrement supplantée par la forme justinienne.

Un autre changement introduit par le nouveau droit, et qui est tout à fait en harmonie avec l'esprit du temps, consiste en ce que les fils de famille, du moins ceux qui sont descendants naturels du père de famille, ne peuvent pas, contre leur volonté, être émancipés, et privés ainsi de leurs droits d'agnation.

Enfin la nouvelle jurisprudence a aussi fait subir plusieurs modifications aux effets de l'émancipation. Quoique, au fond, le principe que tous les liens de famille sont brusquement anéantis par l'émancipation ait continué de subsister, au moins comme règle, néanmoins l'empereur peut, par un rescrit gracieux, réserver à l'émancipé ses droits d'agnation, et d'ailleurs l'assimilation successivement introduite, et à la fin presque complète, de la cognation à l'agnation, a fait disparaître de plus en plus l'importance de la perte de ces droits agnatiques. Ce fut surtout le préteur qui, de bonne heure, s'occupa dans son édit à remédier aux effets de l'émancipation relativement aux droits des enfants à la succession de leur père, droits fondés sur l'agnation. (Voy. ci-après la *Théorie des successions.*)

Filius quidem ter emancipatus sui juris fit, cæteri vero liberi, sive masculini sexus, sive fœminini, una mancipatione exeunt de parentum potestate. Lex enim duodecim tabularum in persona filii de tribus mancipationibus loquitur, his verbis : *si pater filium ter venumduit, filius a patre liber esto.* Eaque res ita agitur. Mancipat pater filium alicui; is eum vindicta manumittit. Eo facto revertitur in potestatem patris. Is eum iterum mancipat, vel eidem, vel alii; sed in usu est, eidem mancipari. Isque manumittit postea similiter vindicta. Rursus in potestatem patris revertitur. Tunc tertio pater eum mancipat, vel eidem, vel alii; sed hoc in usu est, ut eidem mancipet. GAI., *Comm.*, I, § 132.

Præterea mancipatione quoque desinunt liberi in potestate parentum esse. Sed ea emancipatio antea quidem vel per antiquam legis observationem procedebat, quæ per imaginarias venditiones et intercedentes manumissiones celebrabatur, vel ex imperiali rescripto. Nostra autem providentia et hoc in melius per constitutionem reformavit, ut, fictione pristina explosa, recta via ad competentes judices vel magistratus parentes intrent et filios suos, vel filias, vel nepotes, vel neptes ac dcinceps sua manu dimittant. Et tunc ex edicto prætoris in hujus filii vel filiæ, nepotis vel neptis bonis, qui vel quæ a parente manumissus vel manumissa fuerit, eadem jura præstantur parenti, quæ

tribuuntur patrono in bonis liberti. Admonendi autem sumus,
liberum esse arbitrium ei, qui filium et ex eo nepotem vel neptem in potestate habebit, filium quidem de potestate dimittere,
nepotem vero vel neptem retinere, et ex diverso filium quidem
in potestate retinere, nepotem vero vel neptem manumittere,
vel omnes sui juris efficere. § 6 et 7, I., 1, 12, *Quib. modis jus
patr. potest. solv.*

Et quidem neque naturales liberi, neque adoptivi ullo pæne
modo possunt cogere parentes, de potestate sua eos dimittere.
§ 10, I., *eod.*

Solvere jus patriæ potestatis, invitis filiis, non est permissum
patribus. Justinian., Nov. 89, c. 11, pr.

Emancipato filio et cæteris personis capitis minutio manifesto
accidit, quum emancipari nemo possit, nisi in imaginariam ser-
vilem causam deductus. Paul., fr. 3, § 1, D., iv, 5, *De capite
minutis.*

CHAPITRE III.

THÉORIE DE LA TUTELLE ET DE LA CURATELLE (1).

§ 182.

Caractère général de la tutelle et de la curatelle;
leur place dans le système.

Une personne peut, par sa position dans l'état et
dans la famille, être parfaitement indépendante, formellement *sui juris*, et cependant, par certaines
causes, n'être pas capable de soutenir son indépendance ou d'en jouir, sans un appui étranger. C'est
pour des cas de ce genre que se fit sentir le besoin de
fonder, par le moyen de la tutelle et de la curatelle,

---

(1) Je dois répéter ici l'observation que j'ai faite sur le § 81, p. 220,
savoir que les Allemands expriment à la fois la tutelle et la curatelle par
un mot générique *Vormundschaft*, qui n'a pas d'équivalent en français, ce
qui m'a souvent obligé à employer des périphrases.

(*Note du traducteur.*)

une protection, *defensio*, telle que l'*homo alieni juris* la trouve dans la puissance paternelle ou dans un autre pouvoir de famille.

Cette tutelle, cette curatelle n'étaient, à la vérité, jamais un véritable *jus*, une *potestas* dans le sens propre.

De là la conséquence qu'elles pouvaient, contrairement aux principes du *jus* sur des personnes libres, non-seulement appartenir à plusieurs personnes en même temps sur le même individu, mais encore appartenir à des personnes actuellement *alieni juris*.

De là cette autre conséquence qu'elles ne rendaient pas *homo alieni juris* celui qui y était soumis, mais supposaient, au contraire, essentiellement qu'il était *sui juris*.

De là enfin cette conséquence qu'elles ne lui enlevaient pas la capacité juridique d'avoir des biens, et n'établissaient, entre le tuteur ou curateur et la personne confiée à son administration, aucune incapacité de contracter pareille à celle qu'entraînait la *potestas* proprement dite, notamment la *patria potestas*.

Cependant, chose étrange à nos yeux, mais pourtant facile à expliquer d'après l'esprit qui animait alors l'ensemble du droit de famille, la tutelle et la curatelle avaient originairement le caractère, non d'un devoir, ou même d'une charge, mais plutôt d'un droit utile au tuteur ou au curateur lui-même, et en outre tout à fait illimité, qu'il exerçait dans son propre intérêt, comme héritier ab intestat présomptif de la personne administrée. Ce ne fut que peu à peu, et dans le cours des temps, que cet ancien point de vue du pur droit de famille fut remplacé par le point de vue politique d'une institution destinée à pourvoir aux intérêts de la personne qui y est soumise, d'une charge publique à laquelle se rattachaient une responsabilité considérable et des devoirs rigoureux. Cependant la tutelle et la curatelle n'ont jamais entièrement désavoué leur caractère primitif d'institution de droit privé.

D'après ce qui précède, il est impossible de méconnaître, à toutes les époques du droit romain, l'étroite liaison de la tutelle et de la curatelle avec la *familia*.

D'abord, la tutelle et la curatelle étaient en général destinées à remplacer, dans certaines circonstances, la puissance paternelle là où elle semblait nécessaire, et où pourtant elle manquait.

En outre, le droit de devenir tuteur ou curateur était positivement, dans l'origine, un droit de famille. Aussi les plus anciens et les plus importants des modes par lesquels la tutelle et la curatelle étaient déférées, la délation par testament et la délation par la loi, se rattachaient immédiatement à des rapports de famille, à la puissance paternelle et à l'agnation, comme des droits qui en émanent, en faveur de celui qui était appelé à la *tutela* ou à la *cura*.

A la vérité, nous trouvons que la tutelle et la curatelle ont perdu peu à peu quelque chose de leur caractère primitif, d'après lequel elles constituaient un vrai *droit de famille* pour celui qui en était investi. Ce changement a, sans doute, relâché plusieurs des liens originaires qui unissaient ces institutions à la *familia*, dans le sens strict; mais il a fait ressortir davantage un autre lien qui les unit aussi aux rapports de famille, dans un sens plus général. Nous voulons parler de cette tendance qui, dans toute la nouvelle législation romaine, donne à la tutelle et à la curatelle pour but le plus grand bien de la personne qui en est l'objet., en qualité de *membre de la famille*. Par là, cette institution prend le caractère d'un *devoir de famille*, puisque le tuteur ou curateur, alors même qu'il n'appartient pas à la famille proprement dite, semble, en quelque sorte, un père donné par la loi, pour prendre soin de celui qui a besoin de protection.

Il en est de cette institution comme des autres rapports de famille et de parenté, qui, dans le nouveau droit, sont de plus en plus sortis du cercle des droits purement unilatéraux, pour entrer dans celui des droits et devoirs réciproques. Elle est de fait la source de divers rapports obligatoires, entre l'administrateur et l'administré, et elle est par conséquent mentionnée, à ce point de vue, dans le droit des obligations, sous la rubrique des *obligationes quæ quasi ex contractu nascuntur*. Toutefois, quand il s'agit de déterminer la place que la tutelle et la curatelle doivent occuper dans le système du droit romain, le principe d'obligation qu'elles renferment doit s'effacer et rester dans l'ombre, pour laisser paraître sur le premier plan le lien de famille, comme formant leur essence et leur base. Autrement cette institution protectrice perdrait en partie ce caractère qui lui est propre, qu'elle a encore dans le nouveau droit romain, et qu'elle doit, autant que possible, conserver dans toutes les législations positives. Ces rapports d'obligations ne forment qu'une suite naturelle, mais accidentelle, et non le but et l'essence de la tutelle et de la curatelle.

§ 183.

Distinction de la tutelle et de la curatelle.

Les Romains distinguaient deux espèces d'institutions protectrices, la *tutela* et la *cura*. Ils ne les réunissaient pas sous une même dénomination, mais elles n'en avaient pas moins réellement une nature commune. Toutefois il y eut de tout temps un point qui distinguait essentiellement la tutelle de la curatelle : c'était l'*auctoritatis interpositio*, attribution importante et éminemment caractéristique qui ne pouvait appartenir qu'à un *tutor* et jamais à un *curator*.

Deux classes de personnes se trouvaient originairement sous la tutelle : à raison de l'*âge*, les impubères, et à raison du *sexe*, les femmes pubères.

Les divers cas qui rendaient la curatelle nécessaire seront énumérés plus bas.

Transeamus nunc ad aliam divisionem personarum. **Nam ex** his personis, quæ in potestate non sunt, quædam vel in tutela sunt, vel in curatione sunt. Ita enim intelligemus cæteras personas, quæ neutro jure tenentur. Pr., I., 1, 13, *De tutelis*.

Tutela est, ut Servius definit, vis ac potestas in capite libero, ad tuendum eum, qui propter ætatem suam sponte se defendere nequit, jure civili data ac permissa. Paulus, fr. 1, pr., D., xxvi, 1, *De tutelis*.

Illud tenendum est generaliter, personale quidem munus esse, quod corporibus, labore, cum sollicitudine animi ac vigilantia solenniter extitit. Æque personale munus est tutela, cura adulti, furiosive, item prodigi, muti, etiam ventris, etiam ad exhibendum cibum, potum, tectum et simila. Hermogenianus, fr. 1, § 3 et 4, D., l, 4, *De munerib. et honoribus*.

I.

Tutelle, tutela.

A. — Tutelle des impubères.

§ 184.

Gai., *Comm.*, lib. i, § 142, *seq.*
Inst., lib. i, tit. 13, *De tutelis*.

En vertu d'un principe fort ancien du droit civil,

les citoyens romains *sui juris*, mais non encore pubères, non encore *perfectæ ætatis*, étaient, en cette
qualité d'*impuberes* dans la nécessité de recevoir un
tuteur. Ils s'appelaient alors *pupilli, pupillæ*.

Relativement à la détermination de la limite qui
séparait l'impuberté de la puberté, les Romains,
quoique d'accord de tout temps à la chercher au
point de vue du développement physique du corps,
hésitaient, au moins pour le sexe masculin, entre
une appréciation individuelle et une règle générale
une fois fixée. Justinien le premier a tranché la question, et donné la préférence à la règle générale.
D'après cette règle, le terme de l'impuberté est qua-
torze ans révolus pour les personnes du sexe masculin, et douze ans révolus pour les personnes du
sexe féminin.

Les Romains reconnaissent en général que l'idée
fondamentale de la tutelle des impubères se trouve
déjà dans le *jus gentium;* cependant, dans leurs
maximes les plus exactes sur cette matière, ils déclarent qu'elle est *juris civilis*.

Sed impuberes quidem in tutela esse, omnium civitatum jure
contingit, quia id naturali rationi conveniens est, ut is, qui
perfectæ ætatis non sit, alterius tutela regatur. Gai., *Comm.*,
i, § 189.

Pubertatem autem veteres quidem non solum ex annis, sed
etiam ex habitu corporis in masculis æstimari volebant. Nostra
autem majestas dignum esse castitate nostrorum temporum bene
putavit, quod in feminis et antiquis impudicum esse visum est,
id est inspectionem habitudinis corporis, hoc etiam in masculos
extendere. Et ideo sancta constitutione promulgata pubertatem
in masculis post quartum decimum annum completum illico initium accipere disposuimus; antiquitatis normam in femininis
personis bene positam suo ordine relinquentes, ut post duode-
cimum annum completum viripotentes esse credantur. Pr., I.,
i, **22**, *Quibus modis tutela finitur.*

§ 185.

Détermination de la personne du tuteur.

Inst., lib. i, tit. 14, *Qui testamento tutores dari possunt ;* — tit. 15, *De legitima agnatorum tutela ;* — tit. 17, *De legitima patronorum tutela ;* — tit. 18, *De legitima parentum tutela ;* — tit. 19, *De fiduciaria tutela ;* — tit. 20, *De Atiliano tutore et eo qui ex lege Julia et Titia dabatur.*

Dig., lib. xxvi, tit. 2, *De testamentaria tutela ;* — tit 3, *De confirmando tutore vel curatore ;* — tit 4, *De legitimis tutoribus ;* — tit. 5, *De tutoribus et curatoribus datis ab his qui jus dandi habenti ;* — tit. 6, *Qui petant tutores et curatores et ubi petantur.*

Cod., lib. v, tit. 28, *De testamentaria tutela ;* — tit. 29, *De confirmando tutore ;* — tit. 30, *De legitima tutela ;* — tit. 31, *Qui petant tutores vel curatores ;* — tit. 32, *Ubi petantur tutores vel curatores.*

A cause de la nature strictement civile de la *tutela*, le tuteur ne pouvait être qu'un citoyen romain. Mais il y avait des citoyens romains à qui, dans certains cas, par des motifs particuliers, l'acceptation d'une tutelle était légalement interdite. Telles étaient primitivement, d'après le but même de la tutelle, toutes les femmes ; seulement, depuis le régime impérial, cela souffre exception relativement à la mère et à la grand'mère du pupille, lorsque, étant veuves, elles demandent la tutelle, renoncent à se remarier et se soumettent à quelques autres conditions.

Ensuite, comme la tutelle était autrefois un droit appartenant à certaines personnes, comme, suivant le nouveau point de vue, c'est une charge publique, dont la bonne administration intéresse les pupilles et l'état lui-même, celui-là seul peut se charger de la tutelle qui y est légalement appelé : *delatio tutelæ*.

La tutelle était déférée d'abord, conformément à

son but et à son caractère originaires, aux parents mâles qui auraient, par leur proximité de degré, droit à la succession du pupille, s'il venait à mourir. C'est la *legitima tutela*, originairement l'*agnatorum tutela*, à laquelle vinrent s'ajouter plus tard, par l'interprétation et la coutume, la *patronorum tutela*, la *parentum tutela* et la *fiduciaria tutela*. Dans le droit de Justinien, depuis la transformation complète de l'ordre des successions ab intestat, les cognats ont aussi été appelés à la tutelle : *cognatorum tutela*.

Quant à la question de savoir si le parent appelé par la loi était individuellement capable d'administrer convenablement les biens du pupille, on s'en inquiéta peu tant que l'on considéra la tutelle sous l'ancien point de vue, comme un simple droit de famille du tuteur. On avait soin seulement de pourvoir, d'une manière indirecte, par l'adjonction d'un curateur, à ce que l'administration pût marcher.

Il en est autrement depuis que la tutelle est devenue une charge publique : un homme incapable d'administrer la tutelle n'y est plus admis.

De même que, déjà d'après la loi des Douze Tables, un testament empêche l'ouverture de la succession légitime, de même précisément l'ascendant peut, en disposant par testament de ses biens, *pecunia*, disposer aussi de la *tutela*, c'est-à-dire nommer d'avance le futur tuteur de son fils de famille impubère qui se trouve sous sa puissance immédiate. Par cette *testamentaria tutela* (appelée souvent aussi *dativa*), il exclut la *legitima tutela*.

De là aussi l'analogie et les nombreux points de contact entre la *testamentaria hereditas* et la *testamentaria tutela*.

Ainsi celui-là seul qui peut être institué héritier peut être nommé tuteur par testament.

Ainsi la *testamentaria tutela* est exclusive comme la *testamentaria hereditas* : par conséquent, personne ne peut être nommé par testament tuteur pour quelques affaires seulement, mais il l'est toujours pour la gestion de toutes les affaires.

Ainsi, enfin, le *testamentarius tutor* est préféré absolument à tous ceux qui sont appelés par la loi, et jouit d'une faveur toute particulière ; ce qui s'explique soit par la puissance paternelle, soit par la présomption très-naturelle que le père fera le meilleur choix, parce qu'il y a personnellement le plus d'intérêt.

Lorsque le père n'a pas eu soin de nommer un tuteur dans son testament, et qu'il n'existe point de tuteur légitime, certains magistrats ont le droit, et, quand leur attention sur ce point a été formellement éveillée par un avertissement ou une demande, le devoir de choisir une personne convenable, parmi les cioyens romains, et de le nommer tuteur ; c'est la *dativa tutela*, dans le sens habituel, car quelquefois le tuteur donné par testament est aussi appelé, dans les sources, *dativus tutor*.

Ce pouvoir des magistrats de nommer un tuteur n'existait pas dans l'origine ; il ne s'est développé qu'assez tard. C'est par plusieurs lois, sénatus-consultes et constitutions impériales, qu'il a été successivement confié à des magistrats déterminés. Telles sont la *lex Atilia*, qui confère le droit de nommer des tuteurs, pour Rome, au *prætor urbanus* et à la *major pars tribunorum plebis ;* et plus tard la *lex Julia et Titia*, qui confère ce pouvoir, pour les provinces, à leur *præses*. Par là s'explique le nom d'*Atilianus tutor* pour *dativus tutor*.

On a pris diverses précautions pour que le magistrat soit averti de nommer un tuteur, quand cela paraît nécessaire : non - seulement toute personne peut donner cet avertissement, mais même, depuis Septime Sévère, certaines personnes tenant de près au pupille, particulièrement la mère, l'aïeule et les plus proches héritiers ab intestat, sont légalement obligées de provoquer, auprès du magistrat, la nomination d'un tuteur, dans le délai d'un an à partir du moment où la nécessité s'en est fait sentir. Si ces personnes négligent ce devoir, elles perdent leur droit de succession, dans le cas où le pupille meurt avant la puberté.

Illud semper constitit, præsidem posse tutorem dare.... ignoranti et invito. GAI. et ULPIAN., fr. 5 et 6, D., xxvi, 5, *De tutoribus et cur. dat. ab. his, qui jus dandi hab.*

Tutelam administrare, virile munus est, et ultra sexum fœmineæ infirmitatis tale officium est. ALEXAND., c. 1, C., v, 35, *Quando mulier tutelæ officio fungi potest.*

Matres, quæ, amissis viris, tutelam administrandorum negotiorum in liberos postulant, priusquam confirmatio officii talis in eas jure eveniat, fateantur actis, sacramento præstito, ad alias nuptias se non venire. VALENT., THEODOS. et ARCAD., c. 2, C., *eod.*

Testamento quoque nominatim tutores dati confirmantur eadem lege duodecim tabularum, his verbis : *uti legassit super pecunia tutelave suæ rei, ita jus esto.* Qui tutores dativi appellantur. ULPIAN., *Fragm.*, xi, 14.

Permissum est itaque parentibus, liberis impuberibus, quos in potestate habent, testamento tutores dare. Et hoc in filios filiasque procedit omnimodo, nepotibus vero neptibusque ita demum parentes possunt testamento tutores dare, si post mortem eorum in potestatem patris sui non sunt recasuri. § 3, I., 1, 13, *De tutelis.*

Quibus autem testamento tutor datus non sit, his ex lege duodecim tabularum agnati sunt tutores, qui vocantur legitimi.... Quum autem ad agnatos tutela pertineat, non simul ad omnes pertinet, sed ad eos tantum, qui proximiore gradu sunt, vel si ejusdem gradus sunt, ad omnes. Pr. et § 7, I., 1, 15, *De legitima agnatorum tutela.*

31

Eadem lege duodecim tabularum libertorum et libertarum tutela ad patronos liberosque eorum pertinet, quæ et ipsa legitima tutela vocatur. Pr., I., 1, 17, *De legitima patronorum tutela.*

Exemplo patronorum recepta est et alia tutela, quæ et ipsa legitima vocatur. Nam si qui filium aut filiam, nepotem aut neptem ex filio et deinceps, impuberes emancipaverit, legitimus eorum tutor erit. Inst., 1, 18, *De legitima patronorum tutela.*

Est et alia tutela, quæ fiduciaria appellatur. Nam si parens filium, vel filiam, nepotem, vel neptem, vel deinceps, impuberes manumiserit, legitimam nanciscitur eorum tutelam, quo defuncto, si liberi virilis sexus extant, fiduciarii tutores filiorum suorum, vel fratris, vel sororis, et cæterorum efficiuntur. Inst., 1, 19, *De fiduciaria tutela.*

Si cui nullus omnino tutor fuerat, ei dabatur in urbe quidem Roma a prætore urbano et majore parte tribunorum plebis tutor ex lege Atilia, in provinciis vero a præsidibus provinciarum ex lege Julia et Titia. Sed et si testamento tutor sub conditione aut die certo datus fuerat, quamdiu conditio aut dies pendebat, ex iisdem legibus tutor dari poterat. Item, si pure datus fuerat, quamdiu nemo ex testamento heres existat, tamdiu ex his legibus tutor petendus erat, qui desinebat tutor esse, si conditio extiterit, aut dies venerit, aut heres extiterit.... Sed ex his legibus tutores desierunt pupillis dari, posteaquam primo consules pupillis utriusque sexus tutores ex inquisitione dare cœperunt, deinde prætores ex constitutionibus. Nam supra scriptis legibus neque de cautione a tutoribus exigenda, rem salvam pupillis fore, neque de compellendis tutoribus ad tutelæ administrationem quidquam cavetur. Pr. § 1, 3, I, 1., 20, *De Atiliano tutore.*

§ 186.

Fonctions du tuteur en général.

Inst., lib. i, tit. 25, *De excusatione tutorum vel curatorun.*
Dig., lib. xxvii, tit. 1, *De excusationibus.*
Cod., lib. v, tit. 62, *De exc. tut. vel cur.*
Dig., lib. xxvii, tit. 2, *Ubi pupillus educari vel morari debeat, et de alimentis ei præstandis.*
Cod., lib. v, tit. 49, *Ubi pupilli educari debeant;* — tit. 50, *De alimentis pupillo præstandis.*
Inst., lib. i, tit. 21, *De auctoritate tutorum.*
Dig., lib. xxvi, tit. 8, *De auctoritate et consensu tutorum et curatorum.*
Cod., lib. v, tit. 59, *De auctoritate præstanda.*

Celui à qui la tutelle est valablement déférée, est, en règle générale, strictement tenu de l'accepter sur-le-champ ; cependant il peut exceptionnellement se soustraire à cette charge pour une des causes expressément approuvées par la loi, *excusationes*, en la présentant au magistrat compétent dans le délai fixé par la loi, et en en faisant la preuve dans un nouveau délai également fixé par la loi.

Les fonctions du tuteur, après qu'il s'est chargé de la tutelle, s'étendent généralement et à la personne et aux biens du pupille.

En ce qui concerne les soins à prendre pour l'éducation proprement dite du pupille, il en est ordinairement dispensé, en tout ou en partie, par les dispositions particulières du père ou du magistrat. Le tuteur, comme tel, n'est jamais tenu de nourrir ou d'entretenir de son propre bien le pupille qui n'a pas de moyens suffisants. Le pupille n'est pas davantage tenu d'une pareille obligation envers son tuteur.

Si le pupille est *infans*, il n'a encore, juridiquement parlant, aucune volonté, et le tuteur n'a autre chose à faire qu'à exécuter par lui-même et seul, sans y faire intervenir directement le pupille, tout ce qui est exigé par l'intérêt de celui-ci, *negotia pupilli gerere*.

Mais si le pupille est sorti de l'âge de l'*infantia*, il a, à la vérité, juridiquement une volonté; mais, en tant qu'il est question de contracter, directement ou indirectement, des obligations, cette volonté est imparfaite et a besoin d'être complétée. C'est à quoi sert l'*auctoritatis interpositio*, par laquelle le tuteur prend part à l'affaire en même temps que le pupille, mais de manière que le pupille y figure comme la personne principale, celle qui est proprement et directement partie dans l'affaire : *tutor auctor fit negotio*. Cela explique la forme rigoureuse et spéciale dans laquelle cette autorisation doit, pour être efficace, être interposée, savoir : par le tuteur en personne, sur-le-champ, de vive voix et sans condition. Cela montre encore pourquoi le tuteur ne peut pas être *auctor in rem suam*.

Le tuteur a régulièrement le choix d'agir seul pour le pupille, ou de laisser agir celui-ci et d'assister seulement pour donner son autorisation ; mais naturellement il y a exception dans les affaires et dans les actes qui, d'après leur nature particulièrement stricte, doivent être accomplis par le pupille lui-même en personne, *negotia quæ procuratorem non recipiunt*.

S'il existe, ce qui est très-permis, plusieurs co-tuteurs, *contutores*, chaque tuteur peut agir seul, sans le concours des autres. Cela n'était admis jadis que pour les tuteurs testamentaires ; mais le nouveau droit romain l'a étendu à tous les tuteurs. Seulement, quand il s'agit d'actes qui doivent mettre fin à la tu-

telle, par exemple, de l'adrogation du pupille, tous
les tuteurs doivent agir de concert.

Ex quo innotuit tutori, se tutorem esse, scire debet, periculum tutelæ ad eum pertinere. ULPIAN., fr. 5, § 10, D., xxvi, 7,
De adm. et periculo tut.

Excusantur autem tutores vel curatores variis ex causis. Plerumque autem propter liberos. Si enim tres liberos superstites
Romæ quis habeat, vel in Italia quatuor, vel in provinciis quinque, a tutela vel cura potest excusari.... Item Divus Marcus in
semestribus rescripsit, eum, qui res fisci administrat, a tutela
vel cura, quamdiu administrat, excusari posse. Item qui reipublicæ causa absunt, a tutela et cura excusantur.... Qui autem
excusare se volunt, non appellant, sed intra dies quinquaginta
continuos, ex quo cognoverunt, excusare se debent, si intra
centesimum lapidem sunt ab eo loco, ubi tutores dati sunt. Si
vero ultra centesimum habitant, dinumeratione facta viginti
millium diurnorum et amplius triginta dierum. Quod tamen, ut
Scævola dicebat, sic debet computari, ne minus sint, quam
quinquaginta dies. Pr., § 1, 2 et 16, I., i, 25, *De excusationibus tut. vel curat.*

Sed, si egeni sunt pupilli, de suo eos alere tutor non compellitur. ULPIAN., fr. 3, § 6, D., xxvii, 2, *Ubi pupillus educari.*

Tutoris præcipuum est officium, ne indefensum pupillum relinquat. MARCELLUS, fr. 30, D., xxvi, 7, *De admin. et per. tut.*

Pupillorum pupillarumque tutores et negotia gerunt, et auctoritatem interponunt. ULPIAN., *Fragm.*, tit. xi, § 25.

Auctoritas autem tutoris in quibusdam causis necessaria pupillis est, in quibusdam non est necessaria. Ut ecce, si quid dari
sibi stipuletur, non est necessaria tutoris auctoritas; quod si aliis
pupilli promittant, necessaria est. Namque placuit, meliorem
quidem suam conditionem licere eis facere etiam sine tutoris
auctoritate, deteriorem vero non aliter, quam tutore auctore....
Tutor autem statim, in ipso negotio præsens, debet auctor fieri,
si hoc pupillo prodesse existimaverit. Post tempus vero, aut per
epistolam interposita auctoritas nihil agit. Si inter tutorem pu-
pillumque judicium agendum sit, quia ipse tutor in rem suam
auctor esse non potest, non prætorius tutor, ut olim, constituitur,
sed curator in locum ejus datur, quo interveniente judicium peragitur, et eo peracto curator esse desinit. Pr., § 2 et 3, I., i,
21, *De auctoritate tutorum.*

§ 187.

Administration des biens, et devoirs qui en résultent pour
le tuteur.

Inst., lib. i, tit. 24, *De satisdatione tutorum vel curatorum.*
Dig., lib. xxvi, tit. 7, *De administratione et periculo tutorum et cura-*
torum.
Cod., lib. v, tit. 37, *De adm. tut. vel curat. et pecunia pupillari fene-*
randa vel deponenda; — tit. 38, *De periculo tutor. vel curat.*
Dig., lib. xxvii, tit. 9, *De rebus eorum qui sub tutela vel cura sunt.*
Cod., lib. v, tit. 71, *De prædiis et aliis rebus minorum sine decreto*
non alienandis vel obligandis; — tit. 72, *Quando decreto opus non*
est.
Dig., lib. xxvii, tit. 3, *De tutela et rationibus distrahendis.*
Cod., lib. v, tit. 51, *Arbitrium tutelæ.*
Dig., lib. xxvii, tit. 4, *De contraria tutelæ et utili actione.*
Cod., lib. v, tit. 58, *De contrario judicio tutelæ.*

Tant que la tutelle était un *droit* du tuteur, son
administration était très-libre et sans limites. Il n'y
avait que les donations des biens au pupille qui lui
fussent interdites. De tout temps, au reste, il était
responsable de son dol, qui le soumettait à l'*actio*
de rationibus distrahendis, et toujours aussi il devait
rendre les biens après la tutelle finie.

Mais, depuis qu'un autre point de vue eut prévalu,
celui d'après lequel la tutelle est regardée comme
une *charge* publique, la liberté d'administration du
tuteur fut notablement limitée et sa responsabilité
élevée en proportion.

Les bornes apposées à son administration s'appliquent surtout aux aliénations des biens pupillaires.
Ces aliénations ne peuvent plus être effectuées par
les tuteurs, depuis Septime Sévère pour certains
immeubles, les *prædia rustica* et *suburbana*, et
depuis Constantin et Justinien pour presque toutes
les choses un peu précieuses, qu'après avoir été dé-

clarées nécessaires et spécialement permises par un décret du magistrat, *prævia causæ cognitione*.

L'accroissement de la responsabilité du tuteur se montre surtout en ce qu'il répond maintenant de la faute, et qu'après la fin de la tutelle, il est tenu de restituer les biens du pupille, sur le pied d'un inventaire qu'il a dû faire dresser publiquement au moment de l'entrée en gestion, et en même temps de rendre compte de toute son administration à son ci-devant pupille, en présence d'un curateur.

Il se forme ainsi, en faveur du pupille contre son tuteur, diverses obligations qui, dans le système du droit romain, sont réputées dériver *quasi ex contractu*, et dont l'accomplissement peut être demandé par le pupille contre le tuteur au moyen d'une *tutelæ actio* (*directa*), par analogie du mandat et de la *mandati actio*.

Les créances du pupille, à cet égard, sont garanties soit par la *cautio rem pupilli salvam fore*, que, d'après l'édit du préteur, doivent fournir, dès leur entrée en charge, les tuteurs, au moins ceux qui sont nommés d'une certaine manière, soit par une hypothèque légale sur tous les biens du tuteur, soit par l'infamie dont est menacé le tuteur infidèle.

S'il y a plusieurs cotuteurs, ils sont tous ensemble obligés envers le pupille, en tant qu'on peut leur reprocher, soit d'avoir personnellement géré avec infidélité ou négligence, soit d'avoir omis de dénoncer, ainsi qu'ils le devaient, leurs cotuteurs comme suspects. Si le même reproche peut leur être adressé à tous, ils sont tenus solidairement.

Le pupille a même, au besoin, une action en indemnité, *utilis actio tutelæ*, contre le magistrat qui s'est rendu coupable de négligence dans la nomination du tuteur, ou dans l'accomplissement de quel-

que autre devoir qui lui est imposé dans l'intérêt
du pupille.

Réciproquement, le tuteur peut aussi quelquefois,
à raison de la tutelle, acquérir des créances contre
le ci-devant pupille, notamment pour se faire rem-
bourser certaines dépenses ou se faire libérer de certaines charges contractées pour le pupille. Il a, pour
faire valoir ces créances, une *contraria tutelæ actio*,
par l'analogie de la *contraria mandati actio*.

Sed, si ipsi tutores rem pupilli furati sunt, videamus, an ea
actione, quæ proponitur ex lege duodecim tabularum adversus
tutorem in duplum, singuli in solidum teneantur. TRYPHONINUS,
fr. 55, § 1, D., xxvi, 7, *De admin. et peric. tutor.*

Imperatoris Severi oratione prohibiti sunt tutores et curatores,
prædia rustica vel suburbana distrahere. ULPIAN., fr. 1, pr., D.,
xxvii, 9, *De rebus eor. qui sub tut.*

Jam ergo venditio tutoris nulla sit, sine interpositione decreti,
exceptis his duntaxat vestibus, quæ detritæ usu, seu corruptæ
servando servari non potuerint. Animalia quoque supervacua,
quamvis minorum, quin veneant, non vetamus. CONSTANTINUS,
c. 22, C., v, 37, *De admin. tutor.*

In omnibus, quæ fecit tutor, quum facere non deberet, item in
his, quæ non fecit, rationem reddet hoc (tutelæ) judicio, præstando
dolum, et culpam, et quantam in rebus suis diligentiam. ULPIAN.,
fr. 1, pr., D , xxvii, 3, *De tutelæ et rationibus distrahendis.*

A tutoribus et curatoribus pupillorum eadem diligentia exigenda est circa administrationem rerum pupillarium, quam paterfamilias rebus suis ex bona fide præbere debet. CALLISTRATUS,
fr. 33, pr., D., xxvi, 7, *De admin. et peric. tut.*

Tutores quoque, qui tutelæ judicio tenentur, non proprie ex
contractu obligati intelliguntur, nullum enim negotium inter
tutorem et pupillum contrahitur, sed quia sane non ex maleficio
tenentur, quasi ex contractu teneri videntur. Et hoc autem casu
mutuæ sunt actiones ; non tantum enim pupillus cum tutore habet tutelæ actionem, sed ex contrario tutor cum pupillo habet
contrariam tutelæ, si vel impenderit aliquid in rem pupilli, vel
pro eo fuerit obligatus, aut rem suam creditori ejus obligaverit.
§ 2, I., iii, 27, *De oblig. quæ quasi ex contr.*

Illo procul dubio observando, ut non audeat tutor, vel curator, res pupillares vel adulti aliter attingere, vel ullam sibi communionem ad eas vindicare, nisi prius inventario publice facto, secundum morem solitum res ei tradantur, nisi testatores, qui substantiam transmittunt, specialiter inventarium conscribere vetuerint. Scituris tutoribus et curatoribus, quod si inventarium facere neglexerint, et quasi suspecti ab officio removebuntur, et pœnis legitimis, quæ contra eos interminatæ sunt, subjacebunt, et postea perpetua macula infamiæ notabuntur, neque ab imperiali beneficio absolutione hujus notæ fruituri. Justinianus, c. ult., § 1, C., v, 51, *Arbitrium tutelæ.*

Ne tamen pupillorum pupillarumve et eorum, qui quæve in curatione sunt, negotia a tutoribus curatoribusve consumantur, aut deminuantur, curat prætor, ut et tutores et curatores eo nomine satisdent. Sed hoc non est perpetuum. Nam tutores testamento dati satisdare non coguntur, quia fides eorum et diligentia ab ipso testatore probata est; item ex inquisitione tutores vel curatores dati satisdatione non onerantur, quia idonei electi sunt. Pr., I, 1, 24, *De satisdat. tutor vel curat.*

Sciendum est autem, non solum tutores vel curatores pupillis et adultis cæterisque personis ex administratione teneri, sed etiam in eos, qui satisdationes accipiunt, subsidiariam actionem esse, quæ ultimum eis præsidium possit offerre. Subsidiaria autem actio datur in eos, qui vel omnino a tutoribus vel curatoribus satisdare non curaverint, aut non idonee passi essent caveri. § 2, I., *eod.*

Pro officio administrationis tutoris vel curatoris bona, si debitores exsistant, tanquam pignoris titulo obligata, minores sibimet vindicare minime prohibentur. Constantinus, c. 20, C., v, 37, *De administratione tutorum.*

§ 188.

Fin de la tutelle.

Inst., lib. 1, tit 22, *Quibus modis tutela finitur;* — tit. 26, *De suspectis tutoribus vel curatoribus.*
Dig., lib. xxvi, tit. 10, *De susp. tut. vel cur.*
Cod., lib. v, tit. 43, *De susp. tut. vel cur.;* — tit. 60, *Quando tutores vel curatores esse desinant.*

Quand le pupille, par sa mort, par sa *capitis deminutio*, ou parce qu'il a atteint la puberté, se trouve en position de n'avoir plus besoin de tuteur pour l'avenir, la tutelle cesse alors naturellement avec sa cause.

Il peut aussi arriver que, le besoin d'une tutelle restant le même pour le pupille, la personne du tuteur actuel vienne seulement à manquer. Alors, dans le cas, du moins où ce tuteur était unique, il faut lui en substituer un autre; dans le dernier état du droit, c'est toujours le magistrat qui nomme ce nouveau tuteur. Les causes, qui font ainsi cesser les fonctions d'un tuteur, peuvent être fort diverses. Elles consistent, soit dans la mort du tuteur, soit dans une *magna capitis deminutio* qu'il subit, laquelle laisse pourtant subsister la possibilité du *postliminium* dans le cas de captivité chez l'ennemi, soit enfin dans un défaut de capacité ou d'aptitude qui s'est manifesté depuis son entrée en fonctions.

Ainsi, notamment, tout soupçon d'infidélité de la part du tuteur autorise et même oblige le magistrat, soit sur la demande d'un cotuteur ou de toute autre personne, sauf cependant le pupille (*suspecti tutoris postulatio*), soit d'office, à procéder à une enquête contre le tuteur suspect, et, suivant les circonstances, à le destituer, à l'écarter. A cet égard, d'un côté, on use d'une grande sévérité dans l'intérêt, soit du pupille, soit de l'état; et, d'un autre côté, quand cet intérêt n'en souffre pas, on montre souvent beaucoup d'indulgence par ménagement pour la personne et la famille du tuteur. En effet, si le tuteur à qui l'on reproche son incapacité ou son inaptitude est le père ou un proche parent du pupille, on lui laisse le titre de tuteur, et on le met hors d'état de nuire, en lui adjoignant un *curator* [1], qui administre à sa place.

La démission volontaire de la tutelle, *abdicatio*,

---

[1] L'auteur dit un *tutor*, par inadvertance.   (*Note du traducteur.*)

autrefois absolument libre, au moins pour le tuteur
testamentaire, n'est maintenant permise à un tuteur
quelconque que pour des raisons légitimes.

Pupilli pupillæque, quum puberes esse cœperint, a tutela liberantur.

Item finitur tutela, si arrogati sunt adhuc impuberes, vel de-
portati. Item si in servitutem pupillus redigatur, vel ab hostibus
fuerit captus.

Simili modo finitur tutela morte, vel tutorum, vel pupillorum.
Sed et capitis deminutione tutoris, per quam libertas, vel civitas
ejus amittitur, omnis tutela perit. Minima autem capitis deminutione tutoris, veluti si se in adoptionem dederit, legitima tantum
tutela perit, cæteræ non pereunt. Sed pupilli et pupillæ capitis
deminutio, licet minima sit, omnes tutelas tollit. Præterea qui
ad certum tempus testamento dantur tutores, finito eo, deponunt
tutelam.

Desinunt autem esse tutores, qui vel removentur a tutela ob
id, quod suspecti visi sunt, vel ex justa causa sese excusant, et
onus administrandæ tutelæ deponunt. Pr., § 1-6, I., 1, 22,
Quibus modis tutela finitur.

Sciendum est, suspecti crimen ex lege duodecim tabularum
descendere. Datum est autem jus removendi suspectos tutores
Romæ prætori, et in provinciis præsidibus earum, et legato pro-
consulis. Ostendimus, qui possent de suspecto cognoscere. Nunc
videamus, qui suspecti fieri possint. Et quidem omnes tutores
possunt, sive testamentarii sint, sive alterius generis tutores.
Qua re et si legitimus sit tutor, accusari poterit. Quid? si patronus? adhuc idem erit dicendum; dummodo meminerimus, famæ
patroni parcendum, licet, ut suspectus, remotus fuerit.

Consequens est, ut videamus, qui possunt suspectos postulare. Et sciendum est, quasi publicam esse hanc actionem, hoc
est, omnibus patere. Quinimo et mulieres admittuntur, ex rescripto Divorum Severi et Antonini, sed hæ solum, quæ, pietatis
necessitudine ductæ, ad hoc procedunt, ut puta mater; nutrix
quoque et avia possunt.... Impuberes non possunt tutores suos
suspectos postulare.... Suspectus est autem, qui non ex fide tutelam gerat, licet solvendo est, ut Julianus quoque rescripsit....
Suspectus autem remotus, si quidem ob dolum, famosus est,
si ob culpam, non æque. Pr., § 1, 2, 3, 5, 6, I., 1, 26, *De
suspectis tutoribus vel curatoribus.*

B. — Tutelle des femmes.

§ 189.

Gai., *Comm.*, lib. i, § 190, *seq.*

D'après l'ancien droit romain, une femme même
pubère, a besoin, à raison de son sexe seulement,
d'un tuteur pendant toute sa vie, quand elle n'est
pas soumise à quelque *jus*, à quelque puissance de
famille, à la *patria potestas*, ou à la *manus mariti*.

Ce principe avait son fondement, comme les Romains eux-mêmes le reconnaissaient, moins dans la
faiblesse intellectuelle ou physique du sexe féminin,
qui ne servait ici que de prétexte, que dans un intérêt de famille, ce qui est tout à fait conforme à la
tendance originaire de la tutelle. C'était, en effet, une
précaution prise pour que les biens de la femme ne
sortissent pas de la famille, et ne fussent pas sous-
traits en tout ou en partie à la succession légitime
des agnats.

Par là s'explique aussi la nature toute particulière
de cette *tutela perpetua mulierum*.

C'est pour cela que de tout temps les vierges vestales
en furent exemptes, attendu qu'en général leur succession n'était pas déférée ab intestat à leurs agnats.

C'est pour cela que cette tutelle appartenait aussi,
comme droit de famille, aux plus proches agnats.

C'est pourquoi, enfin, les tuteurs n'avaient pas ici
un droit d'administration proprement dit, mais seulement la faculté d'empêcher qu'aucun acte important par lequel la femme s'obligerait ou aliénerait
entre-vifs ou pour cause de mort, ne pût être fait
par elle sans leur autorisation.

Quoique la tutelle des femmes fût prise fort au sérieux dans les anciens temps, cependant elle perdit
peu à peu son véritable caractère primitif.

D'abord la *lex Papia Poppæa* délivra complètement une grande partie des femmes mariées de cette
surveillance incommode.

Ensuite la *lex Claudia* l'adoucit notablement pour
beaucoup d'autres femmes [1].

Enfin on avait inventé plusieurs expédients ingé-
nieusement combinés pour soustraire les femmes au
moins à la tutelle la plus onéreuse, à la tutelle légitime des agnats [2], et leur procurer des tuteurs à leur
choix, par lesquels elles se sentiraient peu ou même
pas du tout gênées. Ces expédients étaient, par
exemple, la *coemptio fiduciæ causa*, *tutelæ evitandæ
gratia*, la *tutoris optio* dans ses diverses formes, l'*in
jure cessio* de la tutelle, etc.

La tutelle des femmes étant ainsi devenue depuis
longtemps une vaine forme, presque ridicule, rien de
plus naturel que de la voir disparaître peu à peu entièrement sous les empereurs qui suivirent Dioclétien.

Feminas perfectæ ætatis in tutela esse, fere nulla pretiosa
ratio suasisse videtur. Nam, quæ vulgo creditur, quia levitate
animi plerumque decipiuntur, et æquum erat, eas tutorum auctoritate regi, magis speciosa videtur, quam vera. Mulieres enim,
quæ perfectæ ætatis sunt, ipsæ sibi negotia tractant, et in quibusdam causis dicis gratia tutor interponit auctoritatem suam....
Eaque omnia ipsorum (tutorum legitimorum) causa constituta
sunt, ut, quia ad eos intestatarum hereditates pertinent, neque
per testamentum excludantur ab hereditate, neque, alienatis
pretiosioribus rebus, susceptoque ære alieno, minus locuples ad
eos hereditas perveniat. GAI., *Comm.*, 1, § 190 et 192.

[1] La *lex Claudia* supprima la tutelle des agnats pour les femmes.
(*Note du traducteur*).

[2] Ces expédients, inventés avant la loi *Claudia*, perdirent, pour la
plupart, beaucoup de leur importance depuis cette loi. (*Note du trad.*)

Tutores constituuntur tam masculis, quam feminis : sed masculis quidem impuberibus duntaxat, propter ætatis infirmitatem, feminis autem tam impuberibus, quam puberibus, et propter sexus infirmitatem, et propter forensium rerum ignorantiam. Ulpian., *Fragm.*, tit. xi, § 1.

Tutoris auctoritas necessaria est mulieribus quidem in his rebus : si lege, aut legitimo judicio agant, si se obligent, si civile negotium gerant, si libertæ suæ permittant, in contubernio alieni servi morari, si rem mancipi alienent. Ulpian., *Fragm.*, tit. xi, § 27.

Observandum præterea est, ut, si mulier, quæ in tutela sit, faciat testamentum, auctoribus iis, quos tutores habet, facere debeat; alioquin inutiliter jure civili testabitur. Gaius, *Comm.*, iv, § 118.

Pupillorum pupillarumque tutores et negotia gerunt, et auctoritatem interponunt, mulierum autem tutores auctoritatem duntaxat interponunt. Ulpian., *Fragm.*, tit. xi, § 25.

Itaque si quis filio filiæque testamento tutorem dederit, et ambo ad pubertatem pervenerint, filius quidem desinit habere tutorem, filia vero nihilo minus in tutela permanet. Tantum enim ex lege Julia et Papia Poppæa jure liberorum a tutela liberantur feminæ. Loquimur autem exceptis virginibus Vestalibus, quas etiam veteres in honorem sacerdotii liberas esse voluerunt; itaque etiam lege duodecim tabularum cautum est. Gai., *Comm.*, i, § 145.

In persona tamen uxoris, quæ in manu est, recepta est etiam tutoris optio, id est, ut liceat ei, quem velit ipsa, tutorem sibi optare hoc modo : *Titiæ, uxori meæ tutoris optionem do.* Quo casu licet uxori vel in omnes res, vel in unam forte, aut duas optare. Cæterum aut plena optio datur, aut angusta. Gai., i, § 150 et 151.

Potest autem coemtionem facere mulier non solum cum marito suo, sed etiam cum extraneo..... aut matrimonii causa facta coemtio dicitur, aut fiduciæ.... Quæ vero alterius rei causa facit cum extraneo, velut tutelæ evitandæ causa, dicitur fiduciæ causa fecisse coemtionem. Quod est tale. Si qua velit, quos habet tutores, reponere, ut alium nanciscatur.... coemtionem facit, deinde a coemtionatore remancipata ei, cui ipsa velit, et ab eo vindicta manumissa incipit eum habere tutorem, a quo manumissa est, qui tutor fiduciarius dicitur. Idem, i, § 114 et 115.

Sed olim quidem, quantum ad legem duodecim tabularum attinet, etiam fœminæ agnatos habebant tutores. Sed postea lex

Claudia lata est, quæ, quod ad fœminas attinet, agnatorum tutelas sustulit. IDEM, I, § 157.

III.

Curatelle, cura *ou* curatio.

§ 190.

Ses espèces principales.

Inst., lib. I, *De curatoribus.*
Dig., lib. xxvii, tit. 10, *De curatoribus furioso et aliis extra minores dandis.*
Cod., lib. v, tit. 70, *De curatoribus furiosi vel prodigi.*

Les diverses espèces de curatelle se sont développées peu à peu, quelques-unes de très-bonne heure, peut-être en même temps que la tutelle, d'autres beaucoup plus tard.

La première fut la *cura furiosorum.*

Vint ensuite, en partie à l'imitation de la première, la *cura prodigorum, quibus a prætore bonis interdictum est.*

La *cura minorum viginti quinque annis* est d'une origine beaucoup plus récente. Elle se rattache à la *lex Plætoria*, qui, pour prévenir les manœuvres si fréquemment employées pour tromper les jeunes gens, les *circumscriptiones minorum viginti quinque annis*, força d'une manière indirecte, dans plusieurs cas, les mineurs à se faire donner un curateur par le magistrat. Sans cela ils n'auraient pas trouvé facilement quelqu'un qui se décidât à traiter avec eux, parce que, d'après la *lex Plætoria*, celui qui concluait avec un mineur certaines affaires sans l'assistance d'un tel curateur, s'exposait à une poursuite criminelle, et par suite à l'*infamia* et à d'autres peines.

Cette loi *Plætoria* tomba plus tard en désuétude ;

mais, dès le temps de Marc-Aurèle, il était passé en principe que les mineurs pouvaient et devaient se faire donner par le magistrat un curateur, même en dehors de ces cas particuliers, même *non redditis causis*. Ils ont besoin de l'assistance, *consensus*, de ce curateur, pour l'entière efficacité des affaires qu'ils concluent, non pas, à la vérité, indistinctement de toutes les affaires où ils contractent une obligation, mais de certaines affaires exactement déterminées, notamment quand ils veulent se faire rendre compte et se faire restituer leurs biens par le tuteur qui sort de charge. Par là ils sont indirectement forcés de s'adresser au magistrat pour faire nommer ce curateur.

On ne leur donne pas, malgré eux, un curateur, du moins un curateur permanent.

Outre les cas qui viennent d'être mentionnés, il peut encore arriver, dans le nouveau droit, qu'un curateur soit donné à une personne atteinte de quelque infirmité, ou à des biens qui se trouvent sans administrateur.

Les impubères peuvent même, dans certaines circonstances, au lieu d'un tuteur, ou même conjointement avec un tuteur, recevoir un curateur, pour certaines affaires déterminées.

Furiosi quoque et prodigi, licet majores viginti quinque annis sint, tamen in curatione sunt agnatorum, ex lege duodecim tabularum. Sed solent Romæ præfectus urbi, vel prætores, et in provinciis præsides ex inquisitione eis curatores dare.

Sed et mente captis, et surdis, et mutis, et qui perpetuo morbo laborant, quia rebus suis superesse non possunt, curatores dandi sunt. § 3 et 4, I., i, 23, *De curatoribus.*

De curatoribus vero, quum ante non nisi ex lege Plætoria, vel propter lasciviam, vel propter dementiam darentur, ita statuit, ut omnes adulti curatores acciperent, non redditis causis. CAPITOLINUS, *Vita M. Antonini Philosophi,* cap. 10.

Et ideo hodie in hanc usque ætatem adolescentes curatorum auxilio reguntur, nec ante rei suæ administratio eis committi debebit, quamvis bene rem suam gerentibus. ULPIAN., fr. 1, § 3, D., IV, 4, *De minoribus*.

Masculi puberes et feminæ viri potentes usque ad vicesimum quintum annum completum curatores accipiunt, qui, licet puberes sint, adhuc tamen ejus ætatis sunt, ut negotia sua tueri non possint....

Inviti adolescentes curatores non accipiunt, præterquam in litem. Curator enim et ad certam causam dari potest.

Interdum autem et pupilli curatores accipiunt, ut puta si legitimus tutor non sit idoneus, quia habenti tutorem tutor dari non potest. Item, si testamento datus tutor, vel a prætore, vel a præside, idoneus non sit ad administrationem, nec tamen fraudulenter negotia administret, solet ei curator adjungi. Pr., § 1, 2 et 4, I., *eod.*

§ 191.

Principes généraux sur la curatelle.

Le curateur doit être capable comme le tuteur ; seulement, les causes qui rendraient incapable d'interposer l'autorisation, mais non d'administrer, et qui mettraient obstacle à l'acceptation d'une tutelle, n'empêchent pas de se charger d'une curatelle, parce que le curateur n'a pas d'*auctoritas* à interposer.

La curatelle ne fut, en aucun temps, déférée *ex testamento*.

D'après l'ancien droit, elle était déférée *ex lege*, pour les fous et les prodigues.

Dans le dernier état du droit, toute curatelle, sans exception, est considérée comme dative, en ce sens que tout curateur a besoin d'être nommé, ou au moins, confirmé par le magistrat. Seulement celui-ci doit souvent faire porter son choix sur les plus proches parents capables de la personne qui a besoin d'un curateur.

Une curatelle déférée ne peut, non plus qu'une

32

tutelle, être refusée que pour des raisons approuvées par la loi.

Les devoirs et les pouvoirs du curateur se déterminent tout naturellement d'après l'espèce de curatelle qui lui est confiée. Ainsi il a tantôt simplement à administrer un ensemble de biens, tantôt seulement à donner son consentement à certaines affaires, tantôt enfin à prendre en même temps soin de la personne de l'administré.

Il n'a jamais d'*auctoritas* à interposer.

Il est responsable comme le tuteur; il doit, comme lui, rendre compte, et il est soumis à des obligations et à des actions pareilles.

La curatelle a aussi les plus grands rapports avec la tutelle, quant à la manière dont elle prend fin. En effet, c'est également tantôt la curatelle elle-même qui finit avec sa cause, tantôt seulement la personne du curateur actuel qui vient à manquer.

Il faut remarquer ici cette particularité, que la curatelle des mineurs finit, non-seulement par l'arrivée du temps légalement fixé, c'est-à-dire avec la vingt-cinquième année révolue, mais encore par l'obtention d'une dispense d'âge, *venia ætatis*, accordée par un rescrit gracieux de l'empereur.

Dantur autem curatores ab iisdem magistratibus, a quibus et tutores. Sed curator testamento non datur; sed datus confirmatur decreto prætoris, vel præsidis. § 1, I., i, 23, *De curatoribus.*

Omnes adolescentes, qui honestate morum præditi paternam frugem, vel avorum patrimonia gubernare cupiunt, et super hoc imperiali auxilio indigere cœperint, ita demum ætatis veniam impetrare audeant, quum vicesimi anni metas impleverint; ita ut post impetratam ætatis veniam iidem ipsi, per se principale beneficium allegantes, non solum per scripturam annorum numerum probent, sed etiam testibus idoneis advocatis morum suorum instituta probitatemque animi et testimonium vitæ honestioris edoceant. CONSTANTIN., c. 2, C., ii, 45, *De his, qui veniam ætatis.*

LIVRE V.

THÉORIE DE LA TRANSMISSION HÉRÉDITAIRE, OU DES SUCCESSIONS EN CAS DE MORT.

§ 192.

Place qu'occupe cette théorie dans le système.

Déjà, au § 100, nous avons mentionné en passant l'hérédité et les successions en cas de décès, et nous leur avons assigné la place qu'elles occupent dans le système du droit romain, au milieu de la théorie de la propriété, en leur qualité d'*adquisitiones per universitatem*. La raison pour laquelle nous avons suspendu alors et nous reprenons seulement ici leur explication détaillée, c'est que le droit de succession héréditaire se rapporte à toute la personnalité d'un homme, à tous les droits non-seulement réels, mais personnels, dont cette personnalité est le fondement et qui y sont inséparablement liés. Aussi le droit de succession ne peut-il être saisi et compris dans son véritable esprit qu'après la complète exposition des autres parties du droit concernant les biens.

La division la plus simple de la doctrine des successions en cas de mort est la suivante : théorie de la succession héréditaire proprement dite, théorie des legs et fidéicommis, et théorie de quelques autres successions qui se réfèrent, il est vrai, au cas de mort, mais qui ne peuvent se ranger ni sous la notion de la succession héréditaire proprement dite, ni sous celle des legs et fidéicommis, quoiqu'elles aient de la ressemblance tantôt avec l'une, tantôt

avec l'autre. Si, du reste, plusieurs de ces dernières sont déjà mentionnées et traitées à l'occasion
des deux premières rubriques, à cause de leur étroite
connexion avec elles, c'est une suite naturelle du lien
organique et historique qui unit intimement ces successions; ce n'est pas, par conséquent, un défaut
qui puisse être reproché à notre système.

PREMIÈRE SECTION.

Théorie de la succession héréditaire proprement dite.

CHAPITRE PREMIER.

INTRODUCTION GÉNÉRALE AU DROIT DE SUCCESSION HÉRÉDITAIRE.

§ 193.

L'hérédité en général, par opposition aux legs.

A la mort d'un homme doué de la capacité de droit, tous les rapports juridiques dans lesquels il se trouvait durant sa vie jusqu'à son dernier moment, tant ses droits que ses obligations, s'éteignent nécessairement pour lui, en ce sens qu'il est physiquement impossible qu'ils continuent dans sa personne ; mais il ne s'ensuit pas que tous ces rapports de droit s'éteignent absolument avec celui qui en était jusqu'alors investi, et que notamment les choses qui lui appartenaient soient, comme *res nullius*, abandonnées au premier occupant. Quoiqu'on puisse retrouver, dans le plus ancien droit romain, des traces d'un pareil état de choses, il a dû cependant promptement céder à la notion d'un *droit d'hérédité* bien réglé, qui se développa de très-bonne heure. Ce droit, qui se retrouve presque nécessairement, quoique sous des formes très-diverses, dans tous les états policés qui reconnaissent la propriété privée, repose sur une idée très-simple et très-naturelle, savoir, que certaines personnes encore vivantes doivent être appelées, par des règles fixes, à remplir la place laissée vacante par le défunt, à entrer dans ses rapports juridiques, droits et obligations, à lui succéder. Cette succession laissée par le défunt ne comprend que les *rapports concernant les biens*, où il se trouvait au moment de sa mort. Car les rapports de famille, non plus que les rapports de droit public, ne se transmettent pas par succession héréditaire, mais, étant des *rapports juridiques éminemment personnels*, ils périssent avec celui qui en était investi. Tel est aussi le sort de certains rapports concernant les biens, qu'une disposition expresse de la loi attache étroitement et inséparablement au sujet déterminé à qui ils compètent ou qu'ils obligent.

Une semblable succession en cas de mort se conçoit de deux manières.

Premièrement, comme *per universitatem successio*. A cet égard, tous les droits actifs et passifs du défunt, susceptibles de transmission, sont considérés comme formant un ensemble juridique, une universalité de droit, qui représente la *personnalité* du défunt au point de vue de *sa fortune*, et est désignée, sous ce rapport, par les expressions, *omnia bona, omne jus, patrimonium, familia defuncti, hérédité, succession*, dans le sens matériel de masse de biens et de droits auxquels on succède[1]. Celui qui est appelé à continuer juridiquement cette personnalité du défunt quant à la fortune, et qui, en conséquence, recueille cet ensemble de biens, pris en masse, s'appelle l'*héritier*, et sa vocation à cet effet s'appelle *hérédité, succession*, dans le sens de droit de succéder[2]. Il résulte de la nature même de cette notion, que l'héritier est *successor per universitatem*, puisque à lui, comme

---

[1] En allemand *Erbschaft*.
[2] En allemand *Erbfolge*.

représentant de la personne décédée, passent, avec tous les droits et créances, toutes les dettes de celle-ci. Car les dettes appartiennent aussi aux *bona* dans le sens juridique, et aident à former la personnalité du défunt.

Secondement, on peut concevoir encore une succession en cas de décès, comme une simple *singularis successio,* en vertu de laquelle une personne est seulement appelée à recueillr certains biens du défunt, sans le représenter d'ailleurs juridiquement.

Le droit romain reconnaît ces deux espèces de succession en cas de mort, en sorte que pour la transmission des biens laissés par une seule et même personne, il intervient tantôt une seule de ces successions, tantôt toutes les deux simultanément. Mais, quand il n'y en a qu'une, ce doit toujours être la succession universelle, l'*hérédité ;* car les successions singulières, admises par le droit romain en cas de décès (les *legs* et *fidéicommis*), étant ordonnées par le défunt lui-même, supposent toujours, pour leur efficacité, une *hérédité* à laquelle elles se réfèrent. La raison en est simple : c'est qu'il ne peut être question des parties séparées d'un patrimoine, qu'en supposant que la personnalité quant au patrimoine, comme formant un tout, est conservée.

Nous devons donc traiter d'abord de la *succession héréditaire.*

Nihil aliud est hereditas, quam successio in universum jus, quod defunctus habuit. Gaius, fr. 24, D., l, 16, *De verb. sign.*
Bona autem hic, ut plerumque solemus dicere, ita accipienda sunt, universitatis cujusque successionem, qua succeditur in jus demortui, suscipiturque ejus rei commodum et incommodum. Nam sive solvendo sunt bona, sive non sunt, sive damnum habent, sive lucrum, sive in corporibus sunt, sive in actionibus,

in hoc loco proprie bona appellabuntur. Ulpian., fr. 3, D.,
xxxvii, 1, *De bonorum possessionibus.*

Heres in omne jus mortui, non tantum singularum rerum
dominium succedit, quum et ea, quæ in nominibus sunt, ad heredem transeant. Pompon., fr. 37, D., xxix, 2, *De adquirenda
vel omittenda hereditate.*

Creditores hereditarios adversus legatarios non habere perso-
nalem actionem convenit; quippe quum evidentissime lex XII
Tabularum heredes huic rei faciat obnoxios. Diocletian. et
Maxim., c. 7, C., iv, 16, *De hereditariis actionibus.*

§ 194.

Conditions essentielles de toute succession héréditaire.

Naturellement il ne peut pas être question de la
transmission de l'hérédité d'une personne avant sa
mort; mais, même quand un homme est réellement
mort, il ne peut cependant y avoir transmission d'hérédité qu'autant qu'il laisse réellement une *succession,* c'est-à-dire des biens, *bona,* auxquels on doive
succéder. En d'autres termes, il faut qu'il ait été,
pendant sa vie et jusqu'au moment de sa mort, revêtu d'une personnalité au point de vue de la fortune, ce qui, comme il vient d'être dit, forme l'objet
du droit de succession héréditaire, et par conséquent
qu'il ait été juridiquement capable d'avoir un patrimoine propre. Conséquemment, ni l'esclave, en
aucun temps, ni le fils de famille, dans les premiers
temps du moins, ne pouvait laisser une succession.

Une autre condition pour qu'il y ait succession
héréditaire, c'est que celui qui doit la recueillir ait,
en général, la *capacité de succéder,* et soit, en particulier, appelé à la succession dont il s'agit, cette succession lui étant *déférée,* offerte, d'une manière approuvée par le droit.

Le droit romain reconnut de bonne heure deux
modes tout différents de délation d'une succession,
et détermina exactement leurs rapports mutuels.

D'abord, la succession peut être déférée à celui
que le défunt s'est choisi lui-même pour successeur
dans un acte de dernière volonté valablement dressé,
testamentum : c'est la délation de la succession *ex
testamento*.

Mais, pour le cas où le défunt n'a fait aucun testament, ou du moins n'en a pas fait de valable, et
est ainsi décédé *intestatus*, la succession est déférée,
conformément à une disposition générale de la loi,
à certaines personnes qui étaient particulièrement
liées au défunt par la parenté ou autrement, et à
qui, par conséquent, on peut présumer qu'il aurait
voulu de préférence faire parvenir ses biens : c'est
la délation de la succession *ex lege*, ou *ab intestato*.

Ces deux sortes de délation d'hérédité ne peuvent pas exister l'une à côté de l'autre pour la
même succession; elles s'excluent mutuellement.
*Nemo (paganus) pro parte testatus, pro parte intes-
tatus decedere potest.* Non-seulement cela est fondé
sur une interprétation rigoureuse de la loi des Douze
Tables, mais cela résulte même de l'idée naturelle
du testament et de l'hérédité testamentaire. En effet,
celui qui fait un testament institue un *heres*, or l'*heres*
est seulement celui *qui succedit in omne jus defuncti*.

A ceci se rattachent les différentes voies par lesquelles on peut, en droit romain, arriver à la succession : 1° conformément à un testament; 2° en l'absence
complète d'un testament, conformément à une disposition légale; 3° enfin, par une voie toute spéciale,
qui n'est ni purement la vocation testamentaire, ni
purement la vocation ab intestat. Il peut, en effet,
arriver qu'il existe un testament, valable à la rigueur,

qui devrait fournir la règle pour l'hérédité, et que
cependant certains parents du défunt, qui y ont été
injustement omis ou injustement traités, aient, après
la mort du testateur, le droit d'attaquer et de renverser ce testament. Ils arrivent alors à la succession, mais ce n'est ni directement par la volonté du
testateur, ni directement par la loi, qui suppose
l'absence d'un testament valable, mais par le *renver-
sement du testament* accordé sur leur demande ; ils
succèdent donc, à proprement parler, *contre la teneur d'un testament.* Il ne faut pas confondre ceci
avec une réunion, dans la même succession, de la
délation testamentaire et de la délation ab intestat.
(Voy. ci-après, § 207.)

Qui hereditatem adire, vel bonorum possessionem petere vo-
let, certus esse debet, defunctum esse testatorem. PAUL., fr. 19,
D., xxix, 2, *De adquir. vel omittenda hereditate.*

Delata hereditas intelligitur, quam quis possit adeundo consequi. TER. CLEMENS, fr. 151, D., l, 16, *De verb. sign.*

Quamdiu potest ex testamento adiri hereditas, ab intestato non
defertur. ULPIAN., fr. 39, D., xxiv, 2, *De adq. vel omitt. hered.*

Neque enim idem ex parte testatus, et ex parte intestatus decedere potest, nisi sit miles, cujus sola voluntas in testando spectatur. § 5, I., ii, 14, *De heredibus instituendis.*

§ 195.

L'hereditas et la *bonorum possessio* dans leurs rapports mutuels.

GAI., *Comm.*, lib. iii, § 25, *seq.*
Inst., lib. iii, tit. 9 et 10, *De bonorum possessionibus.*
Dig., lib. xxxvii, tit. 1, *De bon. possess.*
Cod., lib. vii, tit. 9, *Qui admitti ad bonorum possessionem possunt et
intra quod tempus.*
Dig., lib. xliii, tit. 2, *Quorum bonorum.*
Cod., lib. viii, tit. 2. *Quor. bon.*

Le droit de succession, dans son dernier état, est

provenu, comme tant d'autres institutions du droit romain, d'une fusion du droit civil rigoureux avec le droit prétorien.

Le système de succession du droit civil, originairement le seul en vigueur dans l'état romain, s'appelait *hereditas*, et reposait en partie sur les Douze Tables, en partie sur des lois civiles postérieures, qui étaient venues en compléter logiquement le système. Les expressions mêmes d'*hereditas* et d'*heres*, qui se rattachent à *herus (dominus)*, semblent indiquer qu'on acquiert par cette succession un droit complet de propriété quiritaire, tel que le droit civil seul pouvait le garantir. Cette hérédité était déférée des deux manières indiquées plus haut, *ex testamento* et *ex lege*. Ces deux modes de délation étaient naturellement conformes aux vues de l'ancien droit civil, et leur organisation spéciale était dictée par les besoins de l'époque.

Mais, par cette raison, en continuant d'appliquer ces principes de droit civil rigoureux, qui n'étaient plus, pour la plupart, en harmonie avec le changement des circonstances et avec les nouveaux besoins, on reconnut, peu à peu, qu'à plusieurs égards, ils étaient trop durs et présentaient des lacunes. Ainsi le droit civil n'accordait rien à certaines personnes qui méritaient bien de n'être point oubliées. Il n'avait même pas suffisamment pourvu aux intérêts et garanti les droits du successeur civil, de l'*heres*. Pour remédier à ces défauts, le préteur commença de très-bonne heure à poser les fondements d'un nouveau système de succession, plus conforme à l'esprit du temps, qui reçut le nom de *bonorum possessio*, et qui ne parvint, que par un développement lent et graduel, à cet état de perfection où nous le trouvons enfin embrassant tout l'ensemble du droit de suc-

cession. Le nom même de *bonorum possessio* indique
que par là le successeur obtient sur les biens un droit
fondé moins sur le *jus civile* que sur le *jus gentium*.

Cette institution paraît avoir commencé de la manière suivante :

Le préteur accordait, sur la demande qui lui en
était faite, la permission de se mettre en *possession
des biens* laissés par le défunt, *bona*, soit aux héritiers
du droit civil eux-mêmes, qui pouvaient retirer de
là plusieurs avantages, soit, par des motifs d'équité,
dans les cas assez fréquents où, d'après le droit civil,
il n'y avait pas de successibles, pas d'*heredes*, à
certains parents qui, bien que non appelés par le
droit civil, lui paraissaient avoir le plus de titre à
obtenir cette faveur : *prætor dabat bonorum possessionem*.

En même temps il assurait à ces *bonorum possessores* le moyen d'entrer en possession effective [1] par
une voie prétorienne spéciale, l'*interdictum quorum
bonorum*.

Cette *bonorum possessio* souffrait d'autant moins
de difficulté que l'état n'avait alors aucune préten-

---

[1] Notre auteur dit ici : « protégeait ces *bonorum possessores* dans la
possession qu'il leur avait accordée, etc. (*schützte.... in dem ihnen gestatteten Besitze*) ; » il emploie encore la même expression plus loin dans
ce même paragraphe. Cela donnerait à entendre qu'il considère l'*interdictum quorum bonorum* comme destiné à protéger une possession acquise, tandis qu'il est destiné à faire acquérir la possession ; celui qui a
obtenu la *bonorum possessio* n'a pas encore la *possessio* véritable, effective, mais seulement le droit de l'obtenir.
    (*Note du traducteur, pour la* 1re *édition.*)
A cette expression, *gestatteten Besitze*, qu'il avait conservée dans sa
deuxième et sa troisième édition, M. Marezoll a substitué, dans la quatrième : *gewährten Besitze*, possession garantie, promise, ce qui est plus
exact, mais a toujours besoin d'éclaircissement. Je maintiens donc ma
note à ce titre.   (*Addition du traducteur, pour la* 2e *édition.*)

tion aux biens qui restaient sans héritiers, et que
les créanciers du défunt ne pouvaient que gagner à
trouver ainsi un successeur déterminé auquel ils
pourraient s'adresser comme étant devenu leur débiteur, afin d'obtenir leur payement.

Mais, dans la suite des temps, le préteur alla plus
loin : alors même qu'il ne manquait pas d'héritier
civil habile à succéder, il donna la *bonorum possessio* à des parents du défunt, omis par le droit civil,
qui la lui demandaient, et qui lui paraissaient mé-
riter cette faveur. Il les admettait à la *bonorum
possessio*, suivant la teneur de son édit successoral,
successorium edictum[1], tantôt de préférence aux héritiers civils, tantôt au moins en concours avec eux,
selon qu'ils lui paraissaient tenir de plus près au défunt ou avoir des titres plus équitables.

Dans le début, le préteur, sans partir d'un principe
général fixe, établi une fois pour toutes, obéissant
plutôt à l'impulsion d'un sentiment du droit, purement
instantané, n'accordait la *bonorum possessio* à ceux
qui la demandaient que dans des cas particuliers,
causa cognita pro tribunali, et par des décrets spéciaux ; mais il se forma peu à peu, par l'expérience
et par la tradition, des règles et des principes fixes,
qui prirent place dans l'édit d'une manière permanente. Ainsi s'établit l'*edictalis bonorum possessio*, et
les cas où il était encore besoin de la *decretalis bonorum possessio* devinrent de plus en plus rares.

Le préteur, fidèle à sa tendance générale, dans le
développement de son nouveau système de succes-

---

[1] Ce *successorium edictum* est ainsi nommé, non parce qu'il s'occupe
des successions, mais parce qu'il fixe une succession, un ordre successif
entre les personnes appelées à la *bonorum possessio*.

(*Note du traducteur.*)

sion, se tint le plus près possible de l'hérédité civile, en sorte que la *bonorum possessio*, malgré la direction nouvelle qui lui était propre, ne se présentait que comme une extension, une modification de l'*hereditas*, exigée par les besoins des temps. De là, pour la *bonorum possessio*, comme pour l'*hereditas*, la triple délation, mentionnée ci-dessus, § 194, savoir : en vertu d'un testament, ab intestat, et contre la teneur d'un testament ; de là aussi l'importante division en *secundum* ou *juxta tabulas bonorum possessio, intestati bonorum possessio*, et *contra tabulas bonorum possessio*.

Comme, en règle générale, le préteur admettait maintenant à la *bonorum possessio*, sans *causæ cognitio* préalable, ceux qui, en invoquant l'édit, la demandaient, *petebant, agnoscebant*, il pouvait facilement arriver qu'il se présentât pour la même succession plusieurs ayant-droit, soit de ceux qui fondaient leurs prétentions sur le droit civil, l'*hereditas*, soit de ceux qui les appuyaient sur le droit prétorien, la *bonorum possessio*. Il s'élevait alors la question de savoir si ces successeurs prétoriens pouvaient faire prévaloir leurs prétentions contre les successeurs civils, ou s'ils devaient leur céder et se voir enlever par eux la succession, en être évincés. En effet, le préteur ne garantissait nullement d'avance à ceux à qui il promettait la *bonorum possessio*, qu'ils pourraient et devraient conserver les biens, mais il laissait la décision sur ce point dépendre ultérieurement des circonstances. Cependant il s'établit bientôt là-dessus une règle fixe. Car, pour compléter son système de succession, pour y comprendre aussi la succession du droit civil, et notamment pour faire participer les héritiers civils à plusieurs avantages particuliers qu'assurait la *bonorum possessio*, le préteur avait admis, dans son édit successoral, au nombre de ceux à qui il offrait la *bonorum possessio*, même ceux qui étaient déjà appelés par le droit civil à l'*hereditas*. En conséquence, toutes les fois que le nouveau droit civil, par une *lex*, par un *senatusconsultum* ou par une *constitutio principis*, accordait à une personne un droit d'hérédité qu'elle n'avait pas eu jusque-là, le préteur le reconnaissait aussitôt expressément dans son édit, en appelant également cette personne à la *bonorum possessio*. C'est ce qu'on nomme *bonorum possessio quibus ex legibus*. Le préteur assignait à chacun sa place déterminée, en indiquant avec précision l'ordre et le rang dans lequel il l'appellerait à la *bonorum possessio*. En conséquence, en cas de concours de l'héritier civil avec des successeurs prétoriens, pour savoir qui devait l'emporter dans le débat sur la succession, il fallait voir d'abord quelle place l'édit assignait au premier, si c'était avant ceux qui ne pouvaient s'appuyer que sur le droit prétorien, ou au même rang, ou seulement après. Dans le premier cas, l'héritier civil était préféré au successeur prétorien et pouvait lui enlever les biens, *bona*, *res*, l'évincer; dans le second cas, les deux successeurs avaient un droit égal et devaient partager entre eux la succession; dans le troisième cas, l'héritier civil devait céder au successeur prétorien et abandonner à celui-ci les *bona*, la *res*. Ainsi une *bonorum possessio* n'avait pas toujours le même résultat. De là la division en *bonorum possessio cum re, cum effectu*, et *bonorum possessio sine re, sine effectu*.

Du reste le *bonorum possessor*, alors même que sa *bonorum possessio* était *cum re*, en sa qualité de successeur prétorien, n'était pas *heres* et par conséquent véritable représentant du défunt, comme cela avait

lieu dans la succession civile. Mais le préteur non-seulement le protégeait dans sa possession de la succession, notamment par l'*interdictum quorum bonorum*
ci-dessus mentionné [1], mais le traitait, en général,
comme héritier, *heredis loco*, *heredis vice*, puisqu'il
lui accordait les mêmes droits qu'à un *heres*, comme
aussi il lui imposait les mêmes devoirs. Seulement,
et cela était tout à fait dans l'esprit du droit prétorien, la propriété quiritaire du défunt ne passait
pas au *bonorum possessor*, qui n'avait les choses héréditaires qu'*in bonis*, jusqu'à ce qu'il eût accompli
l'usucapion. Cette différence tombe d'elle-même dans
le nouveau droit, depuis la fusion de la propriété
quiritaire et de la propriété naturelle. Le *bonorum
possessor* ne pouvait également agir et être actionné
qu'*utiliter*, tandis que les actions directes compé-
taient à l'héritier et contre l'héritier. Naturellement
la position du *bonorum possessor* était différente,
quand il était en même temps *heres*; car alors, avec
l'interdit prétorien susmentionné, il avait aussi tous
les droits d'un *heres*, et pouvait agir comme représentant du défunt sans avoir besoin de recourir à
ces expédients imaginés par le préteur.

C'est ainsi que, pendant un certain temps, le droit
de succession chez les Romains se trouva composé
des deux systèmes, l'*hereditas* et la *bonorum possessio;* et la manière dont ils se combinaient ensemble et
se complétaient mutuellement, dont ils s'emboîtaient

---

[1] Ceci mérite explication; cet interdit offre seulement le moyen d'acquérir la possession effective à laquelle la *bonorum possessio* obtenue du
préteur donne droit. (*Voy.* ci dessus la note 1 de la page 508.) Une fois
qu'il aura ainsi acquis cette possession, c'est par les interdits *uti possidetis* ou *utrubi*, qu'il s'y fera maintenir en cas de trouble, et par l'interdit *unde vi*, qu'il se la fera restituer en cas de perte.

(*Note du traducteur.*)

et s'engrenaient l'un dans l'autre, s'il est permis de
parler ainsi, reposait sur des principes très-artificiels
et très-compliqués pour la plupart. Mais, dans le
cours des temps, après que le nouveau droit civil
eut commencé à opérer, dans les principes de l'*hereditas*, des changements dictés par le même esprit
qui avait donné naissance à la *bonorum possessio*, les
deux systèmes de successions se rapprochèrent toujours davantage l'un de l'autre. Enfin on en vint à
ce point qu'ils n'étaient plus placés en regard l'un de
l'autre comme deux systèmes distincts et indépendants, mais que seulement l'*hereditas* se trouvait modifiée en quelques points particuliers par la *bonorum
possessio*.

La voie la plus simple et la plus directe pour atteindre le but de ce cours élémentaire nous paraît
être de ne pas exposer le système de la *bonorum possessio* en lui-même, séparément de celui de l'*hereditas*. Après avoir commencé, comme nous venons
de le faire, par une introduction historique générale,
embrassant les deux successions, il nous suffira, dans
les théories particulières de la matière, quand nous
rencontrerons les points où se montre la *bonorum
possessio*, d'expliquer nettement l'influence de cette
bonorum possessio sur l'*hereditas* et la fusion qui a pu
s'opérer entre elles.

Veteres enim *heredes* pro *dominis* appellabant. § 7, I., 11, 19,
De heredum qualitate et differentia.

Jus bonorum possessionis introductum est a prætore, emendandi veteris juris gratia. Nec solum in intestatorum hereditatibus vetus jus eo modo prætor emendavit, sed in eorum quoque, qui testamento facto decesserint.

Aliquando tamen, neque emendandi, neque impugnandi veteris juris, sed magis confirmandi gratia, pollicetur bonorum
possessionem. Nam illis quoque, qui recte facto testamento heredes instituti sunt, dat secundum tabulas bonorum possessionem,

Item ab intestato suos heredes et agnatos ad bonorum possessionem vocat; sed et remota quoque bonorum possessione, ad eos hereditas pertinet jure civili.

Quos autem prætor solus vocat ad hereditatem, heredes quidem ipso jure non fiunt. Nam prætor heredem facere non potest; per legem enim tantum, vel similem juris constitutionem heredes fiunt, veluti per senatusconsultum et constitutiones principales. Sed quum eis prætor dat bonorum possessionem, loco heredum constituuntur, et vocantur bonorum possessores.

Adhuc autem et alios complures gradus prætor fecit in bonorum possessionibus dandis, dum id agebat, ne quis sine successore moriatur. Nam angustissimis finibus constitutum per legem duodecim tabularum jus percipiendarum hereditatum prætor ex bono et æquo dilatavit. Sunt autem bonorum possessiones ex testamento hæ. Prima, quæ præteritis liberis datur, vocaturque contra tabulas. Secunda, quam omnibus jure scriptis heredibus prætor pollicetur, ideoque vocatur secundum tabulas. Et, quum de testamentis prius locutus est, ad intestatos transitum fecit. Pr., § 1-3, I., III, 9, *De bonor. possessionibus*

Bonorum possessio datur aut contra tabulas testamenti, aut adversus tabulas, aut intestati. ULPIAN., *Fragm.*, tit. XXVIII, § 1.

Novissime enim promittitur edicto his etiam bonorum possessio, quibus ut detur, *lege*, vel *senatusconsulto*, vel *constitutione* comprehensum est. § 7, I., III, 9, *De bonor. poss.*

Successorium edictum idcirco propositum est, ne bona hereditariâ vacua sine domino diutius jacerent, et creditoribus longior mora fieret. E re igitur prætor putavit, præstituere tempus his, quibus bonorum possessionem detulit, et dare inter eos successionem, ut maturius possint creditores scire, utrum habeant, cum quo congrediantur, an vero bona vacantia fisco sint delata, an potius ad possessionem bonorem procedere debeant, quasi sine successore defuncti. ULPIAN., fr. 1, pr., D., XXXVIII, 9, *De success. edict.*

Hi, quibus ex successorio edicto bonorum possessio datur, heredes quidem non sunt, sed heredis loco constituuntur, beneficio prætoris. Ideoque seu ipsi agant, seu cum his agatur, fictitiis actionibus opus est, in quibus heredes esse finguntur.

Bonorum possessio aut cum re datur, aut sine re. Cum re, si is, qui accipit, cum effectu bona retineat; sine re, quum alius jure civili evincere hereditatem possit, veluti si suus heres intestato sit, bonorum possessio sine re est, quum suus heres evincere hereditatem jure legitimo possit. Ulpian., *Fragm.*, tit. xxviii, § 12 et 13.

Habemus etiam alterius generis fictiones, in quibusdam formulis, veluti quum is, qui ex edicto bonorum possessionem petiit, ficto se herede agit. Quum enim prætorio jure et non legitimo succedat in locum defuncti, non habet directas actiones et neque id, quod defuncti fuit, potest intendere, suum esse, neque id, quod defuncto debebatur, potest intendere, dari sibi oportere. Itaque ficto se herede intendit. Gai., *Comm.*, iv, § 34.

CHAPITRE II.

DÉLATION DE LA SUCCESSION D'APRÈS UN TESTAMENT.

§ 196.

Notion générale du testament.

Déjà, suivant le droit des Douze Tables, vraisemblablement même plus tôt, il était loisible à tout citoyen indépendant et pubère d'exclure, dans le cas particulier, l'ordre légal de succession, qui régulièrement aurait eu lieu sans cela, en substituant sa dernière volonté individuelle à la volonté générale du législateur, c'est-à-dire en se nommant à lui-même son futur héritier dans un testament.

A cela se rattache le droit de la *testamenti factio* dans le sens large, et par là il faut entendre en général la capacité de figurer honorablement dans la confection d'un testament romain, soit comme testateur, soit comme héritier, soit comme légataire, soit comme témoin. Cette *testamenti factio* fut, dès les premiers temps, considérée comme un des droits les plus importants que comprenait le droit de cité, et comme étant *publici juris*, quoique tenant en apparence, par sa nature, au droit privé.

Le droit romain permet donc aux particuliers de

disposer ainsi individuellement, de leur hérédité, mais seulement dans une forme déterminée, savoir dans la forme, légalement fixée, d'un *testament, testamentum*, c'est-à-dire d'un acte unilatéral et par conséquent toujours révocable jusqu'à la mort, qui nommait celui qui devait être héritier direct, mais ne lui conférait immédiatement aucun droit assuré.

Au contraire, le droit romain refuse tout effet à des dispositions de dernière volonté revêtues de la forme d'un *contrat*. Il les improuve, parce que, ayant pour but, ou du moins pour résultat, d'enchaîner pour l'avenir la liberté de disposer, il y voit un empiétement sur l'un des droits civils les plus importants, une contravention aux bienséances et aux bonnes mœurs.

Uti legassit super pecunia tutelave suæ rei, ita jus esto. Ulpian., *Fragm.*, tit. xi, § 14.

Testamentum est voluntatis nostræ justa sententia de eo, quod quis post mortem suam fieri velit. Modestin., fr. 1, D., xxviii, 1, *Qui testamentum facere possunt.*

Ambulatoria est voluntas defuncti usque ad vitæ supremum exitum. Ulpian., fr. 4, D., xxxiv, 4, *De adimendis vel transferendis legatis*

Testamenti factio non privati, sed publici juris est. Papinian., fr. 3, D., xxviii, 1, *Qui testamenta facere possunt.*

Stipulatio hoc modo concepta : *si heredem me non feceris, tantum dare spondes?* inutilis est; quia contra bonos mores est hæc stipulatio. Julianus, fr. 61, D., xlv, 1, *De verborum obligat.*

§ 197.

Conditions générales exigées pour la validité d'un testament.

Inst., lib. ii, tit. 12, *Quibus non est permissum facere testamentum.*
Dig., lib. xxviii, tit. 1, *Qui testamenta facere possunt et quemadmodum testamenta fiant.*
Cod., lib. vi, tit. 22, *Qui testamenta facere possint, vel non.*

Pour qu'un testament soit fait valablement, il faut avant tout que non-seulement le testateur soit capable en général de laisser après lui une hérédité, mais encore qu'il ait la *testamenti factio*, dans une acception stricte du mot, c'est-à-dire qu'il soit, d'après les principes du droit civil romain, capable de faire un testament.

Cette capacité, rentrant dans le *jus commercii*, appartenait seulement aux citoyens romains, et originairement aux hommes seuls, et non aux femmes, à l'exception des Vestales; plus tard, elle fut reconnue aussi aux femmes. A la vérité, tant que la *perpetua tutela mulierum* conserva sa rigueur primitive, elles étaient, à cet égard, très-gênées par leurs tuteurs.

Une condition commune aux hommes et aux femmes, c'est qu'ils soient décidément *sui juris*. En conséquence, le *filiusfamilias* ne pouvait faire un testament, ni du temps où il n'était pas encore reconnu capable d'avoir des biens propres et partant de les transmettre à sa mort, ni même depuis que ce principe rigoureux de l'ancien droit avait cessé d'être en vigueur. La faculté qu'il avait de tester sur le pécule castrense n'était pas une exception à la règle, parce que, relativement à ce pécule, il était considéré comme père de famille.

Il faut encore que le testateur soit pubère; car les

impubères ne peuvent pas tester, même avec l'*auctoritas* de leur tuteur. Mais une fois qu'on a atteint la puberté, la simple minorité n'est point un obstacle à la *testamenti factio*. Les mineurs n'ont même pas besoin pour cela du consentement de leur curateur, parce qu'ils ne sauraient, en testant, éprouver aucune lésion véritable, à raison de la nature propre et de la révocabilité du testament.

Beaucoup de citoyens romains, quoique pourvus des qualités qui viennent d'être indiquées, ne pouvaient tester à cause de certaines prohibitions légales. Les unes étaient fondées sur divers empêchements naturels qui leur rendaient impossible l'observation des formes du testament, ce qui arrivait pour les sourds, les muets, les prodigues à qui le *commercium* avait été interdit; les autres tenaient à diverses considérations politiques.

Une autre condition de la validité de tout testament, c'est qu'il doit renfermer certaines dispositions qui forment, sous ce rapport, son essence. Telle est avant tout l'institution d'un héritier direct, *heredis institutio*. (Voy. plus bas, § 200.)

Enfin un testament ne peut être valable qu'autant qu'il a été fait solennellement, c'est-à-dire en observant exactement toutes les formes prescrites par la loi. Le but de ces formes extérieures est d'établir un mode sûr et général de reconnaître et que telle personne a réellement voulu faire un testament, et que ce testament contient telle et telle disposition.

Il faut encore remarquer, en général, qu'on peut faire successivement divers testaments, le dernier révoquant toujours de lui-même le plus ancien, mais qu'il n'est pas possible, au point de vue des Romains, que plusieurs testaments de la même personne subsistent valablement l'un à côté de l'autre. La raison en est simple : c'est que tout testament doit disposer de *l'universalité de l'hérédité* du testateur.

Latinus Junianus, item is, qui dediticiorum numero est, testamentum facere non potest. Latinus quidem, quoniam nominatim lege Junia prohibitus est; is autem, qui dediticiorum numero est, quoniam nec quasi civis romanus testari potest, quum sit peregrinus, nec quasi peregrinus, quoniam nullius certæ civitatis civis est, ut adversus leges civitatis suæ testetur. ULPIAN., *Fragm.*, tit. xx, § 14.

Non tamen omnibus licet, facere testamentum. Statim ii, qui alieno juri subjecti sunt, testamenti faciendi jus non habent; adeo quidem, ut, quamvis parentes eis permiserint, nihilo magis jure testari possint; exceptis iis, quos antea enumeravimus, et præcipue militibus, qui in potestate parentum sunt, quibus de eo, quod in castris adquisierunt, permissum est ex constitutionibus principum testamentum facere. Quod quidem jus ab initio tantum militantibus datum est, tam ex auctoritate D. Augusti, quam Nervæ, nec non optimi imperatoris Trajani, postea vero subscriptione D. Hadriani etiam dimissis a militia, id est veteranis, concessum est. Pr. I., ii, 12, *Quibus non est permissum, facere testam.*

Si filiusfamilias, aut pupillus, aut servus tabulas testamenti fecerit, signaverit, secundum eas bonorum possessio dari non potest, licet filiusfamilias sui juris, aut pupillus pubes, aut servus liber factus decesserit, quia nullæ sunt tabulæ testamenti, quas is fecit, qui testamenti faciendi facultatem non habuerit. MODESTIN., fr. 19, D., xxviii, 1, *Qui testam. facere possunt.*

Is, cui lege bonis interdictum est, testamentum facere non potest, et, si fecerit, ipso jure non valet. ULPIAN., fr. 18, pr., D., *eod.*

Mutus, surdus, furiosus, itemque prodigus, cui lege bonis interdictum est, testamentum facere non possunt; mutus, quoniam verba nuncupationis loqui non potest, surdus, quoniam verba familiæ emtoris exaudire non potest, furiosus, quoniam mentem non habet, ut testari de sua re possit, prodigus, quia commercium illi interdictum est, et ob id familiam mancipare non potest. ULPIAN., *Fragm.*, tit. xx, § 13.

Igitur, si quæratur, an valeat testamentum, inprimis advertere debemus, an is, qui id fecerit, habuerit testamenti factionem; deinde, si habuerit, requiremus, an secundum juris civilis regulam testatus sit. GAI., *Comm.*, lib. ii, § 114.

§ 198.

Histoire des formes du testament.

La plus ancienne forme de testament était fondée sur le principe que la succession ab intestat, étant réglée par une *lex*, ne pouvait être supprimée que par une autre *lex* qui y dérogeait pour le cas particulier. De là *testamentum calatis comitiis*.

Ainsi originairement toute succession, même la succession testamentaire, était une *legitima successio* et ne différait que par l'espèce de *lex*.

A la vérité, après que la loi des Douze Tables eut accordé d'une manière générale le droit de tester à tous les citoyens romains, cette forme de loi, dont les testaments étaient revêtus, dégénéra en une pure solennité, en une simple déclaration de volonté devant l'assemblée du peuple.

A la même époque, il y avait encore, pour le temps de guerre, hors de Rome, le *testamentum in procinctu*, qui, à ce qu'il semble, était fondé sur une fiction de représentation du peuple par l'armée, et qui paraît le premier germe des priviléges accordés par la suite aux militaires en cette matière.

Une forme plus récente, mais peut-être déjà introduite par la loi des Douze Tables, c'était celle du *testamentum per æs et libram*, qui d'abord n'était destinée qu'à être employée subsidiairement, dans les cas pressants où l'on ne pouvait attendre les *calata comitia*, mais qui supplanta bientôt entièrement le *testamentum calatis comitiis*.

La forme était ici purement de droit privé; car le testateur transférait, en observant les solennités de la mancipation, sa succession future au *familiæ emptor*, qui originairement était *heredis loco*, et qui était chargé, par la *fiducia*, de distribuer la succession, sous la forme de legs. Plus tard, l'emploi du *familiæ emptor* devint une pure formalité.

L'essentiel, le fond même du testament, c'étaient les *tabulæ testamenti*, écrit qui renfermait la volonté dernière du testateur.

L'acte final consistait dans la *testatio* ou *nuncupatio testamenti*, par laquelle le testateur, en prononçant des formules exactement prescrites, montrait les tablettes, les reconnaissait comme son testament et invoquait le témoignage des personnes qu'il avait appelées comme témoins à la mancipation. Le testateur avait ainsi la possibilité de tenir sa dernière volonté cachée aux témoins.

A cette forme, établie par le droit civil, vint s'ajouter plus tard, mais pourtant avant l'époque de Cicéron, une forme plus facile, moins compliquée, qui était fondée sur l'édit prétorien : le préteur, sans s'inquiéter si toutes les formalités du droit civil avaient été observées, accordait à l'héritier institué par écrit, sur sa demande, une *secundum tabulas bonorum possessio*, pourvu que le testament eût été scellé du sceau de sept témoins, *testamentum septem testium signaculis signatum*.

Ces principes de droit civil et de droit prétorien, combinés avec des constitutions impériales et des coutumes, amenèrent peu à peu le développement des formes testamentaires qui restent seules usitées dans le dernier état du droit romain. Elles se rattachent aux anciennes, et même aux plus anciennes formes, en ce que, comme celles-ci, elles reposent, les unes sur l'autorité publique du souverain et de ses fonctionnaires, qui y concourent immédiatement,

les autres sur l'autorité privée des témoins convoqués.

Testamentorum autem genera initio duo fuerunt. Nam aut calatis comitiis faciebant, quæ comitia bis in anno testamentis fa-
ciendis destinata erant, aut in procinctu, id est, quum belli causa
ad pugnàm ibant. Procinctus est enim expeditus et armatus exer-
citus. Alterum itaque in pace et in otio faciebant, alterum in
prœlium exituri.

Accessit deinde tertium genus testamenti, quod per æs et libram agitur. Qui neque calatis comitiis, neque in procinctu testamentum fecerat, is, si subita morte urguebatur, amico familiam suam, id est, patrimonium suum mancipio dabat, eumque
rogabat, quid cuique post mortem suam dari vellet. Quod testamentum dicitur per æs et libram, scilicet quia per mancipationem peragitur.

Sed illa quidem duo genera in desuetudinem abierunt, hoc
vero solum, quod per æs et libram fit, in usu retentum est.
Sane nunc aliter ordinatur, atque olim solebat. Namque olim familiæ emtor, id est, qui a testatore familiam accipiebat mancipio,
heredis locum obtinebat, et ob id ei mandabat testator, quid
cuique post mortem suam dari vellet. Nunc vero alius heres testamento instituitur, a quo etiam legata relinquuntur, alius, dicis
gratia, propter veteris juris imitationem, familiæ emtor adhibetur. Eaque res ita agitur. Qui facit, adhibitis, sicut in cæteris
mancipationibus, quinque testibus, civibus romanis puberibus,
et libripende, postquam tabulas testamenti scripserit, mancipat
alicui dicis gratia familiam suam. In qua re his verbis familiæ
emtor utitur : *familiam pecuniamque tuam endo mandatam tutelam custodelamque meam recipio eaque quo tu jure testamentum
facere possis, secundum legem publicam, hoc ære,* et ut quidam
adjiciunt, *æneaque libra esto mihi emta.* Deinde ære percutit libram idque æs dat testatori, veluti pretii loco. Deinde testator,
tabulas testamenti tenens, ita dicit : *hæc ita, ut in his tabulis
cerisve scripta sunt, ita do, ita lego, ita testor, itaque vos, Quirites, testimonium mihi perhibetote.* Et hoc dicitur nuncupatio.
GAI., *Comm.*, lib. II, § 101, 103.

Sed prædicta quidem nomina testamentorum ad jus civile refe-
rebantur. Postea vero ex edicto prætoris alia forma faciendorum
testamentorum introducta est. Jure enim honorario nulla mancipatio desiderabatur, sed septem testium signa sufficiebant, quum
jure civili signa testium non erant necessaria.

Sed quum paulatim, tam ex usu hominum, quam ex constitutionum emendationibus, cœpit in unam consonantiam jus civile et prætorium jungi, constitutum est, cæt. § 2 et 3, I., II, 10, *De testamentis ordinandis.*

§ 199.

Formes des testaments dans le droit de Justinien.

Inst., lib. II, tit. 10, *De testamentis ordinandis.*
Dig., lib. XXVIII, tit. 1, *Qui testamenta facere possunt et quemadmodum testamenta fiant.*
Dig., lib. XXXVII, tit. 11, *De bonorum possessionibus secundum tabulas.*
Cod., lib. VI, tit. 23, *De testamentis, et quemadmodum testamenta ordinentur.*
Inst., lib. II, tit. 14, *De militari testamento.*
Dig., lib. XXIX, tit. 1, *De testamento militis.*
Cod., lib. VI, tit. 21, *De testam. mil.*

On peut faire un *testament public* de plusieurs manières.

En présentant son testament à l'empereur et en le faisant déposer dans sa chancellerie privée, on est dispensé de toute autre formalité.

On peut aussi faire la déclaration orale de son testament devant un magistrat et en faire dresser un protocole ; mais les détails précis de cette manière de tester nous sont inconnus. *Actis judicis vel municipum testamentum publicare.*

Pour faire ce qu'on appelle un *testament privé*, le testateur doit procéder devant sept témoins mâles, pubères, capables d'ailleurs suivant les lois au moment où on les emploie, et spécialement convoqués, en observant exactement une certaine unité de lieu, de temps et d'acte.

S'il veut tester *de vive voix*, il faut qu'il déclare sa dernière volonté devant ces témoins, dans une langue qui soit entendue de tous.

S'il veut tester *par écrit*, il faut qu'il reconnaisse, devant les témoins convoqués, comme son testament, l'écrit qu'il leur présente, qu'il le signe lui-même et le fasse signer et sceller par eux, *subscribere et signare*. Il n'est pas nécessaire que le testament soit rédigé dans une langue connue des témoins, ni qu'il soit écrit par le testateur lui-même; et comme on pouvait craindre que celui qui écrivait le testament d'autrui n'abusât de son ministère pour s'attribuer à lui-même quelque chose, directement ou indirectement, *sibi ipsi aliquid adscribere*, le *senatusconsultum Libonianum*, du temps de Tibère, y avait pourvu.

Telle est la règle. Cependant il est des personnes dont les testaments exigent encore d'autres formalités spéciales compliquées et multipliées : tels sont les aveugles et les muets, qui pendant longtemps ne purent pas tester, et qui obtinrent plus tard cette faculté, mais seulement sous la condition d'observer des formalités spéciales, propres à protéger leur infirmité personnelle contre l'erreur et la tromperie.

En sens inverse, certaines personnes, par un privilége attaché à leur profession, comme les militaires, ou même toutes les personnes capables de tester, quand elles se trouvent dans une position particulière qui leur rend impossible, ou très-difficile, l'observation exacte de toutes les formalités ordinaires, par exemple, quand elles sont à la campagne, sont dispensées, tantôt de toutes les formes régulières, tantôt au moins de quelques-unes.

Omnium testamentorum solennitatem superare videtur, quod insertum mera fide precibus inter tot nobiles probatasque personas, etiam conscientiam principis tenet. Sicut ergò securus erit, qui actis cujuscunque judicis, aut municipum, aut auribus privatorum mentis suæ postremum publicavit judicium, ita nec de ejus unquam successione tractabitur, qui nobis mediis et toto jure, quod in nostris est scriniis constitutum, teste succedit. HONOR. et THEODOS., c. 19, C., VI, 23, *De testamentis et quemadmodum testam. ord.*

Constitutum est, ut uno eodemque tempore, quod jus civile quodammodo exigebat, septem testibus adhibitis et subscriptione testium, quod ex constitutionibus et ex edicto prætoris, signacula testamentis imponerentur, ut hoc jus tripartitum esse videatur, ut testes quidem et eorum præsentia uno contextu, testamenti celebrandi gratia, a jure civili descendant, subscriptiones autem testatoris et testium ex sacrarum constitutionum observatione adhibeantur, signacula autem et numerus testium ex edicto prætoris. Sed his omnibus ex nostra constitutione, propter testamentorum sinceritatem, ut nulla fraus adhibeatur, hoc additum est, ut per manum testatoris vel testium nomen heredis exprimatur, et omnia secundum illius constitutionis tenorem procedant.

Testes autem adhiberi possunt hi, cum quibus testamenti factio est. Sed neque mulier, neque impubes, neque servus, neque mutus, neque surdus, neque furiosus, nec cui bonis interdictum est, nec is, quem leges jubent improbum intestabilemque esse, possunt in numero testium adhiberi.

Si quis autem voluerit sine scriptis ordinare jure civili testamentum, septem testibus adhibitis et sua voluntate coram eis nuncupata, sciat, hoc perfectissimum testamentum jure civili firmumque constitutum. § 3, 4, 6 et 14, I., II, 10, *De testamentis ordinandis.*

Si quis legatum sibi adscripserit, tenetur pœna legis Corneliæ, quamvis inutile legatum sit. AFRICANUS, fr. 6, pr., D., XLVIII, 10, *De lege Cornelia de falsis et de senatusconsulto Liboniano.*

Supra dicta diligens observatio in ordinandis testamentis militibus, propter nimiam imperitiam, constitutionibus principalibus remissa est. Nam, quamvis hi neque legitimum numerum testium adhibuerint, neque aliam testamentorum solennitatem observaverint, recte nihilo minus testantur, videlicet quum in expeditionibus occupati sunt. Quod merito nostra constitutio induxit. Quoquo enim modo voluntas ejus suprema sive scripta inveniatur, sive sine scriptura, valet testamentum ex voluntate ejus. Pr., I., II, 11, *De militari testamento.*

§ 200.

Ce que peut et ce que doit, en général, contenir le testament.

On *peut* dans un testament, faire des dispositions de diverses sortes, laisser des legs, nommer des tuteurs, affranchir des esclaves, etc.

Mais ce qui fait la base essentielle de tout testament, ce qu'il *doit* contenir nécessairement, le caractère qui le distingue des autres actes de dernière volonté également valables, c'eet uniquement la (*directi*) *heredis institutio*. (Voy. ci-dessus, § 197.)

Dans quelques circonstances seulement il est encore de l'essence du testament qu'il y soit fait mention de certains parents que la loi défend au testateur de passer sous silence.

Quant aux legs, comme ils peuvent aussi être faits dans des codicilles, il en sera traité spécialement plus loin dans la section consacrée à ce qu'on appelle les dispositions codicillaires.

L'obligation légale de s'occuper de certains parents trouve sa place naturelle dans le chapitre qui traite de la succession déférée contre la teneur d'un testament.

Nous n'avons donc à exposer ici que l'institution directe d'héritier.

Testamenta vim ex institutione heredum accipiunt et ob id veluti caput atque fundamentum intelligitur totius testamenti heredis institutio. § 34, I., ii, 20, *De legatis*.

Non codicillum, sed testamentum aviam vestram facere voluisse, institutio et exheredatio facta probant evidenter. Diocletian. et Maxim., c. 14, C., vi, 23, *De testamentis et quemadmodum testam. ordinentur*.

§ 201.

Institution de l'héritier direct, en particulier.

Gai., *Comm.*, lib. ii, § 115, *seq.*
Inst., lib. ii, tit. 14, *De heredibus instituendis.*
Dig., lib. xxviii, tit. 5, *De hered. inst.*
Cod., lib. vi, tit. 24, *De hered. inst., et quæ personæ heredes institui non possunt.*

Le droit romain entend par cet *heres*, qu'il faut nécessairement instituer, un successeur qui est personnellement appelé par le testateur pour venir immédiatement, directement, recueillir ses biens, comme son héritier et son représentant. Il est, comme *directus heres*, particulièrement opposé au *fideicommissarius heres*.

Le testateur peut valablement instituer plusieurs héritiers directs et distribuer entre eux l'hérédité à son gré.

Il suffit, du reste, d'instituer un seul héritier, qui naturellement a toujours alors la totalité de la succession.

Peu importe que son institution soit simple ou sous une condition suspensive licite; mais il ne peut pas être institué pour un certain temps, ni par conséquent sous une condition résolutoire, parce que celui qui a été une fois héritier doit rester toujours héritier.

L'institution d'héritier devait nécessairement être placée au commencement du testament et être énoncée en langue latine, en termes impératifs et dans certaines formules exactement déterminées. Toutefois cela ne s'observe plus aussi strictement dans le nouveau droit, surtout depuis Constantin.

L'institué doit toujours être une personne ayant *testamenti factio*, dans cette acception du mot.

Du reste, il en est de cette *testamenti factio*, dite *passive*, tout autrement que de celle qui est exigée pour faire le testament et qu'on appelle *active*. Celui qui a cette dernière a aussi en général la première, mais non réciproquement. En effet, quoique les citoyens romains seuls puissent hériter en vertu d'un testament romain, l'institution est pourtant valable quand elle porte sur une personne qui ne peut pas acquérir l'hérédité pour elle-même, mais bien pour un citoyen romain capable.

Ainsi le testateur peut valablement instituer pour héritier, non-seulement son propre esclave, qui devient par là libre et citoyen [1], mais encore l'esclave d'autrui, pourvu qu'il appartienne à un citoyen romain, et alors cet esclave acquiert l'hérédité pour son maître en l'acceptant par son ordre.

Les fils de famille ont pu aussi, dès les temps les plus anciens, être institués héritiers, et ils acquéraient toujours l'hérédité pour leur ascendant, par l'ordre duquel ils l'acceptaient. Dans le nouveau droit, ils peuvent aussi l'acquérir pour eux-mêmes.

Il est tout à fait indifférent, à cet égard, qu'on ait la faculté de faire soi-même un testament.

Il est, au contraire, certaines personnes, auxquelles, malgré leur droit de cité, les lois ont retiré la *testamenti factio* (passive) par des motifs particuliers.

De ce nombre furent, pendant un temps, les femmes, en vertu de la *lex Voconia*.

---

[1] Dans le nouveau droit. Il fallait, autrefois, que la liberté lui fût laissée expressément, pour que l'institution pût valoir.

(*Note du traducteur.*)

De ce nombre furent aussi, de tout temps, du moins jusqu'à Justinien, les *incertæ personæ*. On y comprenait originairement tous les *postumi*[1], c'est-à-dire ceux qui n'étaient pas encore nés au moment de la confection du testament. Cependant les *postumi sui* furent exceptés de bonne heure, d'abord ceux qu'on nomme *legitimi*, puis ceux qu'on appelle *Aquiliani*, *Velleiani*, *Juliani*. Enfin Justinien étendit l'exception aux autres postumes de tout genre.

Il suffit, à la vérité, pour assurer dès le principe, la validité de l'institution et du testament, *ut consistat institutio*, que l'institué ait eu la *testamenti factio* au temps de la confection de ce testament. Cependant, pour l'efficacité ultérieure de cette institution, *ut effectum habeat institutio*, cette *testamenti factio* doit, en outre, exister encore au temps de la délation et de l'adition d'hérédité.

Heres institui recte potest his verbis : *Titius heres esto, Titius heres sit, Titium heredem esse jubeo.* Illa autem institutio : *heredem instituo, heredem facio,* plerisque improbata est. ULPIAN., *Fragm.,* tit. XXI, § 1.

Placuit...., institutioni heredis verborum non esse necessariam observantiam, utrum imperativis et directis verbis fiat, aut inflexis. Nec enim interest, si dicatur : *heredem facio,* vel : *instituo,* vel : *volo,* vel : *mando,* vel : *cupio,* vel : *esto,* vel : *erit,* sed quibuslibet confecta sententiis, vel quolibet loquendi genere formata institutio valeat, si modo per eam liquebit voluntatis intentio. CONSTANT., c. 15, C., VI, 23, *De testamentis, et quemadmodum testam. ordin.*

Et unum hominem, et plures in infinitum, quot quis velit, heredes facere licet.

Hereditas plerumque dividitur in duodecim uncias, quæ assis appellatione continentur. Habent autem et hæ partes propria nomina ab uncia usque ad assem, ut puta hæc : uncia, sextans,

---

[1] Sur l'étymologie et l'orthographe du mot *postumus,* postume, voyez la note sur le § 203, ci-après, p. 534. (*Note du traducteur.*)

quadrans, triens, quincunx, semis, septunx, bes, dodrans, dextans, deunx, as. Non autem utique semper duodecim uncias esse oportet. Nam tot unciæ assem efficiunt, quot testator volue-rit. Et si unum tantum ex semisse verbi gratia heredem scripse-rit, totus as in semisse erit. Neque enim idem ex parte testatus, et ex parte intestatus decedere potest, nisi sit miles.

Si plures instituantur, ita demum partium distributio neces-saria est, si nolit testator eos ex æquis partibus heredes esse. Satis enim constat, nullis partibus nominatis, ex æquis partibus eos heredes esse. § 4-6, I., II, 14, *De heredibus instituendis.*

Mulier.... ab eo, qui centum millia æris census est, per legem Voconiam heres institui non potest. Gai., *Comm.*, II, § 274.

In extraneis heredibus illud observatur, ut sit cum eis testa-menti factio.... et id duobus temporibus inspicitur, testamenti quidem facti tempore, ut constiterit institutio; mortis vero tes-tatoris, ut effectum habeat. Hoc amplius, et quum adit heredita-tem, esse debet cum eo testamenti factio, sive pure sive sub conditione heres institutus sit. Nam jus heredis eo maxime tem-pore inspiciendum est, quo adquirit hereditatem. Medio autem tempore, inter factum testamentum et mortem testatoris, vel conditionem institutionis existentem, mutatio juris non nocet heredi; quia, ut diximus, tria tempora inspici debent. Testa-menti autem factionem non solum is habere videtur, qui testa-mentum facere potest, sed etiam qui ex alieno testamento vel ipse capere potest, vel alii adquirere, licet non possit facere testamentum. Et ideo furiosus, et mutus, et postumus, et infans, et filiusfamilias, et servus alienus testamenti factionem habere dicuntur. Licet enim testamentum facere non possint, attamen ex testamento vel sibi, vel alii adquirere possunt. § 4, I., II, 19, *De heredum qualitate et differentia.*

Incerta persona institui heres non potest, velut hoc modo : quisquis primus ad funus meum venerit, heres esto; quoniam certum consilium debet esse testantis.

Servos heredes instituere possumus, nostros cum libertate, alienos sine libertate, communes cum libertate, vel sine liber-tate. Ulpian., *Fragm.*, tit. XXII, § 3 et 7.

Heres pure et sub conditione institui potest : ex certo tempore, aut ad certum tempus non potest.... Impossibilis conditio in institutionibus et legatis, nec non fideicommissis et libertatibus pro non scripta hebetur. § 9 et 10, I., II, 14, *De heredibus instituendis.*

§ 202.

Substitutions qui renferment des institutions directes d'héritiers.

Gaī., *Comm.*, lib. ɪɪ, § 174, *seq.*
Inst., lib. ɪɪɪ, tit. 15, *De vulgari substitutione ;* — tit. 16, *De pupillari substitutione.*
Dig., lib. xxvɪɪɪ, tit. 6, *De vulg. et pup. subst.*
Cod., lib. vɪ, tit. 25, *De institutionibus et substitutionibus ;* — tit. 26, *De impuberum et aliis substitutionibus.*

Il y a certaines dispositions de dernière volonté, comprises, dans le droit romain, sous la dénomination commune de *substitutiones*, qui, malgré les différences qui les séparent d'ailleurs, ont cela de commun qu'elles contiennent toutes des institutions éventuelles d'un héritier direct : aussi, quoiqu'elles ne soient pas partie essentielle de tout testament, ne peuvent-elles, pour être valables, être faites que dans un testament.

La *vulgaris substitutio*, la plus ancienne espèce sans doute, est la nomination d'un héritier direct, *secundus heres, substitutus*, pour le cas où un autre héritier institué auparavant dans ce même testament, *primus heres, institutus*, n'acquerrait pas l'hérédité pour quelque motif, *in casum, si institutus heres non erit.* On peut établir plusieurs semblables *gradus institutionum.*

D'un tout autre genre est la *pupillaris substitutio*, qui fut, nous dit-on, *moribus introducta*, sans qu'on puisse assigner précisément l'époque de cette introduction. C'est la disposition par laquelle le testateur, après s'être nommé un héritier à lui-même, institue aussi un héritier direct pour le *filiusfamilias* impubère qui est immédiatement sous sa puissance, dans la prévoyance du cas où ce fils de famille, après la mort du père, mais avant d'avoir atteint la puberté, viendrait lui-même à mourir, *in casum, si heres erit, sed intra pubertatem decesserit.* Ce droit de faire ainsi formellement un testament pour son fils de famille est une pure émanation de la *patria potestas.* Qu'une substitution vulgaire puisse être réunie à une substitution pupillaire, cela n'est pas étonnant; mais ce qui l'est davantage, c'est que la substitution pupillaire est réputée renfermer tacitement une substitution vulgaire, et que, d'après une constitution de Marc-Aurèle, la substitution vulgaire, dans le doute, comprend aussi une substitution pupillaire.

Enfin, tous les ascendants, la mère comme le père, l'aïeule comme l'aïeul, quand ils ont un descendant en état de démence, sans intervalles lucides, peuvent aussi lui nommer un héritier, pour le cas où il décéderait sans avoir recouvré la raison. C'est ce qu'on appelle la *quasi pupillaris substitutio* : elle a été introduite seulement par Justinien, et ne se rattache nullement à la puissance paternelle.

Potest autem quis in testamento suo plures gradus heredum facere, ut puta : *si ille heres non erit, ille heres esto ;* et deinceps in quantum velit testator, substituere potest, et novissimo loco in subsidium · vel servum necessarium heredem instituere. Pr., I., ii, 15, *De vulgari substitutione.*

Liberis suis impuberibus, quos in potestate quis habet, non solum ita, ut supra diximus, substituere potest, id est, ut si heredes ei non extiterint, alius sit ei heres, sed eo amplius, ut, etsi heredes ei extiterint, et adhuc impuberes mortui fuerint, sit ei aliquis heres, veluti si quis dicat hoc modo : *Titius filius meus heres mihi esto. Si filius meus heres mihi non erit, sive heres erit, et prius moriatur, quam in suam tutelam venerit, tunc Seius heres esto.* Quo casu, siquidem non extiterit heres filius, tunc substitutus patri fit heres. Si vero extiterit filius et ante pubertatem decesserit, ipsi filio fit heres substitutus. Nam moribus institutum est, ut, quum ejus ætatis filii sint, in qua ipsi sibi testamentum facere non possunt, parentes ei faciant.... Igitur in pupillari substitutione, secundum præfatum modum ordinata duo quodammodo sunt testamenta, alterum patris, alterum filii, tanquam si ipse filius sibi heredem instituisset. Pr. et § 2, I., ii, 16, *De pupillari substitutione.*

CHAPITRE III.

DÉLATION DE L'HÉRÉDITÉ SANS TESTAMENT, AB INTESTAT.

§ 203.

Conditions requises pour cette délation.

Inst., lib. ii, tit. 17, *Quibus modis testamenta infirmentur.*
Dig., lib. xxviii, tit. 3, *De injusto, rupto, irrito facto testamento;* — tit. 4, *De his quæ in testamento delentur, inducuntur, vel inscribuntur.*

Meurt *intestatus* et transmet son hérédité à ce titre celui qui n'a pas fait de testament, ou qui du moins ne laisse pas un testament valable à son décès. A cet égard, il est absolument indifférent que son testament ait été nul dès le principe, dès le moment où il a été fait, parce qu'il manquait de quelqu'une des conditions essentielles à sa validité, *testamentum nullum, injustum,* ou que ce testament, dressé valablement, ait ensuite perdu sa validité, par quelque événement incompatible avec son existence.

Cet événement peut frapper d'abord *la personne du testateur;* c'est ce qui arrive quand, par la *maxima, media* ou *minima capitis deminutio,* il perd sa *testamenti factio :* le *testamentum* tombe alors comme *irritum.*

Seulement la captivité chez l'ennemi n'empêche pas que le testament fait auparavant ne reste valable; car, ou ce testament conserve sa force *jure postliminii,* si le testateur revient, ou il est validé par la *lex Cornelia*, si le testateur meurt prisonnier de guerre, car alors le testateur est supposé mort avant sa captivité, par conséquent pendant qu'il était encore citoyen et libre. C'est la *fictio legis Corneliæ*.

L'événement peut aussi porter sur le *contenu du testament*, et cela de différentes manières.

Tantôt, en effet, le testament perd sa validité de lui-même, soit parce qu'aucun des héritiers directs, dont l'institution était originairement valable, n'acquiert l'hérédité, *destitutum testamentum*, soit parce qu'un postume [1] survient, *postumus agnascitur*, et fait tomber, *rompt* le testament, *ruptum testamentum*.

Tantôt, le testament ne perd pas sa force de lui-même, mais par suite d'une action qui a précisément pour but de lui enlever son efficacité.

Telle est l'attaque dirigée contre le testament par certaines personnes dont il n'a pas satisfait les justes prétentions, et qui le renversent, soit en demandant la *contra tabulas bonorum possessio*, soit en intentant la *querela inofficiosi testamenti*, dont il sera question plus en détail dans le chapitre IV.

Tel est surtout l'acte propre du testateur, quand il fait usage du droit qui, d'après la nature essentielle du testament, lui appartient jusqu'à sa mort,

---

[1] Le mot *postumus* n'a été écrit *posthumus* qu'à cause d'une sotte étymologie, qui le faisait venir de *post* et *humus*, *après l'inhumation*. Ce mot veut dire tout simplement *le dernier*, et désigne, en droit romain, l'enfant *né après* le testament comme l'enfant *né après* la mort; c'est le superlatif de *posterus*. Employé comme terme technique, il a conservé son ancienne terminaison, tandis que d'autres superlatifs semblables, *proxumus*, *optumus*, ont pris la terminaison *imus*. Ajoutons que les Grecs transcrivent toujours ce mot ainsi : ποστοῦμος et non ποσθοῦμο;. Il n'y a donc aucune raison d'écrire ce mot avec *h*, ni en latin, ni en français. Cette remarque grammaticale ne paraîtra pas déplacée ici, puisqu'elle peut empêcher d'attribuer au mot *postume* un faux sens dans la jurisprudence romaine.   (*Note du traducteur.*)

de changer ses dernières volontés et de *rompre*
ainsi son testament, qu'il y procède en anéantis-
sant exprès ce testament, ou en faisant un nouveau
testament valable. La simple révocation d'un testament ne le *rompt* que sous certaines conditions tenant, soit à la forme, soit au fond, déterminées par
Justinien.

Dans tous ces cas, un testament ainsi infirmé perd,
suivant le droit civil, sa force pour toujours, quand
même l'obstacle qui s'oppose à sa validité serait levé
à temps. Mais le droit prétorien, au moins dans certaines circonstances, maintient les effets du testament, après la cessation de l'empêchement, en accordant à l'héritier institué, sur sa demande, une
secundum tabulas bonorum possessio.

Intestatus decedit, qui aut omnino testamentum non fecit, aut
id, quod fecerat, ruptum irritumve factum est, aut si ex eo nemo
heres exstiterit. Pr., I., III, 1, *De hereditatibus, quæ ab intestato deferuntur.*

Quæ ab initio inutilis fuit institutio, ex postfacto convalescere
non potest.... Quod ab initio vitiosum est, non potest tractu temporis convalescere. LICINIUS RUFINUS, fr. 210; PAULUS, fr. 29,
D., L, 17, *De reg. jur.*

Testamentum jure factum usque eo valet, donec rumpatur,
irritumve fiat.

Rumpitur autem testamentum, quum, in eodem statu manente testatore, ipsius testamenti jus vitiatur. Si quis enim, post
factum testamentum, adoptaverit sibi filium per imperatorem
eum, qui est sui juris, aut per prætorem secundum nostram
constitutionem eum, qui in potestate parentis fuerat, testamentum ejus rumpitur quasi agnatione sui heredis.

Posteriore quoque testamento, quod jure perfectum est, superius rumpitur. Nec interest, exstiterit aliquis heres ex eo, vel non;
hoc enim solum spectatur, an aliquo casu existere potuerit....

Alio quoque modo testamenta jure facta infirmantur, veluti
quum is, qui fecerit testamentum, capite deminutus sit. Hoc autem casu irrita fieri testamenta dicuntur, quum alioquin, et quæ
rumpuntur, irrita fiunt, et quæ statim ab initio non jure fiunt,

irrita sunt; et ea, quæ jure facta sunt, postea propter capitis deminutionem irrita fiunt, possumus nihilominus rupta dicere. Sed, quia sane commodius erat, singulas causas singulis appellationibus distingui, ideo quædam non jure facta dicuntur, quædam jure facta rumpi, vel irrita fieri. Non tamen per omnia inutilia sunt ea testamenta, quæ, ab initio jure facta, propter capitis deminutionem irrita facta sunt. Nam, si septem testium signis signata sunt, potest scriptus heres secundum tabulas testamenti bonorum possessionem agnoscere, si modo defunctus et civis romanus, et suæ potestatis mortis tempore fuerit....

Ex eo autem solo non potest infirmari testamentum, quod postea testator id noluit valere, usque adeo, ut, et si quis, post factum prius testamentum, posterius facere cœperit, et, aut mortalitate præventus, aut quia eum ejus rei pœnituit, non perfecisset, divi Pertinacis oratione cautum est, ne alias tabulæ priores jure factæ irritæ fiant, nisi sequentes jure ordinatæ et perfectæ fuerint. Pr., § 1, 2, 4, 5 et 7, I., II, 17, *Quibus modis testamenta infirmantur.*

Ejus, qui apud hostes est, testamentum, quod ibi fecit, non valet, quamvis redierit, sed quod, dum in civitate fuerat, fecit, sive redierit, valet jure postliminii, sive illic decesserit, valet ex lege Cornelia. § 5, I., II, 12, *Quibus non est perm. facere testam.*

Lege Cornelia, quæ perinde successionem ejus confirmat, atque si in civitate decessisset. ULPIAN., *Fragm.*, tit. XXIII, § 5.

Si nemo hereditatem adierit, nihil valet ex his, quæ testamento scripta sunt. POMPON., fr. 9, D., XXVI, 2, *De testamentaria tutela.*

§ 204.

Capacité de succéder et ordre de succession.

Quand on arrive à la succession ab intestat, tout se réduit à ces trois questions :

1° Quelles sont les personnes en relation avec le défunt, qui sont appelées à la succession ab intestat?

2° Dans quel ordre, dans quel rang sont-elles appelées?

3° Lorsque plusieurs sont appelées simultanément au même rang, comment se partage l'hérédité
entre elles?

Les règles relatives à tous ces points, surtout aux
deux premiers, ont éprouvé beaucoup de changements dans la suite des temps, en sorte que le caractère primitif de la succession légitime semble presque entièrement effacé. Ce sont donc ces deux points
qui seront l'objet principal de l'exposé historique
qui suit.

§ 205.

Histoire de la succession ab intestat.

Gai., *Comm.*, lib. iii, § 1, *seq.*
Inst., lib. iii, tit. 1, *De hereditatibus quæ ab intestato deferuntur;* —
tit. 2, *De legitima agnatorum successione;* — tit. 3, *De senatusconsulto Tertulliano;* — tit. 4, *De senatusconsulto Orphitiano;* — tit. 5,
De successione cognatorum; — tit. 6, *De gradibus cognatarum.*
Dig., lib. xxxviii, tit. 6, *Si tabulæ testamenti nullæ exstabunt, unde
liberi;* — tit. 7, *Unde legitimi;* — tit. 8, *Unde cognati;* — tit. 16,
De suis et legitimis heredibus; — tit. 17, *Ad senatusconsultum Tertullianum et Orphitianum.*
Cod., lib. vi, tit. 14, *Unde liberi;* — Tit. 15, *Unde legitimi et unde cognati;* — tit. 55, *De suis et legitimis liberis;* — tit. 56, *Ad SC.
Tertull.;* — tit. 57, *Ad SC. Orphit.;* — tit. 58, *De legitimis heredibus;* — tit. 59, *Communia de successionibus.*

Le caractère particulier de la *legitima successio,*
dans l'ancien droit romain, était d'abord sa dépendance absolue de l'*agnatio*, et de la *gentilitas,* qui
était une extension de l'*agnatio ;* aussi le droit de
succéder se perdait par toute *minima capitis deminutio.*

La simple *cognatio* par elle-même ne donnait aucun droit de succession ab intestat.

Entre les *agnati* et les *gentiles,* l'ordre était ainsi
fixé :

La première place était occupée par les *sui heredes* d'un ascendant mâle décédé, et cela sans égard au sexe ou au degré de parenté. Ces *sui* n'étaient même pas, à proprement parler, *appelés* à l'hérédité, mais tout simplement supposés d'avance héritiers par eux-mêmes. Car la loi réglait seulement qui devait hériter du défunt, quand il n'existait pas de *sui heredes*. Dans ce cas, l'hérédité était déférée à l'*agnatus proximus*, et cela de telle façon que plusieurs agnats égaux en degré héritaient ensemble. Originairement on n'avait pas ici non plus égard au sexe ; mais plus tard, on admit cette restriction que les femmes ne pouvaient venir qu'en qualité de *consanguineæ*. Au dernier rang venaient les *gentiles*.

Si le défunt était un affranchi, la position des *sui* était la même que dans la succession d'un ingénu. Mais la place des plus proches agnats, attendu que l'affranchi n'en avait pas, était remplie par le patron, ses descendants et sa *familia*.

Un autre caractère de la *legitima hereditas*, c'était ce principe rigoureux : *in legitimus hereditatibus non est successio*, principe que, pour la classe des *sui*, s'expliquait très-naturellement par cette observation qu'ils étaient héritiers *ipso jure*, mais qui, pour la classe des agnats, avait quelque chose de très-gênant et de très-dur. Cependant il était adouci par le droit qui fut peu à peu reconnu au plus proche agnat de céder *in jure* à un autre agnat la *legitima hereditas* avant de l'avoir acquise par l'adition. (Voy. ci-après, § 236.)

Cet état de l'hérédité ab intestat se modifia successivement sur plusieurs points, soit de lui-même, soit par la disparition graduelle de la *gentilitas*, soit par l'influence de nouveaux principes.

Ici vient se placer en première ligne l'action du

droit prétorien, par le développement de la *bonorum possessio intestati.*

En effet, dans les trois premières classes qu'il établit, *ex edicto unde liberi*, *ex edicto unde legitimi* et *ex edicto unde cognati*, le préteur appela à la *bonorum possessio*, non-seulement les agnats déjà appelés par le droit civil, mais encore *tous les cognats* jusqu'au sixième et en partie jusqu'au septième degré, quelques-uns *avant*, quelques autres *avec*, d'autres enfin *après* les agnats.

Dans une quatrième classe, *ex edicto unde vir et uxor*, la *bonorum possessio intestati* fut même accordée à l'époux survivant, à défaut de tous parents aptes à succéder.

Quant à la succession du *libertinus*, le préteur y apporta, par la *bonorum possessio*, des modifications semblables, mais en ayant égard aux droits du *patronus* et de sa famille.

Il tempéra aussi le principe du droit civil : *in legitinis hereditatibus non est successio*, en introduisant, au moins dans quelques cas, une *successio ordinum et graduum.*

Mais le nouveau droit civil lui-même adoucit, sur plus d'un point, la rigueur originaire de la *successio legitima.* Car, tout en restant, au fond, fidèle à son ancien principe, que l'*agnation* seule, à proprement parler, donne des droits à la succession, il accorda cependant, par le *senatusconsultum Tertullianum*, du temps d'Adrien, puis par le *senatusconsultum Orphitianum*, du temps de Marc-Aurèle, enfin par diverses constitutions impériales postérieures, à certains *cognats*, en cette seule qualité, quelques droits de succession limités.

Intestatorum ingenuorum hereditates pertinent primum ad suos heredes, id est, liberos, qui in potestate sunt, cæterosque,

qui liberorum loco sunt. Si sui heredes non sunt, ad consangui-
neos, id est, fratres et sorores ex eodem patre. Si nec hi sunt,
ad reliquos agnatos proximos, id est, cognatos virilis sexus, per
mares descendentes, ejusdem familiæ. Id enim cautum est lege
duodecim tabularum hac : *si intestatus moritur, cui suus heres
nec exstabit, agnatus proximus familiam habeto*....

Ad feminas ultra consanguineorum gradum legitima hereditas non pertinet. Itaque soror fratri sororive legitima heres fit.
ULPIAN., *Fragm.*, tit. XXVI, § 1 et 6.

Si plures eodem gradu sunt agnati et... nemo eorum adierit,
ad insequentem gradum ex lege hereditas non transmittitur,
quoniam in legitimis hereditatibus successio non est. ULPIAN.,
ibid., § 5.

Si nullus agnatus sit, eadem lex duodecim tabularum gentiles
ad hereditatem vocat. GAI., *Comm.*, III, § 17.

Libertorum intestatorum hereditas primum ad suos heredes
pertinet, deinde ad eos, quorum liberti sunt, velut patronum,
patronam, liberosve patroni....

Legitimæ hereditatis jus, quod ex lege duodecim tabularum
descendit, capitis minutione amittitur. ULPIAN., *Fragm.*, tit. XXVII,
§ 1 et 5.

Lex duodecim tabularum ita stricto jure utebatur, et præpo-
nebat masculorum progeniem, et eos, qui per feminini sexus
necessitudinem sibi junguntur, adeo expellebat, ut nequidem
inter matrem et filium filiamve ultro citroque hereditatis capien-
dæ jus daret, nisi quod prætores ex proximitate cognatorum eas
personas ad successionem, bonorum possessione *unde cognati*
accommodata, vocabant. Sed hæ juris angustiæ postea emendatæ
sunt. Et primus quidem divus Claudius matri, ad solatium liberorum amissorum, legitimam eorum detulit hereditatem. Postea
autem senatusconsulto Tertulliano, quod divi Hadriani temporibus factum est, plenissime de tristi successione matri, non etiam
aviæ deferenda cautum est : ut mater ingenua trium liberorum
jus habens, libertina quatuor, ad bona filiorum filiarumve admit-
tatur intestatorum mortuorum. Pr., § 1, 2 et 3, I., III, 3, *De
senatusconsulto Tertulliano.*

Per contrarium autem, ut liberi ad bona matrum intestatarum
admittantur, senatusconsulto Orphitiano, Orphitio et Rufo consulibus, effectum est, quod latum est divi Marci temporibus, et
data est tam filio, quam filiæ legitima hereditas, etiamsi alieno
juri subjecti sunt, et præferuntur et consanguineis et agnatis
defunctæ matris. Pr., I., III, 4, *De senatusconsulto Orphitiano.*

Et quum de testamentis prius locutus est, ad intestatos transitum fecit. Et primo loco suis heredibus et his, qui ex edicto prætoris suis connumerantur, dat bonorum possessionem, quæ vocatur *unde liberi*. Secundo legitimis heredibus. Tertio decem personis, quas extraneo manumissori præferebat. Sunt autem decem personæ hæ : pater, mater, avus, avia, tam paterni, quam materni, item filius, filia, nepos, neptis, tam ex filio, quam ex filia, frater, soror, sive consanguinei, sive uterini. Quarto cognatis proximis. Quinto tanquam ex familia. Sexto patrono et patronæ liberisque eorum et parentibus. Septimo viro et uxori. Octavo cognatis manumissoris. § 3 , I., III, 9, *De bonorum possessionibus*.

§ 206.

Traits fondamentaux de la succession d'après la Novelle 118.

Justinien trouva ainsi établi un système de succession ab intestat extrêmement compliqué, composé, d'une part, de la *legitima hereditas*, ancienne et nouvelle, qui, malgré quelques efforts tentés, en sens opposé, par les nouvelles lois civiles, avait toujours pour fondement, en règle générale, la succession des agnats, et, d'autre part, de la *bonorum possessio*. Après avoir fait encore plusieurs changements partiels, il se décida à opérer, dans la succession ab intestat du droit civil, une réforme radicale, qui avait été préparée de longue main par le droit prétorien. Ce nouveau système a pour base, dans son ensemble, l'*intestati bonorum possessio*, dont les principes furent transportés à l'*hereditas* d'une manière plus décidée et plus complète; c'est ce qu'on appelle aujourd'hui, d'après la constitution principale sur laquelle il repose, l'ordre de succession de la Novelle 118. Cette Novelle a reçu un complément important par la Novelle 127.

Les traits fondamentaux de cette nouvelle succession civile ab intestat sont les suivants.

Le droit à la succession légitime dépend, soit de la parenté, et à cet égard la cognation, en tant qu'elle est juridiquement reconnue, est maintenant entièrement assimilée à l'agnation, soit de la qualité d'époux du défunt. La simple affinité ou alliance ne donne jamais droit de succéder.

Tous les successibles capables sont appelés dans un certain ordre et par classes, *ordines*. Chaque classe, *ordo*, antécédente ou plus rapprochée, exclut la classe suivante ou plus éloignée ; et dans la même classe le parent plus proche en degré exclut souvent le parent d'un degré plus reculé. Mais une règle fondamentale de tout le système, et qui y règne d'une manière plus absolue que dans le droit prétorien, auquel elle a été empruntée, est ce qu'on appelle l'ordre successif, *successio ordinum et graduum*.

D'abord, quant à ce qui concerne les *parents*, on distingue les uns des autres les descendants, les ascendants et les collatéraux, mais non de telle sorte que chacune de ces espèces de parents forme toujours par elle-même une classe séparée.

Dans la *première* classe sont appelés les *descendants* capables, sans égard au sexe, à la puissance paternelle ou au degré de leur relation avec l'ascendant dont la succession est ouverte, pourvu qu'ils ne se trouvent séparés de lui par aucun descendant intermédiaire.

Dans la *seconde* classe sont compris les *ascendants* capables, mais seulement ceux du degré le plus proche. Sont aussi appelés concurremment avec eux les frères et sœurs germains et les fils et filles de frères et sœurs germains prédécédés.

Dans la *troisième* classe viennent les frères et

sœurs consanguins et utérins et les fils et filles de ces demi-frères et sœurs prédécédés.

Enfin dans la *quatrième* classe sont renfermés tous les autres parents collatéraux, sans distinction entre ceux qui tiennent au défunt des deux côtés ou d'un seul, mais toujours d'après la proximité du degré.

On a compris ces quatre classes dans ces vers mnémoniques :

> Descendens omnis succedit in ordine primo ;
> Ascendens propior, germanus filius ejus ;
> Tunc latere ex uno junctus, quoque filius ejus.
> Denique proximior reliquorum quisque superstes.

Quant à ce qui regarde le droit de succession de l'*époux* survivant, le préteur appelait *ex edicto unde vir et uxor*, à défaut de tous parents capables, le conjoint survivant, le veuf comme la veuve, à une *intestati bonorum possessio*. Mais, d'après le nouveau droit civil, cette dernière peut, dans certaines conditions, même quand son mari prédécédé a laissé des parents quelconques capables de succéder, réclamer, concurremment avec ces parents, une part déterminée de la succession. Ces conditions sont qu'elle soit pauvre et sans dot, et que son mari soit mort riche.

La distribution de l'hérédité entre les parents qui arrivent ensemble à la succession se fait, suivant les circonstances, tantôt *in capita*, tantôt *in stirpes* ou *lineas*, tantôt enfin d'après un autre principe de division tout particulier.

Adfinitatis jure nulla successio permittitur. DIOCLETIAN., c. 7, C., VI, 59, *Communia de successionibus*.

Nullam veram volumus esse differentiam in quacumque successione aut hereditate inter eos, qui ad hereditatem vocantur, masculos ac fœminas, quos ad hereditatem communiter definimus vocari, sive per masculi, sive per fœminæ personam defuncto jungebantur, sed in omnibus successionibus agnatorum cognatorumque differentiam vacare præcipimus. Justinianus, Nov. 118, c. 4.

Quia igitur omnis generis ab intestato successio tribus cognoscitur gradibus, hoc est, ascendentium, et descendentium, et ex latere, quæ in agnatos, cognatosque dividitur, primam esse disponimus descendentium successionem.

Si quis igitur descendentium fuerit ei, qui intestatus moritur, cujuslibet naturæ aut gradus, sive ex masculorum genere, sive ex fœminarum descendens, et sive suæ potestatis, sive sub potestate sit, omnibus ascendentibus et ex latere cognatis præponatur....

Si igitur defunctus descendentes quidem non relinquat heredes, pater autem, aut mater, aut alii parentes ei supersint, omnibus ex latere cognatis præponi sancimus, exceptis solis fratribus ex utroque parente conjunctis. Si autem plurimi ascendentium vivunt, hos præponi jubemus, qui proximi gradu reperiuntur, masculos et fœminas, sive paterni, sive materni sint....

Si igitur defunctus neque descendentes, neque ascendentes reliquerit, primos ad hereditatem vocamus fratres et sorores ex eodem patre et ex eadem matre natos, quos etiam cum patribus ad hereditatem vocavimus. His autem non existentibus in secundo ordine illos fratres ad hereditatem vocamus, qui ex uno parente conjuncti sunt defuncto, sive per patrem solum, sive per matrem. Si autem defuncto fratres fuerint et alterius fratris aut sororis præmortuorum filii, vocabuntur ad hereditatem isti cum de patre et matre thiis masculis et fœminis, et quanticunque fuerint, tantam ex hereditate percipient portionem, quantum eorum parens futurus esset accipere, si superstes esset....

Si vero neque fratres, neque filios fratrum, sicut diximus, defunctus reliquerit, omnes deinceps a latere cognatos ad hereditatem vocamus secundum uniuscujusque gradus prærogativam, ut viciniores gradu ipsi reliquis præponantur. Justinianus, Nov. 118, c. 1, 2 et 3.

Maritus et uxor ab intestato invicem sibi in solidum pro antiquo jure succedant, quoties deficit omnis parentum liberorumve seu propinquorum legitima, vel naturalis successio, fisco excluso. Theodos., c. un., C., vi, 18, *Unde vir et uxor.*

CHAPITRE IV.

DÉLATION DE LA SUCCESSION CONTRE LA TENEUR D'UN TESTAMENT.

§ 207.

Introduction.

Dans l'origine, le testateur n'était assujetti, quant au *contenu* de son testament, à aucune autre règle restrictive qu'à celle qui lui prescrivait d'instituer un héritier direct en due forme. Il avait, du reste, la faculté de choisir avec pleine liberté les personnes qu'il voulait instituer ou gratifier autrement, pourvu qu'elles eussent la *testamenti factio*. Ainsi, notamment, il n'était pas nécessaire qu'il s'occupât de ses parents. Mais peu à peu, à des époques très-différentes, diverses restrictions furent imposées au testateur, soit par des lois, soit par la jurisprudence; on lui fit un devoir d'avoir égard, d'une certaine manière, à certains parents, faute de quoi le testament ou était nul dès le principe, ou du moins pouvait être infirmé postérieurement par l'effet d'une attaque judiciaire ou autrement.

Dans tous ces cas, on peut arriver, plus ou moins complétement, à une succession *contre la teneur du testament*. Le droit romain ne nous fournit pas, il est vrai, de terme technique général pour tous les cas de ce genre; car l'expression, d'ailleurs très-convenable, de succession *contra tabulas* n'est employée dans nos textes que pour la *bonorum possessio*, et non pour l'*hereditas*. Cependant, au fond, une succession de ce genre se rencontre même dans le droit civil, et l'on doit la reconnaître effecti-

35

vement comme formant un mode spécial de succession. Il est vrai qu'elle conduit quelquefois en résultat à une pure succession ab intestat ; mais c'est là un résultat purement accidentel, puisque, assez souvent, l'ordre habituel de la succession ab intestat s'y trouve modifié d'une manière notable. En tout cas, la délation de la succession est introduite ici par une voie toute particulière et inaccoutumée. De là la possibilité, importante à remarquer, qu'un pareil testament subsiste, malgré le vice qu'il renferme, sans être attaqué, ou que ce vice soit réparé après coup.

§ 208.

Obligation imposée au testateur de faire une mention formelle de certains parents.

GAI., *Comm.*, lib. II, § 123, *seq.*

Inst., lib. II, tit. 13, *De exheredatione liberorum;* — tit. 17, *Quibus modis testamenta infirmentur.*

Dig., lib. XXVIII, tit. 2, *De liberis et postumis heredibus instituendis, vel exheredandis.*

Cod., lib. VI, tit. 28, *De liberis præteritis vel exheredatis;* — tit. 29, *De postumis heredibus instituendis, vel exheredandis, vel præteritis.*

Dig., lib. XXXVII, tit. 4, *De bonorum possessione contra tabulas.*

Cod., lib. VI, tit. 12, *De bonor. posses. contra tab. quam prætor liberis pollicetur.*

La plus ancienne de ces restrictions imposées au testateur, c'était le devoir rigoureux, prescrit par le droit civil, de mentionner ses *heredes sui* dans son testament, en les *instituant* ou en les *exhérédant* formellement. A cet égard, on poussait, d'abord, la rigueur beaucoup plus loin, quant à l'exhérédation formelle du *filius suus*, que quant à celle des autres *sui*, jusqu'à ce que Justinien les assimilât tous sous ce rapport. La *prétérition* d'un *suus* entraînait cette conséquence que le testament était nul *ipso jure*, et dans toutes ses parties. La raison en était que, au point de vue romain, les *sui* devenaient, par la mort de leur *parens*, *ipso jure* et nécessairement ses héritiers, quand le *parens* n'avait pas, par leur exhérédation, prévenu cet effet que son décès devait entraîner. Cependant le droit civil n'était pas resté ici très-conséquent avec lui-même; car il borna longtemps cette effet rigoureux à la prétérition du *filius suus*, tandis que la prétérition des autres *sui* ne donnait lieu qu'à une modification de la succession testamentaire en faveur des enfants omis, en ce sens que ceux-ci obtenaient *ex testamento*, au moyen d'une espèce d'*accroissement*, une part de l'hérédié, en concours avec les héritiers institués. Mais ici encore Justinien a assimilé tous les *sui*. La prétérition d'un *postumus suus* amenait la rupture du testament par l'agnation du postume.

Comme tout cela résultait de la qualité de *suus* et que cette qualité était anéantie par l'émancipation, la prétérition des enfants émancipés ne nuisait aucunement, d'après le droit civil, à la validité d'un testament. Mais le droit prétorien les prit sous sa protection, lors, du moins, qu'ils étaient descendants naturels, et que, sans leur émancipation, ils auraient été dans la position de *sui*. Aux yeux du préteur, il est vrai, la prétérition de ces enfants ne constituait pas par elle-même un défaut assez essentiel pour refuser, en général, par ce motif, la *secundum tabulas bonorum possessio*, en vertu de ce testament. Mais il accordait aux émancipés omis la faculté d'attaquer et de renverser, à raison de cette prétérition, le testament de l'ascendant, en demandant une *contra tabulas bonorum possessio*, qui passait avant la *secundum tabulas bonorum possessio*. Le résultat était de faire ouvrir, au profit des enfants, tant prétérits qu'institués, une succession toute spéciale, en partie contraire et en partie conforme à la teneur du testament renversé.

Le *testamentum militis* était entièrement affranchi de ces restrictions, tant du droit civil que du droit prétorien.

Sui heredes instituendi sunt, vel exheredandi. Sui autem heredes sunt liberi, quos in potestate habemus, tam naturales, quam adoptivi, item uxor, quæ in manu est, et nurus, quæ in manu est filii, quem in potestate habemus. Postumi quoque liberi, id est, qui in utero sunt, si tales sunt, ut nati in potestate nostra futuri sint, suorum heredum numero sunt. Ex suis heredibus filius quidem neque heres institutus, neque nominatim exheredatus, non patitur valere testamentum. Reliquæ vero personæ liberorum, velut filia, nepos, neptis, si præteritæ sint, valet testamentum, sed scriptis heredibus adcrescunt, suis quidem heredibus in partem virilem, extraneis in partem dimidiam. Postumi quoque liberi cujuscunque sexus omissi, quod valuit testamentum, agnatione rumpunt.... Filius, qui in potestate est, si non instituatur heres, nominatim exheredari debet. Reliqui sui heredes utriusque sexus aut nominatim, aut inter cæteros. Ulpian., *Fragm.*, tit. xxii, § 14-21.

In suis heredibus evidentius apparet, continuationem dominii eo rem perducere, ut nulla videatur hereditas fuisse, quasi olim hi domini essent, qui etiam vivo patre quodammodo domini existimabantur. Unde etiam filiusfamilias appellatur, sicut paterfamilias, sola nota hac adjecta, per quam distinguitur genitor ab eo, qui genitus sit. Itaque post mortem patris non hereditatem percipere videntur, sed magis liberam bonorum administrationem consequuntur. Hac ex causa, licet non sint heredes instituti, tamen domini sunt, nec obstat, quod licet eos exheredare, quos et occidere licebat. Paul., fr. 11, D., xxviii, 2, *De liberis et postumis.*

Emancipatos liberos quum jure civili neque heredes instituere, neque exheredare necesse sit, tamen prætor jubet, si non instituantur heredes, exheredari, masculos omnes nominatim, fœminas vel inter cæteros. Alioqui contra tabulas bonorum possessionem eis pollicetur. Ulpian., *ibid.*, § 23.

Sed hæc quidem vetustas introducebat. Nostra vero constitutio inter masculos et fœminas in hoc jure nihil interesse existimans, quia utraque persona in hominum procreatione similiter naturæ officio fungitur, et lege antiqua XII Tabularum omnes similiter ad successiones ab intestato vocabantur, quod et prætores postea secuti esse videntur; ideo simplex ac simile jus et in filiis, et in filiabus, et in cæteris descendentium per virilem sexum personis, non solum natis, sed etiam postumis, introduxit, ut omnes, sive sui, sive emancipati sunt, aut heredes instituantur, aut nominatim exheredentur, et eumdem habeant effectum circa testamenta parentum suorum infirmanda et hereditatem auferendam, quem filii sui, vel emancipati habent, sive jam nati sunt, sive, adhuc in utero constituti, postea nati sunt. § 5, I. II, 13, *De exheredatione liberorum.*

§ 209.

Obligation imposée au testateur de mentionner certains parents de la manière indiquée par la loi, c'est-à-dire de leur laisser la légitime.

Inst., lib. II, tit. 18, *De inofficioso testamento.*
Dig., lib. v, tit. 2, *De inoff. test.*
Cod., lib. III, tit. 28, *De inoff. test.* ; — tit. 29, *De inofficiosis donationibus.*
Inst., lib. III, tit. 7, 8, *De successione libertorum.*
Dig., lib. XXXVIII, tit. 2, *De bonis libertorum.*
Cod., lib. VI, tit. 4, *De bonis libert. et jure patronatus;* — tit. 13, *De bonorum possessione contra tabulas liberti, quæ patronis liberisque eorum datur.*

L'obligation d'instituer ou de déshériter formellement ses *sui* et *emancipati* ne renfermait qu'une restriction de forme pour le testateur, puisqu'il n'était nullement contraint par là à laisser quelque chose à ces personnes, dès qu'il observait la forme prescrite pour l'exhérédation. D'autre part, en laissant à ces personnes quelque chose sans employer la forme de l'institution d'héritier, on ne préservait pas le testament des suites de la prétérition. A côté de cette obligation d'instituer ou d'exhéréder, mais sans

s'y rattacher d'ailleurs nullement, il s'établit peu
à peu pour le testateur, par une jurisprudence d'a-
bord variable et incertaine, qui, plus tard, fut confirmée et fixée par des lois, un nouveau devoir, plus
favorable, au fond, aux intérêts de ses proches. Ce
devoir n'est pas imposé seulement aux ascendants
mâles relativement aux *sui*, mais à tout testateur,
sans égard au sexe ou à la *patria potestas*. Le
testament militaire seul en est totalement affranchi.
Voici en quoi consiste ce nouveau devoir.

Le testateur doit laisser dans son testament à certains proches parents qui ont droit à la succession
ab intestat, d'après le droit civil et le droit prétorien, à moins que, par leur mauvaise conduite, ils
n'aient mérité d'être exclus, une partie légalement
déterminée de la portion héréditaire qui leur serait
revenue ab intestat, *portio lege debita*, *portio legitima*, la *légitime*, et cela, soit sous la forme d'institution d'héritier, soit sous celle d'un simple legs.
Cette légitime appartenait, dans tous les cas, aux
descendants et aux ascendants, qui pouvaient exiger
qu'un quart au moins de leur portion ab intestat, la
quarta Falcidia, leur fût laissé. Mais les frères et
sœurs germains et consanguins ne pouvaient se plaindre qu'autant qu'ils avaient reçu l'affront de se voir
préférer par le testateur des personnes infâmes ou
décriées.

Si le testateur n'a pas satisfait à ce devoir, le testament n'en est pas moins valable en lui-même, soit
selon le droit civil, soit selon le droit prétorien ; mais
les légitimaires lésés peuvent, après la mort du testateur, attaquer et renverser ce testament par la *querela inofficiosi testamenti*, comme contraire à un
devoir naturel, *non ex officio pietatis factum*, sous
prétexte que le testateur ne devait pas être sain d'es-

prit. On arrive alors, sauf quelques modifications, à la succession ab intestat. Du reste, la *querela inofficiosi testamenti*, à l'imitation de laquelle s'est formée plus tard la *querela inofficiosæ donationis*, est une action peu favorisée par la loi; ce qui explique plusieurs particularités qu'elle présente.

Justinien a élevé le montant de la légitime, pour les descendants du moins, tantôt à la moitié, tantôt au tiers de leur portion héréditaire ab intestat; il a aussi établi plusieurs nouvelles règles sur le droit d'intenter la *querela inofficiosi testamenti*.

Par une suite naturelle du rapport de patronage, le patron ou la patrone avait droit à une légitime, quand l'affranchi faisait un testament et n'avait pas de descendants naturels qui pussent lui succéder ab intestat; mais l'étendue de cette *legitima portio* et la manière dont il fallait la réclamer se réglaient d'après d'autres principes que pour les ingénus.

Quia plerumque parentes sine causa liberos suos vel exherèdant, vel omittunt, inductum est, ut de inofficioso testamento agere possint liberi, qui queruntur, aut inique se exheredatos, aut inique præteritos, hoc colore, quasi non sanæ mentis fuerunt, quum testamentum ordinarent. Sed hoc dicitur, non quasi vere furiosus sit; sed recte quidem fecit testamentum, non autem ex officio pietatis. Nam, si vere furiosus est, nullum est testamentum.

Non tantum autem liberis permissum est, parentum testamentum inofficiosum accusare, verum etiam parentibus liberorum. Soror autem et frater turpibus personis scriptis heredibus ex sacris constitutionibus prælati sunt. Non ergo contra omnes heredes agere possunt. Ultra fratres igitur et sorores cognati nullo modo aut agere possunt, aut agentes vincere.

Quartam quis debet habere, ut de inofficioso testamento agere non possit; sive jure hereditario, sive jure legati, vel fideicommissi, vel si mortis causa ei quarta donata fuerit, vel inter vivos, in his tantummodo casibus, quorum nostra constitutio mentionem facit, vel aliis modis, qui constitutionibus continentur. *Pr.*, § 1 et 6, I., II, 18, *De inofficioso testamento.*

Tam autem naturales liberi, quam, secundum nostræ constitutionis divisionem, adoptati, ita demum de inofficioso testamento agere possunt, si nullo alio jure ad defuncti bona venire possint. Nam, qui ad hereditatem totam, vel partem ejus alio jure veniunt, de inofficioso agere non possunt. § 2, I., *eod.*

§ 210.

Dernière restriction imposée au testateur par la Novelle 115.

Aux deux restrictions légales existantes avant lui, Justinien en ajouta, par la Novelle 115, une troisième, dont la relation avec les premières n'est pas parfaitement claire.

Il ordonna que le testateur ne se bornât pas à marquer son souvenir à ses descendants ou ascendants en leur laissant leur légitime de la manière usitée jusqu'alors; mais, qu'en la leur laissant, il les honorât dans son testament d'une institution d'*héritier direct*. Il ne suffit donc plus, comme autrefois, qu'il leur fasse un *legs*.

Il décida, en outre, que le testateur pourrait priver de leur légitime ses descendants ou ascendants, non plus en laissant à l'arbitrage du juge à apprécier si l'exclusion est fondée ou non, mais seulement pour certains motifs exactement déterminés dans sa constitution. Ces motifs devraient être énoncés dans le testament et prouvés au besoin par l'héritier testamentaire.

La contravention à l'une de ces prescriptions de la Novelle 115 entraîne, sur la demande des personnes offensées, mais sans qu'il soit besoin pour cela d'attaquer et de faire rescinder le testament, par conséquent de droit, la nullité de toutes les institutions d'héritiers; mais les autres dispositions du testament subsistent.

Sancimus igitur, non licere penitus patri vel matri, avo vel aviæ, proavo vel proaviæ, suum filium, vel filiam, vel cæteros liberos præterire, aut exheredes in suo facere testamento, nec si per quamlibet donationem, vel legatum, vel fideicommissum, vel alium quemcunque modum, eis dederit legibus debitam portionem; nisi forte probabuntur ingrati et ipsas nominatim ingratitudinis causas parentes suo inseruerint testamento. Sed, quia causas, ex quibus ingrati liberi debeant judicari, in diversis legibus dispersas et non aperte declaratas invenimus,... ideo necessarium esse perspeximus, eas nominatim præsenti lege comprehendere, ut præter ipsas nulli liceat ex alia lege ingratitudinis causas opponere, nisi quæ in hujus constitutionis serie continentur....

Sancimus, non licere liberis, parentes suos præterire, aut quolibet modo a rebus propriis, in quibus testandi habent licentiam, eos omnino alienare, nisi causas, quas enumeravimus, in suis testamentis specialiter enumeraverint....

Si autem hæc omnia non fuerint observata, nullam vim hujusmodi testamentum, quantum ad institutionem heredum habere sancimus, sed, rescisso testamento, eis, qui ab intestato ad hereditatem defuncti vocantur, res ejus dari disponimus, legatis videlicet, vel fideicommissis et libertatibus et tutorum dationibus, seu aliis capitulis, suam obtinentibus firmitatem. Justinianus, Nov. 115, cap. 3 et 4.

CHAPITRE V.

ACQUISITION DE L'HÉRÉDITÉ.

§ 211.

Notion générale.

La *délation* de l'hérédité ouvre par elle-même, et d'après les principes généraux du droit, pour celui en faveur de qui elle a lieu, la *possibilité* légale de devenir héritier; mais pour qu'il devienne *réellement* héritier, il faut, en outre, un fait particulier d'*acquisition*, et ce n'est qu'accidentellement que ces deux événements, la délation et l'acquisition, coïncident quelquefois dans le même moment. Ordinairement la délation précède l'acquisition d'un espace de temps plus ou moins long, mais jamais elle n'en est précédée.

Arrive-t-il que la masse de biens destinée à être recueillie par l'héritier, reste, après la mort du *de cujus*, quelque temps sans être recueillie par un héritier, parce que l'acquisition, ou même la délation de l'hérédité, est retardée par quelque cause, cette masse s'appelle alors *hereditas jacens*.

§ 212.

Adition de l'hérédité.

Gai., *Comm.*, lib. ii, § 152, *seq.*
Inst., lib. ii, tit. 19, *De heredum qualitate et differentia.*
Dig., lib. xxix, tit. 2, *De adquirenda vel omittenda hereditate.*
Cod., lib. vi, tit. 30, *De jure deliberandi, et de adeunda vel adquirenda hereditate*
Cod., lib. vi, tit. 9, *Qui admitti ad bonorum possessionem possunt, et intra quod tempus.*

L'acquisition de la succession, mentionnée dans le paragraphe précédent, repose ordinairement sur la volonté propre de l'appelé, et par conséquent sur sa déclaration qu'il veut réellement accepter la succession, l'avoir; c'est ce qu'on appelle *adition d'hérédité*. Ici, il faut, à plusieurs égards, distinguer entre l'acceptation de l'*hereditas* et celle de la *bonorum possessio*.

L'acceptation de l'*hereditas*, l'*hereditatis aditio* dans le sens large, s'opérait, ou dans une forme solennelle déterminée, la *cretio*, l'acte de *cernere*, ou, sans cette solennité, par une simple déclaration, *nuda voluntate*, l'*aditio* dans le sens étroit.

La *cretio* ne pouvait se présenter que dans une succession testamentaire, et encore seulement en conformité d'un ordre donné par le testateur lui-même [1]; elle se distinguait relativement aux conséquences attachées à son omission, en *perfecta* et *imperfecta*. Au contraire, l'acceptation dégagée de forme, l'*aditio hereditatis*, peut intervenir tant dans les successions testamentaires que dans les successions ab intestat, et elle est restée seule dans le nouveau droit romain, depuis la disparition de la *cretio*.

Elle consiste en toute déclaration, même extrajudiciaire, sans forme solennelle, de la volonté d'accepter l'hérédité; elle ne peut cependant, en qualité d'*actus legitimus*, être faite que par l'appelé en personne.

L'acte de *pro herede gerere*, qui a un effet entièrement pareil, renferme la même manifestation de volonté, mais seulement tacite, résultant d'actes concluants.

Peu importe dans quel délai cette déclaration de volonté a lieu, pourvu que ce ne soit pas avant la délation. Depuis la *lex Papia Poppæa*, l'acceptation d'une succession testamentaire était souvent différée jusqu'à l'ouverture du testament, limitation qui n'a été entièrement supprimée que par Justinien. L'héritier n'est point, en règle générale, astreint à observer, à partir du moment où il peut accepter, un certain délai, dans lequel il doive, à peine de déchéance, accepter l'hérédité. Cela ne souffre exception, que

---

[1] Ceci n'est pas exact : l'héritier institué *sine cretione* et l'héritier ab intestat peuvent acquérir l'hérédité, *aut cernendo, aut pro herede gerendo, vel etiam nuda voluntate suscipiendæ hereditatis.* Voy. Gaius, *Instit.* II, 167.   (*Note du traducteur.*)

dans le cas où le testament l'institue avec injonction de faire sa déclaration dans un délai déterminé, *sub cretione*, ou bien quand les personnes intéressées à l'acceptation ou à la répudiation de la succession pressent l'appelé de prendre une décision définitive et que celui-ci se fait, en conséquence, donner un délai *spatium deliberandi*.

Il en est autrement de l'*agnitio*, *petitio*, *admissio* de la *bonorum possessio*. Elle a pu, de tout temps, être faite par un *procurator*. En outre, dans le nouveau droit, conformément à une constitution des fils de Constantin, elle peut être faite éventuellement, avant la délation, pendant le temps accordé au degré précédent, *intra alienam vicem*, pourvu toutefois que ce soit après le décès. Mais elle a toujours été limitée à un court délai, à partir du moment de la délation connue, délai fixé par le préteur, suivant les cas, à un *annus utilis*, ou à *centum dies utiles*. Elle doit aussi toujours se faire en justice, autrefois devant le préteur, dans le dernier état du droit romain *apud quemcumque magistratum*. Ce n'est que rarement et par exception qu'on a besoin d'obtenir un décret spécial. Il suffit ordinairement d'une simple demande de la *bonorum possessio*, avec l'indication de la partie de l'édit qu'on invoque.

L'esclave d'autrui, institué héritier, ne peut naturellement accepter l'hérédité que par ordre et au profit de son maître. Il en était absolument de même autrefois pour le *filiusfamilias*, qui n'acceptait que sur l'ordre de son ascendant. Mais dans le nouveau droit, depuis l'établissement du *peculium* dit *adventitium*, ce dernier point a été modifié, en ce sens que le *filiusfamilias* peut accepter l'hérédité pour lui, et que, s'il ne veut pas la recueillir, l'ascendant peut alors l'accepter pour lui-même.

Celui qui ne peut s'obliger sans l'autorisation de son tuteur ne saurait accepter une hérédité sans cette autorisation : c'est une conséquence naturelle des obligations importantes qu'entraîne après elle l'adition d'hérédité.

Si l'appelé ne veut pas de la succession et qu'il ne l'ait pas encore acceptée, il est toujours libre de la refuser, de la répudier, mais seulement après qu'elle lui a été déférée.

Après avoir répudié, on ne peut plus accepter, sauf le cas où l'on a été institué *cum cretione;* car alors on peut toujours, avant l'expiration du délai accordé par le testateur, rétracter sa répudiation, en faisant la crétion.

La tendance visible du droit romain à contraindre, au moins indirectement, l'héritier appelé d'accepter promptement l'hérédité, a motivé l'ancienne *usucapio lucrativa*. Ainsi quelqu'un qui n'était pas héritier, pouvait, sans aucun titre et même sans *bona fides*, acquérir par usucapion, l'hérédité, ou du moins des choses héréditaires séparées dont l'héritier n'avait pas encore pris possession, en les possédant pendant un an, sans distinction entre les immeubles et les meubles, et les enlever ainsi au véritable héritier. Cependant cette *improba usucapio pro herede* a été supprimée, en partie déjà sous Adrien, et plus tard complétement.

Extraneus heres, si quidem cum cretione sit heres institutus, cernendo fit heres, si vero sine cretione, pro herede gerendo.

Pro herede gerit, qui rebus hereditariis tanquam dominus utitur, veluti qui auctionem rerum hereditariarum facit, aut servis hereditariis cibaria dat.

Cretio est certorum dierum spatium, quod datur instituto heredi ad deliberandum, utrum expediat ei adire hereditatem, nec ne, velut : *Titius heres esto, cernitoque in diebus centum proximis, quibus scieris poterisque ; nisi ita creveris, exheres esto.*

Cernere est verba cretionis dicere ad hunc modum : *quum me Mævius heredem instituerit, eam hereditatem adeo cernoque....*

Cretio aut vulgaris dicitur, aut continua. Vulgaris, in qua adjiciuntur hæc verba : *quibus scieris poterisque,* continua , in qua non adjiciuntur. Ei, qui vulgarem cretionem habet, dies illi tantum computantur, quibus scit, se heredem institutum esse. Ei vero, qui continuam habet cretionem, etiam illi dies computantur, quibus ignoravit, se heredem institutum, aut scivit quidem, sed non potuit cernere. ULPIAN., *Fragm.,* tit. XXII, § 25-32₅

Cretionum scrupulosam solennitatem hac lege penitus amputari decernimus. ARCAD., HONOR. et THEODOS., c. XVII, C., VI, 30, *De jure deliberandi.*

Pro herede gerere videtur is, qui aliquid facit quasi heres. ULPIAN., fr. 20, D., XXIX, 2, *De adquir. vel omitt. hereditate.*

Bonorum possessio datur parentibus et liberis intra annum, ex quo petere potuerunt, cæteris intra centum dies. Qui omnes intra id tempus si non petierint, ad bonorum possessionem sequens gradus admittitur, perinde ac si superiores non essent. ULPIAN., *Fragm.,* tit. XXVIII, § 10.

Ut verborum inanium excludimus captiones, ita hoc observari decernimus, ut apud quemlibet judicem, vel etiam apud duumviros, qualiscunque testatio amplectendæ hereditatis ostendatur, statutis prisco jure temporibus coarctanda, eo addito, ut, etiamsi intra alienam vicem, id est, prioris gradus properantius exseratur, nihilominus tamen efficaciam parem , quasi suis sit usa curriculis, consequatur. CONSTANTIUS, c, 9, C., VI, 9, *Qui admitti ad bonor. poss. possunt.*

More nostræ civitatis neque pupillus, neque pupilla sine tutoris auctoritate obligari possunt. Hereditas autem quin obliget nos æri alieno, etiam si non sit solvendo, plus quam manifestum est. De ea autem hereditate loquimur, in qua non succedunt hujus modi personæ quasi necessariæ. ULPIAN., fr. 8, pr., D., XXIX, 2, *De adquir. vel omitt. hered.*

Qui totam hereditatem adquirere potest, is pro parte eam scindendo adire non potest. PAULUS, fr. 1, D., *cod.*

Is, qui heres institutus est, vel is, cui legitima hereditas delata est, repudiatione hereditatem amittit. Hoc ita verum est, si in ea causa erat hereditas, ut et adiri posset. Cæterum heres institutus sub conditione , si ante conditionem existentem repudiavit, nihil egit. ULPIAN., fr. 13, pr., D., *eod.*

Sine cretione heres institutus, si constituerit, nolle se heredem esse, statim excluditur ab hereditate , et amplius eam adire non potest. Cum cretione vero heres institutus, sicut cernendo fit heres, ita non aliter excluditur, quam si intra diem cretionis non creverit. Ideoque etiamsi constituerit, nolle se heredem esse , tamen, si supersint dies cretionis, pœnitentia actus, cernendo heres fieri potest. ULPIAN., *Fragm.*, tit. XXII, § 29 et 30.

Rursus ex contrario accidit, ut qui sciat, alienam rem se possidere, usu capiat ; veluti si rem hereditariam, cujus possessionem heres nondum nactus est, aliquis possederit. Nam ei concessum est, usucapere, si modo ea res est, quæ recipit usucapionem. Quæ species possessionis et usucapionis pro herede vocatur.

Qua re autem omnino tam improba possessio et usucapio concessa sit, illa ratio est, quod voluerunt veteres maturius hereditates adiri, ut essent, qui sacra facerent, quorum illis temporibus summa observatio fuit, et ut creditores haberent, a quo suum consequerentur. Hæc autem species possessionis et usucapionis etiam lucrativa vocatur, nam sciens quisque rem alienam lucrifacit. Sed hoc tempore etiam non est lucrativa. Nam ex auctoritate Hadriani senatusconsultum factum est, ut tales usucapiones revocarentur. GAIUS, *Comm.*, II, § 52, 55-57.

§ 213.

Acquisition de l'hérédité *ipso jure*.

GAI., *Comm.*, lib. II, § 152, seq.
Inst., lib. II, tit. 19, *De heredum qualitate et differentia.*

Une hérédité déférée n'est jamais imposée nécessairement, du moins à un *homo sui juris*. Mais ce fut, dès l'origine, une règle du droit romain, que certaines personnes, par suite d'une *potestas* que le défunt a eue sur eux jusqu'à sa mort, acquièrent l'hérédité *ipso jure* ; sans et même contre leur volonté, au moment où elle leur est déférée. Par opposition aux *extranei heredes*, c'est-à-dire à tous les autres appelés, on les nomme, à cause de cette nécessité légale, *necessarii heredes* , les uns *necessarii* tout court, les autres *sui et necessarii*, suivant que la cause pour laquelle ils acquièrent *ipso jure* la succession consiste dans la *dominica potestas* que le défunt avait sur eux, ou dans quelque autre pouvoir, qu'il exerçait sur eux comme personnes libres, la *patria potestas* ou la *manus mariti*.

Cette distinction n'est pas sans importance, en ce que les *sui et necessarii heredes*, et non les *necessarii heredes*, peuvent user du *beneficium abstinendi* qui leur est accordé par le préteur. A la vérité, les *sui heredes* ne sont pas mis par cette *abstentio* dans la même position où se placent les *extranei heredes* par la répudiation, *repudiatio, omissio*, de l'hérédité qui leur est déférée, attendu que ces héritiers siens, ayant une fois été héritiers, restent toujours héritiers, au moins de nom, en vertu d'une règle rigoureusement observée par les Romains. Cependant, cette abstention, quand il ne s'est rien passé qui la rende juridiquement impossible ou inefficace, les délivre réellement de toutes les charges, de tous les embarras de l'hérédité, auxquels ils auraient été, sans cela, nécessairement soumis comme héritiers.

La différence entre les *extranei* et les *necessarii heredes* ne se réfère, du reste, qu'à l'*hereditas;* car la *bonorum possessio* n'est jamais acquise *ipso jure*.

Heredes autem necessarii dicuntur, aut sui et necessarii, aut extranei. Necessarius heres est servus heres institutus. Ideoque sic appellatur, quia, sive velit, sive nolit, omnino post mortem testatoris protinus liber et necessarius heres fit. Unde qui facultates suas suspectas habent, solent servum suum primo, aut secundo, aut etiam ulteriore gradu heredem instituere, ut, si creditoribus satis non fiat, potius ejus heredis bona, quam ipsius testatoris a creditoribus possideantur, vel distrahantur, vel inter eos dividantur. Pro hoc tamen incommodo illud ei commodum præstatur, ut ea, quæ post mortem patroni sui sibi adquisierit, ipsi reserventur.

Sui autem et necessarii heredes sunt veluti filius, filia, nepos, neptisve ex filio, et deinceps cæteri liberi, qui in potestate morientis modo fuerint.... Sed sui quidem heredes ideo appellantur, quia domestici heredes sunt, et vivo quoque patre quodammodo domini existimantur. Unde etiam, si quis intestatus moriatur, prima causa est in successione liberorum. Necessarii vero ideo dicuntur, quia omnino, sive velint, sive nolint, tam ab intestato, quam ex testamento ex lege XII Tabularum heredes fiunt. Sed his prætor permittit volentibus, abstinere hereditate, ut potius parentis, quam ipsorum bona similiter a creditoribus possideantur.

Cæteri, qui testatoris juri subjecti non sunt, extranei heredes appellantur. Itaque liberi quoque nostri, qui in potestate nostra non sunt, heredes a nobis instituti, extranei heredes videntur. Pr., § 1, 2 et 3, I, ii, 19, *De heredum qualit. et differentia.*

Sed his (suis et necessariis heredibus) prætor permittit, abstinere se ab hereditate, ut potius parentis bona veneant. Idem juris est et in uxoris persona, quæ in manu est, quia filiæ loco est, et in nurus, quæ in manu filii est, quia neptis loco est.

Quin similiter abstinendi potestatem facit prætor etiam mancipato, id est, ei, qui in causa mancipii est, quum liber et heres institutus sit, quum necessarius, non etiam suus heres sit, tanquam servus. GAIUS, *Comm.*, ii, § 158-160.

Invito autem nemini bonorum possessio adquiritur. ULPIAN., fr. 3, § 3, D., xxxvii, 1, *De bonor. poss.*

§ 214.

Effets de l'acquisition de la succession en général.

Par l'acquisition de l'hérédité, l'appelé devient *réellement héritier*, c'est-à-dire que, en conséquence d'une *per universitatem successio*, il revêt, comme *représentant du défunt*, la personnalité de ce dernier quant aux biens, si complétement qu'il en fait la sienne propre. Aussi, par la raison qu'on ne peut pas renoncer, à volonté, à sa propre personnalité, on ne saurait devenir héritier pour un temps, mais on reste tel pour toujours. Ensuite, comme la consé-

36

quence juridique et le but du droit d'hérédité exigent que cette personnalité du défunt se continue sans lacune et sans interruption, on rattache immédiatement, par le moyen d'une fiction, la représentation du défunt par l'héritier au moment de la mort, moment où celui auquel on succède a cessé d'exister avec la capacité de droit, et cela, quand même l'appelé n'aurait accepté et acquis la succession que beaucoup plus tard. Une autre fiction pourvoit à ce que, dans cet intervalle, les droits qui font partie de la succession puissent continuer d'exister : depuis le décès jusqu'à l'acquisition de l'hérédité, l'*hereditas jacens* représente la personne du défunt.

S'il y a plusieurs héritiers qui acquièrent l'hérédité, chacun d'eux représente le défunt, de la manière indiquée, complétement, mais seulement *pro rata*, proportionnellement à sa part héréditaire.

Tout cela ne s'applique à la lettre et à la rigueur, qu'à l'*heres*. Mais, au fond et en réalité, le *bonorum possessor*, autant toutefois que sa *bonorum possessio* est *cum re*, est aussi traité, au moins dans le dernier état du droit romain, absolument comme un vrai représentant du défunt et comme un héritier. (Voy. ci-dessus, § 195.)

Cette représentation, par laquelle le défunt et l'héritier deviennent juridiquement, à plusieurs égards, une seule et même personne, explique très-simplement la plupart des conséquences de l'acquisition d'une hérédité. Ces conséquences concernent les relations de l'héritier, soit avec les créanciers et débiteurs du défunt, soit avec ses cohéritiers, soit avec les légataires, soit avec d'autres tierces personnes. Cependant plusieurs de ces effets, originairement très-rigoureux, ont été, par la suite, notablement adoucis.

Heres quandoque adeundo hereditatem jam tunc a morte successisse defuncto intelligitur. FLORENTIN., fr. 54, D., XXIX, 2, *De adquir. vel omitt. heredit.*

Nondum adita hereditas personæ vicem sustinet, non heredis futuri, sed defuncti. § 2, I., II, 14, *De heredibus instituendis.*

Heres in omne jus mortui, non tantum singularum rerum dominium, succedit, quum et ea, quæ in nominibus sint, ad heredem transeant. POMPON, fr. 37, D., XXIX, 2, *De adquis. vel omitt. hered.*

§ 215.

Obligation des héritiers aux dettes de la succession.

Dig., lib. XXVIII, tit. 8, *De jure deliberandi.*
Cod., lib. VI, tit. 30, *De jure deliberandi*

Dans la masse des biens, passent aux héritiers, avec les droits transmissibles, les obligations et dettes transmissibles du défunt, au prorata de leur part héréditaire. Ainsi de même que l'héritier devient créancier là où le défunt avait un droit de créance, de même il devient débiteur là où le défunt était obligé comme débiteur. Il est tenu de ces dettes du défunt, comme des siennes propres, partant indéfiniment : son engagement pour le passif n'est pas limité au montant de l'actif.

Cependant plusieurs adoucissements ont été apportés à cette rigueur pour des cas particuliers.

Telle est d'abord une disposition singulière en faveur de l'esclave du testateur, institué héritier ; car, comme, en qualité de *necessarius heres*, il acquiert l'hérédité *ipso jure* et ne peut s'abstenir (voy. ci-dessus, § 213), il lui est permis, par des motifs d'équité, de séparer des biens héréditaires son propre patrimoine, c'est-à-dire les biens qu'il a acquis d'ailleurs depuis la mort du testateur, de le garder pour lui, de ne point l'abandonner pour le payement des dettes de la succession. *Beneficium separationis.*

Les militaires obtinrent aussi de bonne heure le privilége spécial de n'être point tenus sur leurs propres biens des dettes d'une succession obérée qu'ils auraient acceptée imprudemment.

En outre, il existe plusieurs mesures de prévoyance, plusieurs moyens préservatifs dont l'héritier appelé peut user pour le même but.

Dans ce nombre il faut compter, du moins jusqu'à Justinien, un *spatium deliberandi*, accordé à l'héritier appelé, pour examiner la consistance de la succession et se garantir de toute précipitation.

Mais l'héritier peut se procurer plus de sécurité, en faisant préalablement, avant l'adition, avec les créanciers héréditaires, une convention, un concordat par lequel ceux-ci s'engagent à se contenter de tant pour cent.

Énfin la précaution la plus sûre est ce qu'on appelle le *beneficium inventarii*, établi par Justinien avec une prédilection toute particulière et en partie aux dépens du *beneficium deliberandi;* car celui qui, en se conformant exactement au prescrit de la loi, dresse un inventaire de tous les objets qui appartiennent à l'hérédité, est à couvert de toutes les pertes pécuniaires que pourrait entraîner l'acceptation de la succession, et notamment du payement des dettes héréditaires sur ses propres biens.

Hereditas quin obliget nos æri alieno, etiamsi non sit solvendo, plus quam manifestum est. ULPIAN., fr. 8, D., xxix, 2, *De adquir. vel omitt. hered.*

Pro hoc autem incommodo illud ei (heredi necessario) commodum præstatur, ut ea, quæ post mortem patroni sui sibi adquisierit, ipsi reserventur. Pr., I., II, 19, *De hered. qualitate et differ.*

Si præfatam observationem inventarii faciendi solidaverint, hereditatem sine periculo habeant et legis Falcidiæ adversus legatarios utantur beneficio; ut in tantum hereditariis creditoribus teneantur, in quantum res substantiæ ad eos devolutæ valeant, et eis satisfaciant, qui primi veniant creditores. Et si nihil reliquum est, posteriores venientes repellantur, et nihil ex sua substantia penitus heredes amittant, ne, dum lucrum facere sperant, in damnum incidant.....

Milites, etsi propter simplicitatem præsentis legis subtilitatem non observaverint, in tantum tamen teneantur, quantum in hereditate invenerint. JUSTINIANUS, c. 22, § 4 et 15, C., VI, 30, *De iure deliberandi.*

§ 216.

Confusio et *separatio bonorum.*

Dig., lib. XLII, tit. 6, *De separationibus.*
Cod., lib. VI, tit. 72, *De bonis auctoritate judicis possidendis et de separatione bonorum.*

Par l'effet de ce qu'on appelle une *confusio*, les deux patrimoines, jusqu'alors séparés, du défunt et de l'héritier, se confondent ensemble à tel point, que tous les rapports de droit qui existaient auparavant entre ces deux personnes et qui supposaient essentiellement deux personnes ou deux patrimoines distincts, c'est-à-dire les *obligationes* et les *jura in re aliena*, se résolvent, s'éteignent d'eux-mêmes, nécessairement, tant à l'avantage qu'au détriment de l'héritier. Un adoucissement a été apporté, en faveur de l'héritier, à ce principe rigoureux, par le *beneficium inventarii* mentionné ci-dessus.

Par la même raison, les créanciers du défunt sont,

dorénavant, en qualité de créanciers de l'héritier et absolument comme les créanciers originaires de l'héritier, renvoyés à se pourvoir, pour leur payement, sur la masse des deux patrimoines réunis.

Cependant il est libre à ces créanciers héréditaires, quand ils craignent d'éprouver par là un préjudice et qu'ils renoncent à toutes prétentions sur les biens propres de l'héritier, d'obtenir une *separatio bonorum*.

Nam, si debitor heres creditori exstiterit, confusio hereditatis perimit petitionis actionem. MODESTINUS, fr. 75, D., XLVI, 3, *De solut.*

Solet separatio permitti creditoribus ex his causis. Ut puta, debitorem quis Seium habuit; hic decessit; heres ei exstitit Titius; hic non est solvendo. Creditores Seii dicunt, bona Seii sufficere sibi, creditores Titii contentos esse debere bonis Titii, et sic quasi duorum fieri bonorum venditionem. Fieri enim potest, ut Seius quidem solvendo fuerit potueritque satis creditoribus suis, vel ita semel, et si non in assem, in aliquid tamen satisfacere, admissis autem commixtisque creditoribus Titii, minus sint consecuturi, quia ille non est solvendo, aut minus consequantur, quia plures sunt. Hic est igitur æquissimum, creditores Seii desiderantes separationem audiri impetrareque a prætore, ut separatim quantum cujusque creditoribus præstetur. ULPIAN., fr. 1, § 1, D., XLII, 6, *De separationibus.*

§ 217.

Rapports de l'héritier avec les tiers détenteurs des choses héréditaires.

Dig., lib. v, tit. 3, *De hereditatis petitione.*
Cod., lib. III, tit. 31, *De petitione hereditatis.*
Dig., lib. XLIII, tit. 2, *Quorum bonorum.*
Cod., lib. VIII, tit. 2, *Quorum bonorum.*

Pour faire valoir et pour défendre son droit héréditaire contre les tiers qui le lui contestent en retenant les choses qui en sont l'objet, l'héritier a l'*hereditatis petitio*, sorte de revendication de l'hérédité.

Un sénatus-consulte rendu sous Adrien a soumis cette action à plusieurs règles spéciales, et c'est la seule *in rem actio* qui ait la nature d'une *bonæ fidei actio*. Toutefois Justinien le premier lui a reconnu formellement ce caractère jusque-là contesté.

Par cette action, l'héritier, et par là il faut entendre tant l'*heres* que le *bonorum possessor*, pour-. suit son droit sur la succession considérée comme *universitas*, contre les tiers détenteurs des choses héréditaires ; mais seulement sous deux conditions, la première que ces possesseurs ne soient pas reconnus par lui comme cohéritiers ; la seconde, qu'ils possèdent les choses héréditaires ou *pro herede* ou *pro possessore*.

Le but de cette action est la restitution de tout ce que le défendeur possède, sans cause, de l'hérédité, que ce soit l'hérédité entière, ou des choses individuelles en faisant partie, ou leur valeur.

Une voie de droit purement *possessoire*, et qui n'est ouverte qu'au *bonorum possessor*, est l'*interdictum quorum bonorum*.

Regulariter definiendum est, eum demum teneri petitione hereditatis, qui vel jus pro herede, vel pro possessore possidet, vel rem hereditariam. ULPIAN., fr. 9, D., v, 3, *De hered. pet.*

Per quam hereditatis petitionem tantumdem consequitur bonorum possessor, quantum superioribus civilibus actionibus heres consequi potest. GAI., fr. 2, D., v, 5, *De possess. hered. pet.*

Adipiscendæ possessionis causa interdictum accommodatur bonorum possessori, quod appellatur *quorum bonorum*. Ejusque vis et potestas hæc est, ut quod ex his bonis quisque, quorum possessio alicui data est, pro herede aut pro possessore possideat, id ei, cui bonorum possessio data est, restituere debeat. Pro herede autem possidere videtur, qui putat, se heredem esse. Pro possessore is possidet, qui nullo jure rem hereditariam, vel etiam totam hereditatem sciens, ad se non pertinere, possidet. § 3, I., iv, 15, *De interdictis.*

§ 218.

Rapports des cohéritiers entre eux.

Dig., lib. x, tit. 2, *Familiæ erciscundæ.*
Cod., lib. iii, tit. 36, *Fam. erc.*
Dig., lib. xxxvii, tit. 6, *De collatione;* — tit. 7, *De dotis collatione.*
Cod., lib. vi, tit. 20, *De collat.*

L'acquisition d'une hérédité par plusieurs héritiers établit entre eux provisoirement une communauté, *communio,* avec diverses obligations réciproques, que les Romains considéraient comme dérivées *quasi ex contractu* (voy. ci-dessus, § 144). Cette communauté ne cesse que par le partage, et pour obtenir ce partage, c'est-à-dire la division réelle de la succession, conformément à la part idéale de chacun, les cohéritiers ont les uns contre les autres un *divisorium judicium* particulier, sous le nom de *familiæ erciscundæ judicium.* Il n'y a d'exclus du partage que ce qui est entièrement divisé par la volonté valablement exprimée du défunt, ou par la loi elle-même, ou ce qui est juridiquement indivisible; ainsi sont exclus les *nomina hereditaria,* attendu que, d'après le texte même de la loi des XII Tables, ils sont divisés *ipso jure* au prorata des parts héréditaires.

Dans quelques cas, certains héritiers sont tenus, avant le partage, de mettre dans la masse à diviser, de *rapporter, conferre,* des biens qui leur appartenaient en propre avant l'acquisition de l'hérédité, afin que ces biens puissent être répartis, avec les biens héréditaires, entre tous les cohéritiers. Le but de cette *collatio bonorum* est de rétablir une certaine égalité équitable entre des héritiers dont aucun ne doit être favorisé au préjudice des autres.

L'obligation primitive du rapport concernait seulement les enfants émancipés, que le préteur appelait avec les *sui* à la succession de leur auteur commun, *contra tabulas*, ou *ab intestato*, mais n'appelait qu'à condition qu'ils seraient prêts à rapporter à leurs frères et sœurs restés sous la puissance paternelle tout ce que, sans leur émancipation, ils auraient acquis pour l'ascendant et non pour eux-mêmes.

Mais à côté de cette obligation au rapport, purement prétorienne, des émancipés, obligation qui, du reste, depuis l'établissement des pécules, perdit beaucoup de son importance, il s'en forma plus tard une autre, due en partie au droit prétorien, en partie aux constitutions impériales, surtout à celles d'Antonin et de Léon. Elle a lieu, sans aucun égard à la puissance paternelle, dans le cas où des descendants succèdent ensemble à un ascendant commun; et elle s'appelle *collatio dotis*, parce qu'elle s'est d'abord établie pour la dot.

Hæc actio (familiæ erciscundæ) proficiscitur ex lege XII Tabularum. Namque coheredibus, volentibus a communione discedere, necessarium videbatur aliquam actionem constitui, qua inter eos res hereditariæ distribuerentur. GAIUS, fr. 1, pr., D., x, 2, *Familiæ erciscundæ*.

Ea, quæ in nominibus sunt, non recipiunt divisionem, quum ipso jure in portiones hereditarias ex lege XII Tabularum divisa sint. GORDIANUS, c. 6, C., III, 36, *Familiæ erciscundæ*.

Hic titulus (de collatione bonorum) manifestam habet æquitatem. Quum enim prætor ad bonorum possessionem contra tabulas emancipatos admittat participesque faciat cum his, qui sunt in potestate, bonorum paternorum, consequens esse credit, ut sua quoque bona in medium conferant, qui appetant paterna. ULPIAN., fr. 1, pr., D., xxxvii, 6, *De collat. bonor.*

§ 219.

Cas où l'appelé n'acquiert pas la succession qui lui est déférée.

Dig., lib. xxix, tit. 2, *De adquirenda vel omittenda hereditate.*
Cod., lib. vi, tit. 10, *Quando non petentium partes petentibus adcrescant;* — tit. 51, *De caducis tollendis.*

Il peut facilement arriver que l'appelé n'acquière pas la succession qui lui est déférée, soit parce qu'il ne peut pas, soit parce qu'il ne veut pas l'acquérir.

Si la raison qui empêche cette acquisition est le prédécès de l'appelé, son héritier, en règle générale, n'a pas droit, en cette qualité, d'accepter la succession qui avait été déférée à son auteur, même quand l'appelé est mort sans l'avoir réellement répudiée ; car, d'après un principe du droit romain qui est très-logiquement suivi dans toutes ses conséquences, celui-là seul, à la personne duquel une hérédité est déférée, peut l'accepter. Cependant cela souffre certaines exceptions spéciales, dans ce qu'on appelle les *cas de transmission*.

Au reste, il est pourvu de plusieurs autres manières à ce que, en la place de l'héritier, qui manque, un autre puisse recueillir la succession.

En effet, d'abord, les Romains se représentant l'héritier comme un *per universitatem successor*, il s'ensuit inévitablement que, si un des héritiers appelés vient à manquer, sans avoir acquis sa part, cette part devenue vacante augmente d'elle-même les parts héréditaires qu'ont acquises les autres héritiers, leur accroît, *adcrescit*, sans aucun fait de leur part et même contre leur volonté.

Ce droit d'accroissement, *jus adcrescendi coheredum*, se présente aussi bien dans la succession prétorienne que dans la succession civile, dans la succession testamentaire que dans la succession ab intestat. Dans la succession testamentaire il est même une conséquence nécessaire du principe que personne ne peut transmettre son hérédité partie par un testament, partie ab intestat.

Il n'importe pas précisément non plus, pour qu'il y ait lieu au droit d'accroissement, que le testateur ait à dessein réuni, *conjoint*, les héritiers entre eux dans l'institution ; car ce n'est pas uniquement, ni même principalement sur l'intention du testateur que repose cet accroissement, mais sur une nécessité absolue de droit. Néanmoins, dans l'exercice du droit d'accroissement, le cohéritier réuni dans la même disposition avec l'héritier manquant est, comme *conjunctus*, préféré aux autres cohéritiers qui ne lui étaient pas également conjoints. La raison en est que le testateur est maître de fixer à son gré la grandeur des portions.

Le testateur ne peut pas, par une défense directe, mettre obstacle au droit d'accroissement. Toutefois il est libre de l'empêcher indirectement en faisant une substitution vulgaire et en introduisant par là une nouvelle délation testamentaire de l'hérédité.

Si aucun des héritiers institués n'acquiert l'hérédité qui leur est déférée par le testament, on arrive à la délation ab intestat. Si aucun des héritiers appelés ab intestat n'acquiert l'hérédité, les biens restent alors vacants, *bona vacantia ;* c'est un cas dont nous parlerons plus loin, § 232.

Hereditatem, nisi fuerit adita, transmitti nec veteres concedebant, nec nos patimur.

Si quidem coheredes sunt omnes conjunctim, vel omnes disjunctim, et vel instituti, vel substituti, hoc, quod fuerit quoquo modo evacuatum, si in parte hereditatis vel partibus consistat,

aliis coheredibus cum suo gravamine pro hereditaria parte,
etiamsi jam defuncti sunt, adquiratur, et hoc nolentibus ipso
jure adcrescat, si suas portiones jam agnoverint; quum sit absur-
dum, ejusdem hereditatis partem quidem agnoscere, partem vero
respuere..... Sin vero quidam ex heredibus institutis vel substi-
tutis permixti sunt, et alii conjuncti, alii disjuncti nuncupati,
tunc, si quidem ex conjunctis aliquis deficiat, hoc omnimodo ad
solos conjunctos cum suo veniat onere, id est, pro parte hereditaria, quæ ad eos pervenit. Sin autem ex his, qui disjunctim
scripti sunt, aliquid evanescat, hoc non ad solos disjunctos, sed
ad omnes tam conjunctos, quam etiam disjunctos similiter cum
suo onere pro portione hereditatis perveniat. Hoc ita tam varie,
quia conjuncti quidem propter unitatem sermonis quasi in unum
corpus redacti sunt, et partem conjunctorum sibi heredum quasi
suam præoccupant, disjuncti vero ab ipso testatore sermone
apertissime sunt discreti, ut suum quidem habeant, aliénum
autem non soli appetant, sed cum omnibus coheredibus suis accipiant.

Quum autem in superiore parte legis non aditam hereditatem
minime, nisi quibusdam personis ad heredes defuncti transmitti
disposuimus, necesse est, si quis solidam hereditatem non adierit, hanc, si quidem habeat substitutum, ad eum, si voluerit et
potuerit, pervenire. Quod si hoc non sit, vel ab intestato successores eam suscipiant, vel si nulli sint, vel accipere nolint, vel
aliquo modo non capiant, tunc ad nostrum ærarium devolvatur.
JUSTINIANUS, c. un., § 5, 10 et 13, C., VI, 51, *De caducis tollendis.*

DEUXIÈME SECTION.

*Théorie des dispositions de dernière volonté
à titre singulier*[1].

§ 220.

Observations préliminaires.

De tout temps il était loisible au testateur, après
l'institution d'un héritier direct, de faire encore des
dispositions d'objets particuliers. L'héritier, chargé
de l'acquittement de ces dispositions, voyait toujours
par là sa portion héréditaire plus ou moins diminuée; aussi ces dispositions sont toutes, à raison de
leur résultat, signalées comme des *delibationes hereditatis*.

Elles ne fondaient jamais, pour celui en faveur de
qui elles étaient faites, de véritables droits héréditaires et des *successiones per universitatem*, mais seulement des successions singulières aux objets ainsi
laissés. C'est pourquoi elles supposaient toujours,
comme condition essentielle de leur validité, l'existence d'un véritable héritier, dont elles venaient réduire la portion héréditaire, et elles ne pouvaient pas
subsister par elles-mêmes, indépendamment du concours d'une véritable succession héréditaire, qui continuât généralement la personnalité du défunt quant
aux biens. Cependant on dut naturellement chercher

---

[1] N'ayant pas de mot français qui puisse, comme le mot allemand
Vermächtniss, comprendre et les legs et les fidéicommis, j'ai été obligé
d'employer une périphrase.   (*Note du traducteur.*)

à étendre peu à peu cette faculté de disposer de choses singulières à celui qui voulait transmettre sa succession ab intestat, et cela au moyen des codicilles.

Nous ne trouvons pas pour ces dispositions à titre singulier deux institutions parallèles, l'une de droit civil, l'autre de droit prétorien, comme nous trouvons, pour les successions universelles, l'*hereditas* et la *bonorum possessio*; car toutes les dispositions singulières sont du droit civil. Toutefois on rencontre dans les *legs* et les *fidéicommis*, deux théories, celle de l'ancien droit civil plus rigoureux et celle du nouveau droit civil plus équitable, théories qui ont subsisté longtemps l'une à côté de l'autre, et ne se sont fondues ensemble que sous Justinien.

Il faut distinguer ici, comme pour les successions, entre la délation et l'acquisition.

La délation des legs et des fidéicommis n'a pas cependant, ainsi que celle de l'hérédité, une double cause; elle repose toujours sur un acte individuel de dernière volonté, attendu qu'il n'existe pas des legs et fidéicommis légitimes.

Leur acquisition diffère aussi, sous plus d'un rapport, de celle de la succession.

§ 221.

Legs en particulier.

Gai., *Comm.*, lib. ii, § 191, *seq.*
Inst., lib. ii, tit. 20, *De legatis.*
Dig., lib. xxx, xxxi, xxxii, *De legatis et fideicommissis.*
Cod., lib. vi, tit. 43, *Communia de legatis et fideicommissis.*

Dans un sens primitif et large, le mot *legare* parait avoir désigné l'acte même de *tester*, et dans le fait; le legs n'était sans doute originairement qu'une clause jointe à la mancipation, et mise ainsi à la charge de l'héritier testamentaire.

Mais lorsque le legs prit une forme plus indépendante, par opposition à l'*heredis institutio*, on adopta, comme terme technique, pour le désigner, ce même mot *legare, legatum*, dans le sens étroit.

Le testateur pouvait, en effet, laisser, *titulo singulari*, quelque chose de sa succession à une personne, d'ailleurs capable d'être instituée héritière, au lieu de l'instituer réellement. Il le faisait, soit en enjoignant à l'héritier institué de donner certaines choses à cette personne, au *legatarius*, ou de permettre à ce légataire de les prendre, soit en ordonnant immédiatement au légataire lui-même de s'approprier certaines choses de la succession, de les prendre.

Le legs avait cela de commun avec l'institution d'héritier, qu'il ne pouvait être fait que dans un testament valable, en termes directs, impératifs, formels, en langue latine. De la formule employée dépendait le droit qu'obtenait le légataire. C'était tantôt un droit de propriété sur la chose léguée, en vertu duquel il pouvait aussitôt la prendre dans la succession et la revendiquer contre tout tiers détenteur; tantôt seulement un droit de créance ou d'obligation, une action personnelle, *actio*, contre l'héritier institué, pour obtenir la tradition de la chose léguée. De là la division des legs, d'après leurs formes fondamentales, en *legata per vindicationem* et *legata per damnationem*. A ces deux legs se rattachent, comme une troisième forme tenant en quelque sorte le milieu entre les deux précédentes, les *legata sinendi modo*, et pour un cas particulier, comme une sous-espèce des *per vindicationem legata*, les *legata per præceptionem*.

Selon la *regula Catoniana*, un legs qui est inutile au moment où il est fait ne peut pas par la suite de-

venir valable de lui-même, pas plus qu'une institution
d'héritier. Cependant on ne tarda pas à se relâcher,
à cet égard, de la sévérité qu'on maintint à l'égard
des institutions d'héritier. Ensuite, comme l'exacte
application des formules strictement prescrites pour
les legs faisait souvent difficulté dans la pratique et
entraînait la nullité du legs, le *senatusconsultum
Neronianum* décida que, quand un legs fait dans
une forme plus difficile ne pourrait pas valoir comme
tel, il vaudrait comme s'il était fait dans une forme
plus facile, savoir, comme fait *per damnationem.*

Verbis legis XII Tabularum his : *uti legassit suæ rei, ita
jus esto,* latissima potestas tributa videtur et heredis instituendi,
et legata, et libertates dandi, tutelas quoque constituendi. Pompon., fr. 120, D., l, 16, *De verb. signif.*

Legatum est delibatio hereditatis, qua testator ex eo, quod
universum heredis foret, alicui quid collatum velit. Florentinus,
fr. 116, pr., D., xxx, *De legat.*

Legatum est donatio quædam a defuncto relicta, ab herede
præstanda. § 1, I., ii, 20, *De legatis.*

Legatum est, quod legis modo, id est, imperative testamento
relinquitur. Nam ea, quæ precativo modo relinquuntur, fideicommissa vocantur.

Legamus autem quatuor modis, per vindicationem, per damnationem, sinendi modo, per præceptionem. Per vindicationem
his verbis legamus : *do, lego, capito, sumito, tibi habeto.* Per
damnationem his verbis : *heres meus damnas esto, dare, dato,
facito, heredem meum dare jubeo.* Sinendi modo ita : *heres meus
damnas esto sinere, Lucium Titium sumere illam rem sibique habere.* Per præceptionem sic : *Lucius Titius illam rem præcipito.*
Per vindicationem legari possunt res, quæ utroque tempore ex
jure Quiritium testatoris fuerunt, mortis et quando testamentum
faciebat, præterquam si pondere, mensura, numero contineantur; in his enim satis est, si vel mortis duntaxat tempore fuerint
ex jure Quiritium. Per damnationem omnes res legari possunt,
etiam quæ non sunt testatoris, dummodo tales sint, quæ dari
possint.... Sinendi modo legari possunt res propriæ testatoris et
heredis ejus. Per præceptionem legari possunt res, quæ etiam
per vindicationem.....

Senatusconsulto Neroniano.... cautum est, ut quod minus aptis verbis legatum est, perinde sit, ac si optimo jure legatum esset. Optimum autem jus legati per damnationem est....

Ante heredis institutionem legari non potest, quoniam et potestas testamenti ab heredis institutione incipit....

A legatario legari non potest. ULPIANUS, *Fragm.*, tit. XXIV, § 1-8, 10, 11, 15, 20.

§ 222.

Fidéicommis et codicilles.

GAI., *Comm.*, lib. II, § 246, seq.

Inst., lib. II, tit. 24, *De singulis rebus per fideicommissum relictis;* — tit. 25, *De codicillis.*

Dig., lib. XXIX, tit. 7, *De jure codicillorum.*

Dig., lib. XXX, XXXI et XXXII, *De legatis et fideicommissis.*

Cod., lib. VI, tit. 36, *De codicillis;* — tit. 43, *Communia de legatis et fideicommissis.*

Il a dû arriver de très-bonne heure que celui qui n'avait pas fait de testament, ou qui, en faisant un testament, avait oublié d'y insérer une disposition, priait son héritier testamentaire ou ab intestat, en s'en remettant à sa conscience, à sa foi, d'acquitter certaine charge au profit d'un tiers, particulièrement de livrer, de restituer certaines choses à ce tiers, *fidei heredis committebatur*, *fideicommissum*. Cela se faisait souvent par de simples lettres, sans aucune forme particulière, *codicilli*, qui étaient adressées par le disposant à son futur héritier.

Ces prières codicillaires n'avaient pas, originairement, en droit, une force obligatoire pour l'héritier; cependant elles l'obtinrent sous Auguste, et dès lors les fidéicommis devinrent de véritables dispositions de dernière volonté, à l'instar des legs.

Cet historique sur leur origine explique et l'absence de toute forme solennelle dans la manière pri-

37

mitive de faire des fidéicommis, et le caractère simple et équitable de leur théorie, si éloignée de la doctrine rigoureuse des legs.

En effet, ils pouvaient être imposés, par forme de prière, à l'héritier, testamentaire ou ab intestat, même à un simple légataire, en une langue quelconque, dans quelques termes que ce fût, même par signes, et au profit de plusieurs classes de personnes qui n'auraient pas pu recevoir un legs.

C'est pourquoi encore ils ne produisirent jamais les effets rigoureux d'un legs et ne donnèrent jamais lieu, en faveur du fidéicommissaire, à une *vindicatio*, pas même à une *actio*, mais seulement à une *persecutio*, pour obtenir l'objet ainsi laissé.

A la vérité, depuis Constantin, une forme particulière a été prescrite pour les codicilles. Ce fut d'abord la forme même du testament, mais plus tard, sous Théodose II, une forme différente et plus facile : ils pouvaient être faits devant cinq témoins, verbalement ou par écrit, et l'inobservation des solennités n'entraînait pas ici, en tout point, des conséquences aussi graves que pour les testaments. Une institution d'héritier n'était nullement nécessaire pour leur validité : cette institution, comme les legs et la *tutoris datio*, était réservée pour le testament. Pareillement il a toujours été indifférent que le codicille commençât par telle disposition plutôt que par telle autre, à la différence du testament, qui doit toujours commencer par l'institution d'héritier. (Voy. ci-dessus, § 201.) Les codicilles se distinguent encore des testaments, en ce qu'on peut faire plusieurs codicilles, de dates différentes, qui ne s'abrogent pas l'un l'autre, mais subsistent ensemble.

Les codicilles qui étaient mentionnés et confirmés dans un testament, *codicilli testamento confirmati,* prenaient un caractère tout particulier. Ils étaient regardés comme une partie intégrante, et en quelque sorte une continuation du testament qui les confirmait. En conséquence, non-seulement ils n'avaient besoin d'aucune forme spéciale, mais ils étaient même assimilés au testament, en ce que, aussi bien que celui-ci, ils pouvaient contenir des legs et des nominations de tuteurs.

Cette différence caractéristique entre les codicilles et le testament, qui fait que souvent un acte de dernière volonté peut exister comme codicille, quoiqu'il manque de plusieurs des conditions d'un testament valable, explique comment il est possible et utile d'ajouter à un testament ce qu'on appelle la *clause codicillaire*.

Sciendum est, omnia fideicommissa primis temporibus infirma esse, quia nemo invitus cogebatur præstare id, de quo rogatus erat. Quibus enim non poterant hereditates, vel legata relinquere, si relinquebant, fidei committebant eorum, qui capere ex testamento poterant. Et ideo fideicommissa appellata sunt, quia nullo vinculo juris, sed tantum pudore eorum, qui rogabantur, continebantur. Postea primus divus Augustus, semel iterumque gratia personarum motus, vel quia per ipsius salutem rogatus quis diceretur, aut ob insignem quorumdam perfidiam, jussit consulibus auctoritatem suam interponere. Quod, quia justum videbatur et populare erat, paulatim conversum est in assiduam jurisdictionem tantusque favor eorum factus est, ut paulatim etiam prætor proprius crearetur, qui de fideicommissis jus diceret, quem fideicommissarium appellabant. § 1, I., II, 23, *De fideicommissariis hereditatibus.*

Fideicommissum est, quod non civilibus verbis, sed precative relinquitur, nec ex rigore juris civilis proficiscitur, sed ex voluntate datur relinquentis.

Verba fideicommissorum in usu fere sunt hæc: *fideicommitto, peto, volo dari,* et similia. Etiam nutu relinquere fideicommissum in usu receptum est.

Fideicommissum relinquere possunt, qui testamentum facere possunt, licet non fecerint. Nam intestatus quis moriturus fideicommissum relinquere potest. Res per fideicommissum relinqui possunt, quæ etiam per damnationem legari possunt.

Fideicommissum et ante heredis institutionem, et post mortem heredis, et codicillis etiam non confirmatis testamento dari potest, licet legari non possit. Item græce fideicommissum scriptum valet, licet legatum græce scriptum non valeat.

Fideicommissa non per formulam petuntur, ut legata, sed cognitio est Romæ quidem consulum, aut prætoris, qui fideicommissarius vocatur, in provinciis vero præsidis provinciarum. ULPIANUS, *Fragm.*, tit. xxv, § 1-5, 8, 9 et 12.

Ante Augusti tempora constat, jus codicillorum in usu non fuisse. Sed primus Lucius Lentulus, ex cujus persona etiam fideicommissa cœperunt, codicillos introduxit. Nam quum decederet in Africa, scripsit codicillos testamento confirmatos, quibus ab Augusto petiit per fideicommissum, ut faceret aliquid. Et quum divus Augustus voluntatem ejus implesset, deinceps reliqui, auctoritatem ejus secuti, fideicommissa præstabant, et filia Lentuli legata, quæ jure non debebat, solvit. Dicitur Augustus convocasse prudentes, inter quos Trebatium quoque, cujus tunc auctoritas maxima erat, et quæsiisse, an posset hoc recipi, nec absonans a juris ratione codicillorum usus esset. Et Trebatium suasisse Augusto, quod diceret, utilissimum et necessarium hoc civibus esse, propter longas et magnas peregrinationes, quæ apud veteres fuissent, ubi, si quis testamentum facere non posset, tamen codicillos posset. Post quæ tempora, quum et Labeo codicillos fecisset, jam nemini dubium erat, quin codicilli jure optimo admitterentur.

Non tantum autem testamento facto potest quis codicillos facere, sed et intestatus quis decedens fideicommittere codicillis potest.

Codicillis autem hereditas neque dari, neque adimi potest, ne confundatur jus testamentorum et codicillorum, et ideo nec exheredatio scribi....

Codicillos autem etiam plures quis facere potest, et nullam solennitatem ordinationis desiderant. Pr., § 1-3, I., II, 25, *De codicillis.*

In omni autem ultima voluntate, excepto testamento, quinque testes vel rogati, vel qui fortuito venerint, in uno eodemque tempore debent adhiberi, sive in scriptis, sive sine scriptis voluntas conficiatur; testibus videlicet, quando in scriptis voluntas componitur, subnotationem suam accommodantibus. THEODOS., c. 8, C., VI, 36, *De codicillis.*

Codicillos is demum facere potest, qui et testamentum facere potest. Marcianus, fr. 6, § 3, D., xxix, 7, *De jure codicillorum.*

Illud quoque pari ratione servandum est, ut testator, qui decrevit facere testamentum, si id adimplere nequiverit, intestatus videatur esse defunctus, nec transducere liceat ad fideicommissi interpretationem, velut ex codicillis ultimam voluntatem, *nisi id ille complexus sit, ut vim etiam codicillorum scriptura debeat obtinere.* Theodos., c. 8, § 1, C., vi, 36, *De codicillis.*

§ 223.

Fusion des legs et des fidéicommis.

Dig., lib. xxx-xxxii, *De legatis et fideicommissis.*
Cod., lib. vi, tit. 43, *De legatis et fideicommissis.*

Déjà, depuis longtemps, des constitutions impériales avaient rapproché les legs et les fidéicommis, surtout sous le rapport de la forme extérieure; déjà les legs avaient été simplifiés par la fusion de leurs diverses espèces en une seule, lorsque enfin une constitution de Justinien consomma la réforme en assimilant entièrement, malgré la diversité des formes, qu'on put continuer d'employer à son choix, les legs et fidéicommis, en ce sens que tout legs renfermerait en lui-même un fidéicommis et réciproquement tout fidéicommis un legs. En conséquence toute disposition à titre singulier, qu'elle fût faite dans l'une ou dans l'autre de ces formes, réunit désormais tous les avantages, tous les priviléges des deux espèces de dispositions, en tant que cela est possible. Quand, par la nature des choses, cela n'est pas possible, il subsiste alors encore quelques différences. Ainsi, l'affranchissement d'un esclave peut être fait tant dans la forme d'un legs, que dans celle d'un fidéicommis; mais son effet, dans les deux cas, même selon le droit romain le plus nouveau, est différent, en ce que l'esclave affranchi par la forme du legs, devenant libre en vertu de la disposition elle-même, n'a pas de *manumissor* et de *patronus* parmi les vivants, il est *libertus orcinus*, tandis que l'esclave affranchi par fidéicommis a un patron dans la personne de celui qui a été chargé de l'affranchir.

En laissant de côté ces particularités, on peut maintenant, dans le dernier état du droit romain, établir des principes communs pour les deux espèces de dispositions.

Ces principes concernent d'abord la personne du disposant, qui n'a pas besoin, à la vérité, de faire un testament, puisqu'un codicille suffit, mais qui doit, dans tous les cas, avoir la *testamenti factio*.

Ils concernent, en second lieu, la personne de celui à qui le legs ou fidéicommis est fait, de l'*honoratus*, comme on dit, qui, en général, doit avoir la *testamenti factio*, sauf pourtant plusieurs modifications particulières. En règle générale, il est une personne autre que l'héritier proprement dit; cependant un legs peut être fait valablement et efficacement à un héritier, pourvu qu'il ait des cohéritiers; ce legs, qu'il prélève sur la succession en la partageant avec eux, s'appelle legs par préciput, *prælegatum*.

Celui qui est chargé du legs ou fidéicommis, et qu'on appelle l'*oneratus*, peut être non-seulement l'héritier testamentaire ou ab intestat, mais encore tout légataire ou fidéicommissaire, ou même quiconque a reçu du défunt quelque chose *mortis causa*.

Relativement à la forme extérieure, le legs ou fidéicommis peut être fait tant dans un testament que dans un codicille de toute espèce, dans quelque langue que ce soit, et en des termes quelconques; et même, quand il est fait sans aucune forme, il peut valoir s'il est volontairement reconnu par celui qui en est grevé.

Les conditions et les termes sont admis ici d'une manière plus illimitée que dans les institutions d'héritier ; ce qui tient naturellement à ce que le légataire ou fidéicommissaire, simple *successor singularis*, à côté duquel il existe toujours un héritier proprement dit, n'est pas destiné à représenter le défunt, et que les raisons sur lesquelles repose le principe *semel heres, semper heres*, ne s'appliquent pas aux dispositions singulières. Cependant on ne pouvait pas, jusqu'à Justinien, faire valablement un legs [1] *pœnæ causa, pœnæ nomine.*

Enfin, ce qui concerne l'étendue, le *quantum* des legs et des fidéicommis, l'objet qu'ils peuvent avoir, trouvera son explication dans les §§ 224 et 225.

Sed olim quidem erant legatorum genera quatuor : per vindicationem, per damnationem, sinendi modo, per præceptionem ; et certa quædam verba cuique generi legatorum assignata erant, per quæ singula genera legatorum significabantur. Sed ex constitutionibus divorum principum solennitas hujusmodi verborum penitus sublata est. Nostra autem constitutio, quam cum magna fecimus lucubratione, defunctorum voluntates validiores esse cupientes, et non verbis, sed voluntatibus eorum faventes, disposuit, ut omnibus legatis una sit natura, et, quibuscunque verbis aliquid derelictum sit, liceat legatariis id persequi, non solum per actiones personales, sed etiam per in rem et per hypothecariam ; cujus constitutionis perpensum modum ex ipsius tenore perfectissime accipere possibile est.

Sed non usque ad eam constitutionem standum esse existimavimus. Quum enim antiquitatem invenimus legata quidem stricte concludentem, fideicommissis autem, quæ ex voluntate magis descendebant defunctorum, pinguiorem naturam indulgentem,

---

[1] Ni même un fidéicommis. Gaius, *Comm.* II, 288.

(*Note du traducteur.*)

necessarium esse duximus, omnia legata fideicommissis exæqua-
re, ut nulla sit inter ea differentia, sed, quod deest legatis, hoc
repleatur ex natura fideicommissorum, et si quid amplius est in
legatis, per hoc crescat fideicommissi natura. § 1, 2 et 3, I.,
II, 20, *De legatis.*

Tam autem corporales res, quam incorporales legari possunt.
Et ideo et quod defuncto debetur, potest alicui legari, ut actiones suas heres legatario præstet. § 21, I., *eod.*

Pœnæ causa legari non potest. Pœnæ autem causa legatur,
quod coercendi heredis causa legatur, ut faciat quid, aut non
faciat, non ut legatum pertineat; ut puta hoc modo : si filiam
tuam in matrimonio Titio collocaveris, decem millia Seio dato.
Ulpian., *Fragm.*, tit. xxiv, § 17.

Sed hujusmodi scrupulositas nobis non placuit, et generaliter
ea, quæ relinquuntur, licet pœnæ nomine fuerint relicta, vel
adempta, vel in alios translata, nihil distare a cæteris legatis constituimus. § 36, I., II, 20, *De legatis.*

§ 224.

Déduction de la *quarta falcidia.*

Gai., *Comm.*, lib. II, § 224, *seq.*
Inst., lib. II, tit. 22, *De lege Falcidia.*
Dig., lib. xxxv, tit. 2, *Ad legem Falcidiam;* — tit. 3, *Si cui plus,
quam per legem Falcidiam licuerit, legatum esse dicetur.*
Cod., lib. VI, tit. 50, *Ad legem Falcidiam.*

Il ne fut, en aucun temps, permis au testateur de
grever l'héritier testamentaire de legs au delà du
montant net de la succession, déduction faite des
dettes héréditaires; mais il pouvait épuiser toute la
part héréditaire du grevé ainsi calculée.

Il en résultait tout naturellement que les héritiers
testamentaires aimaient souvent mieux répudier l'hérédité.

Plusieurs essais législatifs furent tentés pour remédier à cet inconvénient, qui entraînait fréquemment
la *destitution* du testament tout entier. Les premiers

essais, c'est-à-dire la *lex Furia* et la *lex Voconia*, furent sans succès ; mais la *lex Falcidia* atteignit le but désiré, en décidant que l'héritier devrait conserver toujours un quart de sa portion héréditaire, franc de legs, et que, dans le cas contraire, il lui serait permis de déduire ce quart, la *quarta Falcidia*.

Quoique la *lex Falcidia* n'eût été portée qu'en faveur des héritiers testamentaires et pour empêcher qu'ils ne fussent trop grevés de legs, ses dispositions furent peu à peu considérablement étendues, surtout par le *senatusconsultum Pegasianum*, rendu sous Vespasien, et par une constitution d'Antonin, et elles furent appliquées à tous les héritiers grevés et à tous les genres de dispositions mises à leur charge. En sens inverse, cette loi reçut légalement quelques exceptions, et dans le dernier état du droit, une défense du testateur put même en écarter entièrement l'application, ce qui n'était pas possible primitivement.

Hoc solum observandum est, ne plus quisquam rogetur alicui restituere, quam ipse ex testamento ceperit. Nam quod amplius est, inutiliter relinquitur. § 1, I., ii, 24, *De singulis rebus per fideicommissum relictis.*

Sed olim quidem licebat, totum patrimonium legatis atque libertatibus erogare, nec quidquam heredi relinquere, præterquam inane nomen heredis. Idque lex XII Tabularum permittere videbatur, qua cavetur, ut quod quisque de re sua testatus esset, id ratum haberetur, his verbis : uti legassit suæ rei, ita jus esto. Quare qui scripti heredes erant, ab hereditate se abstinebant ; et idcirco plerique intestati moriebantur.

Itaque lata est lex Furia, qua, exceptis personis quibusdam, cæteris plus mille assibus legatorum nomine mortisve causa capere permissum non est. Sed et hæc lex non perfecit, quod voluit. Qui enim verbi gratia quinque millium æris patrimonium habebat, poterat quinque hominibus singulis millenos asses legando totum patrimonium erogare.

Ideo postea lata est lex Voconia, qua cautum est, ne cui plus legatorum nomine mortisve causa capere liceret, quam heredes caperent. Ex qua lege plane quidem aliquid utique heredes habere videbantur, sed tamen fere vitium simile nascebatur. Nam, in multas legatariorum personas distributo patrimonio, poterat adeo heredi minimum relinquere testator, ut non expediret heredi, hujus lucri gratia totius hereditatis onera sustinere.

Lata est itaque lex Falcidia, qua cautum est, ne plus legare liceat, quam dodrantem. Itaque necesse est, ut heres quartam partem hereditatis habeat; et hoc nunc jure utimur. GAIUS, *Comm.*, II, § 224-227.

Quantitas autem patrimonii, ad quam ratio legis Falcidiæ redigitur, mortis tempore spectatur.....

Quum autem ratio legis Falcidiæ ponitur, ante deducitur æs alienum, item funeris impensa, et pretia servorum manumissorum. Tunc demum in reliquo ita ratio habetur, ut ex eo quarta pars apud heredem remaneat, tres vero partes inter legatarios distribuantur, pro rata scilicet portione ejus, quod cuique eorum legatum fuerit. § 2 et 3, I., II, 22, *De lege Falcidia.*

Nunquam legatarius vel fideicommissarius, licet ex Trebelliano senatusconsulto restituatur ei hereditas, utitur legis Falcidiæ beneficio. ULPIAN., fr. 47, § 1, D., XXXV, 2, *Ad legem Falcidiam.*

§ 225.

Diversité des legs et fidéicommis, d'après leur objet et leur contenu.

Tout ce qui peut faire l'objet d'une *obligatio* peut, en général, faire l'objet d'un legs ou d'un fidéicommis. En conséquence, non-seulement on peut laisser ainsi des choses corporelles en vue d'en transporter la propriété, mais encore on peut constituer, sous la forme de legs ou de fidéicommis, toute autre espèce de droit concernant les biens; ainsi on peut léguer des *jura in re aliena*, par exemple, des servitudes et des hypothèques; on peut aussi léguer des obligations. Ceci comprend le *nomen legatum*, quand on lègue une créance appartenant au testateur lui-même ou à l'héritier grevé; puis la *liberatio legata*, quand on lègue à une personne l'obligation dont elle était tenue envers le testateur ou envers l'héritier grevé; et enfin le *debitum legatum*, quand le testateur lègue à une personne ce qu'il lui devait déjà d'ailleurs, en tant que le légataire peut retirer de cette disposition quelque avantage.

§ 226.

Particularités du *legatum partitionis* et du *fideicommissum hereditatis*.

GAI., *Comm.*, lib. II, § 247, *seq.*
Inst., lib. II, tit. 23, *De fideicommissariis hereditatibus.*
Dig., lib. XXXVI, tit. 1, *Ad senatusconsultum Trebellianum.*
Cod., lib. VI, tit. 49, *Ad senatusconsultum Trebellianum.*

Il résulte déjà de l'idée originairement attachée à un legs ou fidéicommis, comme simple diminution, *delibatio*, de l'hérédité, que celui qui le reçoit ne devient pas héritier, représentant du défunt, mais seulement *singularis successor*. Ce résultat est tout simple, quand ce sont des choses isolées, des droits spéciaux qui forment l'objet du legs ou du fidéicommis; mais il prend un caractère propre, et se complique beaucoup, à certains égards, lorsque la disposition a pour objet toute la portion héréditaire de l'héritier ou une partie aliquote de cette portion.

Cela a pu arriver, en tout temps, sous la forme d'un legs : le testateur ordonne à l'héritier de partager sa portion héréditaire avec le légataire. On appelle ce legs *partitionis legatum, partitio legata*. Il est de l'essence même de cette *partitio*, que l'objet de ce legs soit toujours une partie de l'hérédité, et jamais l'hérédité tout entière. Au surplus, on demeure, même en ce cas, fidèle au principe que le légataire n'est jamais qu'un successeur singulier, qu'il ne devient notamment ni créancier, ni débiteur, quand le défunt l'était. Conséquemment il ne reste à l'héritier et au légataire, après le partage des choses corporelles, d'autre parti à prendre que de convenir entre eux que chacun se chargera de payer une part proportionnelle des dettes qui pèsent sur l'hérédité ou la portion d'hérédité qu'ils partagent, et touchera également une part proportionnelle des créances qui y sont comprises, *stipulationes partis et pro parte*, en établissant ainsi entre eux artificiellement une égalité telle que l'exige le partage ordonné par le testateur. Cependant, pour éviter tous ces embarras, souvent l'héritier désintéressait le légataire en lui comptant une somme ronde.

On peut aussi, depuis le développement des fidéicommis, charger l'héritier testamentaire ou ab intestat, qui, sous ce rapport, se nomme *fiduciarius heres*, de restituer ou toute sa portion héréditaire ou une partie aliquote de cette portion, à un tiers, qui est dit *fideicommissarius heres*. Cela s'appelait *fideicommissum hereditatis*, ou *fideicommissaria hereditas*.

Ce fidéicommis se distinguait essentiellement du *partitionis legatum*, indépendamment de la forme, en ce qu'il pouvait comprendre la totalité de l'hérédité ou de la portion héréditaire de l'héritier grevé.

Cependant il s'établissait encore ici une relation semblable à celle qu'amenait la *partitio legata*, et il fallait dans le principe recourir à l'expédient déjà indiqué des *stipulationes partis et pro parte* [1].

---

[1] Ajoutez : ou des *stipulationes emptæ et venditæ hereditatis*, si le fidéicommis embrassait toute l'hérédité ou du moins toute la part de l'héritier grevé. (*Note du traducteur.*)

Mais le *senatusconsultum Trebellianum*, porté sous Néron, les rendit superflues, en décidant que le fidéicommissaire serait traité comme un héritier véritable au prorata de ce qui lui serait laissé.

Plus tard, sous Vespasien, le *senatusconsultum Pegasianum* ramena la nécessité de ces stipulations dans certains cas.

Enfin Justinien décida que dans tous les cas le fidéicommissaire serait considéré comme un vrai représentant et héritier du défunt, à partir du moment de la restitution de l'hérédité. Du reste, cela n'a lieu qu'après la restitution de l'hérédité ; car, avant cette restitution, le fidéicommissaire n'a encore aucune part à l'hérédité, mais seulement le droit d'exiger cette restitution. Pour l'effectuer il n'est pas nécessaire que l'héritier fiduciaire fasse une véritable tradition des choses héréditaires ; il suffit qu'il déclare verbalement qu'il restitue.

Le *senatusconsultum Pegasianum* étendit à la *fideicommissaria hereditas* l'application de la *lex Falcidia* touchant le droit accordé à l'héritier direct de retenir le quart.

En vertu de ce sénatus-consulte, le fiduciaire peut même être forcé, par le fidéicommissaire, à accepter l'hérédité afin de la restituer, dans le cas où son refus ne serait fondé que sur un caprice égoïste et non sur des motifs réels.

Sicut singulæ res legari possunt, ita universarum quoque summa legari potest, ut puta : *Mævius heres meus cum Titio hereditatem meam partito, dividito.* Quo casu dimidia pars bonorum legata videtur. Potest autem et alia pars, velut tertia vel quarta, legari. Quæ species partitio appellatur. Ulpian., *Fragm.*, tit. xxiv, § 25.

Quum aliquis scripserit : *Lucius Titius heres esto*, poterit adjicere : *rogo te, Luci Titi, ut, quum primum possis hereditatem meam adire, eam Gaio Seio reddas, restituas.* Potest autem quisque et de parte restituenda heredem rogare, et liberum est, vel pure, vel sub conditione relinquere fideicommissum, vel ex die certo.

Restituta autem hereditate is, qui restituit, nihilo minus heres permanet; is vero, qui recipit hereditatem, aliquando heredis, aliquando legatarii loco habebatur. Et Neronis quidem temporibus, Trebellio Maximo et Annæo Seneca consulibus, senatusconsultum factum est, quo cautum est, ut, si hereditas ex fideicommissi causa restituta ˉit, omnes actiones, quæ jure civili heredi et in heredem competerent, ei et in cum darentur, cui ex fideicommisso restituta esset hereditas. Post quod senatusconsultum prætor utiles actiones ei et in eum, qui recepit hereditatem, quasi heredi et in heredem dare cœpit.

Sed quia heredes scripti, quum aut totam hereditatem, aut pæne totam plerumque restituere rogabantur, adire hereditatem ob nullum aut minimum lucrum recusabant, et ob id extinguebantur fideicommissa, postea Vespasiani Augusti temporibus, Pegaso et Pusione consulibus, senatus censuit, ut ei, qui rogatus esset, hereditatem restituere, perinde liceret, quartam partem retinere, atque ex lege Falcidia in legatis retinere conceditur. Ex singulis quoque rebus, quæ per fideicommissum relinquuntur, eadem retentio permissa est. Post quod senatusconsultum ipse heres onera hereditaria substinebat, ille autem, qui ex fideicommisso recepit partem hereditatis, legatarii partiarii loco erat, id est ejus legatarii, cui pars bonorum legabatur; quæ species legati partitio vocabatur, quia cum herede legatarius partiebatur hereditatem. Unde, quæ solebant stipulationes inter heredem et partiarium legatarium interponi, eædem interponebantur inter eum, qui ex fideicommisso recepit hereditatem et heredem, id est ut et lucrum damnumque hereditarium pro rata parte inter eos commune sit.... Sed, si recuset scriptus heres adire hereditatem ob id, quod dicat, eam sibi suspectam esse, quasi damnosam, cavetur Pegasiano senatusconsulto, ut, desiderante eo, cui restituere rogatus est, jussu prætoris adeat et restituat hereditatem; perindeque ei et in eum, qui recepit hereditatem, actiones dentur, ac juris est ex Trebelliano senatusconsulto. Quo casu nullis stipulationibus opus est, quia simul et huic, qui restituit, securitas datur, et actiones hereditariæ ei et in eum transferuntur, qui recepit hereditatem, utroque senatusconsulto in hac specie concurrente.

Sed, quia stipulationes ex senatusconsulto Pegasiano descendentes et ipsi antiquitati displicuerunt et quibusdam casibus cap-

tiosas eas homo excelsi ingenii Papinianus appellat, et nobis in
legibus magis simplicitas, quam difficultas placet, ideo omnibus
nobis suggestis tam similitudinibus, quam differentiis utriusque
senatusconsulti, placuit, exploso senatusconsulto Pegasiano,
quod postea supervenit, omnem auctoritatem Trebelliano senatusconsulto præstare, ut ex eo fideicommissariæ hereditates re-
stituantur, sive habeat heres ex voluntate testatoris quartam,
sive plus, sive minus, sive penitus nihil, ut tunc, quando vel
nihil, vel minus quartæ apud eum remanet, liceat ei, vel quartam, vel quod deest, ex nostra auctoritate retinere, vel repetere
solutum, quasi ex Trebelliano senatusconsulto, pro rata portione
actionibus tam in heredem, quam in fideicommissarium, competentibus. § 2-7, I., II, 23, *De fideicommissariis hereditatibus*.

§ 227.

Mortis causa donatio.

Dig., lib. xxxix, tit. 6, *De mortis causa donationibus et capionibus.*
Cod., lib. viii, tit. 57, *De donationibus mortis causa.*

A côté des deux formes fondamentales des dispositions singulières de dernières volontés, c'est-à-dire
à côté des legs et des fidéicommis, la *mortis causa
donatio* formait, dans le nouveau droit romain, en
quelque sorte, une troisième forme, très-controversée pendant longtemps.

On appelle *mortis causa donatio* une donation qui
se fait expressément en vue de la mort du donateur,
de manière à ne produire d'effet que pour le cas où
le donateur meurt avant le donataire, et qui en conséquence ne devient irrévocable que par la mort du
donateur. Elle avait un caractère particulier et am-
bigu, tenant le milieu entre les conventions et les legs.
Aussi les jurisconsultes romains n'étaient pas d'accord sur le point de savoir si la *mortis causa donatio*
devait être, d'après son essence, traitée comme un

contrat ou comme une disposition de dernière volonté.

Cette question fut tranchée par Justinien, en ce sens que la donation, à cause de mort, serait désormais traitée entièrement comme un legs.

Cependant elle conserve toujours plusieurs caractères propres et qui s'écartent de ceux des legs. En effet, tout en prenant la nature d'un legs, elle garde la forme extérieure d'une convention; et, en cette qualité de convention, elle peut exister valablement même quand il n'y a point d'héritier, ni personne qui en tienne lieu et représente le défunt; tandis qu'un véritable legs ou fidéicommis n'est valable qu'à cette condition (voy. ci-dessus, § 220). Aussi un fils de famille a pu de tout temps, avec le consentement de son père, par conséquent pour son père, faire une *mortis causa donatio* des biens du pécule que celui-ci lui a confié, de ce qu'on appelle le *profectitium peculium*, tandis qu'il ne peut, dans ce cas, ni tester, ni léguer.

Mortis causa donatio est, quæ propter mortis fit suspicionem, quum quis ita donat, ut si quid humanitus ei contigisset, haberet is, qui accepit, sin autem supervixisset, qui donavit, reciperet, vel si eum donationis pœnituisset, aut prior decesserit is, cui donatum sit. Hæ mortis causa donationes ad exemplum legatorum redactæ sunt per omnia. Nam, quum prudentibus ambiguum fuerat, utrum donationis, an legati instar eam obtinere oporteret, et utriusque causæ quædam habebat insignia, et alii ad aliud genus eam retrahebant : a nobis constitutum est, ut per omnia fere legatis connumeretur, et sic procedat, quemadmodum nostra constitutio eam formavit. Et in summa, mortis causa donatio est, quum magis se quis velit habere, quam eum, cui donatur, magisque eum, cui donat, quam heredem suum. § 1, I., II, 7, *De donationibus.*

Filiusfamilias, qui non potest facere testamentum, nec voluntate patris, tamen mortis causa donare patre permittente potest. MARCIAN., fr. 25, § 1, D., XXXIX, 6, *De mortis causa donat.*

§ 228.

Acquisition des legs.

Dig., lib. XXXVI, tit. 2, *Quando dies legati vel fideicommissi cedat.*
Cod., lib. VI, tit. 51, *De caducis tollendis;* — tit. 53, *Quando dies legati vel fideicommissi cedit.*

Dès que celui à qui un legs est fait a survécu au décès du testateur, il acquiert aussitôt pour lui et son héritier un droit permanent à ce legs. *Dies legati cedit.* Seulement cela suppose qu'aucune condition n'y a été apposée ou que la condition est accomplie. Il n'est besoin à cet égard d'aucune déclaration d'acceptation de la part du légataire. Cependant, tant qu'il n'a pas encore déclaré positivement qu'il veut accepter le legs, jusqu'à l'*agnitio legati*, il est toujours libre de le répudier.

La modification introduite sous Auguste par la *lex Julia*, d'après laquelle le moment où *dies legati cedit* était retardé jusqu'à l'ouverture du testament, a été abolie par Justinien, avec toutes ses conséquences. (Voy. ci-après, § 233.)

Dans tous les cas, le légataire ne peut exiger le payement réel du legs que *si dies legati venit* [1], c'est-à-dire quand l'héritier à qui il doit s'adresser pour demander le legs a acquis sa portion héréditaire. Des circonstances particulières, par exemple, un terme de payement fixé par le testateur lui-même, peuvent apporter encore un plus long retard.

---

[1] Il est fort douteux que *dies venit* soit, comme *dies cedit*, une expression technique, au moins pour les legs. Le texte qu'on cite ordinairement à ce sujet est relatif aux obligations contractuelles (c'est le premier des textes rapportés à la fin de ce paragraphe).
(*Note du traducteur.*)

38

Cedere diem significat incipere deberi pecuniam ; *venire* diem
significat, eum diem venisse, quo pecunia peti possit. ULPIANUS,
fr. 213, D., L., 17, *De verb. signif.*

Si post diem legati cedentem legatarius decesserit, ad heredem
suum transfert legatum. ULPIAN., fr. 5, pr., D., XXXVI, 2, *Quando
dies legatorum vel fideicommissorum cedat.*

Omnia, quæ testamentis sine die vel conditione adscribuntur,
ex die aditæ hereditatis præstentur. MODESTINUS, fr. 32, pr.,
D., XXXI, *De legatis.*

Si quis rem sibi legatam ignorans adhuc legaverit, postea
cognoverit, et voluerit ad se pertinere, legatum valebit; quia,
ubi legatarius non repudiavit, retro ipsius fuisse videtur, ex quo
hereditas adita est. Si vero repudiaverit, retro videtur res
repudiata fuisse heredis. ULPIANUS, fr. 44, § 1, D., XXX, *De
legat.*

§ 229.

Garantie des legs et fidéicommis.

L'action par laquelle le légataire peut, *post diem
legati venientem*[1], faire valoir et poursuivre son droit
au legs est, en règle générale, celle qu'on appelle
actio personalis ex testamento, que les Romains dérivent *quasi ex contractu.* (Voy. ci-dessus, § 144.)

Cette action n'était originairement destinée qu'au
légataire, mais elle fut plus tard appliquée aux fidéicommis[2]. Du reste, celui à qui a été léguée une
chose déterminée quant à son espèce, appartenant
au testateur, en devient propriétaire *eo ipso* et peut
sur-le-champ intenter la *rei vindicatio.* Dans l'ancien droit, ce transport immédiat de la propriété au
légataire supposait toujours la forme du *per vindicationem legatum ;* mais depuis la fusion des legs et

---

[1] Voy. la note de la page précédente.
[2] Le fidéicommissaire avait, avant Justinien, une *persecutio extraordinaria.*   (*Note du traducteur.*)

des fidéicommis, il n'importe plus, à cet égard, que le legs ait été fait *per vindicationem* ou autrement. En outre, le légataire a pour la sûreté de son droit, une hypothèque légale tacite qui lui compète sur la portion héréditaire du grevé.

Si le grevé tarde ou refuse à tort de délivrer le legs, il peut être puni par la perte de tout ce qui lui a été donné par le testateur. Cette peine lui était infligée, dans l'ancien droit, par une disposition spéciale du testament; mais dans le nouveau droit, il n'est plus besoin de cette disposition pénale de la part du défunt; car, d'après une règle générale établie par Justinien, quand le grevé, malgré la sommation judiciaire qu'il a reçue, tarde, pendant une année, d'acquitter le legs, tout ce qui lui a été laissé par le défunt, peut, à cause de l'indignité qu'il a ainsi encourue, lui être enlevé par certaines personnes. (Voy. ci-après, § 234.)

Quibuscumque verbis aliquid relictum sit, liceat legatariis id persequi, non solum per actiones personales, sed etiam per in rem et per hypothecariam. § 2, I., II, 20, *De legatis.*

§ 230.

Des cas où les legs ne sont pas valables.

Gai., *Comm.*, lib. II, § 229, seq.
Inst., lib. II, tit. 21, *De ademptione legatorum.*
Dig., lib. XXXIV, tit. 4, *De adimendis vel transferendis legatis vel fideicommissis.*

Un legs peut non-seulement être nul dès le moment où il est fait, *legatum non scriptum*, mais cesser d'être valable postérieurement.

Ce dernier événement peut arriver, notamment,

par un changement de volonté, et il suffit pour cela de toute intention de révocation prouvée. Mais, la confection d'un nouveau codicille, n'est pas suffisante par elle-même pour supprimer les legs faits dans un codicille précédent, de même que la confection d'un nouveau testament suffit pour révoquer un testament antérieur ; car plusieurs codicilles, distincts quant au temps où ils ont été faits, peuvent très-bien subsister l'un à côté de l'autre. (Voy. ci-dessus, § 222.)

Il ne faut pas, du reste, confondre avec la révocation, *ademptio legati*, la *translatio legati*, la dation d'un nouveau legs à la place d'un legs précédent.

Un legs peut naturellement devenir utile, parce que le légataire ne peut pas ou ne veut pas l'acquérir.

Quand un legs est sans effet, en règle générale, c'est un profit pour l'héritier qui en était chargé, puisqu'il n'a plus à fournir la chose léguée.

Cependant il peut, suivant les cas, s'opérer une nouvelle délation, si le legs est devenu inutile faute d'être recueilli par l'appelé, et qu'un autre lui ait été substitué, ce qui est très-licite.

Il peut encore arriver, si la rédaction du legs permet d'induire que telle a été l'intention du testateur, que, dans certains cas, en vertu d'un droit d'accroissement, l'objet du legs inefficace profite à un colégataire, dont le droit ne se trouvait limité que par le concours du légataire défaillant, et vienne ainsi augmenter sa portion. Cet accroissement n'avait lieu, d'après l'ancien droit, que dans le *legatum per vindicationem* et était soumis, d'ailleurs, par les lois caducaires, à plusieurs restrictions. Toutes ces restrictions ont été supprimées par Justinien.

Ademtio legatorum, sive eodem testamento adimantur, sive codicillis, firma est, sive contrariis verbis fiat ademtio, veluti si quod ita quis legaverit : *do, lego*, ita adimatur : *non do, non lego*, sive non contrariis, id est, aliis quibuscumque verbis.

Transferri quoque legatum ab alio ad alium potest, veluti si quis ita dixerit : *hominem Stichum, quem Titio legavi, Seio do, lego ;* sive in eodem testamento, sive in codicillis hoc fecerit. Quo casu simul Titio adimi videtur, et Seio dari. Inst., lib. II, tit. 21.

Si duobus eadem res per vindicationem legata sit, sive disjunctim, velut : *Titio hominem Stichum do, lego. Seio eumdem hominem do, lego*, sive conjunctim, velut : *Titio et Seio hominem Stichum do, lego*, jure civili concursu partes fiebant, non concurrente altero, pars ejus alteri adcrescebat. Sed post legem Papiam Poppæam non capientis pars caduca fit.

Si per damnationem eadem res duobus legata sit, siquidem conjunctim, singulis partes debentur, et non capientis pars jure civili in hereditate remanebat ; nunc autem caduca fit ; quod si disjunctim, singulis in solidum debetur. ULPIANI, *Fragm.*, tit. XXIV, § 12 et 13.

Ubi autem legatarii, vel fideicommissarii duo forte, vel plures sunt, quibus aliquid relictum sit, si quidem hoc conjunctim relinquatur et omnes veniant ad legatum, et pro sua portione quisque hoc habeat. Si vero pars quædam ex his deficiat, sancimus, eam omnibus, si habere maluerint, pro virili portione cum omni suo onere adcrescere, vel si omnes noluerint, tunc apud eos remanere, a quibus derelictum est. JUSTINIANUS, c. un., § 11, C., IV, 51 , *De caducis tollendis.*

TROISIÈME SECTION.

Autres successions pour le cas de mort.

§ 231.

Introduction.

Certaines personnes peuvent venir à une succession en cas de mort, même sans y être appelées comme *héritières* à un titre quelconque, ou sans que le défunt leur ait fait un *legs* ou un *fidéicommis.* Les cas où cela arrive ont, du reste, cette ressemblance avec l'hérédité et les legs, qu'ils constituent tantôt une *per universitatem successio,* tantôt une *singularis successio.* L'on ne trouve pas, dans les sources, de dénomination commune pour les désigner toutes ensemble, sauf l'expression générale de *mortis causa capio.* Les Romains comprenaient en général sous cette expression toute acquisition qu'une personne fait par la mort d'une autre, et particulièrement celles qui n'ont pas de nom spécial.

Ces acquisitions se rattachent, sinon toutes, du moins la plupart, à la *lex Julia et Papia Poppæa,* si importante à plusieurs points de vue. Cette loi se proposait un double but : repeupler, par une voie régulière, l'Italie presque entièrement dépeuplée par les guerres civiles dont elle avait été si longtemps le théâtre; remplir l'*ærarium* épuisé.

Mortis causa capitur, quum propter mortem alicujus capiendi occasio obvenit, exceptis his capiendi figuris, quæ proprio nomine appellantur. Certe enim et qui hereditario, aut legati, aut fideicommissi jure capit, ex morte alterius nanciscitur capiendi

occasionem, sed quia proprio nomine hæ species capiendi appellantur, ideo ab hac definitione separantur. Gaius, fr. 31, pr.,
D., xxxix, *De mortis causa donatione.*

§ 232.

Bona vacantia.

Cod., lib. x, tit. 10, *De bonis vacantibus.*

L'état n'avait, dans l'origine, aucune prétention
sur une succession qui restait sans héritier; mais
chacun pouvait s'emparer des choses qui la compo-
posaient, comme étant *res nullius.* Cette faculté était
d'autant plus importante que, d'après la nature particulière et rigoureuse de l'ancienne *hereditas*, le
cas où des biens demeuraient vacants pouvait et devait se présenter très-fréquemment, quand même il
existait de très-proches parents du défunt (Voy. ci-
dessus, § 205). Dans un cas pareil, en l'absence
complète d'un *successor per universitatem*, les créances, comme les dettes du défunt, s'anéantissaient.
Cependant celui qui s'était ainsi emparé de la majeure partie des biens de la succession était tenu de
continuer le *sacra privata* du défunt. Ce qu'il y avait
en apparence de dur et de choquant dans cet état
du droit, devait, dans l'application, se faire moins
sentir qu'on ne l'aurait supposé, parce que c'étaient
les plus proches parents eux-mêmes qui se trouvaient le mieux à portée de mettre à profit l'occasion
de s'emparer des biens vacants. D'ailleurs ces cas où
les biens restaient vacants devenaient de plus en
plus rares depuis le développement de la *bonorum
possessio* prétorienne qui avait introduit une *successio ordinum et graduum.*

Ce fut seulement sous Auguste, par la *lex Julia et*

Papia Poppæa, que ce droit d'occupation fut supprimé et remplacé par le droit accordé à l'état de s'approprier, de revendiquer, d'occuper (*vindicare*, *occupare*) les *bona vacantia*. L'état, c'est-à-dire, dans les premiers temps l'*ærarium*, plus tard le *fiscus*, n'est pas et ne s'appelle pas alors *heres*, mais il est traité, presque à tous égards, comme un héritier, et en tout cas comme un *per universitatem successor*.

Depuis Adrien, et plus complétement depuis Constantin, Théodose II et Valentinien III, un semblable droit de revendication peut être exercé, de préférence au fisc, par la légion ou *vexillatio*, quand il s'agit des biens d'un militaire décédé sans héritier; par l'église, quand il s'agit de ceux d'un ecclésiastique; et par certaines autres corporations, quand il s'agit de la succession d'un de leurs membres mort sans héritier.

Si nemo sit, ad quem bonorum possessio pertinere possit, aut sit quidem, sed jus suum omiserit, populo bona deferuntur, ex lege Julia caducaria. ULPIAN., *Fragm.*, XXVII, § 7.

§ 233.

Le *caducum*.

Cod., lib. VI, tit. 51, *De caducis tollendis*.
Cod., lib. VIII, tit. 58, *De infirmandis pœnis cœlibatus et orbitatis et de decimariis sublatis*.

Le nom et la notion du *caducum* n'ont été introduits que par la *lex Julia et Papia Poppæa*, qui, à cause des nombreuses dispositions qu'elle renferme à ce sujet, a reçu le surnom de *lex caducaria*.

Dans le sens large, le mot *caducum* désigne tout bien héréditaire que la personne à qui il a été laissé par une disposition testamentaire, d'une manière valable selon le droit civil, n'acquiert pas ou ne peut pas acquérir par quelque cause indépendante de la volonté du testateur. *Cadit ab eo.*

Mais dans le sens étroit, on appelle *caducum* le bien héréditaire que l'appelé ne recueille pas par une cause qui ne survient qu'après la mort du testateur, dans l'intervalle qui la sépare de l'ouverture du testament. Si la cause est survenue avant la mort du testateur, l'objet qu'elle empêche d'acquérir est dit *in causa caduci.*

La notion du *caducum*, dans le sens large, s'applique d'abord à toute hérédité testamentaire et à tout legs laissé à un *cælebs*, c'est-à-dire à un homme non marié, majeur[1], et âgé de moins de soixante ans, ou à une femme non mariée, majeure[2], et âgée de moins de cinquante ans.

Celui qui est *orbus*, c'est-à-dire sans enfants, ne peut avoir que la moitié de ce qui lui est laissé par le testament d'un étranger; ce qu'il ne peut acquérir est *caducum.*

Des époux qui n'ont pas d'enfants ne peuvent se donner par testament qu'un certain nombre de dixièmes de leur succession : l'excédant est *caducum.*

Toute disposition testamentaire qui, valable dans le principe, devient ensuite inutile après la mort du testateur, dans l'intervalle qui s'écoule jusqu'à l'ouverture du testament, a le même sort, et est *caducum.*

Tout ce qui devenait *caducum* pouvait être revendiqué par ceux des héritiers institués dans le testament qui avaient des enfants, à leur défaut par les légataires qui avaient des enfants. Hors de là, le droit

---

[1] De vingt-cinq ans, au moins du temps d'Ulpien Voy. *Fragm.*, XVI, 1. (*Note du traducteur.*)

[2] De vingt ans, au moins à la même époque. (*Note du traducteur.*)

de revendication appartenait d'abord à l'*ærarium*, plus tard au *fiscus;* et même, depuis Caracalla, le fisc put, à ce qu'il paraît, exercer ce droit malgré l'existence d'héritiers ou de légataires ayant des enfants. On maintint toutefois un tempérament, déjà contenu dans la *lex Papia*, savoir, l'avantage attribué à certains parents du testateur, privilégiés à cet égard, c'est-à-dire aux descendants et aux ascendants jusqu'au troisième degré, institués dans le testament, de faire valoir le droit d'accroissement qu'ils auraient eu avant la *lex Julia,* même quant à ce qui était proprement *caducum*, et d'être ainsi préférés à l'*ærarium* dans la revendication des *caduca. Jus antiquum in caducis.*

Le testateur peut aussi très-facilement prévenir la *caducitas* et ses effets redoutables, en ajoutant à l'institution d'héritier ou au legs une substitution vulgaire.

La succession fondée sur la caducité était une *per universitatem successio* quand il s'agissait d'une part héréditaire, une *singularis successio* quand il s'agissait d'un legs.

Peu à peu la rigueur des règles sur la caducité fut adoucie.

Sous Trajan, il fut ordonné que celui qui ne pouvait pas *capere*, s'il se dénonçait lui-même à l'*ærarium* en temps utile, aurait en récompense la moitié que la loi attribue au dénonciateur.

Constantin diminua notablement le nombre des cas de caducité, en accordant au *cœlebs* et à l'*orbus* la capacité complète de recueillir.

Enfin Justinien supprima tout à fait la caducité et ses conséquences.

Quod quis sibi testamento relictum, ita ut jure civili capere possit, aliqua ex causa non ceperit, caducum appellatur, veluti cecidit ab eo. Verbi gratia, si cælibi, vel latino Juniano legatum fuerit, nec intra dies centum vel cælebs legi paruerit, vel latinus jus Quiritium consecutus sit; aut si ex parte heres scriptus, vel legatarius ante apertas tabulas decesserit, vel pereger factus sit.

Hodie ex constitutione Imperatoris Antonini omnia caduca fisco vindicantur, sed servato jure antiquo liberis et parentibus.

Caduca cum suo onere fiunt. ULPIANI, *Fragm.*, tit. XVII, § 1-3.

Item liberis et parentibus testatoris usque ad tertium gradum lex Papia jus antiquum dedit, ut, heredibus illis institutis, quod quis ex eo testamento non capit, ad hos pertineat, aut totum, aut ex parte, prout pertinere possit. ULPIANI, *Fragm.*, tit. XVIII.

Quamvis prima causa sit in caducis vindicandis heredum liberos habentium, deinde, si heredes liberos non habeant, legatariorum liberos habentium, tamen ipsa lege Papia significatur, ut collegatarius conjunctus, si liberos habeat, potior sit heredibus, etiamsi liberos habebunt. GAI., *Comm.*, II, § 207.

Jus patrum non minuitur, si se is deferat, qui solidum id, quod relictum est, capere non potest. Sane si ante diem centesimum patres caducum vindicent, omnino fisco locus non est. *Fragm. de jure fisci*, § 3.

§ 234.

L'ereptitium ou ereptorium.

Dig., lib. XXIX, tit. 5, *De senatusconsulto Silaniano et Claudiano, quorum testamenta ne aperiantur;* — tit. 6, *Si quis aliquem testari prohibuerit vel coegerit.*

Dig., lib. XXXIV, tit. 9, *De his quæ ut indignis auferuntur.*

Dig., lib. XLIX, tit. 14, *De jure fisci.*

Cod., lib. VI, tit. 34, *Si quis aliquem testari prohibuerit vel coegerit;* — tit. 35, *De his, quibus ut indignis hereditates auferuntur, et ad senatusconsultum Silanianum.*

Cette même *lex Julia*, qui introduisit le *caducum*, institua encore une autre succession spéciale en cas de mort, ce qu'on appelle l'*ereptitium* ou *ereptorium*. Des lois postérieures ont ensuite beaucoup ajouté à ses dispositions, et ainsi s'est développée d'une manière plus complète la théorie de l'*indignitas*.

Il peut en effet arriver que quelqu'un soit en lui-même *capable* d'acquérir une hérédité ou un legs qui lui est déféré, mais soit déclaré, par la loi, *indigne* d'en obtenir ou d'en conserver le profit, à cause de sa mauvaise conduite, surtout dans ses rapports avec le défunt. Par ce motif l'hérédité ou le legs lui est enlevé par certaines personnes. *Indigno hereditas vel legatum eripitur, aufertur.* Il peut subir cette *ereptio* soit avant, soit après l'acquisition de l'objet qui lui était destiné; et la personne qui a le droit de la lui faire subir est, suivant les circonstances, tantôt l'*ærarium*, le *fiscus*, tantôt le cohéritier, tantôt le grevé, tantôt enfin l'héritier ab intestat.

Nous trouvons un premier exemple dans la disposition légale dont nous avons parlé plus haut, d'après laquelle l'héritier ou le légataire, qui, malgré l'ordre du juge, n'acquitte pas le legs ou le fidéicommis mis valablement à sa charge, perd tout ce qui lui a été laissé de cette succession.

Un autre exemple nous est offert dans le *fideicommissum tacitum* : celui qui se charge secrètement, *in fraudem legis*, d'un fidéicommis en faveur d'un incapable, ne conserve pas lui-même ce qui était destiné à l'incapable, mais le fisc le lui enlève, comme à un indigne.

Au reste, ce genre de succession introduit par l'*ereptio* est, selon les circonstances, tantôt une *per universitatem successio*, tantôt une simple *singularis successio* : c'est un mode universel, quand l'objet enlevé pour cause d'indignité est une hérédité, et un mode singulier, quand c'est un legs ou un fidéicommis.

Lege nobis adquiritur, velut caducum, vel ereptorium ex lege Papia Poppæa. ULPIANI, *Fragm.*, tit. XIX, § 17.

Si quis in fraudem tacitam fidem accommodaverit, ut non capienti fideicommissum restituat, nec quadrantem eum deducere senatus censuit, nec caducum vindicare ex eo testamento, si libe-ros habeat. ULPIANI, *Fragm.*, tit. xxv, § 17.

Quæ autem antiquis legibus dicta sunt de his, quæ ut indignis auferuntur, et nos simili modo intacta servamus; sive in nostrum fiscum, sive in alias personas perveniant. JUSTINIANUS, c. un., § 12, C., vi, 51, *De caducis tollendis.*

§ 235.

Addictio bonorum, libertatum servandarum causa.

Inst., lib. iii, tit. 12, *De eo cui libertatis causa bona addicuntur.*

Lorsque le défunt a affranchi des esclaves dans son testament, et qu'aucun des héritiers institués ne veut ou ne peut faire adition, l'hérédité peut, d'après un rescrit de Marc-Aurèle, être attribuée, adjugée, *addici*, à l'un des esclaves affranchis dans le testament, ou à un tiers, qui la demande, pourvu qu'il donne caution de payer les dettes et de maintenir les affran-chissements.

Originairement cela ne s'appliquait qu'aux héré-dités testamentaires; mais cela fut étendu plus tard aux hérédités ab intestat, quand des affranchisse-ments étaient ordonnés par codicilles.

Le but de cette *addictio* est le maintien des affran-chissements testamentaires, qui, sans cela, tombe-raient avec le testament lui-même. La succession qui en résulte est naturellement une *per universitatem successio.*

Accessit novus casus successionis ex constitutione Divi Marci. Nam si ii, qui libertatem acceperunt a domino in testamento, ex quo non aditur hereditas, velint bona sibi addici libertatum conservandarum causa, audiuntur....

Inprimis hoc rescriptum toties locum habet, quoties testa-mento libertates datæ sunt. Quid ergo, si quis intestatus dece-

dens codicillis libertates dederit, neque adita sit ab intestato
hereditas? an favor constitutionis debebit locum habere? Certe,
si intestatus decesserit et codicillis dederit libertatem, competere
eam, nemini dubium est. Pr. et § 3, I., III, 12, *De eo, cui liber-*
tatis causa bona addicuntur.

§ 236.

In jure cessio de l'*hereditas.*

GAI., *Comm.*, lib. II, § 34-38.
Dig., lib. XVIII, tit. 4, *De hereditate vel actione vendita.*
Cod., lib. IV, tit. 39, *De hereditate vel actione vendita.*

Nous avons remarqué plus haut qu'il était permis
au *legitimus heres* de céder *in jure* à une autre personne l'hérédité qui lui était déférée, *avant* de l'avoir
acquise. Par là s'opérait une sorte de nouvelle délation de l'hérédité en faveur du cessionnaire, qui, en
faisant l'adition, devenait formellement héritier.
(Voy. ci-dessus, § 205.)

Naturellement le *suus heres* ne pouvait pas faire
une semblable *in jure cessio*[1], attendu qu'il acquérait
l'hérédité *ipso jure.*

Après l'acquisition de l'hérédité une *in jure cessio*
était, à la vérité, encore permise et possible; mais alors
elle ne donnait pas lieu à une nouvelle délation : le
cédant restait, en qualité d'héritier, seul obligé envers les créanciers de la succession, tandis que les
débiteurs étaient libérés; le cessionnaire n'acquérait
que les objets corporels, *corpora hereditaria.*

Il en était de même quand l'héritier testamentaire

---

[1] Elle était sans effet d'après les Sabiniens; mais, selon les Proculiens, elle produisait le même résultat que la cession faite par l'héritier
étranger après l'adition. Gaius, *Inst.*, II, 37; III, 87.

(*Note du traducteur.*)

cédait *in jure* l'hérédité après l'adition. Une semblable cession faite par lui, avant l'adition, était absolument sans effet.

Dans le nouveau droit romain, depuis la disparition de l'*in jure cessio* en général, rien de semblable ne peut se présenter.

Il ne faut point confondre avec tous ces cas d'*in jure cessio* de l'*hereditas*, un cas qui est encore possible dans le dernier état du droit romain, celui d'une aliénation ordinaire, d'une vente, *venditio*, de cette même *hereditas*, de la part de l'héritier, après l'acquisition. Il ne s'établit point ici une *per universitatem successio ;* le vendeur reste toujours héritier, et en cette qualité il est obligé envers les créanciers de la succession et il conserve les créances contre les débiteurs héréditaires. Mais, comme le vendeur est obligé par contrat à transporter à l'acheteur non-seulement les choses corporelles de l'hérédité, mais encore l'avantage des créances héréditaires, comme aussi réciproquement l'acheteur est obligé d'exonérer le vendeur des dettes et charges de la succession, il intervient entre eux des *stipulationes partis et pro parte*[1], de la même manière que dans la *partitio legata*. (Voy. ci-dessus, § 226.)

Si is, ad quem ab intestato legitimo jure pertinet hereditas, in jure eam alii ante aditionem cedat, id est, antequam heres exstiterit, perinde fit heres is, cui in jure cesserit, ac si ipse per legem ad hereditatem vocatus esset. Post aditionem vero si cesserit, nihilo minus ipse heres permanet et ob id creditoribus tene-

---

[1] Au contraire, c'était précisément ici le cas primitif des *stipulationes emptæ et venditæ hereditatis*, transportées par analogie au cas du fidéicommis qui embrasse la totalité de l'hérédité, de même que les *stipulationes partis et pro parte*, imaginées pour le cas du legs partiaire, ont été étendues, par analogie, au cas du fidéicommis d'une quote-part. Voy. la note sur le § 226, pag. 588.　　　(*Note du traducteur.*)

bitur, debita vero pereunt, eoque modo debitores hereditarii lucrum faciunt; corpora vero ejus hereditatis perinde transeunt ad eum, cui cessa est hereditas, ac si ei singula in jure cessa fuissent.

Testamento autem scriptus heres ante aditam quidem hereditatem in jure cedendo eam nihil agit; postea vero, quam adierit, si cedat, ea accidunt, quæ proxime diximus de eo, ad quem ab intestato legitimo jure pertinet hereditas, si post aditionem in jure cedat. GAIUS, *Comm.*, II, § 35 et 36.

FIN.

TABLE ALPHABÉTIQUE

DES MATIÈRES

Les chiffres indiquent les paragraphes.

A

39

L

FIN DE LA TABLE DES MATIÈRES.

DE L'IMPRIMERIE DE CRAPELET, RUE DE VAUGIRARD, 9.

www.ingramcontent.com/pod-product-compliance
Lightning Source LLC
Chambersburg PA
CBHW060817220326
41599CB00017B/2215